T0209562

Goethe

Benedikt Jeßing

Goethe

Eine Einführung in Werk und Deutung

2., völlig neu bearbeitete Auflage

 J.B. METZLER

Benedikt Jeßing
Bochum, Deutschland

ISBN 978-3-476-05902-4   ISBN 978-3-476-05903-1   (eBook)
https://doi.org/10.1007/978-3-476-05903-1

Die Deutsche Nationalbibliothek verzeichnet diese Publikation in der Deutschen Nationalbibliografie; detaillierte bibliografische Daten sind im Internet über http://dnb.d-nb.de abrufbar.

Umschlagabbildung: bpk | Bayerische Staatsgemäldesammlungen

Planung/Lektorat: Ferdinand Pöhlmann
J.B. Metzler ist ein Imprint der eingetragenen Gesellschaft Springer-Verlag GmbH, DE und ist ein Teil von Springer Nature.
Die Anschrift der Gesellschaft ist: Heidelberger Platz 3, 14197 Berlin, Germany

Vorbemerkung

Diese Einführung ist die zweite Auflage des Goethe-Bändchens in der Sammlung J.B. Metzler, das ich vor fast dreißig Jahren schrieb. Dass ich damals diese Möglichkeit erhielt, ist in gewissem Sinne einem Zufall, vor allem aber meinem akademischen Lehrer, Mentor und Freund Jochen Vogt zu verdanken. Er nämlich war es, der mir mit seiner Vorlesungsreihe „Goethe aus der Ferne" viele Texte Goethes nahegebracht hat – nach Jahren, in denen er selbst, nach 1968, auf Distanz zum Kanon gegangen war, um jetzt, 1981, eine reflektierte Wiederannäherung zu wagen. Ich selbst hatte im Gymnasium nie einen Text Goethes kennengelernt (man sieht: Das muss nicht schaden!) und erlebte jetzt einen faszinierenden „Erstkontakt", dem sich Seminarprojekte, Examensarbeit, Promotion anschlossen. Anfang der 1990er Jahre kam die verantwortliche Lektorin des J.B. Metzler-Verlages, Ute Hechtfischer, auf Jochen Vogt zu mit der Frage, ob er nicht den schon lange fehlenden Goethe-Band in der Sammlung J.B. Metzler machen wolle – und seine zögerliche Antwort hatte den Beisatz: „Nur wenn der Jeßing mitschreibt". Irgendwie ist der Band dann allein bei mir hängengeblieben.

Diese Einführung ist die zweite Auflage jenes Sammlung-Metzler-Bändchens – und doch ein ganz anderes Buch. Forschungsreferate, so verdienstvoll sie sein mögen, können nicht in ein literarisches Werk einführen. Sie in einer Einführung unterzubringen, wäre didaktisch fragwürdig, angesichts der überbordenden Menge aber vor allem wissenschaftlich unredlich (das macht ausgezeichnet das Goethe-Handbuch! Es ist aber auch keine Einführung). Vielmehr soll hier ein literarisches Werk – neben natürlich den kanonischen Texten auch unbekanntere – von den Texten her vorgestellt werden, in versuchsweise genauer, versuchsweise differenzierter Betrachtung, Analyse und Deutung. Wenn das gelänge, wäre das der größte Dank an Jochen Vogt, der mir vorgemacht hat, wie man in Texte schaut.

Danken möchte ich auch meinen Mitarbeiterinnen Yasemin Peken und Skadi von der Linden sowie Xenia Dzambo für die unschätzbare wie sorgfältige redaktionelle und korrigierende Begleitung des Schreibprozesses. Ebenso herzlich danke ich Ann-Carolyn Hartwig und wiederum Yasemin Peken dafür, für das Audio-Material zu diesem Band Margarete, Mignon und Iphigenie sowie Ariels Geisterchor ihre Stimme geschenkt zu haben.

Die Texte Goethes werden in der Regel nach der noch immer ausgezeichneten Studienausgabe der Hamburger Ausgabe (HA) zitiert, wenn die aber die „falsche" Fassung abdruckt, in Einzelfällen auch nach der Münchner Ausgabe (MA) oder nach Rekonstruktionen der Handschrift. Briefe, die sich nicht im Material der Studienausgabe finden, werden nach der Weimarer Ausgabe zitiert (WA); Tagebuchnotizen, wenn nicht in der HA, nach der Historisch-kritischen Neuausgabe der Tagebücher durch die Klassik Stiftung Weimar (Tb). Für alle lyrischen Texte, die intensiver behandelt werden, und für Auszüge aus einzelnen Dramen oder Romanen wird mit dem Zeichen ▸ angezeigt, dass Gedicht, Figuren- oder Erzählerrede online als Audio-Material (mp3) bereitgestellt sind.

Bochum,
im Mai 2022

Inhaltsverzeichnis

Warum heute Goethe lesen? Historischer Standort und Aktualität

Zwei Briefe Goethes, gleichsam von den entgegengesetzten Enden seines Lebens, markieren die geschichtliche Spannweite dieser Lebenszeit. Der erste stammt aus dem Jahr 1772 – Goethe war immerhin schon dreiundzwanzig –, der zweite von 1825: Goethe war sechsundsiebzig und hatte noch sechseinhalb Jahre zu leben. An den Freund Johann Christian Kestner schrieb er aus dem Frankfurter Elternhaus am „25. December 1772":

> Cristtag früh. Es ist noch Nacht lieber Kestner, ich binn aufgestanden um bey Lichte Morgens wieder zu schreiben, das mir angenehme Erinnerungen voriger Zeiten zurückruft; ich habe mir Coffee machen lassen den Festtag zu ehren und will euch schreiben biss es Tag ist. Der Türner hat sein Lied schon geblasen ich wachte drüber auf. Gelobet seyst du Jesu Christ. Ich hab diese Zeit des Jahrs gar lieb, die Lieder die man singt; und die Kälte die eingefallen ist macht mich vollends vergnügt. [...] Die Tohrschließer kommen vom Bürgemeister, und rasseln mit Schlüsseln. Das erste Grau des Tags kommt mir über des Nachbaars Haus und die Glocken lauten eine Cristliche Gemeinde zusammen. (WA IV.2, 47–50)

Gut fünfzig Jahre später, am 6. Juni 1825, schrieb er an den Berliner Freund Carl Friedrich Zelter:

> Junge Leute werden viel zu früh aufgeregt und dann im Zeitstrudel fortgerissen; Reichthum und Schnelligkeit ist was die Welt bewundert und wornach jeder strebt; Eisenbahnen, Schnellposten, Dampfschiffe und alle mögliche Facilitäten der Communication sind es worauf die gebildete Welt ausgeht, sich zu überbieten, zu überbilden und dadurch in der Mittelmäßigkeit zu verharren. (WA IV.39, 216)

Die Lebenswelten, auf die die beiden Briefstellen sich beziehen, könnten unterschiedlicher nicht sein. 1772: In der Freien Reichsstadt Frankfurt geht auf den Stadtmauern ein Turmwächter, der Türner, der meist mit Glockenschlägen die Zeit anschlägt und zum Morgengrauen hin das Aufwecklied für die Stadtbürger bläst, zumeist auf einem Zincken oder einem Horn; die Torwächter haben vom Stadtobersten bereits die Schlüssel für die Stadttore erhalten und sind auf dem Weg

© Springer-Verlag GmbH Deutschland, ein Teil von Springer Nature 2023
B. Jeßing, *Goethe,* https://doi.org/10.1007/978-3-476-05903-1_1

zu ihrer Arbeitsstätte. Das ist eine zutiefst frühneuzeitliche, ja fast mittelalterlich anmutende Alltagswelt (die in dieser Form auch schon seit dem Mittelalter existierte!). – 1825: Die Moderne ist da! Dampfschiffe und Eisenbahnen (inklusive der dahinter notwendigen Industrialisierung der Produktion solcher Maschinen sowie der Verkehrsinfrastruktur), beschleunigte Kommunikations- und Verkehrssysteme, einschließlich der Diagnose einer radikalen Verunsicherung oder Desorientierung der Jugend (das ist natürlich auch die kulturpessimistische Pose eines alten Mannes) und der Verfall der Kultur zur Mittelmäßigkeit.

Ganz einfach gesagt, umspannt Goethes Lebenszeit – schlicht aufgrund dessen, daß er zufälligerweise so lange lebte! – die wohl bedeutendste Umbruchsperiode zur Moderne hin, die von Historikern so genannte „Sattelzeit" (Koselleck, *Geschichtliche Grundbegriffe*, I, XV). Diese ist, um nur einige historische Daten zu nennen, gekennzeichnet von der US-amerikanischen Unabhängigkeitserklärung, der Französischen Revolution und Napoleons Machtübernahme, dem Niedergang des Heiligen Römischen Reiches deutscher Nation, den sogenannten Befreiungskriegen, der Neuordnung „Deutschlands" nach 1813 und der Pariser Julirevolution 1830, aber auch von der Etablierung dampfmaschinengetriebener Fabriken in England und der Schweiz schon im 18. Jahrhundert, der ersten Industrialisierungswelle im Zeitungs- und Buchdruckwesen zu Beginn des 19. Jahrhunderts und insbesondere von der Nutzung beweglich gemachter Dampfmaschinen, also der Entwicklung von Eisenbahnen und Dampfschiffen im ersten Viertel des neuen Jahrhunderts.

Nun ja, könnte man sagen: Da wird's doch einige gegeben haben, die so lange lebten und ungefähr zur gleichen Zeit! Das ist völlig richtig! Und solche Personen lassen sich auch finden: Goethes Weimarer „Lebensfreund" Carl Ludwig von Knebel lebte sogar noch länger, von 1744 bis 1834! Der Berliner Freund Zelter war nur wenige Jahre jünger (geb. 1758) und starb im gleichen Jahr wie Goethe.

Zelter und Knebel aber, und mit ihnen (fast) all die anderen Frauen und Männer, die ihr langes Leben in der gleichen Zeit lebten, *schrieben nicht!* Oder, genauer: Sie schrieben nicht so viel, nicht über so viel Unterschiedliches, oder sie schrieben Anderes: Zelter war Komponist (und schrieb nebenbei auch bedeutsame Briefe u. a. an Goethe), Knebel war ein durchaus ernstzunehmender Übersetzer römischer Poesie (Properz u. a.), war sogar Gelegenheitsdichter (wie fast jeder zwangsweise in der damaligen gesellschaftlichen Elite), aber er war Hofmann bei Carl August in Weimar und nebenbei Literaturliebhaber (*und* ein wichtiger Briefpartner für Herrn G.).

Goethe schrieb! Er schrieb viel – literarische Texte in nahezu allen Gattungen und Formen: volksliedartige lyrische Texte und Balladen, freirhythmische Hymnen, Lyrik in strenger antiker Form: Elegien, Epigramme und Xenien, oder in Anlehnung etwa an altpersische Dichtung, im weitesten Sinne weltanschauliche oder philosophische Lyrik, Naturlyrik, Liebeslyrik, Fürstenlobdichtung für den Weimarer Hof wie auch die melancholisch-resignativen Gedichte der letzten Jahre; im dramatischen Felde waren es Lustspiele und Singspiele, Trauerspiele mit antik-mythologischem, historischem oder mehr oder weniger frei erfundenem Stoff – und die Doppel-„Tragödie" vom Faust. Mit seinen Versepen schloss er an die Erzählliteratur der Antike an, mit seinen Romanen, mit Märchen und Novellen an die großen Traditionen der deutschen und europäischen Erzählliteraturen – und entwickelte beides weiter. Auch seine autobiographischen Erzähltexte griffen die alteuropäischen Muster der Selbstlebensbeschreibung auf – und präsentierten (versuchsweise!) ein Modell, den Einzelnen in seiner Geschichtlichkeit zu verstehen.

Literarische Texte modellieren Wissen, sie verfügen über ein spezifisches Wissen, über das, zu ihrer Zeit, möglicherweise der philosophische, der soziologische, der naturwissenschaftliche oder historiographische Diskurs (noch) nicht verfügen konnten. In Goethes literarischen Texten, gleichgültig welcher Gattung, wird – unter anderem, aber doch deutlich vorherrschend – ein Wissen modelliert, das unmittelbar mit der historischen Sattelzeit verbunden ist, die ihr Urheber erlebte. In ganz vielfältiger Weise wird im *Götz* und im *Werther,* im *Tasso* wie im *Egmont,* im *Wilhelm Meister* wie im *Faust,* in der *Natürlichen Tochter* ebenso wie in *Hermann und Dorothea* u.v. a.m. *die* Frage des 18. Jahrhunderts unter spezifischen historischen Bedingungen neu gestellt und verhandelt: Die Frage nach der „Bestimmung des Menschen".

Neben den ‚großen' weltpolitischen oder technikgeschichtlichen Entwicklungen der Sattelzeit lassen sich nämlich soziale und bewusstseinsgeschichtliche Prozesse beobachten, die für diese Frage von entscheidender Bedeutung sind. Von der Mitte des 18. an bis ins erste Drittel des 19. Jahrhunderts (also zufälligerweise zu Goethes Lebenszeit) beschleunigt oder dramatisiert sich nämlich ein Prozess der Ablösung der ständisch gegliederten, weitgehend starren Gesellschaftsordnung durch die zunehmende Ausprägung funktionaler Teilsysteme der Gesellschaft (u. a. Recht, Politik, Religion, Wissenschaft). Die Identität des Einzelnen war zunehmend nicht mehr bestimmt von seinem (Geburts-) Stand, sondern von seiner temporären wie wechselnden Teilhabe an den Teilsystemen der Gesellschaft, von seinen unterschiedlichen gesellschaftlichen Handlungsrollen. Der Effekt dessen ist für den Einzelnen, individualpsychologisch, von größter Bedeutung: Um der Verunsicherung oder Orientierungslosigkeit zu entkommen, muss der Einzelne die nicht mehr über Standeszugehörigkeit gleichsam mit der Geburt gegebene Individualität für sich selbst wie für andere als *Biographie* erzählbar machen: Die Geschichte des eigenen, u. U. wechselvollen Lebensverlaufs konstituiert die moderne Individualität, die nur dann überhaupt da ist, wenn sie als solche *erzählbar* ist. Das Ich des modernen Individuums ist immer das Resultat einer Narration (mehr als es deren Subjekt wäre!).

Von der zweiten Hälfte des 18. Jahrhunderts an also beschleunigt sich der Prozess funktionaler Ausdifferenzierung: Wissensgeschichtlich hat das mit dem ungeheuren Zuwachs an Wissen zu tun, wissenschaftsgeschichtlich mit der Ausdifferenzierung der modernen Naturwissenschaften, der Philologien, der (literarischen wie philosophischen) Hermeneutik u. a., berufssoziologisch mit der zunehmenden Professionalisierung sowohl etwa des Stahlarbeiters, des Geodäten als auch des Astrophysikers. Literaturgeschichtlich resultiert es in der Ausdifferenzierung des autoreferenziellen Systems Literatur: Die (Weimarer) Autonomieästhetik Moritz', Schillers und Goethes ist Symptom dieses Ausdifferenzierungsprozesses.

Literarische Texte präsentieren mit ihren Protagonistinnen und Protagonisten immer (natürlich fiktive) Individuen innerhalb von oder im Konflikt mit übergeordneten Zusammenhängen – sei es das Schicksal *(Ödipus)*, die Heilsgeschichte *(Carolus Stuardus)*, die Geschichte *(Götz)* oder die Gesellschaft *(Wilhelm Meister)*. In Goethes Figuren (sogar u. U. den Ich-Rollen in seinen lyrischen Texten) sowie in die sozialen und Konfliktkonstellationen, in die die Figuren eingebunden sind, schreibt sich ein Beobachtungs-, Ahnungs- und Reflexionswissen um den gerade stattfindenden fundamentalen Umbruchsprozess ein. Dieser ist eben nicht nur ein außerhalb des Einzelnen stattfindender gesellschaftlicher Reform-, Revolutions- oder Evolutionsprozess, sondern macht die Frage danach, was der Mensch eigentlich sei, zum entscheidenden Problem. Die Texte geben keine eindeutige oder klare Antwort auf diese Frage! Sie verhandeln das Problem moderner Individualität auf mannigfache Weise: Im Blick auf Optionen der Ich-Identität außerhalb von Gesellschaft, das Verhältnis von sozialer Fremd- und subjektiver oder emotionaler Selbstbestimmung des Menschen, im Blick auf die Geschichtsohnmächtigkeit des Einzelnen oder seine prätendierte Geschichtsmächtigkeit, auf poetologische Effekte dieses Ahnungswissens in Drama und Roman u. v. a. m.

Die soziale Evolution ist, in ihrer Beschleunigungs- oder Dramatisierungsphase seit etwa 1750, der Auftakt zur Moderne, mithin die Vorgeschichte unserer Gegenwart! D. h. letztlich, dass die Fragen, die der *Werther,* der *Egmont* oder der *Faust* stellen, **aktuell** sind – eben weil sie noch nicht gelöst sind. – Natürlich geht Goethes literarisches Gesamtwerk nicht in der Modellierung gesellschaftsgeschichtlich-anthropologischen Wissens auf, es wäre völliger Unsinn, dies zu behaupten oder alle Texte über diesen Kamm zu scheren. Aber: Dieses Wissen spricht, vielstimmig und einander widersprechend, aus vielen seiner Texte.

Goethe schrieb! Er schrieb viel – außerhalb des engen Bereichs der „schönen Literatur". Er schrieb und forschte – im Gestus eines frühneuzeitlichen Universalgelehrten – in fast allen Feldern der Naturwissenschaften: Er untersuchte menschliche Embryonalskelette und fand, was das menschliche Skelett mit denen der Tiere verbindet, den Zwischenkieferknochen. Er arbeitete sich in die vergleichende Anatomie der Wirbeltiere ein, kommentierte nicht nur die neuesten Funde und Befunde der Spezialisten auf diesem Gebiete, sondern entwickelte, u. a. am Beispiel des (schon lange ausgestorbenen) Riesenfaultiers ein Konzept der Entstehung der Arten, das als Vorläufer der Darwinschen Evolutionstheorie gelten darf. Ebenso erforschte er, wiederum mit einem letztlich evolutionsbiologischen Grundgedanken sowie auf dem Hintergrund einer spezifischen Auffassung der Naturgeschichte, die Gestaltbildung der Pflanze und prägte seinen Begriff der Metamorphose. Gestaltbildung, letztlich also wiederum ein naturgeschichtlicher, evolutionstheoretischer Gegenstand, beschäftigte ihn in vielen anderen Feldern: Er nahm an wissenschaftlichen Auseinandersetzungen um die Entstehung der Erdkruste, die Entstehung von Wolkenformationen und -typen, um Kristallisationsprozesse v. a. bei Gesteinsarten teil, las die aktuellen Forschungsbeiträge, rezensierte, schrieb Eigenes. Vor allem angesichts der Entstehung der Farben bzw. der Physik des Lichts bezog er eine oppositionelle, ja polemische

Position gegenüber der mathematisch ausgerichteten Physik seit Newton – lieferte aber letztlich weniger eine alternative *Physik* des Lichts als vielmehr die ersten Ansätze zu einer *Physiologie* der Farbwahrnehmung. Dies hatte mit seiner letztlich ethischen Grundauffassung von naturwissenschaftlicher Forschung zu tun: Er widersprach jeder naturwissenschaftlichen Erkenntnis, die den Menschen (mit seinen beschränkten Sinnen) aus dem Versuchsaufbau, aus dem experimentellen Erkenntnisgewinnungsprozess ausschließen wollte. Der Betrachter ist bei ihm immer Teil des Versuchs! – Vor allem in den ersten Jahrzehnten des 19. Jhs. sah er resignierend die eigene, universalistische Position der zunehmenden Ausdifferenzierung der modernen Naturwissenschaften (Chemie und Physik, Geologie, Astronomie und Mathematik wurden jeweils voneinander abgetrennte Fachgebiete) ausgesetzt, ja unterliegen, beklagte die „grenzenlose[] Vielfachheit, Zerstückelung und Verwickelung der modernen Naturlehre" (*Wilhelm Meisters Wanderjahre,* Makariens Archiv; HA 8, 467) – und suchte nichtsdestoweniger nach Bundesgenossen der eigenen Grundauffassung (noch 1830 z. B. den französischen Zoologen Étienne Geoffroy de Saint-Hilaire).

Goethe schrieb – am Ende der Aufklärung mit: Auswegslos gesteigerte Empfindsamkeit im Sturm-und-Drang-Werk reflektierte die sensualistische Wende der Aufklärungsphilosophie seit Hume und Locke (ebenso wie die empfindsame Literatur unmittelbar vor Goethe), die Französische Revolution machte alle aufklärungsoptimistischen Hoffnungen zunichte – und die Autonomieerklärung der Literatur bei Moritz, Schiller und Goethe um 1800 beendete jede erbauliche, didaktische Funktionalisierung von Kunst, wie sie rationalistische oder empfindsame Aufklärung noch gedacht hatte. – Aber Goethe schrieb Aufklärung auch fort: Sein (fast) gesamtes Werk ist geprägt von dezidiert säkularem Denken. Auf der ungeheuer gesättigten Basis der alteuropäischen kulturellen Überlieferung in Literatur und Kunst, Philosophie, Naturwissenschaft und Religionen ging Goethe, einerseits überzeugt davon, dass eine gewisse Religiosität grundsätzlich unhintergehbar sei, von der anthropologischen Notwendigkeit von ‚Rückbindung' (so die eigentliche Bedeutung von lat. ‚religio') an ein Überindividuelles, Gesetzmäßiges aus. Die Konsequenz aber, die Goethe daraus zieht, ist dezidiert nicht-christlich: Radikal gesprochen, anerkennt Goethe nur zwei Religionen: Naturreligion und Kunstreligion. „Wer Wissenschaft und Kunst besitzt, / Hat auch Religion; / Wer jene beiden nicht besitzt, / Der habe Religion" (*Zahme Xenien,* Nachlese; HA 1, 367).

Goethe schrieb – schön! Um es abschließend ganz subjektiv zu sagen: Hier geht es nicht um die Exzeptionalität eines Individuums, um die Apotheose oder Verherrlichung eines Helden der Kulturgeschichte oder ähnlichen Unsinn. Hier geht es vielmehr um die Vorstellung eines literarischen Werkes, das seinerseits tatsächlich exzeptionell ist: Durch die zufällig lange Lebenszeit seines Urhebers umfangreich, durch die zufällige Position der Lebenszeit seines Urhebers im geschichtlichen Gang einerseits als literarisches Werk gesättigt vom ahndungsvollen Wissen um die fundamentalen Konflikte der (Umbruchzeit zur) Moderne, andererseits gekennzeichnet vom Versuch, den vom historischen Gang des Ganzen überholten Typus des Universalgelehrten noch ein letztes Mal realisieren zu können. Exzeptionell ist es auch – und da spielen Talent und ästhetisches Vermögen seines Urhebers eine größere Rolle als der Zufall –, weil es sprachliche Kunst in manchmal geradezu unglaublicher Schönheit vorführt: Wer nur Goethe lesen lieben lernt, weil sie oder ihn (um nur einige Beispiele zu nennen) Orests unendlich befreite Ansprache an Iphigenie und Pylades (v. 1355 ff.), weil sie oder ihn der Gesang von Ariels Luftgeistern in der „Anmutigen Gegend" in *Faust II,* weil ihn oder sie die Schlusspassage des letzten Kapitels im 2. Buch der *Lehrjahre* sinnlich *anrührt* – wer nur Goethe lesen lieben lernt, weil ihn oder sie die Schönheit der einen oder anderen Stelle umfassend *ergreift,* die oder der kann auch dessen gewahr werden, was die Texte darüber hinaus zu sagen haben. Dass wir es hier mit einem Werk zu tun haben, das (unter Anderem!) im Blick auf die Bestimmung des Menschen im Kontext des Aufbruchs zur Moderne, das im Blick auf Natur auch ökologisch und ethisch etwas zu sagen hat, das in radikaler Form Mensch und Welt säkular zu denken auffordert – das alles macht dieses Werk aktuell, gerade weil es auch historisches Dokument ist: Dokument *unserer* Vorgeschichte!

Also: Heute noch Goethe lesen? Keine Frage!

Teil I
Die frühen Werke (1749–1786)

Johann Wolfgang Goethe wurde als ältester Sohn einer Patrizierfamilie am 28. August 1749 in Frankfurt am Main geboren, knapp anderthalb Jahre später, am 7. Dezember 1750 seine Schwester Cornelia, alle weiteren Geschwister starben im Kindesalter. Die Kindheit war von Privatunterricht durch den Vater und durch Privatlehrer, durch Puppenspieltheater, vielfältige Lektüre und früheste dichterische Versuche – und nicht zuletzt durch den Siebenjährigen Krieg bestimmt. Das (vom Vater verordnete) Studium der Jurisprudenz führte ihn von 1765 bis 1768 nach Leipzig.

Eine Erkrankung führte zum vorläufigen Abbruch des Studiums sowie der Genesung in der Vaterstadt, 1770–1771 führte Goethe sein Studium in Straßburg fort, wo er u. a. Bekanntschaft mit Herder und Lenz machte. Nach der Promotion zum Lizentiaten der Rechte 1771 arbeitete er als Advokat in Frankfurt, 1772 als Praktikant am Reichskammergericht zu Wetzlar, 1772–1775 in juristischer und schriftstellerischer Tätigkeit wieder in Frankfurt.

Nach einer Schweizreise im Sommer 1775 folgte er der Einladung des jungen Weimarer Herzogs Carl August von Sachsen-Weimar-Eisenach an den dortigen Hof – und machte politische Karriere: Er wurde 1776 Geheimer Legationsrat und trat damit in den weimarischen Staatsdienst ein, leitete nach und nach u. a. das Wegebau-, Bergbau-, das Kriegs- sowie das Cameral- (d. i. das Finanz-) Ministerium. In Weimar schrieb er dramatische und lyrische Texte für Hoffeierlichkeiten, aber auch Dramen für das dortige Liebhabertheater und betrieb naturwissenschaftliche Studien insbesondere zur Botanik und Geologie. Neben der engen Verbindung zum Herzog Carl August und der Herzoginmutter Anna Amalia und der Bekanntschaft u. a. mit Christoph Martin Wieland, schloss er eine enge Freundschaft mit der Hofdame Charlotte von Stein und setzte sich dafür ein, dass der Straßburger Freund Herder an die Weimarer Stadtkirche berufen wurde. Schon 1782 wurde Goethe in den erblichen Adelsstand erhoben und erhielt die Ernennung zum Kammerpräsidenten (Finanzminister). Im selben Jahr starb sein Vater.

Jugendwerke: Lyrische Versuche, Buch „Annette", Schäferspiele

2

Für die Söhne in Familien gehobenen bürgerlichen oder adligen Standes war es im 18. Jahrhundert selbstverständlich, dichten zu lernen: Im Kontext bürgerlich-repräsentativer Geselligkeitskultur war zu familiären, politischen oder schulischen Anlässen die Verfertigung von Gelegenheitsdichtungen, Casualgedichten schon seit spätestens dem 17. Jahrhundert gleichsam Pflicht. Goethe wurde, gemeinsam mit Gleichaltrigen sonntags um zehn, ab dem sechsten Lebensjahr im Versemachen unterrichtet – ein frühes Beispiel (keiner weiß, in wie hohem Maße Lehrer oder Eltern hilfreich unterstützten) ist ein Neujahrsgedicht des Siebenjährigen für die Großeltern mütterlicherseits. Der barock ausschweifende Titel bezeichnet die ‚Gelegenheit' des Textes genau: „Bei dem erfreulichen Anbruche des 1757. Jahres / wollte seinen / hochgeehrtesten und herzlich-geliebten / Großeltern / die Gesinnungen kindlicher Hochachtung und / Liebe durch folgende Segenswünsche zu erkennen / geben deroselben treugehorsamster Enkel / Johann Wolfgang Goethe". Die ‚Großmutter'-Strophe des im Standard-vers seit Opitz, dem Alexandriner im Paarreim, gehaltenen Textes spielt ganz typisiert mit dem Bescheidenheitstopos: „Erhabne Großmama! / Des Jahres erster Tag / Erweckt in meiner Brust ein zärtliches Empfinden / Und heißt mich ebenfalls Sie jetzo anzubinden / Mit Versen, die vielleicht kein Kenner lesen mag", der Schluss der Strophe ist kindlich-kokettes Spiel desjenigen, der gerade das Verseschmieden zu lernen beginnt: „Dies sind die Erstlinge, die Sie anheut empfangen, / Die Feder wird hinfort mehr Fertigkeit erlangen." (HA 1, 7 f.)

In seiner Autobiographie *Dichtung und Wahrheit* gibt Goethe an, bereits im Winter 1763/64 „eine gute Anzahl sogenannter anakreontischer Gedichte ver-fertigt [zu haben], die mir wegen der Bequemlichkeit des Silbenmaßes und der Leichtigkeit des Inhalts sehr wohl von der Hand gingen" (HA 9, 143). Dass er in

---

Ergänzende Information Die elektronische Version dieses Kapitels enthält Zusatzmaterial, auf das über folgenden Link zugegriffen werden kann https://doi.org/10.1007/978-3-476-05903-1_2.

diesem Winter dem Vater nicht diese Sammlung, sondern einige geistliche Oden überreichte, soll hier nicht interessieren, sondern das Attribut, das Goethe seinen frühen Produktionen beilegt: ‚anakreontisch‘. Dieses bezeichnet sehr treffend einen Großteil der geselligen Gelegenheitsgedichte des deutschen Rokoko schon seit den 1740er Jahren: Lose an die Dichtungen des griechischen Dichters Anakreon aus Teos (6. Jh. v.u.Z.) angelehnt, umspielte ‚anakreontische‘ Lyrik, inhaltlich eher unverbindlich und gleichwohl kunstvoll, Motive des Wein-, Liebes- und Lebensgenusses in schwebend leichtfüßiger Manier vor der Kulisse einer angenehmen Landschaft. Zur Darstellung von Empfindungen und Gefühlen stellt die literarische Tradition gewissermaßen typisierte Bausteine zur Verfügung, aus denen ebenso ausgewählt werden konnte: Kulissen und Requisiten, Metaphern und andere sprachliche Bilder, Vers- und Strophenformen (und auch Reimformen – obwohl einer der Reize der Gedichte des Anakreon ihre Reimlosigkeit war). Häufig waren die Texte eingebunden in die repräsentativen Zusammenhänge adliger oder gutbürgerlicher Festlichkeiten und in den galanten Umgang mit dem weiblichen Geschlecht.

Für den Großteil seiner frühen Gedichte wählt Goethe eine sehr treffende Bezeichnung: Bis einschließlich zu seiner Leipziger Zeit (1766–1768) stand seine lyrische Produktion ganz in der geselligen Funktion der oben skizzierten Rokokoliteratur, zu Familienfesten wurden kleine Strophen geschmiedet, im Kontext mehr oder weniger ernsthafter Liebschaften wurden Gedichte auf die Angebeteten geschrieben. Ganz eng ans Muster anakreontischer Lyrik schließt beispielsweise das Einleitungsgedicht des „Buches Annette" (1767, für die Leipziger ‚Freundin‘ Anna Catharina Schönkopf) an: ► „An Annetten"; auch ein erst 1771, im Straßburger Kontext der Liebesbeziehung zu Friederike Brion (s. u. 4.3) entstandenes Gedicht ist anakreontische Gelegenheitsdichtung: ► „Mit einem gemalten Band" – es begleitete das Geschenk eines selbst bemalten Bandes, das das Kleid der Geliebten schmücken sollte. – So wie diese Anakreontik 1771 anachronistisch erscheint, so zeigt schon „An den Mond", ein Stück der zumindest dominant anakreontischen „Neuen Lieder" (1768/89), bei allen typisierten Bildern und mythologischen Anspielungen Tendenzen eines Hinausschreitens in Richtung einer neuen Naturauffassung, einer neuen Sprache:

An den Mond   ►

Schwester von dem ersten Licht,
Bild der Zärtlichkeit in Trauer!
Nebel schwimmt mit Silberschauer
Um dein reizendes Gesicht.
Deines leisen Fußes Lauf
Weckt aus tagverschloßnen Höhlen
Traurig abgeschiedne Seelen,
Mich, und nächt'ge Vögel auf.

Forschend übersieht dein Blick
Eine großgemeßne Weite!
Hebe mich an deine Seite!
Gib der Schwärmerei dies Glück!
Und in wollustvoller Ruh
Säh' der weitverschlagne Ritter
Durch das gläserne Gegitter
Seines Mädchens Nächten zu.

Dämmrung, wo die Wollust thront,
Schwimmt um ihre runden Glieder.
Trunken sinkt mein Blick hernieder.
Was verhüllt man wohl dem Mond.
Doch, was das für Wünsche sind!
Voll Begierde zu genießen,
So da droben hängen müssen;
Ei, da schieltest du dich blind. (HA 1, 20)

So, wie die lyrischen Versuche des jugendlichen Goethe die gesellige, gängige Modeform lyrischen Sprechens nachahmten, so erarbeiteten sich auch seine ersten dramatischen Versuche das populärste, geselligste Genre: Das Schäferspiel. Es ist eben nicht die „große" dramatische Gattung der 1750er und 1760er Jahre, das bürgerliche Trauerspiel v. a. Lessings, dessen Goethe sich hier bedient, sondern vielmehr die der gerade gängigen Unterhaltungsstücke, die leichte Unterhaltungsdramatik des Rokoko, die er sich aneignet.

Die Laune des Verliebten (1767) steht ganz ungebrochen in der Tradition des deutschen Schäferspiels, der dramatischen Spielart der deutschen Idylle, die das antike Griechenland zur Kulisse für eine ganz und gar unproblematische Liebesgeschichte stilisiert – Problem ist allenfalls, dass aus irgendeinem Grund die Liebenden nicht sofort zueinander können. Das Schäferspiel des Achtzehnjährigen wird, bei aller generellen Kritik an seinem Genre, als ein Musterexemplar des deutschen Schäferspiels bewertet (vgl. HA 4, 470). Inhaltlich geht es hier um Liebe und Eifersucht, genauer gesagt, um den Ausgleich zwischen den Ansprüchen der Liebenden auf Zärtlichkeit und Erotik und dem Interesse „einer Gesellschaft, die die Freiheit zu spielerischer Erotik gewahrt wissen will" (Conrady 1982, 76).

Ebenfalls Unterhaltungsdrama, Lustspiel, ist eine kleine Farce, die Goethe 1768 in zwei Fassungen schrieb: *Die Mitschuldigen*. Hier werden auf der Bühne in geschickter Verdichtung alle Beteiligten an einem bisher enttäuschend verlaufenden Liebesdrama zusammengeführt – immer muss der eine sich beim Auftritt des nächsten irgend verstecken. In der zweiten Hälfte des Stücks muss ein jeder Erklärung abgeben, warum er hier sei – es stellt sich die prinzipielle Mitschuld eines jeden an der enttäuschenden Liebesgeschichte heraus, das Ende bleibt offen. Die Figuren, die Goethe hier vorführt, sind allerdings in ihrer Anlage angelehnt an die des französischen Klassizismus, sie sind Typen, der des verschmähten Liebhabers ebenso wie der der Liebhaberin, des Alten – wie sie die

Lehrjahre später von der wandernden Theatertruppe erzählen. Auch die Vers-Form, der Alexandriner, entstammt dem Klassizismus des 17. und früheren 18. Jahrhunderts, die Einaktigkeit der ersten, die Zweiaktigkeit der zweiten Fassung allerdings entsprechen keiner bestimmten Tradition.

Auf den Ebenen der handlungsleitenden individuellen Konflikte, der Figurengestaltung und -konzeption und der sprachlichen und dramatischen Form stellen die beiden frühen Dramen Goethes gewiss keine literaturgeschichtliche Besonderheit dar. Nichtsdestoweniger werden unter der unmittelbar sichtbaren Oberfläche der Handlung schon Strukturen sichtbar, die für das weitere, nicht nur dramatische Werk von Bedeutung sein werden: In der *Laune des Verliebten* und den *Mitschuldigen* „schält sich schon deutlich das Problem des besonderen Individuums heraus, das mit seiner Eigenart in Konflikt mit den gesellschaftlichen Normen gerät" (Zimmermann 1979, 41). Im ersten Stück soll dem Helden die konfliktträchtige Eigenart ausgetrieben werden, das zweite verzichtet auf eine Lösung, die individuelle Handlung wird hier auf dem Hintergrund der Fehlerhaftigkeit des Handelns aller konturiert oder eingefordert. Die *Mitschuldigen* führen schon „eine degenerierte Gesellschaft" vor, „die den Eigenwillen des Individuums zu legitimieren hat" (Zimmermann 1979, 42). Oder, um es mit dem alten Goethe selbst zu sagen: Ich hatte „zeitig in die seltsamen Irrgänge geblickt, mit welchen die bürgerliche Sozietät unterminiert ist. Religion, Sitte, Gesetz, Stand, Verhältnisse, Gewohnheit, alles beherrscht nur die Oberfläche des städtischen Daseins" (*Dichtung und Wahrheit,* 7. Buch; HA 9, 285).

Programmatik – Genie-Ästhetik

3

Die literarische Sozialisation Goethes in den 1750er und 1760er Jahren war einerseits von den vielfältigen Lektüren im Elternhaus bestimmt: Prosaromane und Puppenspiele des 15. und 16. Jahrhunderts (*Faust, Melusine, Eulenspiegel* u. a.), Anthologien und Texte griechischer und römischer Klassiker, aber auch französische Klassizisten wie Racine, Corneille und Molière sowie neuere oder neueste Erzählliteratur wie z. B. Schnabels *Insel Felsenburg*, Fenelons *Telemach* oder Defoes *Robinson Crusoe*. Andererseits erfolgte diese Sozialisation im unmittelbaren Kontext der (auch) literarischen Kultur des Rokoko – wie die anakreontischen Gedichte und die Schäferspiele zeigen.

Der Straßburger Studienaufenthalt, die Bekanntschaft mit Herder, Lenz und diejenige (von Herder vermittelt!) mit den Dramen Shakespeares gaben Impulse, die sowohl in der theoretischen Auffassung von Natur, Kunst und Künstler als auch in der lyrischen wie dramatischen Produktion der frühen 1770er Jahre zu einer Abwendung von der typisierten Rokoko-Literatur führten – bzw. den Auftakt zu jener kurzlebigen Strömung mitgestalteten, die in der Literaturgeschichtsschreibung späterhin als „Sturm und Drang", als „Geniezeit" oder als „Genieperiode" bezeichnet wurde.

Vor allem Goethes kleinere Aufsätze aus der Straßburger und der folgenden Frankfurter Zeit dürfen als wichtige programmatische Schriften dieser Bewegung verstanden werden. Goethe artikuliert hier die maßgeblichen ästhetischen Imperative, die zumindest von der intentionalen Seite her für seine literarischen Texte aus jener Zeit maßgeblich werden sollen:

- ein neuer Begriff von Natur und dem Menschen in ihr, damit verknüpft ein radikal geändertes Gottesbild;
- ein durchaus auch politisch zu verstehender antiklassizistischer Impuls gegen die Adaption des französischen Dramas in der deutschen Aufklärungs- und Rokoko-Dramatik;

© Springer-Verlag GmbH Deutschland, ein Teil von Springer Nature 2023
B. Jeßing, *Goethe*, https://doi.org/10.1007/978-3-476-05903-1_3

- eine polemische Wendung gegen aufklärerische Ästhetik, also die rationalistische Doktrin von der notwendigen Lehrhaftigkeit der Literatur;
- eine neue Auffassung des Künstlers als Genie und damit verbunden eine neuartige Auffassung künstlerischer Ausdrucksmöglichkeiten;
- eine emphatische Hinwendung zu alternativen ästhetischen Vorbildern wie etwa Shakespeare und zu einer eigenen, nationalen Kulturtradition.

Naturbegriff. ‚Natur' wird für die junge Generation um Goethe zu einem gleichsam neuen Begriff: Natur wird herausgelöst aus ihrem Objektstatus der durch die neuzeitliche Naturwissenschaft und die Aufklärung gesetzten starren Gegenüberstellung von Objekt und erkennendem Subjekt. Stärker als Goethes eigene programmatische Schriften der frühen siebziger Jahre vermag diese Neuerung das sogenannte Tiefurter Fragment „Die Natur" von Georg Christian Tobler auszudrücken, verfasst 1781 nach einem Besuch in Weimar und von Goethe anonym veröffentlicht, so dass es einige Zeit für eins seiner Werke galt. Dort heißt es:

> Natur! Wir sind von ihr umgeben und umschlungen – unvermögend aus ihr herauszutreten, und unvermögend tiefer in sie hineinzukommen. Ungebeten und ungewarnt nimmt sie uns in den Kreislauf ihres Tanzes auf und treibt sich mit uns fort, bis wir ermüdet sind und ihrem Arme entfallen (HA 13, 45).

In hymnischem Ton drückt das Fragment den Naturbegriff Goethes der frühen siebziger Jahre aus: Die allumgebende Natur, der die Attribute des christlichen Gottes zugeschrieben werden, die, anstelle dieses Gottes, ihre eigene Schöpferin ist, unzählige Wesen und Gestalten hervorbringt, durch den Kreislauf des Lebens und Gebärens und Sterbens ebenfalls eine Ewigkeit garantiert, deren „Krone [...] die Liebe" ist (HA 13, 47), die sogar mit den Worten des Psalmisten besungen wird: „Sie hat keine Sprache noch Rede, aber sie schafft Zungen und Herzen, durch die sie fühlt und spricht" (ebd.) – wird damit an Stelle Gottes gesetzt. Der Mensch, von der Aufklärung soeben als erkennendes Subjekt angeblich gegenüber oder gar oberhalb des Naturzusammenhangs gedacht, wird auf seine Naturstufe zurückgeholt: „Die Menschen sind all in ihr und sie in allen" (HA 13, 46), der Mensch wird hier als Teil dieser als göttlich begriffenen Natur empfunden – und gerade das Naturhafte ist das Göttliche an ihm.

Natur wird für Goethe einerseits zum ästhetischen Vergleichsbild. In dem Aufsatz „Von deutscher Baukunst" (1772) etwa heißt es, angesichts des Straßburger Münsters: „Die großen harmonischen Massen, zu unzählig kleinen Teilen belebt, wie in Werken der ewigen Natur, bis aufs geringste Zäserchen, alles Gestalt und alles zweckend zum Ganzen" (HA 12, 12). Und in der polemischen Erwiderung auf Sulzers *Die schönen Künste* (1772) führt Goethe das Allumfassende seines neuen Naturbegriffs ein und greift damit deutlich dem Tiefurter Fragment vor:

> Was wir von Natur sehn, ist Kraft, die Kraft verschlingt; nichts gegenwärtig, alles vorübergehend, tausend Keime zertreten, jeden Augenblick tausend geboren, groß und bedeutend, mannigfaltig ins Unendliche; schön und häßlich, gut und bös, alles mit gleichem Rechte nebeneinander existierend (HA 12, 18).

> Sind die wütenden Stürme, Wasserfluten, Feuerregen, unterirdische Glut, und Tod in allen Elementen nicht ebenso wahre Zeugen ihres ewigen Lebens als die herrlich aufgehende Sonne über volle Weinberge und duftende Orangenhaine? (HA 12, 17)

Der schöpferische Mensch hat Teil an dieser Natur, sie ist in ihm: „Denn in dem Menschen ist eine bildende Natur, die sich gleich tätig erweist, wann seine Existenz gesichert ist" (HA 12, 13).

Andererseits wird Natur für Goethe zum polemischen Gegenbegriff gegen die höfisch degenerierte Rokokokultur (in die er selbstkritisch gewiss auch große Teile des zeitgenössischen Bürgertums mit einrechnet). In seiner programmatischen – möglicherweise nie gehaltenen – Rede „Zum Shakespearestag" fragt er: „Und was will sich unser Jahrhundert unterstehen, von Natur zu urteilen? Wo sollten wir sie her kennen, die wir von Jugend auf alles geschnürt und geziert an uns fühlen und an andern sehen?" (HA 12, 227). Im gedanklichen Anschluss an die Kulturkritik Rousseaus (*Emile*, 1762) wird hier einer natürlichen, von den gekünstelten Zwängen befreiten Menschennatur das Wort geredet, eine Wendung gleichermaßen wider die artifiziellen Moden der Zeit wie auch gegen die starren und beengenden ständischen Verhältnisse.

Auch in Goethes Polemik gegen die französische und italienische, klassizistische Nachäfferei antiker Baukunst spricht das Natürliche gegen das Gekünstelte, das Lebendige gegen das Tote, das Echte gegen das Scheinhafte. Die proklamierte Kunst wird mit positivsten Qualitäten besetzt: Aus dem ästhetischen Gefühl resultierte Notwendigkeit und Wahrheit, eine „lebendige Schönheit wäre bildend aus ihnen gequollen" (HA 12, 8), wäre dann Schaffendes und Geschaffenes – und nicht zufällig zitiert der „Baukunst"-Aufsatz von 1772 hier Klopstocks Sprachgebrauch aus der Hymne „Das Landleben" (1759), wo Gottes Hand die „Erden entquollen", ein Bild mithin für gottgleiche Schöpfungstat.

Dramenästhetik. Analog zu dieser Wendung ist auch die Wendung gegen die adaptierte französische Dramenästhetik zu sehen. Wieder in der Shakespearetags-Rede ruft Goethe aus: „Ich zweifelte keinen Augenblick, dem regelmäßigen Theater zu entsagen. Es schien mir die Einheit des Orts so kerkermäßig ängstlich, die Einheiten der Handlungen und der Zeit lästige Fesseln unsrer Einbildungskraft" (HA 12, 225). Wie die gesellschaftlichen Imperative werden auch die ästhetischen des französischen Klassizismus als gekünstelte Fesseln erfahren, deren der schöpferische Mensch als Natur sich entledigen müsse: „Ich sprang in die freie Luft und fühlte erst, daß ich Hände und Füße hatte" (ebd.) – die ästhetische Wendung erzeugt das neue Selbstgefühl der menschlichen Natur.

An die Stelle der im französischen Klassizismus erstarrten antiken Dramenästhetik setzt Goethe sein Verständnis von Shakespeares offenerer Dramenform:

> Shakespeares Theater ist ein schöner Raritätenkasten, in dem die Geschichte der Welt vor unsern Augen an dem unsichtbaren Faden der Zeit vorbeiwallt. Seine Plane sind, nach dem gemeinen Stil zu reden, keine Plane, aber seine Stücke drehen sich alle um den geheimen Punkt (den noch kein Philosoph gesehen und bestimmt hat), in dem das Eigentümliche unsres Ichs, die prätendierte Freiheit unsres Wollens, mit dem notwendigen Gang des Ganzen zusammenstößt (HA 12, 226).

Hier wird gegen jede äußere formale Ordnung des dramatischen Textes eine innere gesetzt: Ordnendes Prinzip aller auf den ersten Blick chaotisch angeordneten Szenen ist ein innerer „Konflikt"-Punkt, an dem die Handlungs- und Autonomie-Ansprüche des Individuums mit gesellschaftlichen Strukturen und geschichtlichen Verläufen zusammenstoßen: Aufwertung des Individuums und gleichermaßen historische und soziale Bindung des Dramas!

Künstlerauffassung: Genie. Ganz eng an diesen ersten positiven Begriff einer neuen Kunst angebunden ist der ebenfalls neuartige Begriff des Einzelnen, des Künstlers, der als Genie begriffen wird. Emphatisch ruft sich das neue Ich-Gefühl – zunächst noch ohne auf die künstlerische Identität hingedacht zu sein – in der Rede „Zum Shakespearestag" aus: „Ich! Der ich mir alles bin, da ich alles nur durch mich kenne! So ruft jeder, der sich fühlt" (HA 12, 224). Die gleichermaßen ich-hafte wie künstlerische Selbstschöpfung der Welt wird zum zentralen Identitätsmerkmal des Künstlerischen, die Herkunft der eigenen Schöpfung nur aus dem eigenen Selbst. Dem Baumeister des Straßburger Münsters ruft der emphatische Text von deutscher Baukunst gerade dies zu, die Ausnahmeexistenz des aus sich selbst Schaffenden: „Wenigen ward es gegeben, einen Babelgedanken in der Seele zu zeugen, ganz, groß, und bis in den kleinsten Teil notwendig schön, wie Bäume Gottes" (HA 12, 7). Das Naturhafte der künstlerischen Schöpfung wird identisch gesetzt mit der Schöpfung Gottes, der Künstler, übers unmittelbare Zitat der Genesis, mit Gott, als Geist, „der auf solche Schöpfung herabschauen und gottgleich sprechen kann: Es ist gut!" (HA 12, 12).

Die unbedingte Selbsttätigkeit, die Ausschließlichkeit der Herkunft künstlerischer Schöpfungsmacht aus der individuellen Kraft wird zum zentralen Programm: „Er [der Genius] will auf keinen fremden Flügeln, und wären's die Flügel der Mörgenröte, emporgehoben und fortgerückt werden. Seine eigne Kräfte sind's, die sich im Kindertraum entfalten, im Jünglingsleben bearbeiten, bis er stark und behend wie der Löwe des Gebirges auseilt auf Raub" (HA 12, 14). Unabhängig von den göttlichen Mächten, hier durch die ‚Flügel der Morgenröte' des 139. Psalms repräsentiert, wird das eigene Leben und Empfinden, biographische Erfahrung und innerlichste Empfindsamkeit, zur Quelle der künstlerischen Schöpfung.

Goethe greift hier gleichermaßen zurück auf den englischen Philosophen Shaftesbury, der den Künstler als „indeed a second *Maker*" (Shaftesbury: *Soliloquy or advice to an Author*, 1710, 55) aufwertete, und auf den Erfinder literarischer Empfindsamkeit, Klopstock: Die Empfindung der Seele wird zum Urgrund künstlerischer Tätigkeit, und der Künstler macht sich so zum Propheten, zum Künder einer göttlichen Wahrheit:

> Wenn sie [die Kunst] aus inniger, einiger, eigner, selbstständiger Empfindung um sich wirkt, unbekümmert, ja unwissend alles Fremden, da mag sie aus rauher Wildheit oder aus gebildeter Empfindsamkeit geboren werden, sie ist ganz und lebendig [...]; je mehr diese Schönheit in das Wesen eines Geistes eindringt, daß sie mit ihm entstanden zu sein scheint, daß ihm nichts genugtut als sie, daß er nichts aus sich wirkt als sie, desto glücklicher ist der Künstler, desto herrlicher ist er, desto tiefgebeugter stehen wir da und beten an den Gesalbten Gottes (HA 12, 13 f.).

Sowohl bei Shaftesbury als auch hier bei Goethe ist dieser neue Begriff künstlerischer Identität untrennbar mit dem Bild des Prometheus verbunden. Nicht nur
ein zweiter Schöpfer sei der Künstler, so Shaftesbury, sondern „a just *Prometheus,
under Jove*"; Shakespeare hymnisch besingend vergleicht Goethe ihn mit dem
revoltierenden Titan, der gegen Zeus' Willen Menschen schafft: „Er wetteiferte mit dem Prometheus, bildete ihm Zug vor Zug seine Menschen nach, nur
in *kolossalischer Größe*" (HA 12, 227). Auch der Baumeister des Straßburger
Münsters wird mit Prometheus verglichen, ja über ihn gesetzt: „[…] und mehr als
Prometheus leit' er die Seligkeit der Götter auf die Erde" (HA 12, 15). Natürlich
ist Prometheus programmatisch in mehr als nur ästhetischer Hinsicht: Er wird zum
Bild des Aufbegehrens, mythologisch gegen Zeus, für die junge Generation um
Goethe gegen die ästhetischen, sozialen und politischen Fesseln und Imperative
der absolutistisch-höfischen, kirchlich-religiös bestimmten Gesellschaft und ihrer
den französischen Klassizismus nachäffenden Kultur.

Die wichtigsten Momente dieses neuartigen, bürgerlich-jugendlichen Konzepts
von Kunst und Künstler lassen sich folgendermaßen zusammenfassen:

- Ausgangspunkt ist ein sich von der Aufklärung zunächst abtrennender Naturbegriff, der Natur insgesamt als harmonisches Ganzes empfindet, dem Gott
  pantheistisch innewohnt, diese zum Bild für eine neue Kunst macht und
  polemisch wendet gegen die Gekünsteltheit der bürgerlichen wie adligen
  Lebensweise des späten Rokoko;
- Derselbe polemische Gestus wird gewendet gegen die ebenso gekünstelten
  Fesseln einer klassizistischen Ästhetik französischer Prägung, der das Naturhafte etwa Shakespearescher Gestalten entgegengesetzt wird: „Natur! Natur!
  nichts so Natur als Shakespeares Menschen" (HA 12, 226);
- Aus der Aufwertung des Ich durch seine gleichsam identische Teilhabe an der
  göttlichen Natur resultiert ein neues Ich-Gefühl, das auf die eigene Schöpfungsmacht, auf die Kraft der eigenen Seele und Empfindung ausschließlich setzt,
  den Künstler selbst an die Stelle des schaffenden Gottes setzt;
- Darüber hinaus setzt Goethe programmatisch mit der Gotik Erwin Stein-
  bachs und der dramatischen Kunst Shakespeares der an antiken Formen und
  Stoffen orientierten klassizistischen Rokokokunst eine teils nationale, teils
  gewissermaßen ‚nordische' Kunst entgegen – die sowohl für Form und Stoff
  des eigenen *Götz,* aber auch etwa für die Ballade Bürgers und vieler anderer
  Vertreter des sogenannten literarischen Sturm und Drang maßgeblich wurde.

Lyrik

4

4.1 Volksliedhafte Dichtung: „Heidenröslein"

In Straßburg – der zwanzigjährige Goethe war hier im Frühjahr 1770 zur Fort-setzung seines Studiums angelangt – kam es im Sommer 1770 zur ersten Begegnung mit Herder, der Goethe mit seiner Wertschätzung des Volksliedes bekanntmachte. Reisen durch das Elsaß setzten beide in Kenntnis der dortigen Volksliteratur: „Ich habe noch aus Elsaß 12 Lieder mitgebracht, die ich auf meinen Streifereien aus denen Kehlen der ältesten Mütterchens aufgehascht habe" (Goethe an Herder, Herbst 1771; HA 1, 507).

Eine der berühmtesten Volksliedbearbeitungen Goethes aus der ersten Straßburger Zeit stellt das „Heidenröslein" dar – das zudem den Vorteil bietet, dass sowohl das wahrscheinlich zugrundeliegende Volkslied, eine Bearbeitung Herders und verschiedene Fassungen aus Goethes Feder überliefert sind, was den genauen Nachvollzug der Verfertigung ‚naturnaher' Dichtung im Volksliedton ermöglicht.

Quelle. Eine Volksliedfassung des Liedes findet sich erstmals in einer Lieder-sammlung Paul van der Aelsts aus dem Jahre 1602: „Sie gleicht wohl einem Rosenstock". Seine Herkunft aus dem Elsaß ist zwar nicht gesichert, gleichwohl mag es (in dieser oder ähnlicher Form) Herder und Goethe auf ihren Reisen durch die Umgebung Straßburgs zur Kenntnis gelangt sein. Das Volkslied zeigt schon einige der poetischen Versatzstücke der späteren Bearbeitungen: Der Vergleich einer Frau mit dem ‚Rosenstock' wird explizit ausgeführt, ebenso das Motiv des Knaben, der das Röslein brechen will, der Refrain, den Goethe übernehmen wird: „Rößlein auff der Heyden".

Gleichzeitig weist es noch viele typische Charakteristika des Volksliedes auf: Die Darstellungsperspektive wechselt zwischen einem neutralen Betrachter und

---

Ergänzende Information Die elektronische Version dieses Kapitels enthält Zusatzmaterial, auf das über folgenden Link zugegriffen werden kann https://doi.org/10.1007/978-3-476-05903-1_4.

dem Knaben, die Metaphorik ist uneinheitlich ausgeführt, in einer Strophe wird aus dem ‚Rößlein' als Blume aufgrund der Buchstabengleichheit ein Pferd: „daß hat mir getretten auff den Fuß". Diese Inhomogenitäten gehen auf den uneinheitlichen mündlichen Überlieferungszusammenhang zurück. Van der Aelst hatte anscheinend alle greifbaren Strophen zusammengestellt, als Sammlung konnte der ‚Text' daher kaum poetische Kohärenz aufweisen.

Herders Bearbeitung. Vermutlich 1771 legte Herder eine Bearbeitung des Liedes vor, die, im Unterschied zu Goethes Fassungen, relativ stark von der Vorlage abweicht: *Die Blüthe. Ein Kinderlied.* Herder macht aus dem ‚Röslein' ein „Knöspgen", der Vergleich zwischen Frau und Blume wird allerdings nicht mehr explizit ausgeführt, der Text reduziert völlig auf die Bildebene des Volksliedes. Stärkste und gleichzeitig für Herder typische Abweichung sowohl vom Volkslied als auch von Goethes Bearbeitungen ist hier die vierte Strophe. Herder hängt eine pragmatische Moral an, die sehr deutlich zeigt, wie stark er dem pädagogischen Anspruch der literarischen Aufklärung verpflichtet war:

> Brich nicht o Knabe nicht zu früh
>   die Hoffnung süßer Blüthe.
> Denn bald ach bald verwelket sie
> und denn siehst du nirgends nie
>   die Frucht von deiner Blüthe.
>   Traurig, traurig suchst du sie
>   zu spät, so Frucht als Blüthe. (Herder: SW 25, 438f.)

Goethes Bearbeitungen. Unter dem Titel *Deutsch – Aus der mündlichen Sage* veröffentlichte Herder in dem Band *Von deutscher Art und Kunst* einen Text, den er als Volkslied ausgibt, der sich später, durch die Ausgabe von Goethes *Schriften* 1789, als goethesche Bearbeitung des Stoffes herausstellt, die dieser vor 1773 verfertigt haben muss:

> Es sah ein Knab' ein Röslein stehn,
> Ein Röslein auf der Heiden!
> Er sah, es war so frisch und schön,
> Und blieb stehn es anzusehn,
> Und stand in süßen Freuden.
>   Röslein, Röslein, Röslein roth,
>   Röslein auf der Haiden!
> [...] (HA 1, 509)

Diese Fassung reduziert völlig auf die metaphorisch gemeinte Darstellung der Naturszene, auf Gespräch und Handlung zwischen Knabe und Rose; es ist versehen mit einem einheitlichen Refrain, das Versmaß wird auf dreihebige Verse gestrafft, keine handlungsweisende Moral wird mehr angehängt, der Text wird insgesamt dreistrophig. Der Ton, den Goethe hier trifft, ist in seiner Simplizität derart ‚volksliedhaft', dass Herder das Lied als Volkslied auffassen kann. Goethe überarbeitet diesen Text noch zweimal, 1787 und 1828, der Ton wird nochmals vereinfacht, der ‚volkshafte' Charakter nochmals radikalisiert.

> Sah ein Knab' ein Röslein stehn, ▶
> Röslein auf der Heiden,
> War so jung und morgenschön,
> Lief er schnell es nah zu sehn,
> Sah's mit vielen Freuden.
> > Röslein, Röslein, Röslein roth,
> > Röslein auf der Heiden.
>
> Knabe sprach: ich breche dich,
> Röslein auf der Heiden!
> Röslein sprach: ich steche dich,
> Daß du ewig denkst an mich,
> Und ich will's nicht leiden.
> > Röslein, Röslein, Röslein roth,
> > Röslein auf der Heiden.
>
> Und der wilde Knabe brach
> 's Röslein auf der Heiden;
> Röslein wehrte sich und stach,
> Half ihr doch kein Weh und Ach,
> Mußt' es eben leiden.
> > Röslein, Röslein, Röslein roth,
> > Röslein auf der Heiden. (ALH 1, 17)

Diese Überarbeitung des Textes zeigt ganz deutlich die Spuren der dichterischen Arbeit am möglichst einfachen, volksliedhaften Text. Sie dient der nochmaligen Straffung der Darstellung, der Handlungszusammenhang wird dynamisiert, durch Wegfall oder Apostrophierung der tonschwachen Silben wird das Hauptwort gewichtiger und die Verse nähern sich einem volksliedhaften Gesangscharakter. Gleichzeitig wird inhaltlich eine bedeutsame Veränderung erzielt: in der letzten Strophe steht das Mädchen (die ‚Rose') durch den Wechsel der Perspektive als die wahrhaft Leidende da: „Röslein wehrte sich und stach, / Half ihr doch kein Weh und Ach, / Mußt' es eben leiden." – Diese Überarbeitung erreicht den höchsten Grad künstlerisch hergestellter Einfachheit – einzig ein Wort fällt „für das geschulte Ohr […] aus der Einfalt des Sagens heraus: morgenschön" (Kommerell 1985, 330). Diese Wortneuschöpfung, grundsätzliches Charakteristikum goethescher Sprache im Sturm und Drang, gehört eindeutig in den Bereich der dichterischen Sprache, nicht der volkshaften.

An diesem goetheschen ‚Volkslied' lässt sich, zusammenfassend gesagt, also mehrerlei nachvollziehen:

- Erstens der literaturgeschichtlich neue, vom literarischen Rokoko ganz sich abwendende Rückgriff auf Volksliteratur, deren Naturhaftes, Ungekünsteltes gegen die spielerische Artifizialität des anakreontischen Schreibens stand;
- Zweitens der literarisch produktiv gemachte Impuls, den Gestus dieser Volkslieder nachzuahmen und gar zu übertreffen, mit anderen Worten: das ‚naturhaftere', ‚echtere' Volkslied mittels künstlerischer Arbeit selber zu verfertigen;
- Drittens aber zeigt Goethes Bearbeitung von 1787 schon die Reflexion eben dieses poetischen Impulses aus dem Sturm und Drang: Der stilistische Bruch, den das „morgenschön" als ausdrücklich dichterische Sprache des Goethe der frühen siebziger Jahre leise markiert, lässt das Lied als gemacht ‚volkshaftes' erscheinen und reflektiert gerade die immense dichterische Bemühung darum.

4.2   Volksliedhafte Dichtung: „Der Erlkönig"

Integriert in die Unterhaltungs- und Gelegenheitsdichtung für einen Rokoko-Hof wird die volksliedhafte Dichtung in Goethes kleinem Singspiel *Die Fischerin* (1782). Im Auftrag des Weimarer Hofes schrieb Goethe für eine Tiefurter Gartengesellschaft der Herzogin-Mutter Anna Amalia das Singspiel *Die Fischerin* – typische Auftragsliteratur des Rokoko, die jedoch an einigen Stellen über das Seichte der Unterhaltungsliteratur hinausgeht. Eine belanglose Handlung wird durch Lieder angereichert und dadurch ihrer Leichtigkeit beraubt. Zunächst kurz die Handlung: Die Fischerin Dortchen erwartet die Heimkehr von Vater und Verlobtem vom Fischfang, die Männer bleiben aus, Dortchen vermutet Geschwätzigkeit oder das Wirtshaus hinter diesem Ausbleiben, will die Männer strafen, fingiert einen Unfall und versteckt sich am Ufer, die Männer kehren mit reichster Beute, deretwegen sie sich verspäteten, heim, finden die Frau erst nach dramatischer Suche, die dann zur Strafe für ihr grausames Spiel ihr Einverständnis in die nicht unbedingt gewollte Heirat geben muss.

Die Rolle Dortchens sieht an mehreren Stellen eingeschobene Lieder vor, die Goethe aus Herders *Volkslieder*-Sammlung (1778/1779) übernahm und mehr oder weniger stark bearbeitete. Das Stück beginnt mit einem solchen Lied, der Ballade vom „Erlkönig":

> Wer reitet so spät durch Nacht und Wind?
> Es ist der Vater mit seinem Kind;
> Er hat den Knaben wohl in dem Arm,
> Er faßt ihn sicher, er hält ihn warm. –
>
> [...]
>
> Dem Vater grauset's, er reitet geschwind,
> Er hält in Armen das ächzende Kind,
> Erreicht den Hof mit Mühe und Not;
> In seinen Armen das Kind war tot. (HA 1, 154–155)

Gattungstradition (Volks-)Ballade. Die Ballade ist in der Volkskultur des Italienischen und Provençalischen so viel wie ein Tanzlied mit stark epischem Gestus: Die Volksballade erzählt in knapper Gedichtform einen Vorgang – der zumeist dem regionalen Aberglauben oder dem jeweiligen Mythos entstammt. Goethes und Herders Beschäftigung mit Volksliedern, die Sammlung und spätere Edition dieser ‚naturnahen‘ Dichtungsart in den frühen siebziger Jahren brachte beiden Volksballaden zur Kenntnis – und ließ sie, ebenfalls für beide, zu einem literarischen Muster werden. Goethes *Heidenröslein* schon hat Balladenhaftes: den erzählenden, schlichten Ton, den knapp berichteten Vorgang und – das ‚tragische‘ Ende. Ebenfalls gehören Goethes *Der untreue Knabe* und auch Margaretes *Es war ein König in Thule* in die Reihe der frühen, ganz stark an der Volksballade orientierten Kunstballade. Den eigentlichen Beginn der Kunstballade in Deutschland aber markiert Gottfried August Bürgers *Leonore* (1773), ein leidenschaftliches Gedicht, das mit der unmittelbaren lyrischen Rede des Sturm und Drang den dramatischen Vorgang – eine junge Frau verliert den Mann im Krieg, ihre Suche nach ihm wird ihr zum Todesritt – aus einer episch entrückten Vergangenheit unmittelbar in die Gegenwart des Lesers setzt.

Texterörterung. Der „Erlkönig" reduziert den epischen Gestus, der die Ballade traditionell kennzeichnete, ganz stark, überführt ihn einerseits ins Gegenwärtige, andererseits, dem korrelierend, ins Szenische. ‚Erzähler‘-Strophen hat der Text nur zwei: die erste und die letzte. Dazwischen liegt ein unmittelbar umgesetztes Gespräch dreier Figuren, von denen aber jeweils immer nur zwei zueinander sprechen. Das Tempus der erzählenden Teile ist das Präsens, nur der letzte Vers steht im Präteritum – ein Rest des epischen Gestus. Das Präsens erweckt den Eindruck völliger Gegenwärtigkeit – die Zeitebene dieser Ballade ist also eher die des Dramas als die des Epischen. Dieses dramatische Moment wird auch durch die Gesprächsanteile, die den großen, sechsstrophigen Mittelteil des Gedichtes bilden, betont. Hier wird nicht mehr berichtet, Beginn und Ende der Redebeiträge werden lediglich durch Anführungen oder Gedankenstriche angezeigt, das dramatische Geschehen ist ein Gesprächsgeschehen – und wo es außerhalb des Gesprächs liegt, wird es von einer der Figuren gesagt: „jetzt faßt er mich an" (v. 27).

Episch gerahmt werden die Dialogstrophen, innerhalb derer sich ein dramatisches, ja im Ausgang tragisches Geschehen entfaltet:

• Die Situation ist einfach: Der Heimritt von Vater und Sohn durch die gefährliche, dunkle und rätselhafte Natur endet für Letzteren mit dem Tod. Das Gedicht gestaltet dies von Anfang an dramatisch. Nicht berichtet wird: ‚Es ritt ein Vater durch Nacht und Wind‘, vielmehr wird dies erfragt, präsentisch, die Personen des ‚Dramas‘ werden Hörerin und Hörer anderthalb Verse lang vorenthalten. Die nächtliche Bedrohungssituation ist zwar da, scheint jedoch abgewehrt: „Er hat den Knaben *wohl* in dem Arm, / Er faßt ihn *sicher,* er hält ihn *warm*" (v. 3 f.). – Die letzte Strophe, die die Katastrophe ins Wort treten lässt, korreliert mit der ersten: Wieder wird der Ritt thematisiert, wieder hält der Vater den Knaben – allein der heimatliche Hof wird erreicht, als das Kind schon tot ist. Die wiederaufgegriffenen Motive werden zusätzlich dramatisiert: „er reitet *geschwind*", „das *ächzende* Kind" (v. 29 f.).

- Die Strophen II, IV und VI gestalten den Dialog zwischen Vater und Sohn, der die unterschiedliche Wahrnehmung der nächtlichen Natur offenbart. Während das Kind angstvoll die Natur belebt sieht, den Erlkönig, seine Töchter, nimmt der Vater nur Nebelstreif, Säuseln des Windes oder die alten grauen Weiden wahr. Von der vierten Strophe an wird die Anrede des je anderen durch ihre Verdopplung intensiviert, zunächst ruft das Kind, in hoher Angst, doppelt, dann der Vater, auch beruhigend, doch angstvoll zurück (v. 21/23).

- Die Strophen III und V, durch die Anführungen markiert, gehören dem dritten Sprecher: dem Erlkönig. Die mythische Figur des Erlkönigs lockt das Kind, verspricht ihm Spiele, bunte Blumen und „gülden Gewand", bietet ihm den nächtlichen Tanz der Töchter und deren innigliche Fürsorge: „Und wiegen und tanzen und singen dich ein" (v. 20). Die Versprechungen des Erlkönigs werden vom Kind nicht durchgängig als Gefahr interpretiert, vielmehr dokumentieren die Fragen an den Vater, dass das Kind sich Aufschluss erwünscht über die Tatsächlichkeit der mythischen Natur. Es traut gewissermaßen seinen Sinnen nicht und fragt beim Vater nach – „hörest du nicht", „siehst du nicht dort" (v. 13/21).

- Die letzte Gesprächsstrophe (VII) ist geteilt. Hier erreicht die im dramatischen Dialog aufgebaute Spannung ihren Höhepunkt: Zwei Zeilen spricht der Erlkönig, zwei das Kind. Jener deckt hier seine Motive auf – und die Mittel, seine Ziele durchzusetzen: Die Anrede, die er wählte in seinen vorigen Strophen – „Du liebes Kind", „feiner Knabe" –, geht in unmittelbar begehrende Rede über: „Ich liebe dich", Motiv und Objekt des Begehrens werden bezeichnet: „mich reizt deine schöne Gestalt" (v. 25 f.). Zuletzt wird das Begehren durch die Gewaltandrohung noch gestützt. Daß diese Drohung unmittelbar umgesetzt wird, offenbart der letzte Ausruf des Kindes: „jetzt faßt er mich an! / Erlkönig hat mir ein Leids getan!" (v. 27 f.). Durch die Verdichtung des Dialogs wird die dramatische Spannung auf den Höhepunkt getrieben, der dann auch stracks die Katastrophe zeitigt.

Mensch und Natur. Was das Gedicht vorführt, ist nicht belangloses mythisierendes Geschehen, auch nicht die kränkliche Fehldeutung der Natur durch die Fieberphantasien eines sterbenden Kindes (jene in sogenannter Forschung oft gestellte Frage, an welcher Krankheit das Kind wohl sterbe, ist absurd: Das Kind stirbt, weil es, der Logik des Textes nach, sterben muss!). Vielmehr stellt die Ballade zwei unterschiedliche Naturerfahrungsweisen einander gegenüber: die väterlich aufgeklärte, die kindliche dagegen, die in den Dingen der nächtlichen Natur magische Wesenheiten sieht. Der Vater, der mit rationalistischen Erklärungen auf die durchaus authentische kindliche Naturerfahrung reagiert, steht den magischen Mächten hilflos gegenüber. Sein Naturbegriff erweist sich als zu eng, als dass er die Ängste des Kindes tatsächlich verstehen und nicht als Ausgeburten der Einbildungskraft abtun würde (vgl. Ueding 1988, 102). Aufklärung unterliegt letztlich auch: Die „qualitative, subjekthafte, sich in anschaulichen Gestalten herausbildende Natur" (ebd.), die das Kind sinnlich erfährt, gewinnt physische, tatsächliche Macht über es – das Kind stirbt. Der Tod ist der Nachweis der Realität dessen, was das Kind erfuhr, der vernünftige Vater aber abstritt.

Volksliteratur und höfische Gelegenheit. Der „Erlkönig" scheint, mit dem Anschluss an die Volksliteratur, mit der mythischen Beseelung der Natur (vgl. „Schon stund im Nebelkleid die Eiche / Wie ein getürmter Riese da, / Wo Finsternis aus dem Gesträuche / Mit hundert schwarzen Augen sah") und der Rationalismuskritik ganz nah am Sturm und Drang Goethes zu stehen. Im Kontext der höfischen Gelegenheitsdichtung allerdings (der Hof sitzt an der Ilm in Mooshütten, auf die Naturbühne schauend) sind Naturnähe und Einfachheit allenfalls inszenierte Entlastung vom Dauerzwang der höfischen Etikette – und Volkslieder sind da eine passende Dekoration. Pointiert gesagt, wird mit dem „Erlkönig" in der *Fischerin* aller oppositionelle Impuls, der der Volksliedbeschäftigung in Straßburg noch innewohnte, verraten. Isoliert betrachtet, reflektiert der Text allerdings eine fundamentale Naturauffassung Goethes, die das Unkontrollierbare, für Verstand und Aufklärung Unbegreifliche der Natur, ihre gleichsam mythische Über-Macht, in der bildhaften Rede des Textes siegen lässt.

4.3 Sesenheimer Lieder

Für die Entwicklung einer eigenen lyrischen Sprache war für Goethe die emotional sehr hoch besetzte Beziehung zu Friederike Brion von größter Bedeutung. Der 21-Jährige hatte die 18-jährige Pfarrerstochter aus dem elsässischen Sesenheim bei einem zufälligen Besuch in Dorf und Pfarrhaus kennengelernt, in welches ihn sein Studienfreund Friedrich Leopold Weyland eingeführt hatte. Vom Oktober 1770 an entspann sich eine intensive Bindung, die Goethe im August 1771 abrupt beendete – er reiste nach dem Studienabschluss einfach nach Frankfurt zurück. Die Intensität der Beziehung hätte aus den etwa 30 Briefen Goethes an Friederike herausgelesen werden können, allein, deren Schwester Sophie verbrannte alle bis auf einen. Die Schilderung der Sesenheimer Episode in *Dichtung und Wahrheit* ist so stark literarisch überformt, dass der dortigen Darstellung keine Authentizität beigemessen werden darf. Allerdings darf als gewiss gelten, dass im Kontext und zeitlichen Umfeld genau dieser Beziehung zu Friederike Brion einige der bedeutendsten frühen Gedichte Goethes entstanden – problematisch bleibt allerdings immer, diese Texte als authentische Abdrücke eines Erlebnisses zu deuten. Sie sind jedoch allemal Dokumente eines literarischen Umgangs oder Experimentierens mit einer herzgerührten und herzrührenden Schreibart – wobei allerdings unentscheidbar ist, ob irgendein Gefühl Goethes im Gedicht seinen Ausdruck findet – oder aber das Gedicht das Erlebnis, das Gefühl erst konstituiert.

„Maifest". Naturreligiosität und Liebeserfahrung sind die zentralen Momente des Gedichts ▸ „Maifest" (1771) (Abb. 4.1). Natur wird hier, ansteigend gestaffelt in Pflanzen, Tiere und Menschliches, auf neuartige Weise hingeordnet auf das Ich – „Wie herrlich leuchtet / *Mir* die Natur" (v. 1 f.; HA 1, 30). Diese Hin-

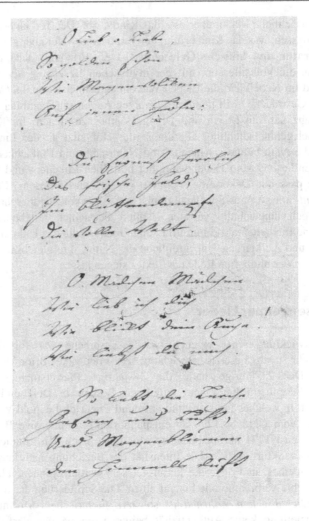

Abb. 4.1 „Maifest", 4.–7. Strophe in Goethes Handschrift, Vorbereitung v. Bd. 8 der Schriften 1789 (GSA 25/W 1)

ordnung der Natur korrespondiert mit ihrer individuellen Erfahrung und dem entsprechend neuen Ausdruck: „Morgenwolken", „Blütendampfe", „Himmelsduft". In dieser neuartigen Rede konstituiert sich ein neues lyrisches Subjekt, das sich als Teil der segnenden und schöpferischen Natur aufgewertet empfindet und sich im Prozess des Dichtens konstituiert. Die gefühlvolle Emphase des Gesangs ist kaum zu übertreffen: „O Erd', o Sonne, / O Glück, o Lust, / O Lieb', o Liebe" (v. 11–13). Zwischen religiös besetzter Natur („Du segnest herrlich / Das frische Feld"; v. 17 f.) und der Liebe wird ein innerer Zusammenhang gestiftet. Die Liebe zum Mädchen, die ein Teil der Natur-Erfahrung als Liebe ist, ist es dann, die das neue Dichten hervorbringt: „Die du mir Jugend / Und Freud' und Mut / Zu neuen Liedern / Und Tänzen gibst" (v. 31–34). Natur-, Liebes- und Icherfahrung münden in die Selbstthematisierung des neuen lyrischen Sprechens, des ‚Dichtens als Naturlaut' (vgl. Kaiser 1991, 69 f.).

„Es schlug mein Herz". Ein möglicher biographischer Kern – der Weg von Straßburg nach Sesenheim und die Begegnung mit Friederike Brion – wird in dem Gedicht ▸ „Es schlug mein Herz" in *eigene* lyrische Sprache umgesetzt, nicht im Gestus der typisierenden Liebessemantik der Anakreontik, sondern in entschieden individueller, lyrikgeschichtlich neuartiger Weise.

Texterörterung. Die ersten beiden Strophen des Liedes gestalten den rasenden Ritt eines Ich durch die nächtliche Natur. Natur ist hier nicht mehr Rokoko-Kulisse, sie tritt vielmehr in einen spezifischen Beziehungs- und Handlungszusammenhang zum lyrischen Ich, zum Sprechenden. Das erste Naturbild, poetisierte Zeitangabe, ist vorerst das ruhigste: „Der Abend wiegte schon die Erde, / Und an den Bergen hing die Nacht" (v. 3 f.; HA 1, 27). Die Natur wird hier zum Subjekt, sie geht zur Ruhe, das „schon" des dritten Verses markiert den Übergang des Tages zur Nacht. Im Gegensatz zu diesem ruhigen Bild wird im fünften Vers die Natur bedrohlich belebt: „Schon stund im Nebelkleid die Eiche / wie ein getürmter Riese da" (v. 5 f.). Der ausgeführte Vergleich lässt die scheinbar noch neutrale Natur plötzlich als Bedrohung erscheinen: Die Anthropomorphisierung tritt in Figürlichkeit über, die Eiche wird dem Betrachter zum Ungeheuerlichen, zum urweltlichen Riesen – „[…] da / Wo Finsternis aus dem Gesträuche / Mit hundert schwarzen Augen sah" (v. 7 f.). Wie der „Abend" und die „Eiche" wird hier die „Finsternis" zu mehr als zum grammatischen Subjekt, Natur wird belebt, anthropomorph und scheinbar bedrohlich.

Die scheinbare Ruhe der Natur und ihre sofortige bedrohliche, anthropomorphe Belebung werden in der zweiten Strophe fortgesetzt. Zunächst heißt es noch: „Der Mond von einem Wolkenhügel / Sah schläfrig aus dem Duft hervor" (v. 9 f.). Dann jedoch, ans Ende der ersten Strophe anschließend: „Die Winde schwangen leise Flügel, / Umsausten schauerlich mein Ohr. / Die Nacht schuf tausend Ungeheuer" (v. 11–13). Im vorletzten dieser beiden Verse, die auf den ersten Blick schlicht die bedrohliche Belebung der nächtlichen Naturdinge fortsetzen, spricht schon mehr: Erstmalig bei der Naturdarstellung wird ein Pronomen der ersten grammatischen Person verwendet: die Perspektive des Betrachtenden kommt zum Vorschein. Das Adverb „schauerlich" als Ausdruck subjektiven Empfindens deutet dies ebenfalls an.

Die bedrohliche Natur der ersten beiden Strophen ist dem sprechenden Ich gegenübergestellt, das gleichzeitig die Betrachterperspektive der nächtlichen Natur und deren Widerpart darstellt. Das Gedicht beginnt nämlich mitnichten mit einem Natureingang, sondern mit einem Bild der emotionalen Erregung: „Es schlug mein Herz" (v. 1). Das Herz als Organ von Innerlichkeit und emotionaler Regung ist eine seit der Antike geläufige Konvention poetisch-bildhaften Sprechens; es beginnt also der Text, indem er bildhaft von der inneren, emotionalen Erregung des sprechenden Ichs spricht. Die Erregung des Herzens wird unmittelbar umgesetzt in Aktion; der Text spricht von ihr in Form eines rhetorischen Befehls ans Ich selbst: „Geschwind, zu Pferde! / Und fort, wild wie ein Held zur Schlacht" (v. 1 f.). Die überhastete Eile des Ausritts setzt der Text um in synkopischen Rhythmus: Im zweiten Takt des zweiten Verses wird die rein jambische Alternation zugunsten der Ausdruckssteigerung aufgegeben.

Die Naturszene – einfallende Nacht, die dem Ich zur Bedrohung wird – ist nur vor diesem Hintergrund verständlich: Die nächtliche Natur wird dem Ich zur phantastisch verzerrten, leidenschaftlich belebten Bedrohung, zum (scheinbaren) Hindernis auf seinem Ritt. Erst der zwölfte Vers allerdings greift diese Perspektive wieder auf: „Umsausten schauerlich *mein* Ohr". Die letzten drei Verse der zweiten Strophe führen diese individuelle Perspektive fort: „Doch tausendfacher war mein Mut, / Mein Geist war ein verzehrend Feuer, / Mein ganzes Herz zerfloß in Glut" (v. 14–16). Die Zahlwörter der Naturszene, die die dort sich steigernde Bedrohungsempfindung darstellen – „mit hundert schwarzen Augen", „tausend Ungeheuer" –, werden in ungrammatischer Wendung übertroffen und übersteigert durch die subjektive Kraft, den Mut, die feurige Zerstörungsmacht des eigenen Selbst. Der sechzehnte Vers schließt in seiner Metaphorik an den ersten an: „Es schlug mein Herz / [...] / Mein ganzes Herz zerfloß in Glut". Die Herzmetapher charakterisiert das Lied als eines, in dem ein tief empfindendes, leidenschaftliches Subjekt spricht, das dem ‚Gebot des Herzens' folgend handelt: ‚Herz' meint hier das ganze Subjekt – aus diesem Grunde auch die sich steigernde Abfolge von „Mut", „Geist" und „Herz" in den drei letzten Versen der zweiten Strophe.

Die wilde Bewegung des ersten Strophenpaares bekommt am Beginn der dritten Strophe eine Richtung auf die Geliebte hin, das Du: „Ich sah dich" (v. 17). Erstmalig tritt hier das Ich in der ersten Person in Erscheinung – es hatte sich vorher immer ‚vertreten' lassen: „mein Mut", „mein Geist", „mein Herz". Erstmalig auch nimmt es explizit wahr: Hatte vorher die Finsternis „hundert schwarze Augen", sieht jetzt das Ich. Der bedrohlichen Natursphäre wird in der Begegnung mit der Geliebten eine andere entgegengesetzt: „milde Freude" (v. 17) fließt auf das Subjekt über. Gegen die nächtliche Natur des Beginns wird hier eine helle und friedliche Naturdimension aufgerufen: „Ein rosenfarbes Frühlingswetter / Lag auf dem lieblichen Gesicht" (v. 21 f.). Die Geliebte wird mit dieser Metapher dem Naturbereich zugerechnet, nicht Natur ist anthropomorph, sondern Menschliches, das Erröten des Mädchens, wird mit dem Bilde eines Naturereignisses metaphorisch ausgesagt.

Stellt die dritte Strophe die Begegnung mit der Geliebten dar, gestaltet die vierte bereits den Abschied. Der positiven Grundstimmung, die in der dritten Strophe die bedrohliche Naturszenerie der ersten beiden abgelöst hatte, wird sofort in der ersten Zeile in einem elliptischen Satz eine negativ besetzte gegenübergestellt: „Der Abschied, wie bedrängt, wie trübe!" (v. 25). Die Herzmetapher, die das erste Strophenpaar rahmte, in der dritten Strophe Stellvertreter wird für das liebende Ich, wird auch hier bemüht – endlich aber als Herz des Du, der Geliebten: „Aus deinen Blicken sprach dein Herz" (v. 26). In Ellipsen, rhetorischen Fragen, wird daraufhin die Metapher übersetzt in ihre eigentliche Bedeutung: „In deinen Küssen welche Liebe, / O welche Wonne, welcher

Schmerz!" (v. 27 f.) – die Ambivalenz der Glückserfahrung. Der Abschied wird nur vom Ich aus perspektiviert: „Du gingst, ich stund und sah zur Erden / Und sah dir nach mit nassem Blick" (v. 29 f.). Die emotionale Regung bleibt in der Darstellungsperspektive des Textes ganz dem Mann vorbehalten. Dem Abschied folgt ein verallgemeinerndes und wertendes Schlussurteil des lyrischen Sprechers, dessen Beginn „Und doch" gegen die Erfahrung des Abschiedsleides die Bejahung der Leidenschaft und der Liebe setzt: „Und doch, welch Glück, geliebt zu werden, / Und lieben, Götter, welch ein Glück" (v. 31 f.).

Deutung. Lyrik modelliert hier das subjektive Erlebnis eines Individuums – das aber erst dadurch entsteht, es wird „Erschreibnis" (Kaiser 1987, 138). Das Erlebnis wird rückgewandt perspektiviert. Grammatisch im Präteritum, wird es distanziert: Das Ich ist nicht erlebendes, sondern erinnerndes Subjekt. Ausrufe und imaginäre Anreden an die nicht mehr gegenwärtige Geliebte – der Erlebnisvorgang in seiner Erinnerung ist der Stoff für die durchgehend meditative Haltung des sprechenden Ich, die Handlung wird kommentiert, ja sogar bewertet, das „Ich" selbst ist Gegenstand seines Nachdenkens. Das wertende Schlussurteil des lyrischen Sprechers im letzten Verspaar ist zeitlos geltende Reflexion. Reflexion ist es, die aus Erlebtem Erfahrung werden lässt, ihm eine neue Qualität zukommen lässt.

Der Erlebnishintergrund wird zum Gedicht verwandelt: **Das Ich ist nicht erlebendes, sondern erinnerndes und schreibendes Subjekt.** Erinnerndes und reflektierendes Schreiben aber ist genau das Gegenteil von jenem Unmittelbaren, das der schiefe Begriff des ‚Erlebnisgedichtes' suggeriert. Die dichterischen Erlebnisse entstehen erst „mit der Ankunft im Wort. Sie sind insgesamt erschrieben" (Kaiser 1987, 135), das vorgebliche Erlebnis ist allemal „Erschreibnis" (ebd. 138). Erst im Schreibvorgang selbst wird ein neuartiges Bewusstseinsereignis erzeugt: „Ehe das gesagt wurde, gab es das nicht" (ebd. 140). „Das Erlebnisgedicht ist weder Protokoll noch Imitation biographischer Erlebnisse, sondern Produktion von Erlebnissen, die sich im Gedicht einstellen und mitteilen" (ebd. 142).

Bearbeitung 1789: „Willkomm und Abschied". Für die Ausgabe seiner Werke 1789 überarbeitete Goethe den Text: Einerseits werden stark subjektiv geprägte Metaphern und Wendungen getilgt: Aus Vers 2 „Und fort, wild wie ein Held zur Schlacht" wird „Es war getan fast eh gedacht" (vgl. HA 1, 28), der stürmerisch-drängerische Neologismus „tausendfacher" in Vers 14 wird, fast banal, zu „frisch und fröhlich". Die Bearbeitungsstrategie dient der Distanzierung des lyrisch erinnerten, zu unmittelbaren biographischen Erlebnisses. Andererseits wird die sehr stark auf die Empfindung des sprechenden Ich zugeschnittene Darstellung der Begegnung umgestellt. Aus „Ich sah dich" wird „Dich sah ich": Das „Du" rückt in die prominente Eckstellung und wird besonders hervorgehoben; in der Abschiedsszene werden Schmerz und Tränen anders verteilt: „Ich ging, du standst […] / Und sahst mir nach mit nassem Blick" (HA 1, 29; v. 29 f.).

Der Titel der späteren Fassung – „Willkomm und Abschied", nach 1810 „Willkommen und Abschied" – ist Anlehnung an eine Formulierung aus dem preußischen Landrecht, dessen reformierter Text Goethe ab Herbst 1788 zur Begutachtung vorlag: „Willkomm" und „Abschied" heißen dort die Prügelstrafen, die in preußischen Gefängnissen bestimmten Delinquenten bei Eintritt und Entlassung verabreicht wurden. Goethe stellt mit der Wahl des Titels die Reflexion des vergangenen Liebeserlebnisses unter das Zeichen des Strafrechts (vgl. Meyer-Krentler 1987). Damit bekommt auch die Reflexion des Liebeserlebnisses mit Friederike Brion neue Qualität: Der Umgang mit der Geliebten der Jugend wird nachträglich als Schuld reflektiert, das Gedicht wird zur schuldbewussten Selbstbezichtigung. In der bearbeiteten Fassung des Textes wusste Goethe sich selbst moralisch zur Rechenschaft gezogen – moralisches Bewusstsein und symbolische Selbstbestrafung in Lyrik, die den Lesern über zwei Jahrhunderte verborgen geblieben zu sein scheint.

4.4   Frankfurter Hymnen

Programmatisch nicht nur im Hinblick auf die Entwicklung einer neuen lyrischen Sprache, sondern insbesondere in Hinsicht auf eine neuartige Auffassung des Dichters sind, stilistisch und formal durchaus in Fortsetzung der großen Hymnen Klopstocks („Das Landleben", 1759), die sogenannten Frankfurter Hymnen, „Wanderers Sturmlied", „Prometheus" und „Ganymed".

4.4.1   ▸„Wanderers Sturmlied"

Die Hymne, entstanden 1772, wurde zunächst gleichsam geheimgehalten, nur Friedrich Heinrich Jacobi, Herder, später auch Charlotte von Stein durften den Text lesen, erst 1815 nahm Goethe ihn in seine Werkausgabe auf.

Begünstigung des künstlerischen Genies. Emphatisch wird die Begünstigung desjenigen besungen, der vom (künstlerischen) Genius beschützt wird: „Wen du nicht verlässest, Genius, / Nicht der Regen, nicht der Sturm / Haucht ihm Schauer übers Herz. / Wen du nicht verlässest, Genius, / Wird der Regenwolke / Wird dem Schloßensturm / Entgegensingen / Wie die Lerche / Du da droben" (v. 1–9; HA 1, 33). Der Begünstigte wird mit „Feuerflügeln" (v. 12) emporgehoben, kann „mit Blumenfüßen / Über Deukalions Flutschlamm" wandeln (v. 14 f.), wird von „wollnen Flügel[n]" (v. 19) gegen Kälte geschützt und von Wärme umhüllt (vgl. v. 25). Wärme wird zum Reich der Kunstgottheiten stilisiert: „Nach der Wärme ziehn sich Musen, / Nach der Wärme Charitinnen" (v. 26 f.). Das Dichter-Ich ist umgeben von den die Kunst begünstigenden Gottheiten – und wird selbst gottgleich: „Ihr umschwebt mich, und ich schwebe / Über Wasser über Erde / Göttergleich" (v. 36–38). Wie der Schöpfergott der alttestamentlichen Überlieferung (Genesis 1) kann das Dichter-Ich, alles erschaffen könnend, ‚über den Wassern' schweben.

Götter-Anrufungen. Der griechische Gott Dionysos, der dem Bauern den Wein, dem Dichter aber die Begeisterung schenkt, wird unter seinem Beinamen Bromius mehrfach aufgerufen: Nach der ersten Erwähnung in Vers 41 wird er unmittelbar angesprochen: „Vater Bromius, / Du bist Genius, / Jahrhunderts Genius" (v. 52–54) und dem griechischen Oden-Dichter Pindar (5. Jh. v.u.Z.) zugeordnet: Er sei, „was innre Glut / Pindarn war" (v. 55 f.), dient aber auch zur Überleitung zum nächsten angerufenen Gott, Apoll. Diesen nämlich benötigt der Mensch: Die Sonne, die Seelenwärme, die der Sonnengott und der Blitzeschleudrer spendet: „Glüh' entgegen / Phöb Apollen" (v. 62 f.). Aber weder Dionysos noch Apoll sind der eigentlich inspirierende Gott des Gedichts: „Warum nennt mein Lied dich zuletzt, / Dich, von dem es begann, / Dich, in dem es endet, / Dich, aus dem es quillt, / Jupiter Pluvius! / Dich, dich strömt mein Lied" (v. 71–76). Die Anrufung gilt Jupiter, hier als Regengott, als Gott des Unwetters mit dem Beinamen Pluvius näher gekennzeichnet, der allerdings nicht nur Angerufener ist, sondern Quelle und Substanz des Textes selbst. Regen, Wetter, Naturereignis ist es, aus dem das Lied „quillt" (v. 73), zu dem das Lied selbst wird: „dich strömt mein Lied" (v. 75). Künstlerisches Sprechen (im Sinne der neuartigen Genieauffassung!) wird selbst zum Naturereignis stilisiert – und Jupiter Pluvius wird zum eigentlichen Genius des Dichters, indem die Begünstigungsmetaphorik des Beginns wieder aufgegriffen wird: „Der du mich fassend deckst, / Jupiter Pluvius!" (v. 82 f.).

Dichter-Anrufungen. In den letzten drei Strophen wird schließlich Jupiter Pluvius großen Dichtern der griechischen Tradition versuchsweise zugeordnet. Weder Anakreon noch Theokrit jedoch seien von Jupiter begünstigt und beschützt worden: „Nicht am Ulmenbaum / Hast du ihn besucht [...] [den] blumenglücklichen / Anakreon, / Sturmatmende Gottheit!" (v. 84–91), „Nicht im Pappelwald [...] / Faßtest du ihn, / Den bienen-singenden / Honiglallenden / Freundlich winkenden / Theokrit" (v. 92–100). Der Gott, von dem sich der geniehafte Dichter des „Sturmlieds" begünstigt fühlt, wird als Schutzgott zweier griechischer Dichter verneint – und damit als Schutzgott zweier für die deutsche Literatur des 18. Jahrhunderts maßgeblicher dichterischer Traditionen: Die Anakreontik, also die eher typisierend als individualisierend gestaltende, leichte Geselligkeitslyrik des bürgerlichen Rokoko, in deren Tradition auch der junge Goethe vor 1770 noch gedichtet hatte; die Idyllendichtung nach Theokrit, die, wie Salomon Geßner mit seinen *Idyllen* (1756), schäferliche Einfachheit zum Ideal erhob – und der Goethes dramatischer Erstling, *Die Laune des Verliebten* (1768), zugerechnet werden kann. „Wanderers Sturmlied" verabschiedet gleichsam ausdrücklich nicht nur zwei literarische Traditionen des 18. Jahrhunderts, sondern, werkbiographisch gesehen, auch zwei Orientierungsmuster, an denen Goethe seine frühesten literarischen Produktionen ausgerichtet hatte.

An die Stelle von Anakreon und Theokrit rückt im „Sturmlied" Pindar, dessen olympische Oden in begeisterter Glut Begeisterung besungen hätten: „Wenn die Räder rasselten / Rad an Rad, rasch ums Ziel weg / Hoch flog / Siegdurchglühter / Jünglinge Peitschenknall, [...] / Glühte deine Seel' Gefahren,

Pindar" (v. 101–109). Gegen den Mut und die Glut Pindars sowie der siegdurch-
glühten Jünglinge sieht das Eigene schwach aus: „Armes Herz – / Dort auf dem
Hügel, / Himmlische Macht, / Nur so viel Glut, / Dort meine Hütte, / Dort hin
zu waten" (v. 111–116). Aber auch wenn der Schluss des Gedichts durch Selbstbescheidung markiert ist, ist die Hütte Zeichen für schlichtes, aber (selbst-!)
bestimmtes Leben, ist Zielpunkt der genialischen Wanderung. Das Metaphern-
feld von Wärme, Feuer und Glut markiert die Intensität der künstlerischen
Selbstempfindung, die in einen emphatischen Gestus lyrischer Rede mündet:
Eine z. T. chaotische Syntax, starke Bilder mit komplexen Verweisen auf antike
Mythologeme kennzeichnen den Stil des „Sturmlieds", dessen Anrufungen an
Götter und Musen auf die Siegeslieder *(Epinikia)* Pindars zurückgreifen – und das
insgesamt ein ‚göttergleiches‘, aus der unmittelbaren Begegnung mit Natur(gewalt) resultierendes Verständnis des dichterischen Genies modelliert, dessen
emphatische, durchglühte Rede selbst wieder als Naturereignis gefeiert wird.

4.4.2 ▸„Prometheus"

Die Hymne entstand aller Wahrscheinlichkeit nach im Herbst 1774 – im Kontext
eines *Prometheus*-Dramas, das allerdings Fragment geblieben ist. Nach Goethes
Darstellung im 15. Buch von *Dichtung und Wahrheit* sollte die Hymne als Monolog des Prometheus den dritten Aufzug eröffnen. „Prometheus" wurde, ohne
Goethes Billigung, als alleinstehendes Gedicht und ohne Autorangabe veröffentlicht: in einer Schrift Friedrich Heinrich Jacobis *Über die Lehre des Spinoza*
(1785). Dieser Kontext ließ es zunächst als rein spinozistischen Text verstanden
werden, 1789 nahm Goethe den Text in die Ausgabe seiner *Schriften* auf und
gab sich – für diejenigen, die ihn nicht schon ohnehin als Verfasser erschlossen
hatten – als Autor zu erkennen.

Mythologischer Ausgangspunkt. Bei Goethes Prometheus-Figur oder
-Konzeption handelt es sich nicht um eine getreue Adaption des antiken Mythos:
Prometheus war dort des Titanen Iapetos Sohn, der den Göttern das Feuer stahl
und es den Menschen brachte, zur Strafe von Zeus an einen Felsen gekettet
wurde, wo ihm täglich ein Adler die ständig nachwachsende Leber zernagte. Nach
anderer Sage schuf Prometheus die Menschen. Letzteres beeinflusste Goethes
Gedicht, allerdings trennte er sich vom Titanenmythos – Prometheus ist hier nicht
mehr Sohn des Iapetos, sondern des Zeus. Damit gewinnt die Anredestruktur des
Prometheus-Monologes – denn ein solcher ist auch die Hymne – die neue Qualität
des Vater-Sohn-Gegensatzes. Dieser nämlich strukturiert das ganze Gedicht – und
ist darüber hinaus ein wesentlicher Grund für seine immense Wirkung.

Abgrenzung Götterwelt – Menschenwelt. Der Text beginnt mit einer heraus-
fordernden Anrufung des Göttervaters: „Bedecke deinen Himmel, Zeus, / Mit
Wolkendunst! / Und übe, Knaben gleich, / der Disteln köpft, / An Eichen dich
und Bergeshöhn" (v. 1–5; HA 1, 44). Die göttliche Macht des Zeus wird heraus-
gefordert – und gleichzeitig wird diese Macht als eingeschränkt und nichtig

apostrophiert. Die Ausübung göttlicher Macht wird verspottet als zwar zer-
störerisches, doch müßiges, kindliches Spiel. Gleichzeitig ist sein gewaltsames
Wirken räumlich begrenzt: „Bedecke *deinen* Himmel, Zeus": Die Gewalt des
Gottes beschränkt sich auf den Himmel und die ‚oberen Regionen' einer wehr-
losen Natur. Dem stellt Prometheus etwas entgegen: „Mußt mir meine Erde / Doch
lassen stehn, / Und meine Hütte, / Die du nicht gebaut, / Und meinen Herd, / Um
dessen Glut / Du mich beneidest" (v. 6–12). Die Entgegensetzung der beiden
Possessivpronomen der ersten Strophe – „deinen Himmel", „meine Erde" – trennt
scharf zwischen dem göttlichen Reich und dem des Prometheus, über das dieser
dem Zeus jede unbedingte Verfügungsgewalt abspricht. Die Erde, die Prometheus
dem Gewaltbereich des Göttervaters entgegensetzt, ist diesem abgerungen als
Bereich der Kultur, als von Prometheus selbst Geschaffenes, als durch eigene
Tätigkeit Erzeugtes: „Hütte, die du nicht gebaut", „Herd", die Menschenwelt
also, als deren Vorkämpfer Prometheus sich darstellt. Gerade aus dieser eigenen
Erzeugerschaft zieht Prometheus das Selbstbewusstsein, das ihn Zeus heraus-
fordern lässt: „Mußt mir meine Erde / doch lassen stehn".

Polemik. Der Spott, mit dem Prometheus schon anfangs die göttliche Gewalt
überzieht, setzt sich in der zweiten Strophe gesteigert fort – als Polemik: „Ich
kenne nichts Ärmer's / Unter der Sonn' als euch Götter" (v. 13 f.). Deren Majestät
nämlich nähre sich „kümmerlich / Von Opfersteuern / Und Gebetshauch" (v.
15–17), sei also abhängig von den Menschen. Und mehr noch: von deren Einfalt, auf das Gaukelspiel, den Betrug der Götter hereinzufallen: „Und darbtet,
wären / Nicht Kinder und Bettler / Hoffnungsvolle Toren" (v. 19–21). Menschliche
Religiosität, die der einzige Grund für die göttliche Autorität ist, wird desavouiert
als Torheit, die Götter sind nur Effekte menschlicher Schwäche.

Der scharfe antireligiöse Impetus, den der Text hier artikuliert – und der gegen
alles Göttliche geht, das aus Machtanmaßung den Raum des irdischen Schaffens
beschneidet –, darf auch verstanden werden als Impuls gegen weltliche, politische
Obrigkeit: Der Neologismus der „Opfer*steuern*" legt eine Übertragung aus dem
religiös-kultischen in den gesellschaftlichen Raum nahe. Insofern erhebt der Text
hier Widerspruch gegen jede Form der Willkürherrschaft, die eigenständige Tätigkeit, modern gesprochen: Selbsterfüllung, behindert, sei es die göttliche, auf der
Zeus-Prometheus-Ebene, sei es die politische (im Absolutismus). Der Mensch
wird als tätiges Wesen entdeckt, das sich erst durch die Selbsttätigkeit selbst
bestimmt.

Reflexion – eigene Torheit. Dem Spott, der Polemik gegen die Götter, schließt
sich eine quasi-biographische Reflexion des Prometheus an: Auch er habe einst-
mals gehofft, dass jenseits der sichtbaren Dinge ein Wesen sei, das seiner Klage
ein Ohr schenkte, seiner Hand eine Hilfe sei: „Da ich ein Kind war" (v. 22). Die
dritte Strophe nimmt also die „hoffnungsvollen Toren" aus der obigen Polemik
wieder auf, bezieht aber, sich rückwendend, das sprechende Ich in diese Torheit mit ein. Die Nichtigkeit dieser religiösen Hoffnung jedoch macht der Text
schon durch das „als wenn" des mittleren Strophenverses (v. 25) und durch den
irrealen Konjunktiv des Nebensatzes deutlich. – Diese dritte Strophe markiert in

besonderem Maße Goethes Verständnis der Prometheus-Figur: Über eine solche
Kindheit spricht nicht ein Götter- oder Titanensohn, sondern *ein Mensch*. Dadurch
wird die Prometheus-Figur aus ihrer Verhaftung im Mythologischen herausgelöst,
um sie für den Zeitgenossen übertragbar zu machen.

Reflexion – Selbsttätigkeit. Der Gang der Erinnerung wird fortgesetzt in der
vierten Strophe. Zwei rhetorische Fragen sollen die innere Loslösung aus der
törichten religiösen Bindung begründen: „Wer half mir wider / Der Titanen Übermut? / Wer rettete vom Tode mich, / Von Sklaverei?" (v. 29–32). Inhaltlich sind
diese Fragen nur schwer zu füllen – Goethe spielt hier auf disparateste Bruchstücke unterschiedlicher Prometheus-Mythen an. Wichtiger aber ist die implizite
Antwort, die diese Fragen schon enthalten: ‚Ihr nicht, Götter!'. Explizit antwortet
der Text, wiederum mit einer Frage, aber mit einem Positivum: „Hast du's nicht
alles selbst vollendet, / Heilig glühend Herz?" (v. 33 f.). Die Mittelstellung dieser
Verse in der Strophe wie (zumindest ungefähr!) im ganzen Gedicht betont ihre
Bedeutsamkeit: Das Ich, voll Stolz aufs eigene Schöpfertum, auf die eigene Tätigkeit, die erst sein Leben erschuf, stellt sich metaphorisch dar: „Heilig glühend
Herz". Das Herz, als Metapher für Innerlichkeit, Empfindsamkeit, Subjektivität,
wird zum Stellvertreter des Subjektes – mehr noch: Es ersetzt gleichzeitig das
Göttliche als Zentrum der alten Religion, der Text apostrophiert es als ‚heilig'.
Hier schlägt der Text nochmals in bekannte Polemik um, indem das „glühend"
des zentralen Verses im Präteritum wieder aufgegriffen wird: „Und glühtest, jung
und gut, / Betrogen, Rettungsdank / Dem Schlafenden dadroben?" (v. 35–37). Die
innerliche Glut, die mittlerweile als Subjekt die eigene Identität erzeugte, unterlag
in früherer Zeit noch dem göttlichen Betrug, Dank wissend dem, der nichts tat als
in seiner Abtrennung von der menschlichen Welt zu schlafen.

Polemik und Selbstbehauptung. Der Angriff auf die göttliche Autorität wird
auch in der nächsten Strophe fortgesetzt: „Ich dich ehren? Wofür?" Um diese
Achse gruppieren sich einander symmetrisch die vorige und die kommende
Strophe. Wiederum wird in parallel gebauten Verspaaren zweimal nach den vorgeblichen Leistungen der Gottheit rhetorisch gefragt – diesmal aber scheinbar auch über das individuelle Ich des Kindes in der vierten Strophe hinaus
aufs Allgemein-Menschliche hin: „Hast du die Schmerzen gelindert / Je des
Beladenen? / Hast du die Tränen gestillet / Je des Geängsteten?" (v. 39–42).
Gerade die beanspruchten Qualitäten der Gottheiten werden trotzig verneinend
erfragt, Qualitäten der Barmherzigkeit und der Gnade – womit allerdings eher der
christliche Gott gemeint zu sein scheint als Zeus. Trotzig auch die Frage – „Hat
nicht mich zum Manne geschmiedet …" (v. 43) –, die die Antwort weiß: Als einzige ‚Mächte' über der Individualität des tätigen Subjektes werden „allmächtige
Zeit" und „ewiges Schicksal" (v. 44 f.) anerkannt, denen auch die Götterwelt
unterliege: „Meine Herrn und deine" (v. 45). Auf mythologischer Ebene sind
‚Zeit' und ‚Schicksal' Kronos und die Moiren, also Gewalten, die selbst Zeus vor-
oder übergeordnet sind; auf der Ebene des Modelles individueller Entwicklung des
tätigen Subjektes, gleichsam säkularisiert, aber bedeuten sie Geschichte und die
zufälligen Umstände der Geburt, Notwendigkeiten der äußeren Situation – und

die nicht hintergehbare Endlichkeit des individuellen Lebens. – Auch die sechste Strophe ist ganz rhetorischer Fragesatz: „Wähntest du etwa, / Ich sollte das Leben hassen ..." (v. 47 ff.). Eine Absage an eine asketische Lebenshaltung, an Welt-flucht, die Anerkenntnis, dass das in der Jugend Geträumte lange nicht Wirk-lichkeit werden muss. Die jugendlichen Hoffnungen setzt der Text hier in einen ungeheuren Neologismus um, die sogar die Zeilengrenze überspringenden „Knabenmorgen- / Blütenträume" (v. 50 f.).

Schöpferische Selbstbehauptung. Angriff und Polemik in den beiden ersten Strophen, die göttliche Majestät einerseits abtrennen von der mensch-lichen Welt, sie andererseits aber auch entlarven als einzig auf Betrug und Täuschung beruhend, gehören, auch grammatisch, in die Sprechgegenwart des Prometheus. Die erinnernde Reflexion in der dritten bis sechsten Strophe, dreifach in rhetorischer Frageform, ruft im Präteritum einzelne Stationen eines Lebens-weges zum „Manne" auf, die jeweils Argument gegen göttliche Macht, Einfluss-möglichkeit und Güte und gleichzeitig Dokument trotzigsten Selbstbewusstseins sind: Identität als selbst tätig Erzeugtes. Die siebte Strophe kehrt zur Sprecher-gegenwart zurück: „Hier sitze ich" (v. 52). Das sowohl aus der Ablehnung gött-licher Autorität als auch aus der selbsttätigen Verfertigung eigener Identität gewonnene Selbstbewusstsein bekommt hier seinen strahlendsten Ausdruck: Prometheus besetzt ein göttliches Privileg neu und perpetuiert gleichzeitig seinen Widerspruch gegen jegliche göttliche Autorität in dem von ihm Geschaffenen: „forme Menschen / Nach meinem Bilde, / Ein Geschlecht, das mir gleich sei, / Zu leiden, weinen, / Genießen und zu freuen sich, / Und dein nicht zu achten, / Wie ich" (v. 52–58). Prometheus – der Text folgt hier dem zweiten, unbekannteren Teil der Sage – maßt sich göttliches Privileg an: Er erschafft Menschen, erzeugt also, wiederum mit den eigenen Händen, die Geschöpfe, die ‚seine Erde' bewohnen werden, die, wie er schon längst, Menschen seien, menschlich als Leidende und sich Freuende – und gleichzeitig die angemaßte göttliche Autori-tät missachten, nicht mehr die Toren, Kinder und Bettler sind. Der letzte Vers des Textes, eigentlich nur Bruchstück eines Verses, stellt den Höhepunkt des sowohl individuell-subjektiven als auch schöpferischen Selbstbewusstseins dar: „Wie ich". Der herausfordernd-trotzigen Anrede an Zeus, schnell in Spott und Polemik umschlagend, die den Text begann, wird das emphatisch aufgeladene Ich ent-gegengesetzt: Das Personalpronomen beschließt als letztes, als selbstbewusstestes Wort den Text.

Politische Opposition und Genie-Programmatik. Die Argumentations-struktur der „Prometheus"-Hymne geht in zwei Richtungen:

- Erstens verhält sie sich, programmatisch für die Literatur junger bürger-licher Männer der frühen 1770 Jahre, polemisch oppositionell gegenüber traditionellen Herrschaftsstrukturen. Eine religiöse Machtannahme, ein Herrschergott, wird als Unterdrückungsinstanz individueller Autonomie ebenso abgelehnt wie deren weltliche Repräsentanten. Beide Formen von Herrschafts-anspruch werden entlarvt als gleichermaßen abgehoben und auf Betrug und Torheit anderer beruhend.

- Zweitens aber, und das ist möglicherweise in einem viel weiterreichenden Sinne programmatisch, artikuliert der Text ein neues Bewusstsein dichterischer oder künstlerischer Identität: Das, was sich der göttlich angemaßten Majestät entgegensetzt, ist gleichermaßen selbsttätig erschaffene eigene Identität und ebenso selbst erzeugte Welt: „meine Erde", „meine Hütte" auf der handwerklichen, „forme Menschen nach meinem Bilde" auf der künstlerischen Seite. Die Anmaßung göttlicher Macht in diesem Genesis-Zitat (vgl. 1 Mose 1,27) drückt sowohl neues menschliches als auch neues künstlerisches Selbstbewusstsein aus. Der Mensch begreift sich als das Subjekt seiner Geschichte, als Macher seiner eigenen Welt.

- Goethe greift hier, indem er sein Konzept künstlerischen Schaffens mit Hilfe der „Prometheus"-Figur artikuliert, auf seine Rede „Zum Shakespeares-Tag" zurück: Der englische Dramatiker, so Goethe dort, „wetteiferte mit dem Prometheus, bildete ihm Zug vor Zug seine Menschen nach, nur in kolossalischer Größe" (HA 12, 227). Prometheus wird, hier in der Rede wie dort in der Hymne, zum Sinnbild eines neuen Dichtertypus – der die herrschenden Strukturen nicht achtet, seien es die religiös verordneten, die politisch-gesellschaftlichen oder aber auch die poetisch-regelhaften. Ein neuer Dichtertypus, der sich nicht zu Unrecht den von Lessing und Herder übernommenen Namen des Genies zulegen darf, das die Gestaltungsprinzipien seiner Werke ausschließlich aus sich selbst schöpft.

4.4.3 „Ganymed", „An Schwager Kronos"

Komplementär zum „Prometheus": ▶ „Ganymed". Konträr zur schöpferischen Emphase der sich selbst bewusst werdenden künstlerischen Identität in der „Prometheus"-Hymne artikuliert die fast zeitgleich entstandene Hymne „Ganymed" das expansive Naturgefühl des Sturm und Drang, das das vollständige Aufgehen im als göttlich erfahrenen Naturzusammenhang ersehnte. „Wie im Morgenrot / Du rings mich anglühst, / Frühling, Geliebter! / Mit tausendfacher Liebeswonne / Sich an mein Herz drängt" (v. 1–5; HA 1, 46). Anders als der Prometheus greift diese Hymne nicht konkret auf den Mythos um Ganymedes zurück, der als Sohn des Menschen Tros und der Nymphe Kallirrhoe wegen seiner Schönheit von Zeus' Adler als Mundschenk und Augenweide an den Olymp geholt wurde – allenfalls die Motive des Schwebens und der Schönheit können als Anlehnungen an den Mythos aufgefasst werden (vgl. zum Verhältnis des Mythos zum Gedicht Keller 1987). Ähnlich wie im „Mayfest" werden Frühling und Liebe gleichermaßen als Naturphänomene angerufen, die Gedankenbewegung des Liedes zielt auf das Verschweben in der Natur: „In eurem Schoße / Aufwärts, / Umfangend umfangen! / Aufwärts / An deinem Busen, / Allliebender Vater!" (v. 27–32) (zum antagonistischen Verhältnis von Konzentration und Expansion in „Prometheus" bzw. „Ganymed" vgl. v. a. Zimmermann 1979, 119–166).

Komplementär zum „Prometheus": ▸ **„An Schwager Kronos".** Das Selbstbewusstsein, mit dem Prometheus zum Schluss der Hymne die eigene Schöpfer-
macht trotzig besingt, ist Grundstimmung der Hymne „An Schwager Kronos".
Diese wurde, wie die Unterzeile des Titels in der Handschrift sagt, „In der Post-
chaise den 10. Oktober 1774" notiert (HA 1, 47). Gerade mit diesem Zeitpunkt
sind viel genauere biographische Bezüge des Textes bedeutsam: Die ersten
beiden bahnbrechenden literarischen Erfolge Goethes waren gerade erschienen:
Götz 1773, *Werther* im Herbst 1774. Die Postkutschenreise am 10. Oktober
1774 war nicht irgendeine: Klopstock hatte Goethe Ende September in Frankfurt
besucht, dieser hatte den verehrten älteren Dichter auf seiner Weiterreise nach
Karlsruhe vermutlich bis Darmstadt begleitet – und war jetzt auf dem Rück-
weg. Die Kutschenreise wird zur Metapher, zum Lebensweg: Der Kutscher
(zeitgenössisch: ‚Schwager') wird als Kronos angesprochen, Titan und Götter-
vater und in dem für Goethe maßgeblichen *Gründlichen Lexicon Mythologicum*
Benjamin Hederichs (1741) Chronos, dem Gott der Zeit, gleichgesetzt (vgl. dort
Sp. 1730). Die Lebensbahn, die die sieben Strophen hindurchrasen, ist einerseits
von „holpernde[m] / Stock Wurzeln Steine" (v. 6 f.), von Fahrten „Mühsam Berg
hinauf" (v. 11) behindert, ermöglicht aber auch den erhabenen Blick: „Weit hoch
herrlich der Blick / Rings ins Leben hinein / Vom Gebürg zum Gebürg / Über
der ewige Geist / Ewigen Lebens ahndevoll" (v. 14–18). Und die hymnisch anti-
zipierte Lebensbahn hat Niedergang und Ende: „Sieh, die Sonne sinkt" (v. 27),
die letzte Strophe nimmt den „Orkus" vorweg (v. 38). Das Selbstbewusstsein des
sprechenden Ichs aber ist gewaltig. Die letzte Strophe lautet insgesamt: „Töne,
Schwager, dein Horn, / Raßle den schallenden Trab, / Daß der Orkus vernehme,
ein Fürst kommt, / Drunten von ihren Sitzen / Sich die Gewaltigen lüften" (v.
37–41). Selbst die Gewaltigen der Unterwelt, der „Hölle" (v. 36) sollen dem ein-
treffenden (Dichter-)Fürsten Reverenz erweisen!

Dass die Veröffentlichung von *Götz* und *Werther* den jungen Frankfurter
Dichter schlagartig berühmt gemacht hatten, schlägt sich in diesem Bild überbordenden Selbstbewusstseins nieder, möglicherweise aber noch mehr, dass
Klopstock, verehrte Ikone einer neuartigen Auffassung von Dichtung und Dichter,
ihn mit seinem Besuch beehrt hatte. Für den Druck dieses Textes in den *Schriften*
1789 schien Goethe selbst das doch ein bisschen zu dick aufgetragen: Dort heißt
es, fast lapidar: „Daß der Orkus vernehme: wir kommen, / Daß gleich an der Türe
/ Der Wirt uns freundlich empfange" (HA 1, 487).

Lyrische Neubestimmung autonomer dichterischer Identität. „Wanderers
Sturmlied", „Prometheus" und „An Schwager Kronos" modellieren im je unterschiedlichen Modus der emphatischen Selbstbestimmung aus sich selbst,
abstrakter gesprochen, eine Auffassung des (schöpferischen) Individuums, die
sich dem über ständische Ordnungskategorien verlaufenden Begründungsmuster
menschlicher Individualität vermittels radikaler autonomer Selbstbegründung
entgegengesetzt. Diese Opposition der Begründungsmuster von Individualität
bedingt auch eine poetologische: Die kanonischen Formen repräsentativer Lyrik
der Rokoko-Zerstreuungskultur werden – programmatisch – ebenso abgelehnt
wie jede Regelpoetik, die die Verwendung poetischer Mittel zum Affektausdruck

kasuistisch vorschrieb oder, wie Gottscheds rationalistisch-frühempfindsamer *Versuch einer Critischen Dichtkunst* (1730), Literatur noch weitgehend der Belehrung und Erbauung unterordnete. Die dem sich entziehende Lyrik fordert neue literarische Formen und eine neuartige Sprache. Die Wendung zum Volks-liedhaften in der Sturm-und-Drang-Lyrik, die Abwendung von klassischer Metrik und Versform und Hinwendung zu ‚freien Rhythmen‘ und vor allem spezi-fisch goethesche Neologismen („morgenschön“, „rosenfarbes Frühlingswetter“, „Knabenmorgen- / Blütenträume“ u. v. a. m.) sind beredte Ausweise einer neu-artigen Konzeption von Lyrik, von Literatur.

4.5 Gedichte am Weimarer Hof: dichterische Selbstreflexion, Fürstenlob

Goethes Entscheidung, der Einladung des Weimarer Herzogs zu folgen, und v. a. die Entscheidung, dort am Hof zu bleiben, ab 1776 politische Ämter zu übernehmen sowie *auch* als Hofdichter zu schreiben, stellt einen radikalen Bruch dar: Der sogenannte Sturm und Drang war eine kurzlebige, von wenigen jungen Bürgerlichen getriebene Oppositionsbewegung gegen die Fesselungen der ständischen Gesellschaft, gegen die ästhetischen Imperative einer letztlich höfischen Orientierung am französischen Klassizismus des 17. Jahrhunderts, der Versuch einer Selbstbehauptung des bürgerlichen Individuums – politisch, sozial, ästhetisch. Anders gesagt: Goethes Entscheidung für Weimar war gegenüber den Weggefährten des Sturm und Drang letztlich Verrat, für ihn selber nicht nur Bruch, sondern Flucht – auch angesichts des absehbaren Scheiterns der nur prä-tendierten Selbstbehauptung, der nur intendierten Opposition, der nur *literarischen* Bewegung des Sturm und Drang.

Die Lyrik des ersten Weimarer Jahrzehnts stellt ein inhomogenes Textcorpus dar, das hier nur ganz exemplarisch vorgestellt werden kann:

- Einzelne Gedichte beziehen sich gerade auf Goethes Weg nach Weimar, auf das Irrationale dieser ‚Flucht‘ und setzen, zumindest vermittels des Rätsels, das sie darstellen, eine Reflexion dieser Entscheidung literarisch um („Auf dem Harz im Dezember 1777“).
- Andere Texte setzen sich ganz bewusst ab vom Hof – hier wird eine Fort-führung der im Sturm und Drang begonnenen Traditionslinien im Felde der Naturlyrik deutlicher sichtbar („Wanderers Nachtlied. Ein Gleiches“).
- Einiges ist Auftragslyrik, wie sie vom Dichter am Hofe verlangt wurde. Davon aber geht wiederum Einiges weit über diesen funktionalen Status hinaus und reflektiert die Stellung des Dichters im Verhältnis zu Hof und Fürst, zu eigenen Ämtern und Hofkultur („Ilmenau am 3. September 1783“).
- In einigen lyrischen Texten, die etwa in der *Hamburger Ausgabe* unter der Überschrift „Natur- und Weltanschauungs-Lyrik“ (HA 1, 131 ff.) zusammen-gestellt sind, grenzt Goethe sich dezidiert von Positionen seiner frühen Lyrik ab und bereitet damit schon Tendenzen oder Auffassungen der (nach-)italienischen Texte vor („Grenzen der Menschheit“, „Das Göttliche“).

4.5.1   ▸ „Auf dem Harz im Dezember 1777"

Von seiner äußeren Form her – freie Rhythmen, Auflösung traditioneller Strophen-
strukturen – und seinem Stil setzt „Auf dem Harz im Dezember 1777" die
Traditionslinien der großen Frankfurter Hymnen fort – und wird dementsprechend
in einigen Werkausgaben zu den „Hymnen" gerechnet (vgl. HA 1, S. 50 ff.). Entscheidend aber ist, dass der Text in Weimar abgefasst wurde – ihr (verrätselter)
Gegenstand ist die literarische Reflexion oder dichterische Aufarbeitung der biographischen Krise Goethes, die 1775 zur „Flucht" nach Weimar geführt hatte.
Anders als die Frankfurter Hymnen greift „Auf dem Harz im Dezember 1777"
nicht auf einen kohärenten und gleichzeitig auch unmittelbar zugänglichen
Bereich von Bildern und Mythologemen zurück, der Text erscheint assoziativer,
gewissermaßen unkonzentrierter – ein Eindruck, den erst die genauere Analyse
korrigieren kann. – Grundlage der folgenden Texterarbeitung ist die von Albrecht
Schöne rekonstruierte Erstfassung des Textes (Schöne 1982, 13–52, f.d. Text s.
bes. 20–22).

   Texterörterung. Der Text entwirft die Bildebene einer Landschaft, innerhalb
derer glückende und missglückende, begünstigte und benachteiligte Lebenswege
sichtbar werden. Das Lied verweilt schließlich beim Einsamen, der als Künstler,
als Dichter erkennbar wird, in wilder, gebirgiger Natur:

- **Uneigentliche Topographie:** Der Text beginnt mit einem Vergleich: „Dem
  Geyer gleich, / Der auf Morgenschloßen Wolken / Mit sanftem Fittich ruhend
  / Nach Beute schaut, / Schwebe mein Lied" (v. 1–5). „Geyer" ist im 18. Jahr-
  hundert einfach eine Sammelbezeichnung für verschiedene große Raubvögel;
  hier werden Raubvogel und Gedicht gleichsam gleichgesetzt: Der Text soll Ausschau halten nach „Beute", ruhig schwebend an einem über alles erhobenen Ort.
  Die beiden folgenden Bilder umreißen die ‚Landschaft', über der schwebend
  das Lied nach Beute sucht, die unterschiedlichen Lebenswege Einzelner:
  „Denn ein Gott hat / Jedem seine Bahn / Vorgezeichnet, / Die der Glückliche /
  Rasch zum freudigen / Ziel läuft. / Aber wem Unglück / Das Herz zusammen-
  zog, / Sträubt vergebens / Gegen die Schrancken / Des ehrnen Fadens / Den die
  bittre Scheere / nur einmal lößt" (v. 6–18). Die Lebens*bahn* ist mit dem Glück
  korreliert, der Lebens*faden* mit dem Unglück. Die beiden aus antiker Tradition
  stammenden Bilder für individuelles Leben setzt die Strophe mit einem „aber"
  gegeneinander ab. Beiden Bildern gemeinsam aber ist die Unausweichlichkeit,
  „vorgezeichnet" von „einem Gott".
  Die dritte Strophe erst spricht, gleichsam aus der ‚Vogelperspektive', von
  dem, was das Lied ‚sieht': „In Dickigts Schauer / Drängt sich das rauhe
  Wild, / Und mit den Sperlingen / Haben längst die Reichen / In ihre Sümpfe
  sich gesenckt" (v. 19–23). Mögliche Beutetiere des Raubvogels – auf der
  Ebene der eigentlichen Bedeutung des Eingangsbildes – haben einen Zufluchts-
  ort gefunden: „das rauhe Wild" das „Dickigt", die „Sperlinge" die „Sümpfe"
  (noch zur Goethezeit existierte der ornithologische Irrtum, ein großer Teil der
  Zugvögel und Sommergäste verbringe seinen Winterschlaf in den Sümpfen).

Eines aber irritiert an dieser Strophe, macht ‚rauhes Wild' und ‚Sperlinge' als
Bildspendebereich einer Metaphernfolge deutlich, deren Bildempfangsbereich
gesellschaftlicher Natur ist: „die Reichen" (v. 22). Das „rauhe Wild" steht
für den unteren Rand der Gesellschaft, die Armen, Kleinbürger und Bauern,
die nur im ‚Dickicht' Schutz und, sich aneinanderdrängend, Wärme finden;
die „Sümpfe" der Sperlinge und Reichen stehen für die Stadtwohnungen der
Letzteren.

- **Geselligkeit und Einsamkeit:** Das Bild der glückenden Lebensbahn wird
  sodann variiert und erweitert – und in Hinsicht auf seine gesellschaftliche
  Bedeutungsdimension präzisiert: „Leicht ists folgen dem Wagen / Den Fortuna
  führt, / Wie der gemächliche Troß / Auf gebesserten Wegen / Hinter des Fürsten
  Einzug" (v. 24–28). Die ‚Lebensbahn' ist gebahnter Weg, dem Wagen der
  Glücksgöttin folgen die Begünstigten; nicht zufällig verweist der Vergleich auf
  den Troß des Fürsten, auf Hof und höfische Welt. – Das Wegebild bestimmt
  auch die nächste Strophe, die den vorigen durch ein adversatives „Aber" ent-
  gegengesetzt ist: „Aber abseits wer ists? / Ins Gebüsch verliert sich sein Pfad
  / Hinter ihm schlagen / Die Sträuche zusammen / Das Gras steht wieder auf /
  Die Oede verschlingt ihn" (v. 29–34). ‚Abseits' findet das Lied den Unglücklichen: Er bestimmt anscheinend nicht selbst, wohin es geht, vielmehr ist die
  ihn umgebende Natur Subjekt: „Die Oede verschlingt ihn". Wendet hier, in
  Strophe V, das Lied sich noch fragend dem Unglücklichen zu, bestimmt Strophe
  VI diesen Einsamen, löst ihn heraus aus der Landschaft, erkennt ihn genauer,
  sein seelisches Leiden – mitleidig, fast klagend fragt es nach Linderung für den
  unglücklich Vereinsamten, dessen ‚Pathogenese' es berichtet: den Umschlag
  von „Balsam" zu „Gift", von der „Fülle der Liebe" zu „Menschenhaß", die Entstehung von Verachtung und Selbstsucht (vgl. v. 35–42).
- **Gebet für den Einsamen.** In der ‚Landschaft' unterschiedlicher Lebenswege
  scheint das Lied seine „Beute" gefunden zu haben: Den Einsamen, Unglücklichen, dem es sich nun (Strophe VII) mit einer gebetsartigen Bitte um heilende
  Hilfe zuwendet: „Ist auf deinem Psalter, / Vater der Liebe, ein Ton / Seinem
  Ohre vernehmlich, / So erquicke dies Herz! / Oeffne den umwölkten Blick /
  Ueber die tausend Quellen / Neben dem Durstenden / In der Wüste" (v. 43–50).
  Das Lied beginnt hier, exakt in der Mitte des Textes, sich mit dem Einsamen,
  Leidenden, zu identifizieren – ja, das sprechende Ich, das niemals ins Wort
  tritt, kann hier sogar selber gemeint sein: „erquicke dies Herz" kann zugleich
  weisen aufs Herz des Einsamen und auf das des Sprechers. Vom als „Vater
  der Liebe" angesprochenen Gott wird der erquickende Ton eines Psalters,
  Musik also, erbeten – in deren Bildfeld das Lied selbst auch gehört. Darüber
  hinaus greift die Strophe auf das Landschaftsbild zurück: Die „Oede", die oben
  den Einsamen „verschlang", wird hier zur „Wüste", der Unglückliche zum
  „Durstenden". Öde und Wüste sind Metaphern für seelisches Leiden desjenigen,
  der die „tausend Quellen" neben sich nicht wahrnehmen kann.

Während Strophe VIII den Segen des Gottes für die Begünstigten anspricht („Segne die Brüder der Jagd", v. 53), lenkt IX mit einem „Aber" zu Beginn wieder auf den Einsamen hin, der jetzt noch genauer identifizierbar wird: „Aber den einsamen hüll / In deine Goldwolcken / Umgieb mit Wintergrün / Biß die Rose wieder heranreift / Die feuchten Haare, / O Liebe, deines Dichters!" (v. 60–65). Aus dem „Vater der Liebe" ist die „Liebe" selbst als Adressatin der Rede geworden, die Wolken, die oben den Blick des Gottes nur umwölkten, also zwischen ihm und der Welt sich befanden, sind als Segnungs- und Schutzmittel unmittelbar der Liebe zugeordnet: „deine Goldwolcken". Mit diesen nämlich soll die Liebe den Einsamen umfangen. Dieser aber stellt sich als der Dichter heraus! Das Lied also hat sich seiner Beute ganz genähert, erkennt sie nun als den eigenen Urheber! Ihm gilt die Bitte, ihn mit Wolken der Liebe einzuhüllen, ihn glücklich zu machen, ihn zu bekränzen – zunächst mit Wintergrün, also Lorbeer, dann, im Frühjahr, mit Rosen: zwei antike Dichterehrungsweisen.

- **Begünstigung des Genies.** Auf die „Bittstrophen" (VII–IX) folgen die „Erfüllungsstrophen" (Riedel 2003, 62 f.). Das Gebet an die Liebe wird zum Dankgebet, ein Dank, der auf einen Teil der schon gebrauchten poetischen Bilder zurückgreift: Die Liebe führe ihn über ungebesserte und ungebahnte Wege durch die Öde („Mit der dämmernden Fackel / Leuchtest du ihm / Durch die Furten bey Nacht, / Ueber die grundlosen Wege / Auf oeden Gefilden", v. 66–70), die „Goldwolcken" der Liebe zeigen Wirkung: „Mit dem tausend-farbigen Morgen / Lachst du in's Herz ihm" (v. 71 f.). Der Dank aber geht weiter: „Mit dem beizenden Sturm / Trägst du ihn hoch empor" (v. 73 f.): Der Dichter fühlt sich emporgehoben über die Landschaft, die Welt, ähnlich wie der „Geyer", sein „Lied". Effekt dieser Begünstigung durch die Liebe (vgl. entsprechende Motive im „Mayfest" und in „Wanderers Sturmlied") ist die produktive und affektive Beziehung des Dichters und seiner Dichtung zu der ihn umgebenden Naturwelt. Die Relation zwischen Natur und Dichtung ist unmittelbar: „Winterströme stürzen vom Felsen / In seine Psalmen" (v. 75 f.). Der Dichter, emporgehoben vom dienstbaren Sturm, kommt zu seinem Lied, singt nunmehr selbst Psalmen, wie vorher nur der Gott, „Vater der Liebe", auf seinem „Psalter" (v. 43). Der Sturm trägt den Dichter empor – auf einen Berg: „Und Altar des lieblichsten Dancks / Wird ihm des gefürchteten Gipfels / Schneebehangner Scheitel / Den mit Geisterreihen / Kränzten ahndende Völcker" (v. 77–81). Der Berg wird in (pseudo-)religiösem Duktus zum Dank-altar für die von der „Liebe" gewährte Erfüllung und Erhebung stilisiert; gleich-zeitig aber ist der Berg auch mehr: Nicht nur ‚Gipfel' heißt es im Text, er ist auch „[s]chneebehangner Scheitel", wird auffällig anthropomorph. In diesem Bild korreliert der Berg in doppelter Hinsicht mit der Selbstdarstellung des Dichters in Strophe IX: Einerseits gehören „feuchte Haare" und „Scheitel" zu demselben menschlichen Körperbereich (‚Kopf', ‚Kopfbehaarung'), anderer-seits sind beide bekränzt: Der Dichter bittet die „Liebe" um einen Dichter-kranz, den Berg „kränzten", in noch mythischer Zeit, „ahndende Völcker" „mit Geisterreihen".

- **Berg und Dichter:** Dieser Berg wird, wie vorher der Gott „Vater der Liebe"
  und die „Liebe" selbst, schließlich direkt angesprochen: „Du stehst unerforscht
  die Geweide / Geheimnisvoll offenbar / Ueber der erstaunten Welt, / Und
  schaust aus Wolcken / Auf ihre Reiche und Herrlichkeit / Die du aus den Adern
  deiner Brüder / Neben dir wässerst" (v. 82–88). Oder ist das „Du" hier Selbst-
  anrede des „Dichters"? Er ist ja emporgehoben durch den „beizenden Sturm",
  sein Haupt soll bekränzt werden wie einst des Berges „[s]chneebehangner
  Scheitel". – Beide, Berg und Dichter, stehen als ein Geheimnis da, beide, wie
  „Geyer" und „Lied" „über der erstaunten Welt", beide mit geologisch bzw.
  psychologisch unerforschtem Innenleben. Wie „Geyer" und „Lied" schauen
  Berg und Dichter: „Und schaust aus Wolcken", allerdings nicht suchend: „Auf
  ihre [der Welt] Reiche und Herrlichkeit". Diese Formulierung stammt aus der
  Bibel (Mt 4,8): Der Teufel zeigt Jesus ‚alle Reiche der Welt und ihre Herrlichkeit', will ihn in Versuchung führen. Der Anklang ans Evangelium passt zum
  religiösen Duktus der Passage um den „Altar des lieblichsten Dancks". Mit den
  letzten beiden Versen greift Strophe XI auf das Bild des Trinkens (der Leiden
  und der Heilung), der „tausend Quellen" und des Durstenden (VII/VIII) zurück.
  Der Berg ist derjenige, der aus seinen „Adern" die Welt „wässert", der Dichter
  erhofft Wirkung in die Welt hinein.

Deutung. „Auf dem Harz im Dezember 1777" lässt sich auf ganz unterschiedlichen Ebenen kontextualisieren und deuten: Anlass war eine tatsächliche Harzreise Goethes im Dezember 1777, ein (im Verhältnis zur Straßburger und
Frankfurter Lyrik) neuer Blick auf Natur wird eingesetzt, die aus ihrer Ebenbild-
lichkeit mit dem empfindenden Subjekt herausgelöst wird, Bilder der antiken
Zukunftsschau weisen auf eine orakelhafte Befragung ‚der Götter' (hinsichtlich
der Entscheidung Goethes für den Weimarer Hof), schließlich vergewissert sich
hier der Dichter seiner dichterischen Berufung als wahrer Garantin seines persönlichen Glücks:

- **Biographischer Kontext:** Am 29. November 1777 verließ Goethe Weimar
  in Richtung nach dem Harz, um später zur Jagdgesellschaft Carl Augusts
  hinzuzustoßen – was erst am 15. Dezember geschah. Ein Teil der Reise war
  durch dienstliche Besuche der Harzbergwerke ausgefüllt, ein anderer galt
  dem Besuch des jungen und verstörten Friedrich Victor Lebrecht Plessing, der
  bedeutsamste Teil der Reise führte Goethe auf den verschneiten Brocken – eine
  Bergbesteigung, die im 18. Jahrhundert zumindest im Winter für unmöglich
  gehalten wurde. Die Jagdgesellschaft Carl Augusts findet sich in den „Brüdern
  der Jagd" und den Wild- und Jagdbildern; der Berg, auf den der „Dichter"
  emporgehoben wird, ist der Brocken. Ob der Einsame in Strophe V („Aber
  abseits wer ists?") so eindeutig, wie Albrecht Schöne es bestimmt, zunächst
  mit Plessing gleichgesetzt werden kann (vgl. Schöne 1982, 38), mag offen
  bleiben – Goethes Harzreise lieferte in jedem Falle Material für die Bilder,
  derer der Text sich bedient. Mehr aber auch nicht!

- **Neuartige Naturerfahrung:** In der Hymne geht es einerseits um Natur – oder
  vielmehr: um die Erfahrung von Natur in einer bestimmten Qualität. Der Text
  markiert damit einen wichtigen Schritt von der emphatisch-pantheistischen
  Beseelung der Natur im Sturm und Drang – wo Natur und empfindendes
  Subjekt als identisch gesetzt wurden – zur poetischen *und* wissenschaftlichen Beschäftigung Goethes mit der Natur; der Text stellt inhaltlich genau
  diesen Übergang dar. Natur-Welt und Berg werden im Gedicht zu etwas Gott-
  gleichem – die Strophen X und XI setzen den „Vater der Liebe" mit dem Berg
  in gewisser Weise gleich –, die Natur-Religion des Sturm und Drang wird,
  gleichsam objektivierender, fortgesetzt. Natur kann, auf dem Hintergrund der
  „existentiell bedeutsame[n] Naturerfahrung" (Engelhardt 1987, 194), die die
  Harzreise poetisch reflektiert, nicht mehr als Projektionsfläche für subjektive
  Regung poetisch genutzt werden – sie wird Objekt, Anderes des Menschen, in
  der Offenbarung des Berges bzw. Gottes ein „Wesen eigener Gesetzlichkeit"
  (Engelhardt 1987, 206).
- **Bilder antiker Götterbefragung:** Goethe verhandelt in der Harzreise auf
  poetische Weise eine biographische Konfliktsituation – der „Dichter" des
  Textes meint auch ihn selbst. Dem Text geht es um die Suche der krisenhaft
  gewordenen Identität nach einer gewissermaßen transzendentalen Bestätigung.
  Die Hymne selbst wie auch Briefe und Tagebucheintragungen in ihrem zeitlichen Umfeld weisen auf eine solche Suche hin. Der Text verweist mehrfach auf antike Traditionen der Götterbefragung und Schicksalsvoraussage.
  Der „Geyer" ist nämlich nicht nur eine sprachgeschichtlich ältere Sammelbezeichnung für heimische Raubvögel. In der *Deutschen Encyclopädie* von
  1787 wird gerade der „Geyer" als antiker Auguralvogel angeführt, dessen Flug
  mit großer Aufmerksamkeit beobachtet und interpretiert wird zur Erkundung
  des Götterwillens (vgl. Schöne 1982, 28 f.). Das Lied, „[d]em Geyer gleich",
  zitiert hier die Auguralpraxis der Alten, soll aber selbst Ausschau halten nach
  einem „befestigungs Zeichen" (Brief an Ch.v. Stein, 10.12.1777). Neben
  dem Vogelflug wird auch auf die antike Auguralpraxis der Eingeweideschau
  angespielt: „Du stehst unerforscht die Geweide" (XI). Der Text spielt hier
  auf die Zukunfts- und Schicksalsdeutung der *haruspices* an: Die Eingeweide
  der Opfertiere wurden einer genauen Schau unterzogen, um den Götterwillen
  zu erforschen. Der ganze Text also ist gerahmt von Auguralmetaphern – und
  durchsetzt von den antiken Bildern „Lebensbahn" und „-faden".
- **Pindarbezug:** Der „Geyer" ist allerdings nicht nur Auguralvogel, sondern auch
  eingedeutschter ‚Bruder' des Adlers, der dem antiken griechischen Dichter
  Pindar zur Selbstdarstellung diente (vgl. Schmidt 1983, 616 ff.). Ein Lieblings-
  gedicht des jungen Goethe (vgl. einen Brief an Herder 10.7.1772) war Pindars
  dritte Nemeische Ode, in der der Dichter wie ein Adler, der nach Beute schaut,
  diese ergreift – der die Harzreise einleitende metaphorische Gestus ist also fast
  wörtliches Pindar-Zitat. Auch die „Bahn", die ‚ein Gott jedem vorgezeichnet
  habe', zitiert einen antiken wie pindarischen Topos: Der „Gott" der „Lebensbahn", griechisch *daimon*, ist nach Heraklit die dem Menschen naturgegebene

und individuelle Art (vgl. Schmidt 1983, 618); bei Pindar wird häufig der
Bereich des Wett- und Wagenrennens und der Laufbahn metaphorisch für das
Leben gesetzt.

- **Individuelle und dichterische Selbstvergewisserung:** Goethe notierte den
Beginn des Gedichtes schon am 1.12.1777 in sein Tagebuch – wie das Lied
scheint er also zu warten auf etwas Zeichenhaftes, das eintreten soll. Am 10.
Dezember riskiert Goethe, den schneebedeckten Brocken zu besteigen, und
es gelingt ihm. „Ich will Ihnen entdecken (sagen Sies niemand) dass meine
Reise auf den Harz war, dass ich wünschte den Brocken zu besteigen, und
nun liebste bin ich heut oben gewesen, ganz natürlich, ob mir's schon seit 8
Tagen alle Menschen als unmöglich versichern" (an Ch.v. Stein, 10.12.1777;
WA IV.3, 199 f.). Das Ziel der heimlichen Harzreise war also Goethes Versuch,
irgend den ‚Götterwillen' auszuforschen – unmythologischer ausgedrückt:
etwas zu versuchen, das ihm als zeichenhaft weisend in einer Situation krisen-
hafter Orientierungslosigkeit auslegbar sein könnte. In der Hymne geht es um
die poetische Inszenierung eben eines solchen „befestigungs Zeichens" – biographisch gewendet: für die von Goethe gerade eingeschlagene Laufbahn des
Staatsbeamten am Weimarer Hof, „deren Verknüpfung mit seiner poetischen
Existenz Goethes Erkundung des Götterwillens ‚Auf dem Harz im Dezember
1777' galt" (Schöne 1982, 34). In der Situation der starken und zeitgreifenden
Einbindung in die Pflichten des Weimarer Hofes gerät der Dichter Goethe in
die Krise, die Harzreise stellt den Versuch dar, innerhalb dieses Kontextes
das Dichterische zu verorten. „Dichterisch vergewissert sich das Lied der
dichterischen Berufung selbst. Diese ist das vorgezeichnete ‚Glück'" (Schmidt
1983, 618).

4.5.2   „Wanderers Nachtlied – Ein Gleiches"

Der Gestus der Abtrennung vom Hof und (höfischer) Gesellschaft in der Hymne
„Auf dem Harz im Dezember 1777" kehrt in einem Teil der lyrischen Texte des
ersten Weimarer Jahrzehnts wieder. Eines der berühmtesten Dokumente einer
solchen Abtrennung von allem Gesellschaftlichen ist das kleine Gedicht „Über
allen Gipfeln / Ist Ruh'". Für die Ausgabe seiner Werke 1815 stellte Goethe es mit
dem noch älteren Text „Wanderers Nachtlied" zusammen – und ‚übertitelte' das
jüngere Gedicht mit dem Zusatz „Ein Gleiches". „Wanderers Nachtlied" hatte er
am 12. Februar 1776, kaum drei Monate erst in Weimar, in einem Brief an Frau
von Stein vom Ettersberg bei Weimar geschickt: In fast barock-religiöser Weltver-
zweiflung und -übersättigung wird die Ruhe der Natur dem Treiben von Stadt und
Hof entgegengesetzt. – Auch das zweite „Nachtlied" schrieb Goethe auf einsamer
Wanderung, ebenfalls auf einem Berge in der Nähe Weimars, dem Kickelhahn bei
Ilmenau: Er ritzte es in der Nacht vom 6. auf den 7. September 1780 in eine Wand
der dort befindlichen Jagdhütte:

▸ Wandrers Nachtlied

Der du von dem Himmel bist,
Alles Leid und Schmerzen stillest,
Den, der doppelt elend ist,
Doppelt mit Erquickung füllest,
Ach, ich bin des Treibens müde,
Was soll all der Schmerz und Lust
Süßer Friede,
Komm, ach komm in meine Brust

▸ Ein Gleiches

Über allen Gipfeln
Ist Ruh,
In allen Wipfeln
Spürest Du
Kaum einen Hauch;
Die Vögelein schweigen im Walde
Warte nur, balde
Ruhest Du auch. (HA 1, 142)

Kontext. Der Brief, den Goethe am gleichen Abend an Charlotte von Stein sendet, umschreibt erstens die einsame Situation, zweitens die Einbettung in den Naturzusammenhang und drittens die dem ersten Nachtlied vergleichbare Abtrennung von der geschäftigen Welt – so dass hier, im biographischen Material, eine Motivations- oder Intentionsschicht des Textes deutlich sichtbar zu werden scheint. Der Brief hebt sehr deutlich darauf ab, dass gegenüber den höfischen und ministeriellen Pflichten der ersten Weimarer Jahre schnell ein großer Überdruss entstanden sei, der zumindest manchmal Erholung erheische.

Texterörterung. Im Gedicht fehlt ganz, wovon es sich abheben wollte: die Unruhe der Welt, die noch im ersten „Nachtlied" enthalten ist: „Ach, ich bin des *Treibens* müde" (v. 1). „Über allen Gipfeln" vollzieht eine Blick- oder Gedanken-bewegung: Von oben nach unten, von den Gipfeln der Berge bis zum schauenden oder empfindenden Selbst. Gleichzeitig wird mit diesem Blick Natur ganz umfasst: Von der anorganischen Welt, die die Gipfel und was über ihnen liegt, bezeichnen, geht die Perspektivbewegung über die Pflanzen und Tiere bis hin zum Menschen, vom Fremdesten, Fernsten, vom Umfassendsten, dem Himmel über den Bergen, bis hin zum Innersten, zum Herzen des einzelnen Menschen.

In „Über allen Gipfeln" spricht sich kein ‚lyrisches Ich' unmittelbar aus, dafür aber wird zweimal ein „Du" angesprochen – unzweifelhaft eine Selbst-anrede. Beim ersten Mal – „In allen Wipfeln / Spürest du / Kaum einen Hauch" (v. 3–5) vergewissert sich jemand gleichsam im Selbstgespräch, dass in den Bäumen tatsächlich kaum Wind zu spüren sei. Die zweite Selbstanrede dagegen ist Versprechen, ist Zusage auf eine nahe Zukunft: „Warte nur, balde / Ruhest du auch" (v. 7 f.). Hier wird gleichzeitig die inhaltliche Teilung des so geschlossen erscheinenden Textes sichtbar. Die dreifach entwickelte Ruhe, über den Bergen, in den Baumwipfeln, bei den Vögeln, wird nämlich kontrastiert durch die Unruhe des wahrnehmenden, empfindenden Subjekts: Indem es sich nämlich zusichern muss, dass es auch bald ruhen werde, gibt es eigene Unruhe zu erkennen.

Ruhe der Natur und noch andauernde Unruhe des Ich bilden also einer-seits einen Gegensatz, werden aber mit Hilfe poetischer Mittel eng zusammen-geschlossen (etwa über die Reimstruktur der letzten vier Verse: Hauch/Walde/balde/auch). So setzt das Gedicht Natur und Mensch in eins, die Natur bleibt nicht nur das Objekt der Wahrnehmung, das Subjekt verschmilzt mit ihr, lässt ihr aber ihre gegliederte Eigenart: von der anorganischen über pflanzliche und tierische zur menschlichen Natur – Goethes grundsätzliche Auffassung von der nicht hintergehbaren Naturzugehörigkeit des Menschen wird hier sichtbar.

Deutung. Die Geschlossenheit der Naturdarstellung in „Über allen Gipfeln"
erlaubt gewiss, das Gedicht auch auf die biographischen Umstände seiner
Abfassung hin zu verstehen: Als Wunsch nach zeitweiser Abtrennung von der
geschäftigen Berufswirklichkeit des Politikers. Allerdings thematisiert der Text
gar keine spezifische Unruhe wie die des beruflichen Alltags. Der Text gestaltet
poetisch die Ruhe der Natur – diese setzt er in Sprache um –, und stellt ihr, im
Versprechen, auch dort werde bald Ruhe sein, die Unruhe des Herzens gegenüber. In einem ganz harmonischen, ausgewogenen Naturbild hofft das sprechende,
empfindende Subjekt, aufzugehen in der Ruhe – des Schlafes oder des Todes
–, im schlafenden Einssein mit dem Außen. Ein spezifischer Modus der Selbstbestimmung des Individuums tritt hier ins Wort: Einheit mit der Natur – im
Zustand der (nächtlichen) Ruhe. Dass Gesellschaft hier ausgespart bleibt, markiert
den Versuch (obwohl im Innern die Unruhe des ‚Treibens' noch nachbebt), das
Individuelle unabhängig von gesellschaftlichen Determinationen zu bestimmen.
Die Abtrennung von Hof und Stadt ist Exklusion – deren positive Kehrseite
hier eine Neubestimmung des Einzelnen aus seiner Zugehörigkeit zum Naturzusammenhang darstellt.

4.5.3 ▸ „Ilmenau am 3. September 1783"

Neben den lyrischen Texten, die in Abtrennung von Hof und Gesellschaft
dichterische oder individuelle Selbstreflexion gestalten, existieren aus Goethes
erstem Weimarer Jahrzehnt wenige Gedichte, die zwar unmittelbar für einen
höfischen Anlass geschrieben sind und trotzdem weit über diesen hinausgehen –
wiederum in Richtung auf dichterische Selbstreflexion. Zu diesen Texten gehört
„Ilmenau am 3. September 1783", ein Gedicht zum 27. Geburtstag des Herzogs
Carl August (HA 1, 107–112). Die poetische Reflexion des Dichters im Hof-
zusammenhang nimmt hier einen breiten Raum ein und bedingt einen ganz
besonderen dichterischen Kunstgriff.

Ort und Anlass. Zur Zeit der Abfassung des Textes hielt Goethe sich in
Ilmenau auf, einem kleinen Bergbauort in einer zum Herzogtum gehörenden
Exklave, dessen Kupfer- und Silberbergwerke, seit Jahrzehnten eingestürzt, das
hoffnungsvollste Projekt des Finanz- und Bergbauministers Goethe waren: Der
erneute Abbau von Erzen sollte dem ökonomisch darniederliegenden Herzogtum bedeutend aufhelfen. Gleichzeitig war Ilmenau, idyllisch im Thüringer Wald
gelegen mit dem Kickelhahn als höchster Erhebung des Herzogtums, unmittelbar
nach Goethes Ankunft in Weimar 1775 von großer geselliger Bedeutung: Unter
Anführung durch den eben volljährig und Herzog gewordenen Carl August entfaltete sich in Dörfern und Wäldern rund um Ilmenau ein reges, vielleicht wildes,
‚stürmerisch-drängerisches' Treiben, das elementar vom Abstand vom Hofe
und seiner Etikette gekennzeichnet war, das den Aufenthalt in der Natur an die
Stelle des geschützten (und fesselnden) Hofes setzte und das in gewissem Sinne
der Versuch war, ein shakespearisierendes Treiben in den Wäldern zu imitieren.

Ein Treiben, auf das das Gedicht zurückblickt! Allein von diesen beiden biographischen Verbindungen zum Amte Ilmenau her hat das Gedicht doppelt auto-
reflexiven Charakter: Reflexion der Freundes- und Erzieherrolle gegenüber dem
Herzog und Reflexion der Ministertätigkeit im Bergwerkswesen.

Grobstruktur: Das Gedicht ist auffällig durch die Rahmung eines ausladenden
traumartig-erinnernden Mittelteils gekennzeichnet:

- Adressierung des Ortes, Beziehung des lyrischen Ichs zum Ort und seinen
  Menschen (Str. I–III), Überleitung zum „Traumteil" (Str. IV);
- Traumteil I: nächtliches Gelage im Wald: Erinnerung an die frühere
  shakespearisierende Geselligkeit in der Umgebung Ilmenaus (Str. V–IX);
- Traumteil II: die „Hütte, leicht gezimmert" (v. 81), des Herzogs am Rande des
  Gelages, vor der das lyrische Ich dem jüngeren Goethe, vor der Hütte wachend,
  begegnet und mit ihm ins Gespräch kommt (Str. X–XVI);
- Rückkehr zur Gegenwart: Fürstenlob und Fürstenerziehung (Str. XVII–XX).

Adressierung des Ortes. Das Gedicht beginnt mit dem emphatischen Lob des
Ortes, der poetisch umgesetzten Ankunft in Ilmenau: „Anmutig Tal! du immer-
grüner Hain! / Mein Herz begrüßt euch wieder auf das beste" (v. 1 f.). Ilmenau
ist hier zunächst *locus amoenus,* zu dem der Sprechende in intensiver affektiver
Beziehung steht: Sein „Herz" begrüßt den Ort. Die Natur ist hingeordnet auf das
Ich: „Entfaltet mir […] / Nehmt freundlich mich in eure Schatten ein, / Erquickt
[…] / Mit frischer Luft und Balsam meine Brust" (v. 3–6). Die zweite Strophe
blickt zurück, reflektiert die Beziehung des Ichs zum Ort: „Wie kehrt ich oft
mit wechselndem Geschicke, / Erhabner Berg, an deinen Fuß zurücke" (v. 7–8).
Strophe III ändert die Perspektive auf die Natur: Diese ist nicht mehr idyllisches
Refugium, sondern vielmehr Arbeitsraum für die ländliche Bevölkerung, für
Bauern, Bergleute, Köhler und Jäger. Arbeit wird hier negativ perspektiviert:
„Erdefesseln" (v. 14) – nur die zeitweise Befreiung von diesem Anblick lässt das
Ich hoffen, Tal und Hain gewährten ihm heute den Beginn eines „neuen Lebens"
(v. 20). Die vierte Strophe bestätigt diese Scheinbarkeit – wie sie die wohltätige
Wirkung der Landschaft wiederholt: „Ihr seid mir hold, ihr gönnt mir diese
Träume, / Sie schmeicheln mir und locken alte Reime. / Mir wieder selbst, von
allen Menschen fern, / Wie bad' ich mich in euren Düften gern!" (v. 21–24). Das
anmutige Tal lockt im Sprechenden „alte Reime" hervor, traumhafte Erinnerungen
an früher Erlebtes und Erfahrenes – in die der zweite Teil von Strophe IV über-
leitet: „Melodisch rauscht die hohe Tanne wieder, / Melodisch eilt der Wasserfall hernieder; / Die Wolke sinkt, der Nebel drückt ins Tal, / Und es ist Nacht und
Dämmrung auf einmal" (v. 25–28).

Traumteil I. Das Subjekt muss sich erst zurechtfinden in der nunmehr ein-
gebrochenen Traumzeit und Traumlandschaft – fragend erarbeitet es sich Strophe
für Strophe die dämmernde Welt. „Wo ist mein Pfad, den sorglos ich verlor? / Welch seltne Stimmen hör' ich in der Ferne" (v. 30 f.); „Wo bin ich? ist's
ein Zaubermärchen-Land? / Welch nächtliches Gelag am Fuß der Felsenwand?"

(v. 35 f.). Auf die Frage „Wo bin ich?" folgt eine genaue Beschreibung eines Lagers aus kleinen Hütten um ein Feuer herum, hingestreckt liegende Menschen, deren „rohes Mahl" „am niedern Herde kocht" (v. 40), die miteinander sprechen, scherzen, trinken. Die Frage aber nach der Identität der fröhlichen Lagerer wird durch eine Flut weiterer Fragen – und eine höchst poetische Erklärung in Strophe VII beantwortet: „Sagt, wem vergleich' ich diese muntre Schar? / Von wannen kommt sie? um wohin zu ziehen? / [...] Soll ich Verirrter hier in den verschlungnen Gründen / Die Geister Shakespeares gar verkörpert finden? / Ja, der Gedanke führt mich eben recht: / Sie sind es selbst, wo nicht ein gleich Geschlecht!" (v. 43–56). Diese Erklärung qualifiziert die „fröhlichen Lagerer" auf spezifische Weise: Es ist einer der jugendlichen und naturbegeisterten Bünde der siebziger Jahre des 18. Jahrhunderts.

Auch die Fragestruktur der nächsten beiden Strophen (VIII/IX) verrätselt, was diese meinen. Die beiden Gestalten, die der Text sich hier erfragt, sind dem zeitgenössischen Leser (oder gar Hörer) des Widmungsgedichtes schnell erschließbar – Knebel und Seckendorf, Freund und Kammerherr, beide Goethes und des Herzogs, gehörten zu jeder Zeit zur Gesellschaft, die mit dem Fürsten loszog. Von hier aus spätestens wird die Gesellschaft, die das lyrische Ich des Gedichtes imaginiert, erkennbar als eine der Jagd- und Abenteuer-Gesellschaften des Herzogs zu Weimar aus Goethes frühen Weimarer Jahren. An dieser Stelle, nach Strophe VIII etwa oder IX, hat Goethe mit kleinem Vermerk Platz gelassen für weitere Strophen, die möglicherweise spontan zu extemporieren gewesen wären – je nachdem, wer beim Vortrag des Gedichtes anwesend war.

Traumteil II. Abseits vom geselligen Trubel, vor der Hütte, in der der junge Herzog schläft (vgl. v. 80–83), inszeniert das Gedicht ein Selbstgespräch: Goethe lässt das Gedicht-Ich von 1783 auf den herzoglichen Freund, Erzieher und Berater von 1776/77 treffen, also den jüngeren Goethe, der poetisch maskiert wird, dem scheinbar seine Herkunft unklar ist: „Ich bin dir nicht imstande selbst zu sagen, / Woher ich sei, wer mich hierher gesandt; / Von fremden Zonen bin ich her verschlagen / Und durch die Freundschaft festgebannt" (v. 96–99). In bildlicher Rede spricht der junge Mann von eigenen Taten – die ihn in ihren Verweisen allerdings erkennbar machen: Der Erwähnung des Prometheus-Mythos (v. 104) folgt die selbstkritische Aussage: „Ich brachte reines Feuer vom Altar; / Was ich entzündet, ist nicht reine Flamme" (v. 108 f.), auf den *Götz von Berlichingen* verweisen die Verse „Und wenn ich unklug Mut und Freiheit sang / Und Redlichkeit und Freiheit sonder Zwang, / Stolz auf sich selbst und herzliches Behagen" (v. 112–114), auf Werthers Schicksal in der höfischen Gesellschaft „Doch ach! ein Gott versagte mir die Kunst, / Die arme Kunst, mich künstlich zu betragen" (v. 116 f.). Der Jüngere also gibt sich zu erkennen als der *Autor* Goethe der frühen 1770er Jahre, dessen literarischer Erfolg allerdings in Zweifel gezogen wird. Und der jetzt, „zugleich erhoben und gedrückt, / Unschuldig und gestraft, und schuldig und beglückt" (v. 118 f.), als Freund, Berater und Fürstenerzieher vor der Hütte des Herzogs wacht, dem die Strophen XV und XVI gewidmet sind.

Der Herzog, „all mein Wohl und all mein Ungemach" (v. 121), wird differenziert und mitnichten ohne kritische Implikationen charakterisiert: „Ein edles Herz" zwar (v. 122), doch eines, das ein „enges Schicksal" „vom Wege der Natur abgeleitet" habe (v. 122 f.), das mit selbstgemachten oder eingebildeten Schwierigkeiten zu streiten habe, ein Adliger, der die durch Geburt zugekommene gesellschaftliche Begünstigung erst durch eigene Arbeit zu verdienen suche (vgl. v. 126 f.), dem gegenüber pädagogisch-freundschaftliche wie auch dichterische Bemühung vergeblich seien: „Kein liebevolles Wort kann seinen Geist enthüllen, / Und kein Gesang die hohen Wogen stillen" (v. 128–129). Diese Vergeblichkeit wird metaphorisch in Strophe XVI als unhintergehbarer naturhafter Entwicklungsvorgang begriffen: „Wer kann der Raupe, die am Zweige kriecht, / Von ihrem künft'gen Futter sprechen? / Und wer der Puppe, die am Boden liegt, / Die zarte Schale helfen durchzubrechen? / Es kommt die Zeit, sie drängt sich selber los / Und eilt auf Fittichen der Rose in den Schoß" (v. 130–135). Da bleibt nur Hoffnung auf die Zeit als einzige ‚Erzieherin': „Gewiß, ihm geben auch die Jahre / Die rechte Richtung seiner Kraft" (v. 136–137). Noch irrt der Herzog, „bei tiefer Neigung für das Wahre" (v. 138), ist vorwitzig, sich stets in Gefahr bringend, sich quälend und von überspannter Regung: „düster wild an heitern Tagen, / Unbändig, ohne froh zu sein" (v. 148–149). Der jüngere Goethe spricht in der Trauminszenierung über den damaligen Herzog, über Carl August, wie er unmittelbar nach Ankunft Goethes am Weimarer Hof gewesen war.

Fürstenlob und Fürstenerziehung. Hier endet die Rede des jungen Mannes vor der Hütte, endet die Traumsequenz – und mit der Macht der „Musen" (v. 157) kann der lyrische Sprecher in die Gegenwart zurückkehren, „wo auf ein einzig Wort die ganze Gegend gleich / Zum schönsten Tage sich erhellet! / Die Wolke flieht, der Nebel fällt, / Die Schatten sind hinweg" (v. 158–161). Was der jüngere Goethe im Traum noch als Gegenwart, als erzieherische Problematik oder als subjektives „Ungemach" negativ perspektiviert, wird hier abgetan: „Das ängstliche Gesicht ist in die Luft zerronnen, / Ein neues Leben ist's, es ist schon lang' begonnen" (v. 164 f.). Das „neue Leben" zeigt sich zunächst ökonomisch an der positiven Belebung der Landschaft im industriell-produktiven und administrativen Sinne. Textilindustrie und Bergbau sind wiederbelebt: „Der Faden eilet von dem Rocken / des Webers raschem Stuhle zu, / Und Seil und Kübel wird in längrer Ruh / Nicht am verbrochnen Schachte stocken" (v. 170–173), innere Sicherheit ist wiedergekehrt: „Es wird der Trug entdeckt, die Ordnung kehrt zurück, / Es folgt Gedeihn und festes ird'sches Glück" (v. 174 f.).

Die Strophe XIX stellt die spiegelsymmetrische Entsprechung der II dar: Dort wurde der Ilmenauer Berg, der Kickelhahn, direkt angesprochen, hier erstmalig und unmittelbar derjenige, dem das Gedicht gewidmet ist, Herzog Carl August. Dessen gereifter Charakter wird als Ergebnis von Erziehung und Selbsterziehung bewertet: „Du kennest lang' die Pflichten deines Standes / Und schränkest nach und nach die freie Seele ein" (v. 178 f.). Die letzte Strophe, als Anredestrophe an den Herzog zumindest formal wieder der ersten als symmetrische Entsprechung gebaut, ist ganz imperativisch, ganz Ratschlag des Älteren, fast pädagogische

Weisung des Fürstenerziehers, Mitarbeiters und Freundes. In der Metapher der landwirtschaftlichen Tätigkeit des Säens, analog zum Volk, das „in stillem Fleiße [nutzt], was Natur an Gaben ihm gegönnt" (v. 168 f.), wird jetzt die gedeihliche herrscherliche Tätigkeit beschrieben im biblischen Bild vom Sämann (vgl. v. 184–187). Allerdings nicht im Ist-Zustand: Der Text fordert vom Herzog imperativisch eine spezifische Erfüllung dieses Bildes. Nicht wie jener Sämann solle der Fürst handeln – dass die Hälfte des Saatguts verloren ginge –, „Nein! streue klug wie reich, mit männlich steter Hand, / Den Segen aus auf ein geackert Land" (v. 188 f.). So sei ihm die reiche politische, gesellschaftliche, ökonomische und auch wohl historische Ernte gewiss: „Dann laß es ruhn: die Ernte wird erscheinen / Und dich beglücken und die Deinen" (v. 190 f.). Nicht mehr im Optativ, nicht im Imperativ wird hier formuliert – die Hoffnung auf reichen Gewinn bringende politische Führung durch den Fürsten wird gleichsam als Zukunftsgewissheit artikuliert.

Die Anteile Fürstenlob sind Funktion der Gelegenheit, zu der Goethe das Gedicht schrieb, des herzoglichen Geburtstages. Das Fürstenlob – bei aller Kritik am jüngeren Carl August, bei allen Wunsch- und Befehlsformen der letzten Strophen – mündet schließlich in eine stilisierte Vision patriarchalischer Herrschaft, in der der Nutzen aller, die wirtschaftliche Prosperität und die Selbstbescheidung der Privilegierten der Motor gesellschaftlicher Entwicklung sind. Viel wesentlicher als der Anteil Fürstenlob ist dem Gedicht aber die in die poetische Fiktion eingebaute dichterische Selbstreflexion, das Selbstgespräch des Dichters mit seinem jüngeren Ich. Goethe ist gleichsam dreifach präsent: Als der Dichter des „Prometheus", des *Götz* und des *Werther,* als gerade nach Weimar gekommener junger Mann, dem Aufgaben übertragen sind gegenüber dem Herzog – und schließlich als der ältere junge Mann im Jahre 1783, der auf seine dichterischen Erfolge wie auch auf die Jugendzeit des Herzogs und seine eigene vom Stande eines gesellschaftlich und pädagogisch Erreichten zurückblickt. Die Wirkung des dichterischen Wortes wird eher als schwach reflektiert. Was der Sturm und Drang entzündete, wurde schnell „Glut und Gefahr" (v. 110), *Götz* und *Werther* blieben bloße Publikumserfolge, auch das gegenüber dem Herzog pädagogisch eingesetzte Wort versagt seine Wirkung: „Kein liebevolles Wort kann seinen Geist enthüllen, / Und kein Gesang die hohen Wogen stillen" (v. 128–129).

4.5.4 ▸ „Grenzen der Menschheit"

Zu den weltanschaulichen lyrischen Texten aus dem ersten Weimarer Jahrzehnt gehört ohne Zweifel das spätestens 1781 (das ist ungewiss: Es kann auch in den Jahren zuvor entstanden sein) abgefasste „Grenzen der Menschheit" (HA 1, 146 f.). Dieser Text war für Goethe bedeutsam – und zwar immer gemeinsam mit dem etwas später entstandenen Text „Das Göttliche". Beide Gedichte wurden seit dem ersten autorisierten Druck in *Goethe's Schriften* (1789, Bd. 8, S. 212–214 und 215–218) immer unmittelbar hintereinander gestellt.

Einspruch gegen „Prometheus". Die Eröffnung des Textes ist eine Demutsgeste: Wie bei „Prometheus" (zumindest in dem Dramenfragment, zu dem die
Hymne ursprünglich gehörte) wird hier mit den Rollenbildern des Vaters und des
Kindes gespielt. Der „uralte / Heilige Vater" (v. 1 f.) aber verweist auf einen Gott:
In der Diktion scheint es zunächst durchaus der jüdisch-christliche, *eine* Gott sein
zu können; die polytheistische Rede der Folgestrophen, insbesondere II und IV,
macht den donnernden („aus rollenden Wolken", v. 4) und blitzeschleudernden
und damit segnenden (!) Gott aber eher als Zeus identifizierbar. Dem aber wird
hier alles andere als Trotz und Selbstbehauptung entgegengesetzt: „Küß' ich den
letzten / Saum seines Kleides, / Kindliche Schauer / Treu in der Brust" (v. 7–10).

Götter und Menschen. Der Mensch wird in seiner Kleinheit den Göttern
gegenübergestellt: Höbe er sich in die Luft, berührte gar „Mit dem Scheitel die
Sterne" (v. 16), würde er zum Spielball der Elemente: „Und mit ihm spielen /
Wolken und Winde" (v. 19 f.). Vermessen im buchstäblichsten Sinne wäre jede
Annahme der Gottesebenbildlichkeit (vgl. v. 11–13), ja nicht einmal mit Eiche
oder Rebe dürfe er sich vergleichen, selbst wenn er „mit festen, / Markigen
Knochen / Auf der wohlgegründeten / Dauernden Erde" stünde (v. 21–24). Erde
und Eiche sind Bildelemente, auf die auch, unter umgekehrten Vorzeichen, der
„Prometheus" zurückgriff: Die Eiche als dasjenige, an dem der ohnmächtige Gott
allenfalls noch seinen Zorn auslassen könne, die Erde aber diejenige, die der göttlichen Macht entzogen, die Schöpfung des *Menschen* Prometheus sei („mußt mir
meine Erde / Doch lassen stehn").

Die Elemente der Natur (bisher: Wolken und Winde, wohlgegründete,
dauernde, d. h. auf Ewigkeit hin angelegte Erde) werden ins Verhältnis gesetzt
zu Göttern und Menschen – und dieses Verhältnis wird zum Differenzkriterium:
„viele Wellen", „[e]in ewiger Strom" (v. 31, 33) wandelt vor den Göttern her, wird
gleichsam von ihnen bewegt; der Mensch aber ist allen Elementen unterworfen:
„Uns hebt die Welle, / Verschlingt die Welle, / Und wir versinken" (v. 34–36);
die Welle steht für Natur und Geschichte. Die Momente von Überzeitlichkeit, die
sowohl den Göttern als auch der Natur zugeschrieben werden (der „uralte […]
Vater", die „dauernde Erde", der „ewige Strom") werden in der Schlussstrophe
nochmals aufgegriffen – und der Endlichkeit des Menschenlebens entgegengesetzt: „Ein *kleiner* Ring / *Begrenzt* unser [menschliches] Leben, / Und viele
Geschlechter / Reihen sie [die Götter] *dauernd* / An ihres Daseins / *Unendliche*
Kette" (v. 37–42).

Natur und Geschichte. Das fundamental Andere des Menschen sind Natur
und Geschichte! Der Polytheismus im Text ist nur Metapher: Es ist in der Bildrede
ein Gott – aber einer, der *donnert* und *Blitze* schleudert; verwiesen ist der Mensch
auf die *Erde,* ein Vergleich nicht einmal mit *Eiche* und *Rebe* ist angemessen
und rätlich; erhebt sich der Mensch (*versteigt* sich sozusagen in Philosophie
und Spekulation bis an die *Sterne* hinan), verlässt er *sein* Element, spielen die
Elemente der Natur mit ihm. Was sie sowieso tun: Geschichte, der wir ohnmächtig
gegenüberstehen, wird zu Wellen und ‚ewigem Strom', dem wir ausgeliefert
sind, der uns hebt – oder versinken lässt. Der prätendierten Geschichtsmächtig-

keit des Subjekts („Hier sitz' ich, forme Menschen / Nach meinem Bilde") im
„Prometheus" wird hier demutsvoll die Einsicht in die Begrenztheit des Menschen
entgegengesetzt: Seine Ohnmacht gegenüber Natur und Geschichte, seine
unhintergehbare Endlichkeit.

4.5.5 ▸ „Das Göttliche"

Vermutlich entstanden 1783, wurde der Text im November 1783 ‚publiziert' –
allerdings in dem nur handschriftlich vervielfältigten *Tiefurter Journal,* der in
nur etwa 10 Exemplaren kursierenden Zeitschrift des Hofzirkels um die Herzog-
Mutter Anna Amalia. Gedruckt wurde „Das Göttliche" (HA 1, 147–149) erstmals
1785, ohne Goethes Zustimmung, in Friedrich Heinrich Jacobis Schrift *Über die
Lehren des Spinoza,* also genauso wie der „Prometheus" (Abb. 4.2).

Götter und Menschen. Nicht einander entgegengesetzt, wie in „Grenzen
der Menschheit", werden hier Menschen und Götter: Sie erscheinen nicht
inkommensurabel, stehen sogar im Verhältnis zueinander. „Ihnen [den Göttern]
gleiche der Mensch! / Sein Beispiel lehr' uns / Jene glauben" (v. 10–12), die
Götter verehrt der Mensch, „[a]ls wären sie Menschen" (v. 51), der „edle Mensch
[…] / Sei uns ein Vorbild / Jener geahneten Wesen!" (v. 55, 59 f.). Die Rahmen-
strophenpaare (I/II, IX/X) setzen Menschen und Götter ins Verhältnis; sie stehen
als Rahmenstrophen einander spiegelbildlich gegenüber: Strophe II und IX sind
Verehrungsstrophen: Die zweite verehrt unmittelbar: „Heil den unbekannten /
Höhern Wesen" (v. 7 f.), die neunte thematisiert die entsprechende Haltung: „wir
verehren / Die Unsterblichen" (v. 49 f.). Die äußeren Rahmenstrophen sind einerseits über das variierende Spiel mit identischem Wortmaterial gekennzeichnet:
„Edel sei der Mensch, / Hilfreich und gut!" (v. 1 f.); „Der edle Mensch / Sei hilfreich und gut!" (v. 55 f.). Andererseits über das *eigentliche* Gegensatzpaar des
Gedichts: „kennen" und „ahnen".

Natur und Mensch. Der Mittelteil des Gedichts (Strophen III–VIII) ist in
zwei dreistrophige Hälften geteilt: Die erste handelt von Natur, die zweite vom
Menschen. Die Natur ist „unfühlend" (v. 13), Sonne, Mond und Sterne indifferent
gegenüber Gut und Böse, „Wind und Ströme, / Donner und Hagel / Rauschen
ihren Weg / Und ergreifen / Vorübereilend / Einen um den andern" (v. 20–25); die
fünfte Strophe weist mit Bildern der griechisch-römischen Göttin der Gelegenheit
(*kairos, occasio:* Locke, kahler Scheitel) dem Lauf der Natur den blinden Zufall
zu: „Auch so das Glück / Tappt unter die Menge" (v. 26 f.). – Dass des Menschen
Leben zwar begrenzt sei, wird wieder mit dem Bilde des Rings, des Kreises ausgedrückt: „Nach ewigen, ehrnen, / Großen Gesetzen / Müssen wir alle / Unseres
Daseins / Kreise vollenden" (v. 32–36). Der Mensch aber ist hervorgehoben vor
„allen Wesen, / Die wir kennen" (v. 5 f.): Er besitzt die Geisteskraft zur Unter-
scheidung, zum moralischen wie gerichtlichen Urteil, kann „[h]eilen und retten"
(v. 46) und, etwa in der Kunst, der eigenen Endlichkeit etwas entgegensetzen: „Er
kann dem Augenblick / Dauer verleihen" (v. 41 f.).

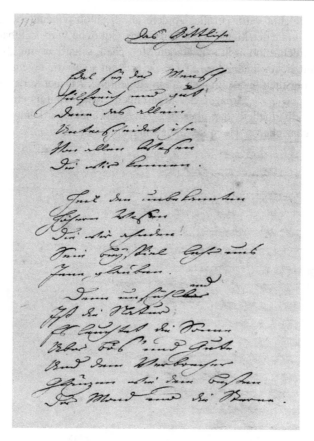

Abb. 4.2 „Das Göttliche", 1.–3. Strophe in Goethes Handschrift; hier fehlt v. 10 (GSA 25/W 2)

Kennen und Ahnen. Alle „Wesen / Die wir kennen" (v. 5 f.): Das ist die Natur, die die Strophen III–V thematisiert, die mit menschlicher Geisteskraft erkannt werden kann; das ist auch, zumindest zum größeren Teil, der Mensch (Strophen VI–VIII). Daneben, oder: Darüber gibt es aber die „unbekannten / Höhern Wesen / Die wir ahnen!" (v. 6–8). *Glauben* als religiöse Haltung tritt hier niemals ins Wort; einerseits gibt es die „ewigen, ehrnen, / Großen Gesetze[]" (v. 32 f.), andererseits jene „geahneten Wesen" (v. 60). Glauben als Möglichkeit tritt allerdings ins Wort, ist abhängig vom „Beispiel", das der Mensch geben möge, wenn er versuche, so zu sein wie jene höheren Wesen, also „Edel [...] / Hilfreich und gut". Das aber ist Wunsch, grammatikalisch im Optativ ausgedrückt („sei", „gleiche", „lehr'"). Von der Moralität des Menschen abhängig ist also der Glaube an die Existenz eines Überzeitlichen, Göttlichen, ,unbekannter höherer Wesen', die wir nur ahnen. Oder, in der Rede der Schlussstrophe: Der moralische, edle Mensch „[s]ei uns ein Vorbild / Jener geahneten Wesen!" (v. 59 f.). Die Ahnung jener „höhern Wesen" ist alles Andere als die Setzung einer (religiösen) Autorität, wie sie im „Prometheus" polemisch abgelehnt wird, ist alles Andere als die bloß prätendierte „Majestät", die von der Einfalt der Menschen abhing. Das Göttliche wird sichtbar, genauer: erahnbar im edlen, moralisch handelnden Menschen, schaffe er nur „[u]nermüdet [...] / Das Nützliche, Rechte" (v. 57 f.). Ja, er kann sogar die eigene Endlichkeit wenigstens ein Stück überschreiten, „dem Augenblick / Dauer verleihen": in der Kunst. Das ist, wie in „Grenzen der Menschheit", Anerkenntnis eines Überzeitlichen, Überindividuellen, das aber diesseitig begründet wird im Handeln des Menschen – ganz ebenso wie in Lessings Ringparabel im *Nathan*.

Dramatik

5

5.1   Götz von Berlichingen

Götz von Berlichingen wurde von der literarischen Öffentlichkeit, weniger von der Kritik als vom Lesepublikum, begeistert aufgenommen. Viel stärker als bei Lessings ungefähr zeitgleich erscheinenden Dramen *(Emilia, Nathan)* ist die Wirkung auf das Publikum, viel stärker auch für die Entwicklung des deutschsprachigen Dramas in den siebziger und achtziger Jahren. Diese immense Wirkung hat einerseits mit dem Stoff zu tun, den Goethe hier einer dramatischen Bearbeitung unterzieht, andererseits mit der Behandlung, die dieser Stoff erfährt.

Entstehung. Schon im Herbst 1771, nach seiner Rückkehr aus Straßburg nach Frankfurt, beschäftigte sich Goethe intensiv mit der Dramatisierung der *Lebens-Beschreibung des Herrn Gözens von Berlichingen,* der Autobiographie eines deutschen reichsunmittelbaren Rittersmannes aus dem 16. Jahrhundert (1480–1562), die 1731 in Leipzig erschien. Die Niederschrift der ersten Fassung des Dramas dauerte nur sechs Wochen, der Text mit dem Titel *Geschichte Gottfriedens von Berlichingen mit der eisernen Hand, dramatisirt* blieb allerdings lange unveröffentlicht und wurde erst in der Ausgabe letzter Hand 1832 veröffentlicht (ALH 42). Auf Anraten vor allem Herders arbeitete Goethe die *Geschichte Gottfriedens* im März 1773, wiederum innerhalb weniger Wochen, um zu *Götz von Berlichingen mit der eisernen Hand. Ein Schauspiel* (Abb. 5.1). Die Unterschiede zwischen den beiden Fassungen sind gravierend, machen aus dem *Götz* tatsächlich ein ganz neues Stück (vgl. Zimmermann 1979, 71–76).

Historischer Hintergrund. Im Deutschland des 16. Jahrhunderts beschränkte die Ausbildung großer und mächtiger Territorialstaaten die Macht des deutschen Kaisers zunehmend. Der im hohen Mittelalter noch die feudale und militärische Macht des Herrschers garantierende Stand der reichsunmittelbaren Ritter musste schon lange den Söldnerheeren weichen, die zudem mit neuester Waffentechnik ausgestattet waren (Feuerwaffen). Die agrarisch orientierte Dreifelderwirtschaft der alten feudalen Rittergüter führte auch zum ökonomischen Niedergang des

© Springer-Verlag GmbH Deutschland, ein Teil von Springer Nature 2023
B. Jeßing, *Goethe,* https://doi.org/10.1007/978-3-476-05903-1_5

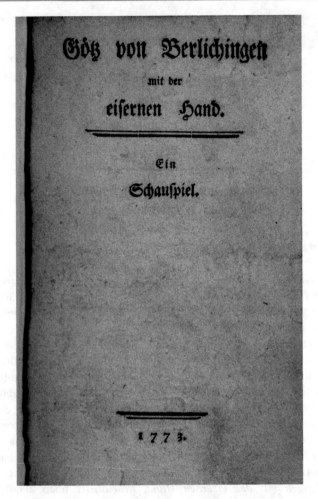

Abb. 5.1 Götz von Berlichingen. Titelblatt des Erstdrucks (BS Res/P.o.germ. 2094 c)

Ritterstandes, die Patrizierhäuser der städtischen Handelsherren und die mit ihnen verquickten Stadthöfe bildeten wirtschaftliche Machtzentren in den Städten. Die allmähliche Einführung des römischen Rechtes – der Rechtsreferendar und Dr. jur. Wolfgang Goethe wusste hier sehr gut Bescheid – und die Verdrängung des germanischen Gewohnheitsrechtes machte die Ausbildung einer komplexen und gleichsam staatlichen Verwaltung notwendig, die die einzelnen Feudalherren auch aus dem Recht auf eigene Gerichtsbarkeit verdrängte. Ein größerer Teil des alten Ritterstandes sank zum Raubrittertum herab, wenige versuchten, politisch am alten Wertesystem festzuhalten, unterlagen aber zu Beginn des 16. Jahrhunderts in blutigen Kriegen. Auf die Bauernaufstände von 1524/25, vergebliche Versuche der Bauern, aus ihrer rechtlosen Abhängigkeit von den Fürsten zu gelangen, greift der *Götz von Berlichingen* im fünften Akt zurück.

Exposition der Titelfigur. Goethes Götz-Figur stellt sich als eine Misch-
figur dar. Einerseits ist er Raubritter, andererseits standesbewusster Kämpfer für
die alten Rechte des reichsunmittelbaren Ritters. Sein erster Auftritt ist para-
digmatisch: Götz tritt in I.2 erstmals auf, steht da „inmitten der Natur, aber in
voller Rüstung, d. h. frei von allen gesellschaftlichen Bedingungen, aber eben
deshalb verstrickt in den Kampf mit ihrem mächtigen Vertreter, dem Bischof von
Bamberg" (Schröder 1978, 202). Leutselig-väterlich im Gespräch mit seinem
Knappen in naturhafter Menschlichkeit, wird er durch einen dazukommenden
Mönch bewundert, der Götz in Anlehnung an die Worte des alten Simeon aus dem
Lukas-Evangelium (Lk 2,29 f.) übers Nur-Menschliche erhebt: „So seid Ihr Götz
von Berlichingen! Ich danke dir, Gott, daß du mich ihn hast sehen lassen, diesen
Mann, den die Fürsten hassen und zu dem die Bedrängten sich wenden!" (HA
4, 81). Götz wird hier mit messianischen Qualitäten ausgezeichnet, als gerechter
Helfer und Fürsprecher der Unterdrückten.

Stoff, zentrale Handlungslinien. Goethe führt seinen Titelhelden zunächst
in seinem Konflikt mit dem Bischof zu Bamberg vor, einem Vertreter der neuen
adligen Führungsschicht: Unmittelbar in I.1 personalisieren zwei Bauern, zwei
bischöfliche und zwei berlichingische Reiter den Konflikt zwischen altem Ritter-
stand und neuer politischer Machtverteilung. Weislingen, einst Jugendfreund
Götzens und ebenfalls ehemals freier Ritter, jetzt wichtigster Mann am Bamberger
Hof, wird von Götz gefangen genommen, verlobt sich in der Gefangenschaft mit
Götzens Schwester Maria und kann dazu bewegt werden, dem Hof abzuschwören.
Nach Weislingens Rückkehr gelingt es jedoch den Höflingen des Bischofs, Weis-
lingen an den Hof zurückzulocken – wo er sich flugs in Adelheid, eine über-
ragend schöne Witwe verliebt, Götzens Schwester also versetzt, seinen Freund
verrät. Weislingen gelingt es, beim Kaiser in Nürnberg gegen Götz zu intrigieren:
Er erwirkt die Reichsacht gegen Götz – wegen eines Überfalls auf nürnbergische
Kaufleute –, der ehemalige Freund wird somit zum Vogelfreien erklärt. Götzens
Burg wird, nach einigen offenen Scharmützeln, belagert, das beeidete Versprechen
der Gegner auf freies Geleit lockt ihn hinaus, er wird gegen den Eid festgesetzt,
vor dem Gerichtsurteil wird er jedoch durch seinen Freund Sickingen und dessen
Heer entsetzt. Währenddessen hat Weislingen die schöne Witwe geheiratet, leidet
jedoch unter dem Verrat an dem einstigen Freund, wird zu allem Überfluss von
seiner Frau mit dem eigenen Knappen betrogen, der dann auch noch ihren Auftrag
ausführt, ihn zu vergiften. Adelheid wird von einem Femegericht zu grausamem
Tode verurteilt. Götz indes, auf seiner Burg zur Untätigkeit verurteilt, vernimmt
von den Bauernaufständen – und will mäßigend eingreifen, das Ruder an sich
reißen. Das misslingt, er wird verwundet, als angeblicher Anführer des Bauernauf-
standes verhaftet und stirbt in der Haft.

Systemkonflikt Rittertum – Hof. Der zweite Teil des Auftritts I.3
extemporiert im Dialog Götz' mit Weislingen den grundsätzlichen Systemkonflikt,
in dem Götz sich befindet und an dem er letztlich scheitert. Götz artikuliert den
Anspruch auf die Freiheit des reichsunmittelbaren Ritters, reklamiert sie ebenfalls für den gleichgeborenen Weislingen: „Bist du nicht ebenso frei, so edel
geboren als einer in Deutschland, unabhängig, nur dem Kaiser untertan, und du

schmiegst dich unter Vasallen? [...] Verkennst den Wert eines freien Rittersmanns,
der nur abhängt von Gott, seinem Kaiser und sich selbst!" (HA 4, 90). Das Unter-
tanen-Verhältnis gegenüber dem Kaiser bedeutet für Götz keine Beschränkung
seiner Freiheit, vielmehr deren Gewähr: Der Kaiser ist Verkörperung der Staats-
und Rechtsordnung, nach der Götz lebt und handelt, und zugleich ist er eine der
Kräfte, aus denen Götz lebt; dem Kaiser zu gehorchen, bedeutet für Götz höchste
individuelle Freiheit. Gegenteil der Freiheit ist für Götz das „unglückliche Hofleben, und das Schlenzen und Scherwenzen mit den Weibern" (HA 4, 90), die Einbindung in die verweichlichte, gekünstelte und von unzähligen Abhängigkeiten
und Rücksichten beschränkte Hofwelt: „Verkriechst dich zum ersten Hofschranzen
eines eigensinnigen neidischen Pfaffen" (HA 4, 90). Weislingen hält die Vorteile
des neuen Rechts- und Verwaltungssystems dagegen, zu dem die Hoforganisation
ebenfalls gehört: „[I]st's nicht ein guter Geist, der ihnen [den Fürsten] einrät, auf
Mittel zu denken, Deutschland zu beruhigen, Recht und Gerechtigkeit zu hand-
haben, um einen jeden, Großen und Kleinen, die Vorteile des Friedens genießen
zu machen?" (HA 4, 91). Götz wiederholt pointiert seine Position, seine Interpretation individueller Freiheit, und greift damit, ohne dass er es ahnen kann, auf
die dramatische Katastrophe vor: „weil wir fest entschlossen sind, zu sterben eh,
als jemandem die Luft zu verdanken, außer Gott, und unsere Treu und Dienst zu
leisten, als dem Kaiser" (HA 4, 92).

I.4 illustriert die Gegenseite: Einerseits stellt sich hier der Hof selbst in seiner
korrupten und degenerierten Verfassung dar, höfisches Schwadronieren wird als
wissenschaftliches Gespräch ausgegeben, die ‚gelehrten' Schranzen inszenieren
Liebedienerei vor dem Bischof. Andererseits referiert der Auftritt gleichsam den
rechts- und verwaltungshistorischen Hintergrund des Systemkonflikts: den Unterschied zwischen dem römischen Recht, das gerade sukzessive eingeführt wird
und dem der ‚Rechtsgelahrte' Olearius das Wort redet, und dem bisher gültigen
germanischen Gewohnheitsrecht. Eine Einschätzung der politischen Lage – der
schwache Kaiser, die räubernden Horden, innere und äußere Feinde – mündet in die
Identifizierung der größten inneren Gegner, der drei letzten Reichsunmittelbaren, die
auf ihrem Recht beharren: „Sickingen, Selbitz mit Einem Fuß, Berlichingen mit der
eisernen Hand spotten in diesen Gegenden des kaiserlichen Ansehens" (HA 4, 96).
Hier werden also die Schwächung der Zentralgewalt des Kaisers, der Niedergang
des alten Rittertums, die Übernahme des römischen *Corpus Juris* und die damit ein-
hergehende und notwendig werdende Stärkung der Verwaltungen, der Städte, der
Regionalfürsten mit dem zunächst noch personalisierten Konflikt zwischen Götz
und Bischof in Verbindung gebracht: Der Auftritt dient also der konkreten und
durchaus genauen Historisierung des dramatischen Konflikts.

Müßiggang – Tätigkeit. Der Mönch aus I.2 extemporiert erstmalig das Thema
des Müßiggangs, indirekt: des höfischen Luxus. Doppelt wird es dann illustriert:
zunächst in Götz' Sohn Karl, hübsch gelehrsam, immer „was Apartes" (HA 4,
88) wollend und verwöhnt, der damit den Niedergang des Rittertums *innerhalb*
der Familie Götz' anzeigt; schließlich aber in der sarkastischen Darstellung des
bischöflichen Hofes, dessen müßige Wortefechterei mit dem Verdauungsspazier-
gang des Abtes endet, die einzige ‚Tat', die den fetten Kleriker vorm Hirnschlag

retten soll. Höfischer Müßiggang stellt sich mit dem untätigen Ennui in der Beziehung zwischen Adelheid und Weislingen ein – die Höfischen ersticken in ihrem eigenen Element. – Dem Müßiggang, der Charakteristikum des verhassten Höfischen ist, werden in scharfer Pointierung Tätigkeit und Wirksamkeit gegenübergestellt. Götz wird stilisiert zu jemandem, der sich allein durch die gerichtete Tat definiert, gerichtet einerseits auf die Erhaltung seines Standes, andererseits auf dessen Verpflichtung: Götz ist der redliche Ritter, der seine Kraft und seine Macht für die Schwachen und Bedrängten einsetzt. Wirksamkeit ist sein Programm. Tätigkeit ist im *Götz* grundsätzlich mit dem Begriff der Natur verbunden. Natur ist für Götz nicht das Äußere, nicht Kulisse oder Hintergrund seiner Taten, seines Lebens. Vielmehr ist Götz selbst Natur, ist das gesellschaftlich ungebundene, keinem Gelübde verpflichtete reichsunmittelbare Individuum. Ist, wie die Rede *Zum Shakespeares-Tag* von den Figuren des Engländers konstatierte, „Natur! Natur! nichts so Natur als Shakespeares Menschen" (HA 12, 226). Dieser Natur entgegengesetzt ist die höfische Künstlichkeit, wo „von Jugend auf alles geschnürt und geziert" (HA 12, 226) wird, wo Intrigen gegen die Oberen, Gleichen und Unteren ebenso an der Tagesordnung sind wie hinterhältige Giftmorde – wie das Drama es vorführt.

Genau aus dieser Identität Götz' mit der eigenen Tätigkeit entspringt aber auch schon sein Scheitern: Das Drama ist darauf angelegt, seine Handlungsräume zu beschneiden, wo immer es geht. Das Gefängnis ist von allem Anfang an eine tödliche Vorstellung für ihn: „Und unter allem Elend geht keins über das Gefängnis" (MA 1.1, 422) – ein Satz, den Goethe für die zweite Fassung strich. Schon die fehlende rechte Hand, erst recht die Reichsacht, das Gefängnis, die zur Strafe befohlene Tatenlosigkeit, in der die Abfassung der Selbstlebensbeschreibung auch nicht annähernd Ausgleich schaffen kann, schließlich das Todeszimmer im Gefangenenturm: All dies zielt ab auf die Vernichtung der Identität Götzens als Tätigem – und damit auf seinen Tod.

Freiheit. Der zentrale Programmbegriff des Dramas ist der der Freiheit – mit ihm tritt Götz auf die Bühne, mit ihm auf den Lippen stirbt er. Freiheit ist für Götz nicht politischer Begriff, sondern bezeichnet die von außen uneingeschränkten Möglichkeiten ritterlicher, männlicher, kämpferischer Tätigkeit. Freiheit heißt für Götz die Freiheit vom Gelübde, wie es der Mönch vorstellte, die Freiheit von Abhängigkeitsbeziehungen höfisch-intriganter, machtpolitischer oder ökonomischer Art, wie jede höfische Struktur sie mit sich bringt – außer der Treueverpflichtung gegenüber dem Kaiser. Freiheit ist auch Freiheit von der Verwaltungsbürokratie, die dem römischen Recht auf dem Fuße folgt und dem reichsunmittelbaren Gerichtshalter, der ja ein jeder Feudalherr war, einen Wust von Bestimmungen, Regelungen, Gesetzen usf. auferlegte. Freiheit ist der zentrale, identitätsgewährende Wert: Elisabeth sagt über den Tod von Götz' Knappen Georg im Bauernkrieg: „Er wehrte sich wie ein Löw um seine Freiheit" (HA 4, 175) – der Tod ist nicht Bedrohung des Lebens, sondern der Freiheit.

Treue. Je nach ihrer Treue oder Treulosigkeit können die Figuren des Dramas voneinander unterschieden werden. Weislingen, der eigenen Kindheit zu Götz schon untreu geworden, schwört ihm und seiner Schwester Freundes- und eheliche

Treue – welche wiederum gebrochen wird. Auch seine Beziehung zu Adelheid ist
von doppelter Untreue geprägt: Sie betrügt ihn mit seinem Knappen, der dadurch
wieder seinem Herrn untreu wird und ihn auf ihren Befehl hin sogar töten muss.
Die Gegner Götzens werden durch Wortbruch und Meineid, also Untreue, seiner
habhaft. Das Ideal der Treue dagegen erscheint unmittelbar gebunden an die Freiheit, ihre Bedingung. Sie ist für die Feudalherren gegenüber ihren Untertanen
genauso verpflichtend wie umgekehrt. „Wir sehen im Geist unsere Enkel glücklich
und die Kaiser unsrer Enkel glücklich. Wenn die Diener der Fürsten so edel und
frei dienen wie ihr mir, wenn die Fürsten dem Kaiser dienen, wie ich ihm dienen
möchte" (HA 4, 141 f.) – Götz artikuliert hier die unrealistische Utopie ‚sym-
metrischer Herrschaftsbeziehungen im patriarchalen gesellschaftlichen Raum'.
Legitime Herrschaft leitet sich ab aus dem „sozialen Glück der Untertanen"
(Zimmermann 1979, 59), aus der Verpflichtung der Herrschenden zu Schutz,
Sorge und Treue gegenüber ihren Untertanen. Götz lebt das, indem er die letzte
Flasche Weines mit Burschen, Knappen und Frauen teilt: „Das wäre ein Leben!
[…] wenn man seine Haut für die allgemeine Glückseligkeit dransetzte" (HA 4,
143).

Tätigkeit, Freiheit, Treue – Götz, und mit ihm das durch ihn vertretene Konzept
von Individualität, unterliegt der eigenen Epoche, sozusagen der historischen
Dynamik, der neuen ‚Staatlichkeit' gesellschaftlicher Organisation. Das historisch
Neue vernichtet mit deren Grundlagen Götzens Identität. So spricht Götz im
Gefängnisturm, kurz vor seinem Tod: „Suchtest du den Götz? Der ist lang hin. Sie
haben mich nach und nach verstümmelt, meine Hand, meine Freiheit, Güter und
guten Namen. Mein Kopf, was ist an dem?" (HA 4, 173).

Die eiserne Hand. Die Zentralmetapher des Dramas ist die im Zusatz des
Titels genannte ‚eiserne Hand', die Prothese, die die Verstümmelung des Körpers
anzeigt – und auf allen Ebenen der konfligierenden Konzepte eine *bedeutende*
Rolle spielt. Die eiserne Hand galt einerseits Goethe und seinen Zeitgenossen
gewiss als Sinnbild „kraftstrotzender Vitalität" (Graham 1963, 248), sie zeigt
andererseits aber schon von allem Anfang die bereits begonnene Demontage des
großen, freien und naturgewachsenen Individuums, Götz ist kein Ganzes mehr,
nicht mehr *in-dividuum* (lat. ‚Unteilbares'). Die rechte Hand aber wird im Text –
über ihre Kennzeichnung des Titelhelden weit hinaus – „zum gleitenden Signi-
fikanten" (Nägele 1980, 67), also zu einem Bedeutungsträger, der verschiedene
Figuren markieren kann. Weislingen wird bereits in der ersten Szene des ersten
Aktes als „des Bischofs rechte Hand" bezeichnet (HA 4, 74), nach Weislingens
Verlobung mit Maria berichtet Götz von einem Traum, in dem Weislingen versucht habe, ihm die eiserne Hand abzureißen, und wie er vor Schreck darüber auf-
gewacht sei. „Ich hätte nur fortträumen sollen, da würd ich gesehen haben, wie du
mir eine neue lebendige Hand ansetztest" (HA 4, 100). Weislingen verändert sich
also, von einem Körperglied des Bischofs in eins Götzens, beiderseits Anzeichen
einer Schwächung von deren Identität, die ohne ihn verstümmelt wären –
allerdings auch Anzeichen seines dezentrierten Selbst: Er kann nur außer sich, am
andern, sein. Götz muss die ‚Hand' Weislingen bald an den Bischof zurückgeben,
sie wird also zum Zeichen für dessen Untreue. Die existentielle – da metaphorisch

körperliche! – Bindung Weislingens an Götz zeigt sich zum Ende: Weislingen stirbt wie Götz an innerem Fieber (vgl. HA 4, 169 u. 173) und mit demselben Satz auf den Lippen: „Meine Kraft sinkt nach dem Grabe" (vgl. HA 4, 170 u. 174).

Die Perspektive, mit der das Drama endet, ist zutiefst pessimistisch. Götz wirft hier, auf dem Hintergrund des eigenen Scheiterns und der historischen und politischen Einsicht in dessen Gründe, einen pessimistischen Blick auf die Zukunft: „Es kommen die Zeiten des Betrugs, es ist ihm Freiheit gegeben. Die Nichtswürdigen werden regieren mit List, und der Edle wird in ihre Netze fallen" (HA 4, 175). Das Element, in dem einst Götz und seine Standesgenossen sich bewegten, hat gewissermaßen den Besitzer gewechselt: die Freiheit. Er stirbt mit dem Worte ‚Freiheit' auf den Lippen – und seine Frau, ebenso pessimistisch, erwidert: „Nur droben, droben bei dir. Die Welt ist ein Gefängnis", womit sie Götzens im Stück immer dichter werdende Erfahrung der mittlerweile nachmittelalterlichen Welt auf den Punkt bringt. Nach Götzens Tod werden von den Umstehenden nochmals Gegenwart und Zukunft negativ perspektiviert. Seine Schwester: „Edler Mann! Edler Mann! Wehe dem Jahrhundert, das dich von sich stieß!", darauf Freund Lerse: „Wehe der Nachkommenschaft, die dich verkennt!" (HA 4, 175).

Freiheit der dramatischen Form. Der erste Blick auf die äußere Form des *Götz* offenbart schon eine Fülle von Auftritten, 59 in der ersten, 56 in der zweiten Fassung. Die Handlung am Bischofshof, die Weislingen-Adelheid-Handlung, die Intrigen am kaiserlichen Hof und beide Lager jeweils der kriegerischen Auseinandersetzungen verlangen die zeitweise Abkehr vom Schauplatz um die Zentralfigur, von Auftritt zu Auftritt wechselt der Ort, Szenen sind manchmal radikalste Kurzszenen von nur ein oder zwei Wortwechseln. Die Ebene der Handlungszeit ist zwar undurchsichtiger, doch ist Götzens Knappe Georg zu Beginn der Handlung ein Knabe, der nicht mit in die Scharmützel ziehen darf, am Ende der Handlung jedoch ein erwachsener Kämpfer auf Seiten der aufrührerischen Bauern, Götz scheint zu Beginn ein jüngerer Mann zu sein, erweckt zum Ende hin jedoch den Eindruck eines alten, dessen ‚Kraft nach dem Grabe sinkt' – das Schauspiel umfasst also einige Jahre, wenn nicht gar anderthalb Jahrzehnte.

Goethe sagt sich hier radikal los von der klassizistischen Poetik mit ihren Einheiten von Ort, Zeit und Handlung – analog zur Gefängnis- und Fessel-Metapher, die die Rede *Zum Shakespearestag* (1771) für die „Einheit des Orts […], die Einheiten der Handlung und der Zeit" aufgeboten hatte (HA 12, 225). Gleiches geschieht mit der Sprache. Die Sprache des *Götz* ist Prosa, ja mehr als das: Sie stellt sogar den Versuch dar, Volkssprache, in der ersten Fassung bis zum Dialekt hin, abzubilden mit allen ihren syntaktischen Besonderheiten und Auslassungen. An verschiedenen Orten des Dramas, die ja auch verschiedene soziale Orte sind, wird die Sprache je unterschiedlich eingefärbt – bis zum Vulgären im sprichwörtlichen Götz-Zitat.

Goethes Rede *Zum Shakespeares-Tag* gibt auch einen Hinweis darauf – dies wiederum eng an die zentrale Thematik des Stückes angelehnt –, wie die neue Dramatik des *Götz von Berlichingen* es versteht, trotz der völlig aufgelösten Einheiten von Ort, Zeit und Handlung eine ästhetische Einheit vorzustellen, die diese künstlichen Regeln nicht benötigt: „Seine Plane sind, nach dem gemeinen

Stil zu reden, keine Plane, aber seine Stücke drehen sich alle um den geheimen
Punkt [...], in dem das Eigentümliche unsres Ichs, die prätendierte Freiheit unsres
Wollens, mit dem notwendigen Gang des Ganzen zusammenstößt" (HA 12, 226).
In diesem programmatischen Satz findet sich der formal vermittelnde Zentralpunkt
der dramatischen Anlage des *Götz*. Alle Handlung dreht sich um einen *inhaltlichen*
Punkt: Freiheit, die als das Eigentümliche des menschlichen Ichs eingefordert
wird, der Anspruch auf Handlungsautonomie gerät in Konflikt mit der historisch-
unabänderlichen (d.i. Goethes „notwendig") Dynamik von Geschichte und Gesellschaft – und unterliegt ihr zuletzt im *Götz*.

Wirkungsaspekte. Insbesondere der Gegenstand des Stückes und seine inhaltliche Behandlung waren verantwortlich für die begeisterte Aufnahme des *Götz*:
Das ‚Nationale' des Stoffs war schon Opposition gegen den Adel, der sich mit
Vorliebe an den französischen Höfen und ihrer Etikette orientierte – und ihrer
gräzisierenden klassizistischen Dramatik (die harsche Kritik Friedrichs II.
von Preußen am *Götz von Berlichingen* spricht dafür: vgl. HA 4, 492 f.). Der
pessimistische Schluss des Dramas schlägt die Brücke zwischen dem 16. Jahr-
hundert des dramatischen Gegenstandes und dem 18. seiner dramatischen
Bearbeitung und seiner Rezeption: Die pessimistisch prognostizierte Zukunft
Götzens ist die Gegenwart des Publikums. Die Bürgerlichen erkennen diese ihre
Gegenwart, erkennen die künstliche Etikette adliger Höfe, die hinterlistigen und
menschenverachtenden Intrigen, erkennen auch die abstrakteren Strukturen ihrer
Welt, wie das Stück sie vorführt: die Instrumentalisierung zwischenmenschlicher
Beziehungen zum Zweck ökonomischer oder machtpolitischer Bereicherung
(Weislingen-Adelheid) (vgl. Bürger 1985, 208), die wortklauberisch-spiegel-
fechterische Trägheit staatlicher Verwaltungen, Egoismus, Untreue und
Opportunismus, Betrug und Verrat und Mord als die Strukturen politischer Macht
(vgl. Buck 1982, 40). Der bürgerliche Zuschauer oder Leser des späten 18. Jahrhunderts aber erkennt auch sich selbst in der Titelfigur, die gegen all das Negative
kämpft – mit dem moralischen Anspruch auf seine individuelle Freiheit, dem
progressivsten Ideal des deutschen Bürgertums im 18. Jahrhundert. Götz ist
die literarische Identifikationsfigur, in der das deutsche Bürgertum die eigenen
politischen Wünsche und auch Handlungsimpulse sehen kann, Götz kämpft mit
dem ganzen Anspruch auf sich selbst als Individuum, ‚nur sich selbst, Gott und
Kaiser untertan', genau gegen die Hemmnisse individueller, politischer und ökonomischer Autonomie Ende des 18. Jahrhunderts.

Goethes *Götz* ist also alles andere als das Drama einer individuellen Tragödie,
ein ‚Charakterdrama' im schlechten Sinne, ist auch kein Geschichtsdrama als
Historienspiel. Vielmehr macht es an seinem titelgebenden *Charakter* etwas
sichtbar, was *Geschichte* ist. Für Götz bricht unter den Bedingungen der oben
skizzierten gravierenden politischen, ökonomischen, militärischen und rechts-
geschichtlichen Veränderungen am Ausgang des Mittelalters mit seinem Stand das
gesellschaftliche Gefüge für seine Selbstbestimmung weg: Ohne reichsunmittel-
bares Rittertum kann der einzelne Ritter unter den Bedingungen ihrer ständischen
Bestimmung keine Identität haben. Götz versucht, mit Freiheit und Tätigkeit eine
dies kompensierende Selbstbestimmung vorzunehmen, wird aber genau darin

immer weiter beschnitten und unterliegt. So ließen sich „das Eigentümliche unsres Ichs, die prätendierte Freiheit unsres Wollens [...] [und der] notwendige [ ] Gang des Ganzen" auch übersetzen!

5.2 Clavigo

Entstehungszusammenhang und Erstveröffentlichung. Das Drama entstand, so erzählt es zumindest die entsprechende Anekdote in *Dichtung und Wahrheit* (15. Buch), aus einem Zufall: Innerhalb eines geselligen Kreises junger Leute in Frankfurt las Goethe im Mai 1774 aus den Erinnerungen des französischen Zeitgenossen Pierre Augustin de Beaumarchais vor. Der Ausschnitt über den wortbrüchigen Verlobten von Beaumarchais' Schwester, José Clavijo Y. Fayardo (1726–1806), kam gut an und Goethe ging die Wette ein, innerhalb von acht Tagen die gelesene Episode in ein Schauspiel umzuarbeiten. Im Unterschied zum *Götz* wurde dann der *Clavigo* ein regelmäßiges Trauerspiel in fünf Akten – insbesondere die Titelfigur aber liegt in ihrer Charakteristik nahe zur Wertherischen Empfindsamkeit. Der Text wurde Anfang Juli 1774 gedruckt – erstmals unter Goethes Namen (der *Götz* war anonym erschienen) und hatte als Lesetext großen Erfolg, schnell folgten sechs Nachdrucke; *Clavigo* wurde eins der erfolgreichsten Dramen der 1770er und 1780er Jahre.

    Stoff und Handlungsverlauf. Goethe bleibt in der dramatischen Bearbeitung durchaus eng an der Vorlage Beaumarchais': Dessen Reise nach Madrid, wo er den untreuen Clavijo zur Rede stellt – und vor dem König Recht erhält, stellt auch im Drama das handlungsauslösende Moment dar. Clavigo ist Schriftsteller mit wachsendem Erfolg; da er von den Kanaren nach Madrid gekommen ist, nutzt er die Verbindung zur Familie Beaumarchais und insbesondere die Liebe zu Marie als Karriereleiter, stellt aber schließlich die Karriere über die Liebe, sobald er ein Amt am Hof erwirbt – und wird von seinem Freunde Carlos darin bestärkt. Beaumarchais kommt im Hause seiner Schwestern (neben Marie auch Sophie) an, bleibt Clavigo gegenüber zunächst inkognito und konfrontiert ihn mit einer angeblich Fremde betreffenden Geschichte von Untreue und Verrat (die der Maries und Clavigos gleicht). Clavigo ist gerührt, will sofort zu Marie zurückkehren und übergibt Beaumarchais das schriftliche Eingeständnis seines Verrats. Marie vermag die Wendung des Geschicks noch nicht zu glauben, Sophie ist enthusiasmiert, Clavigo selbst tritt in diese Szene, zu Füßen Maries gibt es heiße Tränen, Versöhnung: Beaumarchais zerreißt im Taumel der Begeisterung das schriftliche Schuldeingeständnis Clavigos. Carlos knöpft sich Clavigo, wieder allein zu Hause, vor, entwirft ein Bild des Schadens, der ihm für seine Karriere aus der Verbindung mit Marie entstehen könnte, und das Zerrbild der Langeweile einer bloß empfindsamen Liebe. Carlos schlägt eine Intrige vor, in deren Verlauf Beaumarchais verhaftet werden solle. Die Schwestern sind entsetzt angesichts der Verhaftung, verzweifelt angesichts des zweiten Verrats durch Clavigo. Marie stirbt an gebrochenem Herzen. Clavigo beobachtet heimlich den nächtlichen Leichenzug;

reumütig und entschlossen, ihr in den Tod zu folgen, wird er von Beaumarchais im Degenduell getötet.

Volkslieder als zweite Quelle. Insbesondere am Ende weicht Goethe von der Vorlage ab: Bei Beaumarchais steht der Rechtsstreit um die Einhaltung des Eheversprechens im Zentrum, sowohl Clavijo als auch Marie überleben die Affäre. Die Szene des untreuen Bräutigams am Sarg der Braut mag, wie Goethe in *Dichtung und Wahrheit* (15. Buch) angibt, dem Lied „Röschen und Kolin" aus Herders *Volksliedern,* der Bearbeitung einer englischen Ballade, entnommen sein, oder, noch passender, auch der Ballade „Das Lied vom Herren und der Magd", das Goethe 1771 im Elsaß aufgezeichnet hatte: Dort schließt der dramatische Selbstmord des Untreuen am Sarg der Geliebten die Erzählhandlung.

Deutungsaspekte. *Clavigo* steht einerseits in der Tradition der für die zweite Hälfte des 18. Jahrhundert bestimmenden dramatischen Gattung des bürgerlichen Trauerspiels, andererseits ruft das Drama mit der Modellierung von radikaler Empfindsamkeit, der Bestimmung menschlicher Identität sowie dichterischer Existenz zentrale Themenfelder der literarischen Produktion des jungen Goethe auf:

- **Momente des bürgerlichen Trauerspiels:** Im Zentrum des *Clavigo* steht, wie in Lessings *Miß Sara Sampson* oder *Emilia Galotti* oder auch in Schillers *Kabale und Liebe,* die sich der patriarchalen Ordnung entziehende Gattenwahl der jungen Frau: Beaumarchais handelt hier allerdings an Vaters statt, dessen Stelle vakant bleibt, ist aber, wie Sir William oder Odoardo Galotti, nicht in der Lage, die Ordnung der Familie zu retten. Insofern hat das Drama Teil am empfindsamen Diskurs der konjugalen Kleinfamilie und den psychoenergetischen Aufladungen und Konflikten, die dieser neuen Kernform sozialer Organisation und psychosozialer Prädisposition entspringen;
- **Empfindsamkeit als Krankheit zum Tode:** Marie Beaumarchais ist bei Goethe eine empfindsam leidende, buchstäblich sich verzehrende Figur. Schon ihr erster Auftritt in I.2 nimmt ihren Tod vorweg: „Ich will stille sein! Ja ich will nicht weinen. Mich dünkt auch, ich hätte keine Tränen mehr! Und warum Tränen? Es ist mir nur leid, daß ich euch das Leben sauer mache. Denn im Grunde, worüber beklag' ich mich? Ich habe viel Freude gehabt, solang unser alter Freund noch lebte. Clavigos Liebe hat mir viel Freude gemacht, vielleicht mehr als ihm die meinige. Und nun – was ist's nun weiter? Was ist an mir gelegen? an einem Mädchen gelegen, ob ihm das Herz bricht? ob es sich verzehrt und sein armes junges Leben ausquält?" (HA 4, S. 264). Die kurzzeitige, scheinbare Wendung ihres Geschicks (im 3. Akt) vermag nicht, sie aus der verhärmenden Melancholie zu reißen: „Schmerz und Freude haben mit all ihrer Gewalt mein armes Leben untergraben. Ich sage dir, es ist nur halbe Freude, daß ich ihn wiederhabe. Ich werde das Glück wenig genießen, das mich in seinen Armen erwartet; vielleicht gar nicht" (HA 4, S. 297); mit jeweils doppeltem Ausruf „Mein Herz! Mein Herz! [...] Ach! Luft! Luft!" (HA 4, S. 301) stirbt sie noch im 4. Akt;

- **Ich-Schwäche:** Clavigo erscheint ständig hin- und hergerissen zwischen dem Hof und Carlos' Argumenten einerseits und seiner Liebe zu Marie andererseits, abstrakter formuliert: zwischen der Bestimmung seiner Identität über die (erst zu erreichende) Position in der Ständegesellschaft und der individuellen Selbstbestimmung über Innerlichkeit und Privatbeziehung, zwischen öffentlicher Position und privater, letztlich familialer Rolle. Er folgt als Ich-schwaches Subjekt immer dem stärksten Argumenten- oder Wort-Strom – sei es der rührend-anklagende Beaumarchais, sei es der karriere-strategisch überredende Carlos: „Clavigo liefert sich aus, suspendiert die Autonomie seines Handelns. Zerrissenheit und Schwanken münden in freiwillige Unterwerfung, die auf den Anspruch auf Selbstbestimmung verzichtet" (Reiß 1996, 116). Insbesondere an der Ich-schwachen Zentralfigur erweist sich die Macht des Wortes;
- **Reflexion bürgerlicher Dichterexistenz:** Clavigo ist Schriftsteller, der auch durch die Liebe zu Marie (und die Beziehung zum einflussreichen Haus der Beaumarchais-Schwestern) Karriere machen konnte, der „blühende Einbildungskraft mit einem so glänzenden und leichten Stil" verbinden kann, wie Carlos im Eingangsdialog betont (HA 4, 260). Er wird als Schriftsteller zum Akteur im Feld literarischer Öffentlichkeit: Seine soeben ins Werk gesetzte Wochenschrift ist mit hohen (nicht nur karrierebezogenen) Ambitionen besetzt: „Das Blatt wird eine gute Wirkung tun, es muß alle Weiber bezaubern. Sag mir, Carlos, glaubst du nicht, daß meine Wochenschrift jetzt eine der ersten in Europa ist?" (HA 4, 260). Beaumarchais trifft zu Beginn des 2. Aktes Clavigos Eitelkeit als Schriftsteller auf den Punkt, wenn er ihn als „Mann [...], der gleichen Einfluß auf den Staat und auf die Wissenschaften hat", als den derzeit ‚besten spanischen Schriftsteller' für sich einnimmt (HA 4, 268 f.). – Clavigo ist bürgerlicher Schriftsteller mit Ambitionen in der literarischen Öffentlichkeit, dem sich plötzlich der Hof öffnet – und die bürgerlich-empfindsame individuelle Bindung an Marie schadet da nur: Er ist der tragische Held zwischen zwei Existenzmöglichkeiten: Dichter am Hof oder (zwar liebender) Privatmann. Clavigo ist darüber hinaus der Hochbegabte, der Künstler als Genie, dessen Anspruch auf ungehemmte Autonomie, die „prätendierte Freiheit" seines „Wollens", allerdings scheitert, weil beide Existenzmöglichkeiten, die sich ihm bieten, disparat zueinander sind.

Mit der Problematisierung bürgerlicher Dichterexistenz sowohl im Felde literarischer (bürgerlicher) Öffentlichkeit als auch in Bezug auf die ständische Gesellschaftsordnung, den Hof (und ein schriftstellerisches Hofamt!) *und* im Verhältnis zu Möglichkeiten privater, emotionaler, familial bestimmter Existenz reflektiert der *Clavigo* selbstverständlich auch Optionen oder Konfliktdispositionen seines Autors: Nur gut ein Jahr nach Niederschrift und Veröffentlichung des Dramas ‚flieht' Goethe aus der bürgerlichen Dichterexistenz an den Weimarer Hof oder: Ins Hofamt! Die scharfe Differenz zwischen der Bestimmung menschlicher Identität über die Position in der Ständegesellschaft und der individuellen

Selbstbestimmung über Innerlichkeit und Privatbeziehung bei Clavigo greift auf die zentrale Konfliktanlage im *Egmont* voraus, alle Momente der Reflexion des bürgerlichen Dichters am Hof finden sich entschieden gesteigert im *Tasso*.

5.3   Stella

Entstehungszusammenhang und Erstveröffentlichung. Von Februar bis April 1775 schreib Goethe an *Stella* – zunächst ohne Publikationsabsichten; da der für den Herbst desselben Jahres geplante Kurzaufenthalt in Weimar allerdings Geldmittel nötig machte, verkaufte Goethe das Manuskript an den Verleger Mylius in Berlin, in dessen Verlag es unter dem Titel *Stella – Ein Schauspiel für Liebende* erschien. Als Lesedrama hatte das provokante Stück durchaus Erfolg – die unautorisierten Nachdrucke 1776, 1777 und 1779 dokumentieren dies.

   Stoff und Handlungsverlauf. In der Vorzeithandlung hatte Fernando 16 Jahre zuvor Cäcilie geheiratet und mit ihr ein Kind bekommen, Lucie. Nach einigen glücklichen Ehejahren aber verliebte er sich in die 16-jährige Stella und verließ seine Familie. Nach fünf Jahren mit Stella verlässt er aber auch diese aus Unruhe und Reue gegenüber Cäcilie, findet diese aber nicht wieder und wird Soldat. Drei Jahre nach der Trennung von Stella will er zu dieser wieder zurückkehren – genau an dem Tag, an dem Cäcilie und Lucie zu Stella kommen (um deren Verbindung zu Fernando sie nicht wissen und die nicht von ihrer Verbindung zu Fernando weiß): Lucie soll Gesellschafterin bei Stella werden. Cäcilie (mit dem Pseudonym Madame Sommer) und Lucie kehren im Posthause bei Stellas Anwesen ein, Cäcilie lässt Lucie im öffentlichen Bereich des Gebäudes allein – Fernando tritt auf, erfährt von der Postmeisterin den melancholischen Zustand Stellas, setzt sich zu Lucie, erkennt sie nicht als Tochter, ist aber bezaubert von ihr (I). Als ,Madame Sommer' Lucie bei Stella vorstellt, zeigt diese ein Porträt des geliebten und verlorenen Mannes, Cäcilie steht vor der Ohnmacht („Das trägt mein Herz nicht"), Lucie erkennt den Unbekannten aus dem Posthaus, Stella eilt hin, ihn zu finden (II).

   Stella und Fernando begegnen sich im Rausch der wiedergefundenen Liebe, auf die Nachricht, Madame Sommer und Lucie wollten abreisen, will Fernando sie zum Bleiben überreden, wird aber zunächst Ohrenzeuge, wie Madame Sommer die Geschichte ihrer unglücklichen Liebe berichtet und die Unschuld Fernandos beteuert. Vor so viel moralischer Reinheit bricht er zusammen: „Schone mich, schone mich". Er will einerseits mit Cäcilie und Lucie fliehen, vergeht andererseits im Gedanken an Stella (III). Fernando gesteht Stella leidenschaftlich seine Liebe – und man ruft ihn zum Wagen, in dem er mit Cäcilie und Lucie fliehen will. Fernando gesteht beiden das Doppelspiel, Stella wird schwer getroffen, bricht ohnmächtig zusammen. Cäcilie umarmt sie, vereint in gemeinsamem fraulichen Schmerz: „An deinem Hals laß mich sterben" (IV). Verzweiflungstaten in allen Zimmern: Stella versucht vergebens, Fernandos Portrait mit dem Dolch zu zerstören; Cäcilie überrascht Fernando mit einer Pistole – und hält ihn vom Schlimmsten ab. Sie erzählt ihm die Sage des Grafen von Gleichen, der, nach mannigfachen Schickungen, schließlich mit Gattin und Geliebter Bett und Grab geteilt habe. Stella, Cäcilie und Fernando fallen sich, hier eine Alternative erkennend, in die Arme: die „menage à trois" als (provokante) Lösung des Konflikts.

Deutungsaspekte. *Stella* steht formal scheinbar in der Tradition des regelmäßigen Trauerspiels, der V. Akt mit provokanter Konfliktlösung vermeidet allerdings die Katastrophe (die Goethe bei der Überarbeitung des Stückes für die Weimarer Aufführung 1807 als neuen, tragischen Schluss hineinschreibt: Stella hat Gift genommen, Fernando erschießt sich). Die „menage à trois" tritt gewissermaßen an die Stelle der in Aussicht genommenen Heirat, die am Ende jeder Komödie des 18. Jahrhunderts steht. Neben der hier wiederum sehr prononcierten Modellierung von (radikaler) Empfindsamkeit und (männlicher) Ich-Schwäche ist vor allem die Differenz von Öffentlichkeit und Privatheit zentrales Moment der Dramaturgie des Stücks.

- **Öffentlichkeit und Privatheit, Raumregie:** Der dramatische Raum in *Stella* ist in höchstem Maße Bedeutungsträger. Spielt der erste Akt noch „Im Posthause" (HA 4, 307), also einem Knotenpunkt öffentlichen Verkehrs, wechselt mit dem zweiten Akt die Handlung auf Stellas Landgut. Dieses wiederum ist nicht durchgehend ‚privat': Die Räumlichkeit, in der Stella in II Madame Sommer empfängt, ist Gesellschaftsraum, das „Kabinett", in das der Bediente Fernando am Ende von II führt, in dem III spielt, ist fast privatester Raum des Anwesens. Es ist der Paar-Raum Stellas und Fernandos, hier findet seine Wiederbegegnung mit Stella, aber auch die Anagnorisis, das Wiedererkennen Cäcilies (und ihrer beider Tochter Lucie) statt. Privatester Raum aber ist die „Einsiedelei in Stellas Garten" (IV. Akt; HA 4, 335): Ein (natürlich auch zum modischen englischen Garten gehörender) Rückzugsort für Stella allein, zusätzlich aufgeladen noch dadurch, dass sie hier ihre (und Fernandos) gemeinsame kleine Tochter hat bestatten lassen. Ein Ort der Einsamkeit, der Trauer und der Todessehnsucht: „Ach wie oft, in Stunden der Einbildung, hüllt ich schon Haupt und Brust dahingegeben in den Mantel des Todes" (HA 4, 335); hier schließlich auch ein Ort der Begegnung mit Fernando. Der V. Akt beginnt im Kabinett: Stella allein, wechselt dann in den Saal, wo Cäcilie schließlich die Geschichte vom Grafen von Gleichen erzählt. Gleichsam an der Grenze zwischen Saal und Kabinett (vgl. HA 4, 347), also im Übergang zum privatesten Raum des Hauses findet die Schlussszene, die Versöhnung aller drei, statt. Nur hier, gleichsam dem Gesellschaftlichen fast ganz entzogen, kann die provozierende Abwendung einer Katastrophe, die „menage à trois" ihren Ort haben. Damit postuliert der Text allerdings gleichsam das Recht des Einzelnen auf die Erfüllung individueller Glücksansprüche jenseits gesellschaftlicher oder moralischer Konvention.
- **Fernando: Schwacher Mann:** Wie Clavigo ist Fernando ein wankelmütiger, schwacher, aber überempfindsam angelegter Charakter, dessen Schwachheit bzw. (angeblich) freiheitsbegründete Bindungslosigkeit bzw. -angst ihn von Cäcilie wie von Stella weggetrieben hat, der aber jetzt in *einem* Akt (III) sowohl Stella sich wieder ganz ergibt (FERNANDO. „Liebste Liebe! STELLA, *an*

ihm hangend. Und du kommst doch bald? FERNANDO. Gleich! Gleich!"; HA 4,
327) als auch mit Cäcilie und Lucie einen Fluchtplan hastig entwirft. Werther-
artig erscheint er dort, wo er in I (vgl. HA 4, 313 f.) den verödet scheinenden
Ort seiner Liebe zu Stella beklagt, insbesondere aber, wenn er, am Ende von
III, den „Dolchstich" als Weg „in die dumpfe Fühllosigkeit" erwünscht (HA
4, 334). Dies wird zu einem wirklich wertheresken Monolog gesteigert in
V.2: Seine stammelnde, gefühlvollste Rede zeigt alle sprachlichen Formen
radikalisierter Empfindsamkeit; die Pistole zum Selbstmord kann Cäcilie ihm
gerade noch entreißen.

- **Cäcilie, Stella: Starke Empfindung:** Viel mehr als Fernando haben die
  beiden Frauenfiguren ein Recht auf starke Gefühle, auf aufwallende Leidenschaften: Sie sind in Trauer (etwa über den verloren geglaubten Geliebten, über
  das verstorbene Kind Stellas). Stellas Monolog zu Beginn von IV zeigt eben-
  falls die Sturm-und-Drang-Rhetorik der Herzrührung: Satzabbrüche, Ausrufe,
  Stammeln. Allein, sie hat wirklich ihr Kind hier begraben, alleingelassen vom
  Geliebten. Stella ist zudem nicht nur gefühlsselig, sondern auch realistisch:
  „FERNANDO. Mir ist's wieder wie in den ersten Augenblicken unsrer Freuden.
  Ich hab dich in meinen Armen, ich sauge die Gewißheit deiner Liebe auf deinen
  Lippen, und taumle, und frage mich staunend, ob ich wache oder träume.
  STELLA. *Nun, Fernando, wie ich spüre, gescheiter bist du nicht geworden"*
  (HA 4, 325). Ebenso kann Cäcilie klug und überlegt kommunizieren: Den
  auffahrenden, wilden Fernando kann sie in fast aufklärungskomödien-
  hafter Umschaltgeschwindigkeit zähmen mit der Erzählung vom Grafen von
  Gleichen, die für ihn scheinbar die Erfüllung einer Männerphantasie verspricht
  – dass hier allerdings die Frauen das Heft in der Hand haben, zeigen die Regiebemerkungen (vgl. Detken 2009, 284–288).

5.4   Gelegenheitsdramen für den Weimarer Hof

Obwohl Goethe relativ unmittelbar nach seiner Ankunft in Weimar im Herbst 1775
in vielfältige politische Ämter berufen wurde, die letztlich, um es salopp zu sagen,
aus ihm einen Berufs*politiker* und einen, im mehrfachen Wortsinne, Gelegenheits-
dichter machten, blieben seine schriftstellerischen Fertigkeiten natürlich v. a. im
Hinblick auf die Gestaltung höfischer Feste oder Feierlichkeiten und den Erhalt
des höfischen Theaterlebens gefragt. Für das Liebhabertheater des Hofes, eine
Laiengruppe, in der auch Goethe selbst mitwirkte, mit Corona Schröter als einziger professioneller Schauspielerin, verfasste er mehrere Singspiele, auch die
erste Fassung der *Iphigenie auf Tauris* wurde 1779 hier gegeben. Das Singspiel
Die Fischerin wurde 1782 auf der ‚Naturbühne' am Ilm-Ufer im Park des Tiefurter
Schlosses aufgeführt, der Sommerresidenz der Herzoginmutter Anna Amalia. Insbesondere der Geburtstag der Herzogin Luise am 30. Januar, also immer im zeitlichen Kontext der (frühen) Karnevalszeit, war eine ‚Gelegenheit', aufwendigere,
z. T. in der Umsetzung kostspielige Singspiele auf die Bühne zu bringen. Der
Triumph der Empfindsamkeit und *Lila* sind die herausragenden Beispiele für diese

Gelegenheitsdichtungen, die, wie im lyrischen Felde auch das „Ilmenau"-Gedicht, in vieler Hinsicht über die bloße festliche Mitgestaltung einer höfischen Feier hinausgehen und ästhetische Eigenständigkeit gewinnen – wie im Einzelnen zu zeigen sein wird.

5.4.1 *Triumph der Empfindsamkeit*

Das Singspiel entstand zunächst unabhängig von der Gelegenheit, zu der es uraufgeführt wurde. Schon am 12. September 1777 notierte Goethe in einem Brief an Charlotte von Stein: „Eine Tollheit hab ich erfunden, eine komische Oper die Empfindsamen, so toll und grob als möglich. Wenn Seckendorf sie komponiren will kan sie den Winter gespielt werden ich hab angefangen [dem Schreiber] Philippen zu dicktiren" (WA IV.3, 174). Inhaltlich steht das Stück in keinem zwingenden Bezug zum Geburtstag der Herzogin; der Bühnenbild-Prunk aber, den es verlangt, mitsamt Komposition und Orchester, lässt es als entschieden geeignet erscheinen für einen höchst festlichen Anlass. Der Weimarer Hofmann Carl Siegmund Freiherr von Seckendorff besorgte die Komposition, den Januar hindurch wurde geprobt, wurde das kostspielige wie aufwendige Bühnenbild gebaut, am Geburtstag der Herzogin am 30. Januar 1778 war schließlich die Uraufführung.

Stoff und Handlungsverlauf. König Andrason (Herrscher in welchem Lande auch immer) und seine Gemahlin Mandandane haben Eheprobleme: Sie ist in ‚Liebe' zu einem dahergelaufenen überempfindsamen Prinzen entbrannt und ergeht sich seitdem ebenfalls in Empfindsamkeiten; Andrason kommt gerade, am Anfang des ersten Aktes, vom Orakel zurück, das er mit Bitte um Lösung seiner Eheprobleme aufgesucht hatte. Der Orakelspruch, zwei elegische Distichen, spricht in unlösbar scheinenden Rätseln von einem greiflichen Gespenst, einem Sack mitsamt Eingeweiden und einer geflickten Braut. Der König erzählt den Hofmädchen seiner Schwester Feria, an deren Hof wir uns befinden, vom Orakel. Die Mädchen sind angesichts des Spruchs noch ratloser als er – und er bittet sie, Oronaro, den ‚Liebhaber' seiner Frau, mit einem rührenden Tanze so zu beeindrucken, dass er von Mandandane ablässt. Zweiter Akt: Oronaro zieht ein. Oder vielmehr: Seine Koffer und Kisten mitsamt seinem Diener Merkulo, der den Mädchen den Inhalt der Kästen sowie die Charakteristik des Prinzen erläutert. Dieser sei so empfindsam, dass ihm die echte Natur immer Gewalt antue; daher führe er eine Reisenatur immer mit sich: künstliche Lauben und Wälder und Grotten, ja sprudelnde Quellen, den Gesang der Vögel und den Mondschein. Der Beweis für Merkulos Behauptungen wird sogleich erbracht: die Koffer und Kisten „verwandeln sich [...] in Rasenbänke, Felsen-Gebüsche und so weiter" (MA 2.1, 178).

Der dritte Akt präsentiert den Prinzen selbst: Erfolglos bleibt der anmutige Tanz der Hofmädchen, gegenüber Merkulo entfaltet er sein Selbstbild unendlicher Empfindsamkeit, inszeniert sich mit geladenen Pistolen kurz vor Mitternacht monodramatisch vor einer künstlichen Laube, in der eine Mandandane gleichende Frauengestalt sitzt, die er anschmacht, davon aber so schnell ermüdet, dass er auf einer Rasenbank entschläft. Stunden später weckt ihn der überlaute Tanz der Mädchen. Ortswechsel zum vierten Akt: „Andrasons Schloß eine rauhe und felsige Gegend, Höhle im Grunde" (MA 2.1, 186). Mandandane spielt in einer Höllendekoration das Monodrama der Proserpina, eine wehmütige Klage der von Hades geraubten und an die Unterwelt gefesselten Frau. Der Chor der Parzen aus dem Off verkündigt düster die Ewigkeit ihres höllischen Aufenthalts; als Andrason eintritt, verwechselt sie ihn mit dem verabscheuten Hades und entflieht. Der fünfte Akt bringt keine Lösung: Die neugierigen Hofmädchen der Feria wollen wissen, was der Prinz in seiner Laube so anhimmelt, und finden – eine Puppe, maskiert als Mandandane, mit einem leinernen Sack im Puppenbauch. Andrason erkennt sofort die Rätselworte des Orakels wieder, verlangt nach den „Eingeweiden" des Sackes, und die Mädchen finden Bücher, empfindsame Bücher: u. a. Rousseaus *Nouvelle Heloïse,* Millers *Siegwart,* Westenrieders *Guten Jüngling* und – Goethes *Werther.* Die Mädchen wollen die Bücher verbrennen, Andrason entwickelt die List, Oronaro zwischen der ‚geflickten Braut' und Mandandane wählen zu lassen: Diese solle sich in die Laube setzen, man wolle sehen, wie der Prinz reagiert. Damit aber schließt der 5. Akt – die Figuren auf der Bühne räsonnieren über die Notwendigkeit eines 6. Aktes. Oronaro, ebenfalls mit einem Rätselspruch vom Orakel zurückkehrend, schreckt vor der lebendigen Frau in der Laube zurück, fühlt seine Liebe schwinden, wird schließlich aber mit seiner ‚geflickten Braut' vereint und gibt Mandandane an den Gatten zurück: „Verzeih und leb wohl! *(Auf die Puppe deutend)* Hier, hier ist meine Gottheit" (MA 2.1, 211). Chor und großes Ballett machen den Schluss.

Form. Der Erstdruck des (von Goethe noch bearbeiteten) *Triumph der Empfindsamkeit* (Leipzig 1787) führte den Untertitel (oder die Gattungsbezeichnung?) „Eine dramatische Grille". Der Begriff wird von Goethe vielfach im Sinne der „Tollheit", als die sein Brief an Charlotte von Stein vom 12. September 1777 das Stück bezeichnete, benutzt: Der *Triumph* ist also eine Narretei oder Posse, ein mehr als wunderlicher Einfall; Grille meint bei Goethe aber auch Monstrosität, phantastisches Mischwesen (vgl. GWB 4, Sp. 476). Posse *und* Monstrosität ist der *Triumph* in mehrfachem Sinne:

- Nicht nur, dass hier ein – jeder Dramenpoetik widersprechender – Sechsakter vorliegt – die Figuren reflektieren sogar über die ‚monströse' Form des Stückes, in dem sie stecken: „ANDRASON. Der fünfte Akt geht zu Ende und wir sind erst recht verwickelt! SORA. So laßt den sechsten spielen! ANDRASON. Das ist außer aller Art. SORA. Ihr seid ein Deutscher, und auf dem deutschen Theater geht alles an. ANDRASON. Das Publikum dauert mich nur; es weiß noch kein Mensch woran er ist. SORA. Das geschieht ihnen oft. ANDRASON. Sie könnten denken, wir wollten sie zum Besten haben. SORA. Würden sie sich sehr irren? ANDRASON. Freylich! denn eigentlich spielen wir uns selber" (MA 2.1, 205 f.). Neben der Unausweichlichkeit des sechsten Aktes wird im Vorübergehen sowohl das deutsche Publikum als auch das Theaterwesen kritisch beäugt; Andrasons den Akt abschließende Anrufung der Götter spielt auf den *deus ex machina* der griechischen Tragödie an – hier allerdings eine vergebliche Hoffnung auf Konfliktlösung.

- Dass Andrason ein „Deutscher" sei, wie das Hofmädchen Sora oben sagt, wissen wir vorher nicht so recht: Das gleichsam historische Umfeld der Handlung bleibt vage. Wir haben einen kleinen Rokoko-Hof, aber kein irgendwie christliches Umfeld, sondern ein Götterorakel in den Bergen – mindestens also halb-antik, hybrid, eine „Grille" halt. Andererseits gibt es einen historisch eindeutigen *terminus post quem,* den der Eingeweidesack der Puppe preisgibt: *Werther* erschien 1774, Millers *Siegwart* 1776, von Westenrieders *Guter Jüngling* gar erst 1779 (den schrieb Goethe in die überarbeitete Fassung hinein!). Spielzeit wäre demnach die unmittelbare Gegenwart der Erstaufführung.

- Monströs ist das Singspiel auch, weil der eigentliche Grund für die Sechsaktigkeit ein Fremdkörper ist: Der vierte Akt, das Proserpina-Monodrama. Der Text des Monodramas ist älter als der *Triumph,* das 1776/77 verfasste Monodrama wird hier, in seiner immanenten Ernsthaftigkeit, ‚missbraucht' als Karikatur einer aktuellen literarischen Mode.

- Auf der Ebene der Formensprache könnte grillenhafte Hybridität noch vielfältig aufgefunden werden: Nicht nur das metafiktionale Spiel mit Tragödienpoetik (*deus ex machina* und verunmöglichte Fünfaktigkeit), nicht nur der Fremdkörper des vierten Aktes: Das Orakel spricht in Distichen, Hexameter und Pentameter wechseln sich aber nicht elegisch ab – und steht fremd zur Prosa des Haupttexts. Das Singspiel selbst ist hybrid als Mischform zwischen Schauspiel und Oper: Rezitative, Arien und Lieder, Chöre und Ballette sind nicht nur Ausdruck repräsentativen Reichtums zum Geburtstag der Herzogin, sondern ‚verfremden' jedes illusionistische Spiel. Der Weimarer Gymnasialdirektor und Literaturkritiker Karl August Böttiger brachte es auf den Punkt, bezeichnete er doch den *Triumph* als eine „äch aristophanische[ ] mit 8 Ballets und allen möglichen Gesängen, tragischen Auftritten, komischen Embroglios u.s.w. durchwebte[ ] Farce" (Böttiger 1998, 43).

Modellierung von (übertriebener) Empfindsamkeit. Der eigentliche, ja satirische Zielpunkt dieser Posse ist Empfindsamkeit – nicht als allgemeinmenschliche Haltung etwa im Mitleidsempfinden, sondern als Mode, als Pose. An Mandandane wird das schon im ersten Akt extemporiert: „Sie geht im Mondscheine spazieren, schlummert an Wasserfällen, und hält weitläufige Unterredungen mit Nachtigallen" (MA 2.1, 171): Naturverbundenheit und Naturbegeisterung werden als Vernunftverlust denunziert. Aber bei ihr ist's noch echter Mondschein: Bei Oronaro wird die Inszeniertheit der Natur und damit die Künstlichkeit des angeblichen Naturbezugs überdeutlich – aus den Kisten und Kästen entfaltet sich die Kulisse des Empfindsamkeitstheaters. Und diese Pose bestimmt ihn überall: Die vormitternächtliche Stunde seiner Laubenanbetung („gegen eilfe") ist ebenso *Werther*-Zitat wie die geladenen Pistolen. Der Bauch der Puppe legt die „Grundsuppe" dieser Posen offen: die *Nouvelle Heloïse* und den *Werther.* Oronaros empfindsame Posen sind also Lektüreeffekte, nur angelesene Haltungen, Mode. Nicht die empfindsame Literatur selbst –

obwohl die „Grundsuppe" auch nicht ungeschoren bleibt – ist das Ziel der Satire, sondern ihre identifikatorische Lektüre, das Nachäffen bloß angelesener empfindsamer Gesten gegenüber der (künstlichen) Natur bzw. der (ebenso künstlichen) Geliebten. *Werther*-Mode und *Werther*-Fieber werden als bloß populärkulturelle Oberflächenphänomene der 1770er Jahre (es gab keinen einzigen *Werther*-Selbstmord!) entlarvt. Der Gestus allerdings, mit dem sich Goethe hier auch von der „Grundsuppe" lossagt, markiert sehr scharf die Verabschiedung des eigenen Sturm und Drang – entweder aus Opportunismus gegenüber der Hofetikette, aus Einsicht in das Modisch-Gekünstelte einer prätendiert naturhaften Empfindsamkeit oder gar aus Einsicht in das bloß Literarische der vorgeblichen politischen Opposition, die der Sturm und Drang sein wollte.

5.4.2 Lila

Entstehung. Wie der *Triumph der Empfindsamkeit* wurde die erste Fassung des Singspiels, entstanden um die Jahreswende 1776/77, als Gelegenheitsdichtung zum Geburtstag der Herzogin Luise am 30. Januar 1777 aufgeführt. Der Titel des Textes war noch nicht *Lila,* in Goethes Tagebuch heißt es einfach „Drama" (2./19.1.77) oder auch, nach der männlichen Hauptfigur, „Sternthal", dessen Hypochondrie in ihrer Heilung vorgeführt wurde. Bei einer Wiederholung der Aufführung am 3. März 1777 heißt der Text schon „Lilla". Die Fassung ist nicht erhalten, nur Arien und Gesänge sind im Folgejahr gedruckt worden. In der zweiten Fassung aus dem Februar 1778 ist die Frauenfigur Lila der melancholische Charakter im Zentrum, die Heilung ist auf fünf Akte gestreckt, im Untertitel heißt es: „Ein Festspiel mit Gesang und Tanz". Die dritte Fassung entsteht erst bei der Vorbereitung der ersten Werkausgabe der *Schriften* (8 Bde. 1787–1789), also während der Italienreise: Aus den fünf Akten werden vier, die Märchenhandlung wird gestrafft, die psychologische Ebene von Erkrankung, Diagnose und Therapie präzisiert.

    Stoff und Handlungsverlauf. „Das Sujet", schreibt Goethe am 1. Oktober 1818 an den Berliner Theater-Intendanten Karl Graf von Brühl, „ist eigentlich eine psychische Cur, wo man den Wahnsinn eintreten läßt um den Wahnsinn zu heilen" (WA IV.29, 299). Lila, Herrin eines Landadligen-Sitzes, ist aufgrund der Gerüchte um den Kriegstod ihres Gatten in eine tiefe Melancholie, ja Depression verfallen, die ganze Welt scheint beherrscht von düsteren Gestalten der Feenmärchen, Familie und Hof sind in tiefster Mitleidenschaft. Verschiedenste Ärzte sind bereits vergeblich hinzugezogen worden. Ein neuer Arzt, Doktor Verazio, lässt sich zunächst von Entstehung und Symptomatik der Erkrankung Lilas erzählen: Sie glaube, „ihr Sternthal sei nicht tot, sondern werde nur von feindseligen Geistern gefangen genommen", sie habe „von Zauberern, Feen, Ogern und Dämonen" (MA 2.1, 139) vieles auszustehen, bis sie ihn wiedererlangen könne. Als Therapie schlägt Verazio ein Schauspiel vor: Die Hofleute sollen Lilas Phantasie spielen, Dämonen und Feen, er selbst einen Zauberer vorstellen – und Lila solle im Spiel selbst ihren Mann wiedererringen. Der zweite Akt führt zunächst Lila in ihrer Erkrankung vor, die erste Begegnung mit dem Zauberer und einer Fee geben ihr die erste Idee, dass ihre Tätigkeit den Gatten retten könne. Therapeutisch wirkt im dritten Akt die Aussicht auf Rettung einer Gruppe Gefangener des Ogers durch die eigene Tat – und eine kurze Begegnung mit dem eigenen Bruder: Langsame Rückkehr des Realitätsprinzips! Dem „Oger" stellt sie sich tatkräftig entgegen. Der vierte Akt bringt die Lösung: Dass sie schließlich ihren Gatten wieder in die Arme schließen kann, wird vorbereitet durch die vollständige Wiedergewinnung der Wirklichkeit: Sie erkennt ihre Familie, ihre Hofleute, ja mehr: „Ist das nicht unser Garten? Ist das nicht unser Gartenhaus? Was soll die Mummerei am hellen Tage?" (MA 2.1, 159). Die ‚therapiebedingte' Verkleidung der Menschen um sie herum wird für sie, ebenso wie die eigene, nunmehr überwundene Verstrickung in die Phantasiewelt der Feenmärchen, als „Mummerei" entlarvt. Die doppelte Anagnorisis, beides der Welt und des Gatten, schließt die Heilung ab.

Die Märchenmotive im zentralen Feenspiel gehen hauptsächlich zurück auf Antoine Hamiltons *Contes de Féerie*, 1715, und auf Märchen aus *Tausendundeiner Nacht* in der französischen Übersetzung von Antoine Galland. Dass die depressive Schwermut der Herzogin Luise, auch ausgelöst durch das schwierige eheliche Verhältnis zu Carl August, hier im Hintergrund gestanden habe, ist nur zu vermuten.

Deutungsaspekte

- **Seelische Erkrankung und ‚psychische Cur':** Der Zustand Lilas wird von ihrer Familie und den Mitgliedern des Hofes als *Krankheit* bezeichnet, als *seelische* Erkrankung: Stimmungsschwankungen, Wahnvorstellungen von Ogern und Dämonen, Weltverlust. Die Symptomatik ähnelt der Empfindsam-keitsmodellierung der Mandandane des *Triumphs,* ist hier aber Anzeichen tiefster Depression: „Wenn ich sie [so berichtet Baron Sternthal, ihr totge-glaubter Gemahl] herumziehen sehe mit losem Haar, im Mondschein einen Kreis abgehen – Mit halb unsicherm Tritt schleicht sie auf und ab, neigt sich bald vor den Sternen, kniet bald auf den Rasen, umfaßt einen Baum, verliert sich in den Sträuchen wie ein Geist" (MA 2.1, 136 f.). Als Lila im zweiten Akt selbst auftritt, thematisiert sie ihren Drang nach außerhalb der Gesell-schaft: „Mein Gemüt neigt sich der Stille, der Öde zu" (MA 2.1, 143). Zudem fügt sie, die Fremdcharakterisierung der Kranken in der Exposition ergänzend und verschärfend, Todessehnsucht als radikale Dimension des melancholischen Temperaments hinzu: „Süßer Tod! komm und leg' mich ins kühle Grab! [...] Ich schwanke im Schatten, habe keinen Teil mehr an der Welt *(auf Kopf und Herz deutend).* Es ist hier so! und hier! daß ich nicht kann, wie ich will und mag" (MA 2.1, 142). Lilas Zustand zieht Familie und Hof in Mitleidenschaft: Traurig und gedämpft ist das Hofleben, Liebe und Verlobung zwischen Marianne, Sternthals Schwester, und Friedrich, werden behindert, mindestens verzögert. – Die ärztliche Behandlung der Krankheit verdient besondere Aufmerksamkeit: Scheiterten die bisherigen Quacksalber

„mit ihren Pferdearzneien" (MA 2.1, 133), werden auf Verazio die größten
Hoffnungen gesetzt, „die Gesundheit ihrer Seele wieder herzustellen" (MA
2.1, 135). Nachdem er sich ausführlich die Entstehung der Erkrankung hat
berichten lassen, setzt er auf eine seelische Kur voller Behutsamkeit und entwirft einen homoiopathischen Therapie-Plan: „Wenn wir Phantasie durch
Phantasie kurieren könnten, so hätten wir ein Meisterstück gemacht" (MA 2.1,
140). Verazio hat Hoffnung, Lila zu einer ‚Übertragung' der selbstvollbrachten
phantastischen Rettung des Gatten in die Realität führen zu können: „Zuletzt
wird Phantasie und Wirklichkeit zusammen treffen. Wenn sie ihren Gemahl in
ihren Armen hält, den sie sich selbst wieder errungen, wird sie wohl glauben
müssen, daß er wieder da ist" (MA 2.1, 141).

Goethes differenzierte Aufmerksamkeit gegenüber seelischen Erkrankungen
demonstrierte schon der *Werther,* die „psychische Cur", die er hier Verazio in
die Hand legt, zeigt, wie intensiv er sich auch mit zeitgenössischen Konzepten
der beginnenden Psychiatrie auseinandersetzte. Konzepte psychologischer
Kuren wurden bereits Mitte des 18. Jahrhunderts unter den sogenannten
‚vernünftigen Ärzten' aus Halle diskutiert (vgl. van Hoorn 2011). Gerade
die Methode Verazios kann im Sinne des ‚moral management', einer Heil-
methode, die der nordamerikanische Arzt Francis Willis in der Mitte des 18.
Jahrhunderts erdachte und die mit ästhetischen Heilmitteln wie Musik und
Theater verfuhr, gelesen werden (vgl. Diener 1971, Valk 2002, 140 ff.). Sogar
das therapeutische Spiel, an dem Freunde und Familie des Kranken teilnehmen
und eine Scheinwelt inszenieren, in der der Arzt als Spielleiter dann nach und
nach die reale Welt erscheinen lässt, wird hier schon gedacht. Musik, Tanz und
Theater sind, hier in der *Lila,* Elemente sowohl des höfischen Lebens als auch
des therapeutischen Feenspiels, Berührungspunkte zwischen Wahnwelt und
Realität, die der Kranken den Übergang von jener in diese ermöglichen.

- **Autoreferentialität des literarischen Textes:** Das Spiel, das Verazio
  inszeniert – das sich überdies, wie auch die Figuren aus Lilas Wahnwelt, aus
  literarischen Quellen speist – ist Theater, also vorgetäuschte Welt, Fiktion,
  hat letztlich also *literarischen* Charakter. Der Arzt lässt keinen echten „Wahnsinn" eintreten, um zu heilen, sondern literarische, theatrale Fiktion, setzt also
  eine letztlich nicht rational auflösbare Phantasieproduktion an die Stelle vernünftiger Argumentation oder ‚wissenschaftlich' begründeter Medizin. Damit
  wird die *Lila* zu einem autoreferentiellen Stück Literatur, das, ähnlich wie
  Wielands *Don Sylvio,* die Möglichkeiten und die Macht des *Fiktionalen* herausstellt – hier sogar die therapeutischen.
- **Komödienpoetik:** Diese Autoreferentialität des literarischen Textes weist
  aber auch über den Text hinaus, auf die Gattungspoetik: Traditionell ist die
  Korrektur abweichenden, lasterhaften und damit sozialschädlichen Ver-
  haltens – und sein Verlachtwerden! – der Gattung der Komödie zugeordnet.
  Goethe – das zeigt schon der Rückgriff auf Jean de Rotrous Tragikomödie
  L'Hypochondriaque (1629) für die erste Fassung – adaptiert das Gattungs-
  muster im Gewand von Casualgedicht, Singspiellibretto oder „Festspiel" – um

die bei J.E. Schlegel, Gellert und Lessing sichtbar werdende poetologische Weiterentwicklung der Gattung seit Gottsched fortzusetzen. Im *Triumph der Empfindsamkeit* ist Oronaro tatsächlich eine lächerliche Figur; allerdings wird die Genese seiner krankhaften Empfindsamkeit geliefert: Er hat die falschen, eben empfindsame Bücher auf falsche Weise gelesen! Oronaro erweist sich als nicht heilbar, Mandandane dagegen können die Augen geöffnet werden.

Lila modifiziert das aufgeklärte Komödienmuster entschieden stärker: Letztlich geht es um ein ‚unvernünftiges Verhalten‘ als Erscheinungsform seelischer Erkrankung, das im Verlauf der Handlung anamnetisch erfasst, diagnostiziert und (erfolgreich) behandelt wird. Aufgrund des ernsten psychischen Grundkonflikts erscheint der Text kaum komödienhaft – strukturell allerdings gehört der Text in die Traditionslinie der Komödiengattung, die er allerdings in entschieden moderner Weise modifiziert:

1. tritt an die Stelle des alten „Laster"-Begriffs die Vorstellung von Krankheit;
2. wird diese nicht in erster Linie als abweichendes Verhalten ausbuchstabiert, sondern präzise in ihrer Ätiologie einer Anamnese unterzogen;
3. ist nicht „Normalisierung" das Ziel, sondern Heilung;
4. wird diese, insbesondere bei der Zentralfigur Lila, eben nicht durch das rationale Argument, sondern ‚durch den Wahnsinn selbst‘ bewerkstelligt.

Damit, in der heilenden Anwendung des Wahnsinns gegen den Wahnsinn und im Verzicht auf's rationale Argument, artikuliert *Lila* nicht nur grundsätzliche Zweifel am aufgeklärten Komödienkonzept, sondern am Logozentrismus der Aufklärung insgesamt. – Die Benennungskonvention für Komödien verlangt die Benennung nach dem Laster, Trauerspiele sind nach ihrem tragischen Helden, ihrer tragischen Heldin benannt. Schon Lessings *Minna von Barnhelm* weicht davon ab – aber bietet ja auch eine Handlung, die bis zum Eingriff des *deus ex machina* auch tragisch enden könnte. *Lila* verfährt in dieser Hinsicht ähnlich: Die Krankheit der Protagonistin erheischt das Mitleid der Zuschauer ebenso, wie ihr das ihrer Familie sicher ist; nichts wird mehr dem Verlachen preisgegeben. Damit wird die Figur namengebend für das Stück – als wär's ein Trauerspiel.

5.4.3 Die Fischerin

Bekannt ist das Singspiel vor allem, weil hier die Ballade vom Erlkönig erstmals erklingt; gerade deswegen ist die Gelegenheitsproduktion aber bedeutsam, da sie, im Kontext der Stücke für weimarische Hoffeierlichkeiten, an der Oberfläche einen der zentralen Impulse der Sturm-und-Drang-Lyrik Goethes fortsetzt: Die Orientierung am Volkslied. Das Stück wurde erstmals auf „dem natürlichen Schauplatz zu Tiefurth an der Ilm", so der Titelzusatz, am 22. Juli 1782 mit den Kompositionen der Hofschauspielerin Corona Schröter aufgeführt.

Stoff und Handlungsverlauf. Der zentrale Konflikt des Singspiels ist denkbar simpel – wie bei einem Schäferspiel. Die Fischerstochter Dortchen erwartet ihren Vater und ihren Verlobten, die zum Fischfang ausgefahren sind und lange zurück sein sollten. Sie bereitet das Abendessen zu. Wartend singt sie, scheinbar spielerisch, von der möglichen Übermacht eines düsteren Naturzusammenhangs: die Ballade vom Erlkönig (s. Abschn. 4.2). Des Wartens überdrüssig erdenkt sie eine scheinbar neckische List, hängt ihr Hütchen in einen Strauch nahe des Flusses, um die Männer denken zu lassen, sie sei in den Fluss gefallen und ertrunken – und versteckt sich. Die Männer, mit reichem Fange zurückkehrend (das war der Grund für ihr langes Ausbleiben), geraten in große Sorge, zumal, als sie das Hütchen im Strauche finden. Analog zum dort nur spielerischen Schauerlichen denkt Niklas, der Verlobte, Dortchen sei vielleicht vom düstern Wassermann geholt worden (wiederum eine Liedeinlage). Als Nachbarn herbeigerufen werden und alle mit Stangen den Fluss absuchen, gibt Dortchen sich reumütig zu erkennen, kann den Vater mit Mühe besänftigen, den Verlobten, indem sie endlich in die von ihm lange erwünschte Heirat einwilligt. Dortchen ist vorübergehend traurig wegen des anstehenden Abschieds vom Elternhaus, ein Terzett aller drei schließt die Handlung ab: Jede der acht Strophen über eine Tierhochzeit beginnt mit einer Frage und entsprechender Antwort: „Wer soll die Braut sein? / Eule soll die Braut sein! […] Wer soll Bräutigam sein? Zaunkönig soll Bräutigam sein!". Das zu seiner Rolle bei der Hochzeit bestimmte Tier lehnt jeweils ab: „Ich bin ein sehr gräßlich Ding, / Kann nicht die Braut sein" (MA 2.1, 354). Nur die achte Strophe, scheinbar noch in der Fiktion der Tierhochzeit („Was soll die Aussteuer sein?") endet anders: Sie wendet sich direkt ans Publikum: „Der Beifall soll die Aussteuer sein! / Was wir auch nur halb verdient, / Geb' uns eure Güte ganz!" (MA 2.1, 356).

Deutungsaspekte

- **Herders *Volkslieder*:** In die Spielhandlung des Singspiels sind neun Gesangspartien eingelegt: Sechs Solonummern, ein Duett zwischen Vater und Tochter, ein Terzett im Kontext der Brautwerbung, das Schlussterzett und alle drei Figuren mitsamt einem Chor in der Suchszene mit den Nachbarn, in die hinein Dortchen sich zu erkennen gibt. Fünf der Lieder gehen unmittelbar auf Herders Volksliedsammlung (*Volkslieder*, 2 Theile 1778/79) zurück: Neben dem „Erlkönig" das Lied vom Wassermann, ein litauisches Brautlied sowie das Lied über die Tierhochzeit; für das Brautwerbungsterzett legt Goethe die Rollenrede des englischen „Straßenliedes" „Die drey Fragen" (*Volkslieder* 1778, S. 95 ff.) seinen drei Figuren abwechselnd in den Mund. Außer beim „Erlkönig" übernimmt Goethe den Wortlaut aus Herders Sammlung, der „Erlkönig" löst sich stark von der Vorlage (deren Titel „Erlkönigs Töchter" auf einem Missverständnis beruhte). – Die Omnipräsenz des Volkslieds in der *Fischerin* ist einerseits inhaltlich gut begründet, passt das Volkslied in seinem Ton doch ausgezeichnet zum ‚einfachen' Stand der Figuren. Gleichzeitig schließt die *Fischerin* damit durchaus eng an die in Straßburg entstandene Wertschätzung des Volkslieds an. Die Omnipräsenz des Volkslieds ist überdies auch eine Reverenz an Herder, dem Goethe, gemeinsam mit seiner Frau Caroline, schreibt: „Dies kleine Stück gehört, so klein es ist, / Zur Hälfte dein, wie du beim ersten Blick / Erkennen wirst, gehört Euch beiden zu / Die Ihr schon lang für eines geltet. Drum / Verzeih, wenn ich so kühn und ohngefragt, / Und noch dazu vielleicht nicht ganz geschickt, / Was er dem Volke nahm dem Volk zurück / Gegeben habe" (Goethe an beide Herders am 17.7.1782; MA 2.1, 80).

- **Höfische „Gelegenheit" und „Arkadientraum":** Die starke Dominanz der Volkslieder in den Gesangsnummern scheint dem Anlass der Erstaufführung entgegenzustehen: Ein höfisches Fest zu Ehren der Herzoginmutter Anna Amalia im Park ihres Sommersitzes, der Hof ist Publikum, es spielten die Hofschauspielerin Corona Schröter, der höfische Oberkonsistorial-Sekretär Heinrich Friedrich Wilhelm Seidler sowie der Hoftanzmeister Johann Adam Aulhorn. Allerdings: Gespielt wird auf „dem natürlichen Schauplatz" am Ilmufer, die „Zuschauer saßen in der Mooshütte [...]. Der Kahn kam von unten herauf pp. Besonders war auf den Augenblick gerechnet wo in dem Chor die ganze Gegend von vielen Feuern erleuchtet und lebendig von Menschen wird" (Goethe an Carl Ludwig von Knebel am 27.7.1782; MA 2.1, 694). Nicht nur der Schauplatz ist in der „Natur" gewählt, auch das Publikum sitzt ‚naturnah'. Dass Goethe gerade Knebel über die Aufführung schreibt, ist kein Zufall: Tiefurt war ab 1776 Wohnsitz des jüngeren Prinzen Friedrich Ferdinand Constantin von Sachsen-Weimar-Eisenach, der gemeinsam mit Knebel den dortigen Park ‚naturnah' (!) in einen englischen Landschaftsgarten umwandelte, also in eine kunstvolle Inszenierung von Natur, die aber wie Natur wirken sollte! Nachdem Anna Amalia 1781 ihren Sommersitz nach Tiefurt verlegt hatte, setzte sie im Sinne ihres jüngeren Sohnes die Parkgestaltung fort – und die Aufführung der *Fischerin* im Folgejahr nutzt gerade die kunstvoll gemachte Naturnähe der Lokalität. Wie beim Schäferspiel inszeniert sich der Adel in prätendierter Einfachheit, sitzt in der Mooshütte statt in der Loge: Naturnähe und Einfachheit (gleichgültig, ob Schäfer- oder Fischerinnen!) sind allenfalls inszenierte Entlastung vom Dauerzwang der höfischen Etikette (genau dazu war Tiefurt da!) – und hier passten gerade die Volkslieder ausgezeichnet hin. Der oppositionelle Impuls, der der Volksliedbeschäftigung in Straßburg noch innewohnte, ist bloßer Affirmation gewichen. (Dass mindestens die Bearbeitung von Herders „Erlkönigs Töchter" keineswegs in dieser affirmativen Funktion aufgeht, konnte weiter oben gezeigt werden: vgl. 4.2)

Prosa

6

6.1 Die Leiden des jungen Werthers

Goethes erster Roman stellt ein ungeheuer komplexes Literatur-, Medien-, Kultur- und Gesellschaftsereignis dar. Er ist einerseits offensichtlich ein autotherapeutischer Roman, greift teils auf biographisches Material zurück und arbeitet es poetisch auf; er ist Sturm-und-Drang-Literatur und trifft wie kein anderer Roman seiner Zeit Sprache, Stimmungen, Gefühle und Welthaltung der jungen bürgerlichen Generation; er ist literaturgeschichtliche Innovation, greift eine aus Frankreich und England stammende Romantradition auf, radikalisiert sie und macht sie zu etwas ganz Neuem; er ist moralische, religiöse und gleichermaßen gesellschaftspolitische Provokation, einzelne seiner Motive und Themen führten zu regionalen Verbotsforderungen gegen den Text; er ist gleichzeitig Liebesroman, Gesellschaftsroman und Selbstmordgeschichte – und schließlich Welterfolg: Kein Text des 18. Jahrhunderts hat eine solche wirkungsgeschichtliche Welle und Mode ausgelöst wie der *Werther.*

Textentstehung. Die Fabel des Romans hat einen biographischen Kern, der zumindest für den Entstehungskontext des Textes mehr als bloßer Anlass war. Von Mai bis September 1772 war Goethe beim Reichskammergericht zu Wetzlar als Praktikant beschäftigt. Der Aufenthalt, Pflichtsache für angehende und ambitionierte Juristen, war für Goethe Gelegenheit zu mannigfachen gesellschaftlichen Kontakten. Am 9. Juni 1772 lernte Goethe die bereits mit einem Legationssekretär am Reichskammergericht, Johann Christian Kestner, verlobte Charlotte Buff kennen und entwickelte unvermittelt eine starke Zuneigung zu ihr. Die neunzehnjährige Lotte, älteste Tochter eines verwitweten Amtmannes mit elf weiteren Kindern, war durchaus verunsichert durch das so viel enthusiastischere Werben des gegenüber dem besonnenen Kestner acht Jahre jüngeren Goethe. Kestner, sich der Liebe seiner Verlobten sicher, sah mit großer Klarheit die leidenschaftliche Wandlung des neuen Freundes: „Es gab mancherlei merkwürdige Szenen, wobei Lottchen bei mir gewann und er mir als Freund auch werter werden mußte, ich

© Springer-Verlag GmbH Deutschland, ein Teil von Springer Nature 2023
B. Jeßing, *Goethe,* https://doi.org/10.1007/978-3-476-05903-1_6

aber doch manchmal bei mir erstaunen mußte, wie die Liebe so gar wunderliche Geschöpfe selbst aus den stärksten und sonst für sich selbständigen Menschen machen kann" (HA 6, 519). Am 11. September 1772, nur ein Vierteljahr also nach seiner Bekanntschaft mit der Amtmannstochter, als Goethe begann, „einzusehen, daß er zu seiner Ruhe Gewalt gebrauchen mußte" (ebd.), schrieb er an Lotte: „Gepackt ists Lotte, und der Tag bricht an, noch eine Viertelstunde so binn ich weg" (11. September 1772; WA IV.2, 22).

Goethes Erfahrung der leidenschaftlichen und doch nicht zum ‚Ziel' kommen-den Liebe gegenüber Charlotte Buff bildet gewiss einen nicht zu vernachlässi-genden Hintergrund für den späteren Romantext: Viele Details der Romanfabel sind der biographischen Erfahrung nachgebildet. Allerdings war Goethe nicht der verzweifelte, gescheiterte Liebhaber – mit dann tödlicher Konsequenz; vielmehr war er der schmerzlich Trauernde, lange noch dauerte die „Aufarbeitung" des schmerzvollen Erlebnisses an. Immer gingen Briefe zwischen Frankfurt und Wetz-lar hin und her, die Abfassung des Romans schließlich darf auch als der Gipfel-punkt dieser selbsttherapeutischen Bemühungen interpretiert werden:

> [I]ch hatte mich durch diese Komposition, mehr als durch jede andere, aus einem stürmischen Elemente gerettet, auf dem ich durch eigne und fremde Schuld, durch zufällige und gewählte Lebensweise, durch Vorsatz und Übereilung, durch Hartnäckig-keit und Nachgeben auf die gewaltsamste Art hin und wieder getrieben worden. Ich fühlte mich, wie nach einer Generalbeichte, wieder froh und frei, und zu einem neuen Leben berechtigt. Das alte Hausmittel war mir diesmal vortrefflich zustatten gekommen. (*Dichtung und Wahrheit* 13. Buch; HA 9, 588)

Ebenso wichtiger realhistorisch-biographischer Anlass der Abfassung des Romans war der Bericht zufälligerweise wiederum Kestners über die letzten Wochen und Tage des gemeinsamen Bekannten Karl Wilhelm Jerusalem, eines braun-schweigischen Legationssekretärs, der aus Gründen beruflicher und gesellschaft-licher Enttäuschungen und der unerfüllten Liebe zu einer verheirateten Frau am 30. Oktober 1772 Selbstmord verübt hatte. Kestners Briefbericht an Goethe ist ausführlich und genau: Er diente Goethe bis zu vielen kleinen Details und Hand-lungszusammenhängen (Jerusalem etwa hatte die Pistolen von Kestner, er trug „Werthers" Kleidung: blauen Rock und gelbe Weste) als Vorlage für den Schluss des Romans, ja Goethe übernahm hier praktisch wörtlich Kestners Bericht:

> Von dem Wein hatte er nur ein Glas getrunken. Hin und wieder lagen Bücher und von seinen eigenen schriftlichen Aufsätzen. ‚Emilia Galotti' lag auf einem Pult am Fenster aufgeschlagen. […] Gegen 12 Uhr starb er. Abends ¾11 Uhr ward er auf dem gewöhn-lichen Kirchhof begraben, … in der Stille mit 12 Lanternen und einigen Begleitern; Barbiergesellen haben ihn getragen; das Kreuz ward vorausgetragen; kein Geistlicher hat ihn begleitet. (Kestner am 2.11.1772 an Goethe; HA 6, 523 f.)

> Von dem Weine hatte er nur ein Glas getrunken. ‚Emilia Galotti' lag auf dem Pulte auf-geschlagen. […] Um zwölfe Mittags starb er. Die Gegenwart des Amtmannes und seine Anstalten tischten einen Auflauf. Nachts gegen eilfe ließ er ihn an die Stätte begraben, die er sich erwählt hatte, der Alte folgte der Leiche und die Söhne. Albert vermochts nicht. Man fürchtete für Lottens Leben. Handwerker trugen ihn. Kein Geistlicher hat ihn begleitet. (MA 1.2, 299)

Goethe konnte dann, aus einer Distanz von gut anderthalb Jahren, Jerusalems Geschichte – mit der er sich oder seine Romanfigur gewiss in Näherungen identifizieren konnte (bis auf die tödliche Konsequenz) – als Endpunkt eines gedachten fiktionalen Erzählverlaufes nutzen und die eigenen schmerzhaften Erfahrungen im Romantext aufarbeiten. Nach eigener Auskunft benötigte Goethe im Frühjahr 1774 nur vier Wochen zur Niederschrift des Romans, „ohne daß ein Schema des Ganzen, oder die Behandlung eines Teils vorher wäre zu Papier gebracht gewesen" (*Dichtung und Wahrheit* 13. Buch; HA 9, 587). Im Mai wurde das Manuskript zum Verleger geschickt, um noch im Sommer zunächst anonym zu erscheinen (Abb. 6.1).

Abb. 6.1   Die Leiden des jungen Werthers, Titelblatt des Erstdrucks (BS Rar. 138)

(Kein) Liebesroman. Die zusammenfassende Darstellung der *Leiden des jungen Werthers,* die Christian Friedrich Daniel Schubart in der *Teutschen Chronik* am 5. Dezember 1774, also nur ein gutes Vierteljahr nach Erscheinen des Romans, gibt, liefert eine akzeptable Fabel des Romangeschehens, konzentriert sich aber durchaus auf die Liebesproblematik:

> Ein Jüngling, voll Lebenskraft, Empfindung, Sympathie, Genie, so wie ohngefähr Göthe, fällt mit dem vollen Ungestüm einer unbezwinglich haftenden Leidenschaft auf ein himmlisches Mädgen. Die ist aber schon verlobt, und vermählt sich mit einem braven Manne. Aber diese Hindernis verstärkt nur Werthers Liebe. Sie wird immer unruhiger, heftiger, wütender, und nun – ist jede Wonne des Lebens für ihn tot. Er entschließt sich zum Selbstmorde, und führt ihn auch aus. Diesen simplen Stoff weiß der Verfasser mit soviel Aufwand des Genies zu bearbeiten, daß die Aufmerksamkeit, das Entzücken des Lesers mit jedem Briefe zunimmt. Da sind keine Episoden, die den Helden der Geschichte, wie goldnes Gefolg einen verdienstlosen Fürsten, umgeben; der Held, Er, Er ganz allein, lebt und webt in allem, was man liest; Er, Er steht im Vordergrunde, scheint aus der Leinwand zu springen, und zu sagen: Schau, das bin ich, der junge leidende Werther, dein Mitgeschöpf! so mußt ich volles irdenes Gefäß am Feur aufkochen, aufsprudeln, zerspringen. (MA 1.2, S. 791)

Über die Liebesproblematik hinaus – die ohne Zweifel *einen* der Konfliktgeneratoren im *Werther* darstellt (vgl. Saße 1999) – formuliert Schubart hier sinnvolle Einsichten zur ästhetischen Gestalt des Textes, zu den Gründen seiner überwältigenden Wirkung: Die Romanwelt ist tatsächlich, aufgrund der *Form* des Textes (Briefroman) einzig die von Werther wahrgenommene, erfahrene, gefühlte Welt; der Roman suggeriert dem Leser die unmittelbare und empfindbare Verwandtschaft und Mitgeschöpflichkeit mit dem Helden, zieht Leserin oder Leser identifikatorisch in die Fiktion hinein, unter vollständigem Verzicht auf ‚aufgeklärte' Belehrung oder moralische Reflexion!

Briefroman. Der englische, französische und deutsche Briefroman des 18. Jahrhunderts griff auf die für das Bürgertum fundamentale, neuartig subjektivierte Briefkultur zurück: Die Romane des Engländers Samuel Richardson (*Pamela,* 1740; *Clarissa,* 1747/48) ahmen einen authentischen Briefwechsel nach, in dem sich mehrere Mitglieder einer oder zweier Familien vorrangig über die Liebesgeschichte zweier ihrer Mitglieder verständigen. Der Autor versteckt sich und seinen Erzähler gänzlich hinter dem Herausgeber der Briefe, der dem Laufe der erzählten Ereignisse gleichsam von außen zuschaut, nur selten von seiner Übersicht über den gesamten Briefwechsel Gebrauch macht und einen Brief ausspart, der ähnliches berichtet wie ein voriger – und dies dann in einer Herausgeber-Fußnote annotiert. Gellerts *Leben der schwedischen Gräfin von G.* (1747/48) baut an entscheidenden Stellen der autobiographischen Erzählung seiner Protagonistin Briefe ein, Rousseaus *Nouvelle Heloïse* (1761) und Sophie von LaRoches *Geschichte des Fräuleins von Sternheim* (1771) stehen (formal) ganz in der Tradition Richardsons.

Der *Werther* radikalisiert die Romanform: Der Roman besteht nicht mehr aus einem Briefwechsel, der fiktive Herausgeber des Textes beschränkt sich auf die Briefe ausschließlich einer Person, des Titelhelden. Wo die eine Figurenperspektive im ‚traditionellen' Briefroman durch eine komplementäre etwa

relativiert, korrigiert oder ergänzt werden konnte, ist der Werther ganz radikal. Nur
der Wirklichkeitsausschnitt *einer* Figur bestimmt hier die gesamte erzählte Wirklichkeit; Subjektivität, Innerlichkeit, Emphase, Verzweiflung und schließliches
Scheitern sprechen sich unkontrolliert und unmittelbar aus. Genau das nahm
Schubart in seiner Rezension hellsichtig wahr: „Er, Er ganz allein, lebt und webt
in allem, was man liest", genau dies ist einer der Hauptgründe für den Erfolg des
Textes. Genau dies verlangt aber auch einen erzähltechnischen Kunstgriff. Derjenige, der die ganze Zeit spricht, verliert zum Ende hin seine Sprachfähigkeit, ja
mehr noch, seine körperliche Existenz. An die Stelle seiner brieflichen Äußerung
gegenüber dem Freunde tritt nun der Bericht des Herausgebers, der auf Tagebuchnotizen des Helden und eigenen Recherchen des Herausgebers gründet: Der Tod
Werthers lässt sich nur von außen beschreiben.

Herausgeberfiktion und Authentizitätssuggestion. Der Roman beginnt mit
einer Notiz des Herausgebers:

> Was ich von der Geschichte des armen Werther nur habe auffinden können, habe ich
> mit Fleiß gesammlet und leg es euch hier vor, und weis, daß ihr mir's danken werdet.
> Ihr könnt seinem Geist und seinem Charakter eure Bewunderung und Liebe, und seinem
> Schicksale eure Tränen nicht versagen.

> Und du gute Seele, die du eben den Drang fühlst wie er, schöpfe Trost aus seinem Leiden,
> und laß das Büchlein deinen Freund seyn, wenn du aus Geschick oder eigner Schuld
> keinen nähern finden kannst. (MA 1.2, 197)

Der Text gibt hier vor, dem Herausgeber habe eine tatsächliche, authentische
Sammlung von Briefen eines bestimmten ‚armen' Werther vorgelegen: Die angebliche Authentizität des Versammelten steht im Kontrast zum unterstellten bloß
Phantastischen, das in der Wahrnehmung des 18. Jahrhunderts die Gattung des
Romans als von zweifelhafter ästhetischer Qualität erscheinen ließ. Der Herausgeber gibt in seiner Eingangsnotiz eigene Arbeit vor: fleißige Sammlung und
Recherche – und er rechnet mit Dank bei einem Lesepublikum. Darüber hinaus
aber nimmt er schon die emphatische Teilnahme eines jeden Lesers am Geschicke
seines Helden vorweg: Liebe und Mitleiden als Rezeptionshaltungen gegenüber
Roman und seinem Held werden antizipiert – oder eingefordert. – Der Herausgeber geht in seiner Eingangsnotiz weit über seine Rolle hinaus: Ist er einerseits
technisch notwendig, übernimmt er andererseits Aufgaben, die sonst ein Erzähler
übernähme: Er kommentiert oder beurteilt Figuren – wenn auch nur kurz: der
‚arme' Werther –, er verlangt dem Publikum eine bestimmte Lesehaltung ab
und vor allem: Er gibt Rat denen, die „aus Geschick oder eigener Schuld keinen
nähern [Freund] finden" können. Der Herausgeber des *Werther* ist also einerseits
Ersatz für den Erzähler, auf den der Briefroman verzichten kann, und andererseits
notwendige Vermittlungsinstanz zwischen erzählter Welt und Leser da, wo die
radikalisierte Form des Briefromans das verlangt.

Sprache. Die Sprache des *Werther* gehört einerseits in die Entwicklungslinie
der Sprache der Innerlichkeit im 18. Jahrhundert: Die Frömmigkeitsbewegung
des Pietismus hatte zum Anfang des Jahrhunderts zum Ausdruck persönlichster,
intimster, empfindsamster Dinge (hier: individuelle Glaubenserfahrungen) eine

neuartige Sprache entwickelt, Schriftsteller wie insbesondere Klopstock (ebenfalls Pietist) hatten sie zur Literatursprache gemacht. Der Briefroman, der, wie der *Werther*, nicht mehr einen Briefwechsel wiedergibt, der also verzichtet auf den Brief als Form und Medium gesellschaftlichen Verkehrs, der dann gewissen Konventionen unterläge, ermöglicht es, ebenfalls neue Ausdrucksformen einzusetzen. Die Sprache, derer der Text sich bedient, ist Privatsprache, d. h. sie dient weniger dem Austausch von Meinungen oder Informationen, dient vielmehr dem Ausdruck von Privatestem. Sprache wird zum Versuch, ein Unsagbares auszudrücken: Unmittelbarkeit, Empfindung und Emphase. Die Sprache im Werther stellt den Versuch dar, sprachliche Authentizität literarisch zu erzeugen, will durch Interpunktion und Syntax, durch Wortwahl und Exklamatorik den Anschein von Natürlichkeit erwecken. Leidenschaft, Gefühl und ungezügelte Empfindungen bestimmen die sprachliche Form der Werther-Briefe. Die scheinbar ungeglättete Sprache steigert die inhaltliche Aussagekraft des Textes: „Lakonische Wendungen, Inversionen, Auslassen von Bindewörtern, alleinstehende Nebensätze, Hyperbeln, Aposiopesen, Ellipsen, Gedankenstriche, wenn die Worte fehlen, die nachlässige und regelwidrige Folge der Wörter" (Engel 1986, 58). Natürlich ist diese Sprache *literarische*, künstlerisch geformte Sprache, ihre suggestive (scheinbare!) Unmittelbarkeit ist *gemacht:* Sprache kann niemals unmittelbar zu Leidenschaft und Empfindung sein, da sie *Medium,* also *mittelbar* ist. Nicht nur Empfindungssättigung und scheinbare Natürlichkeit allerdings zeichnen die Sprache des Romans aus: Sie hat gleichzeitig Anteil an der Pathographie des Melancholischen (vgl. Valk 2002, 18–22). Nichtsdestoweniger wird die Sprache des Romans beispielhaft, ja modebildend für die Literatursprache des sogenannten Sturm und Drang.

Im Zentrum der Empfindung: Natur. Der erste Brief aus Werthers Feder, vom 4. Mai 1771 datiert, beginnt mit der Emphase der Abkehr: Abkehr von der Stadt, den Freunden, der Vergangenheit: „Wie froh bin ich, daß ich weg bin!" (HA 6, S. 7). Schon dieser Brief entfaltet, *wohin* das schreibende Subjekt sich abgekehrt hat – in die Natur:

> Übrigens find ich mich hier gar wohl. Die Einsamkeit ist meinem Herzen köstlicher Balsam in dieser paradiesischen Gegend, und diese Jahrzeit der Jugend wärmt mit aller Fülle mein oft schauderndes Herz. Jeder Baum, jede Hecke ist ein Strauß von Blüten, und man möchte zur Maienkäfer werden, um in dem Meer von Wohlgerüchen herumschweben, und alle seine Nahrung darinne finden zu können. (MA 1.2, 198)

Einsamkeit korrespondiert mit der Abkehr von allem Sozialen, die Selbstmarkierungen des Ichs sind signifikant: Ein „schauderndes Herz", das „Balsam", also Heilung benötigt! Und diese findet es scheinbar – in der Natur, im Aufgehen im Naturzusammenhang, in der Illusion der Identität mit der Natur. Der Brief vom 10. Mai (Werthers zweiter Brief!) macht das in einem großartigen „poetischen Gemählde" (so Karl Philipp Moritz in seinen „Vorlesungen über den Styl", 1793, 6. Vorlesung) deutlich:

> Wenn das liebe Tal um mich dampft, und die hohe Sonne an der Oberfläche der undurch-
> dringlichen Finsternis meines Waldes ruht, und nur einzelne Strahlen sich in das innere
> Heiligtum stehlen, ich dann im hohen Grase am fallenden Bache liege, und näher an der
> Erde tausend mannigfaltige Gräsgen mir merkwürdig werden. Wenn ich das Wimmeln
> der kleinen Welt zwischen Halmen, die unzähligen, unergründlichen Gestalten, all der
> Würmgen, der Mückgen näher an meinem Herzen fühle, und fühle die Gegenwart des All-
> mächtigen, der uns all nach seinem Bilde schuf, das Wehen des Alliebenden, der uns in
> ewiger Wonne schwebend trägt und erhält. (MA 1.2 199)

Goethes ‚poetisches Gemälde‘ arbeitet mit einer sprachlich-syntaktischen
Struktur, die ungeheure Spannung aufbaut: Das ganze Bild ist ein temporal-
konditionales „Wenn“-Gefüge, das den Blick führt von der Oberfläche des Waldes
nach innen, bis zu den kleinsten Naturdingen um das Ich herum, das sich selbst im
inneren Heiligtum, als Geweihten der Naturgottheit, inszeniert und diese dann als
große Macht fühlt, die es, das Ich, „in ewiger Wonne schwebend trägt und erhält“.
Die Anmoderation dieses ‚Gemäldes‘ im Brief nimmt die suggestive Natur- und
Ich-Erfahrung vorweg: „Ich bin so glücklich, mein Bester, so ganz in dem Gefühl
von ruhigem Daseyn versunken …“ (MA 1.2, 198 f.).

Der Brief vom 10. Mai stellt den Versuch dar, die rationalistische Trennung
zwischen Subjekt und Objekt aufzuheben, das Subjekt gewissermaßen im Anderen
aufgehen zu lassen. Das Ich, das sich im ersten Brief von allem Sozialen abtrennt,
scheint hier eine neue Identität zu finden: Eins-Sein mit der Natur. Allerdings zielt
der Brief letztlich nicht auf diese neue Identität ab, ebensowenig wie das temporal-
konditionale „Wenn“-Gefüge des ‚Gemäldes‘: Die überwältigende Ich- und Naturerfahrung macht viel mehr ein eigenes Defizit deutlich:

> Mein Freund, wenn's dann um meine Augen dämmert, und die Welt um mich her und
> Himmel ganz in meiner Seele ruht, wie die Gestalt einer Geliebten; dann sehn ich mich
> oft und denke: ach könntest du das wieder ausdrücken, könntest du dem Papier das ein-
> hauchen, was so voll, so warm in dir lebt, daß es würde der Spiegel deiner Seele, wie
> deine Seele ist der Spiegel des unendlichen Gottes. (MA 1.2, 199)

Werther als prätendierter Künstler ist nur Dilettant – oder Versager! Aber auch
seine Illusion von der Einheit mit der Natur hält nicht lange. Sein Brief vom
18. August – die Bekanntschaft mit Lotte *und* die mit ihrem Verlobten liegen
dazwischen – verweist direkt auf den vom 10. Mai: „Das volle, warme Gefühl
meines Herzens an der lebendigen Natur, das mich mit so vieler Wonne über-
strömte, das rings umher die Welt mir zu einem Paradiese schuf, wird mir jetzt
zu einem unerträglichen Peiniger, zu einem quälenden Geist, der mich auf allen
Wegen verfolgt“ (MA 1.2, 238). Wiederum in einer „wenn“-Reihe referiert
Werther, allerdings im Präteritum, also als Vergangenheit (!), den Identitäts-Ein-
druck, den Natur ihm vergönnt habe: „Wenn ich sonst vom Fels über den Fluß bis
zu jenen Hügeln das fruchtbare Tal überschaute und alles um mich her keimen und
quellen sah […]“ (ebd.). Er klagt über den Vergangenheitscharakter seiner Natur-
empfindungen: „Ach damals, wie oft habe ich mich mit Fittigen eines Kranichs,
der über mich hin flog, zu dem Ufer des ungemessenen Meeres gesehnt, aus
dem schäumenden Becher des Unendlichen jene schwellende Lebenswonne zu

trinken und nur einen Augenblick in der eingeschränkten Kraft meines Busens einen Tropfen der Seligkeit des Wesens zu fühlen, das alles in sich und durch sich hervorbringt" (MA 1.2, 239). Jetzt nämlich „hat sich vor meiner Seele wie ein Vorhang weggezogen, und der Schauplatz des unendlichen Lebens verwandelt sich vor mir in den Abgrund des ewig offenen Grabs" (ebd.). Dass Natur nicht nur hervorbringt, erschafft, gebiert, sondern auch Vergehen, Tod und Töten einschließt, verunmöglicht für Werther, sich mit der Natur identisch zu fühlen: „Und so taumele ich beängstigt! Himmel und Erde all die webenden Kräfte um mich her! Ich sehe nichts, als ein ewig verschlingendes, ewig wiederkäuendes Ungeheur" (MA 1.2, 240).

Der Brief vom 8. Dezember des nächsten Jahres, nur gut zwei Wochen vor seinem Selbstmord, schließt dann die Reihe: Ein Unwetter hat „mein liebes Tal überschwemmt! […]. Ein fürchterliches Schauspiel. Vom Fels herunter die wühlenden Fluten in dem Mondlichte wirbeln zu sehen, über Äcker und Wiesen und Hecken und alles" (MA 1.2, 273 f.). Identität mit der Natur erscheint nur noch möglich im Tod: „[D]a überfiel mich ein Schauer, und wieder ein Sehnen! Ach, mit offenen Armen stand ich gegen den Abgrund und atmete hinab! hinab, und verlor mich in der Wonne, all meine Qualen all meine Leiden da hinabzustürmen, dahin zu brausen wie die Wellen!" (MA 1.2, 274).

Gesellschaft. Dasjenige, von dem sich Werther schon mit dem emphatischen Gestus des ersten Briefes abgewendet hatte, ist das Soziale: Familiäre und freundschaftliche Bezüge werden gekappt. Er ist weder im eigenen, bürgerlichen Stand zuhause noch findet er einen neuen sozialen Ort – und was ihm vorübergehend Identität zu verschaffen scheint, wird als Illusion entlarvt, eine neue Selbstbestimmung gewinnt er nirgends, weder in künstlerischer Betätigung noch in der Natur.

Er schaut nur *von außen* auf Gesellschaft – von einem Außen, in dem er sein will. Er selbst stammt aus dem Bürgertum, klassisch und literarisch gebildet (er liest Homer und Ossian, gehört zu der exklusiven Klopstock-Gemeinde) und verfügt über genügend Geld, um nicht für sein Auskommen arbeiten zu müssen; er hat, das zeigen seine Briefe, Anteil an der bürgerlichen schriftlichen Kommunikationskultur und an der pietistisch beeinflussten Innerlichkeitskultur. Aber dieser Stand verschafft ihm nicht im positiven Sinne Identität, ganz im Gegenteil: „Es ist ein einförmig Ding ums Menschengeschlecht. Die meisten verarbeiten den größten Teil der Zeit, um zu leben, und das Bißgen, das ihnen von Freiheit übrig bleibt, ängstigt sie so, daß sie alle Mittel aufsuchen, um's los zu werden. O Bestimmung des Menschen!" (MA 1.2, 201). Diese negative, pessimistische Sicht des Menschen führt Werther schon im Brief vom 22. Mai, also noch knapp vier Wochen, bevor er Lotte kennenlernt und eine Liebesproblematik eine Rolle spielen könnte, zu der positiv bewerteten Option des Selbstmords: „Und dann, so eingeschränkt er [der Mensch] ist, hält er doch immer im Herzen das süße Gefühl von Freiheit, und daß er diesen Kerker verlassen kann, wann er will" (MA 1.2, 204). – Wenn Werther bemerkt, dass „alle Würksamkeit dahinaus läuft, sich die Befriedigung von Bedürfnissen zu verschaffen, die wieder keinen Zweck haben, als unsere arme Existenz zu verlängern" (MA 1.2, 203), dann lässt sich seine Wahrnehmung durchaus zutreffend mit dem Begriff der Entfremdung identifizieren, den ältere sozialgeschichtliche oder auch historisch-materialistische Literatur für die in der bürgerlichen Gesellschaft, durch Lohnarbeit und Rollenhandeln, erzwungene Abtrennung des Menschen von seinem eigentlichen Selbst verwenden.

Als Werther, zu Beginn des zweiten Buches, den scheiternden Versuch macht, über die Stelle eines Sekretarius am Hofe Teil eines gesellschaftlichen Funktionszusammenhanges zu werden, wird seine Wahrnehmung von Gesellschaft doppelt gesteigert. Einerseits sieht er immer noch von außen – Entfremdung und radikaler Selbstverlust in der (Theater-)Maschinerie der Gesellschaft:

> Ich stehe wie vor einem Raritätenkasten, und sehe Männgen und Gäulgen vor mir herumrücken, und frage mich oft, ob's nicht optischer Betrug ist. Ich spiele mit, vielmehr, ich werde gespielt wie eine Marionette und fasse manchmal meinen Nachbarn an der hölzernen Hand und schaudere zurück. (MA 1.2, 251)

Andererseits gewährt ihm der Adel des Hofes schließlich den größten „Verdruß" (MA 1.2, 253). In der Welt des Adels – „das glänzende Elend die Langeweile unter dem garstigen Volke […]. Die Rangsucht unter ihnen, wie sie nur wachen und aufpassen, einander ein Schrittgen abzugewinnen, die elendesten, erbärmlichsten Leidenschaften, ganz ohne Röckgen!" (MA 1.2, 249) – lernt Werther das Fräulein von B. kennen, die unter vier Augen mit ihm die angelegentlichsten Gespräche führen kann, ihn als Person ernst nimmt und ihn (Brief vom 15. März 1772) aus einer adligen Geselligkeit ebenso kalt ausschließt wie alle übrigen: Der Bürgerliche hat hier keinen Ort, wird hier nicht als Mensch, im Zustand seiner Bildung, seiner emotionalen Selbstbestimmung, akzeptiert, sondern als zweitklassig ausgemustert.

Werther ist aber mitnichten das utopische Ideal von „einheitlicher und allumfassender Entfaltung der menschlichen Persönlichkeit" nach „einheitlichen allgemeingültigen Gesetzen des menschlichen Handelns" (Lukács 1947, 27 f., von der *Werther*-Deutung der 1970er und 80er Jahre lange nachgebetet), sondern vielmehr das *Problem:* Die Gesellschaft, die er *sieht,* ist eine ständisch gegliederte, eine sowohl über die Standesidentitäten als auch vermittels des Arbeitszwanges in der bürgerlichen Gesellschaft fesselnde, ja entfremdende soziale Ordnung, die demjenigen Identität gewährt, der sich inkludiert (sieht): Albert ist das beste, durchweg positive (!) Beispiel. Werther aber exkludiert sich, definiert sich hinaus aus den familiär oder ständisch verbürgten Identitätsmustern und – steht vor dem Nichts: Die „Fülle seines Herzens" ist Illusion: Dort ist Schaudern, Leere; Identität mit der Natur ist Illusion, die nur im Frühling, fragil genug, trägt, seine prätendierte Künstlerexistenz ist nichts als Dilettantentum und die Familie, an die er sich drängt (Lottes Familie), ungeeignet. Er ist unfähig, auf die Herausforderungen einer nicht mehr ständischen Selbstbestimmung mit einem biographisch-narrativen Ich-Entwurf zu antworten, der Ich-Identität bei wechselnden Rollen in einer funktional sich ausdifferenzierenden Gesellschaft herstellen könnte. Werthers Scheitern ist damit nicht nur zufällige, individuelle Defizienz: Der Roman markiert exemplarisch die (hier tragisch scheiternde) Problematik individueller Selbstbestimmung unter den Bedingungen sozialer Evolution am Übergang zur Moderne.

Leiden: Passion, Passivität, Pathologie. Werther scheitert nicht nur, er *leidet*. Seine titelgebenden *Leiden* lassen sich im Hinblick auf drei vom altgr. πασχω (pascho, leiden) abgeleitete Lehnwörter beschreiben:

- **Passion:** Werther interpretiert seinen Selbstmord als Opfertod: „eins von uns dreien muß hinweg, und das will ich sein", genauer: „Ich will sterben! – Es ist nicht Verzweiflung, es ist Gewißheit, daß ich ausgetragen habe, und daß ich mich opfere für Dich" (MA 1.2, 281). Die Präfiguration seines Todes durch den religionsstiftenden Opfertod in der Passion Christi legt der Text an mehr als einer Stelle nahe – ja, Werthers ‚Leiden' ist sehr eng an der Passion nach dem Johannesevangelium entlanggeschrieben: „Ich gehe voran! Geh zu meinem Vater, zu deinem Vater. Dem will ich's klagen, und er wird mich trösten bis du kommst" (MA 1.2, 293); schon Wochen früher heißt es: „Mein Gott! Mein Gott! warum hast du mich verlassen?" (MA 1.2, 268). Nachdem er sich zu seinem letzten Abendmahle Brot und Wein bringen läßt (vgl. MA 1.2, 295), greift er zur Pistole Alberts, die sein Bote aus den Händen Lottes entgegennahm: „Hier Lotte! Ich schaudere nicht den kalten schröcklichen Kelch zu fassen, aus dem ich dem Taumel des Todes trinken soll! Du reichtest mir ihn, und ich zage nicht" (MA 1.2, 297). Er schießt sich in den Kopf und stirbt am 23. Dezember um 12.00 Uhr – also einen Tag vor Weihnacht. Zuletzt also nennt Werther Lotte noch einmal dort, wo der Text des Evangeliums Gott nannte: Jesus erhält den Kelch aus der Hand seines Vaters.

  Goethes *Werther* setzt also das bürgerliche Individuum an die Zentralstelle, die im Referenztext einer solchen Passion der Religionsstifter Jesus innehatte. Für Goethe sind (hier wie auch schon im *Götz*) biblische Textmuster zur Darstellung diesseitiger, weltlich-bürgerlicher Gegenstände disponibel. Damit wird aber das leidende und scheiternde bürgerliche Subjekt auf fast ungeheuerliche Weise aufgewertet: Werther ist in seinem Leiden gleichsam der Christusnachfolger der bürgerlichen Zeit, das bürgerliche Individuum tritt an die Stelle des mythischen Gottessohns: ‚Die Passion des jungen Werthers'.

- **Passivität:** Die immer noch maßgebliche Arbeit Rolf Christian Zimmermanns zum *Weltbild des jungen Goethe* (1969/79, ²2002) ordnet Goethes frühem Werk oppositionelle Konzepte (und damit Begriffspaare) zu, die dieser bereits Anfang der 1770er Jahre kennengelernt habe: Expansion, Entselbstigung und Passivität auf der einen Seite, Konzentration, Verselbstigung und Aktivität auf der andern (vgl. Zimmermann 1979, 176). Expansion ist gleichsam Werthers ureigenstes Element – zumindest subjektiv. Werthers sehnlichster Wunsch ist es, in der geliebten Natur herumzuschweben, sich gar „in der Fülle des Unendlichen zu verlieren" (MA 1.2, 273) – er wünscht es nicht nur, er fühlt gar (im Brief vom 10. Mai), aufgehoben zu sein in der Unendlichkeit seines Gottes: „und fühle […] das Wehen des Allliebenden, der uns in ewiger Wonne schwebend trägt und erhält" (MA 1.2, 199). Dieser Expansion steht auf der Seite der Konzentration wenig gegenüber: Hier konstatiert der briefschreibende

Protagonist nur sein Defizit, seinen Mangel an der Fähigkeit, die eigenen oder kosmische Kräfte bei sich zusammenzuziehen zur Tat. „Es ist ein Unglück, Wilhelm! Meine tätigen Kräfte sind zu einer unruhigen Lässigkeit verstimmt, ich kann nicht müßig sein und kann doch auch nichts tun" (MA 1.2, 240), künstlerische Tätigkeit misslingt ihm durchgehend. Seinem überschwenglichen expansiven Antrieb steht also seine fast vollständige Passivität, seine Unfähigkeit zu aktivem, konzentrativem Handelns gegenüber. „Darin besteht die Lücke, die Vereinseitigung von Werthers Natur" (Zimmermann 1979, 176). Er wünscht zwar, Lotte nur einmal an sein Herz zu drücken, und „diese entsetzliche Lücke, die ich hier in meinem Busen fühle! [...] diese ganze Lücke würde ausgefüllt sein" (MA 1.2, 264 f.). Das aber misslingt kolossal: Umarmung und Kuss stellen sich als Katastrophe heraus, die nur die schlimmere Katastrophe vorbereitet. Werther handelt jetzt: Die zweite Tat, nach dem Griff nach Lotte, der Selbstmord, steht letztlich im Zeichen der Expansion: Selbstauflösung im Tode, Sich-Verlieren im Unendlichen, Vergehen im Naturzusammenhang – ‚die Passivität des jungen Werthers'.

- **Pathologie.** Der _Werther_ schreibt mit am Diskurs der Psychopathologie einer in der zweiten Hälfte des 18. Jahrhunderts noch sehr jungen sozialen Institution: Der modernen bürgerlichen Kleinfamilie. Diese hatte um die Mitte des Jahrhunderts, zunächst im gehobenen städtischen Bürgertum, die große _familia_ der Frühen Neuzeit abgelöst, zu der neben Großeltern und unverheirateten Verwandten auch das Gesinde gehörte: Das „ganze Haus". Jetzt waren nur noch Eltern und Kinder die ‚konjugale' Kleinfamilie: Neue Rollenidentitäten für beide Eltern, neue Beziehungsqualitäten v. a. zwischen Eltern und Kindern bildeten sich aus.

Werthers Familie ist defizitär: Der Vater ist tot, zur Mutter herrscht ein äußerst gespanntes Verhältnis – und Werther ersetzt die reale Mutter durch unterschiedliche Mutter-imagines, denen er sich in narzisstischen Selbstbespiegelungsgesten nähert. Die Projektionsfläche für die Mutter-imago ist einerseits die Natur: Er sehnt sich ans Meer, um „aus dem schäumenden Becher des Unendlichen, jene schwellende Lebenswonne zu trinken und [...] einen Tropfen der Seligkeit des Wesens zu fühlen, das alles in sich und durch sich hervor bringt" (MA 1.2, 239). Natur wird hier, mit erotischen Epitheta versehen, zur ‚stillenden Mutter', an der Werther teilhaben will, in der er aufgehen, in die er zurückkehren will. Die Desillusionierung seines Naturverhältnisses (s. o.) muss der narzisstischen Selbstbespiegelung ein Ende setzen: Seine letzte Klage jedoch weist nochmals auf das imaginierte Verhältnis zur Natur: „So traure denn, Natur! dein Sohn, dein Freund, dein Geliebter naht sich seinem Ende!" (MA 1.2, 291).

Andererseits ist Lotte Mutter-imago: Schon bei der ersten Begegnung erlebt Werther Lotte als Mutter, als sie anstelle der verstorbenen leiblichen Mutter für die kleinen Geschwister sorgt, Schwarzbrot schneidend sie nährt. Werther definiert sich imaginativ in Lottes Familie hinein: „Ein Glied der liebenswürdigen Familie zu sein, von dem Alten geliebt zu werden wie ein Sohn, von den Kleinen wie ein Vater und von Lotten –" (MA 1.2, 231), phantasiert sich stärker noch in die Rolle eines Kindes hinein. Das aber birgt Gefahr: Libidinöses Begehren gegenüber der Mutter-Lotte unterliegt dem Inzestverbot, Umarmung und Kuss schließlich, der begehrende Zugriff zerstören die Mutter- wie Familien-Illusion, sind Ichverlust und völliger Weltverlust.

Werthers Entschluss zum Selbstmord ist explizit imaginiert als Eingehen in eine intakte und vollständige Familie: „Ich gehe voran! Geh zu meinem Vater, zu deinem Vater. [...] Deine Mutter sehn! ich werde sie sehen, werde sie finden, ach und vor ihr mein ganzes Herz ausschütten! Deine Mutter, dein Ebenbild" (MA 1.2, 293). – Die Spannungen, die innerhalb der jungen Institution der kon- jugalen Kleinfamilie entstehen können, bringen ggf. psychische Dispositionen oder seelische Erkrankungen hervor als eine „Krankheit zum Tode, wodurch die Natur so angegriffen wird, [...] daß sie sich nicht wieder aufzuhelfen, durch keine glückliche Revolution, den gewöhnlichen Umlauf des Lebens wieder herzustellen fähig ist" (MA 1.2, 235). Ohne es zu ahnen, hat Werther hier, im Gespräch mit Albert, den Charakter seines eigenen Leidens genau erfasst: eine psychische Erkrankung, deren letzte Konsequenz der Selbstmord ist: „Die (Psycho-)Pathologie des jungen Werthers".

Werther-Rezeption. Schubart hatte in seiner oben zitierten frühen Rezension des *Werther* spekuliert, der Protagonist sei ein „Jüngling [...], so wie ohngefähr Göthe", und lag damit ganz auf der Linie einer Spekulationswelle: Ein Teil der literarischen Öffentlichkeit scheint der Authentizitätssuggestion des Textes auf den Leim gegangen zu sein, vielfältig waren Versuche, realhistorische Personen und Orte „hinter" der Fiktion aufzuspüren. Damit jedoch nicht genug: Der *Werther* war gewissermaßen popkulturelles Ereignis, löste eine kurzlebige Bewegung aus, die als ‚Werther-Mode' und ‚Wertherfieber' bezeichnet werden kann; dem- entgegen standen Kritik, Ablehnung und Verbotsversuche an einzelnen Orten; literarhistorisch löste der Roman eine Reihe von Nachahmungen, Adaptionen und Parodien aus, die summarisch als „Wertheriaden" bezeichnet werden.

- **Werthermode, Wertherfieber:** Die Ausmaße des Wertherfiebers vor allem in der jüngeren Leserinnen- und Lesergeneration fasst Klaus Scherpe in seiner gut 50 Jahre alten Studie zu *Werther und Wertherwirkung* ausgezeichnet zusammen: „Werthers Eigenschaften, seine Kleidung und Spruchweisheiten wurden als empfindsame Tändelei modisch in Gebrauch genommen. Werthers exzentrische Sprache wird verplaudert: Sie taugt zur Umgangssprache der Liebenden und versichert sie der Außerordentlichkeit ihrer zarten Beziehungen. Wird ein Mitmensch als ‚Herr Albert' tituliert, so liegt darin der ganze Abscheu der Seelenfreunde vor der bürgerlich-vernünftigen Kanaille. [...] Im Genie- gebaren an der Universität und im privaten Freundeskreis glaubten die zur Juristerei oder Theologie bestimmten Jünglinge eine Art überbürgerliches Dasein zu erleben. Wer die Wertherrolle spielte, zählte sich zum Kreis der Aus- erwählten, geadelt durch Seelentiefe und die Stärke der Empfindung" (Scherpe 1970, 100 ff.).

Allerdings: Das Ganze ist Gebaren, Pose, „leeres Ritual und gesellige Spielerei", die sich „von der Einförmigkeit und den steifen Sitten des bürgerlichen Alltags abzusetzen" versucht (ebd.), bleibt Oberfläche: Einen nachgewiesenen Werther-Selbstmord gibt es nicht!

- **Kritik, Ablehnung, Verbotsversuche.** Das Wertherfieber wurde schnell zum Angriffsziel bürgerlich-aufgeklärter Schriftsteller und theologischer Autoritäten wie Institutionen. Abstrakter gesagt: Die Aufklärung versuchte, der nicht mehr durch die vernunftgemäße Applikation kontrollierten Rezeption eines radikal empfindsamen Textes durch außerästhetische Mittel Herr zu werden. Kritik richtete sich gegen die angeblichen Angriffe des Romans auf die zentralen integrierenden Institutionen der christlich-bürgerlichen Gesellschaft: Ehe und Familie (vgl. Scherpe 1970, 15). Die Hauptkritik jedoch, erstmals im Frühjahr 1775 angestimmt vom Hamburger Hauptpastor Goeze, erachtete den Roman grundsätzlich als eine Apologie des Selbstmordes; diese Einstufung als ‚jugendgefährdende Schrift' mündete in verschiedene regionale Verbote des Textes: Die theologische Fakultät der Universität Leipzig setzte sich am 30.1.1775 mit einem Verbotsantrag gegen den Werther durch (vgl. zur Unterdrückung insgesamt Scherpe 1970, 72 ff.). Unterhalb dieser rigiden Unterdrückungsrezeption existierte allerdings eine breite Leser- und Kritikergruppe, die an moralischen oder ästhetischen Sachfragen orientiert den Roman diskutierte: Idealbeispiel ist die Rezension des ersten deutschsprachigen Theoretikers des modernen Romans, Friedrich von Blanckenburg, der versucht, die Katharsislehre der Tragödie für den Roman nutzbar zu machen – und somit seine katastrophal erscheinende Wirkung didaktisch umzudeuten (vgl. Mandelkow 1980, 40; Jäger 1974, 404 ff.).

- **Wertheriaden.** Die Veröffentlichung des Romans löste unmittelbar eine Flut von „Pamphleten, Satiren, Spottgedichten, moralisierenden Wertherepisteln" aus sowie eine „Schwemme von Romanen, Dramen, Elegien und Oden, die am Wertherstoff zustimmend oder ablehnend weiterdichteten" (Scherpe 1970, 14 f.). Didaktisch dialogisiert erörtern die Gespräche *Ueber die Leiden des jungen Werthers* (1775) von Johann Chr. Ribbe moralische Fragen des Romans, ebenso didaktisieren die *Briefe an eine Freundin über die Leiden des jungen Werthers*, die Joh. August Schlettwein ebenfalls 1775 veröffentlichte. Reine Polemik gegen die Ausgeburten des „schief-gedrückten Gehirns eines Schriftstellers" ist die anonym erschienene Schrift *Schwacher jedoch wohlgemeynter Tritt vor dem Riß, neben oder hinter Pastor Goeze, gegen die Leiden des jungen Werthers und dessen ruchlose Anhänger* (1775). Im selben Jahre publiziert August Cornelius Stockmann *Die Leiden der jungen Wertherin*, das narrative Pendant zum Roman aus Lottes Perspektive; die Elegie *Lotte bey Werthers Grab* mit dem fiktionalisierenden Erscheinungsort „Wahlheim 1775" versucht ebenfalls, die Perspektive Lottes auszunutzen. Die berühmteste – und beste! – aufgeklärte Parodie und Fortsetzung des Romans ist wohl Friedrich Nicolais *Freuden des jungen Werthers. Leiden und Freuden Werthers des Mannes* (1775), die zunächst ein philanthropisches

Gespräch über den Helden enthält, sodann aber die ‚bessere' Fortsetzung von Goethes Roman: Die Pistole ist lediglich mit Blutpatronen gefüllt, Albert verzichtet auf Lotten, der zweite Teil kann sodann die Leiden und Freuden von Werthers Familienleben darstellen (vgl. zu Goethe/Nicolai v. a. Meyer-Krentler 1982). In der Parodie *Und er erschoß sich – nicht* (1778) hebt der anonyme Verfasser auf die Privilegien Werthers ab, seine Schwärmerei wird als Resultat des behüteten Müßigganges abgetan; ähnlich argumentiert auch Ernst Aug. A. von Göchhausens theatralische Aufarbeitung *Das Werther = Fieber, ein unvollendetes Familienstück* (1776); 1788 läßt Wilhelm Fr.H. Reinwald *Lottens Briefe an eine Freundin während ihrer Bekanntschaft mit Werthern*, die 1786 zunächst in England erschienen waren, in Übersetzung drucken; bis in die Form des Briefromans lehnt sich Carl Philipp de Bonafonts *Der Neue Werther oder Gefühl und Liebe* (1804) an sein Vorbild an.

Neben diesen aufgeklärt-lehrhaften Umdichtungsversuchen, Fortsetzungen, Parodien, Umarbeitungen oder stofflichen wie formalen Adaptionen löste der Roman eine Reihe radikal empfindsamer Romane aus, die sich inhaltlich ganz vom Werther-Stoff abtrennen, aber den sprachlichen Gestus des Romans zu ihrem Stilideal machen, in der Naturbegeisterung oder Liebesemphase ihm gleichkommen wollen: Friedrich Heinrich Jacobis *Woldemar. Eine Seltenheit aus der Naturgeschichte* (1779), Jakob Michael Reinhold Lenz' *Der Waldbruder. Ein Pendant zu Werthers Leiden* (1776) und Johann Martin Millers *Siegwart. Eine Klostergeschichte* (1776) gehören ebenso in diese Reihe wie Joh. Heinrich Jung-Stillings quasi-autobiographischer Roman *Henrich Stillings Jugend* (1777).

Die Gründe für diese vielgestaltige Rezeption und Wirkung sind vielfältig: Ein Teil der Wertheriaden bedient sich schlicht der Popularität des Stoffes – ebenso wie die Fülle von Raub- und nicht autorisierten Nachdrucken, die sich schon zwischen der Erstveröffentlichung 1774 und der „Zweyten ächten Auflage 1775" die Popularität des Werkes ökonomisch zunutze machten. Kein literarischer Text des 18. Jahrhunderts machte die rechtlich problematische Situation von Schriftsteller und Text auf dem Markt augenfälliger.

Stellte der Roman eine Überforderung des aufgeklärten Lesepublikums dar, das über die horazische Doktrin von „prodesse et delectare" moralische Nutzanwendung von Literatur erwartete? Oder zumindest, wie im empfindsamen Roman etwa Gellerts oder LaRoches, Muster eines Ausgleichs von Vernunft und Gefühl? Oder appellierte er, gewissermaßen gegenaufklärerisch, an die rebellischen Instinkte der jüngeren Leserinnen und Leser gegen die moralische Etikette der Elterngeneration (vgl. Scherpe 1970, 16)? Oder macht der Roman ein Rezeptionsangebot, das bis dahin nur auf dem Theater eingeübt war: „[D]as Angebot, sich im rezeptiven Nachvollzug von jenen Handlungsantrieben kathartisch zu befreien, die der Roman so suggestiv zur Nachahmung anbot. Damit aber war ein Publikum überfordert, das diese kathartische Rezeptionshaltung bisher nur im schützenden Kollektiv des Theaters eingeübt hatte" (Mandelkow 1980, 39).

Oder ist die ausufernde Wirkung ein Indiz für etwas am Text, das ihn zu einer literarhistorischen Innovation macht? Der erzählerlose, nicht moralisch vermittelnde, scheinbar unmittelbare Gestus des Textes, der auch nicht mehr, wie noch das *Fräulein von Sternheim* (1771), multiperspektivisch Figurenwahrnehmungen und -emotionen relativiert, der nicht mehr die positiven Handlungsmodelle als Vorbilder modelliert – der *Werther* als monoperspektivischer Briefroman verabschiedet, wohlgemerkt im Umfeld *aufgeklärter* literarischer Kommunikation, das Konzept einer Heteronomie der Literatur, die sich von außen, etwa von Philosophen oder Pädagogen oder Theologen, sagen lässt, was sie wie zu sagen, wie sie zu wirken habe. Damit gehört der *Werther* zu den Gründungsurkunden der Autonomieerklärung des Literatursystems (vgl. Plumpe 1995, 65 ff.). Der Komplex der *Werther*-Wirkung aber legt offen: Literatur in Autonomie setzt eine literarische Hermeneutik (*vulgo:* eine Lese- und Verstehensfähigkeit des Publikums!) voraus, die auf Applikation und moralische Mustergültigkeit völlig Verzicht tut – im andern Falle, eben unter den Rahmenbedingungen heteronom bestimmter, aufgeklärter literarischer Kommunikation, läuft die Wirkung eines Textes völlig aus dem Ruder. Oder, anders gesagt: Literatur, die sich autonom setzt, denkt letztlich auch autonome Leserinnen und Leser – und muss mit der Wirkung leben, die sie auslöst. Etwas, das Goethe zeitlebens, insbesondere gegenüber der *Werther*-Wirkung, nicht vermochte.

Entstellung: Die zweite Fassung 1787. Für die Ausgabe seiner Werke, die ab 1786 bei Göschen erscheinen sollte, überarbeitete Goethe den *Werther* nicht grundlegend, aber doch so tiefgreifend, dass von der Radikalität in Sprachgestus und unmittelbarer Präsentation nicht mehr viel übrig blieb. Einmal abgesehen davon, dass Goethe weder die eigene Handschrift noch die „ächte" erste Auflage zur Hand hatte, sondern mit einem unautorisierten Raubdruck (Berlin 1775) arbeitete und dessen Setzfehler und stilistischen bzw. dialektalen Anpassungen z. T. einfach übernahm, reagierte diese zweite Fassung in entschiedenem Maße selbstrestriktiv auf die *Werther*-Kritik bzw. auf die aus dem Ruder laufende Rezeption:

- Der suggestive, unmittelbar natürlich erscheinende „Individualstil" der Werther-Briefe wird sowohl orthographisch als auch in Grammatik und Lexikon an konventionelle Erzählsprache angepasst: Auslassungen wie bei „mir's" oder „auf'm" werden getilgt, mundartliche Ausdrücke („pispern" statt „flüstern"), altertümliche Flexionen („stund") werden durch hochsprachliche ersetzt, der z. T. elliptische Satzbau der ersten Fassung wird grammatisch normalisiert;
- Lottes Rolle wird modifiziert: Sie bekommt einen aktiveren Anteil an der wahnhaften Intensivierung von Werthers Leidenschaft. Die mit dem Brief vom 12. September 1772 hinzugefügte ‚Kanarienvogel'-Episode, in der sie offen mit dem Motiv des Küssens kokettiert, ist wohl der deutlichste Beleg für diese Änderung;
- Inhaltlich findet eine entscheidende Ergänzung statt: Schon im ersten Buch, noch deutlich, bevor Werther Lotte kennenlernt, wird der Brief vom 30. Mai eingefügt, der die Bekanntschaft mit dem Bauernburschen berichtet, der seiner

verwitweten Herrin „reine Neigung, [...] Liebe und Treue" entgegenbringe (HA 6, 18). Dass diese ‚Neigung' unerwidert bleibt, dass sie sogar zum (erfolglosen) Versuch einer gewaltsamen Bemächtigung der Frau wird, berichtet der eingefügte Brief vom 4. September 1772; dass sie in tödlichen Wahnsinn umschlägt, ist Gegenstand des Erzählerberichts nach dem 6. Dezember 1772: Der Bauernbursche hat einen Nebenbuhler erschlagen, Werther begegnet dem Gefangenen, eine „entsetzliche, gewaltige Berührung" (HA 6, 96), die ihn sich mit dem Burschen identifizieren lässt: „‚Du bist nicht zu retten, Unglücklicher! ich sehe wohl, daß wir nicht zu retten sind'", notiert er auf einem Zettel (HA 6, 97). – Mit der Hinzufügung dieser Episode wird Werther eine Spiegel-Figur vorgeführt: hoffnungsloser Liebes-Wahn, der tödlich endet. Damit wird dem Text eine Reflexionsdimension eingefügt, die zwar nicht den Helden, aber doch Leserin oder Leser ‚belehrt', indem sie reflexive Distanz auch gegenüber dem Protagonisten erzwingt;

- Der Herausgeber, der ab dem 6. Dezember die spärlicher werdenden Briefe und Zettelchen Werthers moderiert, wird zu einem *Erzähler* umgebaut, ganz unverblümt: Er müsse, so moderiert er sich an, „die Folge seiner hinterlaßnen Briefe durch Erzählung unterbrechen" (HA 6, 92). Anstelle der eher äußerlichen Berichterstattung eines Herausgebers ist dieser Erzähler befähigt zur Innenweltdarstellung seiner Figuren, natürlich Werthers (das könnte man noch mit den ‚Dokumenten' legitimieren, die ihm ‚vorliegen'), aber auch Alberts und Lottes: „Wie schlug ihr Herz, und wir dürfen fast sagen zum erstenmal, bei seiner [Werthers] Ankunft" (HA 6, 107 u. ö.). – Der zum Erzähler mutierte Herausgeber schafft epische Distanz und macht aus dem suggestiv-identifikatorischen Text gleichsam eine psychiatrische Fallgeschichte: Sie will verstanden werden, nicht nachgeahmt.

Stilistisch nimmt die zweite Fassung dasjenige weitgehend zurück, was als „Sturm und Drang"-Typik in der Erzählprosa gelten kann; narrativ nimmt Goethe die radikale Deutungsoffenheit des Romans entschieden zurück: Autonome Literatur ist genau deswegen unter Umständen gefährlich! Ein „Sturm und Drang"-Roman ist der *Werther* von 1787 auf keinen Fall mehr. Wer *Werther* will, muss die Erstfassung lesen!

Teil II
Die klassizistischen Werke (1786–1805)

Die Überfülle der Weimarer Ministerämter, wohl auch die Wahrnehmung, aufgrund der überbordenden politischen Tätigkeit den Wunsch, Künstler zu sein, zu verfehlen, trieben Goethe in die Flucht: Gut vorbereitet, vorliegende Akten und amtliche Vorgänge weitgehend abgeschlossen, reiste Goethe am 3. September 1786, dem Geburtstag des Herzogs, heimlich und inkognito aus Karlsbad ab nach Italien. In Rom wohnte er in einer Künstlerkolonie und lernte u. a. die Malerin Angelika Kauffmann und den Maler Johann Heinrich Wilhelm Tischbein kennen.

Nach Carl Augusts Zusage der Entpflichtung von allen Regierungsgeschäften kehrte er im Juni 1788 nach Weimar zurück, die Freundschaft zu Charlotte von Stein war zerbrochen, seine Beziehung zu Christiane Vulpius begann noch im selben Herbst. Am 25. Dezember 1789 wurde der Sohn August geboren, alle weiteren Kinder aus der Beziehung zu Christiane Vulpius starben unmittelbar nach der Geburt.

Auf die Französische Revolution 1789 reagierte Goethe schockiert und entschieden ablehnend; er nahm 1792 am Feldzug der monarchischen Koalitionsheere gegen Frankreich teil, schrieb nebenbei den *Reineke Fuchs* und war auch 1793 bei der Belagerung der „Jakobiner-Stadt" Mainz anwesend. Nachdem 1788 und 1790 zwei Treffen mit Schiller ohne Folgen geblieben waren, begründete 1794 ein Gespräch über Goethes Idee der Urpflanze die Freundschaft mit Schiller. Ein lebhafter Briefwechsel begann, ein kulturpolitisches Reformprogramm wurde entwickelt. Gemeinsame Projekte schlossen sich an: Goethe arbeitete mit an den *Horen*, der Xenien- und der Balladen-Almanach wurden gemeinsam erarbeitet, Goethe nahm Anteil an Schillers großen Dramen, Schiller an Goethes Versepen, insbesondere aber am *Wilhelm Meister*. Nach dem letzten *Horen*-Jahrgang schon 1797 versuchte Goethe vergebens, über eigene Zeitschriftenprojekte oder die Weimarer Preisaufgaben den gemeinsam betriebenen Klassizismus vor dem Scheitern zu bewahren. Schillers Tod im Mai 1805 setzte allen Bemühungen ein Ende.

Lyrik

Das lyrische Werk Goethes aus den zwei klassizistischen Jahrzehnten ist viel-gestaltig: Insbesondere in der unmittelbaren Folgezeit der Italienreise 1786–88 sowie der (dienstlich bedingten) zweiten, kleinen Italienreise (nach Venedig) 1790 ver-wendet er die Formen klassische Gattungen wie (Liebes-)Elegie oder Epigramm. Die Elegie wird aber auch als Lehrgedicht genutzt, in enger Zusammenarbeit mit Schiller werden in der Tradition Martials Epigramme zu „Xenien", aber auch die nicht-klassische Gattung der Ballade wird, gerade wiederum auf Anregung Schillers, nochmals aufgegriffen. Eine Auswahl aus diesem Corpus ist immer auch subjektiv; ganz zufällig ist sie nicht, weil mit Elegien, Epigrammen und Balladen schon die bedeutenden lyrischen Gattungen, die zu diesem Corpus gehören, bezeichnet sind.

7.1 „Römische Elegien"

Die Auswirkungen, die die Reise nach und durch Italien auf die klassizistische Ästhetik Goethes hatte, können nicht überschätzt werden. Wie der Italienaufenthalt ästhetisch bzw. im Hinblick auf Goethes neue Selbstauffassung als Künstler inter-pretiert wurde, lässt sich an vielen literarischen Dokumenten ablesen: Natürlich, aber erst aus dem viel späteren Rückblick (1813–1828), in der autobiographischen Schrift *Die Italienische Reise*, eindrucksvoller und scheinbar unmittelbarer (und auf jeden Fall programmatisch für den eigenen Klassizismus nach 1788!) aber an den Italien direkt betreffenden lyrischen Texten, die unmittelbar nach der Rückkehr aus Italien entstanden. Dies kann beispielhaft an den „Römischen Elegien" gezeigt werden.

Entstehung. Die „Römischen Elegien" entstanden in der Zeit vom Herbst 1788 bis zum Frühling 1790 (in der Handschrift zunächst unter dem Titel „Erotica

Ergänzende Information Die elektronische Version dieses Kapitels enthält Zusatzmaterial, auf das über folgenden Link zugegriffen werden kann https://doi.org/10.1007/978-3-476-05903-1_7.

B. Jeßing, *Goethe*, https://doi.org/10.1007/978-3-476-05903-1_7

Romana"). Goethe kehrte im Juni 1788 nach Weimar zurück, im Juli schon lernte er Christiane Vulpius kennen, eine Manufakturarbeiterin aus niederstem Stande, und es begann eine zunächst erotisch dominierte Beziehung, die für die Abfassung der „Römischen Elegien" von großer Bedeutung wurde. Die „Erotica Romana" (das waren 24 Elegien) blieben Handschrift, eine (selbstzensierte!) Überarbeitung von letztlich 20 Elegien erschien unter dem schlichten Titel „Elegien" 1795 im sechsten Stück des ersten Jahrgangs von Schillers *Horen* (S. 1–44). Zunächst in einem Brief an Schiller vom 7. August 1799, von 1806 an in allen Ausgaben seiner Werke nannte Goethe den Zyklus „*Römische* Elegien".

Im Zentrum der „Römischen Elegien" stehen Reflexion und Selbstvergewisserung über den Stellenwert der Italienreise in Hinsicht auf die eigene Künstleridentität. Hauptthemen des Gedichtzyklus sind Rom, antike Mythologie, Kunst und Liebe. Nicht ein zusammenhängender Handlungsverlauf kennzeichnet den Zyklus, sondern ein beständiges Umspielen eben dieser zentralen Themen. Nichtsdestoweniger ist eine Dramaturgie der Gedankenführung sichtbar, die mit den Begriffen Erwartung, Einblick und Erfüllung benannt werden kann und hier an drei ausgewählten Texten aufgezeigt werden soll.

Erwartung. Die erste Elegie leitet in den gesamten Zyklus ein – sie artikuliert erste allgemeine und, spezifisch-individuell, ‚Goethesche' Erwartungen:

> Saget, Steine, mir an, o sprecht, ihr hohen Paläste!   ▶
>   Straßen, redet ein Wort! Genius, regst du dich nicht?
> Ja, es ist alles beseelt in deinen heiligen Mauern,
>   Ewige Roma; nur mir schweiget noch alles so still.
> O wer flüstert mir zu, an welchem Fenster erblick' ich
>   Einst das holde Geschöpf, das mich versengend erquickt?
> Ahn' ich die Wege noch nicht, durch die ich immer und immer,
>   Zu ihr und von ihr zu gehn, opfre die köstliche Zeit?
> Noch betracht' ich Kirch' und Palast, Ruinen und Säulen,
>   Wie ein bedächtiger Mann schicklich die Reise benutzt.
> Doch bald ist es vorbei; dann wird ein einziger Tempel,
>   Amors Tempel nur sein, der den Geweihten empfängt.
> Eine Welt zwar bist du, o, Rom; doch ohne die Liebe
>   Wäre die Welt nicht die Welt, wäre denn Rom auch nicht Rom. (HA 1, 157)

Rom war Pflichtziel bürgerlicher Bildungsreisen – der Vater hatte Goethe schon lange die Romreise als Pflicht auferlegt – und Zentrum der Antikebegeisterung nach Winckelmann. Rom wird hier mit einer Fülle von Erwartungen besetzt – Erwartungen, die jedoch noch enttäuscht werden. Die Anrede an die Stadt bleibt unbeantwortet, die der Architektur zugeschriebene Beseelung – sie ist „hoch", „heilig" und „ewig" – macht den *genius loci* aus, der allerdings noch schweigt: „Nur mir schweiget noch alles so still". Die Erwartungen an den Romaufenthalt werden schon im dritten Verspaar neu orientiert: Der Reisende sieht die Stadt nicht als Stätte antiker Kunst, sondern als Ort der Liebe. Die neuen Erwartungen werden gegen die bildungsbürgerliche Haltung gesetzt, die der gerade Angekommene noch einnimmt: „*Noch* betracht' ich Kirch' und Palast, Ruinen und Säulen, / Wie ein

bedächtiger Mann schicklich die Reise benutzt"; in Umwandlung der Architektur
in eine Metapher wird „Amors Tempel" als das einzige Pilgerziel des Reisenden
vorausgeahnt – der hier zum „Geweihten" wird, zum Priester in diesem Tempel.

Einblick. Schon die zweite Elegie löst diese Liebeserwartung ein – allerdings,
nicht ohne den lyrischen Sprecher (und seine gesellschaftliche Herkunft) näher zu
charakterisieren und damit die Funktion der Liebesbeziehung klarzustellen:

> Ehret, wen ihr auch wollt! Nun bin ich endlich geborgen! ▶
>   Schöne Damen und ihr, Herren der feineren Welt,
> Fraget nach Oheim und Vetter und alten Muhmen und Tanten,
>   Und dem gebundnen Gespräch folge das traurige Spiel.
> Auch ihr übrigen fahret mir wohl, in großen und kleinen
>   Zirkeln, die ihr mich oft nah der Verzweiflung gebracht.
> Wiederholet, politisch und zwecklos, jegliche Meinung,
>   Die den Wandrer mit Wut über Europa verfolgt.
> So verfolgte das Liedchen „Malbrough" den reisenden Briten
>   Einst von Paris nach Livorn, dann von Livorno nach Rom,
> Weiter nach Napel hinunter; und wär' er nach Smyrna gesegelt,
>   Malbrough! empfing ihn auch dort, Malbrough! im Hafen das Lied.
> Und so mußt' ich bis jetzt auf allen Tritten und Schritten
>   Schelten hören das Volk, schelten der Könige Rat.
> [...] (HA 1, 157f.)

Das für die „Elegien" als poetische Reflexion der Italienreise bezeichnende Motiv ist
das der Flucht vom belästigenden Gewohnten, mit dem die zweite Elegie beginnt:
„Nun bin ich endlich geborgen". Das Ich zählt höhnisch auf, was es hinter sich weiß:
die beengende und beengte Konvention der sogenannten besseren Gesellschaft,
„Schöne Damen und ihr, Herren der feineren Welt"; die Tristesse von „gebundenem
Gespräch" und „traurigem Spiel"; die Konventionalität geselliger Gesprächs-,
Beziehungs-, Verwandtschafts- und politischer (1789!) Diskussionszirkel – zweck-
lose Ersatzbeschäftigungen, die das Ich „oft nah der Verzweiflung gebracht". Die
europaweite Verfolgung durchs Geschwätz vergleicht der Text mit einem englischen
Schlager, der den reisenden Briten immer schon empfängt, wo er gerade anlangt.

Blickt man allerdings von der erstmals 1795 in Schillers *Horen* erschienenen
Fassung auf die handschriftliche Urfassung der zweiten Elegie zurück, ist dort der
lyrische Sprecher viel genauer identifizierbar:

> Fraget nun, wen ihr auch wollt, mich werdet ihr nimmer erreichen, ▶
>   Schöne Damen, und ihr, Herren der feineren Welt!
> Ob denn auch Werther gelebt? Ob denn auch alles fein wahr sei?
>   Welche Stadt sich mit Recht Lottens, der einzigen, rühmt?
> Ach, wie hab' ich so oft die törichten Blätter verwünschet,
>   Die mein jugendlich Leid unter die Menschen gebracht!
> Wäre Werther mein Bruder gewesen, ich hätt' ihn erschlagen,
>   Kaum verfolgte mich so rächend mein trauriger Geist.
> So verfolgte das Liedchen „Malbrough" den reisenden Briten
> [...] (HA 1, 585)

Nicht die Konventionalität der besseren Gesellschaft ist es hier, der der
Sprechende sich entzieht. Hier flieht ein Goethe-Ich vor dem allgemeinen Missverstehen seines *Werther*, das entweder ihn selbst mit dem Romanhelden
gleichsetzt oder ihn für einen von dessen engsten Bekannten hält, das die
Fiktionalität des romanhaft Erzählten nicht erkennt. Hier flieht ein Goethe vor dem
literarischen Nachruhm seines Erstlingsromans, der so überwältigende Wirkung
erzielte. Für die Veröffentlichung der „Elegien" 1795 wurde dieses unmittelbar
Biographische, die Eindeutigkeit, mit der hier der Autor des *Werther* über sich
selbst spricht, getilgt. Anstatt dem penetranten Umgang des Publikums mit dem
Werther entflieht das Ich hier einer Gesellschaft, wie sie auch in Weimar existierte,
wie sie gerade in Weimar zur Verhinderung literarischer Produktion und künstlerischer Identitätsbildung wurde – und damit auch zum Grund für die überstürzte
Flucht nach Italien.

Ähnlich aber ist in beiden Fassungen der Fluchtpunkt des Ich: In der ersten
Fassung weiß die „Liebste" weder von den Romanfiguren noch kennt sie den
Autor, behelligt ihn also nicht mit Nachfragen. In der zweiten Fassung ist dieser
Fluchtpunkt, der in der Handschrift nur vier Zeilen einnahm, ausgebaut zu einem
der ersten Texthälfte gleichwertigen und -gewichtigen Teil.

> [Handschrift]
>
> Glücklich bin ich entflohn! Sie kennet Werthern und Lotten, ▶
>   Kennet den Namen des Manns, der sie sich eignete, kaum.
> Sie erkennet in ihm den freien, rüstigen Fremden,
>   Der in Bergen und Schnee hölzerne Häuser bewohnt. (HA 1, 585)

> [*Horen*-Fassung]
>
> Nun entdeckt ihr mich nicht so bald in meinem Asyle, ▶
>   Das mir Amor der Fürst, königlich schützend, verlieh.
> Hier bedecket er mich mit seinem Fittich; die Liebste
>   Fürchtet, römisch gesinnt, wütende Gallier nicht;
> Sie erkundigt sich nie nach neuer Märe, sie spähet
>   Sorglich den Wünschen des Manns, dem sie sich eignete, nach.
> Sie ergötzt sich an ihm, dem freien, rüstigen Fremden,
>   Der von Bergen und Schnee, hölzernen Häusern erzählt;
> Teilt die Flammen, die sie in seinem Busen entzündet,
>   Freut sich, daß er das Gold nicht wie der Römer bedenkt.
> Besser ist ihr Tisch nun bestellt; es fehlt an Kleidern,
>   Fehlet am Wagen ihr nicht, der nach der Oper sie bringt.
> Mutter und Tochter erfreun sich ihres nordischen Gastes,
>   Und der Barbare beherrscht römischen Busen und Leib. (HA 1, 158)

Unter Rückgriff auf die Tempelmetaphorik der ersten Elegie spricht der Text hier
zunächst abstrakter von einem Asyl, das der Flüchtende gefunden habe – der Bild-
bereich der Flucht wird also weiter ausgebaut: „Nun entdeckt ihr mich nicht so
bald in meinem Asyle, / Das mir Amor der Fürst, königlich schützend verlieh".

Die Liebe wird zum Fluchtpunkt vor dem durch Europa geisternden politischen
Räsonnement. „Die Liebste" entzieht sich der Sphäre dieses Räsonnements,
interessiert sich nicht für die Revolutionsgefahr in Frankreich: „Fürchtet, römisch
gesinnt, wütende Gallier nicht", „erkundigt sich nie nach neuer Märe", sie fragt
nicht nach Nachrichten aus der politischen oder gesellschaftlichen Welt. Das
„Asyl" der Liebe wird dargestellt als autonomer oder abgetrennter Bereich, der
nur die beiden Liebenden betreffe. Ihr Interesse gilt einzig seinen Erzählungen
„von Bergen und Schnee, hölzernen Häusern", von nordischer Welt. Die Liebe
ist gekennzeichnet durch materielle Abhängigkeit (ohne Zweifel eine Männerphantasie!): Sie freut sich daran, dass der Geliebte, „dem sie sich eignete", kein
Geizhals ist wie der Römer, dass die häuslichen Verhältnisse sich gebessert haben,
dass sie sogar vor der Öffentlichkeit einen kleinen Reichtum repräsentieren kann.
Der letzte Vers der zweiten Elegie versteht das nunmehr eingetretene Liebes-
verhältnis als Umkehrung antiker Zivilisationsunterschiede: Der ehemalige
„Barbare", der bärtige Germane, ist jetzt sowohl kulturell als auch materiell in der
Lage, den ehemaligen zivilisierteren Beherrscher selbst zu beherrschen.

Erfüllung. Erst die fünfte Elegie, nachdem dritte und vierte die Liebesbeziehung detaillierter ausgestalten, zielt auf einen neuen, dritten, auf den eigentlichen Schwerpunkt des gesamten Zyklus: auf die Neudefinition künstlerischer
Identität:

> Froh empfind' ich mich nun auf klassischem Boden begeistert,   ▶
>   Vor- und Mitwelt spricht lauter und reizender mir.
> Hier befolg' ich den Rat, durchblättre die Werke der alten
>   Mit geschäftiger Hand, täglich mit neuem Genuß.
> Aber die Nächte hindurch hält Amor mich anders beschäftigt;
>   Werd' ich auch halb nur gelehrt, bin ich doch doppelt beglückt.
> Und belehr' ich mich nicht, indem ich des lieblichen Busens
>   Formen spähe, die Hand leite die Hüften hinab?
> Dann versteh' ich den Marmor erst recht: ich denk' und vergleiche,
>   Sehe mit fühlendem Aug', fühle mit sehender Hand.
> Raubt die Liebste denn gleich mir einige Stunden des Tages,
>   Gibt sie Stunden der Nacht mir zur Entschädigung hin.
> Wird doch nicht immer geküßt, es wird vernünftig gesprochen;
>   Überfällt sie der Schlaf, lieg' ich und denke mir viel.
> Oftmals hab' ich auch schon in ihren Armen gedichtet
>   Und des Hexameters Maß leise mit fingernder Hand
> Ihr auf den Rücken gezählt. Sie atmet in lieblichem Schlummer,
>   Und es durchglühet ihr Hauch mir bis ins Tiefste die Brust.
> Amor schüret die Lamp' indes und denket der Zeiten,
>   Da er den nämlichen Dienst seinen Triumvirn getan. (HA 1, 160)

Erstmalig realisieren die „Elegien" hier den ästhetisch produktiven Kontakt mit
antiker Kunst. Nun beginnt der „Genius" des Ortes zu sprechen. Der „klassische
Boden begeistert", inspiriert also, Historisches und Gegenwärtiges beginnen einen
Dialog mit dem Sprecher der Elegie. Dies aber nur, weil der sich, durchaus konform
mit den Ratschlägen für Bildungsreisende, mit den Werken antiker Kunst und Kunst-

anschauung beschäftigt. Das Studium klassischer Kunst ist affektiv hoch besetzt: Mit „froh" beginnt das erste Verspaar, das zweite endet: „täglich mit neuem Genuß".

Sodann scheint der Text auf den Gegenstand der drei vorigen Elegien zurückzukommen, die Liebe: „Aber die Nächte hindurch hält Amor mich anders beschäftigt". Die Arbeit an Kunstgeschichte und Ästhetik wird hier aber nicht abgelöst, vielmehr lassen Liebe und Kunstbegegnung sich miteinander verbinden und geraten in einen produktiven, gegenseitig bereichernden Zusammenhang. Der Körper der Geliebten wird – neben seiner sinnlichen Attraktion – zum ästhetischen Muster: „Und belehr' ich mich nicht, indem ich des lieblichen Busens / Formen spähe, die Hand leite die Hüften hinab?" Künstlerischer Blick und sinnlicher Reiz erscheinen miteinander verquickt zum tieferen ästhetischen Verständnis: „Dann versteh' ich den Marmor erst recht: ich denk' und vergleiche". Die sinnliche Wahrnehmung der Geliebten ist, verglichen mit der ästhetischen Erfahrung des klassischen Kunstwerks, belehrend und bleibt doch ganz sinnlich: „Sehe mit fühlendem Aug', fühle mit sehender Hand".

Über das sinnliche Anschauen und Fühlen des klassischen Ideals im Körper der Geliebten geht diese Elegie jedoch hinaus. Der Kontakt zu antiker Kunst und Ästhetik und die gleichzeitige liebevoll-sinnlich-lebendige Anschauung gehen über in die produktive Anwendung. „Überfällt sie der Schlaf, lieg' ich und denke mir viel. / Oftmals hab' ich auch schon in ihren Armen gedichtet / Und des Hexameters Maß leise mit fingernder Hand / Ihr auf den Rücken gezählt". Erotisches Erlebnis und Sinnlichkeit schlagen hier in Kunstproduktion um: Der Hexameter, antikes, klassisches Versmaß steht beispielhaft für (Liebes-)Lyrik in antiken Formen – etwa auch Elegien.

Die fünfte Elegie reflektiert darüber hinaus die Tradition, in die das mittlerweile dichtende Subjekt sich stellt. Amor, der „königlich schützende Fürst", entfache im Ich weiter die Liebesglut „und denket der Zeiten, / Da er den nämlichen Dienst seinen Triumvirn getan". Damit steht der nunmehr Dichtende in der Tradition antiker erotischer Dichtung. Die Werke von Catull, Tibull und Properz wurden im 18. Jahrhundert oft in einem Band veröffentlicht: Die Bezeichnung „Triumvirn" rechtfertigt sich so – Goethe erhielt 1788 einen solchen Band von seinem Freund Knebel geschenkt, also just zur Zeit der Arbeit an den „Elegien".

Reflexion und Programmatik. Die „Römischen Elegien" stellen einerseits eine differenzierte Reflexion der unterschiedlichen Motive, Erfahrungen und Effekte der Italienreise Goethes dar, andererseits aber konstruieren sie gerade diese. Unbestreitbar boten Italien und Rom dem reisenden, persönlich und künstlerisch enttäuschten Goethe eine Fülle neuer ästhetischer Erfahrungen, die in hohem Maße eingingen in die Programmatik seines Klassizismus und dessen Umsetzung in literarische Produktion. Gleichzeitig aber dienen die „Elegien" der Stilisierung ihres Erlebnishintergrundes als einer ästhetischen Neuorientierung, in der ästhetische Erfahrung, historische Bildung und erotisches Erlebnis verschmelzen. Die „Elegien" sind kein poetisches Protokoll einer Kunstreise, sondern stilisieren die Genese einer ästhetischen Konzeption. – Gleichzeitig stellen sie einen der dichterischen Versuche dar, mit denen Goethe das neu Gesehene, das Klassische ausprobierte und zu einer Kunstform machte. Die Elegie ist antiker Gedichttypus, der weitgehend formal definiert war: Das traditionell die Elegie bildende Verspaar aus Hexameter und Pentameter, das elegische Distichon, machte die Form aus. Inhaltliche Kriterien sind eher zufällig, in der griechischen Antike hatte die Elegie oft noch moralisierende oder auch heiter-unterhaltende Implikationen, in der römischen Tradition setzte sich das inhaltliche Muster der Klage über Tod, Verlust und Trennung durch. Goethe redefiniert mit den „Römischen Elegien" die Form wieder als klassische Kunstform, der Inhalt ist nicht mehr klagend oder einfach unterhaltend – er ist gleichgültig für diese Texte als Elegien.

Goethe mischte dem italienischen Erlebnishintergrund die erotischen Erlebnisse mit Christiane Vulpius unter (die ,Geliebte' der Elegien, Faustina, ist bloße Fiktion), so dass die Elegien in Weimar zum Ärgernis wurden. Goethe hatte für die Veröffentlichung der Gedichte in Schillers „Horen" zwanzig der ursprünglich vierundzwanzig ausgewählt: Vier der gewagtesten Texte blieben lange ungedruckt und unbekannt („Dafür soll dir denn auch halbfuslang die prächtige Ruthe / Strozzen vom Mittel herauf, wenn es die Liebste gebeut", WA I. 53, 7). Der Skandal, den die Veröffentlichung der Texte dennoch bedeutete, vermischte sich mit dem, den Goethes nicht-eheliche Lebensgemeinschaft mit der unbürgerlichen Christiane darstellte und verdichtete sich zur vorläufigen Ablehnung der „Elegien": Die Weimarer Bekannten Goethes waren entrüstet – „Ich habe für diese Art Gedichte keinen Sinn" (Charlotte von Stein an Charlotte Schiller am 27.7.1795) –, und Schillers Zeitschrift wurde für die Veröffentlichung angegriffen: „Die ,Horen' müßten nun mit dem u gedruckt werden" (so zitiert der Weimarer Gymnasialdirektor Karl August Böttiger eine angebliche Äußerung Herders, MA 3.2, 450).

7.2 „Venetianische Epigramme"

Wie schon in den „Römischen Elegien" griff Goethe auch nach seiner zweiten italienischen Reise auf eine antike Tradition lyrischer Rede zurück: das Epigramm. Diese lyrische Kurzform war in der Antike zunächst eine in Distichen verfasste Inschrift auf Grabmälern, Gebäuden und Weihegeschenken, in der römischen Tradition vor allem Catulls und Martials wurde sie jedoch satirisch-kritische Kurzform mit einiger auch tagespolitisch-aktueller Bissigkeit. Goethes Epigramme sind, anders als die reflektierenden Elegien, teilweise geprägt von Unmut, auch zuweilen von der Schärfe, die ihre antiken Vorbilder kennzeichnet. Inhaltlich bilden sie eine disparate Textfolge, die sich grob in drei große Bereiche einteilen lässt: Die erste Gruppe kann als ,Erotica' bezeichnet werden, sie enthält Gedichte über die sinnliche Liebe im Allgemeinen und solche, die sich unmittelbar mit Christiane beschäftigen; eine zweite Gruppe ließe sich mit ,politisch-weltanschauliche Gedichte' überschreiben; die dritte Gruppe umfasst jene Texte, in denen Gedanken an bestimmte dritte Personen und Aussagen über Dichtung und Dichter den Inhalt bilden.

Entstehung. Goethes zweite Italienische Reise war anders als die erste eine Pflichtreise im Auftrag des Weimarer Herzogs. Er wurde am 13. März 1790 von Jena aus nach Venedig geschickt, um die Herzogin Anna Amalia von dort abzuholen; Ende Mai reiste man dort ab, kam Ende Juni in Weimar an. Diese Verpflichtung kam Goethe schlecht zupass: Die naturwissenschaftlichen und literarischen Arbeiten, die gerade seine ganze Aufmerksamkeit fesselten, mussten einige Monate ruhen, darüber hinaus ließ er in Weimar seine Geliebte zurück, zusammen mit dem gerade geborenen Sohn August. Schon in Venedig schrieb Goethe die „Venetianischen Epigramme", arbeitete sie unmittelbar nach Rückkunft in Weimar noch einmal durch, sandte sie aber erst im Spätherbst 1794 an Schiller zur Veröffentlichung in dessen *Musenalmanach,* wo sie erst 1796 anonym erschienen. Die Epigramme sind 103 kurze und kürzeste Gedichte (2–18 Zeilen), die sich sehr bewusst in die Tradition Martials stellen – in einem Werkverzeichnis, das Goethe am 21. August 1823 an einen französischen Leser sendet, heißt es: „Epigrammes Venetiens, d'après le sens de Martial" (WA I.53, 209).

Revolutionspolemik. Goethes grundsätzliche Ablehnung der Revolution in Frankreich, mitsamt den sich ausbreitenden Unruhen in Europa und v. a. im Hinblick auf den Verlust rechtlicher und sittlicher Ordnung, der dann 1792/93 in den ‚terreur' jakobinischer Willkürherrschaft münden sollte, kommt schon 1790 in einem Vierzeiler zum Ausdruck: „Alle Freiheitsapostel, sie waren mir immer zuwider, / Willkür suchte doch nur jeder am Ende für sich. / Willst du viele befrein, so wag' es, vielen zu dienen. / Wie gefährlich es sei, willst Du es wissen? Versuch's!" (HA 1, 179).

Fürstenlob und dichterische Selbstreflexion. Zur Gruppe der an eine bestimmte Person gerichteten Epigramme gehört das Epigramm 34b (nach der Zählung der WA, Bd. I.1, 315 f.) bzw. 17 (HA 1, 178 f.); es bezieht sich auf den Weimarer Herzog:

> Klein ist unter den Fürsten Germaniens freilich der meine;
>   Kurz und schmal ist sein Land, mäßig nur, was er vermag.
> Aber so wende nach innen, so wende nach außen die Kräfte
>   Jeder: da wär' es ein Fest, Deutscher mit Deutschen zu sein.
> Doch was priesest du Ihn, den Taten und Werke verkünden?
>   Und bestochen erschien' deine Verehrung vielleicht;
> Denn mir hat er gegeben, was Große selten gewähren,
>   Neigung, Muße, Vertraun, Felder und Garten und Haus.
> Niemand braucht' ich zu danken als Ihm, und manches bedurft' ich,
>   Der ich mich auf den Erwerb schlecht, als ein Dichter, verstand.
> Hat mich Europa gelobt, was hat mir Europa gegeben?
>   Nichts! Ich habe, wie schwer! meine Gedichte bezahlt.
> Deutschland ahmte mich nach, und Frankreich mochte mich lesen.
>   England! freundlich empfingst du den zerrütteten Gast.
> Doch was fördert es mich, daß auch sogar der Chinese
>   Malet, mit ängstlicher Hand, Werthern und Lotten auf Glas?
> Niemals frug ein Kaiser nach mir, es hat sich kein König
>   Um mich bekümmert, und Er war mir August und Mäcen. (HA 1, 178f.)

Das Epigramm ist ganz unbestreitbar Dankgedicht an den Herzog Carl August, Fürstenlob aus der italienischen Ferne. Gleichzeitig reflektiert es die Stellung des Dichters am Hof gleichermaßen antikisierend und ganz neuartig. Der Text beginnt mit einer politisch-geographischen Einordnung des Weimarer Fürsten – freilich auch schon mit einer Antikisierung: Der Text macht aus Deutschland ‚Germanien'. Klein nur sei der Fürst, bescheiden sein politisches Gewicht, doch in gewissem Sinne vorbildlich: Wie er „nach innen, [...] nach außen die Kräfte" wende, so möge es jeder in Deutschland tun. Der lobende Dichter, der hier getrost mit Goethe identifiziert werden darf, problematisiert diese seine Rolle, da er vieles von jenem erhielt, was ihn bestochen erscheinen lassen könnte. Dabei wird die fürstliche Gönnerrolle neu definiert: Einerseits erhielt der Dichter Materielles: „Felder und Garten und Haus", andererseits aber freundschaftliche Zuwendung. Das alte Institut literarischen Mäzenatentums wird verbürgerlicht: Zwischen Gönner und Dichter tritt die Freundschaft über die materielle oder ideologische Abhängigkeit.

„Der ich mich auf den Erwerb schlecht, als ein Dichter, verstand": Bedingung dieses Mäzenats ist nämlich die anhaltende Erwerbsunfähigkeit des Dichterberufs, implizit eine bürgerliche Konzeption von Literatur. Ironisch gebrochen rekurriert Goethe auf den Welterfolg seines *Werther,* der ihm zwar Ruhm, doch kein Geld eingebracht habe. Der literarische Erfolg wird verhöhnt: „Deutschland ahmte mich nach" – die Werthermode der siebziger Jahre des 18. Jahrhunderts, die modische Verzweiflung vieler Jünglinge, die Fülle der *Werther*-Parodien; gar die chinesische Rezeption in heimischem Kunsthandwerk. England, Frankreich und China stehen gleichzeitig für Goethes (Selbst-)Bewusstsein, mit dem *Werther* Weltliteratur geschaffen zu haben. Dem steht entgegen, dass der literarische Erfolg subjektiv eher eine Leidensgeschichte war: „Ich habe, wie schwer! meine Gedichte bezahlt". – Diese polemische Abwertung des literarischen Welterfolgs wird bis ins letzte Distichon hinein verlängert: „Niemals frug ein Kaiser nach mir, es hat sich kein König / Um mich bekümmert". Der Verkennung durch die Welt wird ganz zum Schluss etwas entgegengestellt: „und Er war mir August und Mäcen". Die Beziehung zum Weimarer Herzog wird also zu dem stilisiert, was sowohl die Enttäuschungen des literarischen Erfolges als auch die materielle Bedürftigkeit kompensierte. Gleichzeitig aber werden durch den letzten Vers der Herzog und sein Dichter auf spezifische, antikisierende Weise gekennzeichnet. Der strengen Metrik des letzten Verses zufolge werden „August" und „Mäcen" mit einer Hebung auf der zweiten Silbe gesprochen: Damit aber bleibt „August" nicht privater Vorname des Weimarer Herzogs, sondern wird zum abgekürzten Namen des römischen Kaisers. Indem Carl August aber mit Augustus und Mäcenas verglichen wird, spielt der Text auf die bedeutendsten literarischen Gönnerschaften der Antike an: Augustus war Förderer Vergils, Mäcenas der des Horaz. Goethes Fürst wird damit in die Herrschertradition des Augustus und die des Ur-Mäzens der europäischen Literaturgeschichte gestellt – der Dichter selbst aber stellt sich in die Tradition der klassischen römischen Literatur.

7.3 Xenien

Unmittelbar in den Zusammenhang der Auseinandersetzung zwischen den Weimarer Klassizisten Goethe und Schiller, des Streits um die ‚elitären' *Horen* Schillers – ein Streit, innerhalb dessen sich Goethe und Schiller praktisch der gesamten literarischen Öffentlichkeit entgegengesetzt sahen – gehören Schillers *Musenalmanache.* Unter diesem Titel gab Schiller zwischen 1796 und 1799 Lyrikanthologien heraus, deren Beiträger sich in hohem Maße mit den Beiträgern der *Horen* deckten. Diese Almanache, eigentlich Kalender, angereichert um literarische Texte, haben nicht etwa eine durchweg neutrale Position inne, abseits von den streitbar-programmatischen *Horen.* Ganz im Gegenteil, der *Almanach für das Jahr 1797* gehört unmittelbar in die „Zeit der Fehde" (Schiller an Goethe, 1.11.1795), greift unmittelbar in den von den *Horen* entfachten Streit ein.

Entstehung. Der *Almanach für das Jahr 1797* enthält, neben einer Vielzahl von Gedichten Goethes (etwa auch die Hexameter-Idylle *Alexis und Dora*), Schillers, Matthisons, Sophie Mereaus und Anderer, in einem Anhang 414 Epigramme aus Schillers und Goethes Feder, die sich polemisch gegen die gesamte außerweimarische literarische Öffentlichkeit richteten.

Goethe fasste das Xenien-Projekt als „Kriegserklärung gegen die Halbheit" (an Schiller, 21.11.1795) auf, die angegriffenen Klassizisten gingen hier in die Offensive – was nebenbei für die erst seit 1794 bestehende Freundschaft zwischen Goethe und Schiller stabilisierende Wirkung hatte. Im Verlaufe des Herbstes 1795 hatten Goethe und Schiller wohl die Idee gehabt, mit knappen polemischen Epigrammen, wie sie die antike Tradition überliefert, auf die Angriffe gegen die *Horen* zu reagieren; am 23. Dezember 1795 schrieb Goethe an Schiller: „Den Einfall auf alle Zeitschriften Epigramme, jedes in einem einzigen Disticho, zu machen, wie die Xenia des Martials sind, [...] müssen wir kultivieren und eine solche Sammlung in Ihren Musenalmanach des nächsten Jahres bringen" (MA 8.1, 141). Dass nicht nur Goethe daran Spaß hatte, zeigt Schillers begeisterte Briefnotiz nach einigen Versuchen in epigrammatischer Polemik gegen andere Zeitschriften und Almanache: „Der Gedanke mit den Xenien ist prächtig und muß ausgeführt werden [...]. Welchen Stoff bietet uns nicht die Stolbergische Sippschaft, Rackenitz, Ramdohr, die metaphysische Welt, mit ihren Ichs und NichtIchs, Freund Nicolai unser geschworener Feind, die Leipziger GeschmacksHerberge, Thümmel, Göschen als sein Stallmeister, u.d.gl. dar!" (an Goethe 29.12.1795; MA 8.1, 144). Damit waren die „Feinde" ausgemacht: Die Leipziger Rezensenten der *Horen,* Manso und Mackensen, Nicolai aus Berlin, Fichte mit Ich und Nichtich, der konservative Politiker und Journalist Ramdohr, der Theatermann Rackenitz, der religiös katholisierende Ex-Hainbündler Friedrich-Leopold zu Stolberg (der Schillers „Die Götter Griechenlandes" als Gotteslästerung abgekanzelt hatte) und sein Bruder Christian, der eher unterhaltende, durch leichte Frivolität und Leichtfertigkeit und als Reiseschriftsteller (Revolutionstourismus: *Reise in die mittägigen Provinzen von Frankreich,* Leipzig 1791–1805, 10 Bände) sehr beliebte Moritz August von Thümmel, der Verleger Göschen.

Goethe und Schiller organisierten die Abfassung der „Xenien" ganz praktisch: Ein Heft wanderte stets zwischen Weimar und Jena hin und her, auf beiden Seiten wurden Einträge gemacht, die Epigramme wurden dialogisch erzeugt, die polemische Stimmung schaukelte sich zuweilen hoch; die Urheberschaft zumindest an einzelnen Xenien bleibt unklärbar. Schiller entschied dann, die friedlichen Texte unter der Überschrift *Tabulae votivae* in den vorderen Teil des Almanachs zu setzen, die 414 scharfen Polemiken wurden im Anhang präsentiert. Thematisch ging das Corpus über die Angriffe auf den Literaturbetrieb hinaus: Französische Revolution, andere Zeitschriften-, Almanach- und Buchpublikationen, Buchhandel, Theaterwesen, Philosophie, Geschichtsschreibung, wissenschaftliche Institutionen – alles dies wurde verhandelbar.

,Szenische' Organisation der Xenien. Das Entrée der 414 Distichen macht sowohl die Gesamtanlage der Texte als auch den gleichsam szenisch-realen Gestus deutlich:

> Der ästhetische Torschreiber   ▶
> Halt Passagiere! Wer seid ihr? Wes Standes und Charakteres?
> Niemand passieret hier durch, bis er den Paß mir gezeigt.
>
> Xenien
> Distichen sind wir. Wir geben uns nicht für mehr noch für minder,
> Sperre du immer, wir ziehn über den Schlagbaum hinweg.
>
> Visitator
> Öffnet die Koffers. Ihr habt doch nichts Kontrebandes geladen?
> Gegen die Kirche? Den Staat? Nichts von französischem Gut?
>
> Xenien
> Koffers führen wir nicht. Wir führen nicht mehr, als zwei Taschen
> Tragen, und die, wie bekannt, sind bei Poeten nicht schwer. (HA 1, 208)

Die „Szene" ist die Befestigungsanlage einer Stadt, genauer: das Stadttor; die Xenien, Eindringlinge gleichsam griechischer Herkunft, unaufhaltbar („wir ziehn über den Schlagbaum hinweg") werden vom Agenten der Gegenpartei, dem „ästhetischen Thorschreiber" angehalten, werden visitiert auf politisch brisantes Gepäck: Der unmittelbare zeitliche Zusammenhang mit der Französischen Revolution und ihren Folgen ist präsent.

Scharfe Polemik. Die szenische Organisation verliert sich, wenngleich die unmittelbar Folgenden die Fiktion des Eintretens in eine Stadt noch fortsetzen. Polemik, scharfe Angriffe auf einzelne Rezensenten oder Schriftsteller folgen. Der Breslauer Gymnasiallehrer Manso, der Schillers Briefe *Über die ästhetische Erziehung* überhaupt nicht verstanden hatte, bekommt gleich dreifach sein Fett weg:

Der Schulmeister zu Breslau   ▶
In langweiligen Versen und abgeschmackten Gedanken
Lehrt ein Präzeptor uns hier, wie man gefällt und verführt.

Amor, als Schulkollege
Was das entsetzlichste sei von allen entsetzlichen Dingen?
Ein Pedant, den es jückt, locker und lose zu sein.

Der zweite Ovid [Schiller zugeordnet]
Armer *Naso*, hättest du doch wie *Manso* geschrieben,
Nimmer, du guter Gesell, hättest du Tomi gesehn. (MA 4.1, 780)

Die Polemik gegen den Berliner Aufklärer Friedrich Nicolai, dessen *Freuden des jungen Werthers. Leiden und Freuden Werthers des Mannes* (1775) schärfsten Spott Goethes provoziert hatten, ist beißend:

Der Todfeind. [Schiller zugeordnet]   ▶
Willst du alles vertilgen, was deiner Natur nicht gemäß ist,
Nicolai, zuerst schwöre dem Schönen den Tod!

Philosophische Querköpfe.
Querkopf! schreiet ergrimmt in unsre Wälder Herr Nickel,
Leerkopf! schallt es darauf lustig zum Walde heraus. (MA 4.1, 798)

Dass Friedrich Schlegel ausgerechnet in dem Magazin *Deutschland,* dessen Herausgeber Johann Friedrich Reichardt Goethe und Schiller sowieso verabscheuten wegen seiner anhaltenden Revolutionsbegeisterung, seine deutliche Kritik des vorigen Musenalmanachs veröffentlicht hatte, machte ihn zu einem gefundenen Opfer der „Xenien"-Freunde. Der angebliche Naturalismus der Stücke Kotzebues, ‚ältere' Dichter wie Gleim und gar Wieland, literarische Neuerscheinungen und Zeitschriften, die Revolutionsthematik, die Kantische Philosophie u. v. a. m. wird Opfer der Angriffe. Die Tatsache, dass die „Xenien" so scharf über andere Zeitschriften und Almanache herzogen, kann auch interpretiert werden als Funktion des überhandnehmenden Konkurrenzkampfs einer immer steigenden Zahl solcher Publikationen – Schiller hatte sich immerhin reelle Einnahmen von beiden Projekten (den *Horen* wie den *Musenalmanachen*) versprochen.

Elitarismus und Klassizismus. Insgesamt sind die „Xenien" einerseits ein elitäres Projekt: Ein roter Faden, der sich durch viele Angriffe zieht, ist der Vorwurf der Mittelmäßigkeit der literarischen Welt außerhalb Weimars:

Der Zeitpunkt.   ▶
Eine große Epoche hat das Jahrhundert geboren,
Aber der große Moment findet ein kleines Geschlecht. (HA 1, 209)

Gegen das angeblich Kleinbürgerliche und Nur-Sentimentale der viel erfolgreicheren Dramen Kotzebues und Ifflands, gegen das angebliche Mittelmaß, das etwa in der Kritik der *Horen* lautstark wurde, setzen Schiller und Goethe hier, wiederum elitär, ein durch und durch klassizistisches Projekt: Sie bewegen sich in einer einzigen, strengen Form, die der römische Dichter Martial geprägt hatte (1. Jh. n.Chr.). Von Martial stammt eine mit „Xenia" (gr. „Gastgeschenke") betitelte Sammlung von Epigrammen, die als Begleitverse zu Geschenken gedacht waren. Schiller und Goethe war bewusst, dass in dieser knappen Distichen-Form polemische Schärfe übertrieben werden könnte – was in gewisser Weise dadurch abgefangen wurde, dass die Xenien eben meist nicht allein stehen, sondern größere Zusammenhänge bilden: Dialoge, Zyklen, Klagelieder, charadenartige Ratespiele usf.

Wirkung. Der Xenienalmanach war buchhändlerisch ein Riesenerfolg: Er musste zweimal nachgedruckt werden im Erscheinungsjahr. Die Reaktion der Öffentlichkeit war allerdings verhalten bis ablehnend, die Angegriffenen reagierten – meist weit unter dem Niveau des Angriffs selbst: Manso etwa war mitverantwortlich für die *Gegengeschenke an die Sudelköche in Jena und Weimar* (1796), 1797 „ergoss sich eine Flut von Antixenien auf die Dioskuren: der anonyme *Mücken-Almanach,* [...] Gottlob Nathanael Fischers *Parodien auf die Xenien,* Christian Friedrich Traugott Voigts *Berlocken.* Die Senioren Gleim und Klopstock wollten ihre jugendliche Spannkraft unter Beweis stellen. Daniel Jenisch gab in *Literarischen Spießruten* ironische Anmerkungen zu den *Xenien* heraus, Nicolai publizierte einen 217 Seiten starken *Anhang zu F. Schillers Musen-Almanach"* (Beetz 2005, 276). Schiller brach endgültig mit Reichardt, ebenso mit Friedrich Schlegel und seinem Bruder.

Die öffentliche Reaktion auf die *Xenien* machte eines immer deutlicher sichtbar: Schon im zeitlichen Umfeld der *Horen* (1795–1797) war die klassizistische Programmatik aus Weimar und Jena relativ isoliert. Bis auf den engen Kreis treuer Beiträger steht die Öffentlichkeit mindestens indifferent, öfter ablehnend dem elitären Programm gegenüber. Das klassizistische Programm erwies sich schon hier zunehmend als Anachronismus.

7.4 Balladen

Der *Musen Almanach für das Jahr 1798* darf gewissermaßen als Friedensangebot aus Weimar angesehen werden. Nicht zu Unrecht wird er als ‚Balladenalmanach' bezeichnet, enthält er doch, natürlich neben vielen anderen literarischen Texten, auch Schillers Balladen „Der Ring des Polykrates", „Der Handschuh", „Ritter Toggenburg", „Der Taucher", „Die Kraniche des Ibykus" und „Der Gang nach dem Eisenhammer" sowie Goethes Balladen „Die Braut von Korinth", „Der Gott und die Bajadere", „Der Schatzgräber", „Legende" und den „Zauberlehrling" (obwohl der Almanach den „Handschuh" als „Erzählung", Goethes „Bajadere" als „Ind. Legende" und die „Braut" und den „Zauberlehrling" jeweils als „Romanze" untertitelt, sollen Goethes Texte hier als *Balladen* besprochen werden).

Entstehung. Wie bei den „Xenien" waren Freundschaft und Zusammenarbeit zwischen Goethe und Schiller auch bei den Balladen ausschlaggebend für die Entstehung der Texte – allerdings durchaus in anderer Form. Den Anfang machte eine lockere Anfrage Schillers, ob Goethe nicht „beim Kramen in Ihren Papieren noch irgend etwas [...] für d<en> Almanach in die Hände" fallen könne (an Goethe 16. Mai 1797; MA 8.1, 349). Ab dem 19. Mai war Goethe dann in Jena, dort immer wieder bei Schiller zu Besuch – und er blieb bis zum 16. Juni. Schon am 23. Mai übersandte er den „Schatzgräber", spätestens Anfang Juni war die „Legende" fertiggestellt, am 5. und 6. Juni erwähnt das Tagebuch die „Braut von Corinth" („Das Vampyrische Gedicht abgeschrieben und Schillern Abends gegeben", Tb II.1, 116), am gleichen Tag wurde die „Bajadere" erstmals notiert, am 9. Juni abgeschlossen, in der ersten Juli-Hälfte dann (Schiller war für acht Tage in Weimar) war auch der „Zauberlehrling" abgeschlossen. Gleichzeitig schrieb Schiller seine Balladen für den Almanach, die „Kraniche des Ibykus" wurden schließlich am 17. August übersandt.

Unklassische Form, ‚antike' Stoffe. Mit den Balladen für 1798 übten sich Schiller und Goethe in der seit G.A. Bürgers „Leonore" beliebten episch-dramatisch-lyrischen Gattung in einem freundschaftlichen Wettstreit. Die Ballade als lyrische Gattung ist, zunächst in der Volkskultur des Italienischen und Provençalischen, so viel wie ein Tanzlied mit stark epischem Gestus: Die Volksballade erzählt in knapper Gedichtform einen Vorgang – der zumeist dem regionalen Aberglauben oder dem jeweiligen Mythos entstammt – ein „Dunst und Nebelweg", auf den ihn „[u]nser Balladenstudium" wieder gebracht habe (so Goethe an Schiller, 22.6.1797, über den Impuls, sogar den *Faust* wieder aufzugreifen; WA IV.12, 167). Das Dunst- und Nebelhafte, Magische oder Mythische bleibt auch Bestandteil der Balladen von 1797. Sie ziehen ihr Balladenhaftes immer auch aus dem Anteil an Mythischem – aus unterschiedlichen Kulturen: Goethes italienische Wendung zur Antike bedingt hier den Eintritt griechisch-antiker („Braut von Korinth", „Zauberlehrling") oder indischer („Bajadere") Mythen in seine Balladenstoffe. Mit aller Vorsicht könnte man sagen: Mit dem Balladenalmanach eignet sich der Klassizismus der Weimarer eine nicht-klassische Form an, macht sie disponibel für die eigene poetische Produktion. Anders herum und ganz salopp: Mit dem Balladenalmanach wollten Schiller und Goethe einfach auch wieder einmal *populär* sein!

7.4.1 ▸ „Die Braut von Korinth"

Stoff und Inhalt. Das Motiv der lebenden Toten (oder, mit Goethes Wort, des ‚Vampyrischen') sowie den Handlungskern der Ballade fand Goethe in dem Band *Anthropodemus Plutonicus das ist, Eine Neue Weltbeschreibung, von allerley Wunderbaren Menschen* (Magdeburg 1666) von Johannes Praetorius (1630–1680). Dort (S. 278 ff.) findet sich die Wiedergabe der Erzählung des Phlegon Trallianus (1./2. Jahrhundert n. Chr.) über Philinion und Machates (zu den Quellen vgl.

Leitzmann 1911, 34–37). – Philinion, Tochter adliger Eltern in Tralles, Syrien, ist sechs Monate zuvor in blühender Jugend gestorben. Der Jüngling Machates kommt jetzt als Gast ins Haus der Eltern. Des Nachts kommt Philinion zu ihm, erzeigt ihm ihre Liebe; er willigt schnell ein und die beiden schlafen miteinander. Eine Magd erkennt das Mädchen und vermeldet's der Mutter, die ungläubig bleibt. Philinion, bei anbrechendem Tage Machates verlassend, gibt ihm als Pfand (sie will in der nächsten Nacht wiederkehren) Brusttuch und Ring, an denen am Tag die Eltern die Tochter wiedererkennen und Machates überreden, ein Zeichen zu geben, wenn das Mädchen nächtens wieder auftauche. Dies geschieht, doch als die Eltern Philinion sehen, beklagt sie, sie wollten ihr nach ihrem Tode nicht einmal die kleine Freude wenigstens dreier Tage körperlicher Liebe gönnen und – ‚stirbt' nochmals. Ein Priester befiehlt, den Leichnam vor den Toren der Stadt den wilden Tieren zum Fraß zu geben und in den Tempeln den Göttern zu opfern. Auch dies geschieht. Machates stirbt bald darauf.

Goethe übernimmt die Fabel in ihren Grundzügen, verlegt den Ort der Handlung aber kurzerhand nach Korinth, wohin der Jüngling „von Athen gezogen" kommt (v. 1), gräzisiert also den Stoff. Die Väter, „gastverwandt, / Hatten frühe schon / Töchterchen und Sohn / Braut und Bräutigam voraus genannt" (v. 4–7; HA 1, 268). Goethes Jüngling – und dies ist der entscheidende Eingriff in die Fabel – glaubt noch an die alten Götter, die Familie des Mädchens ist zum neuen Glauben, dem Christentum, übergetreten. Vor Müdigkeit vom gebotenem Abendmahle nichts gegessen habend, legt der Jüngling sich auf's Bett, das Mädchen erscheint, will wieder gehen – er hält sie zurück und will sie zum Essen und zur Liebe laden: „„Hier ist Ceres', hier ist Bacchus' Gabe; / Und du bringst den Amor, liebes Kind! / Bist vor Schrecken blaß! / Liebe, komm und laß, / Laß uns sehn, wie froh die Götter sind'" (v. 45–49). Das Mädchen wehrt zunächst ab, unter nicht eindeutigem Verweis auf ihren Tod („Schon der letzte Schritt ist, ach! geschehen", v. 52) und auf den Glaubenswechsel im Elternhaus. Er verweist auf die väterliche Verabredung der Heirat der Kinder, sie gibt vor, dass nicht sie, sondern ihre Schwester ihm bestimmt sei, er beharrt, in Liebe entbrannt. Sie reicht ihm ihre goldene Kette, er bietet ihr wiederum zu essen und zu trinken an, doch „[g]ierig schlürfte sie mit blassem Munde / Nun den dunkel blutgefärbten Wein" (v. 94 f.), vom Brote nimmt sie nichts, bittet aber um eine Locke von seinem Haar. Das Mädchen widersteht ihm noch: „„[...] Aber, ach! berührst du meine Glieder, / Fühlst du schaudernd, was ich dir verhehlt. / Wie der Schnee so weiß, / Aber kalt wie Eis / Ist das Liebchen, das du dir erwählt" (v. 108–112). Im Wahn, er könne sie erwärmen, ergreift er sie: „Liebe schließet fester sie zusammen" (v. 120). Goethe verstärkt das Vampirismus-Motiv: „Gierig saugt sie seines Mundes Flammen" (v. 122), das Mädchen erwärmt zwar in der Liebesbegegnung, „[d]och es schlägt kein Herz in ihrer Brust" (v. 126), sie bleibt tot! Die Mutter hört das Sprechen und Liebesgetümmel, tritt empört herein, sieht die Tochter, die, gesehen, ihre Gespenstnatur offenbart: „Wie mit Geists Gewalt / Hebet die Gestalt / Lang und Langsam sich im Bett empor" (v. 152–154). Die Ansprache der Tochter an die Mutter, die die sechs letzten Strophen füllt, macht

den Glaubenswechsel der Mutter sowohl für ihren Tod als auch für ihre Rastlosigkeit im Grabe verantwortlich:

> Dieser Jüngling war mir erst versprochen,
> Als noch Venus' heitrer Tempel stand.
> Mutter, habt Ihr doch das Wort gebrochen,
> Weil ein fremd, ein falsch Gelübd' Euch band!
> Doch kein Gott erhört,
> Wenn die Mutter schwört,
> Zu versagen ihrer Tochter Hand.
>
> Aus dem Grabe werd' ich ausgetrieben,
> Noch zu suchen das vermißte Gut,
> Noch den schon verlornen Mann zu lieben
> Und zu saugen seines Herzens Blut. (v. 169–179)

Sie sagt dem Jüngling seinen baldigen Tod voraus („Schöner Jüngling! kannst
nicht länger leben; / Du versiechest nun an diesem Ort. / Meine Kette hab' ich dir
gegeben; / Deine Locke nehm' ich mit mir fort", v. 183–186) und bittet ihre Mutter
um den Vollzug des antiken Bestattungsritus, den Scheiterhaufen:

> Öffne meine bange, kleine Hütte [d.h. die Grabstätte],
> Bring' in Flammen Liebende zur Ruh'!
> Wenn der Funke sprüht,
> Wenn die Asche glüht,
> Eilen wir den alten Göttern zu. (v. 192–196)

Form. Ballade ist die „Braut von Korinth" durch und durch, sie erfüllt die
Anforderungen an die Gattung:

- Sie ist *episches,* erzählendes Gedicht: „Nach Korinthus von Athen gezogen /
  Kam ein Jüngling, dort noch unbekannt" (v. 1 f.). Wenngleich das epische
  Präteritum des Anfangs nur zu Beginn der dritten Strophe (v. 15) noch einmal aufscheint und die Erzählerrede sonst ins vergegenwärtigende Präsens
  wechselt, bleibt doch der Gesamtgestus episch;
- Sie ist *dramatisch*-szenisch organisiert – das epische Präsens verstärkt diesen
  Eindruck noch: Von der sechsten Strophe an dominiert die Rollenrede, zunächst
  des Jünglings und des Mädchens, einmal für zwei Verse (v. 143 f.) der Mutter,
  die letzten sechs Strophen gehören ganz dem Mädchen. Rein epische Strophen
  treiben die Handlung voran (Str. 14/15, 19) oder übernehmen das Wort, wo die
  Figuren nicht mehr sprechen *können:* Im Kuß! (Str. 18).
- Sie ist *lyrisch,* ist strophisches Gedicht. Die siebenzeilige Strophe ist kunstvoll gebaut: Vier kreuzgereimten 5-hebigen Trochäen folgen zwei paargereimte
  Kurzverse (jeweils drei Trochäen), den Abschluss bildet wieder ein 5-hebiger

Trochäus mit der Reimendung der männlichen Verse des Kreuzreimpaares: ABABCCB. Konsequent ist die Kadenzgestaltung: Die A-Verse des Kreuzreimpaares sind immer weiblich, B und C immer männlich (was insbesondere den Kurzversen eine besondere Prägnanz verleiht).

Deutungsaspekte. Die ‚Gräzisierung' des eigentlich syrischen Stoffes ist kein Zufall: Nur so konnte Goethe der Ballade die Entgegensetzung von alter, griechischer (!) Götterwelt („Venus' *heitrer* Tempel", v. 170) und christlicher Religion einschreiben – die das Gedicht, trotz seines völlig anderen Gestus, gemeinsam mit Schillers „Die Götter Griechenlands" (1788/1800) lesbar macht. Das Mädchen berichtet dem Jüngling klagend vom Glaubenswechsel im Elternhaus:

> Und der alten Götter bunt Gewimmel
> Hat sogleich das stille Haus geleert.
> Unsichtbar wird einer nur im Himmel
> Und ein Heiland wird am Kreuz verehrt;
> Opfer fallen hier,
> Weder Lamm noch Stier,
> Aber Menschenopfer unerhört. (v. 57–63)

Dem vorausgeschickt hatte sie den Grund für den eigenen Tod aus Gram über die versagte, früher versprochene Hochzeit: „Durch der guten Mutter kranken Wahn, / Die genesend schwur: / Jugend und Natur / Sei dem Himmel künftig untertan" (v. 53–56); anscheinend hatte die Mutter das Mädchen dem neuen Gott sowie der Ehelosigkeit geweiht. Diesen Vorwurf wiederholt das Geistermädchen im Angesicht der Mutter: „Ist's Euch nicht genug, / Daß ins Leichentuch, / Daß Ihr früh mich in das Grab gebracht?" (v. 159–161). Der Bruch des gegebenen Wortes wiegt am schwersten: „Dieser Jüngling war mir erst versprochen, / Als noch Venus' heitrer Tempel stand. / Mutter, habt Ihr doch das Wort gebrochen, / Weil ein fremd, ein falsch Gelübd' Euch band!" (v. 169–172). Und dem „falsch Gelübd'" gesellen sich die wirkungslosen neuen Riten zu: „Eurer Priester summende Gesänge / Und ihr Segen haben kein Gewicht" (v. 164 f.). Nur der Scheiterhaufen, auf dem der Körper verbrannt wird, verschafft den „Liebende[n] [...] Ruh!", nur von dort „[e]ilen wir den alten Göttern zu" (v. 193, 196). Den *alten* Göttern! In der Schlussrede des Mädchens behauptet sich die griechische Götterwelt gegenüber christlichem Monotheismus.

Nicht der Vampirismus oder die Gespenstererscheinung sind das Zentrum des Gedichts: Dies sind nur Motive des Stoffs. Im Mittelpunkt steht die Entgegensetzung von alter, griechischer Götterwelt und christlicher Religion, von Heiterkeit (das ist, wie bei Winckelmann und Schiller, natürlich nur eine gemachte, konstruierte Antike!) der griechischen Welt und asketischer Strenge der christlichen. Dies zeigt sich schließlich auch im Motiv der ‚Locke'. Lessing

erörtert in seiner Schrift *Wie die Alten den Tod gebildet* (1769) die Vorstellung
der griechischen Antike, dass der Tod durch das Abschneiden einer Locke
den Betroffenen dem Tode, der Unterwelt weiht. Er verweist auf die Rede des
Thanatos, des Todes selbst, in Euripides' *Alkestis:* „Geheiliget den Unterirdischen
ist der / Von dessen Locken dieser Stahl ein Opfer bringt" (v. 75 f. in der Übers.
von Franz Fritze, *Sämmtliche Tragödien des Euripides,* Bd. 2, Berlin 1859, 10).
Todesbotin, oder vielmehr: der Tod selbst ist in der „Braut" das Mädchen. *Sie* verlangt die Locke (v. 91). Nicht der Vampirismus, wild und abgründig mythisch,
ist der Grund für den Tod des Jünglings – die Gier, mit der sie „seines Mundes
Flammen" saugt (v. 122), ist eher Effekt der Liebeswut als der Blutgier. Sogar der
Grund dafür, dass der Jüngling letztlich stirbt, wird bei Goethe gräzisiert: Es ist
Thanatos, nur in anderer Gestalt.

7.4.2   ▸ „Der Zauberlehrling"

Stoff und Inhalt. Den Stoff des „Zauberlehrlings" aus Lucians *Philopseudes*
kannte Goethe möglicherweise schon seit seiner Jugend, spätestens aber seit
Wielands Lucianübersetzung von 1788 (*Der Lügenfreund oder der Ungläubige,*
zu den Quellen s. auch Leitzmann 1911, 32–34). Eukrates berichtet dort in einer
Episode, wie er dem Pankrates, einem befreundeten Zauberer und weisen Manne,
einen Spruch abgelauscht habe, einen Besen oder sonst ein hölzernes Ding Wasser
holen und ihn bedienen zu machen. Er, Eukrates, habe zwar den Zauber einleiten
können, ihn aber nicht zu beenden gewusst; er habe den Holzstößel, der unablässig
Wasser herbeigebracht habe, mit dem Beile zu zerschlagen versucht und statt
eines nun zwei Diener gehabt: Erst Pankrates, hinzukommend, habe dann den
Zauber beendet. Goethe machte aus Lucians Freundschaftsverhältnis der beiden
Protagonisten ein Ausbildungsverhältnis, der vergeblich Versuchende wird zum
Schüler, in seine Tat gelangt so ein anderes Maß an Überheblichkeit, der Verstoß
gegen eine Bildungshierarchie. Ansonsten blieb er inhaltlich eng an der Vorlage.

   Form. „Der Zauberlehrling" reizt die lyrischen und dramatischen Möglichkeiten der Balladengattung umfassend aus – auf der Oberfläche des Textes völlig
zu Ungunsten des Epischen.

- Der Handlungsverlauf wird unter völligem Verzicht auf jedes epische Element
  dargestellt, es gibt keine Erzählerstrophe, keine *inquit*-Formel, keinerlei
  Erzählerrede.
- Vielmehr ‚erzählt' die Ballade hier ausschließlich durch szenische Mittel: den
  unmittelbar gegebenen Monolog der Titelfigur, der erst zuletzt – und nur zur
  Abwendung der Katastrophe – von der Rede des Meisters abgelöst wird. Damit
  wird die Tradition der episch erzählten und distanzierteren Kunstballade um
  die „„unmittelbarste' aller nur denkbaren Balladen" erweitert (Laufhütte 1979,
  63). Der bis zum siebtletzten Vers reichende Monolog des Zauberlehrlings steht
  im dramatischen Präsens, das die Gleichzeitigkeit von Vorgang und Vortrag
  suggeriert: Der Lehrling „erzählt", was gerade geschieht, was er gerade tut.

- Das Fehlen des Erzählers wird formal durch die dichte Kompositionsweise des Textes kompensiert. Das Gedicht besteht aus sieben Strophen, die sehr deutlich zweigeteilt sind: ein erster achtzeiliger und kreuzgereimter Versblock ist je mit einem fast refrainartig klingenden Sechszeiler verkoppelt. Für den ersten Teil der Strophe kombiniert Goethe eine vierzeilige Strophe aus vierhebigen Trochäen mit einer aus dreihebigen Trochäen. Diese letzten kürzeren Verse, deren Kürze noch durch die männliche Kadenz des letzten Verses betont wird, leiten geschickt über in den ‚Refrain'-Teil. Das Reimschema dieses sechszeiligen Blocks aus zwei in einander greifenden Versklammern schließt ihn eng zusammen: e f f g e g. Vier 2-hebige Trochäen zitieren den knappen Gestus des Zauberspruchs, die beiden abschließenden, weiblich endenden vierhebigen Trochäen nutzt der Text einerseits zur (inhaltlichen) Einschaltung erzählender oder reflexiver Rede – und formal zur Überleitung in die nächste Strophe.

Handlungsstrophen und ‚Refrain'. Beim genaueren Blick auf die Inhaltsseite des Textes jedoch stellt sich heraus, dass die zweiten Strophenteile alles andere sind als Refrain: Sie sind eng an den Handlungszusammenhang des jeweils ersten Strophenteils angebunden. Im Achtzeiler der ersten Strophe begrüßt der Lehrling die Gelegenheit, den endlich abgelauschten Zauberspruch selbst anwenden zu können: „Hat der alte Hexenmeister / Sich doch einmal wegbegeben!" (HA 1, 276; v. 1 f.). Pointiert wird das übermütige Vertrauen des Lehrlings auf die eigenen Fähigkeiten, auf die Kraft des eigenen Geistes herausgestellt: „Und mit Geistesstärke / Tu' ich Wunder auch" (v. 7 f.). Gleichzeitig bereiten die abgelauschten „Wort' und Werke" (v. 5) den Anschluss des folgenden Sechszeilers vor:

> Walle! walle
> Manche Strecke,
> Daß zum Zwecke
> Wasser fließe,
> Und mit reichem, vollem Schwalle
> Zu dem Bade sich ergieße! (v. 9–14)

Die Kürze und Prägnanz der Verse, intensiviert durch den Binnenreim „Walle! walle" und die fast monotone a-Assonanz ‚Manche/Daß/Wasser/Bade' macht sie als Zauberspruch erkennbar. Der Sechszeiler der ersten Strophe ist also unmittelbar an den Handlungs- und Sprechzusammenhang des ihm vorangehenden Achtzeilers angebunden: Er beweist, dass der Lehrling tatsächlich seinem Meister einen Spruch ablauschen konnte.

Die folgenden Strophen berichten von der Zurichtung des Besens: „Und nun komm, du alter Besen! / Nimm die schlechten Lumpenhüllen!" (v. 15 f.). Die konkrete Handlungserwartung an den verzauberten Besen „Nun erfülle meinen Willen" (v. 18) schlägt um in die begeisterte Präsentation der erzielten Wirkung: „Seht, er läuft zum Ufer nieder; / Wahrlich! ist schon an dem Flusse / Und mit Blitzesschnelle wieder / Ist er hier mit raschem Gusse" (v. 29–32). Fassungslos angesichts der Wirkung des eigenen Zaubers stammelt der Lehrling: „Wie das Becken schwillt! / Wie sich jede Schale / Voll mit Wasser füllt" (v. 34–36). Die anaphorisch fragende Rede zeugt nur davon, wie wenig der Sprecher Herr ist gegenüber seinem Experiment.

Im Sechszeiler der Strophe III schlägt das Experiment denn auch zur Katastrophe aus: Wie oben ist er Zauberspruch – doch einer, der versagt: „Stehe! stehe! / Denn wir haben / Deiner Gaben / Vollgemessen! – / Ach, ich merk' es! Wehe! wehe! / Hab' ich doch das Wort vergessen!" (v. 37–42). Das „Wehe! wehe!" ist intensivierter Reim zum noch formelhaften „Stehe! stehe!", mit dem der versagende Zauberspruch beginnt, ist allerdings nicht mehr rituelle Wiederholung, sondern intensivierter Ausdruck subjektiver Not. – Während die zweiten Strophenteile bisher Zauberspruch waren, löst die Angst des Sprechers ab der vierten Strophe („Ach! und hundert Flüsse / Stürzen auf mich ein", v. 49 f.) diese Struktur auf. Hier ist der Sechszeiler Bericht, ist szenische Rede: „Will ihn fassen. / Das ist Tücke!" (v. 53 f.). Der missglückte Versuch mündet in einen immer kläglicher werdenden Ausruf, der den Eindruck von Angst und Erregtheit verstärkt: „Ach! nun wird mir immer bänger! / Welche Miene! welche Blicke!" (v. 55 f.).

Diese Panik wird in Strophe V zur Anrede an den Besen gesteigert: „O, du Ausgeburt der Hölle! / Soll das ganze Haus ersaufen?" (v. 57 f.) Der Fluch mündet in einen wie immer vergeblichen weiteren Beschwörungsversuch: „Stock, der du gewesen, / Steh doch wieder still!" (v. 63 f.). Hier treibt dann der Sechszeiler Handlung voran; er artikuliert den gewaltsamen, doch letztlich ohnmächtigsten Versuch, der Sache Herr zu werden: „Will dich fassen, / Will dich halten, / und das alte Holz behende / Mit dem scharfen Beile spalten" (v. 67–70). – Strophe VI erzählt fast breit die Vorbereitung und Ausführung des vermeintlich tödlichen Schlags und den scheinbaren Erfolg: „Und nun kann ich hoffen, / Und ich atme frei"! (v. 77 f.). Der zugehörige Sechszeiler jedoch dementiert dies, zeigt genau das Gegenteil vom Erhofften: „Wehe! wehe! / Beide Teile / stehn in Eile / Schon als Knechte / Völlig fertig in die Höhe!" (v. 79–83). Das „Wehe! wehe!" leitet hier die Beschwörung anderer, höherer Gewalten ein: „Helft mir, ach! ihr hohen Mächte!" (v. 84).

Diese „hohen Mächte" werden in der siebten Strophe ganz konkret: „Herr und Meister! hör' mich rufen!" (v. 88). Der Lehrling erkennt die *superbia*, die hinter dem selbstveranstalteten Experiment steckt, erkennt schließlich die Hierarchie der Bildung und Ausbildung an, in der Anrede „Herr und Meister" demütigt er sich herab zu Diener und Knecht. Dem kommenden Meister wird, im endgültigen Eingeständnis ohnmächtigen Versagens das, mittlerweile geflügelte, Wort zugerufen: „Herr, die Not ist groß! / Die ich rief, die Geister, / Werd' ich nun nicht los" (v. 90–92). – Der Meister hat dann den letzten ‚Refrain': Seine ersten drei Verse stellen die den Wasserzauber beendende Formel dar, nach der der Lehrling so verzweifelt gesucht hatte: „In die Ecke, / Besen! Besen! / Seid's gewesen!" (v. 93–95). Die letzten drei Verse jedoch sind nicht Formel. Sie sind zwar formal immer noch an die Besen gerichtet, richten sich in Wirklichkeit aber an die Adresse des Schülers, auf dessen Lehrlingsstatus sie anspielen: „Denn als Geister / Ruft euch nur zu seinem Zwecke / Erst hervor der alte Meister" (v. 96–98).

Didaxe: Ballade als Lehrgedicht. Der abschließende Teil der Ballade – Einsicht in die eigene Ohnmacht, Anrufung des Meisters, dessen Rede und Moral – lässt den Text ins Lehrhafte umschlagen: Nicht nur ein magisches Ereignis wird berichtet, die letzten drei Verse artikulieren die Erfahrung, die daraus zu schöpfen sei: So wird die Geschichte vom Zauberlehrling zur Parabel. Genau aus diesem didaktischen Grunde muss der „Zauberlehrling" auch die Katastrophe vermeiden, indem zuletzt der Meister einschreitet. Erst dieser ‚glückliche' Ausgang charakterisiert den Vorgang als poetisch umgesetztes Experiment, dessen Wirklichkeitsbezug sozusagen nur ein spielerischer ist.

7.5 Elegien (Lehrgedichte)

7.5.1 ▸ „Die Metamorphose der Pflanzen"

Hintergrund: Botanische Grundauffassung. Neben der antiken Klassik und der Renaissance, die Goethe in Italien suchte und fand, neben der eigenen „Wiedergeburt" als Künstler, war er vor allem fasziniert von der Natur Italiens. Und zwar nicht in einem schwärmerischen Sinne, sondern in einem zutiefst wissenschaftlichen. Noch während der Italienreise verfolgte er die Suche nach der Urpflanze, aus der sich alle anderen entwickelt hätten – eine idealistische, man könnte auch sagen: neuplatonische Vorstellung, die er aber 1787/88 durch das Konzept der Metamorphose zu ersetzen lernte. Die naturwissenschaftliche Schrift *Versuch die Metamorphose der Pflanzen zu erklären* wurde im Herbst 1789, sozusagen in unmittelbarer Folge der Revolution im Nachbarland, niedergeschrieben und erschien Ostern 1790. Die 123 Paragraphen des Textes gehen von einer zunächst ganz einfach erscheinenden Hypothese aus. Alle Erscheinungsformen der Pflanzengestalt könnten als Metamorphosen, als Gestaltwandlungen eines einzigen Organs zu erklären sein: des Blattes. Goethe geht am Beginn der Schrift von der konkreten Beobachtung des Pflanzenwachstums aus, die, aufmerksam durchgeführt, „den regelmäßigen Weg der Natur" erkennen lässt, den Weg über die Metamorphose, die sogleich definiert wird: „[W]ir lernen die Gesetze der Umwandlung kennen, nach welchen sie [die Natur] Einen Teil durch den andern hervorbringt, und die verschiedensten Gestalten durch Modifikation eines einzigen Organs darstellt. [...] [M]an hat die Wirkung, wodurch ein und dasselbe Organ sich uns mannigfaltig verändert sehen lässt, die *Metamorphose der Pflanzen* genannt" (HA 13, 64).

Die Paragraphen 10–83 befassen sich in der Folge mit den einzelnen Stufen der Pflanzenentwicklung: von der Ausbildung der Samen- oder Keimblätter, des Stengels und der Stengelblätter, der Bildung des Blütenkelches und der Blütenkrone, der Ausprägung der pflanzlichen Geschlechtsorgane, der Staubgefäße und des Griffels bis hin zur Gestalt der Frucht – womit der Kreis sich schließt. Den Ansatzpunkt des Blattes am Samen bzw. am Stengel bezeichnet Goethe als Knoten, den Knospenpunkt, aus dem ein Zweiglein o.ä. hervorgehen kann, als Auge; Blatt, Knoten und Augen ermöglichen ihm die vollständige Erklärung der Entstehung der Pflanzengestalt. Die generelle Ableitung der Pflanzenorgane aus dem Blatt ist naturwissenschaftlich immer noch anerkannt, wenngleich etwa die Samenschale, also ein kleines Organ, nicht ausschließlich aus Blatt-Metamorphosen erklärt werden kann. Die grundsätzlich auf der genauen Beobachtung fußende Methodik der Schrift ist ebenso beeindruckend wie die naturwissenschaftsgeschichtlich frühen pflanzenphysiologischen Spekulationen: § 26 berichtet von den „verschiedenen Luftarten", die die Blätter „einsaugen, und sie mit den in ihrem Innern enthaltenen Feuchtigkeiten verbinden"; Goethe kommt hier tendenziell dem Gasaustausch der Pflanze durch Photosynthese auf die Spur, er veranstaltete sogar Experimente mit den Pflanzengasen: „Die Luft, welche in den leeren Räumen des Schilfrohrs enthalten ist, löscht brennende Lichter aus", ist also das Atmungsprodukt Kohlendioxid (Paralipomenon; WA II.13, S. 36).

Die einzelnen Stufenfolgen der Metamorphose der Pflanzen beschreibt Goethe jeweils als Modifikation des schon Bestehenden: „Die Natur bildet [...] kein neues Organ, sondern sie verbindet und modifiziert nur die uns schon bekannt gewordenen Organe, und bereitet sich dadurch eine Stufe näher zum Ziel" (HA13, 75), Metamorphosen sind sanfte, langsame Übergänge (vgl. § 51) von einem Gestaltzustand zum folgenden. Und da für Goethe Gesellschaftsgeschichte nichts anderes ist als die Naturgeschichte (des Menschen), wird der Text damit zur Stellungnahme zur Französischen Revolution: Dem von Goethe abgelehnten gewaltsamen Umsturz gesellschaftlicher Verhältnisse wird in der Metamorphose-Schrift das Denkmodell des sanften Übergangs entgegengestellt: „Sie wissen, wie sehr ich mich über jede Verbesserung freue, welche die Zukunft uns etwa in Aussicht stellt. Aber, wie gesagt, jedes Gewaltsame, Sprunghafte ist mir in der Seele zuwider, *denn es ist nicht naturgemäß.*" (Eckermann, 27. April 1825; MA 19, 519).

Elegie – Entstehung. Fast ein ganzes Jahrzehnt nach der naturwissenschaftlichen botanischen Schrift über die Prozesse und Gesetze der Entstehung der Pflanzengestalt entstand am 17./18. Juni 1798 mit fast identischem Titel die Elegie „Die Metamorphose der Pflanzen", ein Lehrgedicht. Der Text wurde erstmals in Schillers *Musen Almanach für das Jahr 1799* publiziert. Die Elegie bietet in ihrem Mittelteil gleichsam eine lyrische Verarbeitung der Abhandlung von 1789; den Rahmen bildet eine aus der Antike geläufige Vorstellung der pädagogischen Funktion des Eros – hier mit eindeutiger Rollenverteilung (wiederum eine Männerphantasie!): Der Mann lehrt die Frau, die Natur mit neuen, mit *seinen* Augen zu sehen:

> Dich verwirret, Geliebte, die tausendfältige Mischung
>   Dieses Blumengewühls über dem Garten umher;
> Viele Namen hörest du an, und immer verdränget
>   Mit barbarischem Klang einer den andern im Ohr.
> Alle Gestalten sind ähnlich, und keine gleichet der andern;
>   Und so deutet das Chor auf ein geheimes Gesetz,
> Auf ein heiliges Rätsel. O könnt' ich dir, liebliche Freundin,
>   Überliefern sogleich glücklich das lösende Wort! (v. 1–8; HA 1, 199)

Vergöttlichung der Natur. Die Formeln vom „geheimen Gesetz", vom „heiligen Rätsel" deuten den Naturzusammenhang schon hier, zum Ende des vorderen Rahmenteils, als religiös besetzt, als letztlich göttlich – und der erklärende Mann ist der Priester, der Wissende, Geweihte! Diese Sakralisierungen durchsetzen auch den großen Mittelteil, der den Gestaltwerdungsprozess der Pflanze erklärt. Das Sonnenlicht ist ‚heilig, ewig bewegt' (vgl. v. 13), die paarweise Stellung der Staubblätter um die Narbe in der vollendeten Blüte wird mit einer Tempel- wie Hochzeitsmetaphorik zum Ausdruck gebracht: „Traulich stehen sie nun, die holden Paare, beisammen, / Zahlreich ordnen sie sich um den geweihten Altar. / Hymen schwebet herbei" (v. 53–55). Die Natur selbst ist die Schöpferin: „Doch hier hält die Natur, mit mächtigen Händen, die Bildung / An und lenket sie sanft in das Vollkommnere hin" (v. 33 f.), die Natur ist Göttin: „Aber die Herrlichkeit wird des neuen Schaffens Verkündung; / Ja, das farbige Blatt fühlet die göttliche Hand" (v. 49 f.). Diese Vergöttlichung der Natur wird im abschließenden Rahmenteil, wieder an die Geliebte gerichtet, erneut aufgegriffen: „Aber entzifferst du hier der Göttin heilige Lettern" (v. 67).

Gestaltwerdung der Pflanze. Das Gelenk zwischen Anrede der Geliebten im Rahmen und der Erklärung im Mittelteil ist ein einziges Verspaar: „Werdend betrachte sie nun, wie nach und nach sich die Pflanze, / Stufenweise geführt, bildet zu Blüten und Frucht" (v. 9 f.). Und „werdend", „stufenweise geführt", werden in den folgenden 24 Distichen die Entwicklungsschritte der Pflanzengestalt erläutert: Vom Samen in „der Erde / Stille befruchtende[m] Schoß" (v. 11 f.), dem im Samen umschlossenen Keimblatt (vgl. v. 17), dem „zärtesten Bau keimender Blätter" (v. 14), „Trieb" (v. 23) und Sprossknoten (vgl. v. 24) bis zur Blattbildung (vgl. v. 26), die, je nach Pflanze, vielgestaltig ausfallen kann, „[v]iel gerippt und gezackt" (v. 31). Die Bildung von Kelch- (vgl. v. 41–43) und Blütenblättern (vgl. v. 44), innerhalb derer aber Staubblätter und Narbe (vgl. 53 f.); Befruchtung („Hymen [der altgr. Gott der Hochzeit] schwebet herbei", v. 55) und Fruchtbildung (vgl. v. 58) schließen den Prozess ab – und ermöglichen, dass er von neuem beginnen kann: „Und hier schließt die Natur den Ring der ewigen Kräfte; / Doch ein neuer sogleich fasset den vorigen an, / Daß die Kette sich fort durch alle Zeiten verlänge" (v. 59–61).

Übertragung I: Anthropomorphismus. Für Goethe ist der Mensch Natur – und umgekehrt kann Natur, können Naturprozesse mit anthropomorphen Metaphern bezeichnet werden. Genau das geschieht hier, im Mittelteil. Es ist „der Erde / stille befruchtender *Schoß*" (v. 11 f.), in dem der Same keimt, das einfache Keimblatt, das als erstes aus Same und Erde entsprießt, wird mit Menschlichem verglichen: „Aber einfach bleibt die Gestalt der ersten Erscheinung, / Und so bezeichnet sich auch unter den Pflanzen das *Kind*" (v. 21 f.). Das „farbige Blatt *fühlet* die göttliche Hand" (v. 50), auf die Altar- und Hochzeitsbildlichkeit des Innern der Blüte wurde schon hingewiesen, nach der Befruchtung in der Blüte „schwellen sogleich unzählige Keime, / Hold in den *Mutterschoß* schwellender Früchte gehüllt" (v. 57 f.).

Übertragung II: Tierische Natur, Menschliches, Geschichte. Was die anthropomorphen Metaphern im Mittelteil schon andeuten, wird im abschließenden Rahmen – wieder in der Anrede an die Geliebte – ausdrücklich gemacht:

> Wende nun, o Geliebte, den Blick zum bunten Gewimmel,
> Das verwirrend nicht mehr sich vor dem Geiste bewegt.
> Jede Pflanze verkündet dir nun die ew'gen Gesetze,
> Jede Blume, sie spricht lauter und lauter mit dir.
> Aber entzifferst du hier der Göttin heilige Lettern,
> Überall siehst du sie dann, auch in verändertem Zug. (v. 63–68)

Wie bei der Pflanze ist der stufenweise Umwandlungsprozess der Gestalt bei Raupe und Schmetterling (v. 69), ja selbst bei der Arbeit des Menschen an der Natur in Handwerk und Kunst: „Bildsam ändre der Mensch selbst die bestimmte Gestalt" (v. 70). Soziales, menschliche Beziehungen wie die zwischen Mann und Geliebter, entwickeln sich „aus dem Keim der Bekanntschaft" (v. 71) bis zu „Blüten und Früchte[n]", von „Amor […] gezeugt" (v. 74). Ja sogar Empfindungen sind in diesem Sinne Natur:

> Denke, wie mannigfach bald die, bald jene Gestalten,
> Still entfaltend, Natur unsern Gefühlen geliehn!
> Freue dich auch des heutigen Tags! Die heilige Liebe
> Strebt zu der höchsten Frucht gleicher Gesinnungen auf,
> Gleicher Ansicht der Dinge, damit in harmonischem Anschaun
> Sich verbinde das Paar, finde die höhere Welt. (v. 75–80)

Das Soziale der Geschlechterbeziehung hier ist aber auch *pars pro toto:* Menschliche Geschichte, auch die der Kunst (!), ist, da sie denselben Bildungsgesetzen unterworfen ist wie alle Natur, Naturgeschichte. Eine Grundauffassung Goethes, aus der einerseits seine Ablehnung revolutionärer (da sprunghafter) Umstürze resultiert, die ihn andererseits aber umgekehrt Kunstwerke als die höchsten Naturwerke auffassen lässt.

7.5.2 ▸ „Metamorphose der Tiere"

Zeitlich wohl ganz eng im Zusammenhang mit der Elegie „Die Metamorphose der Pflanzen", aber anscheinend für einen größeren lehrhaften Text vorgesehen, entstand ebenfalls 1798/99 die „Metamorphose der Tiere". Unmittelbar, nachdem das Tagebuch vom 18. Juni 1798 jene Elegie erwähnt, heißt es: „Abends zu Schiller, über die Möglichkeit einer Darstellung der Naturlehre durch einen Poeten" (Tb II.1, 250). Die Kritik seines Freundes Carl Ludwig Knebel an der „Pflanzen"-Elegie – eine Kritik, die vor allem auf die Wahl des elegischen Distichons abzielte, das allenfalls durch die Rahmung als ‚Liebesgespräch' plausibel werde und statt dessen Knebel, wie in antiker Lehrdichtung, den reinen Hexameter vorgezogen hätte – veranlasste Goethe, das große Lehrgedicht über die Naturlehre in Hexametern zu planen. Vorbild war ohne Zweifel das Hexameter-Lehrgedicht *De rerum natura* des römischen Schriftstellers Lukrez (1. Jh. v.u.Z.), das Knebel selbst übersetzte und das vielfach Gesprächsgegenstand zwischen Goethe und Knebel war. Die „Metamorphose der Tiere" ist möglicherweise ein Fragment dieses (nicht ausgeführten) Projekts.

Zweckmäßigkeit, Gleichgewicht. Wiederum wird hier die Natur als Göttin apostrophiert, auf deren Schöpfung letzte, höchste Stufe das Gedicht zu führen anbietet (vgl. 1–3). Neben der unhintergehbaren Sterblichkeit alles Lebendigen (vgl. v. 7) habe die Natur jedes Tier als „Zweck sein selbst" (v. 12) bestimmt, alle Glieder, die der Körper der Tiere ausbilde, seien geschaffen „[g]anz harmonisch zum Sinne des Tiers und seinem Bedürfnis" (v. 21): „Also bestimmt die Gestalt die Lebensweise des Tieres, / Und die Weise, zu leben, sie wirkt auf alle Gestalten / Mächtig zurück" (v. 25–27). Obwohl Goethe hier Umwelt und tierischen Phäno-typ als harmonisch passend zueinander denkt (Darwins „the fittest" sind die am besten an die Umweltbedingungen angepassten, keinesfalls die stärksten!), denkt er (hier) noch keine Evolution der Arten. Das Ausbalancierungs- oder Gleich-gewichtskonzept, das er zwischen Tiergestalt und Lebensweise annimmt, über-trägt er im zweiten Teil des Gedichts auch auf den einzelnen Tierkörper selbst: Die Größe oder Mächtigkeit eines bestimmten Organs werde stets durch einen Mangel anderswo kompensiert:

> Denn so hat kein Tier, dem sämtliche Zähne den obern
> Kiefer umzäunen, ein Horn auf seiner Stirne getragen,
> Und daher ist den Löwen gehörnt der ewigen Mutter
> Ganz unmöglich zu bilden, und böte sie alle Gewalt auf;
> Denn sie hat nicht Masse genug, die Reihen der Zähne
> Völlig zu pflanzen und auch Geweih und Hörner zu treiben. (v. 44–49)

Übertragung. Wie die Elegie über „Die Metamorphose der Pflanzen" über-trägt auch dieses Hexameter-Gedicht abstrahierend das an der Tiergestalt sicht-bar Werdende. Dass die Natur jedes Tier gemessen gestalten müsse, „harmonisch zum Sinne des Tiers und seinem Bedürfnis" (v. 21), seiner „Lebensweise" (v. 25), dass sie gebunden sei an die zur Verfügung stehende „Masse" der Gestalt-bildung, wird zum Grundsatz der Naturbetrachtung: „Dieser schöne Begriff von Macht und Schranken, von Willkür / Und Gesetz, von Freiheit und Maß, von beweglicher Ordnung, / Vorzug und Mangel erfreue dich hoch!" (v. 50–52). Und dieser Ausgleich zwischen Willkür und Gesetz, Freiheit und Maß ist übertrag-bar auf jegliche menschliche Tätigkeit, auf Philosophie, Handwerk, Kunst und Politik: „Keinen höhern Begriff erringt der sittliche Denker, / Keinen der tätige Mann, der dichtende Künstler; der Herrscher, / Der verdient, es zu sein, erfreut nur durch ihn sich der Krone" (v. 54–56). Selbstreflexiv werden Willkür und Gesetz, Freiheit und Maß auf das sprachliche Kunstwerk, hier den Hexameter, bezogen: „Die heilige Muse / Bringt harmonisch ihn [den schönen Begriff] dir, mit sanftem Zwange belehrend" (v. 52 f.). Und wenn das Gedicht emphatisch endet mit der Aufforderung „Freue dich, höchstes Geschöpf, der Natur! Du fühlest dich fähig, / Ihr den höchsten Gedanken, zu dem sie schaffend sich aufschwang, / Nachzudenken", dann klingt hier einerseits die schwärmerische Naturemphase von Klopstocks „Zürchersee" unzweifelhaft nach: „Schön ist, Mutter Natur, deiner Erfindung Pracht / Auf die Fluren verstreut, schöner ein froh Gesicht, / Das den grossen Gedanken / Deiner Schöpfung noch *einmal* denkt" (Klopstock AW I, 53). Andererseits aber wird dem genauen, wissenschaftlichen Blick dann der Vorzug gegeben: „Hier stehe nun still und wende die Blicke / Rückwärts, prüfe, vergleiche und nimm vom Munde der Muse, / Daß du schauest, nicht schwärmst, die liebliche volle Gewißheit." Empirie tritt an die Stelle der Schwärmerei!

Rahmung. Für die *Ausgabe letzter Hand* rahmte Goethe im dritten Band (S. 91–100) beide Metamorphose-Gedichte mit drei kurzen Gedichten, die den betrachtenden, ja forschenden Zugang zur Natur reflektieren: „Parabase", „Epirrhema", „Antepirrhema". Diese Begriffe bezeichnen Teile der die Handlung unterbrechenden, kommentierenden Chorrede in der antiken Dramatik, etwa den Komödien des Aristophanes (z. B. in der 3. Szene der *Wespen*, Σφῆκες, v. 1009 ff.). Während ‚Parabase' die gesamte Chorpartie bezeichnet, sind ‚Epirrhema' sowie ‚Antepirrhema' Bestandteile derselben. Einmal abgesehen davon, dass im „Antepirrhema" sich eines der berühmten, großartigen Bilder Goethes für das Wirken der Natur befindet – „So schauet mit bescheidnem Blick / Der ewigen Weberin Meisterstück, / Wie Ein Tritt tausend Fäden regt, / Die Schifflein hinüber herüber schießen, / Die Fäden sich begegnend fließen" (HA 1, 358) –, betont diese Rahmung der beiden Metamorphose-Gedichte mehrerlei: Sie sind belehrende Anrede ans (Lese-)Publikum und sie stellen sich unzweideutig und vielfältig in die Tradition der antiken Klassik.

7.6 ▸ Elegien (Liebeselegie): „Alexis und Dora"

Entstehung. „Alexis und Dora" ist eine Idylle in elegischen Distichen und auch ein epischer Text. Allerdings nicht im distanzierenden Präteritum und weitgehend nicht erzählt von einem epischen Erzähler, sondern in der Erinnerungsrede der männlichen Hauptfigur, Alexis. Entstanden ist der Text zwischen dem 12. und 14. Mai 1796 für Schillers *Musen-Almanach für das Jahr 1797*, den die Elegie einleitete. Für die Ausgabe seiner *Schriften* 1800 überarbeitete Goethe den Text vor allem metrisch, wobei sich allerdings auch Umstellungen innerhalb eines Verses bzw. neu gefüllte Verse ergaben: Insgesamt 55 der 158 Verse wurden in Richtung der strengeren Grundsätze, die Johann Heinrich Voß und August Wilhelm Schlegel für den Hexameter im Deutschen aufgestellt hatten, geändert: Akzentsetzung durch Betonung und nach Möglichkeit die Beachtung von Längen und Kürzen, also der quantitierenden Metrik der antiken Dichtung.

Texterörterung. Die Grundsituation könnte einfacher nicht sein: Alexis sieht am Beginn einer Kaufmannsreise bei der Abreise vom heimatlichen Hafen Stadt und Küste entschwinden – und ihn überkommt die Erinnerung an die unmittelbar vor der Abreise stattgehabte Liebesbegegnung mit der ihm schon lange bekannten und benachbarten Dora.

> Ach! unaufhaltsam strebet das Schiff mit jedem Momente
>   Durch die schäumende Flut weiter und weiter hinaus!
> Lange Furchen hinter sich ziehend, worin die Delphine
>   Springend folgen, als flöh' ihnen die Beute davon.
> Alles deutet die glücklichste Fahrt, der ruhige Schiffer
>   Ruckt am Segel gelind, das sich statt seiner bemüht;
> Alle Gedanken sind vorwärts gerichtet, wie Flaggen und Wimpel.
>   Nur Ein Trauriger steht, rückwärts gewendet, am Mast,
> Sieht die Berge schon blau, die scheidenden, sieht in das Meer sie
>   Niedersinken, es sinkt jegliche Freude vor ihm. (v. 1–10; HA 1, 185)

Goethe setzt Alexis in eine antike Umgebung; insbesondere die Delphine, in der Antike Beschützer der Seefahrt, sprechen schon hier am Beginn dafür. Die Erinnerung des Alexis ist zunächst von Bedauern geprägt – darüber, dass er nicht schon viel früher mit der schönen Nachbarin in nähere Bekanntschaft kam: „Öfter sah ich dich gehn zum Tempel, geschmückt und gesittet, / Und das Mütterchen ging feierlich neben dir her. / Eilig warst du und frisch, zu Markte die Früchte zu tragen [...]. / Schöne Nachbarin, so war ich gewohnt dich zu sehen" (v. 39–47). Und jetzt, lange haben die Schiffer auf „günstige Lüfte" (v. 33) gewartet, Alexis ist dringend zum Hafen gerufen, unterbricht Dora seinen eiligen Schritt: „Und so sprang ich hinweg, das Bündelchen unter dem Arme, / An der Mauer hinab, fand an der Türe dich stehn / Deines Gartens. Du lächeltest mir und sagtest: Alexis!" (v. 63–65). Scheinbar will sie eine ‚Bestellung' aufgeben, „ein leichtes Kettchen" (v. 69), bittet ihn aber hinein, um ihm „aus dem Garten noch einige Früchte" (v. 76) mit auf die Fahrt zu geben. Im Garten, genauer: in der Laube ordnet sie nicht nur die Früchte im Körbchen, sondern es finden nur in Blick, Umarmung, Küssen und kurzem Wortwechsel Brautwerbung und Verlobung statt – bevor ein von den Schiffern gesendeter Knabe zur Abfahrt drängt. Nach der Erinnerung an die Liebesbegegnung phantasiert Alexis die Pracht der mitzubringenden Gabe aus, die jetzt nicht mehr Handelsware ist, sondern reiches Geschenk für die Braut:

> Wahrlich, es soll zur Kette werden das Kettchen, o Dora!
>   Neunmal umgebe sie dir, locker gewunden, den Hals.
> Außerdem schaff' ich noch Schmuck, den mannigfaltigsten: goldne
>   Spangen sollen dir auch reichlich verzieren die Hand:
> Da wetteifre Rubin und Smaragd, der liebliche Saphir
>   Stelle dem Hyazinth sich gegenüber, und Gold
> Halte die herrlichen Steine in schöner Verbindung zusammen.
>   O, wie den Bräutigam freut, einzig zu schmücken die Braut! (v. 117–124)

Der Phantasie der reichen Beschenkung bei seiner Rückkehr (vermehrt etwa um Decken und Leinwand für „[m]ich und dich und auch wohl noch ein Drittes", v. 134) wird als leidenschaftliche Vorfreude abrupt unterbrochen oder verdrängt von der Eifersucht, der Phantasie des Betrugs: „die Türe steht wirklich des Gartens noch auf! / Und ein anderer kommt! Für ihn auch fallen die Früchte! / Und die Feige gewährt stärkenden Honig auch ihm! / Lockt sie auch ihn nach der Laube? und folgt er?" (v. 142–145). In einem Stoßgebet an Zeus erbittet Alexis den eigenen Tod: „Donnere schrecklicher! triff! – Halte die Blitze zurück! / Sende die schwankenden Wolken mir nach! im nächtlichen Dunkel / Treffe Dein leuchtender Blitz diesen unglücklichen Mast! / Streue die Planken umher und gib der tobenden Welle / Diese Waren, und mich gib den Delphinen zum Raub!" (v. 150–154).

Idyll und Leidenschaft. Der Garten Doras, besonders die Laube – „die Myrte bog blühend darüber sich hin" (v. 84) – ist *locus amoenus,* ist ein abgeschlossener Ort: Der Ort der Frau und der Verführung. Diese wird bildlich zur Sprache gebracht; hier sind es Orangen und Feige, die verführen und die (insbesondere unter der Myrte, dem Schmuck der Braut schon in der Antike und Aphrodite geweiht!) deutlich auf Sexualität und Ehe verweisen (Alexis' Eifersuchtsphantasie legt das offen: „Für ihn auch fallen die Früchte! / Und die Feige gewährt stärkenden Honig auch ihm!"). – Das Idyll tritt aber nur distanziert ins Wort: In der Distanz der Erinnerung. Liebesversprechen, Verlobung sind Vergangenheit, doch in leidenschaftlicher Inbrunst erinnert; das Schmücken der Braut, Ehe, gemeinsame Kinder („auch wohl noch ein Drittes") sind leidenschaftlich drängende Erwartung; die Eifersucht destruktive, letztlich todessehnsüchtige Passion. Goethe begründet gegenüber Schiller diesen rasanten Umschlag damit, dass „die Idylle [als Gattung] durchaus einen pathetischen Gang hat und also das Leidenschaftliche bis gegen das Ende gesteigert werden mußte" (22. Juni 1796; HA 1, 606).

Selbstreflexion des Dichterischen. Diese scheinbar künstliche, gewissermaßen vom Dichter oder der Logik der Gattung hervorgebrachte größte Leidenschaft ist hier notwendig, um in einem, hier am Schluss stehenden, Musenanruf über Dichtung und Liebe zu sprechen:

> Nun, ihr Musen, genug! Vergebens strebt ihr zu schildern,
>   Wie sich Jammer und Glück wechseln in liebender Brust.
> Heilen könnet ihr nicht die Wunden, die Amor geschlagen;
>   Aber Linderung kommt einzig, ihr Guten, von euch. (v. 155–158)

Nicht um sie zum Sprechen zu bringen, werden hier die Musen gerufen („Sage mir, Muse, die Taten des vielgewanderten Mannes"; *Odyssee* I.1, übers. v. J.H. Voß), sondern um sie Schweigen zu machen. Nicht einmal die Musen können angemessen darüber sprechen, „[w]ie sich Jammer und Glück wechseln in liebender Brust". Immerhin wissen wir so, dass es bei Alexis nicht bei der Todessehnsucht bleibt, sondern dass die Leidenschaften weiter wechseln von Jammer zu Glück! Aber das dichterische Wort ist zur „Linderung" fähig: Indem es, wie etwa hier, der Leidenschaft, auch der rasenden Passion, ein Maß anlegt, das Maß der kunstvollen Rede, das Metrum des elegischen Distichons. Der epische Erzähler hatte schon einmal Alexis in seinem Erinnerungsstrom unterbrochen, ganz am Anfang, bevor dieser auf Dora zu denken kommt: „Klage dich, Armer nicht an! – So legt der Dichter ein Rätsel, / Künstlich mit Worten verschränkt, oft der Versammlung ins Ohr: / Jeden freut die seltne Verknüpfung der zierlichen Bilder" (v. 25–27). Der Text allerdings verrät nicht „das Wort, das die Bedeutung verwahrt" (v. 28). Es zu entdecken oder zu ahnen, ist Aufgabe der Deutung – neben dem Vergnügen an sprachlichem Klang und ‚zierlichen Bildern': „dann heitert sich jedes Gemüt auf / Und erblickt im Gedicht doppelt erfreulichen Sinn" (v. 29 f.).

Dramatik

Goethes dramatische Produktionen der beiden klassizistischen Jahrzehnte sind – entstehungsgeschichtlich – in zwei sehr unterschiedliche ‚Hälften' zu teilen: Einerseits sind da die drei großen Dramen, deren Entwürfe oder erste bzw. frühe Fassungen schon vor der Italienreise vorlagen und die unter dem Eindruck der italienischen Eindrücke entweder in Italien oder kurz nach der Rückkehr nach Weimar fertiggestellt werden konnten: *Iphigenie, Egmont, Tasso*. Andererseits reagiert auch der Dramatiker Goethe in den 1790er Jahren auf die Französische Revolution, mit Farcen oder Lustspielen, die den Gegenstand anscheinend nicht ernst genug nehmen bzw. nicht angemessen behandeln, *und* mit dem ersten Teil einer, formal wieder klassizistischen, letztlich nicht ausgeführten Trauerspiel-Trilogie, *Die natürliche Tochter*. Dieser Text, der formal in der Tradition der *Iphigenie* und des *Tasso* steht, soll hier, wie die erstgenannten drei, vorgestellt werden. Darüber hinaus arbeitet Goethe seit den späten 1790er Jahren intensiv am *Faust*, dessen Neukonzeption auf jeden Fall im Sinne der klassizistischen Ästhetik zu verstehen ist: Fertiggestellt wurde der Text aber erst 1806, veröffentlicht 1808 – und wird gemeinsam mit dem *Faust II* im dritten Teil dieser Darstellung behandelt.

8.1 Iphigenie auf Tauris

Goethes *Iphigenie auf Tauris* ist, neben dem *Faust I*, ohne Zweifel das kanonischste von Goethes Dramen. Der Text gehört entstehungsgeschichtlich ins erste Weimarer Jahrzehnt Goethes, gehört zu den Produktionen für das dortige Liebhabertheater. Fertiggestellt in der letzten Fassung in Italien, lässt sich an ihm aber auch fast idealtypisch die Umsetzung (nach-)italienischer, klassizistischer

Ergänzende Information Die elektronische Version dieses Kapitels enthält Zusatzmaterial, auf das über folgenden Link zugegriffen werden kann https://doi.org/10.1007/978-3-476-05903-1_8.

Ästhetik nachvollziehen. Im Umgang Goethes mit dem Stoff lassen sich entscheidende Modernisierungsmomente, Aspekte der Hochaufklärung aufzeigen; im Umgang mit Form und Sprache lassen sich programmatisch-klassizistischer Formwille *und* die Reflexion der Grenzen dieser ästhetischen Programmatik aufzeigen.

Entstehung. Erste Fassung Weimar. Der unmittelbare Entstehungszusammenhang der ersten Prosafassung der *Iphigenie* 1779 darf durchaus als bewusst gelebte (oder erzwungene!) Trennung von Literatur und Lebenspraxis auf Seiten Goethes interpretiert werden. Aus Brief- und Tagebuchpassagen lässt sich rekonstruieren, dass Goethe die Abendstunden während einer Reise zu Rekrutenaushebungen und Richtersprüchen dazu nutzte, an der *Iphigenie* zu schreiben. Ins Tagebuch vom 14. Februar 1779 schrieb er: „Früh Iphigenia anfangen diktieren" (HA 5, 403), in einem Brief an Charlotte von Stein vom selben Datum heißt es:

> Den ganzen Tag brüt' ich über Iphigenien, daß mir der Kopf ganz wüst ist, ob ich gleich zur schönen Vorbereitung letzte Nacht zehn Stunden geschlafen habe. So ganz ohne Sammlung, nur den einen Fuß im Steigriemen des Dichter-Hippogryphs, will's sehr schwer sein, etwas zu bringen, das nicht ganz mit Ganzleinwand-Lumpen gekleidet sei. Gute Nacht, Liebste. Musik hab' ich mir kommen lassen, die Seele zu lindern und die Geister zu entbinden. (ebd.)

Die Musik eines eigens bestellten Streichquartetts bewirkte erst die Abtrennung vom Treiben des Alltags, vom profanen Geschäft des Weltlichen. Erst derart präpariert, konnte der dichterische Kontakt zu den fiktiven Charakteren seines Stückes aufgenommen werden.

Fortschritte wurden berichtet: „Knebeln können Sie sagen, daß das Stück sich formt und Glieder kriegt" (an Ch.v. Stein; 2. März 1779; HA 5, 403). Die scharfe Differenz aber zwischen (Minister-)Alltag und Dichtung verschärfte sich angesichts etwa der ökonomischen Not im Herzogtum: „Hier will das Drama gar nicht fort, es ist verflucht, der König von Tauris soll reden, als wenn kein Strumpfwürker von Apolde hungerte" (an Ch.v. Stein, 6. März 1779; HA 5, 403). – Obwohl hier das Drama nicht fortzugehen schien, zeigt das Tagebuch an, dass drei Tage später die ersten drei Akte zusammengearbeitet seien, dass vier weitere Tage später Goethe seinem Herzog und dem Freunde Knebel ebendiese Akte vorgelesen habe in Weimar. Am 19. März konnte die Fertigstellung des vierten Aktes angezeigt werden, am 28. des Monats die des fünften, einen Tag später wurde das Gesamte vorgetragen in Weimar, am 6. April im Weimarer Liebhabertheater aufgeführt.

Entstehung. Letzte Fassung Italien. Zwischen der ersten Fassung von 1779 und der Endfassung aus Italien 1786 liegen verschiedene Bearbeitungsstufen in Versen bzw. rhythmischer Prosa. Wieland wollte schon nach erster Bekanntschaft mit dem Stück die Prosa in Verse gesetzt wissen, Herder äußerte schnell ähnliche Wünsche – und Goethe gestand gegenüber Lavater: „Meine Iphigenie mag ich nicht gern, wie sie jetzo ist, mehrmals abschreiben lassen und unter die Leute geben, weil ich beschäftigt bin, ihr noch mehr Harmonie im Stil zu verschaffen, und also hier und da dran ändere" (13. Oktober 1780; HA 5, 405). Zunächst hatte Goethe an einen sechshebigen Jambus, einen klassischen Trimeter, gedacht, dessen sperrige, zugleich antithetische Struktur sich aber sprachlich nicht als schmiegsam genug erwies. So entschied er sich später für den Blankvers, einen fünfhebigen reimlosen Jambus. In Italien arbeitete er den Text entsprechend um – auch das war allerdings *Arbeit:*

> An der Iphigenie hab' ich noch zu tun. Sie neigt sich auch zur völligen Kristallisation. Der vierte Akt wird fast ganz neu. Die Stellen, die am *fertigsten* waren, plagen mich am meisten. Ich möchte ihr zartes Haupt unter das Joch des Verses beugen, ohne ihnen das Gnick zu brechen. Doch ist's sonderbar, daß mit dem Silbenmaß sich auch meist ein besserer Ausdruck verbindet. (an Herder, Venedig den 14. Oktober 1786; HA 5, 406)

Und Herzog Karl August bekam aus Verona einen Brief vom 18. September 1786: „Ich bin fleißig und arbeite die Iphigenie durch, sie quillt auf, das stockende Silbenmaß wird in fortgehende Harmonie verwandelt. Herder hat mir dazu mit wunderbarer Geduld die Ohren geräumt. Ich hoffe glücklich zu sein" (HA 5, 406). Am 13. Januar 1787 endlich meldete er an Herder: „Hier, lieber Bruder, die Iphigenia. [...] Möge es Dir nun harmonischer entgegenkommen" (HA 5, 407). Schlüsselbegriff der Umarbeitung in Italien ist *Harmonie,* ein Begriff für bewusste starke ästhetische Stilisierung, für bewusstes Entrücken des Stückes aus der Realität. Eine Harmonie, stilistisch hergestellt, die Aura schafft – die durchaus mit der (späteren) auch problematischen Kanonisierung des Dramas zu tun hat (Abb. 8.1).

Stoff und Inhalt. Goethe übernahm mit dem *Iphigenie*-Stoff nicht einfach einen Gegenstand der griechischen Mythologie; ganz konkret ist seine ‚Vorlage' die *Iphigenie bei den Taurern* von Euripides (5. Jh. v.u.Z.). Iphigenie, etwa zwanzig Jahre zuvor von der Göttin Artemis vom Opferaltar gerettet, auf den ihr Vater Agamemnon sie gelockt hatte, um für den Seeweg der griechischen Flotte nach Troja günstigen Wind zu erlangen, dient seitdem als Priesterin im Artemis-Tempel auf Tauris. Ihr Bruder Orest, der seine Mutter ermordet hat, weil sie den Vater nach dessen Rückkunft aus Troja tötete, kommt mit seinem Cousin Pylades nach Tauris: Das Apollo-Orakel zu Delphi hatte ihm die Befreiung von den Rachegöttinnen, den Erinnyen, zugesagt, brächte er von Tauris ein Artemis-Standbild nach Griechenland zurück. Pylades und Orest werden gefangengenommen und der Priesterin zur Opferung übergeben, die allen angestrandeten Griechen droht. Orest und Iphigenie erkennen einander rechtzeitig, der Raub des Standbildes gelingt, allerdings nicht die Flucht. Bevor der Taurerkönig Thoas seinen Willen durchsetzen kann, die Griechen zu opfern, greift die Göttin Athene ein *(dea ex machina):* Orest soll das Standbild nach Griechenland bringen können, Iphigenie soll Priesterin der Artemis im Tempel zu Brauron an der attischen Festlandküste werden.

Goethe übernimmt diese Fabel in ihren Grundzügen, ändert aber an entscheidenden Stellen:

- Seit Iphigenie auf Tauris ist, sind die Menschenopfer ausgesetzt; der Taurerkönig, im Kriege seines letzten Sohnes beraubt, begehrt Iphigenie zur Frau – und droht, bei Weigerung, die Menschenopfer wieder einzusetzen. Er sagt ihr allerdings auch zu, er werde sie, wenn sie „nach Hause Rückkehr hoffen" (v. 293; HA 5, 15) könne, von dieser Forderung befreien.

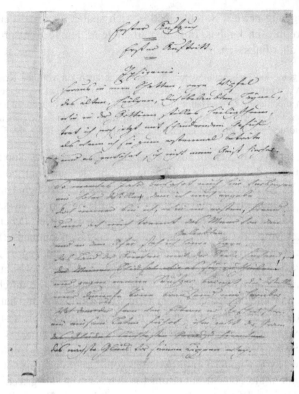

Abb. 8.1 Iphigenie auf Tauris, der Beginn von I.1 in Goethes Handschrift; 1786 (GSA 25/W 1228)

- Orest befindet sich, vom Muttermord traumatisiert, in einem Zustand psychotischer Verwirrnis und scheinbar auswegloser Todesverfallenheit – ein Zustand seelischer Erkrankung (wie bei Lila und Werther!), aus dem ihm ein „Therapie"-Prozess heraushilft: Am Ende des dritten Aktes ist er geheilt, Apoll-Orakel und Standbildraub erweisen sich als ohnmächtig bzw. überflüssig.
- Nicht der Eingriff einer Göttin ermöglicht die Lösung des Konflikts, sondern Iphigenies Handeln: Sie legt, vor dem Betrug gegenüber Thoas zurückschreckend, den listigen Handlungsplan des Pylades zu Raub und Flucht offen – und ‚zwingt' Thoas mit ihrer Wahrhaftigkeit zur Einhaltung seines anfangs gegebenen Wortes: Die Griechen dürfen gehen.
- Das Orakel des Apoll wird umgedeutet (vgl. v. 2113–2134): Nicht die Schwester des Apoll (Artemis/Diana) war gemeint, sondern die *menschliche* Schwester, die des Orest: Iphigenie!

Oresthandlung. Orest betritt den Boden der Insel Tauris und, im II. Akt, die Szene des Goetheschen Dramas im Bewusstsein eigener Schuld, er fühlt sich beschwert durch eine zwanghafte Verkettung des Schicksals, empfindet sich unentwirrbar eingebunden in die schuldhafte Vorgeschichte seiner Familie – was einzig dem Unwillen der Götter zuzuschreiben sei:

> OREST. […]
> Mich haben sie zum Schlächter auserkoren,
> Zum Mörder meiner doch verehrten Mutter,
> Und eine Schandtat schändlich rächend, mich
> Durch ihren Wink zugrund gerichtet. Glaube,
> Sie haben es auf Tantals Haus gerichtet
> Und ich der letzte soll nicht schuldlos, soll
> Nicht ehrenvoll vergehn.
> PYLADES.   Die Götter rächen
> Der Väter Missetat nicht an dem Sohn;
> Ein jeglicher gut oder böse nimmt
> Sich seinen Lohn mit seiner Tat hinweg.
> Es erbt der Eltern Segen nicht ihr Fluch.
> (v. 707 ff., HA 5, 26)

Hier in II.1, der ersten Szene, in der Orest und Pylades auftreten, treten mit ihnen zwei Deutungsmuster der Situation Orests auf – und mit ihnen zwei Repräsentanten jeweils unterschiedlicher ideengeschichtlicher Positionen. Orest leidet unter dem Fluch der Götter gegen seine Vorväter, für ihn erscheint das Schicksal als unausweichliche mythische Macht. Orest verhält sich passiv zum mythischen Fluch, der Tod erscheint ihm als einzige Möglichkeit zur Erlösung, er verfällt in Wahnzustände. – Pylades dagegen repräsentiert eine verhältnismäßig moderne Geschichtsauffassung und ein ebensolches Menschenbild: Jeder ist seines eigenen Glückes Schmied, das Verdienst ist das Schicksal, nicht der göttliche Fluch gegen die Vorväter.

Am Ende des III. Aufzuges scheint Orests Belastung aufgehoben, verarbeitet. Er bittet, schon dazu bereit und nicht mehr gefangen im Trauma von Muttermord und Familienfluch, die Götter, sich zu Schwester und Freund begeben zu können:

> O laßt mich auch in meiner Schwester Armen,
> An meines Freundes Brust was ihr mir gönnt,
> Mit vollem Dank genießen und behalten.
> Es löset sich der Fluch, mir sagt's das Herz.
> Die Eumeniden ziehn, ich höre sie,
> Zum Tartarus und schlagen hinter sich
> Die ehrnen Tore fernabdonnernd zu.
> Die Erde dampft erquickenden Geruch
> Und ladet mich auf ihren Flächen ein
> Nach Lebensfreud und großer Tat zu jagen.
> (v. 1355 ff.)

Vorausgegangen ist diesem Befreiungserlebnis ein letztlich *therapeutischer* Prozess. Dieser läuft in drei Phasen ab:

- Zuerst gesteht Orest in III.1 der noch unerkannten Priesterin sein Verbrechen, den Mord an der Mutter – allerdings noch aus der Distanz: Pylades hat vorgegeben (II.2), sie beide seien Griechen aus Kreta und als Grieche wisse er, Orest, natürlich vom Schicksal Agamemnons und Klytämnestras: Orest erzählt die eigene Tat als die eines Dritten. Schließlich aber gesteht er seine wahre Identität: „[...] zwischen uns / Sei Wahrheit! / Ich bin Orest! und dieses schuldge Haupt / Senkt nach der Grube sich und sucht den Tod, / In jeglicher Gestalt sei er willkommen" (v. 1080 ff.). Indem Orest sich hier zu seinem „Orest-Sein" bekennt, gesteht er sowohl seine Zugehörigkeit zu der verfluchten Familie der Tantaliden als auch seine eigene, muttermörderische Tat ein – ein Vorgang der Selbst-Identifikation!
- Der zweite Schritt bei Orests ,Therapie' ist das Geständnis Iphigenies *ihrer* Identität, die Anagnorisis, das Wiedererkennen der beiden Geschwister wird weiter vorbereitet. Orest ist noch lange nicht bereit, in der Priesterin die Schwester wiederzukennen („Laß! Hinweg!", v. 1174; „Und ergreift / Unbändig heilge Wut die Priesterin?", v. 1188 f.; „Schöne Nymphe / Ich traue dir und deinem Schmeicheln nicht", v. 1202 f.). Wenn er es könnte, würde er (auch das wäre Anagnorisis!) nicht den Schicksalszusammenhang, in dem er und sie sich befinden, (wieder-)erkennen, sondern den *aufgehobenen* Schicksalszusammenhang: Iphigenie ist *nicht* durch Agamemnon auf der Hinfahrt nach Troja als Opfer getötet worden, die Rache Klytämnestras an Agamemnon wäre überflüssig, ebenso wie der Muttermord durch Orest.
- Das Wiedererkennen der Geschwister wird retardiert – erst der dritte therapeutische Schritt führt zu Orests Heilung. Die Schwester zwar ,erkennend', geht er doch von der eigenen Opferung durch die Priesterin aus, der ,Fluch' würde verlängert, fortgesetzt, die Rachegöttinnen („Furien", v. 1244) sähen ihr Geschäft vollbracht. All dies antizipierend (v. 1223–1254), sinkt er in eine Ohnmacht – und rekapituliert im Erwachen die halluzinierte Traumvision, in der die verfeindeten Mitglieder der letzten sechs Generationen seiner Familie als einträchtige Schar sich darstellen, „[...] die herrlich miteinander / Wie ein versammelt Fürstenhaus sich freut. / Sie gehen friedlich, Alt und Junge, Männer / Mit Weibern, göttergleich und ähnlich scheinen / Die wandelnden Gestalten" (v. 1269 ff.). Vers 1277, Orests Frage „Ist keine Feindschaft hier mehr unter euch?" – er wähnt sich in der Vision in der Unterwelt, dort seinen Vorfahren begegnend – zeigt das Resultat seiner Befreiung an: Die Anerkenntnis, es gebe keinen Fluch, habe ihn nie gegeben.

Die Heilung des Orest hat nicht nur individuelle oder individualpsychologische Bedeutung. Für ihn ist sie Heilung von der mythischen Schuld am Muttermord, die Befreiung von derselben. Darüber hinaus aber wird der Mythos erledigt: Schuld bedeutet nicht mehr ererbtes Verhängnis, sondern ist individuell verantwortbar, der Mythos wird seines Mythencharakters enthoben, er wird vermenschlicht, individualisiert. – Die Heilung Orests ist, auf kommunikationstheoretischer Ebene betrachtet, ein Prozess des An- und Aussprechens sowie (Wieder-)Erkennens, dessen Teilhaber befreit werden von den verzerrten, gewalttätigen Interaktionsformen, die die Mitglieder von Tantals Geschlecht seit sechs Generationen beherrschten. An die Stelle der ‚verruchten Taten‘ tritt menschliche Kommunikation, die schließlich auch die Lösung des Konflikts zwischen Griechen und Skythen herbeiführt.

Iphigenienhandlung, Humanisierung. Scheinbar stehen die Griechen, Iphigenie, Orest und Pylades, für eine vergleichsweise modernere Position, für *Zivilisiertheit,* die Skythen sind, ebenfalls scheinbar bzw. aus der Sicht der Griechen, die *Barbaren,* nicht einfach nur ‚Nicht-Griechen‘, sondern unzivilisiert, archaisch-mythisch befangen. Auf der Oberfläche bestätigt sich im I. Akt dieser Anschein: Thoas *will* Iphigenie, weigert sie sich, droht er mit Menschenopfern. Aber:

1. Es hat seit Iphigenies Ankunft diese Menschenopfer nicht mehr gegeben, die Barbaren sind zivilisiert(er) (gemacht) (ge)worden, Thoas droht gleichsam mit dem Rückfall in Barbarei!
2. Dass Thoas ausgerechnet um Iphigenie wirbt, bedeutet Anerkennung der humanisierenden Wirkung der Priesterin.
3. Die ‚Barbaren‘ sind längst des kommunikativen statt des physisch-gewaltvollen Handelns fähig geworden. Schon im I. Akt gibt Thoas sein *Wort:* „Wenn du nach Hause Rückkehr hoffen kannst, / So sprech ich dich von aller Fordrung los" (v. 293 f.)! Die ‚Barbaren‘ sind *vertragsfähig* – und Thoas löst im V. Akt dieses Versprechen ein (wenn er auch ein bisschen dazu angestoßen werden muss).
4. Die ‚zivilisierten‘ Griechen kommen nicht allzu zivilisiert daher: Was Iphigenie über die Vorgeschichte ihrer Familie berichten muss (I.3, v. 315 ff.), was Pylades vom Mord an Agamemnon (II.2, 906–917), was Orest vom Mord an Klytemnästra berichtet (III.1, v. 1009–1038) – das alles lässt die (oder zumindest: *diese*) Griechen zutiefst barbarisch erscheinen.

Die Auseinandersetzung zwischen Iphigenie und Thoas diskutiert und reflektiert an einzelnen Stellen das Gegeneinander von Mythos und Vernunft. Als der König mit der Wiedereinsetzung der Menschenopfer droht, antwortet sie:

> Der mißversteht die Himmlischen, der sie
> Blutgierig wähnt, er dichtet ihnen nur
> Die eignen grausamen Begierden an.

Entzog die Göttin mich nicht selbst dem Priester?
Ihr war mein Dienst willkommner, als mein Tod.
(v. 523 ff.)

Dass die Götter blutige Opfer wollten, wird als bloße Projektion menschlicher Aggression interpretiert – abstrakter gesprochen: Mythos, religiöse Riten werden ihrer bloß rhetorisch hergestellten Natur entkleidet und als Effekte psychischer Prozesse verstanden.

Dass Iphigenie von der Humanisiertheit, der Zivilisiertheit des Skythenkönigs ausgeht, ja sich darauf verlässt (er hat sein Wort gegeben!), zeigt sich insbesondere dort, wo sie sich weigert, den von Pylades erdachten, von Orest unterstützten Betrugsplan durchzuführen. Ein Plan, in dem sie eine Rolle spielen soll: Pylades und Orest „haben kluges Wort mir in den Mund / Gegeben, mich gelehrt was ich dem König / Antworte wenn er sendet und das Opfer / Mir dringender gebietet" (IV.1, v. 1398–1401). Das „kluge Wort" allerdings ist Lüge, Betrug, zu dem sie nicht fähig ist: „ich habe nicht gelernt zu hinterhalten, / Noch jemand etwas abzulisten. Weh! / O weh der Lüge!" (v. 1403–1405); ja mehr noch: Mithilfe am Plan der Männer ist für sie radikaler Verlust an Handlungsautonomie: „Ach! ich sehe wohl, / Ich muß mich leiten lassen wie ein Kind" (v. 1401 f.).

Der Betrugsplan der Männer widerspricht nicht nur ihrem Charakter und ihrer Selbstauffassung, sondern zutiefst auch der Natur und Geschichte ihres Verhältnisses zu den Taurern. In IV.2 verunsichert der Königsbote Arkas sie (oder ihren Entschluss zur Mitarbeit am Betrug):

[…] Nun hat die Stimme
Des treuen Manns mich wieder aufgeweckt,
Daß ich auch Menschen hier verlasse mich
Erinnert. Doppelt wird mir der Betrug
Verhaßt. […]
(v. 1522 ff.)

Den König selbst bezeichnet sie in IV.4, gegenüber Pylades, als einen Vater: „Die Sorge nenn ich edel die mich warnt, / Den König der mein zweiter Vater ward, / Nicht tückisch zu betrügen, zu berauben" (v. 1640–1642; vgl. auch v. 2003 f.). Diesem König gegenüber entschließt sie sich in V.3 „zur unerhörten Tat" (v. 1892), zur Wahrheit: Sie deckt die Identität von Bruder und Freund auf, auch den Plan zum Raub des Dianenbildes und den zur Flucht. Thoas reagiert, fast polemisch, mit dem Verweis auf die prätendierte Zivilisiertheit der Griechen und deren Verachtung, die im Worte ‚Barbaren' stecke:

THOAS.   Du glaubst es höre
Der rohe Scythe, der Barbar die Stimme
Der Wahrheit und der Menschlichkeit die Atreus

Der Grieche nicht vernahm.
IPHIGENIE.   Es hört sie jeder
Geboren unter jedem Himmel, dem
Des Lebens Quelle durch den Busen rein
Und ungehindert fließt. [...]
(v. 1937 ff.)

Auf Thoas' Frage, auch ironischer Stachel gegen die barbarischen Zivilisierten
aus Tantals Geschlecht, antwortet Iphigenie mit einer aufgeklärten Konzeption der
allgemeinen Menschennatur, die alle Verschiedenheiten zwischen Menschen aufzuheben in der Lage ist – ständische, ethnische und zivilisatorische Differenzen.
Eine Konzeption, aus der Iphigenie auch den Anspruch ableiten kann, Thoas möge
sein Versprechen aus I.3, sein gegebenes Wort, halten.

Die Offenlegung des Betrugs, Iphigenies Wahrheit, wird von ihr unter der
Maßgabe gesellschaftlich definierter Geschlechterrollen thematisiert: „Hat denn
zur unerhörten Tat *der Mann* / Allein das Recht?" (v. 1892 f.). *Diese* unerhörte
Tat könnten, ja können die Männer nicht: In V.4–6 werden, retardierend, die
prinzipiellen Lösungsmöglichkeiten des vorliegenden Konfliktes nochmals durch-
gespielt. Orest kommt in V.4 bewaffnet auf die Szene, Pylades mahnt in V.5
zum hastigen Vollzug der gefährdeten Flucht, den Beweis der Identität Orests
wollen dieser und Thoas im Zweikampf erweisen: Waffengewalt, Kampf und
Betrug ist Sache der *Männer* (aber alles andere als ‚unerhörte Tat'), gewaltfreie,
kommunikative Konfliktbeilegung die der *Frau(en)*. Auch wenn Thoas (der Barbar!) das eigentlich schon halb verstanden hat: „[Zu Arkas] Gebiete Stillstand
meinem Volke! Keiner / Beschädige den Feind, solang wir *reden*" (v. 2020 f.).

Das, was mit den ‚Barbaren' seit Iphigenies Ankunft auf Tauris mehr als
zwanzig Jahre zuvor geschah (sie wurden humanisiert), vollzieht sich auch am
Orakel des Apoll. Im Kontext der letztlichen Konfliktaufhebung wird auch dieser
noch verknäuelte Handlungsfaden aufgelöst: Der Orakelspruch wird humanisiert,
auf Iphigenie bezogen. Für die Heilung des Orest bzw. seine Befreiung von den
Erinnyen ist er funktionslos geworden (Orest ist längst geheilt):

Um Rat und um Befreiung bat ich ihn [den Apoll zu Delphi]
Von dem Geleit der Furien, er sprach:
‚Bringst du die Schwester die an Tauris' Ufer
Im Heiligtume wider Willen bleibt,
Nach Griechenland; so löset sich der Fluch.'
Wir legten's von Apollens Schwester aus,
Und er gedachte *dich*! Die strengen Bande
Sind nun gelöst, du bist den Deinen wieder,
Du Heilige geschenkt. Von dir berührt,
War ich geheilt [...].
(v. 2111 ff.)

Die mythologische (oder auch imperiale!) Interpretation des Orakelspruchs wird ersetzt durch die menschliche: Die menschliche Schwester ersetzt die Göttin, ihre Berührung war es, die die Heilung verursachte.

Sprache, Form. Der Schlüsselbegriff von Goethes Umarbeitung der *Iphigenie* in Italien war *Harmonie*. Der Fünfaktigkeit des Dramas entsprechen die symmetrisch angelegte Figurenkonstellation des Dramas und die Fünf-Zahl der Figuren: Um die Zentralfigur, Iphigenie, sind auf der einen Seite die beiden Skythen Thoas und Arkas, auf der anderen Seite die beiden Griechen Orest und Pylades angeordnet. Auch der Blankvers ist fünfzählig.

Goethe schreibt seine *Iphigenie* in einem feierlichen Sprachstil, angefüllt ist diese Sprache mit Lyrismen, mit Bildern und Archaismen, mit Inversionen, also Verdrehungen der grammatisch-eigentlichen Wortstellung. Diese Charakteristik trifft schon auf die früheren Fassungen des Textes zu, die letzte Umarbeitung in den Blankvers aber verstärkt diese sprachlich-ästhetischen Effekte. In der ersten Prosafassung lautete der Beginn:

> Heraus in eure Schatten, ewig rege Wipfel des heiligen Hains, hinein ins Heiligtum der Göttin, der ich diene, tret' ich mit immer neuem Schauer, und meine Seele gewöhnt sich nicht hierher. (MA 2.1, 247)

In der letzten Fassung heißen die ersten Verse dann:

> Heraus in eure Schatten, rege Wipfel
> Des alten, heilgen, dichtbelaubten Haines,
> Wie in der Göttin stilles Heiligtum,
> Tret' ich noch jetzt mit schauderndem Gefühl,
> Als wenn ich sie zum ersten Mal beträte
> Und es gewöhnt sich nicht mein Geist hierher.
> (v. 1 ff.)

Ein konstitutives Stilmittel der letzten Bearbeitung ist die Sentenz, ein allgemein-gefasster Satz oder allgemeingültig gesetzte Aussagen, die, wenn überhaupt, erst im Nachhinein auf konkrete Figuren oder Redegegenstände bezogen werden. Iphigenie etwa klagt in I.1:

> Der Frauen Zustand ist beklagenswert.
> Zu Haus und in dem Kriege herrscht der Mann
> Und in der Fremde weiß er sich zu helfen.
> Ihn freuet der Besitz, ihn krönt der Sieg,
> Ein ehrenvoller Tod ist ihm bereitet.
> Wie eng gebunden ist des Weibes Glück!
> (v. 24 ff.)

Erst die Verse 33 f. beziehen die vorangehenden allgemeinen Aussagen auf die Sprecherin selbst: „So hält mich Thoas hier, ein edler Mann, / In ernsten, heilgen Sklavenbanden fest." Sentenz und Übertragung ins Konkrete lassen sich zweifach interpretieren: Einerseits komponiert Goethe hier in die Figurenrede hinein die Rede einer allgemeineren ‚Wahrheit'. Dies ist gleichsam die Rede des Chores der attischen Tragödie (der im 18. Jahrhundert seit Gottsched nicht mehr gebräuchlich war), der dort die Polis, die Allgemeinheit vertrat, und den individuellen Figuren gegenübergestellt war. Andererseits reflektiert die Zusammenstellung von Sentenz und Konkretisierung ein ästhetisches Denkmuster des nachitalienischen Klassizismus Goethes: Das Einzelne, Individuelle wird als Sichtbarwerden eines allgemeineren Gesetzes gedeutet, als Sichtbarwerden einer ‚Idee' (durchaus im platonischen Sinne) im zufällig Gegebenen (wie das Gesetz der Metamorphose im Gestaltbildungsprozess der Pflanze).

Sprache. Grenzen des Klassizismus. Die sprachliche Erscheinungsform des Textes war früh Gegenstand von Irritation und Kritik von Zeitgenossen. Der Schauspieler und Theaterschriftsteller Iffland schreibt etwa – noch angesichts einer der früheren Fassungen der *Iphigenie:* „Sein sollende griechische Simplizität, die oft in Trivialität ausartet – sonderbare Wortfügung, seltsame Wortschaffung, und statt Erhabenheit oft solche Kälte als die, womit die Ministerialrede beim Bergbau zu Ilmenau geschrieben ist" (an Heribert von Dahlberg, 2. Oktober 1785; HA 5, 412). Fehlende Natürlichkeit, auch der Sprachform, mangelnde Bühnenwirksamkeit, großer Abstand von dem ganz anderen *Götz* wirft man der Iphigenie vor. Auch Schillers Rezension der Blankversfassung (1789) nimmt kritisch Stellung zu den sprachlich-stilistischen ‚Kunstgriffen' des Dramas, die Illusion des Antikischen zu verstärken, „nämlich durch den Geist der Sentenzen, durch eine Überladung des Dialogs mit Epitheten, durch eine oft mit Fleiß schwerfällig gestellte Wortfolge und dergleichen mehr" (HA 5, 413).

Inhaltlich gesehen ist das zentrale Thema der *Iphigenie* die Macht menschlicher Rede. Neutral gesagt: Die *Iphigenie* ist ein Drama, in welchem die Utopie der Aufklärung – dass Konflikte gewaltfrei, mit den Mitteln der menschlichen Rede, mit Kommunikation und rationaler Argumentation, mit Wortgeben, Worthalten und Wahrhaftigkeit gelöst werden könnten – im Handeln der Titelfigur modelliert wird. Diese Durchsetzung aufgeklärter Humanität gegen archaisch-mythische Befangenheit, was sowohl Orest als auch die Taurer betrifft, wird aber auch in ihren problematischen Implikationen reflektiert: Indem nämlich Iphigenie, so argumentierte Adorno in seinem berühmten Aufsatz „Zum Klassizismus von Goethes Iphigenie" (1967), mit Mitteln der Sprache und der Vernunft, mit argumentativer Logik, dem ‚Barbaren' Humanität *abzwingt,* erringe sie einen zweifelhaften Sieg über den Mythos. Die Gewalt der rationalen Logik, die ihr zum

Sieg verhilft, lasse, so Adorno, Aufklärung zurückfallen in ein mythisches Muster: das des gewaltsamen Sieges.

Sprache aber ist nicht nur Gegenstand des Schauspiels, sondern auch sein Darstellungsmittel. Und der Prozess, in welchem diese (Vers-)Sprache erzeugt wurde, wiederholt in gewissem Sinne das, was inhaltlich dargestellt wird: Auf Harmonie abzielende Stilisierung ist *Gewalt*. Die Metaphern und Begriffe, in denen Goethe von der Umarbeitung der *Iphigenie* hin zur letzten Versfassung spricht, machen diesen Zusammenhang sichtbar: „Ich möchte ihr zartes Haupt unter das Joch des Verses beugen" (an Herder, 14. Oktober 1786; HA 5, 406). Die Harmonisierung der Sprache kostet den Preis der Gewalt, die man der Sprache antun muss; nur um diesen Preis ist der „bessere Ausdruck" (ebd.) zu haben.

Auf der Ebene der sprachlichen Form jedoch zeigt die *Iphigenie* gleichzeitig auch die Grenzen dieser Harmonisierung auf, dort nämlich, wo etwas sich als nicht mehr oder noch nicht unterwerfbar erweist unter die Regeln der Form, unters ‚Joch des Verses', dort, wo die ästhetische Gestalt des Schauspiels einen Bruch aufweist. Ziemlich genau im Zentrum des Schauspiels, im Dialog Orests mit der noch unerkannten Schwester in III.1, heißt es:

> Ein lügenhaft Gewebe knüpf ein Fremder
> Dem Fremden sinnreich und der List gewohnt
> Zur Falle vor die Füße, zwischen uns
> Sei Wahrheit!
> Ich bin Orest! Und dieses schuldge Haupt
> senkt nach der Grube sich und sucht den Tod.
> (v. 1078 ff.)

Hier liegt – inhaltlich – gleichzeitig das Zentrum des gesamten Dramas: *Wahrheit* ist gleichermaßen Voraussetzung für Orests Heilung, die Offenbarung der eigenen Identität und Schuld, und für die Konfliktbeilegung am Schluss, als Iphigenie die Täuschungsabsicht offenbart und somit ihn zum Einhalten des Vertrages zwingt – drittens aber ist Wahrheit das subtile Programm der Aufklärung, die die *Iphigenie* zum Gegenstand hat: Die Transformation mythischer Dumpfheit in die helle Logik vernünftiger Rede, die so den Sieg über den Mythos davonzutragen in die Lage kommt. Kenntlich gemacht und herausgehoben wird diese Zentralstelle dadurch, dass hier der fünfhebige Jambus nicht gefüllt wird: Die Pause nach dem Wort „Wahrheit" hebt den inhaltlichen und konzeptionellen Zentral- und Wendepunkt deutlich hervor.

Auch formal liegt hier das Zentrum des Schauspiels: Vers 1081 ist ziemlich genau der mittlere Vers der 2174 Verse des gesamten Textes. Und in dieser ‚Symmetrieachse' steht, durch den Halbvers markiert, die *Wahrheit*. Formal aber stellt diese Stelle gleichzeitig einen Bruch in der ästhetischen *Form* der *Iphigenie* dar: Genau an dieser Stelle versagt sich das, was ausgesagt werden soll, letztlich der ‚Beugung unters Joch des Verses'. Genau der Zentralbegriff des Dramas entzieht sich der ästhetischen Harmonisierung – der formale Bruch zeigt damit sowohl die Grenzen künstlerischer Stilisierung von Sprache als auch die Grenzen der Aufklärung an. Die sprachliche Harmonisierung, die eine Anstrengung darstellt zur ästhetischen Versöhnung der Widersprüche und ‚Ungereimtheiten‘, versagt vor der Wahrheit – und mit dem Bruch in der ästhetischen Versöhnung bleibt auch die dargestellte Versöhnung zwischen Griechen und Skythen bruchstückhaft, da ihr die Gewalt, mit der den Skythen Humanität abgerungen wird, immer anhaftet.

8.2 **Egmont**

Entstehung. Ein Jahr, bevor er nach Weimar ging – also gleichsam noch zur ‚Blütezeit‘ des sogenannten Sturm und Drang, entdeckte Goethe den Stoff des *Egmont* für eine mögliche dramatische Bearbeitung. Aus dem Dezember 1774, also kurz nach *Werther* und *Götz*, gibt es erste Hinweise auf das Projekt: „Doch bereit’ ich alles, um mit Eintritt der Sonne in den Widder eine neue Produktion zu beginnen, die auch ihren eigenen Ton haben soll“ (an Boie, 23. Dezember 1774; HA 4, 584). Aus der Frankfurter Zeit zog sich die Beschäftigung mit dem Stoff bis hin zur Italienreise – stofflich merkt man *Egmont* diese (Entstehungs-) Nähe zum Sturm und Drang durchaus an. Bis zur Fertigstellung war die Arbeit an dem Drama immer wieder von Frustrationen und Rückschritten begleitet: „Mein ‚Egmont‘ rückt doch, ob ich gleich den 1. Juni nicht fertig werde“ (an Ch.v. Stein, 26.5.1779; HA 4, 584), „Gestern abend hab’ ich noch eine Szene in ‚Egmont‘ geschrieben, die ich kaum wieder dechiffrieren kann“ (an Ch.v. Stein, 24.6.1779; HA 4, 584). Nicht nur konzeptionelle oder inhaltliche Schwierigkeiten („der fatale vierte Akt“, an Ch.v. Stein am 12.12.1781; HA 4, 584), sondern auch die notwendige sprachliche Glättung standen im Wege:

> Zum ‚Egmont‘ habe ich Hoffnung, doch wird’s langsamer gehn, als ich dachte. Es ist ein wunderbares Stück. Wenn ich’s noch zu schreiben hätte, schrieb’ ich es anders, und vielleicht gar nicht. Da es nun aber da steht, so mag es stehen, ich will nur das Allzuaufgeknöpfte, Studentenhafte der Manier zu tilgen suchen, das der Würde des Gegenstandes widerspricht (an Ch.v. Stein am 20.3.1782; HA 4, 585).

Das „Allzuaufgeknöpfte, Studentenhafte der Manier“, also, mit anderen Worten, das ‚Stürmerische-Drängerische‘, konnte erst in Italien erfolgreich angegriffen werden: „Ich bin fleißig, mein ‚Egmont‘ rückt sehr vor“ (*Italienische Reise* 9.7.1787; HA 11, 367). Wie genau das geschah, ist schwierig zu sagen: Anders als bei der *Iphigenie* gibt es keine brieflichen Hinweise auf die sprachliche Form, anders als dort verzichtete Goethe darauf, den Prosa-*Egmont* der ersten Fassung in einen Vers-*Egmont* umzuarbeiten. Nach mehrmaligen Anzeigen an die Freunde in Weimar, dass das Stück nun fertig sei, konnte Goethe endlich am 5. September 1787 melden: „Ich muß an einem Morgen schreiben, der ein festlicher Morgen für mich wird. Denn heute ist ‚Egmont‘ eigentlich recht völlig fertig geworden“ (*Italienische Reise* 5.9.1787; HA 11, 394). – Der Gegenstand, der im Sturm und Drang so nahe lag, brauchte anscheinend viel Arbeit, um unter der Maßgabe einer völlig veränderten ästhetischen und künstlerischen Konzeption fertiggestellt werden zu können.

Stoff. Goethe griff im *Egmont,* wie beim *Götz,* wieder einen historischen Stoff auf, diesmal allerdings nicht aus der unmittelbar eigenen nationalen Vergangenheit. Schauplatz ist die Stadt Brüssel, zur Zeit der spanischen ‚Besetzung‘ der Niederlande, zur Zeit der auch gewaltsamen Durchsetzungskämpfe erst der Reformation dortselbst und der schärfsten Gegenreformation, die gleichermaßen von Spanien, der katholischen Kirche und den Jesuiten, von der härtesten Inquisition getragen wurde. Der Titelheld ist Graf Egmont von Gaure (1522–1568), der sich zu Zeiten des niederländischen Widerstandes gegen die spanische Krone und gegen die Durchsetzung spanisch-katholischer Verwaltung und Verfassung mit Wilhelm von Oranien – ebenfalls einer Hauptfigur in Goethes Drama – und dem Grafen Hoorn an die Spitze der adligen Opposition gegen ebendiesen Vormachtanspruch König Philipps II. setzte. Die großen Bilderstürme in den katholischen Kirchen der Niederlanden fanden im Jahr 1566 statt, die Zeit wohl, in der der erste Teil des *Egmont* spielt. Graf Egmont wurde, zusammen mit Hoorn, vom spanischen Statthalter Herzog Alba am 9. September 1567 gefangengesetzt und ein Dreivierteljahr später, am 5. Juni 1568, auf Albas Urteil hin, in Anmaßung königlicher Rechte, auf dem Marktplatz zu Brüssel enthauptet.

Der historische Stoff – ein Widerständler gegen weltanschaulich rückständige Tyrannei, der hinterrücks einem politischen Komplott zum Opfer fällt – eignete sich durchaus zur dramatischen Gestaltung im Sinne des Sturm und Drang und auch, vom Ende her, zum Trauerspiel. So lautet auch die Gattungsbezeichnung im Untertitel: „ein Trauerspiel in fünf Aufzügen" (HA 4, 370). Ob allerdings – und wenn ja, wo und in welchem Maße? – Goethe hier ans bürgerliche Trauerspiel bei Lessing und Schiller anschließt oder aber ans ‚traditionellere‘, politische Trauerspiel des Barock und der Frühaufklärung, soll jetzt noch offen bleiben: Der Text gibt die Antwort!

Exposition. Schiller hatte in seiner Rezension in der jenaischen *Allgemeinen Litteraturzeitung,* fast unmittelbar nach Veröffentlichung des Dramas im fünften Band der *Schriften* 1788, sehr treffend bemerkt, die dramatische Einheit des *Egmont* werde nur durch den *Menschen,* den Protagonisten Egmont erzeugt (vgl. Schiller II, 1981, 620). Diese Einschätzung erfüllt sich im gesamten ersten Aufzug gleichsam *ex negativo:* Egmont tritt als Figur gar nicht auf – die Exposition kommt ohne den Helden aus – und doch dreht sich (fast) alles um ihn auf dem öffentlichen Platz in Brüssel (I.1), im Palast der spanischen Statthalterin (I.2) und im Bürgerhaus Klares (I.3):

- **Figurencharakterisierung I:** Die Figuren auf dem öffentlichen Platz in Brüssel, Bürger der Stadt, Handwerker, Händler, Soldaten, kommen anlässlich eines Armbrustschießens auf den bewunderten Adligen zu sprechen: auf seine militärischen Verdienste und seine menschlichen Qualitäten, auf seinen Mut und Erfolg in der Schlacht bei Gravelingen: „Und den Frieden seid ihr uns schuldig, dem großen Egmont schuldig" (HA 4, 373), v. a. aber auf seine Volkstümlichkeit, seine Jovialität: „Weil man ihm ansieht, daß er uns wohlwill;

weil ihm die Fröhlichkeit, das freie Leben, die gute Meinung aus den Augen sieht; weil er nichts besitzt, das er dem Dürftigen nicht mitteilte, auch dem, der's nicht bedarf" (HA 4, 372). Darüber hinaus wird Egmonts konfessionelle Liberalität (oder sein Desinteresse?) hervorgehoben: „In unsrer Provinz singen wir [in der Kirche], was wir wollen. Das macht, daß Graf Egmont unser Statthalter ist; der fragt nach so etwas nicht" (HA 4, 374). – Fortgesetzt, ja gesteigert wird diese positive Charakterisierung in I.3: Klare, Egmonts bürgerliche Geliebte, wiederholt zunächst sein öffentliches Lob: „Alle Provinzen beten ihn an" (HA 4, 385), ihre Mutter bestätigt wenig später: „Man muß ihm hold sein! das ist wahr. Er ist immer so freundlich, frei und offen" (HA 4, 386), doch Klares ‚Lob' geht weit über diese ‚öffentliche Menschlichkeit' hinaus: „Es ist keine falsche Ader an ihm. [...] Und wenn er zu mir kommt, wie er so lieb ist, so gut! wie er mir seinen Stand, seine Tapferkeit gerne verbärge! wie er um mich besorgt ist! so nur Mensch, nur Freund, nur Liebster" (ebd.).

- **Figurencharakterisierung II.** Im Palast der Regentin (I.2) wird Egmonts Haltung gegenüber den konfessionellen Auseinandersetzungen ganz anders diskutiert: Margarete von Parma wirft Egmont fahrlässige Duldung sogar der Bilderstürme vor, er habe nur die Wiedereinsetzung der niederländischen Verfassung im Auge, ihr damit „heute einen recht innerlichen tiefen Verdruß" erregt (HA 4, 380). Ihr Berater Machiavell erwägt eine taktische Liberalität, die den Greueln besser zu steuern wisse als absolutistische, inquisitionsbewehrte Härte. Die Regentin kommt zurück auf ihre politischen Gegner, gesellt Egmont den Grafen von Oranien hinzu, der allerdings ein gefährlicher Stratege sei: „heimlich, scheint alles anzunehmen, widerspricht nie", doch „seine Gedanken reichen in die Ferne" (HA 4, 381). Egmont dagegen, den Machiavell als „einen treuen Diener des Königs" einschätzt, gehe er auch „einen freien Schritt, als wenn die Welt ihm gehörte", charakterisiert die Regentin als gefährdet: „Er trägt das Haupt so hoch, als wenn die Hand der Majestät nicht über ihm schwebte" (ebd.). Und sie fasst zusammen: „Ich fürchte Oranien, und ich fürchte für Egmont" (ebd.). Sie fürchtet *für* Egmont: Hält ihn für gefährdet, da seine Haltung selbstgefährdend sei. Damit ist in die Exposition, schon hier in I.2, eine ungewisse, gleichsam dramaturgische Vorausdeutung auf den Schluss des Dramas, den Tod Egmonts eingefügt. Allerdings: Scheitert Egmont am „großen Gang des Ganzen", an seinen politischen Widersachern – oder an sich selbst?

- **Figurenkonstellationen.** So, wie die Regentin Egmont *und* Oranien als die gefährlichsten Widersacher zusammenstellt, hatte auch schon das Volk in I.1 dies getan: „Über dem Schwätzen vergeßt ihr den Wein und Oranien. [...] Das ist ein rechter Wall: wenn man nur an ihn denkt, meint man gleich, man könne sich hinter ihn verstecken, und der Teufel brächte einen nicht hervor" (HA 4, 375 f.). Wie über ‚ihre' Grafen sprechen die Niederländer auch über die spanische Seite: Der Vater König Philipps II., Karl V., römischer Kaiser, war ein Herrscher nach ihrem Geschmack: „Er ging aus, ritt aus, wie's ihm einkam, gar mit wenig Leuten" (HA 4, 372), ein jovialer Herr fast wie Egmont. Sein Sohn dagegen „hat kein Gemüt gegen uns Niederländer, sein Herz ist dem

Volke nicht geneigt, er liebt uns nicht; wie können wir ihn wieder lieben?";
„Es ist kein Herr für uns Niederländer. Unsre Fürsten müssen froh sein wie
wir, leben und leben lassen. Wir wollen nicht verachtet noch gedruckt sein, so
gutherzige Narren wir auch sind" (ebd.). Und die Statthalterin der spanischen
Krone? Geschätzt wird sie schon: „Klug ist sie, und mäßig in allem, was sie
tut". Allerdings: „[H]ielte sie's nur nicht so steif und fest mit den Pfaffen. Sie
ist doch auch mit schuld, daß wir die vierzehn neuen Bischofsmützen im Lande
haben" (HA 4, 374). – Der Protagonist Egmont wird im ersten und zweiten
Auftritt also in komplexe politische Konstellationen eingebunden vorgeführt:
Seit' an Seit' mit Oranien, *gegen* Philipp II. und in einem spannungsgeladenen
Mit- und Gegeneinander gegenüber Margarete von Parma: Denn sie ist präsent,
sie ist in Brüssel! Zusätzlich dazu exponiert I.3 eine ganz andere Konstellation,
eine private, intime: Der Adlige hat eine bürgerliche Geliebte, Klare.

- **Konflikte I.** Gleichzeitig mit der Charakterisierung ‚ihres‘ Egmont und der
  Exposition der Figurenkonstellationen exponiert das Gespräch der Stadtbürger
  in I.1 die zentralen **politischen und konfessionellen Konflikte.** Faktisch sind
  die Niederlande *nicht* besetzt: Sie fühlen sich so! Die burgundischen Niederlande waren im Erbteilungsvertrag von Brüssel 1522 dem Königreich Spanien
  zugefallen, die Herrschaft Karl V. allerdings, ohngeachtet seiner nichtsdestoweniger strikten Machtpolitik und auch der schon unter seiner Hand stattfindenden Verfolgung der Protestanten, wurde, so suggeriert es zumindest der
  erste Auftritt des Dramas, eben nicht als Fremdherrschaft wahrgenommen. Das
  änderte sich radikal nach der Abdankung Karls V. und der Übergabe der Macht
  an seinen Sohn Philipp. Dieser griff tief in die Verfassungsrechte der Niederländer ein: Die Besetzung der Bischofsämter in den niederländischen Provinzen
  wurde durch die spanische Krone diktiert, der Protestantismus wurde mithilfe
  der Inquisition gewaltsam zu unterdrücken versucht; Philipp II. setzte, v. a. mithilfe seines 1567 als spanischer Regent in Brüssel eingesetzten Handlangers
  Herzog Alba, absolutistische Machtpolitik rigide und brutal um.
  Graf Egmont, wenngleich von Philipp II. noch 1559 zum Statthalter der
  spanischen Krone in Flandern und Artois ernannt, gehörte wie Oranien zur
  niederländischen Opposition gegen die absolutistischen Machtansprüche
  Philipps und v.a. gegen die menschenverachtende Katholisierungspolitik der
  Inquisition. Diese konfessionelle Seite des machtpolitischen Konflikts wird
  schon in I.1 mit dem Motiv der Kirchenlieder, die man singen darf oder eben
  nicht, angesprochen; in I.2 berichtet Machiavell von der Radikalisierung des
  Konflikts: Die Plünderung der katholischen Kirchen in St. Omer (vgl. HA 4,
  378) verweist auf die Bilderstürme von 1566.
- **Konflikte II.** Im dritten Auftritt kommt ein ganz anderer Konflikt hinzu –
  der oberflächlich gar nicht wie ein Konflikt erscheint: Der adlige Egmont
  hat eine bürgerliche Geliebte. Dies steht nicht im Konflikt mit einer Ehe: Im
  Unterschied zum historischen Egmont, in glücklicher Ehe verheiratet und
  Vater von elf Kindern, ist unser Egmont unverheiratet. Aber die Konstellation
  ist konfliktuös. Für den adligen Mann ist die Liäson folgenlos, er darf die
  Bürgerliche nur nicht heiraten wollen. Für die bürgerliche junge Frau ist die

Liebe chancenlos: Sie kann nur die Geliebte bleiben, ohne Aussicht auf Heirat und mit todsicherer Aussicht auf Ehrlosigkeit. Die ambivalente Haltung der Mutter (sie ist teils auch stolz, dass ihre Tochter Geliebte Egmonts ist) macht diese drohende, ja sichere Zukunft handfest: „Ist mir's nicht Kummer genug, daß meine einzige Tochter ein verworfenes Geschöpf ist?" (HA 4, 386). Diese Dimension des Konflikts kommt aber im Drama nicht zum Tragen, in der Konstellation Egmont-Klare wird sie nicht Thema. Anders gesagt: Die Zukunft der Beziehung, die das Drama präsentiert, ist erstens ganz anders, als ggf. zu erwarten wäre – und zweitens viel zu kurz, um Klares Ehrverlust in die Wirklichkeit treten zu lassen. Darauf wird zurückzukommen sein. – Neben dem großen, politisch-konfessionellen Konflikt, in den Egmont eingefügt ist, existiert also ein privater, intimer Konflikt. Und dieser ist hier nicht zufällig: Die standesungemäße Liebe ist *die* Konfliktdisposition des bürgerlichen Trauerspiels schon bei Lessing, ganz offensichtlich dann in Schillers *Kabale und Liebe* (1784). Dort mündet der Konflikt in die Katastrophe: An der unstandesgemäßen Liebe gehen die Liebenden zugrunde. Auch Egmont und Klare sind am Ende des Dramas tot, allerdings aus ganz anderen Gründen …

Durchführung. Die Aufzüge II bis V führen die exponierten Handlungslinien, Konflikte und auch die Charakteristik des Protagonisten vor und durch – allerdings, v. a. im III. und V. Aufzug, in überraschender Weise:

- **Egmonts Charakteristik.** Nachdem im I. Aufzug nur *über* ihn gesprochen wurde, tritt Egmont erst zu Beginn des II. Aufzuges selbst auf. Szene ist wieder der öffentliche Platz in Brüssel, jetzt streiten Stadtbürger miteinander. Egmont kommt in die Lage, handelnd zu erweisen, was zuvor bereits über ihn gesagt wurde: Er schlichtet den Streit mit der ihm zugeschriebenen Liberalität. Insbesondere in II.2 allerdings, im Gespräch mit seinem Sekretär, wird Egmonts Charakter (durchaus auch im Sinne Margaretes von Parma) schärfer konturiert: Seine Lässlichkeit in Urteilen gegenüber Plünderern in katholischen Kirchen: „Die mag er verwarnen und laufen lassen" (HA 4, 397), sein Desinteresse (aus Rücksicht gegenüber den mittellosen Betroffenen) an ‚scharfen' Verfahren des Steuereintreibens (vgl. HA 4, 398), sein naives Vertrauen auf die Unversehrbarkeit des Adligen: Vertrauend auf sein Schicksal will er nicht sich von der Sorge leiten lassen – wie es das Schreiben eines alten Freundes rät (vgl. HA 4, 399 f.). Praktisch unmittelbar vor dem Eintreten Oraniens und dem Gespräch über Albas drohende Ankunft fasst Egmont sein Selbstverständnis, seine Welthaltung bildreich zusammen:

> Wie von unsichtbaren Geistern gepeitscht, gehen die Sonnenpferde der Zeit mit unsers Schicksals leichtem Wagen durch; und uns bleibt nichts, als mutig gefaßt die Zügel festzuhalten, und bald rechts, bald links, vom Steine hier, vom Sturze da, die Räder wegzulenken. Wohin es geht, wer weiß es? Erinnert er sich doch kaum, woher er kam. (HA 4, 400 f.)

Selbstbild und Geschichtsauffassung, in gewissem Sinne die „prätendierte Freiheit unseres Wollens" und der unabwendbare „Gang des Ganzen", werden auf ungeheuerliche Weise ins Bild gefasst. In völligem Unverhältnis stehen Gespann und Wagen zueinander: Die „Sonnenpferde der Zeit" verweisen auf das Gespann des Phöbus Apoll, das die Sonne über den Himmelsbogen zieht, nur ‚kontrolliert' von den Göttinnen der Zeitordnung, den Horen, nur lenkbar durch den Gott selbst, ein Gespann, an dem selbst der Göttersohn Phaëton katastrophal scheiterte. Im scharfen Kontrast dazu aber steht „unsers Schicksals leichte[r] Wagen", unendlich klein und zerbrechlich gegen das Gespann. Und damit nicht genug: Die Pferde *gehen durch*, d. h. sie entziehen sich im Weg, den sie nehmen, jeder Kontrolle, denn sie erscheinen wie „von unsichtbaren Geistern gepeitscht". Das Bild ist viel weniger Ausdruck von Fatalismus als vielmehr Einsicht in die unhintergehbare Geschichtsohnmächtigkeit des Individuums. Dieses ist kein „Wagen*lenker*", es kann allenfalls Unfallprävention versuchen, „vom Steine hier, vom Sturze da, die Räder wegzulenken". Der zukünftige Weg des individuellen Lebens wie der Geschichte erscheint Egmont nicht einsehbar, beeinflussbar; ja sogar der Weg, den der Einzelne schon genommen hat, könne ihm kaum bewusst werden. – Dies allerdings ist *Egmonts* Blick auf Individuum und Geschichte, *Oraniens* mitnichten: Faktisch war die Hinrichtung Egmonts (und des Grafen van Hoorn) für Oranien gleichsam das Fanal, die Befreiung der (nördlichen) Niederlande von der spanischen Vorherrschaft einzuleiten (was allerdings natürlich weit jenseits und in der Zukunft der Dramenhandlung liegt). Nichtsdestoweniger darf die allegorische Rede Egmonts als Kern seines Selbstverständnisses aufgefasst werden, als diejenige Charakteristik, die Margarete von Parma „*für* Egmont" fürchten lässt.

• **Politik.** Die schon drohende Machtübernahme Albas in den Niederlanden wird in III.1 von der Regentin, die er ersetzen soll, schreckensvoll gezeichnet: „gelbbraun, gallenschwarz" sei seine „Gesichtsfarbe" ebenso wie „die Farbe, aus der er malt. Jeder ist bei ihm gleich ein Gotteslästerer, ein Majestätenschänder: denn aus diesem Kapitel kann man sie alle sogleich rädern, pfählen, vierteilen und verbrennen" (HA 4, 409). Schon in II.2, im Gespräch Egmonts mit Oranien, macht Albas zu erwartende Ankunft den Zwang zu einer politisch-planerischen und strategischen Entscheidung deutlich sichtbar – letztlich entscheiden Oranien und Egmont sich je anders: Oranien bringt sich in Sicherheit, Egmont lässt sich auf das ‚Gesprächsangebot' Albas ein, darauf naiv vertrauend, dass dieser ihm nicht schaden könne – und tappt in die tödliche Falle. Dieses Gespräch (IV.2) wird von Alba glänzend dahin geführt, dass Egmont, provoziert, von seiner pflichtgemäßen und durchaus authentischen Loyalität gegenüber der spanischen Krone sich aufs Glatteis einer dezidiert antispanischen und antityrannischen Argumentation begibt: Nicht allerdings bürgerliche Rechte im Sinne einer antimonarchischen Revolution sind in seinem Sinne, sondern die Wiedereinsetzung der niederländischen Verfassung, die Adel und Stadtbürgern verbriefte Rechte im Rahmen des Ständestaates zusichert. Zunächst fordert Egmont von Alba Straffreiheit für jene, die in längst beruhigten Unruhen die katholischen Kirchen stürmten – ohne Erfolg bei dem Spanier. Er klagt sodann Freiheit und die niederländische Verfassung ein – was von Alba mit beißender Ironie und persönlichem Spott quittiert wird: „Sie glauben sich nicht frei, wenn sie sich nicht selbst und andern schaden können" (HA 4, 429). Alba ist hundertprozentiger Handlanger absolutistisch-rigider Machtpolitik:

> Des Königs Absicht ist: sie selbst zu ihrem eignen Besten einzuschränken, ihr eigenes Heil, wenn's sein muß, ihnen aufzudringen, die schädlichen Bürger aufzuopfern, damit die übrigen Ruhe finden, des Glücks einer weisen Regierung genießen können. Dies ist sein Entschluß; diesen dem Adel kundzumachen, habe ich Befehl; und Rat verlang ich in seinem Namen, *wie* es zu tun sei, nicht *was*: denn das hat *er* beschlossen. (HA 4, 432)

Egmont erwidert solch offenen Despotismus mit polemischer Schärfe vor allem gegen die spanische Krone: „Wie selten kommt ein König zu Verstand" (HA 4, 430), und er fügt hinzu:

> So hat er denn beschlossen, was kein Fürst beschließen sollte. Die Kraft seines Volks, ihr Gemüt, den Begriff, den sie von sich selbst haben, will er schwächen, niederdrücken, zerstören, um sie bequem regieren zu können. Er will den innern Kern ihrer Eigenheit verderben [...]. Er will sie vernichten, damit sie etwas werden, ein ander Etwas. (HA 4, 432)

Auf diesen offenen Affront gegen den König lässt Alba Egmont gefangensetzen – nach genau kalkuliertem Plan. Die Katastrophe ist unabwendbar!

- **Liebe.** Die Liebesbeziehung zwischen Klare und Egmont, scheinbar neben den großen politischen und konfessionellen Konfliktdimensionen ein privater, individueller Konflikt, erweist sich im Verlaufe des Stückes ganz genau nicht als das Gegenstück der öffentlichen Konflikte des Protagonisten, diese sind vielmehr ins Private hineinverwickelt – und umgekehrt. Im 2. Auftritt des III. Aufzuges tritt Egmont ein in die bürgerliche Häuslichkeit oder Gesittetheit, die schon in I.3 exponiert wurde. Allerdings tritt er dort ein im „Reitermantel, den Hut ins Gesicht gedrückt" (HA 4, 411), ein Mantel, der zunächst verbergen soll, was er darunter trägt. Er kommt nämlich im spanischen Hofgewande, innerlich nur dadurch motiviert, dass er Klare einmal in dieser ‚Verkleidung' überraschen wollte. Äußerlich aber, also gleichsam objektiv, erscheint in der bürgerlichen Welt des Hauses, der Familie, oder genauer: innerhalb der intimen Liebesbeziehung ein Vertreter der politischen, öffentlichen Dimension, des spanischen Hofes.

So wie über die Verkleidung Egmonts die Liebesbegegnung von Politik überformt ist, so erweist sich auch das Liebesgespräch: Egmont vergleicht ihre Liebesbegegnung, das listvolle Verbergen der Überraschung unter dem Mantel, mit dem Hinterhalt eines Soldaten – ein militärischer Vergleich. Das Goldne Vlies, der höchste Orden, den Egmont auf der Szene trägt, wird zum Sinnbild: „ich kann's deiner Liebe vergleichen" (HA 4, 413). Klare bringt das Gespräch auf die Regentin, die sie allerdings eben nicht als Regentin, sondern, mit leicht eifersüchtiger Koketterie, als *Frau* thematisiert: „EGMONT. [...] Wir sind einander freundlich und dienstlich. KLÄRCHEN. Und im Herzen? EGMONT. Will ich ihr wohl" (ebd.). Egmont erläutert Margaretes politische Identität unter Hinweis darauf, dass sie als Regentin sich stets verstellen müsse. Diese Aussage bringt schließlich Egmonts Identität ins Spiel:

„KLÄRCHEN. Sag mir! Sage! ich begreife nicht! bist du Egmont? der Graf Egmont?
der große Egmont, der so viel Aufsehn macht, von dem in den Zeitungen steht, an dem
die Provinzen hängen?

EGMONT. Nein, Klärchen, das bin ich nicht.

KLÄRCHEN. Wie?

EGMONT. Siehst du, Klärchen! – Laß mich sitzen! – *Er setzt sich, sie kniet, sich vor
ihn auf einen Schemel, legt ihre Arme auf seinen Schoß und sieht ihn an.* Jener Egmont
ist ein verdrießlicher, steifer, kalter Egmont, der an sich halten, bald dieses, bald jenes
Gesicht machen muß; geplagt, verkannt, verwickelt ist, wenn ihn die Leute für froh
und fröhlich halten; geliebt von einem Volke, das nicht weiß, was es will; geehrt und
in die Höhe getragen von einer Menge, mit der nichts anzufangen ist; umgeben von
Freunden, denen er sich nicht überlassen darf; beobachtet von Menschen, die ihm auf
alle Weise beikommen möchten; arbeitend und sich bemühend, oft ohne Zweck, meist
ohne Lohn – O laß mich schweigen, wie es dem ergeht, wie es dem zumute ist! Aber
dieser, Klärchen, der ist ruhig, offen, glücklich, geliebt und gekannt von dem besten
Herzen, das auch er ganz kennt und mit voller Liebe und Zutrauen an das seine drückt.
Er umarmt sie. Das ist *dein* Egmont.

KLÄRCHEN. So laß mich sterben! Die Welt hat keine Freuden als diese!“ (HA 4,
414 f.)

Diese Passage ist die Symmetrieachse des Stücks. Dies wurde schon von hellsichtigen
Zeitgenossen unmittelbar nach Erscheinen des Dramas wahrgenommen. Caroline
Herder etwa berichtet in einem Brief an ihren Mann (25.12.1788) von einem Gespräch
mit Karl Philipp Moritz, der gesagt habe, „[h]ier sei der höchste Punkt des Stücks. Er
und Klärchen. Politik ist ihm nichts gegen dieses Verhältnis; an dieser Szene hängt nun
sein Tod und Klärchens freiwilliger Tod“ (HA 4, 590). Analytisch lässt sich Moritz'
Einschätzung präzisieren: Die scharfe Opposition, die Egmont in seiner Rede auf-
macht, ist eine Opposition von Identitätskonzepten. *Was ist der Mensch?* Das, was
er öffentlich ist? Die über gesellschaftliche Rollenzuschreibungen und -zwänge (!)
ihm zugewiesene Identität? Oder aber ein Individuum, das sich aus seinem Innern,
seinem Herzen, seiner Emotionalität selbst bestimmt? – Einmal abgesehen davon,
dass Egmont die Volksrede, die ihm in I.1 Jovialität und Volkstümlichkeit zuschreibt,
Lügen straft, mündet diese Achsenszene, die über die ‚Kostümierung‘ Egmonts wie
über die Besonderheiten des Liebesgesprächs Politik und Liebe miteinander verquickt,
in die fundamentale, ja anthropologische Frage nach der Bestimmung des Menschen.
Das ist der zentrale Konflikt, der die beiden Konfliktebenen des Dramas, die politisch-
konfessionelle und die private, miteinander verbindet!

- **V. Aufzug.** Dass Egmont und Klare genau in dieser Szene ihre Liebe letzt-
  malig genießen können, wissen sie zwar noch nicht, ist aber bedeutsam für
  die Anlage des Stückes: Die Vermischung von Politik und Liebe, die der Auftritt in seiner Anlage illustrierte (die Egmonts Schlussworte allerdings kategorisch, aber subjektiv-ohnmächtig, dementierten), wird in Hinsicht auf beide
  Figuren zur bitteren Notwendigkeit. Nach Egmonts unmittelbar folgender
  Gefangensetzung versucht Klare vergebens, die Bürger der Stadt zu bewegen,
  mit ihr die Befreiung des ‚Volkshelden‘ in die Tat zu setzen. Sie tritt aus dem
  Intimraum von Familie, Haus und Liebesbeziehung hinaus ins öffentliche,
  politische Handlungsfeld – ohnmächtig und vergeblich. Ihre Bemühung mündet

in den Tod: Im Beisein ihres Jugendfreundes Brackenburg, der ihr von den Zurüstungen zu Egmonts morgiger Hinrichtung auf dem Marktplatz berichtet, nimmt Klare Gift, wählt den Freitod (V.3).

Auf Seiten Egmonts trägt das Fortspinnen der Verquickung oder Verquicktheit von Liebe und Politik andere Züge – die, trotz seines unabwendbaren Todes, als Aufhebung der Katastrophe am Ende des Trauerspiels gelesen werden können. Der Protagonist, im Gefängnis sitzend, halb noch hoffend auf seine durchs Goldne Vlies angeblich verbürgte Immunität, halb schon den Tod erwartend, bekommt zunächst Besuch von Albas ‚natürlichem‘, d. h. unehelichem Sohn Ferdinand (V.4). Dieser versichert Egmont, dass seine von Jugend auf erzeigte Freundschaft authentisch gewesen sei, macht aber auch jede Hoffnung auf Rettung zunichte – verschafft Egmont allerdings Trost, da dieser ihm als einem Freunde Klare anempfehlen kann: „Ich kenne ein Mädchen; du wirst sie nicht verachten, weil sie mein war. Nun ich sie dir empfehle, sterb ich ruhig" (HA 4, 452). – Nach dem Fortgang des jungen Freundes sieht Egmont Klare – im Schlaf in einer Traumvision:

> *Er setzt sich aufs Ruhebett. Musik.* Süßer Schlaf! Du kommst wie ein reines Glück ungebeten, unerfleht am willigsten. Du lösest die Knoten der strengen Gedanken, vermischest alle Bilder der Freude und des Schmerzes; ungehindert fließt der Kreis innerer Harmonien, und eingehüllt in gefälligen Wahnsinn, versinken wir und hören auf zu sein. *Er entschläft; die Musik begleitet seinen Schlummer. Hinter seinem Lager scheint sich die Mauer zu eröffnen, eine glänzende Erscheinung zeigt sich. Die Freiheit in himmlischem Gewande, von einer Klarheit umflossen, ruht auf einer Wolke. Sie hat die Züge von Klärchen und neigt sich gegen den schlafenden Helden. Sie drückt eine bedauernde Empfindung aus, sie scheint ihn zu beklagen. Bald faßt sie sich, und mit aufmunternder Gebärde zeigt sie ihm das Bündel Pfeile, dann den Stab mit dem Hute. Sie heißt ihn froh sein, und indem sie ihm andeutet, daß sein Tod den Provinzen die Freiheit verschaffen werde, erkennt sie ihn als Sieger und reicht ihm einen Lorbeerkranz. Wie sie sich mit dem Kranze dem Haupte nahet, macht Egmont eine Bewegung, wie einer, der sich im Schlafe regt, dergestalt daß er mit dem Gesicht aufwärts gegen sie liegt. Sie hält den Kranz über seinem Haupte schwebend; man hört ganz von weitem eine kriegerische Musik von Trommeln und Pfeifen: bei dem leisesten Laut derselben verschwindet die Erscheinung, Der Schall wird stärker. Egmont erwacht; das Gefängnis wird vom Morgen mäßig erhellt. Seine erste Bewegung ist, nach dem Haupte zu greifen: er steht auf und sieht sich um, indem er die Hand auf dem Haupte behält.* Verschwunden der Kranz! (HA 4, 452 f.)

Unmittelbar vor Schluss der dramatischen Handlung – Egmont wird jetzt zur Hinrichtung abgeführt – wird die (von III.2 aus) prinzipielle Vermischung von Liebe und Politik konsequent zu Ende geführt: Die Allegorie der Freiheit in Egmonts Vision trägt die Züge Klares! Und dass sie „ihm andeutet, daß sein Tod den Provinzen die Freiheit verschaffen werde", und ihm einen Lorbeerkranz reichen will, weist übers Ende des Dramas hinaus, über den Tod der Titelfigur – und hebt damit die Katastrophe auf. Die letzte Bühnenanweisung macht das offensichtlich: „Trommeln. Wie er auf die Wache los und auf die Hintertür zu geht, fällt der Vorhang: die Musik fällt ein und schließt mit einer *Siegessymphonie* das Stück" (HA 4, 454).

Die allegorische Auflösung des tragischen Schlusses, die Aufhebung der Katastrophe, ihre Umdeutung in den Sieg der Freiheit wurde von Zeitgenossen als „Salto mortale in eine Opernwelt" (Schiller; HA 4, 605) disqualifiziert. Gerade dieser Schluss aber demonstriert sehr genau die Art und Weise, in der der (nach-) italienische Goethe mit einem Stoff des Sturm und Drang umging: Nicht mehr wird, wie im *Götz,* das individuelle (und politische) Schicksal des Einzelnen ins Zentrum gestellt, wo eben „die prätendierte Freiheit unseres Wollens mit dem notwendigen Gang des Ganzen" zusammentrifft: Freiheit gibt's am Schluss des *Götz* nur noch im Jenseits. Hier im Egmont hebt der übergeordnete, abstraktere ‚Wert', der Sieg der „Freiheit", im Traume sich ankündigend, den tragischen Schluss auf, erkauft durch den Opfertod des Helden. Dies gehört, bei aller formalen Differenz zu *Iphigenie* und *Tasso,* zum Klassizistischen an *Egmont.*

Trauerspielkonzeptionen. Ein Blick auf die Liste der *dramatis personae* des *Egmont* verrät schon Einiges von dem, was die Betrachtung des Textes ergab: Die Regentin, Tochter des Kaisers, steht als standeshöchste ganz oben, dann folgen Grafen, der Herzog, Ferdinand und die höfischen Berater und Schreiber, ganz unten, nach Handwerksbürgern, die Soldaten und „Volk" (HA 4, 370). Genau in der Mitte steht Klare. Oder, korrekt: „Klärchen. Egmonts Geliebte"! (ebd.). Der Privatname, der Kosename des familiären (oder Liebes-)Raumes deutet voraus, welcher soziale Raum mit der Figur verbunden ist – so wie die Adligen an der Spitze und Bürger und Volk am Ende die sozialen Räume politischer Machtausübung und bürgerlicher ‚Öffentlichkeit' auf dem Marktplatze andeuten (soziale Räume, die der erste Aufzug dann kunstvoll als dramatische Räume realisiert!).

Diese sozialen Räume aber sind nicht nur die Bezugsrahmen für die verschiedenen Konfliktdimensionen oder -ebenen des Dramas. Sie reflektieren überdies unterschiedliche Genres bzw. historische Erscheinungsformen des Trauerspiels: Das Trauerspiel des 17. Jahrhunderts, bei Gryphius und Casper von Lohenstein, auch noch dasjenige der Frühaufklärung, in Gottscheds *Cato* wie in Schlegels *Canut* oder *Hermann,* ist das Trauerspiel auf großer politischer Bühne. Historischer Stoff, etwa die Ermordung Carl I. Stuart bei Gryphius, wird verhandelt, der Bühnenraum simuliert den Palast, das politische Cabinet. Der soziale Raum des *bürgerlichen* Trauerspiels der Empfindsamkeit dagegen (ab *Miß Sara Sampson* 1755) ist die Familie, das Haus, dem der höfische Raum allenfalls als Hort von Korrumpiertheit und Sittenlosigkeit entgegengesetzt wird (*Emilia Galotti,* 1772; *Kabale und Liebe,* 1784).

Egmont. Ein Trauerspiel in fünf Aufzügen ist nun beides in einem, ist politisches Trauerspiel *und* bürgerliches. Allerdings nicht, indem die beiden Handlungslinien (und damit die Trauerspielkonzepte) nebeneinanderher geführt würden, sondern vielmehr, indem sie miteinander verquickt werden zu etwas Neuem, in dem gerade die Verquicktheit von politischer und intimer Handlungsdimension nicht nur ästhetische oder dramaturgische Eigenheit des *Egmont* sind, sondern, von der Achsenszene III.2 aus, die eigentliche Frage des Dramas offenlegen, die Frage nach der Bestimmung des Menschen. – Die in älterer Forschung öfter diskutierte oder je einseitig entschiedene Frage (Sengle [1952] [2]1969; Dahnke 1970, Michelsen 1971, Schröder 1981, Fehr 1988), ob der *Egmont* historisches Drama oder Charakterdrama sei, ist nicht nur müßig, sondern bei genauerer Betrachtung unsinnig: An der Figur Egmont, am *Menschen* Egmont, seinem Charakter, wird vorgeführt, wie Geschichte am Einzelnen wirkt, über ihn hinweggeht; die Frage nach der Bestimmung des Menschen, die die Achsenszene stellt, gehört aber historisch ins spätere 18. Jahrhundert, das abstrakteste Substrat von Egmonts letzter Rede in III.2. Auch deswegen musste Goethe Egmont ‚entheiraten' und ihm eine bürgerliche Geliebte andichten!

8.3   *Torquato Tasso*

Entstehung. Das letzte der drei ‚italienischen' Dramen, *Torquato Tasso,* scheint deutlich an Goethes eigene Person, an die Aufarbeitung eigener Krisen und dichterischer Identitätsbildung gebunden zu sein. Zumindest, wenn man Goethes Selbstaussagen folgt, etwa derjenigen, die er ein halbes Jahrhundert nach der Italienreise Johann Peter Eckermann gegenüber machte, wo er ausführt,

> daß ich in den ersten zehn Jahren meines Weimarer Dienst- und Hoflebens so gut wie gar nichts gemacht, daß die Verzweiflung mich nach Italien getrieben, und daß ich dort, mit neuer Lust zum Schaffen, die Geschichte des Tasso ergriffen, um mich in Behandlung dieses angemessenen Stoffes von demjenigen freizumachen, was mir noch aus meinen weimarischen Eindrücken und Erinnerungen Schmerzliches und Lästiges anklebte. (HA 5, 504)

Bei aller gebotenen Vorsicht gegenüber solchen Selbstaussagen – der Stoff um den italienischen Renaissance-Dichter Torquato Tasso ähnelte in gewissem Sinne der eigenen Situation, der eigenen Krise, bot sich also zur autotherapeutischen Aufarbeitung der biographischen und künstlerischen Krise an.

Torquato Tasso erschien 1790 erstmalig im Druck. Auch hier lag eine Prosafassung vor, 1780 in Weimar verfasst – die nicht erhalten ist, allerdings für den VI. Band von Goethes ‚Schriften' im Jahre 1786 als „Tasso, zwei Acte" angekündigt wurde. In Italien erwies sich die Überarbeitung des Prosafragments als schwieriger und langwieriger als etwa bei der *Iphigenie* – ein Grund dafür, dass der *Tasso* erst mehr als ein Jahr nach Goethes Rückkunft in Weimar fertig wurde. Die Schwierigkeiten, die sich Goethe mit dem Stoff boten, sind möglicherweise ein Indiz dafür, wie nah dieser an der eigenen Krise lag. Die Prosa des Fragments wurde in Italien durch den Blankvers ersetzt, der Überarbeitung wurde eine 1785 in Italien erschienene Tasso-Biographie zugrundegelegt (Abbate Serassi: *La vita di Torquato Tasso*). Aus dem Drama um eine im Zentrum stehende Liebesproblematik – Bürgerlicher (Dichter) liebt Adlige (Prinzessin) – macht die Blankversfassung von 1789 ein Drama um das Verhältnis von Einzelnem und Gesellschaft, genauer: von bürgerlichem Dichter und adliger Gesellschaft, die die Bedingung für seine literarische Produktion ist.

Stoff. Der Schauplatz des Dramas ist wieder, wie in der *Iphigenie,* abgeschlossen gegen die Öffentlichkeit, die Ständeklausel wird eingehalten, die Personnage ist exklusiv. Das Schauspiel ist relativ arm an äußerem Geschehen – es wird, wiederum wie in der *Iphigenie,* das ‚Drama' tendenziell zum Sprechtheater, nicht ‚Nachahmung' von Handlung, sondern von Rede. Der Schauplatz ist Belriguardo, ein Lustschloss der adligen Familie von Este in der Nähe von

Ferrara. Tasso überreicht seinem Fürsten sein Epos *Gerusalemme liberata*. Die Freundin der Prinzessin, Leonore, ehrt den Dichter, indem sie ihm den Lorbeerkranz einer im Park befindlichen Vergil-Büste auf den Kopf setzt. Diese Geste ist zunächst eine schlicht höfische Dichterehrung im Modus adliger Repräsentation durch Gesten – für Tasso hat sie jedoch existentielle Bedeutung: Sie spielt gleichsam mit der Aufnahme des nachgeborenen Poeten in die Reihe der kanonisierten Dichterfürsten. Zwei Fehler erlaubt er sich in der Folge: Er zieht gegenüber dem Hofmann und Diplomaten Antonio den Degen, als dieser ihm spöttisch begegnet (II. Aufzug). Der Herzog verordnet Stubenarrest, Tasso soll, zumindest vorübergehend, das Schloss verlassen. Die Prinzessin (der Tasso sehr viel bedeutet: III. Aufzug) deutet Tasso gegenüber Anteilnahme an, gemäßigt und sich aller Standesgrenzen bewusst. Er aber greift nach ihr, umarmt sie: Sein Verbleiben als Dichter bei Hofe ist nun völlig unmöglich gemacht, er verfällt in Wahnsinn (IV. Aufzug), einen Wahnsinn allerdings, dessen Tasso, mit Hilfe gerade seines bisherigen (eingebildeten) Widersachers Antonio, selbst Herr werden kann (V. Aufzug).

Exposition. Der erste Aufzug schon führt das große Thema des Stückes vor: den ‚dramatischen‘ Konflikt gegensätzlicher und kulturgeschichtlich unterschiedlicher Konzeptionen der Vermittlung von Dichter und Gesellschaft. Wie im *Egmont* wird die Titelfigur zunächst vorenthalten, erster und zweiter Auftritt stecken das Terrain ab, in das Tasso sodann tritt – oder, anders gesagt: Sie markieren die Koordinaten des dramatischen Konfliktes, der sich an der Titelfigur festmacht.

- **Kunstwelt Belriguado.** Der erste Auftritt führt die Prinzessin Leonore von Este und ihre Freundin Leonore Sanvitale vor auf einem „Gartenplatz, mit Hermen der epischen Dichter geziert. Vorn an der Szene zur Rechten Virgil, zur Linken Ariost" (Bühnenanweisung, vor v. 1; HA 5, 73). Der Auftritt Tassos in I.3, mit seinem Epos in Händen, wird gleichsam kanonisch gerahmt: Virgil steht für die Epiker der (römischen) Antike, Ariost für die der Renaissance, drei Generationen vor Tasso. Die beiden Leonoren zitieren in Handlung und Kostüm eine weitere literarische Tradition: „Leonore [Sanvitale]. [...] Wir scheinen recht beglückte Schäferinnen / Und sind auch wie die Glücklichen beschäftigt. / Wir winden Kränze" (v. 7 ff.). Eine Schäferidylle bildet den Ausgangspunkt des Dramas, die inszenierte Fiktion eines goldnen Zeitalters in Einfachheit und Einklang mit der Natur. Leonore Sanvitale ist sich der Scheinhaftigkeit dieser Fiktion bewusst, dieser Ausgangspunkt bestimmt jedoch ihre Auffassung vom Dichterischen: „Wir können unser sein und stundenlang / Uns in die goldne Zeit der Dichter träumen" (v. 22 f.).
- **Dichterkonzepte I: Entrückung.** Bei Leonore wird der Dichter, neben den antiken Vorbildern auch der lebende, ganz von der Welt entrückt, seine Entfernung von der Welt scheint Leonore Voraussetzung seiner künstlerischen Existenz:

> Sein Auge weilt auf dieser Erde kaum;
> Sein Ohr vernimmt den Einklang der Natur;
> Was die Geschichte reicht, das Leben gibt,
> Sein Busen nimmt es gleich und willig auf:
> Das weit Zerstreute sammelt sein Gemüt,
> Und sein Gefühl belebt das Unbelebte.
> Oft adelt er was uns gemein erschien,
> Und das Geschätzte wird vor ihm zu nichts.
> In diesem eignen Zauberkreise wandelt
> Der wunderbare Mann und zieht uns an
> Mit ihm zu wandeln, teil an ihm zu nehmen:
> Er scheint sich uns zu nahn, und bleibt uns fern;
> Er scheint uns anzusehn, und Geister mögen
> An unsrer Stelle seltsam ihm erscheinen.
> (v. 159 ff.)

Die Prinzessin wendet zwar ein, so ganz abgewandt dem Leben sei des Dichters Streben nicht, da er doch immerhin auch seinen Liebesgedichten den Namen Leonore beistelle, welche auch immer er meine. Leonore Sanvitale jedoch beharrt, unwidersprochen, auf ihrer Konzeption: „Uns liebt er nicht, – verzeih daß ich es sage! – / Aus allen Sphären trägt er was er liebt / Auf einen Namen nieder den wir führen" (v. 212–214). Allein: Letztlich stehen beide Leonoren für eine Auffassung von Dichter und Dichtung, die beides vom Leben, von Welt und Gesellschaft abtrennt.

- **Dichterkonzepte II: Weltnähe/Bildung.** Mit dem zweiten Auftritt setzt der Herzog von Ferrara, Alfons, diesem Konzept ein zweites entgegen: Auf der Handlungsebene sucht er Tasso bei den Leonoren im Garten, will endlich von ihm das lang versprochene Epos erhalten. Die Prinzessin mahnt zwar zur Geduld – „Es soll sich sein Gedicht zum Ganzen ründen" (v. 275) –, der Herzog indes extemporiert seine Vorstellung von dichterischer Existenz:

> Wir sehen dann auf einmal ihn vielleicht
> Am Ziel, wo wir ihn lang gewünscht zu sehn.
> Dann soll das Vaterland, es soll die Welt
> Erstaunen, welch ein Werk vollendet worden.
> Ich nehme meinen Teil des Ruhms davon,
> Und er wird in das Leben eingeführt.
> Ein edler Mensch kann einem engen Kreise
> Nicht seine Bildung danken. Vaterland
> Und Welt muß auf ihn wirken. Ruhm und Tadel
> Muß er ertragen lernen. Sich und andre
> Wird er gezwungen recht zu kennen. Ihn
> Wiegt nicht die Einsamkeit mehr schmeichelnd ein.
> (v. 287 ff.)

Alfons' Konzept ist moderner. Nur Reste höfischer Institutionalisierung von Kunst bleiben hier übrig – der Ruhm, der dem Mäzen gebührt: „Ich nehme meinen Teil des Ruhms davon". Er setzt auf eine gesellschaftlich breite Wirkung eines literarischen Werkes, setzt eine literarische Öffentlichkeit voraus, vielleicht sogar einen literarischen Markt. Er begreift die Veröffentlichung des Werkes nicht als Abschluss und Höhepunkt einer idealischen Dichterkarriere, sondern als Ausgangspunkt eines individuellen Bildungsganges: Das Werk und seine öffentliche Verbreitung ermöglichen den größeren Kontakt zur Welt, sind Anlass zu Reisen, Kontakten, Lernprozessen. Diese Vorstellung des Dichters begreift ihn einerseits in seiner vorläufigen (!) Situierung am Hof, innerhalb des Mäzenats mit allen dessen Konsequenzen, andererseits aber als eingebunden in die literarische Öffentlichkeit: Der Dichter muss sich im unmittelbaren Kontakt zu Welt und Leben ausbilden.

- **Dichterkonzepte III: Mäzenat.** Der dritte Auftritt – Tasso überreicht seinem Herzog das Epos *Gerusalemme liberata* – setzt den beiden bisherigen Konzepten noch ein drittes entgegen. Tasso will nicht allgemeine Wirkung (Ermunterung hilft nicht: ALFONS. „Erfreue dich des Beifalls jedes Guten. / LEONORE. Des allgemeinen Ruhms erfreue dich", v. 441 f.), schreibt nicht hin auf ein Publikum, will nicht weitreichenden Ruhm – er unterwirft sich vielmehr dem Geschmack seines Herrn:

  > TASSO. Mir ist an diesem Augenblick genug.
  > An euch nur dacht ich wenn ich sann und schrieb,
  > Euch zu gefallen war mein höchster Wunsch,
  > Euch zu ergötzen war mein letzter Zweck.
  > Wer nicht die Welt in seinen Freunden sieht
  > Verdient nicht daß die Welt von ihm erfahre.
  > Hier ist mein Vaterland, hier ist der Kreis
  > In dem sich meine Seele gern verweilt.
  > Hier horch ich auf, hier acht ich jeden Wink.
  > Hier spricht Erfahrung, Wissenschaft, Geschmack,
  > Ja, Welt und Nachwelt seh ich vor mir stehn.
  > (v. 444 ff.)

Tasso ist in seinem Selbstverständnis genau der Dichter der höfischen Institution Kunst, ordnet seine Kunstproduktion nur auf seinen Gönner hin. Was dieser im vorigen Auftritt noch forderte für den jungen Dichter, Offenheit zu Vaterland und Welt, wird hier pointiert negiert: Für Tasso ist der Hof des Herzogs Vaterland und Welt. Er erhebt den Mäzen gar zum eigentlichen Urheber seines Werkes, da er die materiellen Bedingungen für seine Entstehung gewährleistete: „Du warst allein, der aus dem engen Leben / Zu einer schönen Freiheit mich erhob; / [...] / Und welchen Preis nun auch mein Werk erhält, / Euch dank ich ihn, denn *euch* gehört es zu" (v. 417–423).

Drei Konzepte des Verhältnisses von Dichter und Gesellschaft werden in der Exposition des *Tasso* einander gegenübergestellt: erstens seine auratische Abtrennung von allem materiehaft Schweren, zweitens die Einbindung des Dichters ins Mäzenat, das ihn nur seinem Herrn verpflichtet, drittens aber die vom Herzog geltend gemachte Notwendigkeit, sich mit der Welt, der literarischen Öffentlichkeit zu vermitteln, sich auszubilden an den Erfahrungen der Welt.

- **Politische Welt: Antonio.** Die Vorstellungen von Dichter und Dichtung geraten in Konflikt – nicht so sehr miteinander, sondern mit einem Vierten, das sie allesamt als anachronistisch erscheinen lässt: die (politische) Welt selbst, die Welt des Handelns, der Tat. Tassos Vorstellung, dass Alfons' Hof Vaterland, Welt und Nachwelt sei (vgl. v. 451–455), wird mit dem Auftritt Antonios als Selbsttäuschung entlarvt; überdies weckt die Kränzung mit der „Bürgerkrone" (v. 682) „vom erstem Eichenlaub" (v. 684), die Alfons aufgrund der überragenden diplomatischen Verdienste Antonios ankündigt, Tassos Argwohn und Neid. Für Antonio steht die Welt des päpstlichen Hofes wie des politischen Handelns im Zentrum seiner Selbstauffassung, Kunst werde vom Papst geschätzt, „sofern sie ziert" (v. 667). Angesichts des Kranzes, den Leonore anfangs auf „Ariostens Stirne" (v. 708) gedrückt hatte, ergeht sich Antonio, „selbst begeistert […] / Wie ein Verzückter" (v. 736 f.) einerseits in einem Lob der Dichtung, das dem Dichtungsverständnis der beiden Leonoren nahe kommt, aber weniger die entrückende Wirkung der Kunst als vielmehr Gegenstand und Kunstmittel der poetischen Rede hervorhebt: „Blütenbäume", „umkränzt von Rosen", das „Zauberspiel der Amoretten", „seltene[s] Geflügel", „fremde[ ] Herden", „Schalkheit" (vgl. v. 720–728) – all dies sind Versatzstücke der Schäferidyllen-Fiktion der beiden Leonoren und gleichzeitig Versatzstücke der Rokoko-Kultur, der nicht Tasso und Antonio, sondern die Höfe zur Zeit Goethes zugehören. Damit ist aber sowohl ein umfassender, gleichsam anthropologischer wie verklärender Darstellungsanspruch als auch die Forderung nach sprachlicher Harmonie verknüpft: „So hüllt er alles was den Menschen nur / Ehrwürdig, liebenswürdig machen kann, / Ins blühende Gewand der Fabel ein" (v. 713–715); „Indes auf wohlgestimmter Laute wild / Der Wahnsinn hin und her zu wühlen scheint / Und doch im schönsten Takt sich mäßig hält" (v. 731–733). Andererseits aber formuliert Antonio in diesem Lob der Dichtung *Ariosts*, ebenfalls Renaissance-Epiker, allerdings der vergangenen Generation, einen Anspruch, dem Tasso sich stellen zu müssen meint: „Wer neben diesen Mann sich wagen darf, / Verdient für seine Kühnheit schon den Kranz" (v. 734 f.).

Selbsttäuschung, Desillusion. Auf der Oberfläche geraten die verschiedenen Auffassungen von Dichtung und Dichter in der Exposition in Konflikt miteinander – aber sie sind nur Symptome. Darunter verborgen, und das gesamte Drama als die tatsächliche Konfliktebene durchziehend, liegen, gleichsam objektiv, falsche (Selbst-)Interpretationen hinsichtlich der gesellschaftlichen Rollen und Verhältnisse zu den jeweils Andern: Falsch, da sie den gesellschaftlichen Bedingungen für personale Beziehungen unangemessen sind. Tasso etwa begreift seine höfische Existenz nicht als das, was sie ist, Funktion gesellschaftlicher Hierarchie, Funktion adliger Selbstdarstellung von Herrschaft, sondern will sie persönlich, individuell begründet sehen. Das gilt umgekehrt ebenfalls: Die höfischen Figuren missinterpretieren ihre Rollen ‚bürgerlich', als Familien- und Freundschaftsrollen; der Hof ist gleichsam mentalitätsgeschichtlich ‚unterwandert', aber bleibt Hof, anachronistisch zwar gegenüber dem individuellen Selbstverständnis der Figuren, das aber wiederum anachronistisch ist gegenüber ihrer objektiven Hofexistenz:

- **Prinzessin.** Insbesondere Tassos Verhältnis zur Prinzessin ist von Fehlinterpretation und Überschreitung der Standes- und Anstandsgrenzen gekennzeichnet. Schon in II.1 wird deutlich, dass er die Prinzessin ‚liebt‘: „Gewidmet sind dir alle meine Tage" (v. 1066), „Ich bin nur *einer, einer* alles schuldig" (v. 1093) – die letztlich eigentlich mäzenatische ‚Zuwendung‘ wird subjektiv gedeutet. Einerseits versucht die Prinzessin, bei aller Dankbarkeit und Sympathie, die sie für ihn hegt, abzuwiegeln, deutet ihre Vergöttlichung in Tassos poetischer Rede als diejenige des weiblichen Geschlechts (vgl. v. 1085 ff.), sein Missverstehen ihrer Anteilnahme an seinen Gedichten („Welch einen Himmel öffnest du vor mir, / O Fürstin! Macht mich dieser Glanz nicht blind, / So seh ich unverhofft ein ewig Glück / Auf goldnen Strahlen herrlich niedersteigen", v. 1115 ff.) markiert sie als Grenzüberschreitung: „Nicht weiter, Tasso!" (v. 1119), mahnt zu Mäßigung und Entbehren (vgl. v. 1121 f.). Andererseits ist sich die Prinzessin ihrer Grenzüberschreitung auch bewusst: In III.2 sagt sie gegenüber Leonore: „Ich trieb den Jüngling an; er gab sich ganz; / Wie schön, wie warm ergab er ganz sich mir" (v. 1686 f.). Die Prinzessin rekapituliert die persönliche Dimension ihrer Beziehung zu Tasso, der ihr nach Einsamkeit und Krankheit vorgestellt wurde: „Wie mehrte sich im Umgang das Verlangen / Sich mehr zu kennen, mehr sich zu verstehn, / Und täglich stimmte das Gemüt sich schöner / Zu immer reinern Harmonien auf" (v. 1865 ff.) – und fasst den Plan, ihn für eine Zeit zu entfernen (vgl. v. 1715–1717, v. 1742–1746): Antonio soll's ihm sagen.
- **Leonore Sanvitale.** Auch Leonore hat diese Grenze überschritten. Sie fragt sich selbst: „Gemahl und Sohn und Güter, Rang und Schönheit, / Das hast du alles, und du willst noch ihn / Zu diesem allen haben? Liebst du ihn? / Was ist es sonst, warum du ihn nicht mehr / Entbehren magst? Du darfst es dir gestehn. / Wie reizend ist's, in seinem schönen Geiste / Sich selber zu bespiegeln!" (v. 1923 ff.). Gesicherte gesellschaftliche Existenz, „Gemahl und Sohn und Güter, Rang und Schönheit", stehen der emotionalen Beziehung zum jugendlich-bürgerlichen Dichter entgegen – wenngleich in v. 1928 f. der möglicherweise narzisstische Antrieb immerhin erwogen wird.
- **Alfons.** Schon Tasso interpretiert die gesellschaftliche Rolle des Mäzens eher als die eines väterlichen Freundes (vgl. v. 417–421) – dies allerdings nicht ohne Grund. Der Herzog behandelt ihn wie ein Kind, also als ein Vater. Nach der Verletzung des Anstands in II.3, Tasso zieht den Degen gegen Antonio, sperrt Alfons ihn ein: „Indessen, dein Vergehen macht, o Tasso, / Dich zum Gefangnen. Wie ich dir vergebe: / So lindr ich das Gesetz um deinetwillen. / Verlaß uns, Tasso! bleib auf deinem Zimmer, / Von dir und mit dir selbst allein bewacht" (v. 1528–1532): Der ‚Stubenarrest‘ erscheint als gnadenvolle Verringerung der möglichen Kerkerhaft, ist aber faktisch Bestrafung im Familienzusammenhang: „Tasso. Ist dies, o Fürst, dein richterlicher Spruch? / Antonio. Erkennest du des *Vaters* Milde nicht?" (v. 1533 f.) Tasso reagiert mit kindlichem Trotz: „*zu Antonio.* Mit dir hab ich vorerst nichts mehr zu reden" (v. 1535) und mit Unverständnis: „Mir bleibt es unbegreiflich wie

es ist; / Zwar unbegreiflich nicht, ich bin kein Kind" (v. 1549 f.). Genau das folgert aber Antonio: „Wo schwärmt der Knabe hin?" (v. 1599) – und Alfons delegiert ‚seine' Rolle an Antonio: „Du wirst als Freund und Vater mit ihm sprechen" (v. 1633); Rollenkonzepte bürgerlicher bzw. familialer Verhältnisse treten an die Stelle höfischer Beziehungen.

- **Antonio.** Genau einen „Freund" aber, so die Prinzessin (vgl. v. 940, v. 954), soll Tasso in Antonio suchen, doch das Gespräch in II.3 läuft gründlich aus dem Ruder. Anders gesagt: Individuelle Haltung, auf Tassos Seite prononcierte Emotionalität, tritt in schärfstes Missverhältnis zum höfischen Ort, zur höfischen Etikette. Antonio betont zunächst Distanz des Standes, des Alters, des Charakters: „Wir stehn zu weit noch voneinander ab" (v. 1293), sein scharfer Spott über die Dichterexistenz Tassos, über die vermeintlich ehrende Kränzung des Anfangs, überschreitet aber ebenfalls die Grenze des Anstands: „Kränze gibt es / Von sehr verschiedner Art, sie lassen sich / Oft im Spaziergehn bequem erreichen" (v. 1300 ff.); er wirft Tasso indirekt Selbsttäuschung vor, „er halte gnädiges Geschenk für Lohn / Zufälligen Putz für wohlverdienten Schmuck" (v. 1314 f.). Tasso tritt dem Älteren mit Hohn entgegen, nur Neid sei sein Grund für den Spott: „Verschwende nicht / Die Pfeile deiner Augen, deiner Zunge! / Du richtest sie vergebens nach dem Kranze, / Dem unverwelklichen, auf meinem Haupt. / Sei erst so groß, mir ihn nicht zu beneiden!" (v. 1319 ff.), „Die Krone [...] / Die meiner Fürstin Hand für mich gewunden / Soll keiner mir bezweifeln noch begrinsen" (v. 1341 ff.). Jetzt muss Antonio bremsen: Die Grenze höfischen Anstands ist durch den „hohe[n] Ton, die rasche Glut" (v. 1344) von Tassos Rede erreicht – und er würdigt Tasso herab, beleidigt ihn „Der übereilte Knabe will des Manns / Vertraun und Freundschaft mit Gewalt ertrotzen?" (v. 1363 f.), „Wo Lippenspiel und Saitenspiel entscheiden, / Ziehst du als Held und Sieger wohl davon" (v. 1372 f.), und bringt die Unangemessenheit von Tassos Haltung und Rede auf den Punkt: „Du weißt so wenig wer, als wo du bist" (v. 1385). Nach dramatischer Zuspitzung des Dialogs in einer Stichomythie, dem Redewechsel Vers für Vers (v. 1394 ff.), zieht Tasso den Degen. Nach Dazutreten von Alfons wird ganz deutlich, was Tasso missversteht: „Er ist kein freier Mann. / Es waltet über ihm ein schwer Gesetz, / Das deine Gnade höchstens lindern wird" (v. 1457 ff.).
- **Tasso.** Antonio erscheint Tasso von Beginn an als Gefahr des Selbstverlustes: Im Rückblick auf die Begegnung in I.4 sagt er in II.1 gegenüber der Prinzessin: „Begierig horcht ich auf, vernahm mit Lust / Die sichern Worte des erfahrnen Mannes; / Doch ach! je mehr ich horchte, mehr und mehr / Versank ich vor mir selbst, ich fürchtete / Wie Echo an den Felsen zu verschwinden, / Ein Widerhall, ein Nichts mich zu verlieren" (v. 795 ff.). Dies ist Vorausdeutung auf Antonios Polemik in v. 1385, v. a. auf die existentielle Selbstverlusterfahrung im V. Aufzug. Nachdem Tasso nach der Degenszene in II.3 praktisch nur Verhandlungsgegenstand der Dialoge der anderen Figuren war, ist der IV. Aufzug ‚seiner': Der Aufzug ist von seinen Monologszenen (1., 3., 5. Szene) bestimmt. Nicht Selbstverlust ist es, was hier ins Wort tritt, sondern der tendenzielle Verlust des sozialen Beziehungsgeflechts, das bisher Bedingung

seiner (dichterischen) Existenz war: „[S]einen holden Blick / Entziehet mir
der Fürst, und läßt mich hier / Auf düstrem, schmalen Pfad verloren stehn" (v.
2232 ff.); nur der ‚Zuneigung' der Prinzessin scheint er noch sicher sein zu
können: „So halte dich an *der* Gewißheit fest: / Ich habe *sie* gesehn! Sie stand
vor mir! / Sie sprach zu mir, ich habe sie vernommen! Der Blick, der Ton,
der Worte holder Sinn, / Sie sind auf ewig mein, es raubt sie nicht / Die Zeit,
das Schicksal, noch das wilde Glück" (v. 2223 ff.). Die Angst, die Gnade des
Herzogs zu verlieren, wird in IV.2 (Leonore verkündet ihm, dass er Belriguardo
verlassen solle) verstärkt, IV.3 zeigt ihn im Wahn. Leonore wird plötzlich zur
Feindin: „Nun kommt sie als ein Werkzeug meines Feindes, / Sie schleicht
heran und zischt mit glatter Zunge, / Die kleine Schlange, zauberische Töne"
(v. 2508–2510). Das Gespräch mit Antonio in IV.4 verstärkt das Gefühl noch,
Opfer einer Intrige zu sein, der „ganzen Kunst des höfischen Gewebes" (v.
2749). Der scheinbare Verlust des Gönners wird nur durch den der Prinzessin
übertroffen: „Ja alles flieht mich nun. Auch du! Auch du! / Geliebte Fürstin, du
entziehst dich mir" (v. 2792 f.) – Diese Angst wird erst in V.4 gehoben – um in
die (vorübergehende) Katastrophe einzumünden: „PRINZESSIN. Ich finde keinen
Rat in meinem Busen / Und finde keinen Trost für dich und – uns. / [...] / Das
treuste Wort, das von der Lippe fließt, / Das schönste Heilungsmittel wirkt
nicht mehr. / Ich muß dich lassen, und verlassen kann / Mein Herz dich nicht"
(v. 3212–3221). Genau von hier aus fühlt Tasso sich ermutigt, die Grenze endgültig zu überschreiten: *„Er fällt ihr in die Arme und drückt sie fest an, an
sich"* (nach v. 3283).

Von Tassos Seite aus widerspricht seine subjektive Selbstbestimmung, auch die
emotionale Bestimmung der höfischen Beziehungen, insbesondere zur Prinzessin,
der letztlich institutionellen Einbindung des bürgerlichen Dichters in den Hof,
dem Mäzenat. Und die Hofleute, am wenigsten Antonio und Leonore Sanvitale,
tun das ihrige dazu: Sie fassen ihr Verhältnis zu Tasso eben nicht mehr als
institutionell konstituiert auf, sondern als persönlich, biographisch, emotional
(Prinzessin) oder familial (Alfons). Hier geht es um sehr viel mehr als um die
„Disproportion des Talents mit dem Leben", wie Goethe Caroline Herder zufolge
zum *Tasso* gesagt haben soll (an J.G. Herder, 20.03.1789; vgl. HA 5, 500):
Der Hof ist bis zur Selbstgefährdung unterwandert von bürgerlicher Mentalität, unfähig, die institutionellen Rollen aufrechtzuerhalten und ihre Erwartungen
zu erfüllen; in gewissem Sinne ähnelt er so dem Hofe Charlottes und Eduards
in den *Wahlverwandtschaften* – und gehört mit diesen Auflösungstendenzen
adliger Identität viel eher ins späte 18. Jahrhundert als in die italienische Hochrenaissance. Aber der Hof *ist* Hof – es ist also eher die Disproportion oder Ana-
chronizität subjektiver Identitätsentwürfe mit ständischer, gesellschaftlicher
Objektivität.

Konfliktlösung, Vermeidung der Katastrophe. Die Lösung des Konflikts
bahnt sich auf Umwegen an. Was sich in den Monologen im IV. Aufzug schon
als Wahnsinn ankündigte, wird im V. Aufzug zur (scheinbar) radikalen Abkehr

vom sozialen Raum, der bisher die Bedingung seiner (dichterischen) Existenz war. Die Enttäuschung Tassos ist vermessen groß, er steigert sich in eine Herrscherschelte hinein (natürlich nur im Monolog!): „Ja, gehe nur Tyrann! Du konntest dich / Nicht bis zuletzt verstellen, triumphiere! / [...] Geh nur, ich hasse dich" (v. 3304–3308), er selbst ist Sklave, „wohl gekettet" und „wohl gespart zu ausgedachten Qualen" (v. 3306 f.). Tasso tituliert hier das Mäzenat als Sklaverei, den Musenhof als Galeere – und die Prinzessin als „Sirene" (v. 3333): Er, Tasso, ist aber nicht Odysseus, sondern einer seiner Rudersklaven mit verstopftem Ohr. Und er sieht sich „verstoßen und verbannt als Bettler", „geschmückt / Als Opfertier vor den Altar" gezerrt (v. 3312, 3314), diebisch gebracht um sein „einzig Eigentum", sein „Gedicht" (v. 3316), das ihn „an jedem Ort empfohlen hätte, / Das mir noch blieb vom Hunger mich zu retten" (v. 3319 f.). Tassos Identität scheint gebrochen: „Ich bin mir selbst entwandt" (v. 3418).

Die zu Anfang des Dramas exponierten Auffassungen von Dichtung und Dichter verkannten alle, auch die modernere von Alfons, die untergründige Dynamik, in die die Institution des Hofes längst geraten ist. Die Schäferidylle sowohl der Leonoren als auch Antonios ist verschleiernde Ideologie, das Mäzenat wird bei Tasso Familie, bei Alfons immerhin gegen die Welt geöffnet – aber alle Konzepte der Vermittlung von Dichter und Gesellschaft versagen! Die (aus Tassos Perspektive) drohende totale Entkopplung des Dichters von der ihn bedingenden Gesellschaft in seiner feststehenden Entfernung aus Belriguardo wird jedoch als Katastrophe abgewendet – in dem sie umgedeutet wird. Die Notwendigkeit für Tasso, die desolate eigene Situation zu erkennen, setzt Antonio, ausgerechnet dieser, dem apollinischen Orakel gleich: „Und wenn du ganz dich zu verlieren scheinst, / Vergleiche dich! Erkenne was du bist!" (v. 3419 f.).

Selbsterkenntnis wird hier zum potentiellen Ausgangspunkt der Lösung des dramatischen Konflikts. Tasso wird zwar nicht seine Entfernung vom Hof verhindern – aber er artikuliert eine alternative, neuartige Auffassung von Dichtung und dichterischer Identität:

> Hilft denn kein Beispiel der Geschichte mehr?
> Stellt sich kein edler Mann mir vor die Augen,
> Der mehr gelitten als ich jemals litt,
> Damit ich mich mit ihm vergleichend fasse?
> Nein, *alles* ist dahin! – Nur *eines* bleibt:
> Die Träne hat uns die Natur verliehen,
> Den Schrei des Schmerzens, wenn der Mann zuletzt
> Es nicht mehr trägt – Und mir noch über alles –
> Sie ließ im Schmerz mir Melodie und Rede,
> Die tiefste Fülle meiner Not zu klagen:
> Und wenn der Mensch in seiner Qual verstummt,
> Gab mir ein Gott zu sagen, wie ich leide (v. 3422 ff.)

Prätendierte Katastrophen- und Leidenserfahrung. Die Stilisierung des eigenen Leidens als beispiellos in der Geschichte (vgl. v. 3423 f.) korrespondiert mit der Metaphorik der Katastrophe, die die gerade zitierten Verse umrahmt. Welle und (rettender) Fels werden letztlich zur Identitäts- und Schiffbruchsmetapher. Tasso begreift zunächst sich selbst bildlich – „Ich scheine nur die sturmbewegte Welle" (v. 3435), aufgewühlt von Natur und Geschichte: „Die mächtige Natur / […] / Sie sendet ihren Sturm, die Welle flieht / Und schwankt und schwillt und beugt sich schäumend über" (v. 3437–3441) – und nicht fähig der Reflexion: „In dieser Woge spiegelte so schön / Die Sonne sich, es ruhten die Gestirne / An dieser Brust, die zärtlich sich bewegte" (v. 3442–3444). Die im ruhigen Wasser sich spiegelnden Gestirne bedeuten die Widerspiegelung überindividueller, gar überirdisch-transzendentaler Gesetzmäßigkeit im in sich ruhenden Subjekt – eine Reflexion, die nunmehr unmöglich geworden ist. Antonio ist es, der für das gefährdete Ich Tassos zum rettenden Felsen wird: „O edler Mann! du stehest fest und still / […] / Ich fasse dich mit beiden Armen an! / So klammert sich der Schiffer endlich noch / Am Felsen fest, an dem er scheitern sollte" (v. 3434, 3451 ff.). Die überemphatische Selbstinterpretation in Bildern des völligen Selbstverlustes und der Katastrophe sind natürlich genauso übertrieben wie die Tyrannenschelte gegenüber Alfons – denn woran *leidet* Tasso faktisch denn? Wie keiner in der Geschichte?! Es sind nicht Natur und Geschichte, die das Ich in eine Katastrophe ‚spülen', sondern lediglich Fehlinterpretationen höfischer Beziehungen als persönlicher, die hier als Katastrophen*erfahrung* hyperbolisch geltend gemacht werden.

   Neuartiges Dichterbewusstsein. Abgesehen von dieser völlig unangemessenen Selbstinterpretation ist aber bedeutsam, wie Tasso den Verlust des Bewusstseins vom eigenen Selbst („Ich bin mir selbst entwandt") produktiv umsetzt. Kunstfähigkeit wird als identisch angesehen mit der Fähigkeit, Leiden ästhetisch umzusetzen, eine neue, subjektive, Kunstauffassung, die den Einzelnen und sein Leiden als zentralen Referenten hat. Bedeutsam insbesondere – v. a. für Goethes nachitalienischen Klassizismus – ist die Tatsache, dass mit Tassos Formel das Verhältnis Dichter-Gesellschaft, das in allen Dichtungsauffassungen und Konstellationen im Drama die Konflikte generierte, ersetzt wird durch das Verhältnis des Dichters zur Gattung Mensch: „Und wenn der Mensch in seiner Qual verstummt, / Gab mir ein Gott zu sagen, wie ich leide" (v. 3432 f.). Der Dichter wird als derjenige aufgefasst, der etwas, das ‚der ganzen Menschheit zugeteilt ist', durch exzeptionelle Begabung stellvertretend zum Ausdruck bringen kann; der Einzelne ist Exempel der Gattung (hier aber ein besonderes!).

   Tasso und Goethe. Ob Goethe tatsächlich, wie die oben zitierte Notiz Eckermanns nahelegt, mit der „Geschichte des Tasso" sich „von demjenigen freizumachen [vermochte], was mir noch aus meinen weimarischen Eindrücken und Erinnerungen Schmerzliches und Lästiges anklebte" (HA 5, 504), ist schwierig zu beurteilen: Goethe war als Minister gleichsam ein Weimarer Antonio und als Dichter auch ein Tasso. Spekulationen über irgendwelche realen Beziehungen

Goethes am Weimarer Hof, die sich einigermaßen kongruent zu etwa der zwischen
Tasso und der Prinzessin verhalten, sind unsinnig-biographistisch. Goethe war
zudem als erfolgreicher Schriftsteller nach Weimar gekommen, der er dann
als Minister nicht mehr sein konnte. Die scharfe Differenz zwischen höfisch-
ständischer Rollen- oder Identitätszuweisung an einem Rokoko-Hof und bürger-
lich-individueller Selbstbestimmung auf Seiten Goethes (die sich auch auf die
Interpretation höfischer Beziehungen niedergeschlagen haben dürfte) bildet auf
jeden Fall einen nicht zu vernachlässigenden Vergleichspunkt zwischen Goethe
und seiner Figur.

8.4   *Die natürliche Tochter*

Entstehung. Nachdem er seit Mitte November 1799 in den Memoiren der
(angeblichen) französischen Adligen Stephanie de Bourbon-Conti gelesen hatte,
erarbeitete Goethe schon im Dezember 1799 „die Konzeption der Natürlichen
Tochter. In dem Plane bereitete ich mir ein Gefäß, worin ich alles, was ich so
manches Jahr über die Französische Revolution und deren Folgen geschrieben
und gedacht, mit geziemendem Ernste niederzulegen hoffte" (*Tag- und Jahreshefte* 1799; HA 5, 581). Was der Dramatiker Goethe über die Revolution und
ihre Folgen bisher geschrieben hatte, hatte durchaus des ‚geziemenden Ernstes‘
ermangelt. Das Lustspiel *Der Bürgergeneral* und das Fragment gebliebene Lustspiel *Die Aufgeregten* (beide 1793) waren mehr als leichtfertig mit dem weltpolitischen Katastrophenereignis umgegangen – ob und in welchem Maße *Die
Natürliche Tochter* den notwendigen Ernst realisiere, bleibt zu fragen. Erst ab
dem Herbst 1801 nahm Goethe den Plan zur *Natürlichen Tochter* wieder auf,
die protokollarischen *Tag- und Jahreshefte* für 1802 erwähnen seinen „Liebling
Eugenie", ab März 1803 wird das Stück geprobt und am 2. April 1803 uraufgeführt.

Die *Tag- und Jahreshefte* für 1803 legen offen, dass die *Natürliche Tochter* der
erste Teil einer Trilogie sein sollte; für den zweiten und dritten Teil hatte Goethe
gröbste Planungen, ohne recht zu wissen, „wo die äußern Umstände zur Fortsetzung oder gar zur Vollendung derselben herkommen sollten" (Gespräch mit
Johannes Falk am 25. Januar 1813; HA 5, 584). Abergläubisch machte Goethe
mehrfach für die Nichtvollendung der Trilogie die Tatsache verantwortlich, dass
er, auf Drängen Schillers, deren ersten Teil habe spielen lassen, bevor das Ganze
fertiggestellt gewesen sei (ebd.). – Als *Trilogie* ist das Projekt offensichtlich
klassizistisch, will es doch die Tragödien-Trilogien der antiken Dramatiker, mit
denen sie im Wettstreit gegeneinander antraten, nachahmen. Klassizistisch ist auch
die *Natürliche Tochter:* Strenger, fünfaktiger Aufbau und insbesondere der seit der
Iphigenie gebräuchliche Blankvers kennzeichnen den Text.

Die *Mémoires historiques* der Stephanie de Bourbon-Conti, angeblich uneheliche Tochter des Prinzen Louis-François de Bourbon-Conti und einer Herzogin
von Mazarin, deren Legitimierung durch König Louis XV. durch eine Intrige

hintertrieben worden sei, stellten sich schnell als hochstaplerische Fälschung heraus. Diese Tatsache war Goethe bekannt – ist aber für das Drama selbst völlig irrelevant, da nicht geschichtliche Wahrhaftigkeit, sondern fiktionalisierende Problematisierung oder Dramatisierung bestimmter Sachverhalte Sache des Dramatikers sind (aus demselben Grunde konnte Goethe Egmont auch entheiraten, um ihm, für das Drama äußerst produktiv, eine bürgerliche Geliebte anzudichten).

Stoff und Inhalt. Im ersten Auftritt offenbart der Herzog seinem König (außer der Titelfigur Eugenie, d.i. ‚die Wohlgeborene‘, tragen alle Figuren nur abstrakte Rollen- oder Standesbezeichnungen) eine „natürliche" (also uneheliche) Tochter, die er mit einer gerade verstorbenen Fürstin gezeugt und im Geheimen habe erziehen lassen und die jetzt, nach dem Tod der Fürstin, in den Hof eingeführt werden möge. Er bittet den König, „ihr das Recht / Der fürstlichen Geburt, vor seinem Hofe / Vor seinem Reiche, vor der ganzen Welt, / aus seiner Gnadenfülle zu bewähren" (v. 98 ff.; HA 5, 218). Dieser Plan kollidiert sowohl mit der politischen Großwetterlage im Reich als auch mit den Interessen von Einzelpersonen: Der eheliche Sohn des Herzogs gehört zu einer oppositionellen Gruppierung gegen den König, für ihn würde eine legitimierte (Halb-)Schwester die Gefährdung seines uneingeschränkten Erbes bedeuten. König und Herzog wissen um die politisch instabile Lage und fordern Eugenie (I.6) auf, erstens ihr Geheimnis klüglich zu bewahren und zweitens die Truhe mit den Insignien ihres neuen Standes (Juwelen, kostbare Stoffe) nicht vor der Zeit zu öffnen. Der Herzog übergibt ihr den Schlüssel zu der Truhe: Geheimhaltung und Zügelung der Neugier werden als „leichte Prüfung" inszeniert (v. 539). Eugenies Hofmeisterin ist Mitverschworene der Gegenpartei des Königs und des Plans, Eugenie zu entführen (vgl. v. 792 f.), und – Eugenies Vertraute. Sie rät Eugenie vehement davon ab, sich am Hofe einführen zu lassen und wird Augenzeugin (II.5) der Selbsteinkleidung der jungen Frau in die vom Vater übersandten Kleider: Die Neugier siegt, Mäßigung und politische Klugheit werden hintangestellt, Eugenie fällt durch die vom Vater auferlegte ‚Prüfung‘ durch.

Zwischen II. und III. Aufzug wird die Entführung vollzogen, ein Weltgeistlicher, ebenfalls mitverschworen, gibt gegenüber dem Herzog vor, Eugenie sei bei einem Reitunfall tödlich verletzt worden (mit einem Reitunfall war Eugenie schon in den ersten Aufzug ‚hineingefallen‘). Der Sohn des Herzogs hatte dem König die Unterschrift unter ein Dokument abgerungen, das Eugenies Verbannung auf eine vor der Küste des Reiches liegende Insel befiehlt, „[g]ewissem Tod entgegen, der, im Qualm / Erhitzter Dünste, schleichend überfällt" (v. 1767 f.). Eugenie, schon in der Hafenstadt, auf die Einschiffung wartend, versucht vergeblich, zunächst beim Gouverneur Hilfe, dann bei der Äbtissin eines Frauenklosters Aufnahme zu finden: Beide schrecken vor dem Verbannungsdekret des Königs zurück und verweigern jede Hilfe (V.2, V.4).

Ihr bietet sich jedoch ein letzter Ausweg: Anstatt in die Verbannung zu gehen, nimmt sie das Angebot eines Gerichtsrats (mit dem die Hofmeisterin schon in IV.1 über das königliche Schriftstück disputiert hatte) an, ihn zu heiraten: Der Bürgerliche besitzt ein verborgenes Landgut, auf dem sie versteckt leben könne, ohne irgend seiner Zudringlichkeit gewärtig sein zu müssen: „Die Tat allein beweist der Liebe Kraft. / Indem ich dich gewinne, soll ich allem / Entsagen, deinem Blick sogar! Ich will's. / Wie du zum ersten Male mir erschienen, / Erscheinst du bleibend mir, ein Gegenstand / Der Neigung, der Verehrung. Deinetwillen / Wünsch' ich zu leben, du gebietest mir" (v. 2935 ff.). Eugenies Motivation ist durchaus politisch: Das Reich in großer Gefahr des Umsturzes (vgl. v. 2825 f.), will sie im Verborgenen harren, um gegebenenfalls wieder (ohne irgendeine realistische Handlungsperspektive!) hervortreten zu können: „Nun bist du Boden meines Vaterlands / Mir erst ein Heiligtum, nun fühl' ich erst / Den dringenden Beruf, mich anzuklammern. / Ich lasse dich nicht los, und welches Band / Mich dir erhalten kann, es ist nun heilig" (v. 2845 ff.). Das geschwisterliche Verhältnis, das sie vom Gerichtsrat verlangt (vgl. v. 2889–2892), muss nicht ein solches bleiben: „Auch solch ein Tag wird kommen, uns, vielleicht, / Mit ernsten Banden, enger, zu verbinden" (v. 2917 f.) und sie willigt letztlich froh in ihre Rettung ein: „Ich zaudre nicht, ich eile dir zu folgen! / Hier meine Hand; wir gehen zum Altar" (v. 2954 f.).

Revolution: Die *Natürliche Tochter* spielt nicht in Frankreich, auch nicht um 1789, auch ist der Umsturz hier alles andere als *die* Französische Revolution. Wie die Rollennamen, außer Eugenies, Standes- oder Funktionsbezeichnungen sind, bleibt auch der drohende Umsturz hier abstrakt. Monarchische Ordnung wird noch in I.5, vom König selbst, idealtypisch extemporiert: Die Menge des Volkes sei „bedeutend, mehr noch aber sind's / Die wenigen, geschaffen, dieser Menge, / Durch Wirken, Bilden, Herrschen, vorzustehn. / Berief hiezu den König die Geburt, / So sind ihm seine nächsten Anverwandten / Geborne Räte, die, mit ihm vereint, / Das Reich beschützen und beglücken sollten" (v. 303 ff.). Die Majestät aber oder die angeborene Autorität ist dem König wie seinem Hause längst abhandengekommen: Eugenie rechtet in V.8, wenn sie klagt: „Diesem Reiche droht / Ein jäher Umsturz" (v. 2825 f.), eben nicht mit den Umstürzlern, sondern weist die Schuld einerseits Abstraktionen zu: „Die, zum großen Leben, / Gefugten Elemente wollen sich / Nicht wechselseitig mehr, mit Liebeskraft, / Zu stets erneuter Einigkeit, umfangen. / Sie fliehen sich und, einzeln, tritt nun jedes, / Kalt, in sich selbst zurück" (v. 2826 ff.). Die angebliche Naturhaftigkeit politischer Ordnung ist durch egoistische Verselbstung der verschiedenen Kräfte gestört, dem Umsturz ist (wie der Französischen Revolution) „eine innere Zerrüttung sämtlicher Gesellschaftsschichten vorausgegangen" (Alt 2008, 125). Dementsprechend versagt auch der Herrscher selbst:

> [...] Wo blieb der Ahnherrn
> Gewalt'ger Geist, der sie zu *einem* Zweck
> Vereinigte, die feindlich kämpfenden?
> Der diesem großen Volk, als Führer, sich,
> Als König und als Vater, dargestellt?
> Er ist entschwunden! Was uns übrig bleibt
> Ist ein Gespenst, das, mit vergebnem Streben,
> Verlorenen Besitz zu greifen wähnt. (v. 2831 ff.)

Die unterschiedlichen politischen Kräfte, die an der Auflösung der monarchischen Ordnung mitwirken, thematisiert wenigstens der König einmal, ohne insgesamt konkreter zu werden: „O! diese Zeit hat fürchterliche Zeichen, / Das Niedre schwillt, das Hohe senkt sich nieder, / Als könnte jeder nur am Platz des andern / Befriedigung verworrner Wünsche finden, / Nur dann sich glücklich fühlen, wenn nichts mehr / Zu unterscheiden wäre, wenn wir alle, / Von *einem* Strom, vermischt dahingerissen, / Im Ozean uns unbemerkt verlören" (v. 361–368). Oben und Unten, Adel und Bürgertum sind aber nicht strikt entgegengesetzt: Der Weltgeistliche bedrängt den Herzog in III.4, „im nahen Sturmgewitter, / Das falsch gelenkte Steuer zu ergreifen!" (v. 1661 f.). Der Monarch, der Gubernator, versagt: Das *falsch gelenkte Steuer!* Und der Herzog soll an seine Stelle treten!

Dass die *Natürliche Tochter* in der Handlungsführung, hinsichtlich der drohenden tragischen Konsequenz der Intrige für Eugenie sowie auch in der ‚Würde' des klassizistischen Stils das Sujet mit ‚geziemendem Ernst' behandelt, kann nicht bestritten werden. Dass aber die Konfliktlage hier, die letztlich egoistischen Antriebe der Intriganten, dem historischen Faktum der Französischen Revolution und ihrer Voraussetzungen gerecht würden, darf durchaus in Zweifel gezogen werden: Die auf Individuen und individuelle Haltungen angelegte dramatische Form erweist sich (zumindest hier bei Goethe; Büchners *Danton* wäre ein Gegenbeispiel) als unangemessen gegenüber der kollektiven Katastrophe.

Trauerspielkonzeption. Wenn aber der Weltgeistliche in III.1 klagt: „O! dieses Mädchens trauriges Geschick / Verschwindet, wie ein Bach im Ozean, / Wenn ich bedenke, wie, verborgen, ihr / Zu mächtiger Parteigewalt euch hebt" (v. 1253 ff.), wird nicht der Umsturz selbst thematisiert, sondern das Verhältnis des Individuums zum Lauf der Geschichte – jedes Individuums letztlich: „Wer soll sich retten, wenn das Ganze stürzt?" (v. 1262). Eugenie versteht ihr „trauriges Geschick" zunächst als selbstverschuldet. Im Gespräch mit ‚ihrem' Gerichtsrat in IV.2 (dem mit fast 360 Versen längsten und spannendsten Auftritt des Dramas) leitet dieser auf das Thema hin: „Ein Fehltritt stürzt vom Gipfel dich herab" (v. 1906). Eugenie greift dies direkt auf, indem sie ihre Neugier, ihr ‚Versagen' in der ‚Prüfung' ihres Vaters beklagt: „Wird ein so leicht Vergehn / So hart bestraft? Ein läßlich scheinendes, / Scherzhafter Probe gleichendes Verbot, / Verdammt's den Übertreter ohne Schonung?" (v. 1916 ff.); „Verbotne Schätze wagt' ich aufzuschließen, / Und aufgeschlossen hab' ich mir das Grab" (v. 1925 f.). Ohne dass der Gerichtsrat ihr dabei helfen könnte, findet sie umgehend jedoch die Lösung, versteht, was ihr widerfahren ist, neu:

In kleinen Fehlern such' ich's, gebe mir,
Aus eitlem Wahn, die Schuld so großer Leiden.
Nur höher! höher wende den Verdacht!
Die beiden, denen ich mein ganzes Glück
Zu danken hoffte, die erhabnen Männer,
Zum Scheine reichten sie sich Hand um Hand.
Der innre Zwist unsicherer Parteien,

Der nur in düstern Höhlen sich geneckt,
Er bricht vielleicht in's Freie bald hervor!
Und was mich erst, als Furcht und Sorg', umgeben,
Entscheidet sich, indem es mich vernichtet
Und droht Vernichtung aller Welt umher. (v. 1929–1940)

Was hier auf der Oberfläche wie die bloße Entgegensetzung eigener Schuld und ‚höherer Gewalt' ausschaut, ist dramenpoetologisch von größtem Interesse: Die Fehlinterpretation des Unheils, das (*zufällig* nach dem Öffnen der Truhe) über sie hereinbrach, Eugenies Fehlhaltung von Neugier und Maßlosigkeit, zielt ab auf *Hamartia*! Eugenie referiert gewissermaßen darauf (spätestens mit ihrem neuartigen Selbstverständnis ab v. 1929), dass sie sich irrtümlicherweise als Protagonistin einer *Tragödie* im Stile der Alten missverstanden habe: Dort wäre ihr Fehlverhalten, ihre Fehlhaltung, also die Hamartia, Auslöserin für die Katastrophe. Dies aber wird als Selbstmissverständnis identifiziert: Es sind Herzog und König, die beiden „erhabnen Männer", die aber nur stellvertretend stehen für den innern „Zwist unsicherer Parteien", für überindividuelle Mächte, deren Zusammenwirken „Vernichtung aller Welt umher" bedeuten kann. Das aber ist mitnichten Hamartia, genauso wenig Tragödie, sondern Trauerspiel! Und zwar eines, wie Goethe es spätestens mit der Rede „Zum Shakespears Tag" verstanden hatte, kreisend um den „geheimen Punkt [...], in dem [...] die prätendierte Freiheit unsres Wollens[ ] mit dem notwendigen Gang des Ganzen zusammenstößt" (HA 12, 226). Anders gesagt: Das Trauerspiel der Moderne (also der Goetheschen Moderne) verhandelt nicht Fehler oder Fehlhaltung eines tragischen Helden, sondern den Tod oder Unglück bringenden Zusammenprall des einzelnen, kleinen Lebens mit der Ungeheuerlichkeit des unabwendbaren geschichtlichen Verlaufs. Die *Natürliche Tochter* ist ein solches Trauerspiel: „O dieses Mädchens trauriges Geschick / Verschwindet, wie ein Bach im Ozean" (v. 1253 f.). Und nicht nur dieses: Im Kontext der intensivsten Befassung der Weimarer mit antiker Dramatik (um 1802/03) reflektiert das Drama in der Figur der Eugenie eben die Differenz zwischen der Tragödie der Alten und dem Trauerspiel der Moderne.

Epik/Prosa

Die erzählenden Texte der beiden klassizistischen Jahrzehnte zwischen der Italienreise und Schillers Tod sind auffällig vielgestaltig; sie resultieren teils unmittelbar aus klassizistischen Gestaltungsimpulsen wie das Fragment der *Achilleis,*
teils nutzen sie klassische Formensprache entweder zu Bearbeitung bzw. Neu-
fassung eines mittelniederdeutschen Tierepos *(Reineke Fuchs)* oder ordnungs-
stiftend in auch stofflicher Reaktion auf die Französische Revolution *(Hermann
und Dorothea).* Insbesondere die prosaischen Erzähltexte reagieren in ganz unterschiedlicher Weise auf die Revolution im Nachbarland: In ganz großer Nähe zur
Horen-Programmatik Schillers in den *Unterhaltungen deutscher Ausgewanderten*
und in politischen Figurenentwürfen in *Wilhelm Meisters Lehrjahre.* Diese
Romane greifen einerseits alte (und neuere) europäische Erzähltraditionen des
Novellenzyklus oder des heliodorischen Romans wieder auf und zeigen teilweise
deutliche Spuren klassizistischer, nachitalienischer (oder sogar Schillerscher!)
Ästhetik.

9.1   Versepen

Für die erzählenden Texte in Versen – also im (von Goethe sehr unterschiedlich!) gehandhabten Hexameter – ist natürlich einerseits die Epik Homers und
Vergils das klassische Vorbild; andererseits ist, auch für Goethe, das ordnung-
und harmoniestiftende Prinzip metrischer Rede unter den zeitgenössischen
Bedingungen gleichsam explodierender Unordnung und Desorientierung von
großer Bedeutung. In einem Aufsatz, der nicht ganz zufällig in Schillers *Horen*
erschien (*Briefe über Poesie, Silbenmaß und Sprache,* 1795), hatte August

Ergänzende Information Die elektronische Version dieses Kapitels enthält Zusatzmaterial, auf
das über folgenden Link zugegriffen werden kann https://doi.org/10.1007/978-3-476-05903-1_9.

Wilhelm Schlegel diese ästhetisch-ordnende Rolle des (auch) epischen Versmaßes betont. Er hebt hervor, dass

> der Rhythmus, bloß als Gesetz der Bewegung betrachtet, den wilden Menschen ein wohlthätiger, göttlicher Orpheus ward. Er war es, der ausdrückende Gebärden und Töne, in denen sonst nur uneingeschränkte, hartnäckige Willkür geherrscht, an ein friedliches Nebeneinandersein gewöhnte, sie zum Bande der Geselligkeit und zugleich zu ihrem schönsten Sinnbilde umschuf. (*Die Horen* 1796, 2. Stück, S. 69)

Über den Vers hinaus ordnet das Epos auch über eine Makrostruktur die erzählte Welt. Gemäß dem gemeinsam mit Schiller verfassten Aufsatz „Über epische und dramatische Dichtung" fasste Goethe den Epiker als denjenigen auf, der im Gegensatz zur vollständigen Gegenwärtigkeit des Dramas „die Begebenheit als *vollkommen vergangen* vorträgt" (HA 12, 249) vor einem ruhig zuhörenden Publikum. Gegenstand der Epik sei die „persönlich beschränkte Tätigkeit" des *„außer sich wirkenden* Menschen: Schlachten, Reisen, jede Art von Unternehmung, die eine gewisse sinnliche Breite fordert" (HA 12, 250). Der Erzähler schreite erzählend rückwärts in eine entfernte Welt, die er als weiser Mann gänzlich überschaue; er verstehe es, das langmütige Interesse des Hörers zu erregen, bei dem er einzig an die Einbildungskraft appellieren solle. Der Epiker müsse sich gleichzeitig ganz zurückhalten aus seinem Gedicht, ganz von seiner Persönlichkeit abstrahiert solle „nur die Stimme der Musen" erklingen (HA 12, 251).

9.1.1   *Reineke Fuchs*

Entstehung. Am 12. April 1793 schrieb Herder an den Halberstädter Dichter Johann Wilhelm Ludwig Gleim: „Goethe hat eine Epopöe, die erste und größte Epopöe der deutschen Nation, ja aller Nationen seit Homer, und sehr glücklich versifiziert. Raten Sie welche?", um am 1. Mai 1793 das Rätsel aufzulösen: „‚Reineke der Fuchs' – das ist der Aufschluß des Rätsels. [...] Das Gedicht ist ein Spiegel der Welt" (HA 2, 712). Seit dem Februar desselben Jahres hatte Goethe an dem Text gearbeitet. Nachdem er 1792 im Gefolge Carl Augusts an den monarchischen Koalitionskriegen gegen das revolutionäre Frankreich beobachtend teilgenommen hatte, berief ihn der Herzog im Mai 1793 ebenfalls ins Feldlager vor der republikanisch gesinnten Stadt Mainz – und er nahm das Manuskript mit. Dieses war in erster Fassung praktisch fertiggestellt: „‚Reineke' ist fertig, in zwölf Gesänge abgeteilt und wird etwa 4500 Hexameter betragen. [...] Ich unternahm die Arbeit, um mich das vergangne Vierteljahr von der Betrachtung der Welthändel abzuziehen, und es ist mir gelungen" (an Friedrich Heinrich Jacobi, 2. Mai 1793; HA 2, 712). Vom Feldlager aus berichtete er an Herder, an Knebel und Wieland über die Korrekturarbeiten, erbittet vom Letzteren Hinweise zum Gebrauch des Versmaßes – um den Text nach seiner Rückkehr am 22. September nach Weimar für den Druck fertigzustellen. Er erschien 1794 als 2. Band von *Goethes neue Schriften* in Berlin bei Unger.

Stoff. Der Stoff der Tierfabel war Goethe lange bekannt: Ein Brief an seine Schwester vom 13. Oktober 1765 erwähnt den Text; 1782 wurde *Reineke Fuchs* abends am Weimarer Hof vorgelesen (so das Tagebuch vom 19. Februar 1782) und im Frühjahr 1783 erwarb Goethe 56 Kupferstiche zu *Reineke Fuchs,* die der Niederländer Allaert van Everdingen in der Mitte des 17. Jahrhunderts angefertigt hatte. Diese hatte Goethe in derjenigen Ausgabe des Textes zu Gesicht bekommen, in der der Text einzig zugänglich war: Johann Christoph Gottscheds neuhochdeutsche Übertragung (Leipzig und Amsterdam 1752) (Abb. 9.1). Gottsched war im Gefolge seiner literaturgeschichtlichen Arbeiten auf den niederdeutschen Text des „Reinke de vos" von 1498 gestoßen und hatte diesen, in editionsphilologisch beeindruckender Gelehrtheit und Kenntnis der Textüberlieferung (es gab noch lange keine Germanistik!) mitsamt den „Glossen" ediert. Diese Glossen bieten in der 1498er Ausgabe Abschnitt für Abschnitt eine noch vorreformatorisch geprägte moralische Auslegung der Tierfabel; Gottsched ergänzte diese Glossen durch die protestantisch gefärbten, aber ebenso moralisierenden Glossen einer Ausgabe 1549, deren Vorlage er in der 1522 durch den Rostocker Geschichts-Professor Nicolaus Baumann verantworteten Edition sah. Gottsched kannte über die deutschsprachige Druckgeschichte hinaus sehr genau die viel ältere Stofftradition: Schon um 1200 lag der französische *Roman de Renart* vor, schnell folgten niederländische und niederdeutsche Bearbeitungen.

Inhalt. Am Hofe des Königs der Tiere, Nobel, dem Löwen, wird Klage geführt über die hinterhältige Bosheit des Fuchses, der vor allem dem Wolf und dem Hasen übel mitgespielt habe. Der Fuchs wird zu Gericht einbestellt, die königlichen Boten Bär und Kater kehren, übel misshandelt und unverrichteter Dinge, zurück, der Dachs schließlich, ein Vetter Reinekes, bringt den Übeltäter herbei. Dieser allerdings weiß sich listig wieder in die Gnade des Königs zu bringen und seine Widersacher durch Verleumdung einer harten Strafe zu überliefern; er selber wolle eine Bußwallfahrt nach Rom und Jerusalem unternehmen. Bußfertigkeit und Läuterung erweisen sich aber sogleich als vorgetäuscht, Reinekes Begleiter Hase und Widder werden massakriert bzw. ins Unheil gestürzt. Der Fuchs stellt sich erneut dem königlichen Gericht, wo schlimmste Klage wider ihn geführt wird, er weiß aber wiederum geschickt die Auseinandersetzung vor allem mit dem Wolf so darzustellen, dass der König sich gezwungen sieht, über die Wahrheit der einen oder anderen Position den Zweikampf zwischen Fuchs und Wolf entscheiden zu lassen. Mit trickreicher Hilfe einiger anderer Tiere gelingt dem Fuchs der Sieg, der König setzt ihn als obersten Ratgeber und Kanzler des Reiches ein.

Politische Lesart. Goethe greift inhaltlich nicht in den Text ein, er rafft hie und da ein wenig, um die Prosa Gottscheds der Verserzählung anzubequemen, ergänzt an zwei Stellen im VII. Gesang Figurenrede: Er erzählt die Geschichte, wie sie seit 1500 überliefert ist. Aber er lässt Entscheidendes weg: Die Glossen! Diese hatten Hauptstück für Hauptstück (bei Gottsched jeweils drei bis vier Seiten) die Handlungen der einzelnen Tiercharaktere moralisch ausgelegt – in gesellschafts- oder kirchenkritischer oder individuell-moralisierender Hinsicht: „[D]ieß Buch von Reineken [ist] vornehmlich darum gemacht [...], daß man Weisheit und Verstand

Abb. 9.1 J.C. Gottscheds Ausgabe des *Reineke der Fuchs* 1752, Titelblatt (SSA 2 S. 9)

daraus lernen, das Böse meiden, und das Gute thun soll" (Gottsched: *Reineke, der Fuchs*, 471). Natürlich ist auch die frühneuzeitliche Tierfabel eine Moralsatire – die Weglassung der Glossen bei Goethe aber hat mindestens zwei entscheidende Effekte:

- Das Hexameter-Epos verzichtet explizit auf moralische Auslegung, verzichtet darauf, der Leserin oder dem Leser vorzugeben, *wie* der Text verstanden sein wolle, gelesen werden solle. Er schafft Freiraum für Interpretation – oder zumindest ihre Notwendigkeit. Anders gesagt: Ohne Glossen realisiert Goethe den *Reineke* unter den Bedingungen mittlerweile erreichter Autonomie des Literatursystems!

- Das Ganze wird zur Allegorie. Nicht die (moralische) Einzelinterpretation bestimmter Passagen, Handlungsweisen, Aussagen legt der neue Text nahe, sondern seine Gesamtinterpretation als allegorisches Bild. Dieses legt sein *tertium comparationis* im Achten Gesang offen. In einer heftigen Streitrede gegenüber dem Vetter Dachs (VIII, 92 ff.) bringt Reineke dies auf den Punkt: Scharfe Kritik übt er am gewaltsamen Gebaren der Mächtigen, am allgültigen Recht des Stärkeren – feudalrechtliches wie politisches Unrecht, dem er wie andere Schwächere weniger Stärke als List entgegenzusetzen habe –, Kritik auch an der scheinheiligen Doppelmoral des Klerus, am betrügerischen und machtgierigen gesellschaftlichen Umgang.

> Raubt der König ja selbst so gut als einer, wir wissen's;
> Was er selber nicht nimmt, das läßt er Bären und Wölfe
> Holen und glaubt, es geschähe mit Recht. Da findet sich keiner,
> Der sich getraut, ihm die Wahrheit zu sagen, so weit hinein ist es
> Böse, kein Beichtiger, kein Kaplan; sie schweigen! Warum das?
> Sie genießen es mit, und wär' nur ein Rock zu gewinnen. (VIII. v. 109–114; HA 2, 369)

Was hier noch auf der Ebene der Tierfabel-Handlung ausgeführt wird, wird wenig später explizit auf seine offensichtliche Bedeutungsebene hin ausgelegt:

> Doch das Schlimmste find' ich den Dünkel des irrigen Wahnes,
> Der die Menschen ergreift: es könne jeder im Taumel
> Seines heftigen Wollens die Welt beherrschen und richten.
> Hielte doch jeder sein Weib und seine Kinder in Ordnung,
> Wüßte sein trotzig Gesinde zu bändigen, könnte sich stille,
> Wenn die Toren verschwenden, in mäßigem Leben erfreuen! (VIII. v. 152–157)

Es ist der *Fuchs,* der, gegenüber dem *Dachs,* über die *Tiere* alle als „die Menschen" spricht: Auch diese Übertragungsdimension ist in der frühneuzeitlichen Fabel überall angelegt (vgl. II. Buch, 6.–8. Hauptstück) – aber eben *überall.* Insbesondere auch durch die Glossen wird alles übertragen gedeutet. Die *Menschen* als eigentliche Bedeutungsebene der Tierfabel werden bei Goethe tatsächlich nur hier (und noch einmal in unmittelbarem Anschluss vor dem Löwen selbst, vgl. IX. v. 23 f.) explizit offengelegt. Damit wird aus der moralischen Fabel eine allegorische Satire auf gesellschaftliche Zustände, eine als Tierfabel verkleidete Stellungnahme ebenso zu den Voraussetzungen der Französischen Revolution im *ancien regime* wie auch zu denjenigen im Heiligen Römischen Reich. Der Fuchs erscheint nicht als der Böse, seine List weiß lediglich immer die Schwächen und Sünden seiner Opfer auszunutzen. Gleichzeitig werden die harten Vorwürfe gegen den Helden immer auch dadurch ironisch gebrochen, dass sie zu einem guten Teil von großen Raubtieren wie Bär und Wolf oder gar dem König, dem Löwen, vorgebracht werden – die selbst immer so tun, als seien sie Vegetarier. – Herders einleitend zitierte Bemerkung, „[d]as Gedicht [sei] ein Spiegel der Welt" (HA 2, 712), kann politikgeschichtlich präzisiert werden; ob Goethes Bekundung, die Arbeit am *Reineke Fuchs* habe ihn erfolgreich „von der Betrachtung der Welthändel abzuziehen" vermocht (ebd.), darf allenfalls in Bezug auf den ganz konkreten Fall der Belagerung von Mainz als glaubwürdig erscheinen: Um Welthändel geht's hier doch! „Reineke Fuchs / Vor Jahrhunderten hätte ein Dichter dieses gesungen? / Wie ist das möglich? Der Stoff ist ja von gestern und heut" (*Musenalmanach für 1797;* HA 1, 217).

Form. Goethe teilt die vier (sehr unterschiedlich umfangreichen) Bücher seiner Vorlage in 12 „Gesänge" ein, deren Umfang allerdings auch schwankt: Sie weisen zwischen 265 (VII.) und 480 (X.) Verse auf. Die Zwölf-Zahl der Gesänge verweist unmittelbar auf die klassische Epik: Vergils *Aeneis* wies 12 Bücher auf (Homers Epen jeweils 24 Gesänge). Und wie die antiken Epiker erzählt Goethe im Hexameter, allerdings nicht im strengsten Sinne. Johann Heinrich Voß notiert: „Goethe bat mich, ihm die schlechten Hexameter [im *Reineke Fuchs*] anzumerken; ich muß sie ihm alle nennen, wenn ich aufrichtig sein soll" (HA 2, 714). Von Voß' streng an der antiken Praxis ausgerichteten Umsetzung des antiken Verses im Deutschen entfernte Goethe sich weit:

> Pfingsten, das liebliche Fest, war gekommen; es grünten und blühten
> Feld und Wald; auf Hügeln und Höhn, in Büschen und Hecken
> Übten ein fröhliches Lied die neuermunterten Vögel;
> Jede Wiese sproßte von Blumen in duftenden Gründen,
> Festlich heiter glänzte der Himmel und farbig die Erde. (I. v. 1–5)

Sechs Hebungen bzw. Takte haben seine Verse, bestehen aus Trochäen und Daktylen, dies aber einigermaßen unregelmäßig; wie der Vergilsche Hexameter setzt Goethe Zäsuren im Vers, allerdings nicht fünf wie im Lateinischen üblich, sondern eine oder zwei. Die Sechshebigkeit sowie die trochäisch-daktylische Grundstruktur sind ‚streng' befolgt, die Variabilität der Taktfüllung und der Zäsuren, wie's halt die Sprache gebietet, lässt den Hexameter fast lässig erzählend erscheinen. Die aus der Tierfabel bekannten, bestimmenden Charakterzüge der einzelnen Tiere begünstigen die epische Gestaltungsform. Goethes zuweilen undogmatisch gebaute Hexameter geben dem Ganzen den heiteren Ton epischer Distanz.

9.1.2 *Hermann und Dorothea*

Entstehung. Rückblickend auf die Niederschrift von *Hermann und Dorothea* notierte Goethe in einem Brief an Johann Heinrich Meyer: „[D]er Gegenstand selbst ist äußerst glücklich, ein Sujet wie man es in seinem Leben vielleicht nicht zweymal findet" (28. April 1797, WA IV.12, 109 f.). Den ‚Gegenstand' fand er in der *Vollkommenen Emigrationsgeschichte von denen aus dem Erzbistum Salzburg vertriebenen und größtenteils nach Preussen gegangenen Lutheranern* von Gerhard Gottlieb Günther Göcking (1734; die HA druckt die entsprechende Stelle ab: HA 2, 753–755). Angeregt wurde Goethe auch durch die *Luise* Johann Heinrich Voß', ein Hexameter-Epos in drei Idyllen um die Tochter des ,redlichen Pfarrers von Grünau' in Holstein, eine bürgerliche Epopöe im ländlichen Milieu des späten 18. Jahrhunderts, die 1795 in einer Neuausgabe erschienen war. Goethe nahm die Anekdote aus Göckings *Emigrationsgeschichte* auf, versetzte sie zeitlich aber in die Wirren nach der Französischen Revolution und arbeitete zwischen September 1796 und April 1797 die „bürgerliche Idylle" aus (die er gegenüber Schiller schon Anfang Juli 1796 ankündigte, HA 2, 734). „Ich habe das reine Menschliche der Existenz einer kleinen deutschen Stadt in dem epischen Tiegel von seinen Schlacken abzuscheiden gesucht und zugleich die großen Bewegungen und Veränderungen des Welttheaters aus einem kleinen Spiegel zurück zu werfen getrachtet" (an Meyer, 5. Dezember 1796; HA 2, 734 f.). Der Text erschien im Oktober 1797 als „Taschenbuch für 1798" (also einer Art Kalenderformat) bei Vieweg in Berlin.

Stoff, Inhalt. Inhaltlich bleibt Goethe, abgesehen von der historischen Aktualisierung, eng an den Hauptmotiven seiner Quelle; Namen, Raum- und Figurengestaltung, natürlich Figurenrede und unzählige Details fügt er hinzu. Er macht aus geflohenen Salzburger Protestanten linksrheinische Flüchtlinge vor den Wirren der Revolutionskriege, die erzählte Zeit liegt „ohngefähr im vergangenen August" (an Meyer, 5. Dezember 1796, HA 2, 735). – Hermann, der Sohn eines Gastwirts in einer deutschen Kleinstadt, fährt mit einer Ladung Hilfsgüter nach außerhalb der Stadt, wo linksrheinische Flüchtlinge lagern, die aller erdenklichen Hilfe bedürfen. Unter den Flüchtigen entdeckt er eine junge Frau, in die er sich verliebt, worauf er darauf sinnt, wie ihr zu helfen sei, viel mehr noch, wie er ihre Liebe gewinnen könne. Nach einem Streit mit dem Vater über die Notwendigkeit, eine der nachbarlichen Bürgerstöchter zur Frau zu gewinnen, gesteht Hermann seine Absicht – der Vater entsendet aber zunächst Pfarrer und Apotheker, Nachricht einzuholen über die Fremde; Hermann sitzt derweil einsam vor den Toren der Stadt unterm Birnbaum. Die Nachrichten über die Fremde – Dorothea – weisen sie als moralisch höchst integre Person aus, die in den Wirren öfter schon Jüngere und Schwächere vor dem Schlimmsten habe bewahren können, selbst aber den Bräutigam in Paris verlor. Hermann und Dorothea kommen am Brunnen ins Gespräch, er bietet ihr den Schutz des väterlichen Hauses an, in dem sie als Verwalterin die verlorene Lebenssicherheit wiedererlangen könne; Dorothea geht darauf ein, Hermann führt sie nach Hause, wo Eltern und Nachbarn sie als Braut begrüßen. Dorothea fühlt sich zunächst getäuscht, erkennt aber Hermanns aufrichtige Liebe, und, nachdem sie von ihrem in Paris getöteten Bräutigam erzählt hat, werden die beiden vom Pfarrer verlobt. Hermanns Schlussmonolog deutet die neue, feste Verbindung als sicheres Bollwerk gegen die revolutionäre Verwirrung.

Idylle: *locus amoenus*. Die Kleinstadt, ihre Einbettung in die Natur sowie Einzelmotive des erzählten Raumes sind durchaus in der Tradition des ,angenehmen Ortes' (lat. *locus amoenus*) gestaltet, was insbesondere für die fast unmittelbare Einbettung der Stadt in die umgebende Natur gilt. Im IV. Gesang

geht die Mutter, den Sohn suchend, vom Haus aus durch „die langen doppelten
Höfe, / Ließ die Ställe zurück und die wohlgezimmerten Scheunen, / Trat in
den Garten, der weit bis an die Mauern des Städtchens / Reichte" (IV, v.
8–11), findet den Sohn nicht in der „Laube, mit Geißblatt bedeckt" (IV, v. 17), nimmt
das „Pförtchen, das [...] durch die Mauer des Städtchens gebrochen" (IV, v. 19 f.),
schreitet den „wohlumzäunete[n] Weinberg" hinauf (IV, v. 23), dann durch die
Türen des Weinbergs:

> [...] Und so nun trat sie ins Feld ein,
> Das mit weiter Fläche den Rücken des Hügels bedeckte.
> Immer noch wandelte sie auf eigenem Boden und freute
> Sich der eigenen Saat und des herrlich nickenden Kornes,
> Das mit goldener Kraft sich im ganzen Felde bewegte.
> Zwischen den Äckern schritt sie hindurch auf dem Raine den Fußpfad,
> Hatte den Birnbaum im Auge, den großen, der auf dem Hügel
> Stand, die Grenze der Felder, die ihrem Hause gehörten.
> [...]
> Unter ihm pflegten Schnitter des Mahls sich zu freuen am Mittag
> Und die Hirten des Viehs in seinem Schatten zu warten (IV, v. 47–58).

Die städtische Kultur (das Wirtshaus des Vaters geht vorne zum Marktplatz
hinaus) ist über Höfe und Garten, Weinberg und Felder in einen Naturzusammenhang eingefügt, den die Mutter hier bruchlos durchschreitet – eine (scheinbare) Unmittelbarkeit von Kultur und Natur, wie sie auch die antikischen Idyllen
Salomon Geßners kennzeichnet.

Dem topischen mittelalterlichen (Liebes-)Ort entspricht völlig der ‚Brunnen
vor dem Tore': „Von dem würdigen Dunkel erhabener Linden umschattet, / [...]
War mit Rasen bedeckt ein weiter grünender Anger / [...] Flachgegraben befand
sich unter den Bäumen ein Brunnen. / Stieg man die Stufen hinab, so zeigten
sich steinerne Bänke, / Rings um die Quelle gesetzt, die immer lebendig hervor-
quoll, / Reinlich, mit niedriger Mauer gefaßt, zu schöpfen bequemlich" (V, v.
151–158). Es ist natürlich kein Zufall, dass Hermann und Dorothea hier (dann
im VII. Gesang) ihr entscheidendes Gespräch führen, ja mehr noch: Sie erblicken
„gespiegelt ihr Bild in der Bläue des Himmels / Schwanken und nickten sich zu
und grüßten sich freundlich im Spiegel" (VII, v. 41 f.), sehen sich also, ohne es zu
wissen, schon als Paar in einem steinern gerahmten Bilde.

Idylle: Figuren und Welt. Hermanns Vater, der „Wirt zum Goldenen Löwen"
(I, v. 21), ist Stadtbürger und gleichzeitig Landwirt, ist trotz seiner etwas
philiströsen Behaglichkeit durchaus ein geistiger Bruder des „redlichen Pfarrers
von Grünau" bei Voß. Auch hier sind Figuren und Idyll nicht gegen die Welt
abgeschlossen: Der „geöffnete Wagen" des Nachbarn „war in Landau verfertigt"
(I, v. 56), die Kaufmannstöchter ziehen den allzu schüchternen Hermann mit

seiner Unkenntnis der *Zauberflöte* Mozarts auf (vgl. II, v. 223 f.), auch hier ist des Vaters „Schlafrock mit indianischen Blumen" „[e]cht ostindischen Stoffs" (I, v. 29/34). Hier allerdings landet der Schlafrock, der Voßens redlichen Pfarrer kennzeichnete, bei den Altkleidern, die Hermann den Flüchtlingen bringt! – Idealtypisch ist an Hermanns Mutter, immer die „gute, verständige Hausfrau", das Verhältnis der Idyllen-Figuren zur (Natur-)Welt gezeichnet: Genau auf dem Weg durch Höfe, Gärten und Felder stellt sie im Vorbeigehen „die Stützen zurecht, auf denen beladen die Äste / Ruhten des Apfelbaums, wie des Birnbaums lastende Zweige, / Nahm gleich einige Raupen vom kräftig strotzenden Kohl weg; / Denn ein geschäftiges Weib tut keine Schritte vergebens" (IV, v. 12–15); trotz ihrer Unruhe, Hermann suchend, freut sie sich „der Fülle der Trauben" (IV, v. 25) im Vorgefühl des herbstlichen Weinfestes, freut „[s]ich der eigenen Saat und des herrlich nickenden Kornes, / Das mit goldener Kraft sich im ganzen Felde bewegte" (IV, v. 50 f.). Wie der Idyllen-Mensch im Vorbeigehen der Natur ein Helfer ist, so gibt die Natur ihre Gaben gerne!

Welttheater: Revolution. Natürlich sind schon die Flüchtlinge, wenngleich nicht in, sondern einigermaßen fernab der Stadt, als tiefes Eindringen der großen Welt in die scheinbare Abgeschlossenheit der Idylle zu verstehen. Hermanns Vater exponiert gleich zu Beginn „den traurigen Zug der armen Vertriebnen", „das Elend / Guter fliehender Menschen, die nun, mit geretteter Habe, / Leider das überrheinische Land, das schöne, verlassend, / Zu uns herüberkommen und durch den glücklichen Winkel / Dieses fruchtbaren Tals und seiner Krümmungen wandern" (I, v. 5, 8–12). Erst recht im Gespräch mit Dorothea, schon in Hermanns Haus, findet die Französische Revolution Eingang ins Gedicht. Dorotheas leidenschaftlich-pessimistische Erzählung von den eigenen Erlebnissen, vom Bräutigam, der, revolutionär gesonnen, in Paris seinen Tod fand, gipfelt im Bild der Auflösung aller Sicherheiten; sie zitiert seine Abschiedsrede:

> ‚Lebe glücklich', sagt' er. ‚Ich gehe; denn alles bewegt sich
> Jetzt auf Erden einmal, es scheint sich alles zu trennen.
> Grundgesetze lösen sich auf der festesten Staaten,
> Und es löst der Besitz sich los vom alten Besitzer,
> Freund sich los von Freund: so löst sich Liebe von Liebe.
> Ich verlasse dich hier, und wo ich jemals dich wieder
> Finde – wer weiß es? Vielleicht sind diese Gespräche die letzten.
> Nur ein Fremdling, sagt man mit Recht, ist der Mensch hier auf Erden;
> Mehr ein Fremdling als jemals ist nun ein jeder geworden.
> Uns gehört der Boden nicht mehr; es wandern die Schätze;
> Gold und Silber schmilzt aus den alten heiligen Formen;
> Alles regt sich, als wollte die Welt, die gestaltete, rückwärts
> Lösen in Chaos und Nacht sich auf und neu sich gestalten. [...]' (IX, v. 262–274)

In der (neuen) Welt ist alle idyllische oder epische Stabilität und Dauerhaftigkeit dahin, moralische wie rechtliche Ordnung lösen sich auf, ebenso traditionelle Besitzverhältnisse und soziale Bindungen. Dem setzt das Epos, mit Hermann, etwas entgegen; die schließlich gestiftete Verlobung zwischen Hermann und Dorothea soll das Unheil Gewordene wieder vereinen, die Idylle will in ihrem Schluss die Folgen der Französischen Revolution aufheben. Als Dorothea den Verlobungsring Hermanns neben den ihres ersten Verlobten ansteckt, sagt Hermann „mit edler, männlicher Rührung":

> Desto fester sei bei der allgemeinen Erschütttrung,
> Dorothea, der Bund! Wir wollen halten und dauern,
> Fest uns halten und fest der schönen Güter Besitztum.
> Denn der Mensch, der zur schwankenden Zeit auch schwankend gesinnt ist,
> Der vermehret das Übel und breitet es weiter und weiter;
> Aber wer fest auf dem Sinne beharrt, der bildet die Welt sich. (IX, v. 299–304)

Die Folgen der Revolution lassen sich hier zwar auf der Ebene der Privatbeziehung, v. a. für Dorothea, ,heilen'; ein Sinnzusammenhang der ganzen Welt aber, epische Totalität, wie sie noch die stabilen Figuren, die „gute verständige Hausfrau", suggerieren, lässt sich dadurch nicht wieder herstellen. Die in Aussicht gestellte Heirat erscheint – vergleichbar mit der in der *Natürlichen Tochter,* als nur zerbrechlicher Kitt über den Rissen einer Welt, die endgültig aus den Fugen geraten ist.

Form. Stabilität und Dauerhaftigkeit stiftet auch die Form. Anders als im *Reineke Fuchs* beobachtet Goethe in strengerem Sinne die vor allem von Johann Heinrich Voß aufgestellten Regeln für den Hexameter im Deutschen, viel regelmäßiger ist der Vers hier, soll dem antiken Erzählvers nahe kommen. Antikisch sind auch die Haupttitel der neun Gesänge: Die Namen der Musen, denen Goethe immer einen inhaltlich bedeutsamen Nebentitel hinzugesellt. Ist noch die erste, Kalliope, tatsächlich die Muse der epischen Dichtung – und damit gleichsam Patronin der gesamten Erzählung –, sind die Zuordnungen der weiteren Musen zu den einzelnen Gesängen zwar wohl nicht zufällig, aber nicht in einem engen Sinne auf den Inhalt des einzelnen Gesangs zu beziehen. Mit den Namen der Musen aber zitiert Goethe, wenngleich ein wenig maskiert, den Musenanruf, mit dem das antike Epos immer begann. Die Beständigkeit der antiken Überlieferung – hier die Göttinnen der Künste – sowie die durch den Text erwiesene Beständigkeit der erzählenden, epischen Versform, des Hexameters, stehen ordnungstiftend gegen die Unordnung und Desorientierung des Zeitalters.

Wirkung. *Hermann und Dorothea* wurde eine breite, ja weitgehend positive, begeisterte Rezeption zuteil. Schon vor der Publikation nannte einer seiner ersten Leser, Schiller, es gegenüber Johann Heinrich Meyer den „Gipfel seiner [Goethes] und unserer ganzen neueren Kunst" (21. Juli 1797; HA 2, 738). August Wilhelm Schlegel besprach das Werk schon im Dezember 1797 in der *Jenaischen Allgemeinen Litteratur-Zeitung* und konstatierte, dass es, „was seine dichterische

Gestalt betrifft, dem Nichtkenner des Altertums als eine ganz eigene, mit nichts zu vergleichende Erscheinung auffallen [müsse], und der Freund der Griechen wird sogleich an die Erzählungsweise des alten Homerus denken" (HA 2, 740). Diese ‚epische', antikische Qualität hob auch Wilhelm von Humboldt hervor, der 1799 mit dem ersten Teil seiner *Ästhetischen Versuche* gleich ein ganzes Buch über den Text veröffentlichte: „Gestalten so wahr und individuell, als nur die Natur und die lebendige Gegenwart sie zu geben, und zugleich so rein und idealisch, als die Wirklichkeit sie niemals darzustellen vermag. In der bloßen Schilderung einer einfachen Handlung erkennen wir das treue und vollständige Bild der Welt und der Menschheit" (HA 2, 742). Nicht nur bei diesen „Spezialisten", sondern vor allem in der breiten literarischen Öffentlichkeit hatte der Text Erfolg, ähnlich wie *Werther* und *Götz,* aber viel weniger kontrovers – und anders als fast alle anderen Werke Goethes. Die Vielzahl der Nach- und Einzeldrucke, der Illustrationen durch Chodowiecki, Kaulbach, durch spätromantische Maler, ja sogar die Inswerksetzung einer Postkartenserie „Hermann und Dorothea" mit Bildern Arthur von Rambergs können dies erweisen. „In ‚Hermann und Dorothea' habe ich, was das Material betrifft, den Deutschen einmal ihren Willen getan, und nun sind sie äußerst zufrieden" (Goethe an Schiller, 3. Januar 1798; HA 2, 737).

9.2   Romane, Erzählungen

9.2.1   *Unterhaltungen deutscher Ausgewanderten*

Entstehung, Konzeption. In einem gewissen Sinne war der Roman – oder, genauer gesagt: der Erzählzyklus – eine Auftragsarbeit: In Vorbereitung des ersten Jahrgangs von Schillers ambitionierter Zeitschrift *Die Horen* fragte Goethe im Oktober 1794, was er alles beitragen könne, am 28. Oktober verwies Schiller brieflich auf Goethes „Idee, die Geschichte des ehrlichen Prokurators aus dem Boccaz zu bearbeiten" (HA 6, 606). Die Novelle wurde dann zum Auftakt der „kleinen Erzählungen", zu denen Goethe nach Abschluss der *Lehrjahre* „große Lust" zu haben bekundete (an Schiller, 27. November 1794; HA 6, 606).

Die *Horen* waren allerdings für den Roman viel mehr als nur Publikationsort – ein wichtiger Anteil ihrer Programmatik wurde zu derjenigen des Romans. In einer Ankündigung (und Subskriptionsaufforderung!) der Zeitschrift im Intelligenzblatt der *Jenaischen Allgemeinen Litteratur-Zeitung* hatte Schiller die *Horen* scharf abgegrenzt vom unablässigen politischen Diskurs in den Wirren nach der Französischen Revolution, vom „nahe[n] Geräusch des Kriegs", vom unablässigen „Kampf politischer Meynungen und Interessen […] beynahe in jedem Zirkel", dem „allverfolgenden Dämon der Staatscritik", der die „Musen und Grazien" aus der geselligen Kommunikation „verscheucht" habe (*Die Horen*, 1795, S. III). Die Zeitschrift solle sich gänzlich des tagespolitisch-aktuellen Räsonnements enthalten, sich Schweigen darüber auferlegen, sie wolle „[s]owohl spielend als ernsthaft […] [das] einzige Ziel verfolgen", „wahre Humanität zu befördern" (S. V) und „an dem stillen Bau besserer Begriffe, reinerer Grundsätze und edlerer Sitten" teilzuhaben (S. IV). An die Stelle des Tagesaktuellen solle das rein Menschliche und deswegen überhistorisch Erhabene und Gültige treten.

Schillers programmatischer Verzicht auf tagespolitische Stellungnahmen in den *Horen* bildet exakt den Motivationskern der über eine Rahmenhandlung verbundenen Reihe von insgesamt sieben unterschiedlichen Erzählungen, die Goethe mit seinen *Unterhaltungen deutscher Ausgewanderten* für die *Horen* schrieb. Der Text beginnt unmittelbar bei den Revolutionswirren ansetzend:

> In jenen unglücklichen Tagen, welche für Deutschland, für Europa, ja für die übrige Welt die traurigsten Folgen hatten, als das Heer der Franken durch eine übelverwahrte Lücke in unser Vaterland einbrach, verließ eine edle Familie ihre Besitzungen in jenen Gegenden und entfloh über den Rhein, um den Bedrängnissen zu entgehen, womit alle ausgezeichneten Personen bedroht waren, denen man zum Verbrechen machte, daß sie sich ihrer Väter mit Freuden und Ehren erinnerten und mancher Vorteile genossen, die ein wohldenkender Vater seinen Kindern und Nachkommen so gern zu verschaffen wünschte. (HA 6, 125)

Eine kleinere Gesellschaft adliger Flüchtlinge aus den von den nachrevolutionären Kriegen betroffenen linksrheinischen Gebieten sammelt sich um die Baronesse von C., allein überbordet tagespolitisches Räsonnement alltäglich die Gespräche, parteiliche Polemik droht, die Gesellschaft zu sprengen. Die Baronesse und ein Geistlicher setzen durch, dass vorläufig politische Themen aus der geselligen Konversation ausgeschlossen werden sollen und dass stattdessen die Mitglieder der Gesellschaft sich alte und neuere Geschichten erzählen mögen, um einander zu unterhalten und zu belehren: Die verordnete Kommunikationskultur folgt mithin der *Horen*-Programmatik – und modelliert nebenbei, in den Gesprächsteilen *über* die erzählten Texte, ein Ideal geselliger literarischer Kommunikation.

So wird eine Serie von Erzählungen initiiert, zwischen die immer wieder Diskussionen der Ausgewanderten über das gerade Gehörte oder auch über die verschiedenen Genres, denen die Erzählungen angehören, und deren unterhaltende und belehrende Effekte eingeschaltet werden. Gespenstergeschichten werden von moralischen Novellen (‚sowohl spielend als ernsthaft'!) abgelöst, die letzte Erzählung ist das hochverschlüsselte „Märchen", der nicht mehr in der Rahmenhandlung abmoderierte Abschluss der *Unterhaltungen deutscher Ausgewanderten*.

Stoffe, Quellen. Die Stoffe für die Novellen entnahm Goethe einerseits der älteren oder jüngeren europäischen Erzähltradition: Die sogenannte „Prokurator-Novelle" etwa, die erste der moralischen Erzählungen, übersetzt er aus den *Cent Nouvelles nouvelles* (nicht Boccaz!) aus dem 15. Jahrhundert, die geisterhafte Erzählung um die schöne Krämerin wird nach den Erinnerungen von de Bassompière aus dem 17. Jahrhundert erzählt. Andererseits handelt es sich etwa beim „Märchen" um eine Erfindung Goethes oder, bei der Geschichte um das geheimnisvolle Klopfen, um Bearbeitungen kurrenter mündlicher Erzählungen im Weimarer Kreis. Während die Gespenstergeschichten auf je unterschiedliche Weise das Irrationale jenseits menschlicher Vernunft und Wissenschaft umreißen, übertreten die moralischen Novellen und noch stärker das „Märchen" zumindest implizit das selbstverordnete Gesetz des erzählenden Zirkels, die Tagespolitik vom Gespräch auszuschließen. In der „Prokurator"-Novelle ist öffentliche, politische Moral mit einer Geschichte von Entsagung und Liebe verquickt, hinter der Bildersprache des „Märchens" wird deutlich eine, wenn auch biblisch-antikisch-poetisch gezeichnete, politische Utopie sichtbar – untergründige politische Themen, die dann doch als inhaltliche Auseinandersetzung mit der Französischen Revolution zu verstehen sind.

„**Märchen**". Das „Märchen" präsentiert insgesamt eine seltsame, allegorische Landschaft: Diese, durch einen Fluss geteilt, der nur durch den Fährmann, die Schlange des Mittags oder den abendlichen Schatten eines Riesen überschritten werden kann, steht für die entzweite Geschichtsepoche, die, nach dem goldenen, silbernen und erzenen, als gemischt-unentschiedenes Zeitalter erscheint. Die Liebe eines jungen Mannes zur „schönen Lilie", einer ebenso jungen Frau sowie die märchenhafte wie tatkräftige, wenn auch zuweilen beeinträchtigte Hilfe von Irrlichtern, Schlange, Habicht, einem Alten mit Lampe und seiner Frau, vom Fährmann und vom Riesen ermöglichen schließlich, dass die entzweite Welt durch Opfer, Liebe und Weisheit ins fünfte Weltalter der Erlösung überführt wird und, in einer sichtbaren Zeitenwende, ein anmutig belebter, Glück gewährender gesellschaftlicher Zustand erreicht wird. – Im Bild wird hier über eine entzweite und eisenstarrende Welt gesprochen, die durch moralische Haltungen wieder erlöst werden kann. Natürlich ist das politisch – aber aufgehoben im literarischen Bilde, nicht unmittelbar in tagesaktuell politisierende Diskurse eingefügt.

Rahmenhandlung: Poetik der kleinen Erzählung. Unmittelbar nach Einrichtung des Gebots, auf alles politische Räsonnieren zu verzichten, verkündet der alte Geistliche, mit der Baronesse von C. im Bunde, das Programm kommunikativer Zerstreuung (im positivsten Sinne!) durch's Erzählen:

> [W]as gibt einer Begebenheit den Reiz? Nicht ihre Wichtigkeit, nicht der Einfluß, den sie hat, sondern die Neuheit. Nur das Neue scheint gewöhnlich wichtig, weil es ohne Zusammenhang Verwunderung erregt und unsere Einbildungskraft einen Augenblick in Bewegung setzt, unser Gefühl nur leicht berührt und unsern Verstand völlig in Ruhe läßt. (HA 6, 141)

Neuheit, Neuigkeit sind lateinisch und italienisch *novella*, ohne schon formale, im strengeren Sinne poetologische Bestimmungen wird hier die Wirkungsästhetik der Erzählung des ‚Neuen', Verwunderung, Bewegung der Einbildungskraft, Zerstreuung, angeführt. Vetter Karl, einer der Jüngeren um die Baronesse und ehedem Antreiber politischer Diskussionen, gibt, zwischen der vorletzten und letzten der Gespenstererzählungen, zu bedenken: „Aber eine einzelne Handlung oder Begebenheit ist interessant, nicht weil sie erklärbar oder wahrscheinlich, sondern weil sie wahr ist" (HA 6, 161); damit bestimmt er *das Erzählen* des Neuen genauer: Es erklärt nicht, es weist nicht, wie „Naturforscher und Historienschreiber", plausible Zusammenhänge nach, sondern behauptet sich im Erzählen einfach als „wahr" (ebd.). – Am Übergang zu den moralischen Erzählungen artikuliert die Baronesse eine sehr viel präzisere ‚Definition' derjenigen Art von Erzählung, die sie wünscht:

> Geben Sie [an den Geistlichen gerichtet] uns zum Anfang eine Geschichte von wenig
> Personen und Begebenheiten, die gut erfunden und gedacht ist, wahr, natürlich und nicht
> gemein, soviel Handlung als unentbehrlich und soviel Gesinnung als nötig; die nicht still-
> steht, sich nicht auf einem Flecke zu langsam bewegt, sich aber auch nicht übereilt, in
> der die Menschen erscheinen, wie man sie gern mag, nicht vollkommen, aber gut, nicht
> außerordentlich, aber interessant und liebenswürdig. Ihre Geschichte sei unterhaltend,
> solange wir sie hören, befriedigend, wenn sie zu Ende ist, und hinterlasse uns einen stillen
> Reiz, weiter nachzudenken. (HA 6, 167)

Wie Vetter Karl schon gesagt hatte: Fiktionalität („gut erfunden") und Wahrheit
widersprechen einander nicht – im Gegenteil: *Weil* die Geschichte *gut erfunden* ist,
ist sie *wahr!* Sparsam soll das Personal sein, keine Heiligen oder Schufte, sondern
mittlere Charaktere, an denen man Anteil nimmt („interessant und liebenswürdig"); die Geschichte sei zurückhaltend in der moralischen Reflexion (sowohl
der Figuren als auch des Erzählers) sowie konzentriert auf die notwendige Handlung, die angemessen, nicht zu langsam, nicht übereilt voranschreiten müsse. Die
Baronesse baut hier allerdings die oben zitierte Zerstreuungs-Ästhetik des Geistlichen deutlich aus: Unterhaltung gewährt die Geschichte, *während* sie erzählt
wird, moralische Befriedigung *an ihrem Ende* – dann aber jenen „stillen Reiz,
weiter nachzudenken": Sie soll also ‚das Gefühl nicht nur leicht berühren und
den Verstand völlig in Ruhe' lassen, wie der Geistliche ausgeführt hatte, sondern,
ohne philosophisch oder begrifflich konkret sein zu wollen, irgend den Verstand
nachzudenken still reizen. Der Geistliche definiert, nach dem Ende der ersten
moralischen Erzählung, der „Prokurator"-Novelle, den grundsätzlichen Charakter
der *moralischen* Erzählung: „Nur diejenige Erzählung verdient moralisch genannt
zu werden, die uns zeigt, daß der Mensch in sich eine Kraft habe, aus Überzeugung eines Bessern selbst gegen seine Neigung zu handeln" (HA 6, 186).
Damit verweist Goethes Figur auf Schillers Schrift *Ueber Anmuth und Würde*
(1793), in der dieser den harmonischen Ausgleich zwischen Pflicht und Neigung
mit dem Ehrentitel der ‚Schönen Seele' bezeichnet hatte.

Wenn schließlich, in der Anmoderation des Märchens, Karl und der Geistliche
die für die Erzählung grundsätzliche Freiheit der Einbildungskraft thematisieren,
erreicht die poetologische Diskussion der Rahmenhandlung letztlich den Zustand
literarischer Autonomie: Der Geistliche unterbricht den Jüngeren dabei, seine

> Anforderungen an ein Produkt der Einbildungskraft umständlicher auszuführen. Auch
> das gehört zum Genuß an solchen Werken, daß wir ohne Forderungen genießen; denn
> sie selbst kann nicht fordern, sie muß erwarten, was ihr geschenkt wird. Sie macht keine
> Plane, nimmt sich keinen Weg vor, sondern sie wird von ihren eigenen Flügeln getragen
> und geführt, und indem sie sich hin und her schwingt, bezeichnet sie die wunderlichsten
> Bahnen, die sich in ihrer Richtung stets verändern und wenden. (HA 6, 209)

Die Folge der Erzählungen in den *Unterhaltungen deutscher Ausgewanderten* ist
alles andere als eine bloße Aneinanderreihung unterschiedlicher Erzählungen:
Über die Gesprächsebene in der Rahmenhandlung wird sie zu einer Folge
wirkungsästhetischer Konzepte. Von Verwunderung, Bewegung der Einbildungskraft und Zerstreuung führt der Weg über die Reflexion von ‚Freiheit' (der

moralischen Freiheit, „aus Überzeugung eines Bessern selbst gegen seine Neigung zu handeln") zur Erfahrung der Freiheit, der Autonomie von Einbildungskraft und literarischer Kommunikation. – Die poetologischen Aussagen im Rahmen der *Unterhaltungen* erfassen Goethes Auffassung von der Novelle viel treffender als jene Äußerung, die Eckermann am 29. Januar 1827 protokolliert: „[D]enn was ist eine Novelle anders als eine sich ereignete, unerhörte Begebenheit" (MA 19, 203). Und dass hier, *in* einem literarischen Text, Gattungspoetik differenziert diskutiert und literarische Kommunikation modellhaft vorgeführt werden, ist, wie im *Wilhelm Meister,* natürlich der Nachweis der Autoreferentialität und Autonomie der Literatur!

9.2.2 Wilhelm Meisters Lehrjahre

Entstehung. Herder schrieb im Herbst 1796, also nach dem Erscheinen der *Lehrjahre,* in einem Brief an die Gräfin Caroline Adelheid Cornelia von Baudissin, dass er den Roman schon lange kenne. „Indessen war der Roman damals anders. Man lernte den jungen Menschen von Kindheit auf kennen, interessierte sich für ihn allmählich und nahm an ihm teil, auch da er sich verirrte. Jetzt hat der Dichter ihm eine andre Form gegeben" (MA 5, 660). Damit nahm er Bezug auf die Transformation, die der Roman zwischen erster Fassung und den gerade publizierten *Lehrjahren* erfahren hatte. Die erste Erwähnung des Romanprojektes findet sich in Goethes Tagebuch unter dem Datum vom 16. Februar 1777: „In Garten dicktirt an W. Meister" (Tb 1.1, 38): Unter den Bedingungen der vielfältigen ministerialen Aufgaben (und Zerstreuungen) des Weimarer Hoflebens ging die Arbeit allerdings schleppend voran: Erst am 11. November 1785 heißt es in einem Brief an Charlotte von Stein: „Heute hab' ich endlich das sechste Buch geendigt" (HA 7, 615). Die Arbeiten am siebten Buch sind nicht erhalten, auf insgesamt 12 Bücher war der Roman angelegt. Goethe nahm den *Wilhelm Meister* neben vielem andern mit nach Italien, ohne dort substantiell daran arbeiten zu können. Bis 1793 geschah praktisch nichts, Goethe erwog sogar, das Projekt abzubrechen (vgl. Tb II.2, 442).

Dann aber findet sich in einem Notizbuch von 1793 das erste Konzept einer Überarbeitung des Romans:

Wilhelm	aesthetisch sittlicher Traum
Lothario	heroisch acktiver Traum
Laertes	Unbedingter Wille
Abbe	Pädagogischer *prakt* Traum
Philine	Gegenwärtige Sinnlichkeit *Leichtsinn*
Aurelie	Hartnäckich hartnäckiges Selbstquälendes festhalten
[…]	
Mignon	Wahnsinn des Mißverhältnisses

(WA I.21, 332; die kursiv gesetzten Worte wurden später in das Schema eingetragen)

Goethe scheint die Überlegung angestellt zu haben, welchem abstrakteren Konzept die einzelnen Figuren wohl gehorchen mögen, gleichsam: Welches Allgemeine hinter der Konkretion der fingierten Individuen sichtbar werden könne (im Sinne seines nachitalienischen Symbolbegriffes: Der Sturm-und-Drang-Roman wird klassizistisch überformt!). Die Romanfiguren der *Lehrjahre* in allen ihren Facetten gehen mitnichten in den hier aufgeführten abstrakteren Figurenkonzepten auf, sondern überschreiten diese in ihrer ‚Lebendigkeit' weit. Der Versuch allerdings, den Goethe hier machte, näherte sein eigenes Schreiben gewissermaßen konzeptionell an ein Verfahren an, das viel stärker die schriftstellerische Produktion Schillers kennzeichnet: Von den Ideen her werden die literarischen Simulationen organisiert. Mit diesem Schema bereitete Goethe gleichsam unbewusst und zufällig den Weg für die dann ein Jahr später einsetzende engste Zusammenarbeit am Roman: Er wird schon hier „schillerscher".

Nachdem Goethe und Schiller einander am 20. Juli bei einem Treffen der Naturforschenden Gesellschaft in Jena kennengelernt hatten, fragte Schiller in seinem großartigen Brief vom 23. August 1794, der die Freundschaft und kollegiale Zusammenarbeit ebenso einläuten sollte wie den umfassenden wie bedeutenden Briefwechsel, ob Goethe seinen „Roman nicht nach und nach darin [also in den *Horen*] erscheinen lassen" wolle (HA 7, 620). Goethe musste aufgrund der Zusage an Unger und des schon laufenden Andrucks des ersten Bandes absagen (wahrscheinlich, ohne dies wirklich zu bedauern!), sicherte Schiller in seinem Schreiben vom 27. August 1794 aber zu, dass er ihn am weiteren Entstehungsprozess der *Lehrjahre* teilhaben lassen wolle. Schiller, der in der Folge Buch für Buch übersandt bekam, begleitete die Produktion im kritischsten Sinne, sowohl die Ausprägung bestimmter Charaktere (und der durch sie repräsentierten Ideen) als auch die konsequente Handlungsführung und Figurengestaltung mahnte er in seinen Briefen an Goethe immer wieder an (vgl. HA 7, 620–648). Im Januar 1795 endlich konnten die ersten beiden Bücher in einem Band erscheinen (Abb. 9.2), im Mai und November folgten die nächsten Lieferungen, erst am 26. Juni 1796 jedoch konnte Goethe den Roman endgültig fertigstellen, die letzten beiden Bücher erschienen im Oktober desselben Jahres.

Der *Lehrjahre*-Briefwechsel zwischen Goethe und Schiller

Als Goethe am 6. Dezember 1794 Schiller das erste Buch des Romans avisiert, konnte dieser nur kommentieren: Die Druckbögen für die ersten beiden Bücher waren schon gesetzt. Die begeisterte Reaktion Schillers hatte aber eine immense psychologisch-motivierende Wirkung auf Goethe. Vom 7. Januar 1795 an schickte Goethe nach und nach Buch für Buch im Manuskript an Schiller; Schiller plante angesichts der Tatsache, dass er beim siebten und achten Buche (ab dem Spätherbst 1795/96) viel unmittelbarer in den Entstehungsprozess würde einbezogen sein können als bei den vorherigen, die zum größeren Teile ja 1794 schon standen, eine neue Methode der Kritik: „Ich werde dann nicht säumen, mich des Ganzen zu bemächtigen, und wenn es mir möglich ist, so will ich eine neue Art von Kritik,

Abb. 9.2 Wilhelm Meisters Lehrjahre Bd. 1, Titelblatt des Erstdrucks (BS Rar. 914-1)

nach einer genetischen Methode, dabei versuchen, wenn diese anders, wie ich jetzt noch nicht präzis zu sagen weiß, etwas Mögliches ist" (Schiller an Goethe, 16.10.1795; MA 8.1, 117). Er will zudem derjenige sein, der sozusagen vor der Endredaktion die Kohärenz und Stimmigkeit des Ganzen überprüft.

Schillers Briefe sind sowohl Dokumente der Romanentstehung als auch seiner unmittelbaren Wirkung: Schillers ‚Kritik' erforderte in entschiedenem Maße eine Überarbeitung bzw. mannigfache kleinere Korrekturen und Ergänzungen; Schiller als *erster Leser* des gesamten Romans konnte natürlich seine Begeisterung (die er schon gegenüber den ersten drei Bänden gezeigt hatte) auf hohem ästhetisch-reflexiven Niveau begründen und wurde damit auch erster quasi-literaturwissen-schaftlicher *Interpret* des Romans:

- Er hebt zunächst die synthetisierende, alle Handlungsfäden abschließende Funktion des achten Buches hervor, „den großen soweit aus einander geworfenen Kreis und Schauplatz von Personen und Begebenheiten wieder so eng zusammen zu rücken!"; die Personnage des Romans sei eine geordnete Welt: „Es steht da wie ein schönes Planetensystem; alles gehört zusammen, und nur die italienischen Figuren knüpfen, wie Kometen-Gestalten, und auch so schauerlich wie diese, das System an ein entferntes und größeres an" (Schiller an Goethe am 2.7.1796; HA 7, 631). Motive, Figuren- und Figurenkonstellationen seien lange und glücklich vorbereitet (vgl. Schiller an Goethe am 2.7./9.7.1796).
- Schiller gibt kritische Hinweise, denen Goethe folgt: Schillers Hinweis (3.7.1796), Natalie verdiene den Ehrentitel der ‚schönen Seele' viel eher als die pietistische Stiftsdame des sechsten Buches – legt Goethe Lothario, unmittelbar nachdem Wilhelm und Natalie einander versprochen haben, in den Mund: „Ja sie verdient diesen Ehrennamen vor vielen andern, mehr, wenn ich sagen darf, als unsre edle Tante selbst" (VIII.10, HA 7, 608); bei der Figur Werners moniert Schiller im selben Brief „einen wichtigen chronologischen Verstoß": So viel Zeit sei doch gar nicht vergangen, dass seine erst in der Zwischenzeit geborenen Kinder schon Kaufmann spielen könnten; Goethe beseitigt die chronologische Unstimmigkeit, indem er aus dem Bericht über Werners Kinder eine Hoffnung auf die Zukunft macht (vgl. VIII.1, HA 7, 501). Schiller weist (5.7.1796) auf das ständepolitische Konfliktpotential der Mesalliancen am Schluss des Romans hin – und Goethe lässt in der Druckfassung nicht nur Lothario, wie Schiller vorgeschlagen hatte, sondern auch Therese das Vorurteil der Missheirat bei Standesdifferenz thematisieren: Eher machten doch charakterliche, individuelle Eigenschaften der Partner das Missliche der Ehe aus! Auch Schillers Kritik, im Saal der Vergangenheit bleibe Wilhelm „bei dem bloßen *Stoff* der Kunstwerke stehen" (9.7.1796), setzt Goethe um: Schließlich wird die stofflich-pathetische Wirkung des Saals durch die letzte, höchste Stufe seiner Wirkung durch die ästhetische Form übertroffen (vgl. HA 7, 541 f.).
- Schiller gibt kritische Hinweise, denen Goethe *nicht* folgt: Schillers grundsätzlichem Vorschlag, den Roman begrifflich präziser (vgl. 8.7.1796), gleichsam philosophischer zu machen, wehrt Goethe mit Hinweis auf seinen „realistischen Tick" ab (an Schiller am 9.7.1796), im Widerstand gegen zu großen Idealismus in der Kunst: Da in der Wirklichkeit die Dinge eben uneindeutig, oft unausgesprochen sind und bleiben, kann auch der Romancier (wenigstens dieser) im Kunstwerk nicht so tun, als seien sie's. Schillers Vorschlag, es könne statt Friedrich doch auch Jarno sein, also einer vom Turm, der Wilhelms Verirrung Therese gegenüber auflöst, kann Goethe nicht folgen: Es soll eben nicht ein Vertreter der Vernunft, sondern eine äußerste Randgestalt des Turms, eine Figur der Unvernunft sein, die dies leistet (vgl. 9.7.1796).
- In den ersten zehn Julitagen des Jahres 1796 überschnitten oder ‚überholten' sich Briefe aus Weimar und Jena gegenseitig – so schnell schrieb Schiller, so schnell reagierte Goethe. Schiller erwies sich als der Idealleser des Romans – einerseits unendlich genau, andererseits ästhetisch ungeheuer geschult: Er las

den Roman durchaus aus der Perspektive seiner Briefe *Über die ästhetische Erziehung des Menschen,* also klassizistisch (vgl. 28.6.1796)! Es war keine Koketterie, wenn Goethe am 7.7.1796 schrieb: „Fahren Sie fort, mich mit meinem eigenen Werke bekannt zu machen" (MA 8.1, 201).

Wilhelm Meisters Theatralische Sendung. Die Züricherin Bärbel Schultheß, Korrespondentin Goethes und auch seiner Mutter, hatte während der Entstehungszeit der ersten Fassung des Romans, zwischen 1778 und 1786, die sechs (vorläufig) fertiggestellten Bücher übersandt bekommen und, ohne Goethes Wissen, eine Abschrift davon gefertigt. Diese wurde erst 1910 in Zürich aufgefunden als einzige bekannte Fassung der *Theatralischen Sendung.* – Der Beginn der *Theatralischen Sendung* erzählt von der frühen Kindheit und Jugend Wilhelms: Mit dem Puppentheater, einem begeistert aufgenommenen Weihnachtsgeschenk der Großmutter, beginnt die Theaterleidenschaft des Helden, die sich über das eigene Spiel mit den Puppen, kindliche Arbeit an dramatischen Stoffen, Entwürfe und Projekte des Jugendlichen, über Aufführungen und Misserfolge entwickelt. Die Theaterbegeisterung wird durch die Liebe zu Mariane komplettiert, einer Schauspielerin, die Wilhelm schließlich heiraten möchte. Er wähnt sich durch die Geliebte betrogen, was ihn in eine tiefe Krankheit stürzt. Wieder gesundet, trifft er zufällig auf die verschiedensten Theaterleute, eine von dem Freund Werner vorgeschlagene Handelsreise nutzt Wilhelm gleichsam zur Flucht in die Welt des Theaters: eine Gaukler- und Schaustellertruppe, eine Wandertheatertruppe, schließlich die (städtische) Bühne des befreundeten Theaterdirektors Serlo, wo er als Schauspieler unterkommen kann. Ein zwischenzeitlicher Räuberüberfall auf die Wandertruppe bleibt im Fragment folgenlos: Der schwer verwundete Wilhelm wird gerettet von einer schönen Amazone, über die er nichts in Erfahrung bringen kann. Mit Wilhelm als Schauspieler bei Serlo bricht die *Theatralische Sendung* ab. Vor dem großen theatergeschichtlichen und dramentheoretischen Panorama, das die *Theatralische Sendung* als Theaterroman aufreißt, kann (oder soll) Wilhelm im Bereich des Theaters eine positiv gewertete Identität gewinnen.

Lehrjahre. **Stoff und Inhalt.** Wilhelm Meister, begüterter aber ‚unbefiederter‘ Kaufmannssohn, liebt die Schauspielerin Mariane, die ihm ebenfalls zugetan ist, aus ökonomischen Gründen jedoch das Verhältnis zum auswärts weilenden Kaufherrn Norberg nicht ohne weiteres abbrechen kann. Wilhelms Leidenschaft gilt ebenso dem Theater, in dem Maße, wie er den Kaufmannsstand seiner Väter verabscheut. Nach dem vermeintlichen Betrug durch die Geliebte bricht Wilhelm sämtliche Beziehungen zu ihr ab, der Trauerarbeit soll eine im Auftrag des Vaters unternommene Handelsreise in die Ferne dienen. Wilhelm schließt sich als Finanzier einer Schauspielertruppe an, zu der ein wunderlicher alter Harfner gehört sowie ein knabenhaftes Mädchen namens Mignon, dessen Wilhelm sich annimmt. Die wandernde Truppe wird von Räubern überfallen, der verletzte Held wird von einer schönen Amazone gerettet, die aber, ohne ihre Identität preiszugeben, sogleich wieder verschwindet. Sie wiederzufinden, wird alsbald Wilhelms vorrangiges Interesse. Er schließt sich mit einigen seiner theatralischen Mitstreiter der festen Bühne eines Städtchens an, seine dramatische Laufbahn gipfelt in einer

Inszenierung des *Hamlet,* wobei er in auffälliger Identifikation die Hauptrolle übernimmt. Noch in der Sphäre des Theaters erfährt Wilhelm vom Tode Marianes nach der Geburt des gemeinsamen Sohnes Felix, der nun bei ihm bleibt.

Nach und nach, durch scheinbar ganz zufällige Begegnungen motiviert, kommt Wilhelm in Kontakt zu einer Gruppe pädagogisierend-aufgeklärter Adliger, deren Familienvorgeschichte in den pietistisch-autobiographischen „Bekenntnissen einer schönen Seele" im sechsten Buch geliefert wird und die sich die ‚Turmgesellschaft' nennt. Agenten dieser Gesellschaft versuchen sich an der Entfernung Wilhelms vom Theater, der Desillusion seiner hochmögenden Vorstellungen. Im Umfeld des Turms lernt Wilhelm die pragmatische Therese kennen, der er alsbald einen Heiratsantrag macht. Sein Schritt aus der Welt der Theaterkunst heraus trennt den Harfner und Mignon mehr und mehr von ihm ab: Sie sterben schließlich beide, nachdem ihre verhängnisvolle Herkunft und Verwandtschaft erzählt ist. Wilhelm findet endlich seine lang gesuchte Schöne – Natalie, ebenfalls Mitglied der Turmgesellschaft; da es sich zufällig ergibt, dass Therese ein anderes Mitglied der Gesellschaft heiraten will, entlobt man sich, und für Wilhelm und Natalie ist der Weg frei.

Erzählstruktur – szenisches Erzählen. Die *Lehrjahre* sind (auch) ein *Theater*roman und sie sind in Teilen szenisch, d. h. dramatisch erzählt. Das erste Kapitel des ersten Buches geht *medias in res* in eine Szene: Eine ältere Frau, ungeduldig wartend auf ihre ‚Herrin', hat in einem Zimmer Lichter aufgestellt, Geschenke ausgebreitet, schließlich kommt die ‚Herrin', die junge Mariane, ein kurzer, heftiger Dialog – Auftritt Wilhelm:

> Das Schauspiel dauerte sehr lange. Die alte Barbara trat einigemal ans Fenster und horchte, ob die Kutschen nicht rasseln wollten. Sie erwartete Marianen, ihre schöne Gebieterin, die heute im Nachspiele, als junger Offizier gekleidet, das Publikum entzückte […]. Das Nesseltuch, durch die Farbe der halbaufgerollten Bänder belebt, lag wie ein Christgeschenk auf dem Tischchen; die Stellung der Lichter erhöhte den Glanz der Gabe, alles war in Ordnung, als die Alte den Tritt Marianens auf der Treppe vernahm und ihr entgegeneilte. Aber wie sehr verwundert trat sie zurück, als das weibliche Offizierchen, ohne auf die Liebkosungen zu achten, sich an ihr vorbeidrängte, mit ungewöhnlicher Hast und Bewegung in das Zimmer trat, Federhut und Degen auf den Tisch warf, unruhig auf und nieder ging und den feierlich angezündeten Lichtern keinen Blick gönnte. […] Wilhelm trat herein. Mit welcher Lebhaftigkeit flog sie ihm entgegen! mit welchem Entzücken umschlang er die rote Uniform! drückte er das weiße Atlaswestchen an seine Brust! (HA 7, 9–11)   ▶

Szenisch erzählt werden Erwarten und Ankunft einer *Schauspielerin!* Die auch noch im Kostüm einer Hosen- (also: Männer-)Rolle auftritt – das Barbara für die ungewohnte Heftigkeit Marianes verantwortlich macht: „[H]erunter mit dem Rock und immer so fort alles herunter! es ist eine unbequeme Tracht, und für Euch gefährlich, wie ich merke. Die Achselbänder begeistern Euch" (HA 7, 10). Und Wilhelm, der jugendliche Liebhaber, umarmt in der Schlussszene auch nicht Mariane selbst, will man der Erzählerstimme glauben: „mit welchem Entzücken umschlang er die rote Uniform! drückte er das weiße Atlaswestchen an seine

Brust!" (HA 7, 11). Seine Liebe gilt offensichtlich dem Kostüm, anders gesagt, der Schauspielerin in Mariane (so wie in Wilhelms Erzählung vom Puppentheater die Marionetten einen besonderen Reiz bekommen dadurch, dass sie, in der Speise-kammer gelagert, nach Weihnachtsgewürzen riechen, vermischen sich auch in Mariane sinnlicher, hier sexueller Reiz und der Reiz des Theaters!).

Die Konstellation auf der erzählten Bühne exponiert zudem einen scharfen Konflikt: Die Geschenke sind von Norberg, Marianes „freigebige[m] Liebhaber[ ]" (HA 7, 9), ihre Liebe aber gehört dem „jungen, zärtlichen, unbefiederten Kauf-mannssohn" Wilhelm (HA 7, 10). Dass sie nur im Nachspiele auftritt, dass sie keine größere Frauenrolle, sondern eine Hosenrolle spielt, dass sie auf Norbergs Geld angewiesen ist, macht das Prekäre der Schauspielerinnenexistenz überdeut-lich: Sie ist gleichsam zur Prostitution gezwungen; dass sie eine Bediente hat, deutet darauf hin, dass sie einmal nicht in einer derart prekären Lage gewesen sein mag. – Der Konflikt zweier Liebhaber bereitet Wilhelms völlige Desillusion, den vermeintlichen Betrug durch Mariane am Ende des ersten Buches, vor.

Natürlich kommt auch der epische Erzähler zu seinem Recht, der sich erst spät offen zu erkennen gibt. Er ist es, der die Unsagbarkeitstopoi angesichts der Umarmung der Liebenden artikuliert: „Mit welcher Lebhaftigkeit flog sie ihm entgegen! mit welchem Entzücken umschlang er die rote Uniform!" Diese Topoi aber münden in ein inszeniertes Verstummen und Abtreten des Erzählers: „Wer wagte hier zu beschreiben, wem geziemt es, die Seligkeit zweier Liebenden auszu-sprechen! Die Alte ging murrend beiseite, wir entfernen uns mit ihr und lassen die Glücklichen allein" (HA 7, 11). Der Erzähler wird erkennbar als einer, der die bis-herige Szene mit angeschaut hat, der sich jetzt aber, aus vorgeblicher Diskretion, mit der Figur der alten Barbara entfernt. – Die Exposition des Romans präsentiert die Titelfigur in einem nicht unerheblichen Konflikt, präsentiert mit dem Theater eine bestimmende Dimension der erzählten Welt des Romans und einen Erzähler, der sich scheinbar zurückhält, eben szenisch erzählt, dann aber machtvoll erweist, dass er es ist, durch dessen Augen wir die Szene überhaupt sehen können.

Solche Formen szenischen oder dramatischen Erzählens finden sich an vielen Stellen des Romans: Auffällig auf jeden Fall die folgenreiche Spiegel-szene mit Wilhelm in der Verkleidung (!) des Grafen in III.10 (vgl. HA 7, 188–191), der Räuberüberfall in IV.5 (vgl. HA 7, 224–226), der Tod Mignons in VIII.5 (HA 7, 543–545); fast durchgehend ist der Roman „Nachahmung von [dialogischer] Handlung" (Aristoteles), selbst ‚Gedankenströme' Wilhelms sind zuweilen als Monolog ausgelegt (vgl. III.2, HA 7, 154 f., III.11, HA 7, 194). Die Verkleidungen – Marianes im ersten Kapitel, Mignons kurz vor ihrem Tod u. a. m. – die Scharaden der Wandertheatertruppe, die Verwechslungen bis hin zum opernhaften Brauttausch der Schlussepisode verleihen dem Roman viel-fach lustspielhafte Züge. Besonders auffällig ist in der Tat der Schluss: In einer großen ‚Szene' werden die zentralen Figuren des Romans, Lothario, der Abbé und der Arzt, Natalie, Therese, Wilhelm, vorgeführt, Wilhelm in „einer grausamen zufälligen Verwicklung" (HA 7, 607): Er hat Therese um ihre Hand gebeten, ihre Zusage erhalten – und liebt Natalie! Es ist Friedrich, der jüngere, scheinbar ungeratene Bruder der großen Turmgesellschaftsfiguren, der die Auflösung bringt: Er hat Natalie heimlich belauscht, als sie für sich, aber in monologisch geäußerter Gedankenrede (!), ihre Liebe zu Wilhelm am Bette des scheinbar vergifteten Felix gestand. Lothario sagt's: „Die Natur hat gewirkt, und der tolle Bruder hat nur die reife Frucht abgeschüttelt" (HA 7, 608), Friedrich springt „mit großem Geschrei herein" – ein komisch-dramatischer Auftritt: „Ich bin der Zauberer, der diesen Schatz gehoben hat" (ebd.). Die Auflösung des Konflikts mündet, wie in der Komödie, in eine Verlobung, genauer: Die Auflösung mehrerer Konflikte mündet in eine Verlobungsserie: Lothario bekommt endlich Therese, Wilhelm Natalie, Jarno nimmt Lydie – und Friedrich hat Philine.

Erzählstruktur – episches Erzählen. Die *Lehrjahre* beginnen *medias in res,* d. h., sie springen, ohne erzählerische Anmoderation, unmittelbar in eine Szene hinein. Ganz anders die *Theatralische Sendung:* „Es war einige Tage vor dem Christabend 174- als Benedikt Meister Burger und Handelsmann zu M-[...] Abends gegen achte nach Hause ging" (MA 2.2, 9). Die frühe Fassung des Romans begann in Wilhelms Kindheit; Elternhaus, das Puppentheatergeschenk der Großmutter, Knabenalter und frühe Jugend werden, zwar knapp, aber chronologisch erzählt. Genau dies löst Goethe bei der Umarbeitung in die *Lehrjahre* auf: In die Szenen mit Mariane (in deren Zeit wir ja direkt springen) werden Wilhelms Erzählungen vom Puppentheater, von seiner Kindheit eingefügt; szenisch viel dichter wird hier seine Vorgeschichte nachgetragen, ebenso später Serlos Biographie in IV.18, die Geschichte Thereses in VII.6, Barbaras Erzählung von Marianes Tod in VII.8 oder die Geschichte der Eltern Mignons in VIII.9.

Mit diesem Prinzip des Nachtragens von Vorgeschichte nähert Goethe die *Lehrjahre* den Erzählmodellen der (Spät-)Antike und des 17. Jahrhunderts sowie seiner unmittelbaren Gegenwart an: Homers Epen sowie deren hellenistische Prosa-Variante, die *Aithiopika* des Heliodor (3. Jh. n.u.Z.), konzentrieren die primäre erzählte Zeit; die Vorgeschichte, etwa die der Sammlung der griechischen Flotte(n) durch Odysseus, Menelaos und Agamemnon in der *Ilias,* wird nachgetragen – entweder in Figuren- oder in Erzählerrede. Der Prosaroman Heliodors wurde, modellhaft umgesetzt in Opitzens *Argenis*-Übertragung (1626; das Original ist von John Barclay, 1621) zum maßgeblichen Muster des hohen Barockromans, an den, wie an Heliodor, Wielands *Agathon* (1766/67) auch in der Makrostruktur erzählerischer Zeitgestaltung anschloss. Die *Aithiopika,* der hohe Barockroman, der *Agathon* begannen *medias in res,* mit Ausnahme von *Agathon* mündeten sie auf der Handlungsebene immer ins Wiederfinden der (zeitweise verlorenen) Geliebten, in Einzel- oder Massenhochzeiten oder mindestens Verlobungen (die Schlussszene der *Lehrjahre* verweist also nicht nur auf die Komödie, sondern ebenfalls auf diese Roman-Tradition!). Viele kleinere Motive bis in die Figurengestaltung hinein lassen die Anlehnung der *Lehrjahre* an homerisches Epos, hellenistischen Roman, hohen Barockroman und *Agathon* noch deutlicher werden (vgl. Igel 2007).

Pietistische Bekenntnisse. Die größte dieser nachgetragenen Vorgeschichten ist die autobiographische Schrift einer pietistischen Frau aus dem Familienzusammenhang der adligen Großfamilie, aus der sich die Turmgesellschaft bilden sollte. Die „Bekenntnisse einer schönen Seele", das sechste Buch des Romans, wird episch integriert dadurch, dass es als Manuskript Wilhelm im letzten Kapitel des fünften Buches übergeben wird. Gegenstand der „Bekenntnisse" ist die Lebensgeschichte einer Adligen, die sich nach einer zunächst heiß entflammten und bis zum Heiratsantrag gehenden Liebesgeschichte immer mehr für einen durch den tiefsten, pietistisch geprägten Glauben geführten eigenen Weg entscheidet. Schließlich widmet sie sich der Erziehung der verwaisten Kinder ihrer Schwester, die seit dem dritten Buch nach und nach als Figuren der *Lehrjahre* begegnen: die schöne Gräfin, Lothario, Natalie, Friedrich, für die mit dem sechsten Buch somit eine Vorgeschichte geliefert wird.

Ob Goethe, wie schon zeitgenössische Leserinnen und Leser mutmaßten, die Frankfurter Stiftsdame Susanna von Klettenberg, eine Freundin seiner Mutter, zum Vorbild nahm, ist unerheblich; dass er hier dem zwar irrenden, gleichsam nur zufällig zu einem Zwischenziel kommenden ‚Bildungs'-Gang Wilhelms einen alternativen entgegensetzt, ist strukturell von großer Bedeutung: Wilhelm wird mit Initiation und Lehrbrief in die Gesellschaft des Turms integriert, wird damit zumindest virtuell schon gesellschaftlich *tätig;* das Selbstbildungsmodell der ‚schönen Seele', das zwar Autonomie gegenüber ständischen und gesellschaftlichen Imperativen behaupten kann, führt letztlich zu einer religiös-melancholisch-hypochondrischen Abkehr von Gesellschaft, zur Isolation insbesondere dann, wenn der Oheim und der Abbé, Gründungsmitglieder des Turms, ihr die Kinder ihrer Schwester entziehen. Am Schluss des Buches wird deutlich der Bezug zu Schillers Konzept der ‚Schönen Seele' in *Ueber Anmuth und Würde* hergestellt: „Ich erinnere mich kaum eines Gebotes, nichts erscheint mir in Gestalt eines Gesetzes, es ist ein Trieb, der mich leitet und mich immer recht führt; ich folge mit Freiheit meinen Gesinnungen und weiß so wenig von Einschränkung als von Reue" (HA 7, 420).

Theatergeschichtliches Panorama. Mit dem Puppentheater, von dem Wilhelm Mariane (ohne sie damit wachhalten zu können: Er hört sich am liebsten selbst reden) in I.4–8 erzählt – und mit Mariane selbst, „die heute im Nachspiele, als junger Offizier gekleidet, das Publikum entzückte" (HA 7, 9) – wird das Panorama ganz unterschiedlicher Formen des Theaters eröffnet, mit dem der Roman Theatergeschichte und -praxis reflektiert: Neben dem Puppenspiel sind es das winterliche Zerstreuungstheater der Fabrikarbeiter in Hochdorf (II.3), die Gaukler, Seiltänzer und Schausteller, deren Prinzipal Wilhelm Mignon abkauft (II.4), die Wanderbühne mit ihren Rollenfächern, das von der Wandertruppe bespielte Hoftheater im Schlosse von Graf und schöner Gräfin (III.6, 8), schließlich das städtische Theaterunternehmen Serlos auf einer stehenden Bühne (ab IV.13), das zumindest die Idee des historischen Projektes eines Nationaltheaters ahnen lässt. Die Selbstinszenierung des überlebten Rokokoadels im dritten Buch wird in ihrer Scheinhaftigkeit als implizit theatralisch entlarvt, die Exequien Mignons (VIII.8) geraten zum geistlichen Schauspiel – und die vorgeblich so theaterfeindlichen Turmgesellschaftsmitglieder bieten mit Wilhelms Initiation (VII. 9) unfreiwillig eine Inszenierung mit Vorhang, Auftritten, geheimnisvollen Stimmen aus dem *off* in einer säkularisierten Kapelle. Dass Jarno Wilhelm in III.8 die Lektüre Shakespeares empfiehlt, macht, in der Emphase der sich nun eröffnenden Shakespeare-Begeisterung (nicht nur Wilhelms) die Romanhandlung historisch verortbar: Sie spielt wohl in den 1770er Jahren; Shakespeare wurde, ausgehend von Herder, vom Straßburger Goethe und anderen, als Vorbild einer neuen deutschen Dramatik gefeiert.

Gerade mit der *Hamlet*-Inszenierung im fünften Buch aber präsentiert der Roman viel mehr als nur den Traum vom Nationaltheater: Vor allem in den Diskussionen zwischen Aurelie, Serlo und Wilhelm, aber auch den Auseinandersetzungen der gesamten Theatertruppe, wird ein neuartiger Umgang mit dem dramatischen Text sichtbar gemacht. Wenn es auch etwas zu hoch gegriffen erscheint: Wilhelm erfindet hier das Regietheater, greift als selbsternannter Chefdramaturg tief in Shakespeares Text ein, strafft, streicht (angebliche) Nebenhandlungen, erarbeitet ein (aus seiner Perspektive) geschlossenes Konzept von Text- und Figurenverständnis und Interpretation, führt Regie – und spielt selbst den Hamlet!

Die *Hamlet*-Inszenierung indes zeigt auch, wie tief und grundsätzlich die Theaterlaufbahn Wilhelms mit seinem sogenannten Bildungsgang verknüpft ist: Hier ist der Höhepunkt von Wilhelms Karriere erreicht. Er spielt eindrucksvoll – doch im eindrucksvollsten Moment *spielt* er nicht:

> [A]ls die ersten Töne aus dem Helme hervordrangen, als eine wohlklingende, nur ein wenig rauhe Stimme sich in den Worten hören ließ: „Ich bin der Geist deines Vaters", trat Wilhelm einige Schritte schaudernd zurück, und das ganze Publikum schauderte. Die Stimme schien jedermann bekannt, und Wilhelm glaubte eine Ähnlichkeit mit der Stimme seines Vaters zu bemerken. (HA 7, 322)

Wilhelm spielt nicht Hamlets Erschrecken, sondern erschrickt als Wilhelm – *sein* Vater ist wenige Tage vor der Aufführung verstorben. Das überschwengliche Lob, das er insbesondere für diese ‚Leistung‘ erhält, ist kein Lob für den Schauspieler: Sein echter Schrecken wird als gut gespielt missgedeutet. Hier ist der *Wendepunkt* von Wilhelms Theaterkarriere; hier, in dieser explizit reflektierten Desillusion, beginnt sein Abschied von der Theaterwelt. Er ist, wenn er richtig gut ist, kein Schauspieler!

Bildungsvorstellungen. Das Theater ist nicht nur hier, an diesem Wendepunkt, mit Bildungsvorstellungen innigst verknüpft. Im 3. Kapitel des fünften Buches artikuliert Wilhelm eine völlig selbstmissverstehende Interpretation von Selbstbildung auf dem Theater. Ausgangspunkt ist ein emphatischer Bildungsbegriff: Wilhelm schreibt an seinen Jugendfreund Werner, „mich selbst, ganz wie ich da bin, auszubilden, das war dunkel von Jugend auf mein Wunsch und meine Absicht" (HA 7, 290). Als wäre Identität etwas, das angelegt sei, das nur ‚ent-wickelt‘ werden müsse. Von hier aus geht Wilhelm auf den Gegensatz Adel-Bürgertum über: Die Vervollkommnung aller Fähigkeiten und Eigenschaften, die die Präsentation der Persönlichkeit in der Öffentlichkeit umfassen, weist Wilhelm als Möglichkeit des Sich-Ausbildens dem Adel zu. Dagegen setzt er das Bürger-

tum, bei dem bestimmte Fähigkeiten, Talente und Reichtum das Individuum zur
Geltung brächten, allerdings niemals mehr die Ganzheit einer Person, sondern
nur Verdienste auf bestimmten Gebieten. Die Möglichkeiten des Bürgers seien
bestimmt durch das, was er besitzt oder erwirbt. Für Wilhelm, nun einmal bürgerlich geboren, bietet das Theater eine Ersatzlösung: Eine Ausbildung, wie sie der
Adel fördre und fordre, könne das Theater leisten als Sphäre, die die allgemeine
Ausbildung der persönlichen Fähigkeiten fördre: „Auf den Brettern erscheint der
gebildete Mensch so gut persönlich in seinem Glanz als in den obern Klassen;
Geist und Körper müssen bei jeder Bemühung gleichen Schritt gehen, und ich
werde da so gut sein und scheinen können als irgend anderswo" (HA 7, 292).

Wilhelm übersieht völlig die (im dritten Buch spätestens offengelegte) Scheinhaftigkeit adliger Existenz: Öffentliche Erscheinung und Identität setzt er beim
Adel in eins; Wilhelm übersieht völlig, dass, wenn „der gebildete Mensch [auf den
Brettern] so gut persönlich in seinem Glanz" erscheint wie angeblich der Adel im
gesellschaftlichen Leben, der gebildete Mensch nur *spielt*, nur Identität vorgibt.
Als Bildungsvorstellung ist dasjenige, was Wilhelm hier seinem Freunde gegenüber als emphatische Argumentation präsentiert, einerseits nur naiv (und es legt
etwas an seinem völligen Missverständnis adliger und bürgerlicher Öffentlichkeit
und Identität offen), Theater als Selbstbildungssphäre entlarvt der Roman so als
vollkommen dysfunktional. – Überraschenderweise, und in ironischer Brechung
der hochfliegenden Pläne Wilhelms und in völligem Widerspruch zu seiner Selbst-
wahrnehmung zu diesem Zeitpunkt, scheint die Zeit beim Theater Wilhelm doch
etwas genützt zu haben. Beim Wiedersehen mit seinem Jugendfreund Werner in
VIII.1 behauptet dieser, „sein Freund sei größer, stärker, gerader, in seinem Wesen
gebildeter und in seinem Betragen angenehmer geworden. [...] ‚Wahrhaftig!' rief
er aus, ‚wenn du deine Zeit schlecht angewendet und, wie ich vermute, nichts
gewonnen hast, so bist du doch indessen ein Persönchen geworden [...]'" (HA 7,
498 f.). Wilhelms äußere Erscheinung hat offensichtlich gewonnen, insbesondere
gegenüber der Physiognomie eines ‚arbeitsamen Hypochondristen', als der
Werner erscheint (vgl. HA 7, 499); allerdings: „Persönchen" ist nicht nur kein
Kompliment, *persona* ist das lateinische Wort für Maske (abstrakter: Rollenfach)
und damit verweist dieses Scheinkompliment wieder auf's Theatralische zurück.

Bildungsroman? Forschungsgeschichtlich ist Wilhelms emphatische Formel,
„mich selbst, ganz wie ich da bin, auszubilden", als *das* klassische Bildungsideal
Goethes missverstanden worden, als Bildungsprogramm der ‚ganzen Persönlichkeit' (vgl. u. a. Müller 1948, Storz 1953, Viëtor 1966, Mayer 1973). Die
Formel steht zwar durchaus im Zusammenhang von Goethes klassizistischer
Metamorphoseauffassung – sie ist aber hier nicht ohne die Brechungen und
dementierenden Selbstmissverständnisse Wilhelms lesbar! Auf den ganzen Roman
übertragen führte diese Formel zur Auffassung, der *Wilhelm Meister* sei Bildungsroman (und gar der erste seiner Gattung: was nicht stimmt – Wielands *Agathon*
ist früher und viel mehr Bildungsroman als die *Lehrjahre*). Zugespitzt ließe sich
dagegen mit einigem Recht behaupten, Wilhelm werde in den *Lehrjahren* ja kaum
gebildet (einmal abgesehen von seiner äußeren, körperlichen Bildung: Er wurde

immerhin zum ‚Persönchen', s. o.)! Mindestens die ersten fünf Bücher irrt er durch die Theaterwelt, nur scheinbar mit einigem Erfolg; er hält krampfhaft an seinen Selbstmissverständnissen fest, die er in V.3 noch einmal auf den Punkt bringt, seine angenommene Vaterschaft Mignon gegenüber ist ambige, auf keinen Fall erreicht er die Rolle eines Erziehers. Am Beginn des 8. Buches wird ihm dies klar – als seine wirkliche Vaterschaft Felix gegenüber bestätigt ist:

> Wilhelm sah die Natur durch ein neues Organ, und die Neugierde, die Wißbegierde des Kindes ließen ihn erst fühlen, welch ein schwaches Interesse er an den Dingen außer sich genommen hatte, wie wenig er kannte und wußte. An diesem Tage, dem vergnügtesten seines Lebens, schien auch seine eigne Bildung erst anzufangen; er fühlte die Notwendigkeit, sich zu belehren, indem er zu lehren aufgefordert ward. (HA 7, 498)

Dies – und Einiges mehr – verstanden zu haben, legitimiert einigermaßen die Übergabe des Lehrbriefs, den er unmittelbar vorher bekommen hat. Die *Lehrjahre* sind nicht Bildungsroman, weil sie etwa die Bildung eines Menschen darstellten. Allerdings thematisieren und reflektieren sie Bildung auf vielfältige Weise, nicht im Sinne kultureller Bildung etwa oder zielgerichteter Erziehung, sondern viel mehr im Sinne der unterschiedlichsten Wege der *Herausbildung* von Persönlichkeit: Die (knapperen) Lebensgeschichten von Serlo und Aurelie, von Therese und (in Auszügen) Lothario, die „Bekenntnisse einer schönen Seele" sind alternative Wege zu dem des Titelhelden, Natalie, Jarno und der Abbé diskutieren unterschiedliche Prinzipien von Erziehung des Einzelnen in und für Gesellschaft. Bildung, Herausbildung von Persönlichkeit ist auf jeden Fall ein zentraler Reflexionsgegenstand des Romans!

Bildung: Ästhetische Erziehung. Nichtsdestoweniger kommt Wilhelm irgendwo an! Nicht die Initiation in die Turmgesellschaft ist das Ziel (dann könnte der Roman mit dem siebten Buch enden), viel weniger noch der Abschied vom Theater. Die Vaterrolle Felix gegenüber ist das eine – das andere ist eine neue, (nicht nur) ästhetische Existenz. Der Wilhelm des Puppentheaters las sich immer an die Stelle des Protagonisten, er sieht sich in dem kranken Königssohn auf dem Gemälde aus der Sammlung des Großvaters, Shakespearelektüre ist für Wilhelm nicht Lektüre, sondern narzisstisches Spiegelspiel: Er kleidet sich wie Prinz Harry, er setzt sich unmittelbar an die Stelle Hamlets, er liest identifikatorisch wie leidenschaftlich. Genau dies ändert sich erst im Schloss des Oheims, nach Erkenntnis der eigenen Schuld gegenüber Mariane, der Anerkennung der Vaterschaft, der Integration in die Turmgesellschaft. Im Schloss des Oheim trifft Wilhelm Natalie – und in VIII.5 heißt es dann:

> Unter diesen Worten waren sie wieder in das Hauptgebäude gelangt. Sie führte ihn durch einen geräumigen Gang auf eine Türe zu, vor der zwei Sphinxe von Granit lagen. Die Türe selbst war auf ägyptische Weise oben ein wenig enger als unten, und ihre ehernen Flügel bereiteten zu einem ernsthaften, ja zu einem schauerlichen Anblick vor. Wie angenehm ward man daher überrascht, als diese Erwartung sich in die reinste Heiterkeit auflöste, indem man in einen Saal trat, in welchem Kunst und Leben jede Erinnerung an Tod und Grab aufhoben. In die Wände waren verhältnismäßige Bogen vertieft, in denen

größere Sarkophagen standen; in den Pfeilern dazwischen sah man kleinere Öffnungen, mit Aschenkästchen und Gefäßen geschmückt; die übrigen Flächen der Wände und des Gewölbes sah man regelmäßig abgeteilt und zwischen heitern und mannigfaltigen Einfassungen, Kränzen und Zieraten heitere und bedeutende Gestalten in Feldern von verschiedener Größe gemalt. Die architektonischen Glieder waren mit dem schönen gelben Marmor, der ins Rötliche hinüberblickt, bekleidet, hellblaue Streifen von einer glücklichen chemischen Komposition ahmten den Lasurstein nach und gaben, indem sie gleichsam in einem Gegensatz das Auge befriedigten, dem Ganzen Einheit und Verbindung. Alle diese Pracht und Zierde stellte sich in reinen architektonischen Verhältnissen dar, und so schien jeder, der hineintrat, über sich selbst erhoben zu sein, indem er durch die zusammentreffende Kunst erst erfuhr, was der Mensch sei und was er sein könne. (HA 7, 539 f.)

Der Erzähler konzentriert seine Darstellung auf Farben und Verhältnismäßigkeit oder Proportionalität der Gestaltungselemente des Saales: „in reinen architektonischen Verhältnissen". Der Erzähler ersetzt über die ganze Passage hin Wilhelm als Perspektivfigur des Erzählten: ‚man' wurde vom Eindruck des Saales überrascht, ‚man' sah, das ‚Auge' wurde befriedigt. Diese generalisierte Wirkung des Saales betont die zitierte Passage gerade in ihrer Schlusswendung nochmals: „so schien *jeder*, der hineintrat, über sich selbst erhoben zu sein, indem er durch die zusammentreffende Kunst erst erfuhr, was der Mensch sei und was er sein könne". Die „zusammentreffende Kunst", also das Ineinander von Architektur, Raumgestaltung und Malerei sowie die „reinen architektonischen Verhältnisse" ermöglichen eine Erhabenheitserfahrung des Menschen, eine anthropologische Ahnung vom Gattungswesen des Menschen, die erst durch das ästhetische Arrangement ermöglicht würden.

Und diese Erkenntnis – oder eine Ahnung davon – erlangt Wilhelm durch das Kunstarrangement selbst. Erst, nachdem Natalie mit einem frischen Blumenstrauß die Marmorstatue des jüngst verstorbenen Oheims geschmückt hat („Gedenke zu leben"), kehrt die Erzählung zu Wilhelms Perspektive zurück: „Wilhelm konnte sich nicht genug der Gegenstände freuen, die ihn umgaben [...] Wilhelms Augen schweiften auf unzählige Bilder umher" (HA 7, 540 f.). Wilhelm zeigt sich begeistert zunächst von den *Stoffen*, den *Gegenständen der Darstellung*, den „heitere[n] und bedeutende[n] Gestalten" in den „Feldern von verschiedener Größe", mit denen der Saal ausgemalt ist. Was er abgebildet sieht, ist, gleichsam allegorisch, das Leben des Menschen (als Gattung) in verschiedenen, repräsentativen Stationen: Vom Spiel des Kindes bis zum „ruhigen abgeschiedenen Ernste des Weisen". Die Wirkung des Saals geht allerdings weit über seine stoffliche Seite hinaus:

Auch Wilhelm bemerkte es, ohne sich davon Rechenschaft geben zu können. „Was ist das", rief er aus, „das, unabhängig von aller Bedeutung, frei von allem Mitgefühl, das uns menschliche Begebenheiten und Schicksale einflößen, so stark und zugleich so anmutig auf mich zu wirken vermag? Es spricht aus dem Ganzen, es spricht aus jedem Teile mich an, ohne daß ich jenes begreifen, ohne daß ich diese mir besonders zueignen könnte! Welchen Zauber ahn' ich in diesen Flächen, diesen Linien, diesen Höhen und Breiten, diesen Massen und Farben!" (HA 7, 541 f.)

Die ‚gebildeten Gestalten' erregen *Gedanken,* sie flößen ‚*Empfindungen*' ein.
Darüber hinaus aber „schien noch etwas andres gegenwärtig zu sein, wovon
der ganze Mensch sich angegriffen fühlte": Nicht *nur* Vernunft, nicht *nur* Sinnlichkeit, nicht *nur* irgendeine Seite des Menschen, sondern der *ganze Mensch*
scheint sich hier von irgend etwas angegriffen zu fühlen! Und dies entzieht sich
der *ratio* – zumindest der Vernunft Wilhelms, er „bemerkte es, ohne sich davon
Rechenschaft geben zu können"; es kann nicht, auch nicht vom Erzähler, auf den
Begriff gebracht werden. Wilhelm kann nur die Stärke der erfahrenen ästhetischen
Wirkung bezeichnen: „so stark und zugleich so anmutig". Und er vermag
(ungefähr) anzugeben, wo im Kunstwerk die Quelle dieser Wirkung verborgen
sein mag: „Es spricht aus dem Ganzen, es spricht aus jedem Teile mich an". Der
Modus der Wahrnehmung dieser Wirkung ist ein anderer als derjenige von Ver-
nunft und Mitgefühl – es ist der Modus der *Ahnung:* „Welchen Zauber ahn' ich
in diesen Flächen, diesen Linien, diesen Höhen und Breiten, diesen Massen und
Farben!" – Jenseits der Stoffe, der abgebildeten Gegenstände erzielt also der Saal
der Vergangenheit seine ahnungsvolle, erhebende Wirkung durch die *Form* (was
Goethe wohl erst nach Schillers kritischer Lektüre der Stelle einfügt).

Damit ist ein „Bildungs"-Ziel erreicht, das viel mehr ist als bloß ‚ästhetische
Erziehung': Die Anerkenntnis der Objektivität der Welt, der jeweiligen Selbstheit
des (hier ästhetischen) Gegenübers – und damit die Abkehr von der ewigen,
narzisstisch-pathologischen Selbstsubstitution in Gemälde, literarische Texte und
soziale Beziehungen. Und zu diesem Ziel wird Wilhelm nicht *geführt:* Schon gar
nicht von der Turmgesellschaft, nicht aus eigenem Antrieb, nicht von Natalie. Er
kommt einfach dorthin. Punkt.

Mignon und der Harfner. „[N]ur die italienischen Figuren knüpfen, wie
Kometengestalten und auch so schauerlich wie diese, das System [der *Lehrjahre*]
an ein Entfernteres und Größeres an" (Schiller an Goethe, 2. Juli 1796). Der
Harfner und insbesondere Mignon stellen „einen Gegenpol" zu „Milieu und Weltschau" des gesamten Romans dar (Brandenburg-Frank 2002, 9):

- Sie sind, im Gegensatz mindestens zur bürgerlich-aufgeklärten Welt des Kauf-
  mannsstandes wie der Turmgesellschaft, durch mythische *Schuld* gekennzeichnet: Mignon ist, wie sich am Ende herausstellt, inzestuös gezeugtes Kind
  des Harfners und seiner Schwester;
- Sie haben, zumindest solange sie leben, keine *Geschichte:* Ihre Identität ist
  nicht biographisch begründet oder gesichert. Als Philine Wilhelmen Mignon
  vorstellt, sagt sie: „Hier ist das Rätsel" (HA 7, 98), was das erste Gespräch
  Wilhelm mit dem Kind bestätigt: „‚Wie nennest du dich?' fragte er. – ‚Sie
  heißen mich Mignon.' – ‚Wieviel Jahre hast du?' – ‚Es hat sie niemand
  gezählt.' – ‚Wer war dein Vater?' – ‚Der große Teufel ist tot.'" (ebd.);
- Sie kommunizieren nicht primär vermittels rationaler Argumentation: Ihr
  Äußerungsmittel ist Gesang (Harfner) bzw. Gesang, Tanz und Gestik (Mignon);
  sie sind dementsprechend als Figurationen des Poetischen gegen die Prosa der
  Romanwelt gesetzt;

- Mignon ist immer ambigue: Sie steht zwischen Mädchen und Junge, steht zwischen Mädchen und junger Frau, sie ist Mensch, empfindsames Kind *und*, wenn sie den Eiertanz tanzt, Puppe, sie ist Mensch *und* (in ihrem letzten Auftritt: „So laßt mich scheinen, bis ich werde", HA 7, 515) Engel;
- Mignon spielt nie etwas oder jemanden, sie *ist:* darum die verzweifelten Versuche, das eigene Wangenrot als vermeintliche Theaterschminke abzuwaschen – und dennoch ist ihr Leib nur irdischer ‚Vorschein' einer jenseitigen Existenz („So laßt mich scheinen bis ich werde").

Auf der Handlungsebene des Romans ist Mignon, ganz abgesehen von ihren allegorischen Bedeutungen im Sinne von Mythos oder Poesie, eine Substitutionsfigur: Da sie keine positive Identität hat, nimmt sie stellvertretend eine (oder mehrere) an. In einer herzzerreißenden Szene am Ende des zweiten Buches bestimmt sie sich zum Kind Wilhelms (und ihn damit zum Vater), nach der *Hamlet*-Premiere schleicht sie in Wilhelms Zimmer, um seiner vielleicht als Geliebte genießen zu können, gegenüber Felix übernimmt sie mütterliche Aufgaben. Und sie wird immer verdrängt: Von Felix als Kind Wilhelms, von Philine als Geliebte, von Therese als Mutter. Als diese, in VIII.5, Wilhelm begrüßt: „Mein Freund! mein Geliebter! mein Gatte!" (HA 7, 544), werden alle Substitutionsrelationen Mignons gegenüber Wilhelm (ihr ▶ „Italienlied" kannte auch eine Dreiheit: Geliebter, Beschützer, Vater; vgl. HA 7, 145) gelöscht, sie „fuhr auf einmal mit der linken Hand nach dem Herzen, und indem sie den rechten Arm heftig ausstreckte, fiel sie mit einem Schrei zu Nataliens Füßen für tot nieder. [...] Das liebe Geschöpf war nicht ins Leben zurückzurufen" (HA 7, 544).

Damit ist sie Gegenbild zu Wilhelm – und zu allen Figuren, deren Geschichte der Roman erzählt, ist gleichsam die Nullstelle menschlicher Identität, deren Voraussetzungen sie *e negatione* markiert: Sie hat keinen Namen („*Sie heißen mich Mignon*": frz. für niedlich, hübsch sowie die Bezeichnung für die (Knaben-) Gespielen von Königen), keine Familie, die ihre Kindheit behütet hätte oder erinnert oder nur ihre Jahre zählte, keine stabile soziale Position (sie substituiert immer an vorübergehend leeren Positionen), selbst ihr Geschlecht scheint unklar, sie entwickelt sich wenig – ihre scheinbare Umwandlung zum Ende hin täuscht: Sie trägt keine Frauenkleider, sondern ein Engelskostüm; Engel sind auch geschlechtslos, das Kostüm wie auch ihr letztes Lied ▶ markieren an ihr einen naturhaften Verwandlungsvorgang: Ihr Körper ist Puppe, mit den Kostümflügeln nimmt sie ihre Metamorphose in den Schmetterling vorweg, ein antikes Bild für die Loslösung der Seele vom Körper im Tode. – Damit gehört sie zu den Reflexionsfiguren des Romans von Bedingungen menschlicher Identität: Wilhelms selbstmissverstehender Wunsch, „mich selbst, ganz wie ich da bin, auszubilden", gehört ebenso dazu wie die pietistische Selbstbestimmung der Stiftsdame, wie die gesellschaftlich-konventionelle Erzeugung von Identität bei schöner Gräfin und Graf, wie bei Werner, dem erfolgreichen, aber eingetrockneten Handelsmann oder etwa bei Natalie. Der Roman gibt keine Antwort darauf, was Identität sei! Vielmehr markiert er diese als *Problem:* Die Vielheit der Modelle von Identität spricht dafür.

Dass Goethe Mignon sterben lässt, ist einerseits nur konsequent: Wo, auf der Ebene der Logik des Romans, ihre Substitutionsfunktion aufgehoben ist, kann sie nur sterben; ihr Tod, insbesondere mit dem Psyche-Bild, ist ihrer gleichsam mythischen Existenz angemessen. Damit hebt der Roman aber andererseits *nicht*, wie etwa die frühromantische Lektüre des Textes behauptete, das Poetische auf: „Das Romantische geht darin zu Grunde – auch die Naturpoesie, das Wunderbare" (Novalis: *Aus den Fragmenten und Studien 1799–1800;* HA 7, 685). Mit dem Sterben einer Figur (Aurelie wäre ein anderes Beispiel) bekundet ein Roman ja nicht Einverständnis mit diesem Tod, sondern markiert nur dessen Unausweichlichkeit unter den Bedingungen der fiktiven Welt. Außerdem bleibt die Figur ja dem Roman erhalten: Er *bewahrt* in Mignon das nicht dem aufgeklärten Begriff Zuzuordnende, das sich der diskursiven Logik vernünftiger Rede verweigert oder ihr entzogen ist, das Archaisch-Mythische, meinetwegen das Poetische *auf!* Man muss nur wieder von vorne zu lesen beginnen …

Adel und Bürgertum. Der junge Offizier, in dessen Kostüm Mariane im ersten Kapitel auftritt, verweist schon auf die Sphäre des Adels, der Wilhelm begegnet, die er ‚umarmt': „mit welchem Entzücken umschlang er die rote Uniform!" (HA 7, 11). Sein Brief an Werner in V.3 macht gerade an der Differenz zwischen Adel und Bürgertum seine Bildungsabsicht *auf dem Theater* deutlich. Die Schlussszene des Romans ist geprägt von ‚Missheiraten': Der Kaufmannssohn heiratet eine Landadlige, Lothario, der Landadlige, heiratet die bürgerliche Therese.

Wilhelm entstammt dem Bürgertum, einem wohlhabenden, erwerbsorientierten Handelshause. Auf die Warnung seiner Mutter hin, der Vater missbillige seine häufigen Besuche des Theaters, stellt Wilhelm die pseudo-adlige äußerliche Repräsentationssucht des Vaters an die Seite seiner Theaterleidenschaft: Die Rokoko-Tapeten etwa kämen ihm „höchstens vor wie unser Theatervorhang" (HA 7, 12). Gegenstück ist Wilhelms Jugendfreund Werner: Schon als Kind verdiente dieser als Zwischenhändler von Stoffen und Bändern zur Ausstattung von Wilhelms Puppenspielgesellschaft (vgl. I.10); emphatisch feiert er den „Überblick", den „die Ordnung, in der wir unsere Geschäfte führen", verschaffe: „Welche Vorteile gewährt die doppelte Buchhaltung dem Kaufmanne!" (HA 7, 37). In seinem Brief, auf den Wilhelms ‚Bildungsbrief' dann antwortet, legt Werner die scharfe Differenz v. a. zu Wilhelms Vater offen: Kunstsammlung wie seidene Tapeten sind für ihn nichts als „unfruchtbare Liebhabereien": „Nur nichts Überflüssiges im Hause! nur nicht zu viel Möbeln, Gerätschaften, nur keine Kutsche und Pferde! Nichts als Geld, und dann auf eine vernünftige Weise jeden Tag getan, was dir beliebt. [...] Das ist also mein lustiges Glaubensbekenntnis" (HA 7, 287). Das ‚neue' Bürgertum Werners hat sich abgelöst aus dem alten, adlige Repräsentation nachahmenden Patrizierbürgertum; Gelderwerb, Gelddurchfluss und Utilitarismus sind seine Sache. Äußerlich schadet ihm dies scheinbar:

> Der gute Mann schien eher zurück als vorwärts gegangen zu sein. Er war viel magerer als ehemals, sein spitzes Gesicht schien feiner, seine Nase länger zu sein, seine Stirn und sein Scheitel waren von Haaren entblößt, seine Stimme hell, heftig und schreiend, und seine eingedrückte Brust, seine vorfallenden Schultern, seine farblosen Wangen ließen keinen Zweifel übrig, daß ein arbeitsamer Hypochondrist gegenwärtig sei. (HA 7, 498 f.)

Der scharfe Gegensatz zu Wilhelm, zum „Persönchen" geworden, scheint Wilhelm
Recht zu geben, sogar seinem ‚Bildungsanspruch' in V.3 – eine mindestens
ironische Brechung von Werners bürgerlicher Selbstauffassung.

Der neue Bürger aber spielt für den Reformadel eine nicht unbedeutende
Rolle. Schon in V.2 schreibt Werner von der „Hoffnung, ein großes Gut, das in
Sequestration [Zwangsverwaltung] liegt, in einer sehr fruchtbaren Gegend zu
erkaufen" (HA 7, 288). Werner kauft zwar nicht, sondern vermittelt nur das
Geschäft für Lothario (vgl. VIII.1), plant aber schon wie ein Spekulant: „Wir
wenden das Geld, das wir aus dem väterlichen Hause lösen, dazu an; ein Teil wird
geborgt, und ein Teil kann stehenbleiben" – das Haus von Wilhelms Vater wird
also zu Geld gemacht. Es könne, so führt er fort, „das Gut in einigen Jahren um
ein Drittel an Wert steigen; man verkauft es wieder, sucht ein größeres, verbessert
und handelt wieder" (ebd.). Ist der „Lehns-Hokuspokus" einmal aufgehoben, ist
der Besitz der Landadligen kapitalistischen Verkehrsformen unterworfen. – Auch
wenn Werner hier nur Makler ist: Die im Roman modellierte Allianz zwischen
Bürgertum und Reformadel nimmt auch ökonomische Gestalt an.

Überlebter Landadel. Die Welt des überlebten, gesellschaftlich dysfunktional
gewordenen Rokoko-Landadels (wie Goethe sie auch in den *Wahlverwandtschaften* präsentiert) gestaltet der Roman insbesondere im dritten Buch, als die
Theatergesellschaft im Schloss des Grafen und der schönen Gräfin unterkommt
(genauer: in einem zur halben Ruine heruntergekommenen, letztlich unbewohn-
baren Teil der Schlossanlage!). Vordergründig geht es hier um die Erarbeitung
und Inszenierung eines allegorischen Schauspiels zu Ehren eines Fürsten,
wodurch die oberflächliche, mit griechischen Göttergestalten bevölkerte und
am französischen Klassizismus eines Racine und Corneille orientierte höfische
Theaterkultur karikiert wird, in der das bürgerliche Subjekt, also Wilhelm, eigene
Ausdrucksmöglichkeiten nachdrücklich verhindert sieht. Eigentlich aber wird die
Fragwürdigkeit dieser adligen Existenz angezeigt: Offiziere stellen den jungen
Schauspielerinnen nach, ganze Tage vergehen in Vorbereitung des panegyrischen
Spiels, in Scherz, Intrige und Verkleidungsspiel (die Baronesse „liebte die Verkleidungen und kam, um die Gesellschaft zu überraschen, bald als Bauernmäd-
chen, bald als Page, bald als Jägerbursche zum Vorschein"; HA 7, 188): Mit
dramatischen Folgen! Wilhelm, von der Baronesse in des Grafen Schlafrock
gesteckt, soll die schöne Gräfin überraschen; der Graf kommt zurück, sieht ‚sich'
im Spiegel, wähnt ob dieses Omens seinen Tod nahe – und vollzieht eine radikale
Konversion, geht mit der Gräfin zu den Herrnhutern, einer vor allem pietistisch
geprägten christlichen Gemeinschaft. – Gekennzeichnet ist die Welt dieses
Rokokoadels durch die Motivik von Schein und Sein (was sie mit den Selbstmissverständnissen in Wilhelms sogenanntem Bildungsbrief in V.3 verbindet): Hier
wird nicht nur Theaterspiel vorbereitet und gespielt, vielmehr ist das gesellschaftliche Leben selbst ‚Schein', adliges Gesellschaftstheater, das nur noch Kostüm ist;
der Landadel hat in der Spätphase des Heiligen Römischen Reiches längst jede
Notwendigkeit verloren, kein Sein steckt mehr hinter dem Schein.

Reformadel. Im Gegensatz dazu repräsentiert Lothario, ein Bruder der schönen Gräfin, in der Spielzeit des Romans in den 1770er Jahren einen Reformadel, der mögliche Ursachen für eine Revolution durch ökonomische wie politisch-soziale Reformen frühzeitig beseitigt. Lotharios Reformbestrebungen sind unzweifelhaft an den Idealen der amerikanischen Verfassung (Lothario war eine Zeit in Amerika, vgl. HA 7, 431) orientiert: Unter den Bedingungen nicht mehr existierender Grundbesitzprivilegien des Erbadels bzw. des (längst dysfunktional gewordenen) Lehnswesens wird eine gemeinsame Arbeit von Unternehmer und Mitarbeitern an einem ‚Sozialprodukt‘, an dem alle teilhaben, utopisch beschworen; er plant eine Aufhebung des „Lehns-Hokuspokus" und die Umwandlung des Feudalbesitzes in Kapital, das frei verfügbar, aber eben auch steuerpflichtig sein soll, „um alle in eine lebhafte freie Tätigkeit zu versetzen, statt ihnen nur die beschränkten und beschränkenden Vorrechte zu hinterlassen, welche zu genießen wir immer die Geister unserer Vorfahren hervorrufen müssen" (HA 7, 507). Die Liebesheirat über Standesgrenzen hinweg solle grundsätzlich die Standesheirat ersetzen. Der (Reform-)Adel wird (mit Hilfe von Bürgerlichen: Werner) zum Agenten einer Gesellschaftsreform nicht von ‚ganz oben‘, vom Hof- oder Residenzadel, sondern vom Landadel aus, der hier eine neue, positive (aber letztlich bürgerliche!) Bestimmung fände. Die in Aussicht gestellten Heiraten des Schlusses sind also eben nicht Mesalliancen, sondern politisches Programm!

Turmgesellschaft. Wilhelms Weg durch die verschiedenen Theaterformen, seine Bewegung durch die Welt, wird in den ersten fünf Büchern durch eine ‚Institution‘ unmerklich begleitet und beobachtet: durch die sogenannte ‚Turmgesellschaft‘, der Schiller in seinem Brief vom 8.7.1796 an Goethe die Funktion ‚der Götter oder des regierenden Schicksals‘ der antiken Epopöe zuweist (vgl. HA 7, 640). Schon im ersten Buch (I.17) verwickelt ihn etwa ein Unbekannter in ein intensives Gespräch über die Gemäldesammlung seines Großvaters, insbesondere aber über Schicksal (mit diesem Begriff interpretiert Wilhelm seine Welt) und Zufall und Notwendigkeit, aus denen das „Gewebe dieser Welt […] gebildet" sei (so der Unbekannte; HA 7, 71). In II.9 gesellt sich wiederum ein Unbekannter, „den man an seiner Kleidung und seiner ehrwürdigen Miene wohl für einen Geistlichen hätte nehmen können" (HA 7, 119), der Kahnfahrt der improvisierend-fröhlichen Theatergesellschaft hinzu – und verwickelt Wilhelm ins Gespräch über Bildung und wiederum Schicksal und Zufall. Jarno, immerhin namentlich bekannt, empfiehlt Wilhelm auf dem Schloss des Grafen die Lektüre Shakespeares (vgl. HA 7, 179) und kritisiert, viel schärfer als jene Unbekannten, die Niederträchtigkeit von Wilhelms Gesellschaft: „Es ist schade, daß Sie mit hohlen Nüssen um hohle Nüsse spielen" (HA 7, 175). Ein Arzt überlässt Wilhelm das Manuskript der „Bekenntnisse einer schönen Seele" (vgl. HA 7, 350). Und nicht zuletzt trifft Natalie auf die überfallene Theatertruppe und den verletzten Wilhelm – und wird als die ‚schöne Amazone‘ (weil sie zufällig gegen die Kälte einen Männermantel übergelegt hatte) zum Ziel von Wilhelms Suche.

Die Turmgesellschaft ‚schwebt‘ zwar beobachtend über Wilhelms Lebensweg, hat aber keineswegs die Funktion des regierenden Schicksals. Sie gibt Impulse, mehr nicht. Die Vorbildhaftigkeit der Geheimgesellschaften des 18. Jahrhunderts, der Freimaurer und der Illuminaten, ist für die Turmgesellschaft zunächst nur von genetischem Interesse: Jarno gesteht Wilhelm, dass das Initiationstheater für ihn in VII.9 nicht mehr sei als eines der „Reliquien von einem jugendlichen Unternehmen, bei dem es anfangs den meisten Eingeweihten großer Ernst war, und über das nun alle gelegentlich nur lächeln" (HA 7, 548). Der Turm entstand also aus dem jugendlichen *Spiel* einer Art Geheimgesellschaft (vgl. Schings 2011). Charakteristisch aber ist, dass der ‚Turm', wie die Geheimgesellschaften des 18. Jahrhunderts, ein Zusammenschluss Gleichgesonnener über ständische Grenzen hinweg ist.

Der Turm hat seinen Anteil an Aufklärung insbesondere dort, wo Erziehungs- und Bildungskonzepte seine Sache sind – dies allerdings nicht mit homogener Programmatik: Natalie etwa weist Wilhelm darauf hin (VIII.3), dass sie mit den pädagogischen Maximen insbesondere des Abbé nicht einverstanden sei: „Ein Kind, ein junger Mensch, die auf ihrem eigenen Wege irregehen, [seien ihm] lieber als manche, die auf fremdem Wege recht wandeln" (HA 7, 520). Sie selbst erzieht die Mädchen ihres Bildungsinstituts anders, Jarno etwa scheint, mit seinen scharfen Verweisen, von dieser Pädagogik des hilfreichen Irrtums auch nicht viel zu halten. – Anteil an Aufklärung hat der Turm auch, wo er das Dunkle des Mythischen ins helle Licht des Wissens ziehen will: Hier werden die verworrenen Lebenswege des Harfners und Mignons aufgeklärt, ihre inzestuöse Verwandtschaft (vgl. VIII.9). Allerdings: Mignon ist bereits tot, der Harfner tötet sich im Anschlusskapitel, der Turm kann sie nicht retten, oder, anders gesagt: Das Mythische entzieht sich der vermeintlichen ‚Rettung' durch den Turm, ist durch seine Aufgeklärtheit gar nicht rettbar! Schließlich ist es ebenfalls *nicht* der Turm, der es vermöchte, die unaufgelösten Handlungsfäden am Ende des Romans zu lösen, die Beziehungsverwirrungen um Wilhelm, Therese, Lothario und Natalie: Dies bleibt der ‚unvernünftigsten' Figur aus dem Geschwisterquartett um Natalie vorbehalten, Friedrich („eine sehr lustige, leichtfertige Natur, und da man ihn nicht abgehalten hatte, in der Welt herumzufahren, so weiß ich nicht, was aus diesem losen, lockern Wesen werden soll", so Natalie; HA 7, 521). Diese doppelte Insuffizienz der Aufgeklärtheit der Turmgesellschaft lässt jede Vermutung, der Turm sei „säkulares, diesseitiges Analogon zur jenseitigen Providentia, humanes Gleichnis für den göttlichen Heilsplan" (Storz 1953, 86; vgl. Hass 1963, 141), absurd erscheinen; vielmehr ist sie „keineswegs souveräne Lenkerin des Geschehens im Roman" (Igel 2007, 619).

Autoreferentialität. Die Leitbegriffe des allerersten Gesprächs Wilhelms mit dem Unbekannten in I.17 werden zu einem viel späteren Zeitpunkt wieder aufgegriffen: Im fünften Buch diskutiert die Theatergesellschaft, anlässlich der Vorbereitung des *Hamlet,* Konzepte des Dramas und des Romans im Allgemeinen. Neben Aspekten der Retardation oder Beschleunigung von Handlung steht vor allem im Zentrum,

daß man dem Zufall im Roman gar wohl sein Spiel erlauben könne, daß er aber immer durch die Gesinnungen der Personen gelenkt und geleitet werden müsse; daß hingegen das Schicksal, das die Menschen, ohne ihr Zutun, durch unzusammenhängende äußere Umstände zu einer unvorgesehenen Katastrophe hindrängt, nur im Drama statthabe. (HA 7, 308)

Was der Erzähler hier leichthin gewissermaßen als Anmoderation zur vertieften Beschäftigung mit *Hamlet* berichtet, lässt Wilhelms Gespräch mit dem Unbekannten in ganz neuem Licht erscheinen: Wenn Wilhelm in I.17 sich, seinen Lebensgang und seine Welt unter dem Begriff des ‚Schicksals' interpretiert, missversteht er sich gewissermaßen als Helden einer Tragödie – er ist aber derjenige eines Romans: Der Unbekannte bringt den ‚Zufall' gegen das Schicksal in Stellung. Dies wiederholt sich in II.9 – und bei seiner Initiation in die Turmgesellschaft in VII.9 erkennt Wilhelm den Unbekannten aus dem ersten Buch wieder, denkt an die Gemäldesammlung seines Großvaters und überlegt: „sollten zufällige Ereignisse einen Zusammenhang haben? Und das, was wir Schicksal nennen, sollte es bloß Zufall sein?" (HA 7, 494). Die ‚Poetik' seines Lebens ist also die eines Romans.

Die *Lehrjahre* sind also nicht nur ein dramatisch-szenisch *und* episch erzählter Roman, sondern sie reflektieren Gattungspoetik von Drama und Roman (wie Goethe und Schiller gleichzeitig in „Über epische und dramatische Dichtung") und bringen Momente dieser gattungspoetologischen Reflexion ins Bewusstsein der Figuren ein – die aber diese Momente nicht als gattungspoetologische Kategorien verstehen (können). Dass hier, im literarischen Text, Bestimmungen der poetischen Gattungen reflektiert werden, ist einerseits ein Effekt der noch nicht abgeschlossenen (bei Blanckenburg 1774 erst begonnenen) poetologischen Bestimmung des Romans als Gattung. Andererseits verweist dieser Sachverhalt auf die mittlerweile erreichte Autonomie des Literatursystems selbst: Nicht von außen bekommt der literarische Text seine Poetik und ‚Funktion' zugeschrieben, sondern er verhandelt sie innerhalb seiner selbst. Literatur ist *autoreferentiell:* Sie thematisiert sich selbst innerhalb ihrer selbst; Literatur ist *autopoietisch:* Sie reflektiert, ja erzeugt innerhalb ihrer selbst die Regeln, denen sie zu folgen hat.

Diese autoreferentielle Dimension des Romans zeigt sich auch in Wilhelms *Hamlet*-Lektüre: Wenn Literatur nur aus sich selbst begründbar ist (und aus ihrer immanenten Selbstreflexion), erzwingt sie eine andersartige Lektüre: Sie sagt nicht mehr, legt nicht mehr offen, wie sie zu verstehen ist, sondern sie erheischt eine spezifische Verstehensweise, eine *literarische Hermeneutik,* wie sie gut ein Jahrzehnt nach der Veröffentlichung der *Lehrjahre* Friedrich Schleiermacher erstmals in seinen Berliner Vorlesungen zu *Hermeneutik und Kritik* theoretisch grundgelegt hat. Wilhelm Meister, bei allen ‚Fehlern' der identifikatorischen Lektüre, legt in seinem Verständnis des *Hamlet,* in seiner spezifischen Verständnisweise sowohl der Titelfigur als des dramatischen Settings nichtsdestoweniger insgesamt einen Modellfall ‚neuen' *literarischen* Textverstehens vor. Im literarischen Text der *Lehrjahre* werden nicht nur die poetologischen Bestimmungen der Gattung(en) autoreferentiell reflektiert, sondern auch diejenigen seines Verstanden-Werden-Könnens, seiner Interpretationsbedürftigkeit unter den neuen Bedingungen realisierter Autonomie des Literatursystems.

Und in einem gewissen Sinne umschließt der Roman die literarischen Gattungen insgesamt: Er ist *Theaterroman* und dramatisch-szenisch erzählt, er ist *Roman* und als solcher auch episch erzählend – und er schließt die dritte

Gattung literarischer Rede ebenso mit ein: Die Lieder Mignons und des Harfners sind *Lyrik*, und in den Figuren Mignons und des Harfners, die etwa für Novalis als Figurationen der Poesie schlechthin galten (innerhalb und gegen die prosaische Welt der Kaufleute und des Turms), reflektiert der Roman die Bedingungen für das Poetische insgesamt. In diesem Sinne ist der Roman „Universalpoesie", ohne natürlich die progressive Emphase romantischer Programmatik überhaupt erfüllen zu können oder zu wollen. Von hier aus wird Friedrich Schlegels *Fragmenten*-Notiz von 1797/98, also *vor* der analytischen Kritik im *Athenäum* I.2 (1798) nachvollziehbar: „Die Französische Revolution, Fichtes Wissenschaftslehre und Goethes ‚Meister' sind die größten Tendenzen des Zeitalters" (HA 7, 661).

Die Italienreise Goethes vom September 1786 bis zum Juni 1788 war, neben ihrer biographisch eminenten Folge einer „Wiedergeburt" des Künstlers Goethe aus der Begegnung mit der Natur Italiens und Kunst der Antike und Renaissance, der Ausgangspunkt der klassizistischen Programmatik, die bis in die gemeinsam mit Schiller oder Johann Heinrich Meyer betriebenen Projekte um 1800 ihre Wirkungen zeitigte.

Natur und Kunst, das Kunstwerk als höchstes Naturwerk. Sowohl im Hinblick auf das Studium der Natur durch die antiken Künstler als auch deren Erkenntnis der Idee formuliert der Brief vom 6. September 1787 aus dem „Zweiten Römischen Aufenthalt" die Gewissheit, „die alten Künstler [hätten] ebenso große Kenntnis der Natur und einen ebenso sichern Begriff von dem, was sich vorstellen läßt und wie es vorgestellt werden muß, gehabt als Homer" (HA 11, 395). Die Reinigung, Überhöhung der Naturnachahmung in der Darstellung der Idee führt zu Goethes aus seinem grundsätzlichen Verständnis des Menschen *als Natur* (!) resultierender Auffassung: „Diese hohen Kunstwerke sind zugleich als die höchsten Naturwerke von Menschen nach wahren und natürlichen Gesetzen hervorgebracht worden" (ebd.). Kulturgeschichte ist nicht das *Andere* der Naturgeschichte, vielmehr sind Menschheits- und Kunstgeschichte nur die *Fortsetzung*, die vorläufig *letzte Staffel* der Naturgeschichte: Es gehört zur *Natur* des Menschen, mit Handwerk und Kunst etwa Werkzeug und Skulptur zu schaffen; handwerkliche und künstlerische Schaffenskraft des Menschen sind die der Menschennatur eingeschriebene Erscheinungsweise der erzeugenden, schaffenden Kraft *aller* Natur!

Objektivität. Eine spezifische Naturerfahrung und -auffassung geht der Kunstprogrammatik voraus: Angesichts der „Wirtschaft der Seeschnecken, Patellen und Taschenkrebse" ruft das Tagebuch des Venedig-Aufenthalts vom 9. Oktober 1786 aus: „Was ist doch ein Lebendiges für ein köstliches, herrliches Ding! Wie abgemessen zu seinem Zustande, wie wahr, wie seiend!" (HA 11, 93). In gewissem Sinne sieht Goethe das Naturding mit den Augen seines (nicht nur)

italienischen Freundes Karl Philipp Moritz: das Schöne als das „in sich selbst
Vollendete" (wie dieser einen autonomieästhetischen Aufsatz von 1785 über-
titelt hatte). Nicht mehr im Innern des Herzens, wie im radikalen Genie-Konzept
der frühen 1770er Jahre, sondern in der (versuchsweise) nicht mehr subjektiv
kontaminierten Außenwelt, den selbständigen Phänomenen außerhalb des Subjekts
liegt jetzt die Welt; die Dinghaftigkeit und Konturiertheit des Phänomens, gleich
ob's eine Seeschnecke oder etwa ein Bild von Mantegna sei, das Sein der Dinge
wird abgegrenzt vom subjektiven Schein, von der bloßen Machenschaft der Einbildungskraft.

Einfache Nachahmung, Manier, Stil. Die klassizistische Konzeption zielt
aber auf die Integration des Subjektiven, Individuellen in die Schaffung von
„höchsten Naturwerke[n] nach wahren und natürlichen Gesetzen" (HA 11, 395).
In seinem im Februar 1789 in Wielands *Teutschem Merkur* veröffentlichtem Aufsatz „Einfache Nachahmung der Natur, Manier, Styl" entwirft Goethe mit den
Titelbegriffen eine hierarchische Stufenfolge verschiedener Komplexitätsgrade des
Kunstschaffens. Ersteres meint die handwerkliche Seite des Kunstschaffens, die
Grundschule gleichsam der Kunstausübung; sie orientiert sich stark an Mustern
und Regeln, an Handwerkswissen und Genauigkeit, die Übung muss mit Fleiß
betrieben werden. Die Manier hingegen ist schon persönliche Anschauungs-
weise und künstlerische Handschrift, die einen Künstler unverwechselbar macht,
ihn allerdings um den Preis des Angeschauten hervorhebt. Die höchste Stufe der
Kunstausübung ist der Stil. Er ist Synthese von Nachahmung und Manier. Er setzt
genaues Eindringen in die Natur und ihre Gesetze voraus und muss dies in tiefsten
Einklang bringen mit der subjektiven Ausdruckskraft des Künstlers:

> Wie die einfache Nachahmung auf dem ruhigen Dasein und einer liebevollen Gegenwart
> beruhet, die Manier eine Erscheinung mit einem leichten, fähigen Gemüt ergreift, so ruht
> der *Stil* auf den tiefsten Grundfesten der Erkenntnis, auf dem Wesen der Dinge, insofern
> uns erlaubt ist, es in sichtbaren und greiflichen Gestalten zu erkennen. (HA 12, 32)

Moritz: Die bildende Nachahmung des Schönen. Eine in vergleichbaren Auf-
sätzen ausformulierte *Theorie* der Autonomie der Kunst gibt es nicht aus Goethes
Feder. Die neue Auffassung von Kunst und Künstler ist allenfalls implizites
Resultat eines langen Selbstverständigungsprozesses während des italienischen
Aufenthaltes, gelegentlich in Briefen oder Notizen geäußert, praktisch sich nieder-
schlagend in dichterischen Projekten, etwa *Iphigenie, Tasso* und *Egmont.* Neben
dieser immanenten Ästhetik gibt es allerdings ein explizites Manifest dieser
Konzeption, allerdings nicht von Goethe selbst – obwohl dieser eine gewisse Mit-
urheberschaft beansprucht –, sondern von Karl Philipp Moritz. In Italien, im Frühjahr 1788, also zwei Jahre vor Kants *Kritik der Urteilskraft,* verfasste Moritz eine
Schrift, die die Autonomie, die Zweckfreiheit des Schönen postulierte: „Über die
bildende Nachahmung des Schönen" (die Goethe vollständig in den dritten Teil
der *Italienischen Reise* übernehmen wird). Die Kernpunkte dieser Auffassung
seien kurz benannt:

- Der Begriff der Mimesis wird neu bestimmt: Diese sollte nicht mechanistisch-nachahmend sein (was sowieso ein in der Renaissance grundgelegtes Miss-verständnis des aristotelischen Mimesis-Begriffs gewesen war); vielmehr sollte der Künstler der Natur als Schöpferin nachstreben, in der Gestaltung der Materialien unter seiner Hand in einen schöpferischen Wettstreit mit der Natur treten.

- Damit wird das Kunstwerk gleichsam zum symbolischen Abbild überzeitlicher Naturgesetze, nach deren Regeln es sich bewegt und gestaltet, der Künstler ist nurmehr Werkzeug einer alles durchwirkenden Natur. „Jedes schöne Ganze aus der Hand des bildenden Künstlers, ist daher im Kleinen ein Abdruck des höchsten Schönen im großen Ganzen der Natur; welche das noch *mittelbar* durch die bildende Hand des Künstlers nacherschafft, was unmittelbar nicht in ihren großen Plan gehörte" (Moritz II, 560).

- Voraussetzung der neuen klassischen Ästhetik ist allerdings genaue Natur-betrachtung und -studium (d. i. Goethes ‚neue Objektivität'!); um in seiner künstlerischen Gestaltung der Natur gerecht zu werden, sind Ausbildung menschlicher Wahrnehmungsfähigkeit und Bildungskraft unverzichtbar.

- Die Bestimmung des Schönen ist die Vollendung in sich selbst, Natur kann, wie Kunst, nicht erkannt, sondern nur hervorgebracht und empfunden werden, das Kunstwerk be- und entsteht nur um seiner selbst willen, dann erst um willen eines wie auch immer gearteten Publikums. Kunst ist *autonom*, d. h. völlig losgelöst von jeder moralischen oder erbaulichen Lehrhaftigkeit oder anderen äußeren Funktionszuschreibungen.

Symbolbegriff. Sowohl aus den Erfahrungen italienischer Natur und antiker Kunst als auch vor dem Hintergrund der Gedanken, die Moritz 1788 nieder-schreibt, entwickelte Goethe seine spezifische Auffassung des Symbols. Er beschreibt das Erkenntnisverfahren, das zum Symbol führt, als die ‚Schau des Allgemeinen im Besonderen'; insofern lässt sich sogar seine Suche nach der Urpflanze oder nach einem morphologischen Typus als symbolisches Verfahren kennzeichnen; das Symbol erscheint ihm als „die Natur der Poesie, sie spricht ein Besonderes aus, ohne ans Allgemeine zu denken oder darauf hinzuweisen, […] nicht als Traum und Schatten, sondern als lebendig-augenblickliche Offenbarung des Unerforschlichen" (vgl. *Maximen und Reflexionen*, HA 12, 471). Ausgangs-punkt ist also nicht, wie bei dem allegorischen Verfahren, eine philosophische Abstraktion, sondern die konkrete und sinnliche Anschauung etwa eines Natur-dings. In diesem ein Allgemeineres wahrzunehmen, vielmehr: zu ahnen, schafft für den Künstler die Voraussetzung, ein (literarisches) Bild zu schaffen, in dem das Besondere der Erscheinung mit dem Allgemeinen der Idee als identische zusammenfallen. Entsprechungen zu dieser Auffassung des Symbolischen finden sich etwa sehr deutlich dort, wo Goethe bei der Wiederaufnahme der Arbeit am *Faust* (um 1800) den Einzelnen als Repräsentanten der Gattung Mensch modelliert: „Des Menschen Kraft, im Dichter offenbart" (v. 157), „Und was der ganzen Menschheit zugeteilt ist / Will ich in meinem innern Selbst genießen" (v. 1770 f.).

Propyläen. *Das* programmatische Zentralorgan des Weimarer Klassizismus waren ohne Zweifel die *Horen* Schillers, 1795 mit hohem, ja elitären Anspruch gestartet, um schon nach drei Jahrgängen (der letzte enthielt kaum mehr etwas, was den klassizistischen ästhetischen Ansprüchen Genüge tun konnte) als ehrgeizigstes Publikationsunternehmen des Projektes „Weimarer Klassizismus" zu scheitern. Schillers *Musenalmanach* (1796–1800) griff mindestens mit dem Xenienalmanach (s. o. III.6.3) in die als „Fehde" aufgefasste ästhetische Auseinandersetzung ein, ohne jedoch programmatisch sein zu wollen.

Goethe wollte schon unmittelbar nach dem Italienaufenthalt im Verein mit einigen Kunstfreunden wie etwa Johann Heinrich Meyer ein großes enzyklopädisches Werk über Italien und seine Kunst veranlassen, brachte schon im Winter 1788/89 kleine Aufsätze in Wielands *Teutschem Merkur* unter – das Ganze aber kam über einige verstreute Veröffentlichungen nicht hinaus. Noch zeitgleich mit Schillers *Horen* wurden schließlich die Materialien aus Italien, Zeichnungen, Entwürfe, die verstreuten kleineren Aufsätze und Ausführungen, unter Mitwirkung Meyers zu einem Projekt vereinigt, das als repräsentativ für das gesamte Projekt des Goetheschen Klassizismus angesehen werden darf: Eine Zeitschrift sollte entstehen unter dem Titel *Propyläen*.

Der griechische Begriff ‚Propyläen' bezeichnete ursprünglich die Toranlage der Akropolis, durch welche man zu Tempeln und Heiligtümern gelangte. Allein diese Namenswahl zeigt die Anlehnung an die Erfahrung antiker Kunst. Der Name *Propyläen* aber ist in noch viel komplexerer Weise ästhetisches Programm und Konzept, wie der Beginn der *Einleitung in die Propyläen* deutlich macht: „Der Jüngling, wenn Natur und Kunst ihn anziehen, glaubt mit einem lebhaften Streben bald in das innerste Heiligtum zu dringen; der Mann bemerkt, nach langem Umherwandeln, daß er sich noch immer in den Vorhöfen befinde" (HA 12, 38). Mit Hilfe der Tempel-Metapher wird hier die neue Kunstauffassung vorgeführt. Der Name der Vorhalle der griechischen Tempelanlage, *Propyläen,* weist der Kunst den Ort des innersten Heiligtums zu – mit der Selbsteinschränkung allerdings, dass die Zeitschrift mit ebendiesem Namen sich lediglich auf den Bereich des *profanum* außerhalb des Allerheiligsten beschränken könne. So wird der Kunst die Position und Macht zugeschrieben, die vordem einzig das Religiöse innehatte, und erbt von dieser den Anspruch auf das Dauerhaft-Wahre, das Verbindliche und Vorbildliche, auf die Wahrheit als Weltdeutungsmuster. Goethes Klassizismus definiert sich also als Kunst-Religion – mit deutlichsten Konsequenzen für den Künstler, als Schöpfer des Allerheiligsten, für das Kunstwerk, sowohl in stilistisch-formaler Hinsicht als auch im Blick auf dessen neuen Absolutheitsanspruch als Autonomes, und für den Rezipienten, in Hinsicht auf die tendenziell notwendige Auratisierung des Kunstwerks.

Klassizistische Programmschrift. Die *Einleitung in die Propyläen* ist in gewissem Sinne normative Programmschrift des Goetheschen Klassizismus. Der Vorbildcharakter der antiken Kunst wird betont, entgegen der scheinbar regellosen Ästhetik, die etwa die Shakespearestagsrede artikulierte, werden regelhafte

Kriterien ans Kunstwerk angelegt: Maß, Ordnung, Symmetrie und Proportionalität der einzelnen Bestandteile, formale Harmonie also sowie Anmut und Gleichmaß, Ruhe und Lebendigkeit – das Kunstwerk ahme nach, „was sich als ein schönes ungetrenntes Ganze in lebendigen Wellen vor unserm Auge bewegt" (HA 12, 43). In konsequenter Fortsetzung des in Italien zusammen mit Moritz neu ausgearbeiteten Nachahmungs-Gedankens wird der notwendige Umgang des Künstlers mit Natur – und die umfasst die physische Natur, den Mythos und die Geschichte gleichermaßen – hervorgehoben: Er verlangt,

> daß ein Künstler sowohl in die Tiefe der Gegenstände als in die Tiefe seines eignen Gemüts zu dringen vermag, um in seinen Werken nicht bloß etwas leicht und oberflächlich Wirkendes, sondern, wetteifernd mit der Natur, etwas Geistig-Organisches hervorzubringen und seinem Kunstwerk einen solchen Gehalt, eine solche Form zu geben, wodurch es natürlich zugleich und übernatürlich erscheint. (HA 12, 42)

‚Nachahmung der Natur' heißt also zunächst, die bloße Natur-Erscheinung im künstlerischen Werk zu transzendieren. Praktisch heißt das, über den bloßen nachgeahmten physischen Schein hinaus das Wesenhafte, den dem Naturding innewohnenden ‚übernatürlichen' Gehalt zur Darstellung zu bringen, was die ‚Reinigung' des Naturdings vom Zufälligen und Individuellen bedingt. Gleichzeitig aber wird Nachahmung produktionsästhetisch begriffen: Nicht der Gegenstand aus Natur, Mythos oder Geschichte soll primär nachgeahmt werden, sondern der Schöpfungsprozess der Natur selbst. Wir können „beim Kunstgebrauche nur dann mit der Natur wetteifern [...], wenn wir die Art, wie sie bei Bildung ihrer Werke verfährt, ihr wenigstens einigermaßen abgelernt haben" (HA 12, 44). Die Annahme eines Bildungsgesetzes für die gesamte Natur bildet den Ausgangspunkt der neuen Nachahmungslehre – die naturwissenschaftlichen Projekte Goethes können hier auch als Unterfütterung einer ästhetisch-produktiven Leitidee verstanden werden. Sie exemplifizieren (etwa im Konzept der ‚Metamorphose') das Selbstschöpfungsmodell der Naturdinge, dem die Kunst sich anzugleichen habe; der Künstler bliebe mithin, auch und gerade in der Nachahmung, ein ‚zweiter Schöpfer'.

Künstlerisch-didaktisches Projekt. Die *Propyläen* sollten in lockerem Abstand als Hefte erscheinen.

- Naturwissenschaftliche Aufsätze sollten auf die Frage ausgerichtet sein, was den bildenden Künstler in seiner Praxis fördern könne, was ihm hilfreich und anwendbar wäre: die Kenntnis der menschlichen Anatomie beispielsweise als Voraussetzung für die Verfertigung einer Skulptur. Die Zeitschrift sollte der (natürlich klassizistisch geprägten) ästhetisch-praktischen Erziehung vor allem bildender Künstler dienen.
- Geschichtliche oder gar kunsttheoretische Betrachtungen als Hilfsmittel der schöpferischen Tätigkeit sollten ebenfalls Gegenstände der Veröffentlichung sein. Maßstab aller Aufsätze in den *Propyläen* sollten Kunst und ‚Volksleben' des antiken Griechenlands sein. Die kunsthistorisch-betrachtenden Arbeiten J.H. Meyers stellen implizit auch eine harsche Kritik der zeitgenössischen

Zustände dar, indem sie die Kunst für die Griechen als gleichsam ‚öffentliches
Bedürfnis' definieren: Der Ort der Kunst auf Plätzen und in Tempeln allein
spreche schon hierfür – Kunst und Leben stünden dort in einem einzigen Voll-
zugszusammenhang. Die bürgerliche Gegenwart jedoch beschneide gerade
diese öffentliche Wirkungsfunktion von Kunst, „[w]ir haben unsere Existenz
aus dem großen öffentlichen Leben meistens in beschränkte, häusliche Verhältnisse zurückgezogen, alles um uns her ist mehr zum Privateigenthum, ist enger,
kleiner, getheilter, unbedeutender geworden" (Meyer: *Lehranstalten;* Propyläen
II.2 (1799), 13; n. d. Nachdruck 1965, 551).

Das Ziel, in den *Propyläen* eine große Menge verschiedenster Gegenstände
der bildenden Künste zu verhandeln, erwies sich als nicht erreichbar: Die
Arbeit an den zur Veröffentlichung vorzubereitenden Aufsätzen blieb praktisch
ausschließlich auf den Schultern Goethes und Meyers lasten, Schiller oder
Wilhelm von Humboldt etwa konnten nur für kleinste Aufträge gewonnen werden.
Darüber hinaus stieß die Absicht der Zeitschrift, anhand der Kunst des antiken
Griechenlands einen Kanon verbindlicher Regeln für die Verfertigung von Kunst-
werken aufzustellen, auf einiges Befremden in der ohnehin kleinen Leserschaft.
Die Zeitschrift erschien nur zwei Jahre hindurch, von 1798 bis 1800, drei Bände
zu jeweils zwei Stücken.

Weimarische Preisaufgaben. Im zeitlichen und konzeptionellen Kontext der
Propyläen machten Goethe und sein Kunstfreund Johann Heinrich Meyer den Versuch, durch Preisausschreiben und anschließende Ausstellungen der eingesandten
Werke eine ganz praktische Kunsterziehung im Sinne einer klassizistischen
Ästhetik zu betreiben. 1799 fand der Wettbewerb erstmals statt, Goethe verfasste für die *Propyläen* die Ankündigung, ein Motiv aus Homers *Ilias* sollte
bildnerisch gestaltet werden. Bis zur letzten Ausschreibung 1805 bestanden die
Ankündigungen Goethes stets aus einer Vorstellung des Themas, im Nachhinein
wurden jeweils Bewertung und schriftliche Schilderung der eingesandten Werke
veröffentlicht. Insgesamt musste Goethe feststellen, dass v. a. in der jüngeren
Künstlergeneration die eigenen, klassizistischen Überzeugungen keinen Widerhall
fanden.

An der ersten Aufgabe hatten nur acht mittelmäßige Künstler teilgenommen,
1800 sollte mit der Wahl des Gegenstandes eine größere Zahl Künstler
angeworben werden. Goethe und Meyer stellten ein sentimentales und ein
heroisch-leidenschaftliches (also tragisches) Sujet zur Auswahl: den *Abschied
Hektors von Andromache* und den *Tod des Rhesus.* Man kommentierte in der Ausschreibung folgendermaßen:

> Der erste Gegenstand fordert zartes Gefühl und Innigkeit des Gemüths; der Künstler muß
> aus dem Herzen arbeiten, wenn er ihn gut behandeln, zum Herzen dringen und Beyfall
> verdienen will. / Das Zweyte ist von ganz entgegen gesetztem Charakter. Ein verwegnes
> Unternehmen zweyer Helden, ihre Kraft, Kühnheit, Vorsicht, sollen dargestellt werden.
> (*Propyläen* III.1 (1800), 167f., n. d. Nachdruck 1965, 879 f.)

In theoretischen *Propyläen*-Beiträgen hatten Meyer und Goethe diskutiert, in welchem Maße und wie das Leidenschaftlich-Gewaltsame Gegenstand der Kunst werden könne (sie gehen also über Winckelmanns Forderung nach ‚edler Einfalt und stille Größe‘ deutlich hinaus; vgl. Johann Joachim Winckelmann: *Gedanken über die Nachahmung der Griechischen Werke in der Malerey und Bildhauerkunst* 1755, 21). Die Artifizialität des Kunstwerks, die künstlerische Behandlung müsse dem gewaltigen Affekt, den es darstelle, die Waage halten (Goethe: „Über Laokoon", Meyer: „Über die Gegenstände der bildenden Kunst"). Die Darstellung „heroisch-pathetischer Gegenstände" wurde grundsätzlich als „eine besondere künstlerische Herausforderung" eingeschätzt (Dönike 2005, 252).

Bei aller theoretischen Anstrengung der Veranstalter blieb eine Breitenwirkung der Preisaufgaben aus. Das Feld der Teilnehmer war immer klein: Neben den „Romantikern" Friedrich Otto Runge und Caspar David Friedrich gehörten etwa auch der Nazarener Peter Cornelius oder der Leipziger Porträtmaler Veit Hanns Schnorr von Carolsfeld dazu. Dass beim vorletzten Wettbewerb 1804 gar kein Preis vergeben wurde, dass beim letzten Caspar David Friedrich mit zwei eingereichten Landschaften („Wallfahrt bei Sonnenuntergang" und „Herbstabend am See") die Hälfte des Preisgeldes und die Präsentation in der Weimarer Kunstausstellung gewann, bedeutete für den jungen Romantiker gewiss einen großen Erfolg. Für die Preisaufgaben war es ein Offenbarungseid: Friedrichs eingereichte Landschaften hatten nichts mit den Sujets der eigentlichen Preisaufgabe zu tun.

Wie die *Horen,* wie die *Propyläen* scheiterte auch dieses Vorhaben einer praktischen Kunsterziehung im Sinne der eigenen klassizistischen Ästhetik. Die klassizistischen Überzeugungen der Weimarer fanden nirgends Widerhall. Zugespitzter gesagt: Der Weimarer Klassizismus war radikal isoliert, schon der „Xenien"-Streit machte das deutlich. Mit Schillers Tod im Mai 1805 war das Projekt endgültig beerdigt.

Teil III
Die späten Werke (1806–1832)

Zwei gravierende Einschnitte markieren den Übergang zu Goethes Spätwerk: Der Tod Schillers am 9. Mai 1805 bedeutete ohne Zweifel das Ende des klassizistisch-programmatischen Projekts. Die Niederlage der Preußen gegen die Truppen Napoleons 1806 besiegelte den endgültigen Niedergang des Heiligen Römischen Reiches deutscher Nation: Ein tiefer historischer Einschnitt, der für den fast 60jährigen Goethe das bisherige eigene Leben selbst historisch werden ließ.

Nach der Italienreise von den früheren Ministertätigkeiten befreit, führte Goethe einerseits das Weimarer Theater bis 1817 weiter, von 1809 an leitete er mit Christian Gottlob von Voigt die Anstalten für Wissenschaft und Kunst im Herzogtum (zu denen etwa auch die Universität Jena gehörte).

Gewissermaßen beherrscht wurden die letzten knapp drei Lebensjahrzehnte Goethes einerseits durch die Tode um ihn herum, andererseits durch die persönlichen Kontakte und Weimarbesuche bedeutender Persönlichkeiten der Zeit sowie durch einen nahezu ungeheuerlichen Briefwechsel. Er traf 1808 zweimal, dann 1813 noch einmal Napoleon, 1810 die österreichische Kaiserin Maria Ludovica, 1811 und 1818 den Zaren Alexander in Weimar, die Zarin Ende Januar 1814, 1818 Schopenhauer und das Ehepaar Hegel, 1824 Heinrich Heine, 1825 gab der kleine Felix Mendelssohn ein Konzert am Frauenplan, Ludwig I. von Bayern erschien zu Goethes Geburtstag 1827, die preußischen Prinzessinnen und Kronprinz Wilhelm von Preußen waren 1828 in Weimar, Alexander von Humboldt und Clara Wieck 1831 – um nur Einige zu nennen. Am 10. April 1807 starb Anna Amalia, am 20. Januar 1813 Wieland, 1815 erkrankte Goethes Frau Christiane schwer und starb am 6. Juni 1816, am 6. Januar 1827 Charlotte v. Stein, am 14. Juni 1828 der Herzog Carl August, dessen Frau Louise am 14. Februar 1830 und Goethes Sohn August am 26. Oktober 1830.

Und er arbeitete am eigenen Denkmal: Zwischen 1806 und 1832 veranstaltete er drei große Werkausgaben: Goethe's Werke, 1806–1810, Goethe's Werke, 1815–1819; ab 1822 bereitete er die „Ausgabe letzter Hand" vor, deren erste 40 Bände 1827–1830 erschienen, aus dem Nachlass erschienen 1833–1835 dann die Bände 41–55. 1827–1829 gab er seinen Briefwechsel mit Schiller (in sechs Bänden) gesondert heraus.

Goethe starb am 22. März 1832.

Lyrik

11.1 ▸ „Sonette"

In einem Manuskript zu den *Tag- und Jahresheften* auf das Jahr 1807 findet sich die folgende Notiz:

> Es war das erste Mal seit Schillers Tode, daß ich ruhig gesellige Freuden in Jena genoß; die Freundlichkeit der Gegenwärtigen erregte die Sehnsucht nach dem Abgeschiedenen, und der aufs neue empfundene Verlust forderte Ersatz. Gewohnheit, Neigung, Freundschaft steigerten sich zu Liebe und Leidenschaft, die, wie alles Absolute, was in die bedingte Welt tritt, vielen verderblich zu werden drohte. In solchen Epochen jedoch erscheint die Dichtkunst erhöhend und mildernd, die Forderung des Herzens erhöhend, gewaltsame Befriedung mildernd. (HA 1, 675)

Der gesellige Zirkel, von dem hier die Rede ist, traf sich im Hause des Jenaer Verlegers Frommann: Der Romantiker Zacharias Werner und Goethes Mitarbeiter Riemer waren dabei – und nicht zuletzt Frommanns Adoptivtochter Wilhelmine (Minchen) Herzlieb (1789–1865). Werner und Riemer trugen eigene und fremde Sonette vor, von beiden ist ein Scharaden-Sonett (also ein Worträtselspiel um den Namen Herzlieb) auf Minchen überliefert (vgl. MA 9, 1085 f.). Was Goethe in der (oben zitierten, aber für den Druck warum auch immer unterdrückten) Passage für die *Tag- und Jahreshefte* 1807 über die Steigerung von Freundschaft zu Liebe und Leidenschaft notierte, betraf wohl den ganzen Frommannschen Kreis – und die mäßigende Wirkung der Dichtkunst (auf alle!) wird dann zum Schlussthema von Goethes eigenem Sonettenzyklus (vor seiner Scharade in Sonett XVII).

Entstehung. Wie die *Römischen Elegien* entstanden auch die „Sonette" kurz nach einem entscheidenden biographischen Einschnitt: dort die Italienreise, hier der Tod Schillers. Sie entstanden zwischen Anfang Dezember 1807 und Sommer

Ergänzende Information Die elektronische Version dieses Kapitels enthält Zusatzmaterial, auf das über folgenden Link zugegriffen werden kann https://doi.org/10.1007/978-3-476-05903-1_11.

1808, am 22. Juni 1808 sandte Goethe die Sonette I–VI an den Freund Zelter, las dann immer wieder daraus vor, erst in der Werkausgabe 1815 wurden die Sonette I–XV veröffentlicht, die beiden letzten wurden aus Diskretionsgründen bis ins Jahr 1827 zurückgehalten: Sie haben (scheinbar) allzu große biographische Eindeutigkeit und Nähe.

Rahmung und Binnenstruktur. Der Zyklus der Sonette (HA 1, 294–303) hat eine strenge Aufteilung: Gedicht I und XVII bilden einen Rahmen aus allegorischem Prolog und rätselspielerischem Epilog; die Sonette II bis XVI sind in fünf Dreiergruppen gegliedert, die je einen engen Zusammenhalt besitzen:

- **1. Gruppe: Sonette II–IV.** In seiner ersten Gruppe entwirft der Zyklus die fiktive Beziehung zwischen dem Dichter und einer Frau. Der Begegnung folgt sogleich die Entfernung, dichterisch motiviert, da sie das Dichten ermöglicht; die Entfernung der Geliebten lässt den Dichter sich als Troubadour, die Frau als Herrin stilisieren; die Reaktion der Geliebten erfasst die eingetretene Differenz zwischen Mann und Dichter, ist einmal das Gedicht zwischen die Liebenden getreten. – Im Sonett II, „Freundliches Begegnen", berichtet ein lyrisches Ich von sich als Wanderer, der einer Frau begegnet: „Ein Mädchen kam, ein Himmel anzuschauen, / So musterhaft wie jene lieben Frauen / Der Dichterwelt" (II, 2–4; HA 1, 294). Die wandernde Frau der fiktiven Begegnung entspricht dem Kunstideal einer Frau. Der Sprechende jedoch, im ersten Terzett, wendet sich schroff ab – und folgt, im zweiten Terzett, ihr doch: Die Liebesumarmung beschließt das Sonett. – Im dritten Sonett („Kurz und gut") nimmt der Mann die Annäherung wieder zurück: „Darum versuch' ich's gleich am heut'gen Tage / Und nahe nicht dem vielgewohnten Schönen" (III, 3 f.). Die Entbehrung jedoch wird absichtsvoll herbeigeführt, damit Klage geführt werden kann über die Trennung: Klage „in liebevollen, traurig heitern Tönen" (III, 8). Künstlich wird also erzeugt, was als Topos der Liebeslyrik oft zugrunde liegt, was hier den Entstehungsgrund bildet für Dichtung. Die Geliebte bleibt dann nicht, was sie war, sie wird zur Adressatin des sehnsuchtsvollen Liedes: „Ich dächt', im ersten Feuer / Wir eilten hin, es vor ihr selbst zu singen" (III, 13 f.). Aus der Liebesbeziehung ist schon hier eine zwischen Dichter und ‚Publikum' geworden. – Sonett IV lässt hierauf die Frau reagieren: „Das Mädchen spricht". Sie setzt die Umwandlung der unmittelbaren Liebe in Dichtung ins Bild des kalten Marmorbildes um – das der Geliebte ja auch geworden ist, „sie konfrontiert ihn mit dem Monument seines Ruhms" (Kaiser 1982, 63): „Du siehst so ernst, Geliebter! Deinem Bilde / Von Marmor hier möcht' ich dich wohl vergleichen" (IV, 1 f.). Die Frau, ratlos, wen sie nun lieben soll, den leibhaftigen Dichter, den sie nicht sieht, oder den, den sie in seinem Lied als Marmorbild imaginiert, versucht, beide gegeneinander auszuspielen: Sie will den Marmor küssen, um den Dichter auf sein steinernes Ebenbild eifersüchtig zu machen. Hinter diesem koketten Spiel steckt schon die Reflexion auf die unterschiedlichen Rezeptions- und Zuwendungsweisen, die Werk und Dichter – zumal im Falle Goethes – zeitlebens erfahren haben, wie hier das intimste Publikum vorführt.

- **2. Gruppe: Sonette V–VII.** Die zweite Dreiergruppe inszeniert die stärkere Distanzierung von der Frau mit Hilfe unterschiedlicher poetischer Strategien. Das fünfte Sonett („Wachstum") imaginiert die geliebte Frau in verschiedenen Erscheinungsweisen – die je unterschiedliche Beziehungen des Sprechenden zu ihr implizieren. „Als kleines, art'ges Kind" (V, 1) erscheint die Frau als Tochter, sodann als Schwester, „als du anfingst in die Welt zu schauen" (V, 5), zuletzt jedoch als Herrin: „Doch ach! nun muß ich dich als Fürstin denken" (V, 12). Gemeinsam ist allen diesen Rollenimaginationen, dass die Frau niemals Partnerin in erotischer Liebe sein kann, die biographische Fiktion umschreibt den Unnahbarkeitstopos. Die Entfernung, die Sonett III vollzog, wird hier fiktional begründet, die willentliche Distanzierung zur familialen oder gesellschaftlichen Objektivität stilisiert, so dass die Beziehung aufs äußerste reduziert wird: „Ich beuge mich vor deinem Blick, dem flücht'gen" (V, 14). – Sonett VI („Reisezehrung") nimmt das Blickmotiv des vorigen mehrfach wieder auf: Die „Blicke" der Geliebten als einziger Gunstbeweis umrahmen die Quartette – und stellen für den Sprecher einziges „Unentbehrlich's" dar (VI, 14). So gegen weltlich-leibliche Notdurft gesichert, wird die eingangs inszenierte Selbstentfernung verstärkt: Der Dichter begibt sich auf die Reise, das Motiv der Distanzierung bzw. Selbstentfernung von der Geliebten wird ausgebaut. Im „Abschied" (VII) wird diese Bildebene fortgeführt. Imaginiert wird in den Quartetten tatsächlich die Entfernung des Reisenden zu Schiff von einem Ufer, nach dem trauervollen Abschied von der Geliebten. „Und endlich, als das Meer den Blick umgrenzte" (VII, 9), findet der Dichter in seinem Herzen die Geliebte wieder: Die Entfernung wird imaginativ kompensiert: „Da war es gleich, als ob der Himmel glänze; / Mir schien, als wäre nichts mir, nichts entgangen, / Als hätt' ich alles, was ich je genossen" (VII, 12–14).
- **3. Gruppe: Sonette VIII–X.** Die Sonette der nächsten Dreiergruppe sind Briefe des Mädchens an den entfernten Geliebten, die versuchen, die Trennung zu überbrücken. Die Briefe aber stellen den vergeblichen Versuch dar, den Wunsch nach Unmittelbarkeit der Liebe zu artikulieren, das Unsagbare, Nicht-Sprachliche der unmittelbaren Zuwendung als Erinnerung und als Gegenwärtigkeitsfiktion sprachlich umzusetzen. Allen drei Sonetten gemeinsam ist die sich steigernde Mitteilungslosigkeit, die Vergeblichkeit der sprachlichen Bemühung, der paradoxe Versuch, Unmittelbares in Mittelbares, in Sprache zu übersetzen. Der erste Brief, der tränenvoll des Blickes, des Kusses des Geliebten gedenkt, fasst sich auf als „Lispeln dieses Liebewehens" (VIII, 12), also als sprachliche Äußerung schon an der Grenze zur Unverständlichkeit. Im zweiten Brief artikuliert das Mädchen die Mitteilungslosigkeit ihres Briefes explizit: „Denn eigentlich hab' ich dir nichts zu sagen" (IX, 3); ebenso das Unbehagen an dessen Mittelbarkeit: „Warum ich wieder zum Papier mich wende?" (IX, 1). Was sie brieflich zu übermitteln wünscht, ist einerseits Metapher für die Unmittelbarkeit der Liebe: „Mein ungeteiltes Herz hinübertragen" (IX, 6), andererseits aber Erinnerung an die erlebte sprachlose Unmittelbarkeit: „So stand ich einst vor dir, dich anzuschauen, / Und sagte nichts. Was hätt' ich sagen sollen? / Mein ganzes Wesen war in sich voll-

endet" (IX, 12–14). Der dritte Brief steigert nochmal: Das Mädchen imaginiert die Antwort des Geliebten, die Beschriftung eines von ihr gesandten ‚weißen Blatts' (X, 1). Sprachlosigkeit und Mitteilungslosigkeit ihrerseits werden also radikalisiert, die imaginierte Antwort des Mannes aber schmeckt schal nach Konvention: „Lieb Kind! Mein artig Herz! Mein einzig Wesen!" (X, 9). Die Frau jedoch liest (X, 12) im „süße[n] Wort" (X, 10) des Mannes wie auch in seinem unartikulierten „Lispeln" (X, 12) paradoxerweise die Erfüllung ihres Wunsches nach Unmittelbarkeit: „Womit du liebend meine Seele fülltest" (X, 13).

- **4. Gruppe: Sonette XI–XIII.** Die nächste Dreiergruppe gehört wieder ganz dem Dichter – und enthält sogar einen Brief an die Frau, der allerdings ganz anders ausfällt als gewünscht, nicht einmal eine Antwort ist. Zunächst aber führt Sonett XI („Nemesis") Klage über die ‚Krankheit', die den Mann befallen hat. Von Epidemien und der abgeschmackten Mode verliebter Reimebosselei verschont, gesteht er in den Terzetten, erfasst zu sein von einer Krankheit: „Sonettenwut und Raserei der Liebe" quälten ihn wie die „Erinnen" den Orest (XI, 10). Sonettenwut ist Liebe, Liebe ist Sonettenwut, die erotische Raserei ist die dichterische. Die Briefe des Mädchens blieben sprachlos beim Versuch, Unmittelbarkeit herzustellen, der Dichter dagegen produziert bewusst poetische Mittelbarkeit, die ihm der Liebe gleichwertig erscheint: Abwesenheit der Geliebten und deswegen notwendige Mittelbarkeit sind Voraussetzung des Liebesgedichts, des Sonetts. – Das mit „Christgeschenk" überschriebene Sonett XII, ein Brief an die Geliebte, ist alles andere als die erwünschte Unmittelbarkeit. Vielmehr rechnet sich das Sonett zu den „gar mannigfalt geformte[n] Süßigkeiten" (XII, 2), ist in den Quartetten rokokohafte Spielerei „mit süßem Redewenden" (XII, 5). Dem Süßen des Zuckerwerks jedoch wird in den Terzetten ein anderes Süßes beigestellt: Es wird Metapher für Unsagbares, Unmittelbares, „das vom Innern / Zum Innern spricht" (XII, 9 f.), das über die Ferne hinweg Nähe herstellt. Das „[p]oetisch Zuckerbrot" (XII, 6) fällt allerdings weniger emphatisch aus als die Liebende es wünscht: Es ist nur „freundliches Erinnern" (XII, 12). – Auch Sonett XIII („Warnung") ist ein ebenso kokettes wie poetisches Spiel. Der Dichter klagt um seine unnützen Worte, „wenn diese bloß an deinem Ohr verhallen?" (XIII, 8). Allerdings ist er ja derjenige, der die fiktive Distanzierung schaffte, der verantwortlich ist für die Worte, die gemacht werden müssen – die Klage wird so als Spiel entlarvbar. Gleichzeitig aber sind die Worte des Dichters tatsächlich unnütz, sie haben kein Publikum: „‚wenn diese bloß an deinem Ohr verhallen' – mit einer kleinen Betonungsverschiebung wird der Ruf nach Liebeserhörung zum Ruf nach einem weiteren Publikum, wie es dem Dichterwort gebührt und wie es das Dichterwort auszeichnet" (Kaiser 1982, 71).

- **5. Gruppe: Sonette XIV–XVI.** Das poetische Spiel mit Sonetten als koketten und künstlichen Liebesgeschenken wird in der letzten Dreiergruppe (XIV–XVI) einer Diskussion unterzogen. In zwei Dialogsonetten wird das Sonett als starrste lyrische Form kritisiert, es sei unangemessen dem Gegenstand der Liebe. „Die Zweifelnden", Sprecher der Quartette und des ersten Terzetts von XIV, vertreten die Position des Mädchens. Die Unmittelbarkeit der Liebe wird erneut gegen die Mittelbarkeit des Dichtens gesetzt. „Des Herzens Fülle" (XIV, 5) suche eher den Ausdruck des unmittelbaren, wortlosen Austauschs in „Nacht und Stille" (XIV, 8), oder den expressiv-gewaltsam-naturhaften: „Stürmen gleich durch alle Saiten fahren" (XIV, 7). Die Vergeblichkeit der dichterischen Bemühung wird ins Bild des Sisyphus gekleidet (vgl. XIV, 10 f.). – Die „Liebenden", die Sonettisten, antworten im letzten Terzett: Die starre Form des Sonetts könne einzig durch die Kraft des „Liebesfeuers" (XIV, 14) ‚freudig aufgeschmolzen' werden (vgl. XIV, 13). – XV ist wieder Dialog, die Quartette gehören dem Mädchen, die Terzette dem Dichter. Wieder zweifelt sie am „Ernst verschränkter Zeilen" (XV, 1), an der Wahrhaftigkeitsbeziehung zwischen Empfindung und Gedicht. Gleichzeitig deutet sie das dichterische Wort als Kompensation emotionaler Anteilnahme: Der Dichter wisse „seine Wunden […] auszukühlen, / Mit einem Zauberwort die tiefsten auszuheilen" (XV, 7 f.) – das alles aber zur Unterhaltung eines Publikums: „um nicht zu langeweilen" (XV, 5). – Die Antwort des Dichters weicht aus: Im Bild des „Feuerwerkers" [Sprengmeisters] (XV, 9) malt er die Gefahr, er könne der Macht seiner poetischen Imaginationen anheimfallen wie jener sich selbst in die Luft sprengt. – Machtvoll gebietet der Dichter der Diskussion Einhalt. Schon der Titel des nächsten Sonetts markiert dies: „Epoche" (gr. ‚anhalten, festhalten'). Angehalten wird die Diskussion übers Sonett; festgehalten wird an der Tradition, auf die Sonett XVI explizit verweist: „Mit Flammenschrift war innigst eingeschrieben / Petrarcas Brust vor allen andern Tagen / *Karfreitag*. Eben so, ich darf's wohl sagen, / Ist mir *Advent* von Achtzehnhundertsieben" (XVI, 1–4). Die Sonette Petrarcas heiligen die Tradition des Genres. Petrarca sang, „leider unbelohnt und gar zu traurig" (XVI, 10), über und an die endgültig ferne Geliebte. Dem Dichter hier jedoch wird gerade im Gedicht, im Sonett, die Liebe festgehalten. Die Initiationsdaten der Sonettenzyklen werden metaphorisch: bei Petrarca „ewiger Karfreitag" (XVI, 11), der ‚Advent 1807' wird „ew'ger Maitag" (XVI, 14) – die kirchlichen Feiertage heiligen die Liebe. Für den modernen Dichter jedoch stellt das Liebessonett die Ankunft der ‚Herrin', die mit dem Einzug in Jerusalem an Palmarum verglichen wird, in alle Ewigkeit fest (vgl. Matuschek 1998).

Die fünf Gruppen aus je drei Sonetten gestalten also die fiktive Beziehung eines schon älteren Mannes, der sich schnell als Dichter herausstellt, zu einer Frau. Zunächst wird die Begegnung zwischen beiden dargestellt, Nähe und Distanzierung als Motive werden auf den Weg gebracht; die Selbstdistanzierung wird räumlich umgesetzt in der Reise; die Briefe des Mädchens wollen Unmittelbarkeit der Liebe, worauf der Dichter antwortet, indem er die Liebe in Poesie umwandelt; schließlich, gegen den Einspruch des Mädchens gegen die Mittelbarkeit des Sonetts, behauptet der Dichter, rückverweisend auf die Genre-Tradition, die zur Poesie gemachte Liebe als im Kunstwerk gleichermaßen heilig und ewig.

Rahmen I: „Mächtiges Überraschen". Um diese fünfzehn Gedichte bilden
die Sonette I und XVII einen Rahmen. Dieser bekommt, vor allem im Zusammenhang mit dem Zentrum des Zyklus, den Briefen des Mädchens, ganz besondere
Bedeutung. Das erste Sonett gestaltet als Prolog die fiktive Begebenheit des
Zyklus in einer großangelegten Allegorie:

> Ein Strom entrauscht umwölkten Felsensaale
> Dem Ozean sich eilig zu verbinden;
> Was auch sich spiegeln mag von Grund zu Gründen,
> Er wandelt unaufhaltsam fort zu Tale.
>
> Dämonisch aber stürzt mit einem Male –
> Ihr folgen Berg und Wald in Wirbelwinden –
> sich Oreas, Behagen dort zu finden,
> Und hemmt den Lauf, begrenzt die weite Schale.
>
> Die Welle sprüht und staunt zurück und weichet,
> Und schwillt bergan, sich immer selbst zu trinken;
> Gehemmt ist nun zum Vater hin das Streben.
>
> Sie schwankt und ruht, zum See zurückgedeichet;
> Gestirne, spiegelnd sich, beschaun das Blinken
> Des Wellenschlags am Fels, ein neues Leben. (HA 1, 294)

Das Sonett scheint ein Naturschauspiel darzustellen: Ein mächtiger Strom, aus
dem Hochgebirge kommend, wird durch einen plötzlichen Erdrutsch gebremst,
die natürliche Eindeichung begünstigt die Bildung eines Sees. Dass das Naturschauspiel aber uneigentliche Bedeutung hat, macht schon der Titel deutlich.
„Mächtiges Überraschen" steht eher für ein psychologisches Ereignis als für ein
natürliches. Auch machen antike Mythisierungen und Psychologisierungen des
Naturvorgangs diesen durchlässig für eine übertragene Bedeutung. Der Strom darf
unter Vorgriff auf die folgenden Sonette ruhig als das Leben des älteren Dichters
verstanden werden, der, bildlich gesprochen, dem Ozeane, in übertragenem Sinne
dem Tode (oder dichterischer Vollendung?) entgegeneilt (vgl. Kaiser 1982, 78).
Die Eile gebietet den Verzicht auf zögerliche Reflexion: „Was auch sich spiegeln
mag von Grund zu Gründen, / Er wandelt unaufhaltsam fort zu Tale". Der Berg-
sturz wird ins Gewand der griechischen Berg- und Quellnymphe Oreas gekleidet
– in den Strom als ein Leben bricht also in Gestalt einer Frau etwas ein.

Gestalteten die beiden Quartette den eilenden Strom, den stürzenden Berg,
sprechen die Terzette von dem neuen, ruhigen See, der nun entsteht. An die
Stelle des unaufhaltsamen Dahineilens tritt hier reine Selbstbezüglichkeit in der
Metapher der Welle: Sie fließt nicht mehr, „die Welle sprüht und staunt zurück

und weicht / Und schwillt bergan, sich immer selbst zu trinken" (I, 9 f.). Einmal in
Ruhe, öffnet sich dieser Selbstbezug der Reflexion des Höheren, Gesetzmäßigen.
Nicht mehr flüchtig und rücksichtslos auf das, „was auch sich spiegeln mag",
sondern in stiller Spiegelung der „Gestirne". Die Spiegelung der Sterne, die Licht
und Wasser, Himmlisches und Irdisches in Eins führt, ist mittelbare Vereinigung,
„neues Leben", nur über die Spiegelung erreicht. Diese wird als Kunst Thema im
Zyklus: Reflexion des Versuchs, mit sprachlichen Mitteln Unmittelbarkeit umzusetzen.

  Rahmen II: „Scharade". Das Sonett XVII stellt ein Rätselspiel dar um den
Namen ‚Herzlieb' und verweist auf die 18jährige Pflegetochter des Jenaer Verlegers Frommann, die auch Z. Werner und Riemer zu Scharaden-Sonetten ‚verführt' hatte. Gleichwohl ist die Geliebte der Gedichte nicht identifizierbar mit der
hier verrätselten jungen Frau: Figur und Handlung sind fiktiv, sind poetische Bilder
des Verhältnisses von Literatur und Leben, das die Sonette II bis XVI verhandeln.

  Das formale und inhaltliche Zentrum des Zyklus sind die drei Brief-Sonette des
Mädchens, die versuchen, Unmittelbarkeit umzusetzen in Sprache – und immer
beim Erinnerungsbild stehenbleiben oder sprach- und mitteilungslos werden. Die
Forderung nach liebender Unmittelbarkeit gerät dem Mädchen aber, genau wie
ihre Polemik gegen das Sonett als der Form der Liebeslyrik, zum Sonett. Das Ver-
hältnis zwischen der Inhaltsebene ‚Figurenintention' und der lyrischen Form des
Sprechens wird also eindeutig von der Letzteren dominiert – die ja Instrument ist
in der Hand des (männlichen) Dichters, der die Sonette der Frau schreibt! – Die
Sonette problematisieren, wie Innerlichkeit zum Sprechen gebracht werden kann.
„Der Sonettenzyklus spricht über die Nichtsprache der Seele in der kunstvollsten
Form der Lyrik, ja, er läßt die sprachlose Unmittelbarkeit des liebenden Mädchens
selbst zum Sonett werden. Statt einfach Unmittelbarkeit in sich hervorzurufen und
zur Gestalt zu verfestigen, vollzieht er damit die Dialektik von Seele und Form"
(Kaiser 1982, 69).

  In Gestalt der poetischen Fiktion der ‚Fernliebe' zwischen alterndem Dichter
und Mädchen reflektiert der Zyklus also das Verhältnis der (scheinbar) ‚unmittelbarsten' literarischen Gattung, der Lyrik, zum Leben, zum Herz. Konnte noch in
der jugendlichen Emphase des Sturm und Drang Lyrik als ‚Schrift des Herzens',
als unmittelbarster Ausdruck der „Fülle des Herzens" programmatisch gedacht
werden, wird hier die Vergeblichkeit des Versuchs, Unmittelbarkeit unmittelbar
umzusetzen, reflektiert – die Sprachlosigkeit des Unmittelbarsten steht der Sprache
entgegen. Die Bemühung aber, die Fülle des Herzens überhaupt in angemessene
Rede zu übersetzen, wird aufgehoben in der strengsten literarischen Tradition,
der des Sonetts, das Metrik, Reimschema, Stropheneinteilung und antithetische
gedankliche Konzeption immer vorgibt. Nur in der poetischen Fiktion ist die
Emphase des Sturm und Drang noch denkbar, der Beginn der Goetheschen ‚Alters-
lyrik' konstatiert die Vergeblichkeit der literarischen Bemühungen um Unmittelbarkeit und hebt diese Reflexion in einer anderen Form lyrischen Sprechens auf,
indem es sich der strengen Tradition des petrarcischen Sonetts zuwendet.

11.2   *West-östlicher Divan*

Entstehungskontext. Bedeutsam, wenngleich scheinbar nur indirekt, war für die Entstehung des *West-östlichen Divans* nach einem Vierteljahrhundert Revolution, politischer Unruhe und Krieg die neuartige Erfahrung des Friedens, der seit März 1814 nach der Niederlage der Napoleonischen Truppen und dem Fall von Paris eintrat. Ungeachtet der noch notwendigen (und nicht unproblematischen, da unter restaurativen Vorzeichen stehenden) Neuordnung Mitteleuropas trat eine ungeheure Beruhigung ein; ganz praktisch: Es waren wieder Reisen in südwestliche deutsche Regionen, etwa die Gegenden von Kindheit und Jugend Goethes, überhaupt möglich. So wurde denn auch im Juli 1814, statt den üblichen Karlsbad oder Marienbad, Wiesbaden als Kurort zum sommerlichen Badeaufenthalt ausgewählt.

Eben im Kontext der letzten Kriegsjahre kam Goethe (in Weimar!) in unmittelbaren Kontakt mit ‚orientalischer' Kultur: Mit den vordringenden russischen Truppen kamen auch muslimische Soldaten in den Westen, ein Kamel konnte auf dem Marktplatz zu Dresden bewundert werden, in der Aula des protestantischen Gymnasiums in Weimar fand ein „mahometanischer Gottesdienst" statt (Goethe an Trebra, 5.1.1814), an dem Goethe beobachtend teilnahm. Diese zufälligen Begegnungen mit der fremden Kultur fielen einerseits auf nicht ganz unvorbereiteten Boden: Schon mit Herder in Straßburg hatte Goethe die islamische Überlieferung wie die jüdisch-christliche Bibel als Dokumente der Kulturgeschichte des Nahen Ostens diskutiert, das 1773 begonnene *Mahomet*-Drama blieb Fragment. Entscheidend für Goethes *Divan* aber war die ‚Begegnung' mit dem persischen Dichter Hafis (1320–1390): Im Mai 1814 erhielt Goethe die Übersetzung des *Diwan des Mohammed Schemsed-din Hafis* von seinem Stuttgarter Verleger Cotta, in dessen Haus die beiden Bände des Orientalisten Joseph von Hammer-Purgstall 1812/13 erschienen waren. Der begeisterten Lektüre folgte unmittelbar die eigene Produktion: Schon auf dem Weg nach Wiesbaden, im Juli 1814 schrieb er eigene Gedichte, notierte etwa im Brief vom 28. Juli 1814 an seine Frau in Weimar: „Den 25sten schrieb ich viele Gedichte an Hafis, die meisten gut" (WA IV.25, 1).

Entstehung. Zwischen der Niederschrift des ersten *Divan*-Gedichts (vermutlich „Versunken") am 29. Mai 1814 und dem Erstdruck im Herbst 1819 (Abb. 11.1) liegen fünf Stadien der Entstehung des gesamten *Divan*:

- Die erste Textgruppe sind die dreißig „Gedichte *an Hafis*", von denen Goethe schon am 29. August 1814 in einem Brief an Riemer spricht und die er schon in diesem Brief als Zyklus oder lyrisches „Werk" versteht: „ein kleines Ganze, das sich wohl ausdehnen kann, wenn der Humor wieder rege wird".
- Die Hafis-Übersetzung regte aber nicht nur zu eigenen Gedichten, sondern v. a. auch zu intensiven orientalistischen Studien an, zu Lektüren vielfältiger Quellen und literarischer Texte. Die mittlerweile 53 Gedichte werden im Tagebuch vom 14. Dezember 1814 erstmals mit dem persischen Wort für

Abb. 11.1   West-östlicher Divan, Titel des Erstdrucks 1819 (HAAB Ruppert 1819, Ex. I)

Gedichtsammlung bezeichnet, „Deutscher *Divan*"; die Reinschrift der 53 Texte enthielt auch das Weihnachten 1814 entstandene spätere Eingangsgedicht der gesamten Sammlung, „Hegire".

- Schon am 30. Mai 1815 fertigt Goethe ein Verzeichnis der mittlerweile 100 *Divan*-Gedichte an. Er pflegte mittlerweile intensiven Kontakt zu bedeutenden Orientalisten und Übersetzern seiner Zeit (Heinrich Friedrich von Diez, Antoine-Isaac Silvestre de Sacy) – dem Freunde Carl Kudwig Knebel schreibt er über seine Orientstudien und Lektüren:

> So habe ich mich die Zeit her meist im Orient aufgehalten, wo denn frelich eine reiche Ernte zu finden ist. Man unterrichtet sich im Allgemeinen und Zerstückelten wohl von so einer großen Existenz; geht man aber einmal ernstlich hinein, so ist es vollkommen, als wenn man ins Meer geriete. Indessen ist es doch auch angenehm, in einem so breiten Elemente zu schwimmen und seine Kräfte darin zu üben. Ich tue dies nach meiner Weise, indem ich immer etwas nachbilde und mir so Sinn und Form jener Dichtarten aneigne. (an Knebel, 11. Januar 1815; HA 2, 539)

- Die Wiederholung der Rheinreise des vorigen Jahres, Wiederholung auch der Begegnung mit dem Ehepaar Willemer, das er im Oktober zuvor in Frankfurt kennengelernt hatte, hat für den *Divan* den reichsten Ertrag: Schon auf der Hinreise im Mai 1815, während des Kuraufenthalts in Wiesbaden entstanden Texte des Buches Suleika und des Schenkenbuches. Während des Aufenthalt in Willemers Landhaus, der Gerbermühle am Main, entwickelte sich, nach Anfängen im vorigen Jahre, zu der 35 Jahre jüngeren Marianne von Willemer eine intensive Beziehung, die weniger aus erotischer Anziehung als vielmehr aus der gleichen Begeisterung für Hafis' Gedichte und die beiderseits kongeniale Umsetzung der orientalischen Welt in eigene Gedichte bestand. Marianne also dichtete – und ihre Gedichte gingen zum Teil unverändert in das „Buch Suleika" des *Divans* ein –, und Goethe antwortete in Gedichten. – Die ganze Sammlung, mittlerweile weit über 200 Gedichte, musste umstrukturiert werden, Goethe plante eine Einteilung des Ganzen in 13 Bücher, eines kam nicht zustande, es blieben zwölf.

- Ende 1816 wurden einige Gedichte in Cottas *Taschenbuch für Damen auf das Jahr 1817* publiziert – und lösten heftige Irritationen aus, was Goethe dazu bewog, einen ausladenden Prosateil unter dem Titel „Besserem Verständnis" (in der Ausgabe letzter Hand dann „Noten und Abhandlungen zu besserem Verständnis des Westöstlichen Divans") beizufügen – über 300 Druckseiten in der Erstausgabe (1819), die eine positive Rezeption des Werks allerdings nicht befördern konnten.
- Für die ALH ergänzte Goethe 1827 den *Divan* um nochmals 43 Gedichte – die größtenteils kurz nach der Drucklegung der Erstfassung im Winter entstanden.

Aufbau, Grobstruktur: Ursprünglich scheint eine symmetrische Gliederung von insgesamt 13 Büchern um das siebte Buch („Timur Nameh") geplant gewesen zu sein; als das siebte Buch allerdings bruchstückhaft blieb (es enthält nur zwei Gedichte) und das geplante „Buch der Freunde" nicht zustande kam, änderte Goethe die Konzeption in Richtung einer lockeren Dreiergruppierung der Bücher:

   1. Buch des Sängers, Buch Hafis, Buch der Liebe;
   2. Sinnspruchbücher: Buch der Betrachtungen, Buch des Unmut, Buch der Sprüche;
   3. Personenbücher: Buch des Timur, Buch Suleika, Schenkenbuch;
   4. religiöse Bücher: Buch der Parabeln, Buch des Parsen, Buch des Paradieses.

   –
   Besserem Verständnis (ED 1819),

Zu den einzelnen Büchern. Das erste Buch des *Divan,* „Moganni Nameh – Buch des Sängers" greift mit seinem Titel denjenigen eines langen Gedichts von Hafis aus der Hammerschen Übersetzung auf und ist gleichsam der Expositionsteil des gesamten Zyklus. Es stellt viele der wiederkehrenden Motive, Gegenstände und Bildbereiche des *Divan* vor:

- (Dichterische) Schöpfung: „Segenspfänder", „Geständnis", „Elemente", „Erschaffen und Beleben", „Lied und Gebilde", „Derb und tüchtig",
- Elemente natürlicher und künstlerischer Schöpfung: „Erschaffen und Beleben", „Phänomen", „Lied und Gebilde",
- Liebe: „Geständnis", „Elemente", „Phänomen", „All-Leben", „Selige Sehnsucht",
- Orientalisches: „Hegire", „Segenspfänder", „Vier Gnaden", „Liebliches", „All-Leben",

- (dichotome) Topologie der *Divan*-Welt: Ost-West, Nord-Süd, Orient-Okzident, „Hegire", „Talismane", „Liebliches", „All-Leben",
- Reise und Geselligkeit: „Hegire", „Elemente", „All-Leben".

Das erste Gedicht des ersten Buches ist mit ▸ „Hegire" überschrieben. Dies aber ist die französierte Fassung des arabischen ‚Hedschra', eigentlich ‚Auswanderung, Flucht', womit die Auswanderung Mohammeds von Mekka nach Medina bezeichnet wird, die den Beginn der mohammedanischen Zeitrechnung markiert. Der Gedichtzyklus beginnt also mit der Anspielung auf die ‚Heilige Flucht' (vgl. Kommerell 1985, 252), die jene Welt maßgeblich konstituierte, in die das dichterische Ich sich einarbeitet, in die es fliehen will. Denn von nichts Anderem spricht das Gedicht: „Nord und West und Süd zersplittern, / Throne bersten, Reiche zittern, / Flüchte du, im reinen Osten / Patriarchenluft zu kosten" (v. 1–4; HA 2, 7). Das nachnapoleonische Europa, „Nord und West und Süd", der tumbe Nationalismus der Zeit nach den Befreiungskriegen werden negativ vom Orient abgesetzt: Das dichterische Ich fordert sich selbst im Du der ersten Strophe auf, sich abzusetzen in den „reinen Osten". Es malt seinen Fluchtpunkt Orient als „des Ursprungs Tiefe" (v. 9), wo noch der Quell des Lebens nicht versiegt sei, wo die Wiege der Menschheit stehe („Chisers Quell": Chiser, al-Chidr ist schon für die Parsen, aber auch für viele Muslime der heiligmäßig verehrte Hüter der Quelle des Lebens). Der Text stilisiert den Osten als durch Beduinen und Basare exotisch belebte Wüste: „Will mich unter Hirten mischen, / An Oasen mich erfrischen, / Wenn mit Karawanen wandle, / Schal, Kaffee und Moschus handle" (v. 19 ff.). – Die Hedschra jedoch wird schon vom selben Text säkularisiert, indem er Weltliches sakralisiert: Der Heilige, auf dessen Spuren sich das westlich-dichterische Ich begibt, ist niemand anders als ein Dichter, der „heil'ge Hafis" (v. 32), dessen Lieder den Reisenden trösten, dessen er gedenken will „in Bädern und in Schenken" (v. 31), dessen „Liebeflüstern" er erinnert (v. 35). Die heilige Flucht wird umgewandelt in eine Wallfahrt zum heiligen Ort des Dichters Hafis, dem Orient. Die Heiligkeit des Dichters, und nicht nur die des Hafis, ist begründet in der sakralen Wertschätzung des dichterischen Wortes: „Wisset nur, daß Dichterworte / Um des Paradieses Pforte / immer leise klopfend schweben, / Sich erbittend ew'ges Leben" (v. 38 ff.) – eine Wertschätzung, die aufs Ende des Zyklus deutet, das „Buch des Paradieses", wo eingelöst wird, was der Text hier verspricht.

Die übrigen Bücher seien wenigstens kurz vorgestellt:

- Das zweite Buch ist Hafis gewidmet, Goethes Identifikationsfigur im orientalischen Raum. Viel Nähe ahnte Goethe da: Auch Hafis war Hofdichter, der Abstand suchte vom politischen Treiben, auch Hafis versuchte, in der dichterischen Darstellung vom Besonderen zum Allgemeinen vorzudringen. – Das dritte, das „Buch der Liebe", ist, anders als das „Buch Suleika" (VIII), allgemein gehalten, spricht von andern geliebten oder begehrenswerten Frauen oder berühmten Liebespaaren aus der orientalischen Tradition.
- Die Bücher IV, V und VI – „Buch der Betrachtungen", „Buch des Unmut", „Buch der Sprüche" – versammeln Sprüche und Gedichte allgemeineren weltan-

schaulichen Inhalts, Unmut über das, was dem Dichter widerfährt, Reflexionen über orientalische und westliche Dichtung und Dichter und zuweilen Überarbeitungen und Umformungen tatsächlicher orientalischer Sprüche.

- Das „Buch des Timur" (VII) setzt den Mongolenherrscher Timur (1370–1404), der grausam halb Asien eroberte, mit Napoleon gleich – Zeitgeschichte wird also im Spiegel des Orients thematisierbar (es bleibt aber bei einem Gedicht: „Der Winter und Timur"; das zweite, „Suleika", leitet schon über ins nächste Buch). – Dieses, das „Buch Suleika" (VIII), greift am stärksten auf die Begegnung mit Marianne von Willemer zurück: Die Geliebte Suleika wird zur Mitdichterin des Dichters, der die Maske des Hatem erhält. Das „Buch Suleika" ist ein poetisches Liebesgespräch zwischen Hatem und Suleika. Die Sprache der Unmittelbarkeit ist aber nicht mehr gebunden durch die Strenge einer Tradition, wie sie etwa das petrarcische Sonett darstellte. Goethe übernimmt fast niemals die dichterischen Strukturen der persischen Gedichte, die ihm in Hafis' *Divan* vorlagen, selten nur lehnt er sich an orientalische Traditionen an (etwa das Ghasel: Der Titel von „Selige Sehnsucht" hieß zunächst „Buch Sad, Gasele I"); die Strophenformen, Reim- und metrischen Strukturen sind teils Überarbeitungen, teils Anlehnungen an Nachdichtungsversuche, weitgehend aber Versuche, strukturell die heitere, gelöste Stimmung wiederzugeben, die das Ganze durchzieht.

Das „Buch Suleika" ist mehr als Fiktion, es ist in die fiktive Orientwelt übersetzte Stilisierung von Goethes Zuneigung zu der sehr viel jüngeren, gerade verheirateten Marianne von Willemer. Das Buch beginnt damit, dass Mann und Frau sich selbst Namen geben, Suleika sie, Hatem er. Sie junge Frau, er „beinah ergraute[r] Dichter" (HA 2, 72). Das Wechselgespräch der Liebenden – das ja zurückgeht auf tatsächlichen Austausch von Gedichten – dreht sich einerseits um das gegenseitige Dichterlob, das auch immer Lob der/des Geliebten ist. Andererseits aber thematisiert Hatem die Wirkung der Liebe auf ihn:

> Locken, haltet mich gefangen
> In dem Kreise des Gesichts!
> Euch geliebten braunen Schlangen
> Zu erwidern hab' ich nichts.
>
> Nur dies Herz, es ist von Dauer,
> schwillt in jugendlichstem Flor;
> Unter Schnee und Nebelschauer
> Rast ein Ätna dir hervor.
>
> Du beschämst wie Morgenröte
> Jener Gipfel ernste Wand,
> Und noch einmal fühlet Hatem
> Frühlingshauch und Sonnenbrand.
>
> Schenke, her! Noch eine Flasche!
> Diesen Becher bring' ich ihr!
> Findet sie ein Häufchen Asche,
> Sagt sie: „Der verbrannte mir." (HA 2, 74f.)

Der alternde Dichter, der sich hier stilisiert als entrückten Berg „unter Schnee und Nebelschauer", wird von der Liebe ergriffen: Ein Vulkan rast in und aus seinem Innern – wiederum ein eindrucksvolles Naturbild wie im ersten der *Sonette*. Dann aber gibt sich der Dichter zu erkennen – er reißt sich die Maske „Hatem" vom Gesicht. Der strenge Kreuzreim der vierhebigen Trochäen wird unterbrochen. Auf „Morgenröte" reimt sich nicht „Hatem", sondern – Goethe.

- Das IX. ist das „Schenkenbuch": Nach orientalischem Muster gilt die Leidenschaft nun einem schönem Schenkenknaben – allerdings diskret behandelt. Das zehnte Buch der Parabeln verweist einerseits zurück auf die weltanschaulichen Sprüche-Bücher IV–VI und leitet die religiösen Bücher XI und XII ein: Hier werden allgemeine Wahrheiten, kleine Fabeln und Gleichnisse aus orientalischen Motiven und Vorlagen erzählt; das XI. thematisiert die altpersische (vor-islamische!) Religion (der Parsen), das XII. schließt den Kreis zur Flucht, zur Hegire, mit den Visionen des Paradieses.

Geselligkeit. Wenn Goethe am 11. Januar 1815 an den Freund Knebel schrieb: „So habe ich mich die Zeit her meist im Orient aufgehalten", war das nicht nur ein spielerischer Verweis auf seine orientalistischen Studien; vielmehr war der ‚Aufenthalt' im spätmittelalterlichen Persien gesellige ‚Realität' in der Einbildungskraft. An Zelter schrieb er nur zwei Wochen vor dem Brief an Knebel: „*Hafis* hat mich fleißig besucht" (WA IV.25, 117). Die Lektüre des Hafis-*Divans*, Hafis' und Goethes Gedichte werden als *Gespräch* aufgefasst, ebenso wie die Begegnung mit dem Orient insgesamt. Diese Gesprächshaftigkeit des Entstehungszusammenhangs wird zu einem kommunikativen Prinzip des *Divan*, das Gespräch mit Hafis ist nahezu allgegenwärtig (bereits im ersten Buch: „Erschaffen und Beleben", „Liebliches"). Schon die „Hegire" spricht den ‚Heil'gen Hafis' direkt an – *und* die Leserinnen und Leser („wolltet ihr ihm dies beneiden", HA 2, 8). Das „Buch Hafis" beginnt mit der Inszenierung eines Gesprächs zwischen (westlichem) Dichter und Hafis, jedes der Gedichte ist Gespräch mit oder über Hafis oder Anrede an ihn (insb. „Offenbar Geheimnis", „Wink", „An Hafis").

Das „Buch der Liebe" ist gewissermaßen imaginäres Gespräch mit dem „[w]underlichste[n] Buch der Bücher" (‚Lesebuch', HA 2, 28) und es bereitet das zweite fast ‚reine' Gesprächsbuch des *Divan* vor: Das „Buch Suleika". Dessen Gesprächshaftigkeit wird schon im zweiten Gedicht des „Buches des Timur" vorbereitet: „*An* Suleika": *Dir* mit Wohlgeruch zu kosen, / *Deine* Freuden zu erhöhn" (HA 2, 61). Das Buch selber ist fast vollständig als Rollenrede der beiden fiktiven Liebenden inszeniert; selbst Gedichte, die nicht (quasi anstatt eines Titels) Suleika oder Hatem zugeordnet sind (z. B. „Hochbild", „Nachklang", „Wiederfinden"), weisen Spuren unmittelbarer (Liebes-)Begegnung auf oder münden in die Anrede der/des Geliebten („Weichst du mir, Lieblichste, davon", HA 2, 81; „Du Allerliebstes, du mein Mondgesicht, / O, du mein Phosphor, meine Kerze, / Du meine Sonne, du mein Licht!", HA 2, 82; „Ja, du bist es! meiner Freuden / Süßer, lieber Widerpart", HA 2, 83). Schließlich sind bestimmende Anteile des „Buchs des Paradieses" Gespräch zwischen den Paradieswächterinnen, den Huris, und dem Dichter.

Geselligkeit ist allerdings noch mehr als Gespräch: Es ist die Geselligkeit eines imaginierten Orients: „Will mich unter Hirten mischen, / An Oasen mich erfrischen, / Wenn mit Karawanen wandle, / Schal, Kaffee und Moschus handle" (HA 2, 7), die Geselligkeit der „Bäder" und „Schenken" (HA 2, 8), vom „Klang der Gläser" (HA 2, 12), der „Zelte des Vesires" (HA 2, 14) – das „Schenkenbuch" (IX) ist fast ganz Gespräch zwischen Dichter / Hatem (einmal Suleika!) und dem Schenken, Gespräch über den Wein, die Liebe, doch auch über den berühmten, älteren Dichter!

Interkulturalität. Gesellig und gesprächshaft sind, in der Grundkonzeption des *West-östlichen Divans,* die programmatischen Momente interkultureller Dialogizität: Die Scheuklappenmentalität der Nationalismen der nachnapoleonischen Ära versucht der *Divan* schon in „Hegire" zu überschreiten, Überschreitung wird Programm (vgl. Bohnenkamp 2003)! Einerseits natürlich in Richtung des Orients: Insbesondere die „Noten und Abhandlungen" versammeln ein orientalistisches Spezialwissen, das eine vertiefte Kenntnis der anderen Kultur ermöglicht; die ‚Inspiration' des westlichen Dichters durch den östlichen, die natürlich auch folkloristisch-atmosphärischen Orientalismen der Bildrede des *Divan,* seine Entstehung *aus dem Dialog* mit der andern Kultur und seine Erscheinungsform *als Dialog(e)* realisieren diese interkulturelle Agenda. Die andererseits aber über die Begegnung mit dem Orient hinausgeht (also über diese *eine* interkulturelle Beziehung: Sie steht nur *pars pro toto*). Im „Buch des Unmuts" findet sich, kurz vor Schluss, ein vierstrophiges Gedicht, das in der ersten Strophe die zeitgenössischen Nationalismen als bloße Eigenliebe denunziert:

> Und wer franzet oder britet,   ▶
> Italienert oder teutschet,
> Einer will nur wie der andre,
> Was die Eigenliebe heischet. (HA 2, 49)

Nicht nur Toleranz (das wäre ja nur Duldung!), sondern „Anerkennen" (v. 5) wäre im Blick auf die jeweils andere Kultur das Ziel; der Text geht aber in seiner letzten Strophe weit darüber hinaus:

> Wer nicht von dreitausend Jahren
> Sich weiß Rechenschaft zu geben,
> Bleib im Dunkeln unerfahren,
> Mag von Tag zu Tage leben. (ebd.)

Das ist natürlich ein ungeheurer Anspruch – der über jeden Nationalismus weit hinausgeht: Die kulturelle Überlieferung „von dreitausend Jahren" schließt die jüdische und die christliche, die vorislamische (z. B. parsische) und islamische, die ägyptische, v. a. auch die griechische und römische, aber auch die eigene und die anderer ‚Nationen' mit ein. Die eigene Kultur kann nur vor dem Referenzrahmen dieser transnationalen großen Überlieferung überhaupt verstanden werden, „Rechenschaft" darüber ist Imperativ für jedermann, insbesondere aber für den Dichter.

Selbstreflexion des Dichterischen/Dichters. Schon in seinem ersten Gedicht, „Hegire", spricht der *Divan* von seinem wichtigsten Thema: dem Dichter, den es als heilig apostrophiert und als Ziel der Wallfahrt des dichtenden West-Ichs stilisiert. Das Fluchtmotiv des Beginns stilisiert die Begegnung mit dem Orient in Hafis' Gedichten als neuen Anfang, als Bewegung von bekannter poetischer Tradition hin zu einer neuartigen Poesie, zu neuen Konzepten künstlerischer Identität. Der *Divan* ist voll von abstrakt bestimmten Konzeptionen von Dichter und Dichtung. Diese allerdings sind nicht mehr (wie etwa in den *Römischen Elegien*) zu *einem* Konzept zu vereinheitlichen. Man kann sie sammeln, ihren Stellenwert und ihre Struktur beschreiben – und damit die Komplexität des Zyklus umreißen:

- Die Heiligung des Dichters in „Hegire" wird durch die Sakralisierung des dichterischen Wortes im Gedicht „Segenspfänder" noch übersteigert: Im Bilde betexteter sakraler Gegenstände – „*Talisman* in Karneol" mit „eingegrabne[m] Wort", „*Amulette* sind dergleichen / Auf Papier geschriebne Zeichen" (HA 2, 8) – spricht der Text mittelbar über sich selbst; die verschiedenen Klein- und Kleinstformen, die der *Divan* versammelt, können unter dem Bilde dieser religiösen Schriftträger interpretiert werden.
- Im Lob des Hafis, vor allem im „Buch des Sängers", wird eine historische Bestimmung der dichterischen Identität ausgestellt: Hafis als Sänger in einem noch epischen Zeitalter, das Lieder aus den „Elementen" ‚Liebe', ‚Waffengang' und ‚Gläserklang' und ‚Schönem' erheischt.
- In verschiedenen Dichter-Figurationen (z. B. Hafis als Initiativ- und Selbst-vergleichungsfigur, Hatem als Identifikationsfigur sowohl des älteren als auch des noch jugendlich-wilderen Dichters) spricht der *Divan* auch, in der Distanz der fiktiven Rollen, über historisch gewordene Stufen des Dichter-Ichs Goethes. Hier grenzt sich, im ‚Übermacht- und Kaisermotiv', einer ab von den Ansprüchen von Potentaten und Propheten, behauptet die jugendhafte Kraft des Alternden, die sich am souveränsten zeigt in der dichterischen Vielfalt des Ganzen.
- Der gesamte Zyklus ist Spiel mit den dichterischen Möglichkeiten, die zwar die orientalische Dichtung Goethe nicht anbot, zu denen sie ihn aber anregte. Der *Divan* ist Spiel mit Themen, Motiven, Bildern, deren wichtigste die Liebe und die Dichtung sind – in ähnlichem Sinne verschränkt wie in den *Sonetten* – ohne dass die dichterische Sprache sich hier problematisch wird: Die strukturell ungebundenere lyrische Rede des „Buches Suleika" steht dem erstrebten Aus-druckswunsch der Unmittelbarkeit nicht entgegen. So am ausdrucksvollsten in den Strophen von „Wiederfinden" (HA 2, 83 f.), in denen die Wiederbegegnung der Liebenden als Aufschrei in der ersten Strophe durch die poetische Nach-erzählung des Weltschöpfungsmythos abgelöst wird. Die schöpferische Kraft der Liebe wird nun gegen die wieder drohende Trennung gesetzt: Die Liebesdichtung schafft der Liebe Dauer, indem sie bleibt, sie ersetzt göttliche Schöpfungsmacht: „Allah braucht nicht mehr zu schaffen, / Wir erschaffen seine Welt" (v. 39 f.) – im Text.

- Die Text-Bewegung der Gedichte, die der *Divan* beschreibt, endet vor der Pforte des Paradieses. Der Dichter, dort angelangt, erfährt von einer der Wächterinnen, den Huris, dass seine Lieder schon da waren:

> Da hört' ich ein wunderlich Gesäusel,
> Ein Ton- und Silbengekräusel,
> Das wollte herein;
> Niemand aber ließ sich sehen,
> Da verklang es klein, zu klein;
> Es klang aber fast wie deine Lieder,
> Das erinnr' ich mich wieder. (HA 2, 111)

Den Liedern wird im Paradies nicht Einlass gewährt, dem Liebenden-Dichtenden schon. „Seine Lieder sollen fortdauern, weil sie schön gedichtet sind. Sie haben ihr Recht auf Unsterblichkeit dadurch erwiesen, daß ihr Schwung heraufreichte, und sollen nun zu den Menschen zurück, freilich verstärkt um das himmlische Echo – sie haben ihren Durchgang durch die Seligkeit der Liebenden genommen" (Kommerell 1985, 289). Dichtung, die Liebesdichtung ist – oder Dichtung als Liebe, Liebe als Dichtung –, hat, das stellt das Bild des Paradieses dar, Anteil an Dauer, Anteil an ‚Ewigkeit'.

- Mit dem Bild der ‚klingenden Wolke', als die die Gedichte vor dem Paradies erscheinen, greift der Text allerdings ein Bild aus dem „Buch des Sängers" wieder auf, in dem der Stoff, aus dem Lieder schöpfen, reflektiert wird:

> Lied und Gebilde   ▶
>
> Mag der Grieche seinen Ton
> Zu Gestalten drücken,
> An der eignen Hände Sohn
> Steigern sein Entzücken;
>
> Aber uns ist wonnereich
> In den Euphrat greifen,
> Und im flüss'gen Element
> Hin und wider schweifen.
>
> Löscht' ich so der Seele Brand,
> Lied, es wird erschallen;
> Schöpft des Dichters reine Hand,
> Wasser wird sich ballen. (HA 2, 16)

In Abgrenzung von der Skulptur der griechischen Antike und auch von der im Prometheus-Mythos zitierten Schöpfungskraft der Sturm-und-Drang-Konzeption wird hier ein neues Dichterbild eingesetzt: Weniger materiehaft ist des Dichters Element: flüchtig ist's und flüssig – die Sprache. Hier wird zum einen die therapeutische Funktion dichterischer Tätigkeit – vom *Werther* über die *Elegien* bis zum *Divan* gültig – betont: Das Schöpfen im flüssigen Element der Sprache „löscht der Seele Brand". Darüber hinaus schöpft des Dichters Hand anders: Sie gestaltet, „Wasser wird sich ballen". Dem Gedicht als ‚geballtem Wasser' oder als ‚klingender Wolke' haftet vieles von seinem Element an: Die Flüchtigkeit und Flüssigkeit, das Schweben, das Überlegene, aber auch das Relative: nur bedingt ist diese Sprache verständlich, eher Ahnung und Erinnerung bringt sie herauf: „ein wunderlich Gesäusel, / Ein Ton- und Silbengekräusel". Hier behauptet dichterische Sprache ihre Souveränität über die Dinge der Welt, ihre virtuelle Ablösung – mit einem ästhetisch-theoretischen Begriff: ihre Autonomie. Und das unbändige dichterische Spiel, das der *Divan* darstellt, in dem Ernst und Heiterkeit nicht für sich selbst stehen, sondern je aufgehoben werden in dem übergreifenden Verweisen aller Motive auf alles, dem zyklischen Kreisen der Bedeutungen, setzt diese Autonomie um.

• Das Material dichterischer Schöpfung, eben in der Metapher des Wassers ausgedrückt, sind ‚Elemente', die der Dichter mischt: „Liebe", „Klang der Gläser", „Waffenklang" und dass er „manches hasse", es gegen das „Schöne" absetzt, thematisiert das Gedicht „Elemente" im „Buch des Sängers" (vgl. HA 2, 12). Mit den Elementen ist aber dichterische Schöpfung eingefügt in die Schöpfungsprozesse der Natur – die wiederum immer wieder mit „Mischungen" von Elementen verbunden werden: Wasser und Licht in ▶ „Phänomen": „Wenn zu der Regenwand / Phöbus sich gattet" (HA 2, 13; vgl. „Hochbild", „Wiederfinden").

Wiederholte Spiegelungen. Die Anspielungen oder Anleihen insbesondere der Regenbogen- und Morgenröte-Bilder auf Goethes Farbenlehre, auf seine optischen Studien, verweisen auf das äußerst komplexe Gefüge des gesamten Zyklus: Inhaltlich wie formal scheint der *Divan* heterogen. Er präsentiert eine vielfältige Fülle verschiedener Gedichtformen und Metren – allerdings keine, die aus der Antike oder der Renaissance stammen. Ebenso die Stoffe: Trinklieder und Liebeslieder stehen neben lakonischen Sprüchen und höchst kunstvollen Gebilden philosophisch-religiöser Weltdeutung. Sind Liebe und Dichter/Dichtung zwar unzweifelhaft die wichtigsten „Themen", lässt sich, was die Gedichte sagen, nicht auf *eine* Konzeption, *ein* Verständnis festlegen. Vielmehr stehen die Texte, stehen Spruch und Gegenspruch, stehen die Dichotomien, die der Text organisiert oder umkreist (Ost-West, Mann-Frau usw.) in einem gegenseitigen (gleichsam optischen) Brechungsverhältnis zueinander: Nicht das Einzelne sagt allein etwas, sondern die Gegenüber- und Zusammenstellung lässt etwas erahnen!

In einem Brief an den Gräzisten Carl Jakob Iken vom 27. September 1827 notierte Goethe: „Da sich gar manches unserer Erfahrungen nicht rund aussprechen und direct mittheilen lässt, so habe ich seit langem das Mittel gewählt, durch einander gegenüber gestellte und sich gleichsam ineinander abspiegelnde Gebilde den geheimeren Sinn dem Aufmerkenden zu offenbaren" (WA IV.43, 83). Genau das macht der *Divan:* Er ist organisiert nach einem „Verfahren, das die dargestellte Welt sehr bewußt von Mehrfachbildern aus aufbaut, die wiederholen, variieren oder auch konstrastieren – eine Technik der Auffächerung und Perspektivierung, die die ‚wiederholten Spiegelungen' zum Prinzip der Aussage macht" (MA 11.1.2, 331).

„Noten und Abhandlungen zu besserem Verständnis". Eigentlich müsste dem Prosateil des *Divan* mindestens so viel Platz eingeräumt werden wie dem lyrischen Teil, denn er ist der umfangreichere Part des zweigeteilten Werkes. Nichtsdestoweniger sollen hier nur wenige orientierende Informationen zusammengestellt werden:

- Entstanden sind die „Noten und Abhandlungen", trotz aller seit 1814 andauernden und intensivierten orientalistischen Studien Goethes, wohl erst in den Jahren 1818 und 1819: Erst von 1818 an finden sich direkte Nachweise in Tagebüchern und Briefen; die Vorab-Publikation einiger *Divan*-Gedichte in Cottas *Taschenbuch für Damen auf das Jahr 1817* stieß auf viel Unverständnis, die nötig zu machen schienen, mit den Gedichten des *Divan* auch die Kulturgeschichte des Orients den Leserinnen und Lesern näherzubringen.
- In diesem Sinne formuliert die Einleitung des Prosateils den Entschluss, „zu erläutern, zu erklären, nachzuweisen, und zwar bloß in der Absicht, daß ein unmittelbares Verständnis Lesern daraus erwachse, die mit dem Osten wenig oder nicht bekannt sind" (HA 2, 126).
- Ebendiese Einleitung nimmt ein wichtiges Motiv des *Divan*-Beginns (und seines Entstehungskontextes) wieder auf: Dasjenige der Reise. „[D]er Verfasser vorstehender Gedichte [wünsche] als ein Reisender angesehen zu werden, dem es zum Lobe gereicht, wenn er sich der fremden Landesart mit Neigung bequemt, deren Sprachgebrauch sich anzueignen trachtet, Gesinnungen zu teilen, Sitten aufzunehmen versteht" (HA 2, 127). Ja mehr noch: Als zurückkehrender Reisender „übernimmt er die Rolle eines Handelsmanns, der seine Waren gefällig auslegt und sie auf mancherlei Weise angenehm zu machen sucht" (ebd.). Der *Divan*-Dichter ist gleichsam (Handels-)Agent einer gewünschten Weltliteratur, der allerdings nur seine Ware auslegt, eigentlich gesprochen: seinen Text den Lese- und Deutungsinteressen seines Publikums offen überantwortet.
- Die „Noten und Abhandlungen" dokumentieren Goethes eingehende, ja philologisch-wissenschaftliche Einarbeitung in das orientalistische Wissen der Zeit: 1818 erschien von Hammer-Purgstalls *Geschichte der schönen Redekünste Persiens,* was ohne Zweifel für Goethe die wichtigste Quelle wurde (wie Hammers Hafis-Übersetzung für den ersten Teil), schon das Tagebuch vom Dezember 1814 erwähnt die Lektüre der *Poeseos Asiaticae* des englischen Orientalisten William Jones, ebenso die *Fundgruben des Orients* (6 Bde., Wien 1809–1818) und die Reisebeschreibung Edward Scott Warings durch Persien (*Tour to Sheraz,* 1807). 1815 las Goethe etwa die orientalistischen Werke seines Zeitgenossen Heinrich Friedrich von Diez (*Buch des Kabus,* 1811, Übersetzung; *Denkwürdigkeiten von Asien in Künsten und Wissenschaften* 1811–15)

und zog die *Bibliothèque orientale* von Barthélemy d'Herbelot (erstmals 1697) heran. Weitere Reisebeschreibungen (z. B. Jean Chardin: *Voyages en Perse et aux Indes orientales,* 1686, die (arabische) Gedichtsammlung *Moallakat* (6. Jh.), der Koran, Johann von Rehbinders Mohammed-Biographie (1799), die arabische Grammatik von Antoine-Isaac Silvestre de Sacy und vieles andere mehr gehörten zur Lektüre Goethes insbesondere 1818/19. Neben den brieflichen Kontakten zu Diez und Sivestre de Sacy setzte er sich insbesondere mit dem Kunsthistoriker Sulpiz Boisserée in Gesprächen und Briefen intensiv mit dem Orient auseinander.

- Was er in den „Noten und Abhandlungen" aus dem angeeigneten Wissen macht, ist einerseits nichts weniger als eine Kulturgeschichte der orientalischen Dichtung. Er versteht Literatur gleichsam als hervorgebracht aus dem Ineinander von Religion oder Religiosität, (politischer) Geschichte und Volksleben, ganz gleich, ob er über die Parsen, den Hafis im islamisierten Persien oder das Hohe Lied des Alten Testaments schreibt. Sein Vorgehen ist genetisch: Er vollzieht die Geschichte der persischen, der orientalischen Dichtkunst nach, stellt mit Firdusi, Sa'adi, Hafis und anderen ‚klassische' Dichterpersonen vor, um, nachdem er („Neuere, Neueste", HA 2, 166) in seiner Gegenwart angekommen ist, u. a. Spezifika orientalischer Poesie zu erörtern: „Urelemente", „Übergang von Tropen zu Gleichnissen" (HA 2, 179 f.), „Blumen- und Zeichenwechsel", „Chiffer" (HA 2, 190–193). Daran anschließend charakterisiert der Text unter dem Titel „Künftiger Divan" (HA 2, 195–206) die zwölf Bücher des Lyrik-Teils sehr genau – und liefert implizit eine knappe Charakteristik der ästhetischen Gestalt des Textes in seiner Offenheit. Schließlich stellt Goethe im Schlussteil, gleichsam in Form einer kommentierten Bibliographie, „[n]ähere Hülfsmittel" (HA 2, 225 ff.) zur Annäherung an die Kultur des Orients vor, sozusagen seine orientalistische Arbeitsbibliothek.
- Dass sich in dieser Kulturgeschichte der orientalischen Dichtung Abschnitte finden wie „Dichtarten" oder „Naturformen der Dichtung" (HA 2, 187 f.), die sich gar nicht auf die Dichtung des Orients beziehen, sondern allgemeiner gültige (oder gültig sein wollende) poetologische Betrachtungen enthalten, gehört zur Machart der „Noten und Abhandlungen": Der gesamte Prosateil ist bei aller Gliederung (das erste sehr präzise Schema entstand im September 1818) nicht konsistent formulierte, durchgehende Argumentation, sondern eben ein Nebeneinander von „Noten" (kürzere Einschaltungen) und „Abhandlungen" (längere Ausführungen).
- Ein Teil der Einschaltungen nimmt sogar die Charakteristik des Gesprächshaften, die auch den lyrischen Teil des *Divan* kennzeichnet, wieder auf: Zwischenüberschriften wie „Zweifel", „Einrede", „Warnung", „Vergleichung" beziehen sich *nicht* auf den Gegenstand des entsprechenden Abschnitts, sondern auf die Kommunikation mit Leserin und Leser, mit der oder dem ein Gespräch literarisch inszeniert wird. Ein Gespräch, das eben „besserem Verständnis" des ganzen *Divan* – und auch der fremden Kultur des Orients – dienen soll.

11.3 „Urworte, orphisch"

Entstehung. Am 7. Oktober 1817 heißt es in Goethes Tagebuch: „Orphische Begriffe", am 8. dann: „Fünf Stanzen ins Reine geschrieben" (HA 1, 721). Der Entstehungszusammenhang ist vielfältig; mindestens drei Momente mögen zusammengekommen sein:

- Am 4. November 1815 dankte Goethe seinem Freunde Carl Ludwig von Knebel für die Übersendung eines Bändchens, die *Sammlung kleiner Gedichte* (Leipzig 1815) aus der Feder Knebels: „Gar freundlich blicken die zarten Gedichte aus den schönen Räumen [...]. Habe herzlichen Dank, daß du sie mir so bald und liebreich übersenden wollen" (WA IV.26, 131). In diesem Band veröffentlichte Knebel ein wohl schon 1789 entstandenes Gedicht, „Nach dem Griechischen" (S. 46 f.), dessen erstes Verspaar vier Strophen anmoderiert: „Den Menschen treiben vier besondre Mächte / Durchs Leben, sagt ein alter Spruch der Weisen" (v.1 f.). „Zuerst der *Dämon* das ist jedes Menschen / Ihm angeborenes Geschick" (v. 3 f.), „Die zweite ist das *Glück*" (v. 8), „Nun kommt die *Liebe*, als die dritte Macht. / Sie ist der Geist des Lebens" (v. 13 f.), „Und endlich kommt die vierte Macht, die *Noth*. / Die strenge bittre Lehrerin des Lebens" (v. 21 f.). Was hier noch unspezifisch einer ‚alten' Überlieferung zugeordnet wird, wird im Oktober 1817 präzisierbar.
- Wiederum Knebel war es, den Goethe im Brief vom 9. Oktober 1817 informierte: „Durch Hermann, Creuzer, Zoega und Welcker bin ich in die griechische Mythologie, ja bis in die Orphischen Finsternisse geraten" (WA IV.28, 272). Der Leipziger Altphilologe Gottfried Hermann bestritt in seiner Dissertation *De Mythologia Graecorum antiquissima* (Leipzig 1817) wesentliche Grundannahmen des Heidelbergers Friedrich Creuzer, dessen *Symbolik und Mythologie der alten Völker* (Leipzig 1810–1812) die Strömungen der griechischen Religionen (u. a. die orphische) als Relikte einer älteren, östlichen ‚Urreligion' verstanden hatte. Goethe stand mit beiden brieflich und persönlich in Kontakt, die briefliche Auseinandersetzung zwischen Hermann und Creuzer wurde 1818 gedruckt, ihr Gegenstand war Goethe vertraut;
- Möglicherweise unmittelbarer Anlass für die Abfassung des Textes war wohl die Lektüre eines Buches, auf die Goethes Tagebuch vom 6. und 7. Oktober 1817 verweist: In den gerade erschienenen *Abhandlungen* des dänischen Antikespezialisten Georg Zoëga fand Goethe einen Aufsatz über die Bezüge zwischen altägyptischem und altgriechischem Götterglauben, „Αγαθηι Τυχηι. Tyche und Nemesis" (Zoëga 1817, 32–55). Dort zitiert Zoëga, im direkten Zusammenhang eines Verweises auf einen orphischen Hymnus auf die Fortuna, die *Saturnalien* des spätrömischen Schriftstellers Makrobius und ordnet wenigstens vier der ‚orphischen' Begriffe zu: „Nach den Aegyptern [...] sind der Götter, die der Geburt des Menschen beystehn, vier: Δαίμων, Έρος, Τύχη, Ἀνάγκη. Unter dieser ist Dämon die Sonne, Urheber des Geists, der Wärme und des Lichts. Tyche ist der Mond, mit der die Körper unter dem Mond wachsen und schwinden und deren immer veränderlicher Lauf

die vielförmigen Wechsel des sterblichen Lebens begleitet" (39 f.). Eros und
Ananke übersetzt Macrobius mit ‚amor' und ‚necessitas' (vgl. *Saturn.* I.19,
v. 17). Ob Zoëgas Erwähnung der Hoffnung (Elpis) im Zusammenhang mit
bildlichen Darstellungen von Tyche und Nemesis (vgl. 50 f.) Goethe auf die
Ergänzung der vier Begriffe gebracht hat, ist nicht zu erschließen.

Ein Brief Goethes an Sulpiz Boisserée vom 16. Juli 1818 verweist unter unmittelbarem Hinweis auf die „Urworte" auf seinen dichterisch unpräzisen, aber dafür
verjüngenden, verlebendigenden Umgang mit der Überlieferung: „Daß meine
Orphika bey Ihnen gut aufgehoben seyen wußte ich voraus." Er habe „das diffuse
Alterthum wieder quintessenziirt", um „alsobald einen herzerquickenden Becher"
zu erhalten, „abgestorbene[ ] Redensarten aus eigener Erfahrungs-Lebendigkeit
wieder an[ge]frischt" (WA IV.29, 240).

Texterörterung – Reflexion menschlichen Lebens. Aus der Perspektive des
Alters reflektiert der Text die Gottheiten, die zur Geburt eines Jeden anwesend
seien, als Stufen menschlicher Entwicklung:

- Die Geburt und ihr kosmischer Ort („Wie an dem Tag, der dich der Welt verliehen, / Die Sonne stand zum Gruße der Planeten", v. 1 f.; HA 1, 359) als Ein-
  setzung des überindividuellen und gleichzeitig persönlichen Gesetzes (vgl. v.
  4), aus dessen Gültigkeit der Einzelne nicht entfliehen kann, aber „alsobald
  und fort und fort" gedeiht (v. 3), wird unter „Dämon" verhandelt – allerdings
  nicht als Zwang, sondern als Positivum: „Und keine Zeit und keine Macht zer-
  stückelt / Geprägte Form, die lebend sich entwickelt" (v. 7 f.). Identität wird
  vom Dämon gewährleistet!
- Tyche, die Göttin des Zufalls, bekommt ein zeitlich begrenztes Recht
  zugesprochen, gleichsam die Zeit des noch spielerisch-unverbindlichen,
  geselligen Umgangs mit der Welt, die Kindheit – „Es ist ein Tand und wird so
  durchgetandelt" (v. 14). Gleichzeitig wird das Ende dieser ‚Phase' angedeutet –
  und damit zur dritten Strophe übergeleitet: „Schon hat sich still der Jahre Kreis
  geründet, / Die Lampe harrt der Flamme, die entzündet" (v. 15 f.).
- Die Flamme trägt den Namen des dritten Gottes, Eros: „Er stürzt vom
  Himmel nieder, / Wohin er sich aus alter Öde schwang, / Er schwebt heran auf
  luftigem Gefieder / Um Stirn und Brust den Frühlingstag entlang" (v. 17–20).
  Eros, die Liebe, ist gleichermaßen die erotische, geschlechtliche Liebe („Da
  wird ein Wohl im Weh, so süß und bang", v. 22) *und* Interesse und ernste
  Begeisterung für eine Sache, eine Idee: „Gar manches Herz verschwebt im All-
  gemeinen, / Doch widmet sich das edelste dem Einen" (v. 23 f.).
- Nach und gegen pubertierend und jung-erwachsen sich gebende Scheinfrei-
  heit, Tändelei und Liebe greift sodann wieder altes Gesetz: die Notwendig-
  keit gesellschaftlicher Zwänge – „dem harten Muß bequemt sich Will' und
  Grille" (v. 30). Ananke, die alte Göttin des Schicksals, übersetzt Goethe hier
  mit Nötigung. Das „Gesetz, wonach du angetreten" (v. 4) beweist seine Macht:
  „So sind wir scheinfrei denn nach manchen Jahren / Nur enger dran, als wir am
  Anfang waren" (v. 31 f.).

- Die Welt der Notwendigkeit aber hinter sich zu lassen, ermöglicht Elpis, die Hoffnung. Die Notwendigkeit, auch die unhintergehbare Endlichkeit menschlicher Existenz – „solcher eh'rnen Mauer / Höchst widerwärt'ge Pforte" (v. 33 f.) kann *auch* als der Tod gedeutet werden – kann überschritten werden: „Ein Wesen regt sich leicht und ungezügelt: / Aus Wolkendecke, Nebel, Regenschauer / Erhebt sie uns, mit ihr, durch sie beflügelt" (v. 36–38). Entgrenzung wird durch die Hoffnung ermöglicht: Die Bilder und Attribute, die Goethe der Elpis zuordnet, lassen auch an die geflügelte Einbildungskraft denken, die über alles Bedingte hinausweisen kann: „Sie schwärmt durch alle Zonen; / Ein Flügelschlag – und hinter uns Äonen" (v. 39 f.).

Form. Im Tagebuch vom 8. Oktober 1817 heißt es: „Fünf *Stanzen* ins Reine geschrieben". Die Form, in die die „Urworte, orphisch" gelangen, scheint Goethe wichtig gewesen zu sein. Das italienische Wort ‚stanza' bedeutet eigentlich Zimmer, Gemach, im literarischen Sinne ist es ein Reimgebäude: Eine achtzeilige Strophe, eine Ottaverime aus acht jambischen Elfsilbern. Die Reimstruktur ist auffällig: Eine Doppelterzine (aba bab) wird durch ein Verspaar abgeschlossen (cc). Der Einschnitt nach den ersten sechs Versen macht das abschließende Verspaar besonders geeignet für einen krönenden, zusammenfassenden Abschluss, etwa die Zusammenfassung der Gedanken zur Sentenz. Die Stanze ist nicht antike Form, sondern entstammt, wie das Sonett, der italienischen Renaissance: Schon Boccaccio verwendete sie als Erzählstrophe in Versepen (*Il Filostrato,* 1335), in der Hochrenaissance natürlich auch Ariost und Tasso (*Orlando furioso,* 1516–1532; *La Gerusalemme Liberata,* 1574). Goethe nutzt die Stanze (außer in dem Fragment gebliebenen Epos *Die Geheimnisse,* 1784/85) als lyrische Form: Die „Zueignung" zum Faust (1799/1800), der „Epilog zu Schillers Glocke" (1805), vor allem aber repräsentative Gedichte an Personen, ein Huldigungsgedicht etwa für Anna Amalia („An die Herzogin Amalia", 1800) sind in Stanzen geschrieben. Eine festgefügte Form, feierlich und ernst, aus der Wiedergeburt der Antike in Italien stammend, die zudem zum sentenziösen, verallgemeinernden Sprechen im Schlussversпаar einlädt, erscheint in der Tat geeignet für die „Urworte", die abstraktere Reflexion über das Leben des Menschen.

11.4 ▸ „Um Mitternacht"

Viel leichter im Ton, spielerischer, gesanglicher und scheinbar anekdotischer ist ein auf den ersten Blick unscheinbares Gedichtchen, das Goethe nichtsdestoweniger sehr wertschätzte. In seiner Zeitschrift *Über Kunst und Alterthum* (3. Bd., 3. Heft 1822, S. 169 f.) bezeichnete er es als ein „Lebenslied [...] das mir, seit seiner mitternächtigen, unvorgesehenen Entstehung, immer werth gewesen [...], zu einer meiner liebsten Productionen geworden". Schon 1821 hatte Carl Friedrich Zelter es mit einer Komposition versehen und in seiner *Neuen Liedersammlung* abgedruckt.

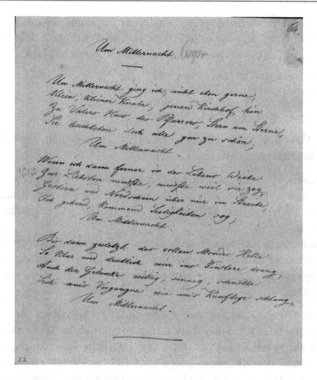

Abb. 11.2   „Um Mitternacht", in der Handschrift J.P. Eckermanns (GSA 25/W 8,1)

Entstehung. Wie hier nur angedeutet (mitternächtig, unvorgesehen), mysti-
fizierte Goethe wiederholt die Entstehung von „Um Mitternacht", kokettierte
gleichsam mit der Unbewusstheit der ‚Eingebung', der Inspiration, verschleierte
jede dichterische *Arbeit* daran. In den *Tag- und Jahresheften* zu 1818 heißt es: „Ein
wundersamer Zustand bei hehrem Mondenschein brachte mir das Lied ‚Um Mitternacht', welches mir desto lieber und werter ist, da ich nicht sagen könnte, woher
es kam und wohin es wollte" (HA 10, 521 f.). In seiner Anzeige von Zelters *Neuer
Liedersammlung* legte Goethe den Anlass offen: Ein geselliger Abend in Jena am
13. Februar 1818. „Man lasse mich bekennen, daß ich, mit dem Schlag Mitternacht im hellsten Vollmond aus guter, mäßig-aufgeregter, geistreich-anmutiger
Gesellschaft zurückkehrend, das Gedicht aus dem Stehgreife niederschrieb, ohne
auch nur früher eine Ahnung davon gehabt zu haben" (HA 12, 308 f.). Noch 1827
notierte Eckermann Goethes andauernde Wertschätzung des Liedes: „es ist von mir
noch ein lebendiger Teil und lebt mit mir fort" (HA 1, 746) (Abb. 11.2).

Texterörterung – Lebenslied. Anders als die abstraktere Reflexion der
Bestimmung und Bestimmtheit des Menschen in den „Urworten, orphisch"
werden hier drei für bestimmte Lebensphasen paradigmatische Anekdoten lyrisch
berichtet, deren reflexives Gemeinsames die Mitternacht ist:

- „Um Mitternacht" ist nicht autobiographische Rückschau Goethes, sondern auf
  Verallgemeinerung angelegte Reflexion. Die erste Strophe macht den Abstand
  zwischen dem Rollen-Ich im Gedicht und dem Autor ganz klar:

  > Um Mitternacht ging ich, nicht eben gerne,
  > Klein, kleiner Knabe, jenen Kirchhof hin
  > Zu Vaters Haus, des Pfarrers; Stern am Sterne
  > Sie leuchteten doch alle gar zu schön; (HA 1, 372)

Goethes Vater war natürlich *kein* Pfarrer! – Der Kindheit, dem Knabenalter
werden hier bestimmte Momente zugeordnet:

- Das massive Unbehagen des Knaben gegenüber dem Kirchhof um Mitternacht (mal abgesehen von der beckmesserischen Frage danach, warum
  der Herr Pfarrer seinen kleinen Sohn mitternachts noch draußen rumlaufen
  lässt!),
- die zumindest in Aussicht gestellte Geborgenheit des väterlichen Hauses und
- ein bestimmter Zustand der Himmelslichter: Es sind nur Sterne zu sehen,
  allerdings ist das nicht düster oder unheimlich, vielmehr „leuchteten" sie „gar
  zu schön" (v. 4).

- Die zweite Strophe ist, in der mythologischen Bild-Rede der „Urworte",
  die Eros-Strophe: „Wenn ich dann ferner in des Lebens Weite / Zur Liebsten
  mußte, mußte, weil sie zog" (v. 6 f.). Das väterliche Haus ist längst verlassen,
  die Enge auch des Kirchhofs gegen „des Lebens Weite" eingetauscht, nicht
  mehr Vater oder Familie sind sozialer Orientierungspunkt, sondern die
  „Liebste". Liebe ist aber durchaus konflikthaft: Das ‚Müssen' des zweiten
  Verses macht das ebenso deutlich wie das seltsame Paradox im vierten: „Ich
  gehend, kommend Seligkeiten sog" (v. 9) – und natürlich der Zustand der
  Himmelslichter: „Gestirn und Nordschein über mir im *Streite*" (v. 8). Das
  irrlichternde, unstete Nordlicht verdunkelt die Sterne, die stet sind, ewig,
  gesetzmäßig; allerdings: Es ist schon deutlich heller als in der ersten Strophe.
- Die dritte Strophe verzichtet auf die Zuordnung oder Nennung eines Lebens-
  alters – sie schließt eine zeitliche Reihe ab: „Um Mitternacht" (v. 1), „ferner"
  (v. 6), „Bis dann zuletzt" (v. 11). Und sie schließt eine grammatische Klammer:
  Der temporale Wenn-Satz der zweiten Strophe bleibt offen, das „Bis dann" der
  dritten erst schließt ihn.

  > Bis dann zuletzt des vollen Mondes Helle
  > So klar und deutlich mir ins Finstere drang,
  > Auch der Gedanke willig, sinnig, schnelle
  > Sich ums Vergangne wie ums Künftige schlang; (v. 11–14)

Der Zustand der Himmelslichter ist hier an den Anfang der Strophe gewandert,
er begleitet nicht eine Phase, ein Stadium des menschlichen Lebens, sondern
wird zur Metapher: Dem lyrischen Ich dringt „des vollen Mondes Helle"

„ins Finstere", d. h. er erhellt etwas in ihm, macht etwas klar, erkennbar oder verständlich. Und diese Bewusstheit ist eine Bewusstheit des Zeitlichen: Erinnerung („ums Vergangne") und Hoffnung, Ahnung („ums Künftige") sind Gegenstand der ‚Umarmung' („schlang") durch das „willig, sinnig, schnelle" Denken. Dass dieses „Künftige" auch den unabwendbaren eigenen Tod mit einschließt, bindet die letzte Strophe an die erste zurück: Dort war der Tod schon im „Kirchhof" präsent.

Perspektive. Der Standpunkt des lyrischen Ichs im modellhaft dreistufig reflektierten Lebenslauf ist derjenige des Alters: Nur von hier aus ist der reflektierend-narrative Rückblick möglich. Max Kommerell hat in seinem immer noch lesenswerten, ja bemerkenswerten Buch *Gedanken über Gedichte* (1943) die gleichsam ‚perspektivische Grammatik' der drei Strophen insbesondere in der spannungsvollen „Wenn ich dann ferner" – „Bis dann zuletzt"-Konstruktion (v. 6/v. 11) beschrieben (Kommerell 1985, 132 f.). Aber nicht nur Rückblick ist das Gedicht: Titel und Kehrvers, „Um Mitternacht" (v. 5, 10, 15) markieren einen Zeitpunkt, an dem sich der gestrige und der morgige Tag, Vergangenes und Künftiges die Waage halten, an dem gewissermaßen das unaufhaltsame Vergehen der Zeit zumindest in der Imagination für einen Moment im Ausgewogensein von Vergangenheit und Zukunft angehalten zu sein scheint.

„Um Mitternacht". Refrain und poetischer Statthalter des Identischen. Das Gedicht ist ein Lebenslied, ein *Lied!* Den jeweils vier ‚narrativen' Versen der Strophen folgt ein Refrain, ein Kehrvers, der als solcher aus dem Reimschema der Strophen herausfällt, die Strophen aber natürlich über seine Gleichheit eng aneinander bindet. Auch wenn die Strophen ganz unterschiedliche Zustände des Menschen erzählen, ganz unterschiedliche Lichterscheinungen am nächtlichen Himmel – eines bleibt gleich: Es ist immer Mitternacht. Diese ist nicht immer gleich (Sterne, Nordschein, Mond), aber ist immer Mitternacht. Wieder Max Kommerell: „Das Gedicht zeigt ein Gleiches am Verschiedenen" (Kommerell 1985, 133). Damit wird der Kehrvers zum Statthalter dessen, das, trotz aller veränderlichen Zustände, trotz allen Verstreichens der Zeit, bleibt: Ein Kern der Identität. Nur weil dieser da ist, kann vom Standpunkt des Alters auf die verschiedenen Stufen zurückgeblickt werden, weil sie alle zum ‚Ich' gehören. Waren die Götter-Namen der „Urworte, orphisch" gleichsam die objektiven Rahmungen menschlicher Identität, wird hier ein Subjektives, Individuelles reflektiert, das diese Identität ausmacht: Es bleibt im Kern das gleiche ‚Ich', auf der Formebene der Refrain. Dauer im Wechsel!

11.5 „Trilogie der Leidenschaft"

Unter dem Titel „Trilogie der Leidenschaft" stellte Goethe 1826, bei der Vorbereitung des dritten Bandes der Ausgabe letzter Hand (s. dort S. 19–30), drei Gedichte zusammen, die 1823 und 1824 zu bestimmten Gelegenheiten bzw. auf dem Hintergrund individueller Erfahrungen geschrieben worden waren, die sich aber in dieser Zusammenstellung von ihrem jeweils konkreten Anlass ablösen und – auch in ihrer Reihenfolge – eine tiefgehende Reflexion sowohl des eigenen literarischen Werks als auch der Bestimmung des Dichterischen bzw. des Dichters darstellen. Eckermann notiert aus einem Gespräch vom 1. Dezember 1831 einerseits eine Bemerkung Goethes gleichsam zur Poetik der Trilogie als ,Genre', die dieser eine fast dramatische Gedankenführung unterlegt: „Es kommt darauf an, daß man einen Stoff finde, der sich naturgemäß in drei Partieen behandeln lasse, so daß in der ersten eine Art Exposition, in der zweiten eine Art Katastrophe, und in der dritten eine versöhnende Ausgleichung stattfinde" (MA 19, 686). Im selben Gespräch mystifiziert Goethe (wie bei der Entstehung von „Um Mitternacht") einerseits das Zustandekommen dieser Trilogie: „So kam es denn, daß alle drei jetzt beisammenstehenden Gedichte von demselbigen liebesschmerzlichen Gefühle durchdrungen worden und jene ,Trilogie der Leidenschaft' sich bildete, *ich wußte nicht wie*" (MA 19, 687). Andererseits aber irrt er sich in der Erinnerung an die Chronologie der Entstehung der drei Einzelgedichte (er meint, die „Elegie" sei das älteste der Gedichte):

- „**Aussöhnung**" existiert in einer Handschrift vom 18. August 1823 unter dem Titel „An Madame Marie Szymanowska". Goethe sandte es der polnischen Pianistin mit einer französischen (und einer polnischen) Übersetzung schon am Folgetag. Er publizierte es nicht nur in Bd. 3 der ALH als Abschlussgedicht der „Trilogie" (S. 30), sondern auch im 4. Bd. unter der Rubrik „Inschriften, Gedenk- und Sende-Blätter", wo er es folgendermaßen erläutert: „Dieses Gedicht, die Leiden einer bangenden Liebe ausdrückend, steht schon im vorigen Band an seinem gemüthlichen Platze; hier durfte es nicht fehlen, weil es ursprünglich durch die hohe Kunst der Marie Szymanowska, der trefflichsten Pianospielerin, zu bedenklicher Zeit und Stunde aufgeregt und ihr ursprünglich übergeben wurde" (ALH 4, 186).
- „**Elegie**". Der Text entstand zwischen dem 5. und 12. September 1823 – im Postwagen! Goethe befand sich auf der Rückreise vom sommerlichen Kuraufenthalt in Marienbad und einem Kurzaufenthalt in Karlsbad. Unmittelbarer Anlass war die starke affektive Beziehung zu einem jugendlichen weiblichen Kurgast in Marienbad, Ulrike von Levetzow. Goethe kannte und schätzte deren Mutter schon lange, 1821 traf er sie erstmalig mit ihren drei Töchtern in Marienbad, 1823 bat er schließlich den Großherzog Carl August, bei der 19-jährigen Ulrike für ihn um ihre Hand anzuhalten: Sie lehnte ab. Von Levetzows reisten am 17. August 1823 nach Karlsbad ab, Goethe folgte ihnen nach kurzem Zögern, das Beisammensein über seinen Geburtstag hinweg mündete am 5. September in die Abreise. Sein Weimarer Umfeld war von den Liebesavancen des 74-Jährigen peinlich berührt. – Unmittelbar nach der Rückkunft nach Weimar ließ Goethe eine eigenhändige Reinschrift der Elegie, die er zwischen dem 17. und 19. September anfertigte, eingelegt in rotes Maroquin-Leder schließlich in eine blaue Mappe mit dem Aufdruck „Elegie. September 1823" binden, ein Zeichen dafür, wie hoch er den Text wertschätze (Abb. 11.3).

- „An Werther". Goethe schrieb den Text am 24. und 25. Juli 1824 anstelle einer Einleitung, um die ihn der Leipziger Verleger Weygand für eine Jubiläumsausgabe der *Leiden des jungen Werthers* gebeten hatte (50 Jahre nach dessen Erstpublikation). Diese erschien dann ein Jahr zu spät: *Die Leiden des jungen Werther. Neue Ausgabe, vom Dichter selbst eingeleitet.* Leipzig 1825.

Texterörterung

▸ „An Werther". In vielerlei Hinsicht schließt das Gedicht an die verallgemeinernde Reflexion menschlichen Lebens in den „Urworten" und in „Um Mitternacht" an: Die mittleren drei Strophen sind im Gestus verallgemeinernden Sprechens verfasst. „Des Menschen Leben scheint ein herrlich Los: / Der Tag, wie lieblich, so die Nacht wie groß! / Und wir, gepflanzt in Paradieses Wonne, / Genießen kaum der hocherlauchten Sonne, / Da kämpft [...]" (v. 11–15; HA 1, 381). Der Kindheit und frühen Jugend wird die „verworrene Bestrebung" (v. 15) zugeordnet, dem jungen Manne dann der Zug „[i]ns Weite" (v. 27): „Mit Gewalt / Ergreift uns Liebreiz weiblicher Gestalt" (v. 21 f.). Doch Glück und Erfüllung sind dem Menschen nicht gewährt; Bindung ist Unfreiheit: „Fühlt er den Flug gehemmt, fühlt sich umgarnt" (v. 34), die unabwendbar verstreichende Zeit („Jahre sind im Augenblick ersetzt", v. 37) kennt zwar „[frohes] Wiedersehn", „[schweres] Scheiden" und „[beglückendes] Wieder-Wiedersehn" (v. 35 f.), allein: „Doch tückisch harrt das Lebewohl zuletzt" (v. 38).

Eingerahmt ist diese Reflexion durch zwei Anredestrophen an den Titelhelden des Erstlingsromans. Anfangs wird direkt die erneute Publikation des Romans angesprochen: „Noch einmal wagst du, vielbeweinter Schatten, / Hervor dich an das Tageslicht" (v. 1 f.); die Differenz zwischen jugendlicher Romanfigur und altem Autor-Ich wird scharf, doch auch fast augenzwinkernd unernst betont: „Zum Bleiben ich, zum Scheiden du erkoren, / Gingst du voran – und hast nicht viel verloren" (v. 9 f.). Der pessimistische, ja bittere Blick auf das menschliche Leben (bei dem man nicht viel verliere, wenn man's verliere!), wird durch den reflexiven Rückblick der mittleren Strophen plausibilisiert – und der Dialog mit der Romanfigur hebt wieder an: „Du lächelst, Freund, gefühlvoll, wie sich ziemt: / Ein gräßlich Scheiden machte dich berühmt; / Wir feierten dein kläglich Mißgeschick, / Du ließest uns zu Wohl und Weh zurück" (v. 39–42). Fast leichthin, in ironischer Distanz, wird Werthers Selbstmord sowohl als „gräßlich Scheiden" als auch als „kläglich Mißgeschick" angesprochen, das ihn „berühmt" gemacht habe: Schon der „vielbeweinte Schatten" (v. 1) hatte auf die übertriebenempfindsame frühe *Werther*-Rezeption verwiesen.

Die sich anschließenden vier Verse verlassen den Werther wieder – und setzen die verallgemeinernde Reflexion des Mittelteils fort: „Dann zog uns wieder ungewisse Bahn / Der Leidenschaften labyrinthisch an" (43 f.). Das „Wohl und Weh" (v. 42) ist nichts als die Wiederholung der unglücklichen Leidenschaft, die Werther den Tod brachte; völlig ungrammatisch, elliptisch, ja stammelnd, bringt das das nächste Verspaar zum Ausdruck: „Und wir, verschlungen wiederholter Not, / Dem Scheiden endlich – Scheiden ist der Tod!" (v. 45 f.). Das Scheiden, das auch für den Lebenden ein Tod sei, tritt hier neben das „gräßlich Scheiden"

Werthers. Um daraus dann die kompensatorische Funktion von Literatur, ja des Dichtens abzuleiten: „Wie klingt es rührend, wenn der Dichter singt, / Den Tod zu meiden, den das Scheiden bringt!" (v. 47 f.). Muss der Dichter sich eben *nicht* umbringen, *weil* er über das (todesähnliche) Scheiden sprechen kann? Oder hebt er, im ‚rührenden', ästhetischen Sprechen über Scheiden und Tod, die Drastik (oder sogar die Realität) des Todes auf? „Verstrickt in solche Qualen, halbver-schuldet, / Geb' ihm ein Gott, zu sagen, was er duldet". Das Schlussverspaar ist eine Variation (und Entlehnung) der fundamentalen Neubestimmung von Dichter und Dichtung im *Torquato Tasso:* „Und wenn der Mensch in seiner Qual ver-stummt, / Gab mir ein Gott zu sagen, wie ich leide" (v. 3432 f.). Das „halbver-schuldet" ist neu, ebenso das „duldet" anstelle des Leidens; v. a. aber der Optativ: „An Werther" erbittet in der Schlussformel für den Dichter die Fähigkeit, rührend so zu singen, dass sein Gedicht ‚den Tod meidet, den das Scheiden bringt'.

▶ **„Elegie".** Genau diese *Tasso*-Stelle macht die „Elegie" dann zu ihrem Motto (mit einer Abweichung: „zu sagen, *was* ich leide"). Dass der Text die Genre-Bezeichnung „Elegie" zum Titel hat, verweist, weit über den gegebenenfalls bio-graphischen Anlass ihrer Abfassung hinaus, auf die antike Tradition der Gattung zurück: Gedichte im Tone verhaltener Klage und wehmütiger Resignation werden als Elegien bezeichnet. Der generische Titel macht aus dem Text gleichsam den Modellfall elegischer Literatur. Dabei verzichtet Goethe programmatisch auf die *formale* Bestimmung der Elegie in der Antike, das elegische Distichon aus Hexa-meter und Pentameter, das er in den *Römischen Elegien* nutzt. Hier verwendet er eine verkürzte Form der Stanze: Die Doppelterzine ist zu einem kreuzgereimten Verspaar abgekürzt (ABAB), an das sich ein Verspaar im Paarreim anschließt (CC). Der fünfhebige jambische Vers mit durchgehend weiblicher Kadenz ahmt den italienischen Endecasillabo (elfsilbiger Vers) der Renaissance-Stanze bei Boccaccio, Ariost und Tasso nach (ein formaler Verweis auf Tasso, neben dem inhaltlichen des Mottos).

Ein kurzer Durchgang durch den Text soll seine Grobgliederung und v. a. die Verweise auf andere lyrische Gedichte des späten Goethe (*Divan*, „Sonette") sowie die programmatische Selbstbegründung dichterischen Sprechens sichtbar machen:

- Die erste Strophe gestaltet die Erwartung des Liebenden auf das Wiedersehen mit der Geliebten: Die Ungewissheit der Hoffnung („wie wankelsinnig regt sich's im Gemüte!", v. 4) gegenüber „dieses Tages noch geschloßner Blüte" (v. 2) wird in traditioneller, aber drastisch-kontrastierender Bildlichkeit aus-gedrückt: „Das Paradies, die Hölle steht dir offen" (v. 3). Schon Vers 5 scheint Gewissheit zu bringen: „Sie tritt ans Himmelstor", die zweite Strophe aber schränkt im irrealen Konjunktiv schon ein: „So warst du denn im Paradies empfangen, / Als *wärst* du wert des ewig schönen Lebens" (v. 7 f.). Nichts-destoweniger scheint hier das Erhoffte erreicht zu sein: „Hier war das Ziel des innigsten Bestrebens, / Und in dem Anschaun dieses einzig Schönen / Versiegte

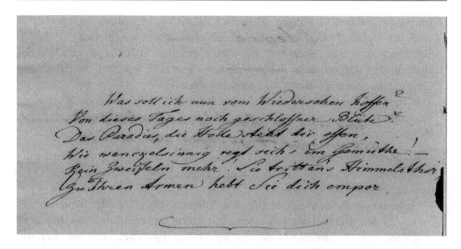

Abb. 11.3 „Elegie", 1. Strophe in Goethes Reinschrift (GSA 25/W 141)

gleich der Quell sehnsüchtiger Tränen" (v. 10–12). Ein Erhofftes allerdings, das doppelt vom ‚sie', der Geliebten, abstrahiert: Es ist nur „Anschaun", dessen Objekt ein Neutrum ist: „dieses einzig Schönen".

- Dritte und vierte Strophe bringen die verstreichende Zeit zur Sprache: „Wie regte nicht der Tag die raschen Flügel, / Schien die Minuten vor sich her zu treiben!" (v. 13 f.) – bis hin zum Abschied, der Trennung oder der Vertreibung aus dem Paradies: „Der Kuß, der letzte" (v. 19), „Nun eilt, nun stockt der Fuß, die Schwelle meidend, / Als trieb' ein Cherub flammend ihn von hinnen; / Das Auge starrt auf düstrem Pfad verdrossen, / Es blickt zurück, die Pforte steht verschlossen" (v. 21–24).
- Der ‚Rest' des Textes, also immerhin neunzehn Strophen, gestaltet das „Nun" der Hoffnungslosigkeit: Die fünfte Strophe das Herz, das jetzt angefüllt ist mit „Mißmut, Reue, Vorwurf, Sorgenschwere" (v. 29), die sechste den tendenziellen Weltverlust: „Felsenwände, / […] gekrönt von heilgen Schatten" (v. 31 f.), die „Ernte", ein „grün Gelände", das „am Fluß durch Busch und Matten" sich hinzieht (v. 33 f.) seien doch noch da, fragt der Text – allein bleiben sie ohne Bedeutung. Denn sie werden verdrängt, überblendet gleichsam vom nur noch imaginierten Bild der Frau (Strophe VII): „Wie leicht und zierlich […] / So sahst du sie in frohem Tanze walten, / Die lieblichste der lieblichsten Gestalten" (v. 37, 41 f.). Festhalten kann der Liebende in Strophe VIII nur dies „Luftgebild" im „Herz[en]" (v. 44 f.): „Dort regt sie sich in wechselnden Gestalten; / Zu Vielen bildet Eine sich hinüber, / So tausendfach und immer, immer lieber" (v. 46–48).
- Die Erinnerung an die Präsenz der Geliebten und ihr Bild werden in Strophe IX an die Seite der Geliebten in Petrarcas *Canzoniere* und in Goethes „Sonetten" gerückt: So wie das vorletzte der Sonette formuliert: „Mit *Flammenschrift* war

innigst eingeschrieben / Petrarcas Brust [...]" (XVI, 1 f.), so ist auch hier „das Bild der Lieben, / Mit *Flammenschrift* ins treue Herz geschrieben" (v. 53 f.). Bei Petrarca, in den „Sonetten" wie auch hier ist die unhintergehbare Vergeblichkeit der Liebeswünsche das Zentralmotiv, hier aber, wie dort, auch der Ausgangspunkt oder der Urgrund dichterischer Rede!

- Das Herz des lyrischen Sprechers wird ab Strophe X (bis Strophe XVIII) zur Raummetapher ausgestaltet („Ins Herz, das fest, wie zinnenhohe Mauer, / Sich ihr bewahrt und sie in sich bewahret", v. 55 f.):

  – Als Raum der Erinnerung an „Hoffnungslust zu freudigen Entwürfen, / Entschlüssen, rascher Tat" (v. 63 f.) und Begeisterung durch die Liebe (vgl. Strophe XI),
  – als Raum der Erinnerung ans Bild der Geliebten, die in „milder Sonnenhelle" (v. 72) den Herzensraum des Ichs mit Hoffnung erhellte: „Von Schauerbildern rings der Blick umfangen / Im wüsten Raum beklommner Herzensleere" (v. 69 f.; Str. XII),
  – als Imaginationsraum der „Gegenwart des allgeliebten Wesens" (v. 76), die wie der „Frieden Gottes [.../...] beseliget" (v. 73 f.; Str. XIII),
  – als Raum der Frömmigkeit einem „Höhern, Reinern, Unbekannten" gegenüber (v. 80; Str. XIV) in der (imaginierten oder erinnerten) Präsenz der Geliebten: „Solcher seligen Höhe / Fühl' ich mich teilhaft, wenn ich vor ihr stehe" (v. 83 f.); wie eine Naturmacht („Vor ihrem Blick, wie vor der Sonne Walten, / Vor ihrem Atem, wie vor Frühlingslüften", v. 85 f.; Str. XV) lässt sie „Selbstsinn", „Eigennutz" und „Eigenwille" schwinden (v. 88 f.).

- Der Imaginationsraum des Herzens wird in den Strophen XVI und XVII zur Bühne, auf der die Geliebte spricht – oder vielmehr, gleichsam hypothetisch, zum Sprechen gebracht wird: „Es ist, als wenn sie sagte" (v. 91). Die Rede der Frau empfiehlt dem Gegenüber, das „Gestrige" und das „Morgende" (v. 93 f.) gleichsam beiseitelassend nur „froh-verständig, / Dem [erfüllten] Augenblick ins Auge" zu schauen (v. 97 f.). „Du hast gut reden" (v. 103; Str. XVIII) antwortet der lyrische Sprecher (auf der Bühne seiner Gedanken), „zum Geleite / Gab dir ein Gott die Gunst des Augenblickes" (v. 103 f.), er versteht den Hinweis doch dann eher als ihn schreckenden „Wink, von dir mich zu entfernen" (v. 107).

- Das „nun" aus Strophe V – unmittelbar nach der Vertreibung von der Paradiesespforte durch den Cherub – kehrt zu Beginn der Strophe XIX wieder: „Nun bin ich fern!" (v. 109); diesem Augenblick ins Auge zu schauen, macht hoffnungslos: „Mich treibt umher ein unbezwinglich Sehnen, / Da bleibt kein Rat als grenzenlose Tränen" (v. 113 f.). Wie die „Sonette" thematisiert auch die Elegie (Str. XX) die „innre Glut" der vergeblichen Liebe (v. 116), des unbezwinglichen Sehnens, doch hier scheint die dichterische Form, die der Klage gegeben wird, keine Bändigung des Feuers zu ermöglichen: „Schon rast's und reißt in meiner Brust gewaltsam, / Wo Tod und Leben grausend sich bekämpfen" (v. 117 f.). Sprache scheint nicht in der Lage, die ungeheuerlich widerstreitenden Affekte ‚einzufangen': „Fehlt's am Begriff: wie sollt' er sie vermissen? / Er wiederholt ihr Bild zu tausendmalen. / Das zaudert bald, bald wird es weggerissen" (v. 121–123; Str. XXI)

- Die letzten beiden Strophen hat Goethe in der eigenhändigen Prachthandschrift (so wie auch schon die erste Strophe von der zweiten) von den übrigen durch eine Volute (einen geschlängelten Strich) abgesetzt; sie verlassen auch den Gegenstand der Klage, das Erinnerungsbild der Geliebten und die Reflexion der augenscheinlichen Unmöglichkeit der dichterischen Bändigung der ‚inneren Glut'. Die Strophen setzen vielmehr das dichterische Ich (Str. XXIII) ab von einem imaginierten „Ihr" (Str. XXII): Damit ist nicht etwa ein adressiertes Publikum gemeint, vielmehr sind's „getreue Weggenossen", denen „die Welt erschlossen" sei (v. 127, 129), die ‚betrachten', ‚forschen' sollen: „Einzelheiten sammelt, / Naturgeheimnis werde nachgestammelt" (v. 131 f.). So wie in Strophe VI dem lyrischen Sprecher die Welt aus ‚Felsenwänden, grün Gelände' entschwunden scheint, ist es hier die der ‚Weggenossen': „Laßt mich allein am Fels, in Moor und Moos" (v. 128).
- Strophe XXIII macht Welt- und Ichverlust ganz klar: „Mir ist das All, ich bin mir selbst verloren" (v. 133). Damit zitiert die „Elegie" in Anlehnung diejenige Formel, mit der Tasso im V. Akt den eigenen Identitätsverlust beklagt: „Ich bin mir selbst entwandt" (*Tasso*, v. 3418). Mit dieser Formel leitete Tasso, nur noch einmal von Antonio unterbrochen (vgl. *Tasso*, v. 3419 f.), jene Neuauffassung dichterischer Identität ein, die das Motto der Elegie zitiert (vgl. *Tasso*, v. 3422–3433). Das Ich der Elegie jedoch sieht, zumindest auf der Oberfläche des Textes, keine Rettung:

> Mir ist das All, ich bin mir selbst verloren,
> Der ich noch erst den Göttern Liebling war;
> Sie prüften mich, verliehen mir Pandoren,
> So reich an Gütern, reicher an Gefahr;
> Sie drängten mich zum gabeseligen Munde,
> Sie trennen mich, und richten mich zugrunde. (v. 133–138)

Die Pandora-Anspielung ist komplex: Nach antiker Überlieferung (Hesiod: *Werke und Tage,* v. 60–105) ist Pandora eine von allen Göttern überreich beschenkte („reich an Gütern"), wunderschöne Frau, der Zeus eine Büchse, „in welcher alle Noth und Plagen enthalten waren, welche die Menschen betreffen können", mitgab („reicher an Gefahr"). „[S]o bald sie ihre Büchse aufmachte, und sehen wollte, was darinnen wäre, so fuhr alles […] Unglück heraus; und, ungeachtet sie den Deckel so geschwind wieder darauf that, als sie konnte, so behielt sie dennoch nichts in der Büchse, als die einige Hoffnung, welche am Rande hängen blieb. Diese haben daher die Menschen noch allein in aller ihrer Noth und ihrem Elende" (Hederich 1770, Sp. 1873). Die Motivik von Not und Elend und Hoffnung(slosigkeit) lässt sich sehr gut mit der Stimmung und Haltung der Elegie in Verbindung bringen. – Goethe allerdings deutet Pandora auch anders: In einem Fragment gebliebenen Festspiel (*Pandora*, 1808) sollte,

so zumindest die ebenfalls fragmentarische Skizze der auf den fertiggestellten
I. Akt folgenden Handlung, Pandora eine Büchse oder Lade bei sich führen,
die die Fähigkeit beinhalten sollte, „Vergangnes in ein Bild [zu] verwandeln"
(WA I.50, 458), also die künstlerische Fähigkeit, das Abwesende nachzu-
ahmen (wie Aristoteles künstlerische Mimesis definiert). Auch das würde zur
„Elegie" durchaus passen: Die Imagination der entfernten Geliebten v. a. in den
Strophen VII–XVIII ebenso wie der Vers: „Sie drängten mich zum gabeseligen
Munde" (v. 137).

Allerdings nützt diese Gabe nichts, der Schlussvers antizipiert die Katastrophe:
„Sie trennen mich – und richten mich zugrunde". (v. 138). Worauf das
„trennen" sich bezieht, ist vieldeutig: Trennen die Götter den lyrischen
Sprecher von der geliebten Frau? Oder von den „getreue[n] Weggenossen"?
Oder von der gesamten Welt und von sich selbst: „Mir ist das All, ich bin
mir selbst verloren." Anders als in den „Sonetten" gibt es hier, *innerhalb* der
„Elegie", *keine* poetische Form, die die ‚innere Glut' aufwiegen kann, keinen
Dichter, der „seine Wunden [...] auszukühlen, / Mit einem Zauberwort die
tiefsten auszuheilen" wisse (Sonette XV, 7 f.)

▶ **„Aussöhnung"**. Das ‚Gedenk und Sende-Blatt' für Marie Szymanowska schrieb
Goethe während desselben Marienbad-Aufenthalts 1823, auf den auch die „Elegie"
zurückgeht – nach vergeblicher Werbung um Ulrike und einen Tag, nachdem die
Familie von Levetzow nach Karlsbad abgereist war. Auch hier nutzt Goethe die
verkürzte Stanzenstrophe mit weiblich endenden Endecasillabi – allerdings nicht
durchgängig im klagenden elegischen Ton, sondern vielmehr, zumindest von der
zweiten Strophe an, in feierlichem, ja heiligendem Tonfall.

Innerhalb der „Trilogie der Leidenschaft" greift die erste Strophe ihres
Abschlussgedichtes inhaltlich auf die Schlussstimmung der „Elegie" zurück:
Leiden, Beklommenheit, Betrübnis, Vergeblichkeit der Erinnerung und Weltverlust. „Die Leidenschaft bringt Leiden!" (v. 1; HA 1, 385), „Die hehre Welt, wie
schwindet sie den Sinnen!" (v. 6). Zweite und dritte Strophe jedoch gestalten, ja
besingen eine *Heilung*. Die zweite Strophe setzt mit einem „Da" ein: Ein Moment
der plötzlichen, unverhofften Veränderung der tiefen Betrübnis. Die Wirkung der
Musik, der abstraktesten und flüchtigsten der Künste, die, indem sie „zu Millionen
Tön' um Töne" verflicht (v. 8), die des „Menschen Wesen durch und durch zu
dringen" vermag, um „[z]u überfüllen ihn mit ew'ger Schöne" (v. 9 f.), ist (er-)
lösend, entbindet das Herz von der Beklommenheit der ersten Strophe: „Das Auge
netzt sich, fühlt im höhern Sehnen / Den Götterwert der Töne wie der Tränen" (v.
11 f.). Diesen Zustand feiert gleichsam die dritte Strophe: Dem „Da" im Auftakt
der zweiten folgt hier ein „Und so" (v. 13). Das „Herz" ist in der Tat „erleichtert"
(v. 13), lebt noch und möchte – hier thematisiert sich der Text als ‚Sende-Blatt'
selbst metaphorisch – sich selbst zum Gegengeschenk für die „überreiche[ ]
Spende" (v. 15) der Musik machen. Das Schlussverspaar, das wie in den ersten
beiden Strophen einen Gemütszustand zusammenfasst, wird hier fast zur Sentenz:
„Da fühlte sich – o daß es ewig bliebe! – / Das Doppelglück der Töne wie der

Liebe" (v. 17 f.). Liebe ist, selbst wenn sie Leiden schafft, gelöst oder aufgehoben durch die Tonkunst, „Doppelglück".

Trilogie. Poetik und werkbiographische Reflexe. Was in den „Sonetten" innerhalb des Zyklus gewährleistet wird, schafft hier die Struktur der Trilogie. Deren Poetik – „in der ersten [Partie] eine Art Exposition, in der zweiten eine Art Katastrophe, und in der dritten eine versöhnende Ausgleichung" (Eckermann, 1. Dezember 1831) – wird idealtypisch umgesetzt. „An Werther" moderiert das Thema der labyrinthisch anziehenden Leidenschaften, Scheiden und wiederholte Not an, das dann in der „Elegie" in der Tat zur Katastrophe durchgeführt wird: „Sie trennen mich, und richten mich zu Grunde". Die ‚versöhnende Ausgleichung' geschieht durch die Kunst: Auf der ‚Handlungsebene' des dritten Gedichts durch die Musik, auf der mittelbaren ‚Handlungsebene' des literarischen Sprechakts durch die Poesie, insbesondere die ‚klassische' Form der Stanze: Klagend, in der „Elegie", feierlich-hymnisch in der „Aussöhnung".

Über diese ‚trilogische' Dramaturgie der Leidenschaften hinaus aber ist die „Trilogie der Leidenschaften" in vielfachem Sinne ‚Lebenslied' von Goethes Werkbiographie. In das „Werther"-Gedicht eingeschrieben sind im Mittelteil die objektiven wie subjektiven Mächte, um die in den „Urworten, orphisch" und in „Um Mitternacht" die Reflexion menschlichen Lebens kreist. Die Schlusswendung der letzten „Werther"-Strophe bindet nicht die Werther-Figur, sondern den (Dichter des) *Werther*-Roman(s) an die dichterische Selbst-Neubestimmung des Tasso im V. Akt an. Die „Elegie" verweist als solche – auch ohne elegische Distichen – auf die Selbst-Neubestimmung des Dichters Goethe in den „Römischen Elegien" zurück, die Paradieses-Bildlichkeit auf das letzte Buch des *Divan* so wie die Minne-Bildlichkeit, die „Flammenschrift" auf Petrarca *und* die „Sonette" von 1807/1808. In der vorletzten Strophe der „Elegie" werden sogar nebenbei noch *naturwissenschaftliche* Weggenossen Goethes adressiert. Die Pandora-Bildlichkeit verweist zurück auf den Prometheus, mit dem sie mythologisch engstens verknüpft ist, verknüpft auch in der Gefährlichkeit: „Ich brachte reines Feuer vom Altar; / Was ich entzündet, ist nicht reine Flamme" („Ilmenau", v. 108 f.). „Prometheus", *Werther, Tasso,* die „Römischen Elegien", die „Sonette", der *Divan,* „Urworte, orphisch" und „Um Mitternacht": Das ist natürlich nur ein ganz kleiner Ausschnitt des literarischen Werkes, aber einer, der programmatisch in eine ganz bestimmte Reihe gestellt wird durch die Reflexion in der „Trilogie" und dessen Bedeutung für das eigene Werk in dieser Thematisierung von Goethe selbst hervorgehoben wird.

Dramatik

12

12.1 Faust. Der Tragödie Erster Theil

„Nun steht mir fast nichts als der Hügel Tasso und der Berg Faustus vor der Nase. Ich werde weder Tag noch Nacht ruhen biß beyde fertig sind. Ich habe zu beyden eine sonderbare Neigung und neuerdings wunderbare Aussichten und Hoffnungen" (WA IV.8, 347). – Als Goethe diese Sätze am 16. Februar 1788 aus Italien an den Weimarer Herzog schrieb, verwies er mit dem „Berg Faustus" auf ein schon vor dem Umzug nach Weimar, vermutlich 1773 oder 1774 begonnenes, wie *Iphigenie, Tasso, Egmont* und *Wilhelm Meister* aber Fragment gebliebenes Projekt, das nicht nur in Italien eben noch lange nicht fertiggestellt werden konnte, sondern sich, inklusive seines zweiten Teils, als lebenslanges Projekt herausstellen sollte. Die Entstehungsgeschichte reichte von der vorweimarer Zeit über die Italienreise, die programmatischen Impulse aus der Zusammenarbeit mit Schiller um 1800 bis hin zur Fertigstellung des ersten Teils der „Tragödie" im Jahre 1806; von ca. 1800 bis 1832, also praktisch bis zu Goethes Tod, zog sich die Arbeit am zweiten Teil. Stoffgeschichtlich gehört der „Faust" ursprünglich in die Reformationszeit, schon in den ersten Stadien des Projekts ergänzte Goethe den *Faust I* aber um seinen vielleicht wichtigsten Teil: Die Verführungs- und Kindsmordhandlung um Margarete. Gattungsgeschichtlich ist der gesamte Text so vielgestaltig, dass die Genre-Bezeichnung im Untertitel auf jeden Fall zu diskutieren ist.

Stoff I: Historia von D. Johann Fausten 1587. Dem Faust-Mythos geht eine vorliterarische Geschichte voraus: Der mündlich und fragmentarisch-schriftlich kolportierte Mythos um eine angeblich reale historische Figur. Der „historische" Faust war, angeblich um 1480 in Knittlingen geboren, ein Zeitgenosse Luthers

---

Ergänzende Information Die elektronische Version dieses Kapitels enthält Zusatzmaterial, auf das über folgenden Link zugegriffen werden kann https://doi.org/10.1007/978-3-476-05903-1_12.

und wurde schnell berühmt und berüchtigt als Arzt, Quacksalber, Zauberer, Schwarzkünstler und Teufelsbündler. Den schon zu seinen vorgeblichen Lebzeiten grassierenden Gerüchten zufolge starb Faust eines schrecklichen Todes, dessen Begleitumstände eher auf ein missglücktes chemisches Experiment hindeuteten, die aber der Volksmund auf den Teufelsbund hin auslegte.

Literaturgeschichtlich belangvoll ist die erste literarische Bearbeitung des Fauststoffes, da sie die materiale Grundlage aller weiteren Bearbeitungen ausmacht: die *Historia von D. Johann Fausten, dem weitbeschreyten Zauberer vnnd Schwartzkünstler,* anonym verfasst und von dem Frankfurter Buchdrucker Johann Spieß 1587 veröffentlicht. Dieser Prosaroman ist, seiner „Vorred an den christlichen Leser" entsprechend, eine reformatorische Kampfschrift gegen Teufelsbündlerei, Aberglaube, schwarze Magie und den Abfall von Gott. Einerseits beschreibt der Text eine Biographie: Kindheit, Erziehung und Jugend, Studium und Promotion der Titelfigur, Teufelspakt und Pakt-Zeit von 24 Jahren, schließlich den Tod. Andererseits ist die Darstellung der 24 Jahre eine Schwanksammlung, die Reisen, Schwänke und Abenteuer des Protagonisten werden aneinandergereiht; der Verfasser kompiliert hier mehr oder weniger bekannte Schwänke, Reisebeschreibungen und Abenteuererzählungen, die er alle auf die Figur Fausts konzentriert.

Stoff II: Das Puppenspiel. Schon sechs Jahre nach Erscheinen des Spiesschen Drucks setzte der junge englische Dramatiker Christopher Marlowe den Faust-Stoff in ein Bühnenstück um: *The Tragicall History of D. Faustus* (1593). Anders als der Prosaroman ergreift die Dramatisierung Hauptpunkte der Fabel, die bis zu Goethe bestimmend bleiben: die Krise des Universitäts-Wissenschaftlers im Eingangsmonolog, Beschwörung und Teufelspakt, Fausts teuflisch begünstigtes Engagement auch in der hohen Politik, die Beschwörung der Helena, späte Reue, Tod und Verdammnis. – Neben der literarisch-produktiven Rezeption wie bei Marlowe wurde der Faust-Stoff schnell popularisiert: Schon zu Beginn des 17. Jahrhunderts wurde der Stoff zum Puppenspiel umgearbeitet, die Marionettenbühnen boten vor allem für Geister- und Beschwörungsszenen die leichter handhabbare und flexiblere Maschinerie, die Behandlung des Stoffes hob ganz aufs Spektakuläre, aufs Gruselige ab. Im Puppenspiel treten etwa neben Mephistopheles acht weitere höllische Geister auf, neben der antiken idealen Frau, Helena, werden auch Geistererscheinungen von biblischen Gestalten wie König Salomon, Judith und Holofernes, David und Goliath aufgeboten. In dieser Form ist der Stoff Goethe zuallererst begegnet, noch in seiner Frankfurter Kindheit in Form der billigen Hefte, die, gemäß *Dichtung und Wahrheit,* die Kinder etwa mitsamt dem *Eulenspiegel,* der *Melusine* oder dem *Fortunatus* beim Bauchladenhändler erwarben: „Die bedeutende Puppenspielfabel [...] klang und summte gar vieltönig in mir wider" (HA 9, 413).

Entstehung. Die ersten Nachweise darüber, dass Goethe an einem „Faust"-Drama arbeitete, gehen auf die Jahre 1773 und 1774 zurück: Friedrich Wilhelm Gotter und Heinrich Christian Boie, die Begründer des *Göttinger Musenalmanachs* (ab 1770), mit denen Goethe zu dieser Zeit in Kontakt stand, berichteten von dem Dramenprojekt, ebenso wie der Weimarer Hofmann (und spätere Lebensfreund Goethes) Carl Ludwig von Knebel. Friedrich Leopold zu Stolberg berichtete von einem Weimar-Besuch in einem Brief an seine Schwester vom 6. Dezember 1775: „Einen Nachmittag las Goethe seinen halbfertigen ‚Faust' vor. Es ist ein herrliches Stück. Die Herzoginnen waren gewaltig gerührt bei einigen Szenen" (HA 3, 424).

Dieser ‚halbfertige *Faust'* ist handschriftlich nicht erhalten; allerdings wurde 1887 im Nachlass der Luise von Göchhausen, einem Weimarer Hoffräulein, eine Abschrift des Fragments entdeckt, die seitdem als „Urfaust", besser: als *Faust in ursprünglicher Gestalt* bezeichnet wird. Dieser Text ist noch lange kein Drama, nicht einmal ein geschlossener Text, ist in der Tat maximal ‚halbfertig'. Er zerfällt in drei disparate Teile, die in sich wiederum unterschiedliche Bruchstückhaftigkeit aufweisen: die Gelehrtenhandlung um Faust und die Universitätssatire, daneben die Margaretenhandlung. Die Gelehrtenhandlung exponiert ein Sturmund-Drang-Konzept der Titelfigur: Titanismus und Gottgleichheitsanspruch stellen Faust neben den Prometheus aus Hymne und Dramenfragment, ein Anspruch, aus dem sich der Weg in die (schwarze) Magie ergibt. Die Auftritte von Fausts Gehilfe Wagner und dem Schüler (Universitätssatire) illustrieren die frustrierende Realität des akademischen Lehrbetriebs und Denkens, dem Faust nichts mehr abgewinnen kann. Der dritte Handlungsstrang, die Margareten-Handlung, stammt überhaupt nicht aus der Tradition der Stoffüberlieferung: Er ist ein in sich geschlossenes Trauerspiel um eine verführte Kleinbürgerin, die zur Kindsmörderin wird.

Die Versatzstücke dieses „halbfertigen ‚Faust'" stehen praktisch unverbunden nebeneinander: Gelehrten- und Margaretenhandlung sind disparat zueinander, wie hier der Gelehrte zum Täter wird, ist völlig unklar; das Verhältnis Faust-Mephistopheles ist ungeklärt: Letzterer ist in der Schülerszene einfach da – kein Pudel, kein Pakt, nichts. Der oben zitierte Brief aus Italien („der Berg Faust") deutet allenfalls auf den Versuch einer erneuten Fühlungnahme mit dem Stoff hin. Dieser allerdings erwies sich als sperrig, als zu abgelegen von der neuen, italienisch-südlichen Stimmung, von der neu erarbeiteten, klassizistischen Ästhetik. Immerhin drei neue Szenen oder Szenenteile entstanden in Italien:

- Etwa einhundert Verse aus der zweiten Studierzimmerszene (v. 1770–1867), das Ende des Gesprächs zwischen Faust und Mephistopheles, bevor der Schüler eintritt. Diese neuen Verse führen einerseits ins Zentrum von Fausts Beziehung zu Mephistopheles, der Pakt allerdings bleibt dem Projekt noch lange vorenthalten. Andererseits artikuliert Faust in diesen neugeschriebenen Versen erstmalig einen Anspruch, der den Erkenntnisanspruch der ursprünglichen Gelehrten-Handlung ersetzt: „Und was der ganzen Menschheit zugeteilt ist, / Will ich in meinem innern Selbst genießen" (v. 1770 f.). Diese Wendung Fausts ist Effekt der italienisch-klassizistischen Wendung Goethes: Das titanische Individuum des Sturm-und-Drang-*Faust* wird uminterpretiert zum Gattungsparadigma, der Einzelne ist repräsentativ für die Gattung Mensch.
- Die „Hexenküche", in der Mephistopheles Faust in sein ureigenstes Hoheitsgebiet, eine von sprechenden und zaubernden Tieren bevölkerte Unwirklichkeit, führt; es ist Mephistos Macht, die den alternden Gelehrten in den

jugendlicheren Liebhaber verwandeln kann. Einerseits gewinnt hier das
Drama (etwa dreißig Jahre) Zeit, die bis zur Erfüllung des Pakts ablaufen – die
dramatischen Möglichkeiten werden schlicht erweitert. Andererseits aber stellt
diese neue Szene die wichtige Verbindungsstelle zwischen Gelehrten- und
Margareten-Handlung her: Nur als jugendlicherer Liebhaber kann Faust überhaupt in Beziehung zu der jungen Frau treten. Die „Hexenküche" weist aber
auch über die Margareten-Handlung hinaus: In einem Spiegel erblickt Faust
das Urbild aller weiblichen Schönheit, Helena: Der Trank weckt überhaupt erst
seine Begierde nach dem, was Margarete dann für ihn erfüllt. Mephisto spricht
diese Intention eindeutig aus – nicht zu Faust allerdings, sondern eher beiseite:
„Du siehst, mit diesem Trank im Leibe, / Bald Helenen in jedem Weibe" (v.
2603 f.). Die Beschwörung der Helena war ein Handlungsmotiv von Prosaroman und Puppenspiel – hier werden, zumindest im Keim, Teile des ersten,
zweiten und der dritte Akt des *Faust II* motiviert.

- Die Szene „Wald und Höhle", zu der er die 35 Schlussverse der Szene „Nacht
  vor Gretchens Haus" (Frühe Fassung v. 1411 ff.; HA 3, 414 f.) überarbeitete
  und wiederum als Schlussverse übernahm (*Faust I*, v. 3335–3368). Schließlich
  wird die Szene zentral in der Beziehung Fausts zu Margarete liegen, zwischen
  dem Blumenorakel und Fausts vorgeblichem Liebesbekenntnis beider und
  Gretchens melancholisch-vorahnendem „Meine Ruh' ist hin" (v. 3374). Faust
  weist hier auf seine ,libidinöse Programmierung' in der „Hexenküche" zurück:
  „Er [Meph.] facht in meiner Brust ein wildes Feuer / Nach jenem schönen
  Bild geschäftig an. / So tauml' ich von Begierde zu Genuß, / Und im Genuß
  verschmacht' ich nach Begierde" (v. 3247 ff.).

Mitsamt diesen drei neuen Szenen ließ Goethe einen Großteil des schon
bestehenden Textes 1790 als *Faust. Ein Fragment* drucken: „Auerbachs Keller"
war zudem von Prosa in Verse umgearbeitet worden, „Wald und Höhle" steht
noch zwischen „Brunnen" und „Zwinger", das Ganze bricht nach dem „Dom"
ab. Dieses Fragment wurde zwar von einer kleinen Öffentlichkeit begeistert
aufgenommen – allein: Der Text blieb noch lange liegen. Erst 1797, auch auf
Drängen Schillers hin, beschäftigte sich Goethe wieder mit *Faust:* „Unser
Balladenstudium hat mich wieder auf diesen Dunst- und Nebelweg gebracht" (an
Schiller, 22. Juni 1797; WA IV.12, 167). Jetzt sollte endlich eine durchgehende,
auch den zweiten Teil mit umfassende Konzeption erarbeitet sowie das Verhältnis
zwischen Faust und Mephisto geklärt werden.

Schiller drängte in seinen Briefen vor allem auf die einigende Konzeption,
drängte gewissermaßen Goethe zu einem Faust mit klassizistischem Zuschnitt:
„[W]eil die Fabel ins Grelle und Formlose geht und gehen muß, so will man nicht
bei dem Gegenstand stille stehen, sondern von ihm zu Ideen geleitet werden. Kurz,
die Anforderungen an den ,Faust' sind zugleich philosophisch und poetisch" (an
Goethe 23. Juni 1797; HA 3, 426 f.). In der zweiten Junihälfte 1797 nahm Goethe
das Projekt wieder auf, schon am 23. Juni hält das Tagebuch fest: „Ausführlicheres
Schema zum ,Faust'", einen Tag später: „Zueignung an ,Faust'" (HA 3, 427).

Für die Wiederannäherung an den Stoff bediente Goethe sich unterschiedlicher Vehikel, die der poetischen Bewältigung dieser Annäherung gelten und der
(partiellen) Einfügung des Faust-Stoffes in klassizistisches Denken dienen. Die
schon erwähnte „Zueignung" ist eines dieser Vehikel, das (letztlich weggelassene)
Stanzengedicht „Abschied" („Am Ende bin ich nun des Trauerspiels", Gaier 1999
I, 574), vermutlich im Winter 1797/98 entstanden, ein zweites: Beide bildeten den
Rahmen, innerhalb dessen sich das ganze Doppeldrama entfalten sollte; der „Prolog im Himmel" ist ein drittes Vehikel, möglicherweise schon 1797 entworfen,
erst 1800 fertiggestellt, etwa gleichzeitig mit dem „Überblick über die ganze
Dichtung" (Gaier 1999 I, 608), einem Schema, das die Fortsetzung des Dramas
in gröbsten Zügen mit einbezieht. Das „Vorspiel auf dem Theater", das auf jeden
Fall auch in den letzten Jahren vor 1800 entstand, wurde möglicherweise zuallererst nicht für den *Faust* geschrieben (vielleicht für die Fortsetzung der Zauberflöte Mozarts, vielleicht für die Wiedereröffnung des Weimarer Theaters; vgl.
Schillemeit 1986), wurde aber auf jeden Fall als zweites ‚Präludium' dem Druckmanuskript von 1806 einverleibt.

Das Schema von 1800 entwirft ein Konzept, das Gelehrten- wie Margareten-
Handlung, gleichermaßen auch die Helena-Episode und die noch gar nicht konkret
ausgedachte, spätere Vollendung (?) Fausts abstrakt umschlösse. 1799 hatte
Goethe erstmalig an einen zweiteiligen Faust gedacht, das Schema ist also entweder 1799 oder 1800 abgefasst (vgl. Binder 1968, 120). Es stellt eine durchaus
inhomogene Disposition des gesamten Fauststoffs dar:

> Ideales Streben nach Einwirken u Einfühlen in die ganze Natur.
> Erscheinung des Geists als Welt u Thaten Genius.
> Streit zwischen Form u Formlosen.
> Vorzug dem formlosen Gehalt
> Vor der leeren Form.
> Gehalt bringt die Form mit
> Form ist nie ohne Gehalt.
> Diese Widersprüche statt sie zu vereinigen disparater zu machen.
> Helles klares wissensch-[aftliches] Streben Wagner
> Dumpfes warmes —— —— Schüler.
> [Lebens Thaten Wesen.]
>   von außen ges h [WA: <gesehn> | Gaier 1999: <gesucht>]
> Lebens Genuß der Person   1   Theil   in der Dumpfheit Leidensch-[aft]
>   nach außen   und Genuß mit Bewußtsey[n].
> Thaten Genuß zweyter   ——   Schönheit.
>   von innen
> Schöpfungs Genuß   Epilog im Chaos auf dem Weg zur Hölle.

Inhomogen ist dieses Schema auf den ersten Blick: Der erste Teil der Tragödie
wird einerseits mit deutlichen inhaltlichen oder Figuren-Verweisen gegliedert,
der zweite Teil eher einer abstrakten Stufung unterzogen – in die dann der erste
integriert wird. Daneben enthält das Schema Arbeitsanweisungen an den Autor

selbst, Vorgaben für die anstehende Arbeit: „Diese Widersprüche statt sie zu ver-
einigen disparater zu machen".

Ab Zeile 12 des Schemas werden der erste und der zweite Teil des *Faust*
einer einheitlichen Kategorie untergeordnet: Dem *Genuss*. Faust ist in der
Margaretenhandlung ist „Lebens Genuß der Person 1 Theil in der Dumpfheit
Leidensch[aft]" zugeordnet. „Thaten Genuß nach außen zweyter [Teil]" weist auf
die Kaiserhofszenen im I., die kriegerischen und Handelserfolge im IV. Akt des
Faust II voraus, „Genuß mit Bewußtsey[n]. Schönheit" auf den Helena-Akt (III),
der „Schöpfungs Genuß" auf die Landgewinnung im V. Akt (vgl. dazu Binder
1968, 126). ‚Genuss' und ‚Genießen' spielen schon im *Faust I* eine zentrale
Rolle – darauf wird noch zurückzukommen sein.

Das Schema von 1800 ist stärkster Beleg einer ideengeleiteten Konzeption des
gesamten Faust-Stoffes während der Zusammenarbeit mit Schiller, ist aber auch
nur konzeptionelle Durchgangsstation, ein weiteres Vehikel der Wiederaneignung
des Stoffes. Ob und inwieweit der *Faust I* dieser Konzeption folgt, in dieser aufgeht oder aber dieses klassizistische Schema stofflich unterläuft, wird noch zu
fragen sein. Zwischen 1801 und 1803 konnte Goethe den ersten Teil des *Faust*
praktisch fertigstellen, ohne, wie beim *Wilhelm Meister,* Schiller wirklich in die
Arbeit einzubeziehen. Die Arbeiten an der neuen Werkausgabe (*Goethe's Werke*
in 13 Bänden, 1806–1810) verlangten viel Aufmerksamkeit, Schillers Tod im
Mai 1805 machte Goethe für eine Zeit arbeitsunfähig – erst im März und April
1806 konnte der Text in Vorbereitung des 8. Bandes der neuen Ausgabe revidiert
werden; Ende April wurde das Druckmanuskript an Cotta abgesandt. Aufgrund
der Kriegswirren um die Eroberung Preußens durch Napoleon und des Nieder-
gangs des Heiligen Römischen Reiches konnte *Faust. Eine Tragödie* erst 1808
erscheinen.

Die drei „Präludien"
Zueignung. Die „Zueignung" (HA 3, 9) deutet die Wiederannäherung Goethes an
den *Faust*-Stoff um als Bewegung des Stoffes auf den Dichter zu: Die Eckstrophen
handeln vom Stoff bzw. vom gedichteten Text, dem „Lied", die Mittelstrophen
erinnernd von Menschen, mit denen der Dichter umgeht. Zu Beginn wird
präsentisch gesprochen, Vergangenes bewegt sich gegenwärtig auf den Dichter zu.
Über die Bilder aus der Vergangenheit aber gewinnt diese, in ihrer freundlichen,
positiven Gestalt, immer mehr Macht, schließlich ist die Gegenwart entrückt, die
Vergangenheit ist an ihre Statt getreten, ist jetzt nah, wird „zu Wirklichkeiten". In
der „Zueignung" thematisiert der Text das eigene Gedichtetwerden, spricht über
den imaginativen Prozess, den lange zurückliegenden *Faust* wieder zu bearbeiten,
fortzusetzen, zu vollenden:

* Die Figuren des Stoffes werden in ihrer Bewegung auf den Dichter zu direkt
  angesprochen: „Ihr naht euch wieder, schwankende Gestalten, / Die früh sich
  einst dem trüben Blick gezeigt" (v. 1 f.). „[F]rüh" und „trübe[r] Blick" verweisen auf den schon lange zurückliegenden Moment, in dem Goethe den
  Figuren schon einmal begegnet war: Aber nicht nur der noch nicht erwachsen

‚geklärte' Blick des Verfassers markiert sie, vielmehr kommen sie auch aus einem eher düsteren, gleichsam nördlichen Gebiet: „Wie ihr aus Dunst und Nebel um mich steigt" (v. 6), sind gekennzeichnet vom „Zauberhauch, der euren Zug umwittert" (v. 8). Unsicher, ob es ihm gelingen möge, „euch diesmal festzuhalten" (v. 3), ist die Wirkung der sich nähernden Gestalten nichtsdestoweniger gewaltig: „Mein Busen fühlt sich jugendlich erschüttert" (v. 7).

- Diese Erschütterung löst Erinnerung aus: Die Ferne, aus der die „Gestalten" kommen, ist zeitliche Ferne, Vergangenheit, die freundlich gemalt wird (2. Strophe): „Ihr bringt mit euch die Bilder froher Tage, / Und manche liebe Schatten steigen auf" (v. 9 f.). „[E]rste Lieb' und Freundschaft", Schmerz- und Verlusterfahrungen werden zum Gegenstand der Klage, „die Guten, die [...] vor mir hinweggeschwunden" (v. 15 f.). Die Freunde der Vergangenheit werden in der dritten Strophe deutlicher markiert als diejenigen, die die Vorlesungen aus den früheren Werken hörten. Eine solche unmittelbare Rezeptionsgemeinschaft – etwa der Straßburger Kreis um Goethe und Herder, der Darmstädter Kreis um Goethe und Merck – gibt es nicht mehr: „Zerstoben ist das freundliche Gedränge, / Verklungen, ach! der erste Widerklang" (v. 19 f.). Dem entgegen sieht sich der Text jetzt der Anonymität der ‚modernen' literarischen Öffentlichkeit, des Marktes gegenüber: „Mein Lied ertönt der unbekannten Menge".

- In der letzten Strophe wendet sich der lyrische Sprecher der „Zueignung" ganz der Vergangenheit zu: „Und mich ergreift ein längst entwöhntes Sehnen / Nach jenem stillen, ernsten Geisterreich" (v. 25 f.), also dem Reich der imaginierten literarischen Gestalten. Er ist aber nicht Subjekt des dichterischen Prozesses. So wie sich oben die „schwankenden Gestalten" ihm annähern, kommt sein „lispelnd Lied" wie durch ein Naturelement zustande: „der Äolsharfe gleich" (v. 28), deren Töne durch den Wind erzeugt werden. Die Rührung durch den Stoff wie durch die von ihm ausgelöste Erinnerung, oben noch ‚jugendliche Erschütterung', gewinnt Macht über ihn: „Ein Schauer faßt mich an, Träne folgt den Tränen" (v. 29), wodurch das Verhältnis des lyrischen Sprechers zu Vergangenheit und Gegenwart völlig umgekehrt wird: „Was ich besitze, seh' ich wie im Weiten, / Und was verschwand, wird mir zu Wirklichkeiten" (v. 31 f.).

Dichterische Produktion wird hier wieder einmal mystifiziert, die Wiederannäherung an den Sturm-und-Drang-Stoff wird als Annäherung des Stoffes imaginiert. Gleichzeitig, trotz aller Rührung, aller Erinnerung und aller Macht, die diese über ihn gewinnt, spricht hier der *Klassizist:* Die Strophenform der „Zueignung" ist die Stanze, zwar nicht antike Form, sondern, wie das Sonett, eine der italienischen Renaissance, eine Form allerdings, der Goethe ähnliche Klassizität zuschreibt wie denen aus der Antike. In der Spannung zwischen klassischer Form und altem Sturm-und-Drang-Stoff wird der auch werkbiographische und ästhetisch-programmatische Abstand zwischen beidem reflektiert!

Vorspiel auf dem Theater. Das zweite Präludium (HA 3, 10–15) stellt, neben und, chronologisch, hinter der „Zueignung" platziert, den nächsten Schritt der Annäherung ans Stück selbst dar. Gegen die dortige Meditation eines einsamen Dichters wird hier der Disput gesetzt: Theaterdirektor, Dichter und sogenannte ‚Lustige Person', der Hanswurst-Typus des frühneuzeitlichen Theaters und stellvertretend für den Schauspielerstand, stellen ihre jeweilige Einschätzung und spezifische Funktionszuschreibung des Theaters einander gegenüber. Das „Vorspiel" ist Theater über Theater auf dem Theater, es markiert das Folgende, das Stück über Faust selbst, als auf der Bühne erzeugte Illusion, hält dessen Fiktionalität fest. – Die Dramen- und Theater-Ästhetik, die aus dem „Vorspiel" spricht, erschließt sich nur aus den sich relativierenden drei Positionen.

Der **Direktor** sieht Theater in erster Linie unter ökonomisch-organisatorischem Aspekt. Losgelöst einerseits von einer konkreten Theatervorführung, andererseits eng angebunden an die Stelle, an der das Vorspiel steht, spricht er: „Die Pfosten sind, die Bretter aufgeschlagen, / Und jedermann erwartet sich ein Fest" (v. 39 f.). Publikum ist für den Direktor die Menge zahlender Zuschauer – er beschreibt sie, wie sie am Kassenhäuschen sich um die Karte reißen, staunen, warten vor verschlossenem Vorhange. Die ‚Lustige Person' vermittelt zwischen der krude-weltmännisch vorgestellten Mentalität des Direktors und dem ‚Seelchen' des Dichters: Der Menge als Publikum soll's gefallen, die poetischen Stimmungen und Bilder des Dichters sollen sich dieser zu vermitteln suchen.

Dieser **Dichter** nun ist zwar nicht der Dichter der Zueignung, doch eine Figur, deren Selbstäußerungen in manchem dieser nahekommen. Auch er spricht, im Dialog des „Vorspiels", zunächst in Stanzen, seine Rede ist durch die Gehobenheit des Stils und die komplexere, verbindlichere Reimstruktur von der der andern unterschieden. Die Haltung des Dichters zu Welt, Menschen, Theater und Publikum ist eine der Distanz, der Selbstunterscheidung: „O sprich mir nicht von jener bunten Menge, / Bei deren Anblick uns der Geist entflieht" (v. 59 f.). Die Welt des Dichters ist die selbstgewählte Einsamkeit, die Voraussetzung seiner dichterischen Produktivität ist: Nur so könne „echte" Dichtung entstehen, die „der Nachwelt unverloren" bleibt (v. 74). In seinem zweiten großen Monolog pocht er, emphatischer noch als zuvor, gewissermaßen aufs höchste „Menschenrecht" (v. 136), das dem Dichter zustünde: Ihm allein nämlich gelinge es, die Elemente zu bändigen, die ungeordnete Natur wie die menschliche Rede harmonisch zu gestalten, „daß sie sich rhythmisch regt" (v. 147). Der Dichter erzeugt ästhetisch die harmonische Ruhe des mangelhaften Naturschönen, er selbst ist Schöpfer von Abendrot und Frühlingsblüten, ist selbst der Schöpfer der Götter: „Wer sichert den Olymp? vereinet Götter? / Des Menschen Kraft, im Dichter offenbart" (v. 156 f.). Dieser Dichter ist aber nicht mehr Genie im Sinne der emphatischen Künstlerauffassung des Sturm und Drang, er erschafft die Welt nicht aus sich selbst, sondern verhält sich zu ihr: „Ist es der Einklang nicht, der aus dem Busen dringt / Und in sein Herz die Welt zurücke schlingt" (v. 140 f.). Die äußere Realität der Welt wird anerkannt; des Dichters spezifisches Talent zum ‚Einklang, der aus dem Busen dringt', ist es, das die Welt zum Material der harmonischen, rhythmisierenden, auch symbolischen Gestaltung macht: „Wer ruft das Einzelne zur allgemeinen Weihe, / Wo es in herrlichen Akkorden schlägt?" (v. 148 f.). Der Dichter ist nicht mehr das exzeptionelle Individuum, sondern Repräsentant der Gattung: Die Antwort auf die Fragenreihe zwischen v. 142 und 156 ist nämlich: „Des Menschen Kraft, im Dichter offenbart" (v. 157).

Der letzte Auftritt des Dichters im „Vorspiel" fällt aus seiner Figurenrede gewissermaßen heraus: Die Versrede hier erinnert mit ihren vierhebigen Jamben im Kreuzreim (und einem eingeschalteten Paarreim in v. 192 f.), abwechselnd weiblich und männlich kadenziert, an Goethes Spiel mit der Volksliedstrophe in „Es schlug mein Herz" (1771). Was auch zu dem passt, was der Dichter noch zu sagen hat: Auf die Aufforderung der ‚Lustigen Person', dichterischen Anspruch und Befähigung einzusetzen, ins Leben zu greifen, dem Publikum zu Belehrung und Ergötzen ein Schauspiel vorzusetzen, antwortet der Dichter mit dem unerfüllbaren Wunsch, seine Jugend, seine Tatenfrische zurückzuerhalten. Hier greift der Text zurück auf ein Bild der „Zueignung": den Nebel, Metapher für jugendlich noch Halbbewußtes, noch nicht im Geist durchgeformtes – die ‚Lustige Person' allerdings stellt klar, wie vergeblich dieser Wunsch sei, was Dichter und Direktor wirklich sind: „Doch ins bekannte Saitenspiel / mit Mut und Anmut einzugreifen [...] / Das, *alte Herrn,* ist eure Pflicht" (v. 206 ff.). – Ohne dass der ‚Streit' zwischen den drei Figuren des „Vorspiel" vermittelt, geschweige denn geschlichtet würde, beendet der Direktor unter Verweis auf die publikumsbindende spektakuläre Theatermaschinerie („Prospekte", „Maschinen", „das groß' und kleine Himmelslicht", „Wasser, Feuer, Felsenwände[ ]", v. 234 ff.) den Disput: „So schreitet in dem engen Bretterhaus / Den ganzen Kreis der Schöpfung aus / Und wandelt mit bedächt'ger Schnelle / Vom Himmel durch die Welt zur Hölle" (v. 239 ff.).

Prolog im Himmel. Genau der Ort, den die letzten Worte des Direktors eher metaphorisch an den Beginn einer theatralischen Weltschau stellen, wird sogleich auf die Bühne gebracht: der Himmel. Im „Prolog" (HA 3, 16–19) geht es erstmalig tatsächlich um die Titelfigur des *Faust,* wenn auch aus einer eigentümlichen Außenperspektive: In Anlehnung an den Beginn des Buches Hiob (Kap. 1,6–12), wo Satan von Gott gleichsam die Erlaubnis bekommt, Gottes treuen Diener Hiob auf's Äußerste zu prüfen, sprechen hier der Herr und Mephistopheles über Faust.

Nach hymnischem Lob der Schöpfung durch drei Erzengel spricht Mephistopheles den Herrn selbst an („Da du, o Herr, dich wieder einmal nahst / Und fragst, wie alles sich bei uns befinde", v. 271 f.) und kontrastiert das blinde Lob der Engel, indem er den Herrn mit einer realistisch-pessimistischen Betrachtung der menschlichen Welt konfrontiert: „Ein wenig besser würd' er [der Mensch] leben, / Hättst du ihm nicht den Schein des Himmelslichts gegeben; / Er nennt's Vernunft und braucht's allein, / Nur tierischer als jedes Tier zu sein" (v. 283 ff.). Gegen diese nachgerade misanthropische Weltsicht will nun der Herr ein positives Beispiel setzen – und führt damit die Hauptfigur des Dramas ein: „Kennst du den Faust?" (v. 299).

Mephistopheles geht unmittelbar auf diese Einwendung des Herrn ein: Er charakterisiert jenen Doktor Faust als einen Wissenschaftler, dessen Wissensdrang und Streben die Grenzen menschlicher Erkenntnismöglichkeit weit überschreite: „Nicht irdisch ist des Toren Trank noch Speise. / Ihn treibt die Gärung in die Ferne, / Er ist sich seiner Tollheit halb bewußt; / Vom Himmel fordert er die schönsten Sterne / Und von der Erde jede höchste Lust" (v. 301 ff.). Der Wunsch Fausts jedoch, menschliche Grenzen zu transzendieren, wird hier und von diesem Herrn, im Gegensatz zum Faust des reformatorischen Prosaromans, positiv sanktioniert – christliche Grundwerte werden umgewertet: Nicht das Irren, nicht Zweifel oder Überschreitung einer von einem Gott dem Menschen gesetzten Grenze sind hier Sünde, sondern Erschlaffung, Muße, „unbedingte Ruh" (v. 341). Der Irrtum ist hier Funktion menschlichen Strebens (vgl. v. 317), Mephistopheles bekommt in diesem ‚Heilsplan' gar eine vom Herrn gewollte, positiv besetzte Position: Er ist ein gewissermaßen sekundärer Motor menschlichen Strebens: „Des Menschen Tätigkeit kann allzuleicht erschlaffen, / Er liebt sich bald die unbedingte Ruh; / Drum geb' ich gern ihm den Gesellen zu, / Der reizt und wirkt und muß als Teufel schaffen" (v. 340 ff.). Mephistopheles gehört also unmittelbar in diesen Heilsplan hinein, ist nicht Widersacher des Herrn, sondern lediglich einer der „Geister, die verneinen" (v. 338), bloß ein „Schalk" (v. 339) – also der Narr am Hofe des Herrn.

Damit wird das Spiel, das Mephistopheles dem Herrn anbietet, schon entwertet: „Was wettet Ihr? den sollt Ihr noch verlieren, / Wenn ihr mir die Erlaubnis gebt, / Ihn meine Straße sacht zu führen!" (v. 312 ff.). Wenn Mephistopheles ein Werkzeug im Heilsplan des Herrn ist, kann er nicht mit ihm wetten! Das Werkzeug kann nicht mit dem wetten, der es einsetzt! Einerseits ist diese Wette näher am Buch Hiob, als man denken mag: In der Luther-Übersetzung sagt Satan: „Aber recke dein Hand aus / vnd taste an alles was er hat / Was gilts / er wird dich ins angesicht segenen" (Hiob 1,11) – auch hier also das Motiv einer Wett-Formel. Andererseits präfiguriert die hier angebotene Wette die spätere Uminterpretation des Teufelspakts zur Wette: Wenngleich die Paktszene noch lange nicht geschrieben ist, trifft Goethe hier die wesentlichste Vorentscheidung für das gesamte *Faust*-Drama. Im „Prolog im Himmel" nimmt der Herr formal das Wettangebot an, weist Mephisto aber gleich in seine Schranken der Diesseitigkeit seines relativen Sieges: „Solang' er auf der Erde lebt, / Solange sei dir's nicht verboten" (v. 315 f.). Die mögliche Verführbarkeit des Doktor Faust spricht allerdings nicht gegen ihn, gegen seine Heilsfähigkeit. Ganz im Gegenteil: „Es irrt der Mensch, solang' er strebt" (v. 317) – Fausts mögliche Verführung wird, exemplarisch für die gesamte Gattung, positiv umgedeutet zu einer Funktion seines lebenslangen Bemühens um Erkenntnis oder Wahrheit.

Dieses dritte Präludium also ist, nach der dichterischen Wiederannäherung an den Stoff in der „Zueignung" und dem poetologischen Spielrahmen des „Vorspiels", Annäherung an die Zentralfigur, genauer: die zentrale Figuren-Achse des *Faust*. Natürlich sind der Herr und Mephistopheles in keiner Weise Gott und Satan: Hier geht es nicht um *Religion*! Der Text zitiert einen Text, aus dem

Goethe etwas nutzt und so das Energiezentrum für die Handlung des folgenden Bühnenstücks organisiert. ‚Streben‘ und dessen Widerpart der ‚unbedingten Ruh‘ sind der abstrakteste Werterahmen für die *Faust*-Handlung, die zentrale Figurenkonstellation ist ‚der Mensch‘ und sein ‚Geselle, der reizt und wirkt und muss als Teufel schaffen‘ – das Figurenpaar Faust-Mephisto. Deren Verhältnis – großes und noch fortdauerndes Desiderat der Arbeit am Text 1797/98 – wird hier vorbereitet: An die Stelle des Teufelspakts tritt die Wette, die hier vorbereitet wird. Und nicht zuletzt findet im „Prolog" die ‚klassizistische‘ Adaption des ursprünglichen Sturm-und-Drang-Stoffs statt: Vom Herrn, aber auch von Mephistopheles wird Faust als exemplarisches Individuum der Gattung Mensch angesprochen, als ihr Repräsentant.

Die Gelehrtenhandlung

Exposition. Der Beginn des Dramas zeigt Faust als einen Wissenschaftler, der die Grenzen des menschenmöglich lernbaren Wissens ausgeschritten zu haben vermeint, aber mit dem so zu Wissenden nicht zufriedengestellt erscheint. Sein erster Monolog ist pathetische Klage über die Marginalität menschlichen Wissens, die Stumpfheit des Lehrer- und Forscheralltags:

> Heiße Magister, heiße Doktor gar,
> Und ziehe schon an die zehen Jahr’
> Herauf, herab und quer und krumm
> Meine Schüler an der Nase herum –
> Und sehe, daß wir nichts wissen können!
> Das will mir schier das Herz verbrennen. (v. 360 ff.)

Fausts Reaktion auf seine Verzweiflung an nur-menschlichem Wissen, auf die Krise seiner wissenschaftlichen Erkenntnissuche, ist ein mehrfacher Versuch der Grenzüberschreitung. Der Raum, der auf der Bühne simuliert wird, steht sinnbildlich für die Enge des menschenmöglichen Wissens, für die Begrenztheit, der Fausts Klage gilt: Er befindet sich in einem „hochgewölbten, engen gotischen Zimmer" (BA vor v. 354), dessen Ausstattungsstücke er ausführlich als die Zeugen oder Beweise seiner beklagenswerten Existenz anführt: „Bücherhauf / Den Würme nagen, Staub bedeckt", „angeraucht Papier", „Gläser, Büchsen", „Urväter-Hausrat", „Tiergeripp’ und Totenbein" (v. 402–417). In der bloßen Imagination vollzieht Faust seine **Grenzüberschreitungsversuche,** die ihn hinaus aus diesem Raum zu führen scheinen, auf den er aber immer wieder zurückverwiesen wird: „Weh! Steck ich in dem Kerker noch?" (v. 398).

   Magie, Erkenntniswunsch. Grenzüberschreitung ist für Faust zunächst ein Schritt jenseits des christlichen Glaubens („Fürchte mich weder vor Hölle noch Teufel", v. 369): An die Stelle theologisch sanktionierter Erkenntnis tritt ein Anderes: „Drum hab’ ich mich der Magie ergeben" (v. 377). Die Bewegung in Richtung der Magie ist aber immer noch Erkenntnis: „Daß ich erkenne, was die

Welt / Im Innersten zusammenhält, / Schau' alle Wirkenskraft und Samen, / Und tu' nicht mehr in Worten kramen" (v. 382 ff.); die Erkenntnis eines universellen Gesetzes, die Erkenntnis der (Selbst-)Erzeugungsgesetze der Welt ist immer noch nur Schau, Theorie, aber schon etwas anderes als das Wiederkäuen von Bücherwissen. Adressiert an den „Mondenschein" (v. 386) imaginiert Faust ein durch die Magie begünstigtes Verlassen-Können seines „engen gotischen" Raumes, er wünscht, allerdings im irrealen Konjunktiv, er könne „[i]n deinem lieben Lichte gehen, / Um Bergeshöhle mit Geistern schweben, / Auf Wiesen in deinem Dämmer weben" (v. 393 ff.).

Makrokosmoszeichen. Über den verzweifelten Konjunktiv des Wunsches geht der erste Entgrenzungsversuch hinaus. Mit einem Buch von Nostradamus als Weggeleit befiehlt Faust sich: „Flieh! auf! hinaus ins weite Land!" (v. 418). Das ,weite Land' steht zunächst metaphorisch für das Andere des durch den Studierkerker als zu eng charakterisierten Erkenntnisbereichs der Normalwissenschaften. Angesichts einer Abbildung des Makrokosmos-Zeichens ,sieht' Faust die Mechanik der natürlichen Kräfte – gewissermaßen von einer extraterrestrischen Position aus: „Wie alles sich zum Ganzen webt, / Eins in dem andern wirkt und lebt! / Wie Himmelskräfte auf und nieder steigen / Und sich die goldnen Eimer reichen" (v. 447 ff.). Die Desillusion jedoch erfolgt schnell: Faust entlarvt die Vision als „Schauspiel nur" (v. 454), als Zeichen, als das artifizielle Andere der Natur: „Wo fass' ich dich, unendliche Natur? / Euch Brüste, wo? Ihr Quellen alles Lebens, / An denen Himmel und Erde hängt, / Dahin die welke Brust sich drängt" (v. 455 ff.).

Erdgeist. Das Zeichen des Erdgeistes, das Faust nun ins Auge fällt, scheint genau diesen Wunsch erfüllen zu können: Der scheinbar bescheidenere, menschennähere, nur einen Anteil des Makrokosmos repräsentierende Geist wird um so emphatischer angerufen – und wirkt, schon bevor er erscheint, wie Faust es will: „Ich fühle Mut, mich in die Welt zu wagen, / Der Erde Weh, der Erde Glück zu tragen" (v. 464 f.). Neben der Lizenz zur Überschreitung der Studierzimmergrenze wird hier, nachdem schon das Makrokosmos-Zeichen die Frage nach der eigenen Göttlichkeit hervorgelockt hatte („Bin ich ein Gott? Mir wird so licht", v. 439), das Phantasma der Gottessohnesebenbildlichkeit ins Spiel gebracht (Joh. 1,29: „Siehe / das ist Gottes Lamm / welchs der Welt Sünde tregt"). Der Geist, endlich erschienen und Faust zunächst bis zur Furcht erschreckend, charakterisiert sich selbst als Person gewordene Selbsttätigkeit der Natur, die Werden und Vergehen umfasst:

> In Lebensfluten, im Tatensturm
> Wall' ich auf und ab,
> Webe hin und her!
> Geburt und Grab,
> Ein ewiges Meer,
> Ein wechselnd Weben,
> Ein glühend Leben,
> So schaff' ich am sausenden Webstuhl der Zeit
> Und wirke der Gottheit lebendiges Kleid. (v. 501 ff.)

Der Erdgeist begreift sich hier als Geist, als Subjekt der *Geschichte:* Diese ist das ‚lebendige Kleid‘ der Gottheit Natur. Faust, der sich dem Geist gleich fühlt, wird zutiefst gedemütigt: „Du gleichst dem Geist, den du begreifst, / Nicht mir!" (v. 512 f.). Die Sinnkrise, in der sich der Wissenschaftler schon befand, wird zur manifesten Selbstwertkrise: „Nicht dir? / Wem denn? / Ich Ebenbild der Gottheit! / Und nicht einmal dir!" (v. 514 ff.); sein Anspruch auf Gottesebenbildlichkeit kontrastiert auffällig mit der soeben erfolgten Demütigung.

Verzögerung I: Wagner. Der dritte Grenzüberschreitungsversuch Fausts wird hinausgezögert durch das Erscheinen seines Famulus (Gehilfen) Wagner (ab v. 528). Der Auftritt Wagners dient dramaturgisch eben zu dieser Retardation, inhaltlich einerseits zur Illustration der frustrierenden Realität des Lehrbetriebs, die Faust im Anfangsmonolog beklagte. Wagner, der staubig-trockene Wideräuer alter Texte und ihrer ebenso veralteten Wahrheiten, die im Gewande jeweils modischer Rhetorik wohl einzusetzen wären, fungiert andererseits auch als Gegenbild Fausts und damit zur schärferen Konturierung von dessen Wissenschaftsverständnis. Erfahrung, Wissen und dessen Vermittlung sind für Faust eine Sache des Herzens, Programm ist emphatische Unmittelbarkeit: „Wenn Ihr's nicht fühlt, Ihr werdet's nicht erjagen, / Wenn es nicht aus der Seele dringt / Und mit urkräftigem Behagen / Die Herzen aller Hörer zwingt" (v. 534 ff.). Wie Prometheus ist der von Faust entworfene Wissenschaftlertypus Selbsthelfer, nicht aus „dürren Blättern" (v. 557), „Pergament" (v. 566) sich kräftigend: „Erquickung hast du nicht gewonnen, / Wenn sie dir nicht aus eigner Seele quillt" (v. 568 f.; schärfer als in der Wagner-Szene wird mit der Schülerszene, eingeschoben in die zweite Studierzimmerszene, die Motivik des Gelehrtenalltags nochmals satirisch aufgegriffen; vgl. v. 1868–2050).

Verzögerung II: Wiederholte Klage. Bevor Faust endlich zum dritten Mal den Versuch der Grenzüberschreitung *im* „engen gotischen Zimmer" unternimmt, rekapituliert er in einem fast 90 Verse langen Monolog nochmals die eigene Beschränktheit. Die prätendierte Gottesebenbildlichkeit und die brutale Zurückweisung eben dieser Prätention durch den Erdgeist führen ihn in die tiefste Krise: „Ich, Ebenbild der Gottheit, das sich schon / Ganz nah gedünkt dem Spiegel ew'ger Wahrheit, / [...] / Ein Donnerwort hat mich hinweggerafft" (v. 614 f., 622). Nicht einmal menschlich denkt er seine Existenz jetzt: „Den Göttern gleich' ich nicht! Zu tief ist es gefühlt; / Dem Wurme gleich' ich, der den Staub durchwühlt, / Den, wie er sich im Staube nährend lebt, / Des Wandrers Tritt vernichtet und begräbt" (v. 652 ff.). Wie in den Versen 402 ff. dekliniert er nochmals die (ererbten) Requisiten seiner ohnmächtigen Wissenschaften durch, die die „Natur des Schleiers nicht berauben" können, nicht offenlegen können, „was sie deinem Geist nicht offenbaren mag" (v. 673 f.).

Selbstmordphantasie. Der Blick auf die Requisiten, in den hochgewölbten Raum, fällt aber letztlich auf eine Phiole Gifts. Diese, als Instrument des Selbstmords, lässt ihn den dritten, letzten Versuch der Grenzüberschreitung unternehmen – allein: Er unternimmt ihn nur rhetorisch, in der antizipierenden Imagination, und wird an der Ausführung gehindert. Die Raum-Bildlichkeit dieser Imagination bezieht sie aufs Schärfste kontrastierend auf die Enge des Zimmers:

> Ins hohe Meer werd' ich hinausgewiesen,
> Die Spiegelflut erglänzt zu meinen Füßen,
> Zu neuen Ufern lockt ein neuer Tag.
>
> Ein Feuerwagen schwebt auf leichten Schwingen
> An mich heran! Ich fühle mich bereit,
> Auf neuer Bahn den Äther zu durchdringen,
> Zu neuen Sphären reiner Tätigkeit. (v. 699 ff.)

Das ‚weite Land‘, in das er eben noch strebte (v. 418), wird hier durchs „hohe Meer" ersetzt, die Entgrenzung ist, metaphorisch und als konkrete Vision Fausts, radikaler. Das Meer als ‚Spiegelflut‘ steht hier, wie anderswo auch (vgl. „Mächtiges Überraschen" im Sonettenzyklus von 1807/08), als Reflexionsmedium ewiger, göttlicher Gesetze (vgl. v. 615: „ganz nah gedünkt dem Spiegel ew'ger Wahrheit"), die jetzt zu schauen Faust die Gelegenheit zu bekommen wähnt. „Zu neuen Ufern", „den Äther zu durchdringen", „zu neuen Sphären" sind die Metaphern der totalen Expansion, die Faust im Selbstmord sieht – weiter als Wissenschaft und sogar Magie ihn bringen können.

Faust verübt den Selbstmord rhetorisch, nimmt jeden Schritt, jeden Effekt der vermeintlichen Grenzüberschreitung vorweg: Die Befreiung von den Grenzen der Physis, Einswerden mit Natur und Kosmos, die nicht näher bestimmbare ‚reine Tätigkeit‘ (die die Phantasie als bloßen Enthusiasmus entlarvt: Im Tode ‚rein‘ tätig sein zu wollen, ist nichts als emphatischer Unsinn!). Das um Mitternacht einsetzende Ostergeläut jedoch hindert Faust am Vollzug der Selbstvergiftung – bringt ihn ganz von seinem Vorhaben ab, weckt vielmehr Erinnerungen an sein jugendliches Vorleben: „O tönet fort, ihr süßen Himmelslieder! / Die Träne quillt, die Erde hat mich wieder" (v. 783 f.).

Osterspaziergang. Diese beiden Verse leiten die reale Überschreitung der Studierzimmergrenzen ein, die ‚Wiederbegegnung‘ mit der Welt außerhalb des Zimmers. Faust verlässt den Kerker seines Studierzimmers. In der Szene „Vor dem Tor" feiert er hymnisch die frühlingshafte Natur:

> Vom Eise befreit sind Strom und Bäche
> Durch des Frühlings holden, belebenden Blick;
> Im Tale grünet Hoffnungsglück;
> Der alte Winter, in seiner Schwäche,
> Zog sich in rauhe Berge zurück. (v. 903 ff.)

In eigentlicher Rede spricht Faust hier über Natur, die geschmückten Menschen, die die Natur plötzlich wieder ans Licht führe, noch vor den Blumen. Der Anlass des Osterfestes jedoch und das gleichzeitige frühlingshafte Getümmel werden metaphorisierend zusammengedacht: „Sie feiern die Auferstehung des Herrn / Denn sie sind selber auferstanden / Aus niedriger Häuser dumpfen Gemächern" (v. 921 ff.). Mehr noch als für die Stadtbürger, die Faust beobachtet, gilt die Auferstehungsmetapher des Frühlings für ihn selbst: Er spricht hier über die eigene Bewegung aus dem Kerker-Grab des Studierzimmers, spricht seine Auferstehung explizit aus: „Hier ist des Volkes wahrer Himmel, / Zufrieden jauchzet groß und klein; / Hier bin ich Mensch, hier darf ich's sein" (v. 938 ff.). Fausts neue Zuwendung zur Welt, seine Wahrnehmung, nur hier, draußen, außerhalb des eigenen Kerkers ‚Mensch' sein zu können, bereiten die Begegnung mit Mephistopheles vor, sind unbedingte Voraussetzung für die Wette. Insgeheim findet die Begegnung schon statt: Im fallenden Abend werden Faust und Wagner des Pudels gewahr, der sich im Folgenden als die Verkleidung Mephistopheles' herausstellen wird.

Mephistopheles
Tatgeist. Das Stichwort, auf das hin Mephistopheles auftritt (vielmehr: sich aus dem Pudel herausverwandelt), markiert das fundamentale Desiderat, das Fausts Verzweiflung bisher umkreiste: Von Tätigkeit zu schwafeln (vgl. v. 705), macht nicht tätig; auch zu Ostern spazieren zu gehen, ist nur bedingt Tätigkeit: Immerhin findet sie außerhalb des Studierzimmerkerkers statt. Fausts magische Bestrebungen, die Erdgeistbeschwörung und selbst der Suizidversuch waren erfolglose Versuche, tätig zu werden – ‚Tat' bleibt magische Theorie, wird allenfalls verbal vorweggenommen. Nun, mit dem verdächtigen, schon rennenden (vgl. v. 1186), knurrenden (vgl. v. 1202) Pudel wieder im Studierzimmer, reflektiert Faust die ‚Auferstehung' des Osterspaziergangs; er schlägt, mit dem durchaus ernst gemeinten Impetus, den originalen Text übersetzen zu wollen, das Neue Testament auf: „Wir sehnen uns nach Offenbarung" (v. 1217) – und gerät unmittelbar an den Beginn des Johannes-Evangeliums. Das griechische ‚logos' in Johannes' erstem Satz – „Im Anfang war das *Wort*" – animiert Faust zu einer übersetzerischen und etymologischen Improvisation: Er gelangt vom „Wort" über die Stationen „Sinn" und „Kraft" zur Tat: „Im Anfang war die Tat!" (v. 1237).

Kaum jedoch spricht Faust diese Fehlübersetzung aus, beginnt der Pudel unter lautem Geheul seine Gestaltverwandlung: Er bläht sich auf zum Höllenungeheuer „mit feurigen Augen" (v. 1255), unter dem Gesang der „Geister auf dem Gange" (v. 1259) und, scheinbar unterstützt von Fausts Beschwörungsformeln, tritt Mephistopheles auf den Plan, „tritt, indem der Nebel fällt, gekleidet wie ein fahrender Scholastikus, hinter dem Ofen hervor" (nach v. 1321). Faust hält ihn für einen Abgesandten der Hölle und fragt nach seinem Namen, den er für ähnlich aussagekräftig wähnt wie die Teufelsnamen „Fliegengott [Beelzebub], Verderber, Lügner" (v. 1334). Genau diesen Namen verweigert Mephistopheles ihm (er wird im gesamten *Faust* nur einmal genannt: Faust nennt ihn, abgekürzt, in der

„Walpurgisnacht", v. 4183). Statt seines Namens präsentiert Mephistopheles eine ausführliche, aber nicht widerspruchsfreie Selbstcharakterisierung.

Selbstcharakterisierung. Im „Prolog im Himmel" hatte der Herr Mephistopheles den „Geistern, die verneinen" zugeordnet, ihm als „Schalk am wenigsten zur Last" (v. 338 f.), hatte ihn als „Gesellen" dem Menschen zur Seite gestellt, der „reizt und wirkt und muß als Teufel schaffen" (v. 343). Mephistopheles scheint, Faust gegenüber, dem Herrn rechtzugeben: „Ich bin der Geist, der stets verneint!" (v. 1338), was er als Erklärung seines Rätselwortes ausgibt, mit dem er seine Selbstvorstellung beginnt: Er sei „Ein Teil von jener Kraft, / Die stets das Böse will und stets das Gute schafft" (v. 1335 f.). Was jene Kraft sei, bleibt dunkel: Mephistopheles ordnet sein Spiel mit den Kategorien des Bösen und des Guten einerseits dem unhintergehbaren Werden und Vergehen im Naturzusammenhang zu („alles, was entsteht, / Ist wert, daß es zugrunde geht; / Drum besser wär's, daß nichts entstünde", v. 1339 ff.); andererseits seien diese moralischen Kategorien eben nicht Begriffe für objektiv Existierendes: „So ist denn alles, was ihr [Menschen] Sünde, / Zerstörung, kurz das Böse *nennt,* / Mein eigentliches Element" (v. 1342 ff.). Und das ist nicht widerspruchsfrei zur ersten Selbstbestimmung: Wenn das, was die Menschen das Böse nennen, sein eigentliches Element ist, von seinem Wollen her, schafft er doch damit das Gute, oder? Oder nur das, was die Menschen das Gute *nennen?* Die moralischen Kategorien sind relativiert!

In einer krude erscheinenden Alternative zum biblischen Schöpfungsmythos charakterisiert Mephistopheles sich ein zweites Mal: „Ich bin ein Teil des Teils, der anfangs alles war, / Ein Teil der Finsternis, die sich das Licht gebar, / Das stolze Licht, das nun der Mutter Nacht / Den alten Rang, den Raum ihr streitig macht" (v. 1349 ff.). Das Bild der ‚Mutter Nacht', die hier, selbsttätig und ohne männlich-schaffende Gotteshand, *sich* das Licht gebiert, entnimmt Mephistopheles dem orphischen Schöpfungsmythos (vgl. Gaier 1999 II, 222); mit Absicht verweist er auf einen nicht-jüdisch-christlichen Mythos, weist sich dem älteren, ursprünglicheren Teil der Schöpfung zu – und kann mit dem Licht, in der Abhängigkeit von Körpern, auch dessen tendenzielle Vergänglichkeit ansprechen: „Von Körpern strömt's, die Körper macht es schön, / Ein Körper hemmt's auf seinem Gange, / So, hoff' ich, dauert es nicht lange, / Und mit den Körpern wird's zugrunde gehn" (v. 1355–1358).

In seiner ersten Szene charakterisiert sich Mephistopheles ein drittes Mal – durch Handlung: Gehindert am Verlassen der Stube durch ein unsauber gezogenes Pentagramm auf der Türschwelle, inszeniert er für Faust ein illusionistisches Traum-Erlebnis des sinnlichen Genusses: Ein Chor der „zarten Geister" (v. 1439), dem er gebietet, singt eine idyllische, ja dionysisch-rauschhafte Phantasie aus Wein, Naturbegeisterung, Tanz und Liebe (v. 1447–1505). Mephistopheles hat also Macht über background-Chöre von Geistern, ebenso (da entspricht er dem ‚Beelzebub': „Der Herr der Ratten und der Mäuse, / Der Fliegen, Frösche, Wanzen, Mäuse", v. 1516 f.) über die Ratte, die das Pentagramm so anknabbert, dass er den Raum verlassen kann.

Pakt und Wette

Angesichts des Pentagramm-Problems hatte Faust in der ersten Studierzimmer-Szene fast höhnisch kommentiert: „Die Hölle selbst hat ihre Rechte" (v. 1413), ein Gedanke, der ihn aber immerhin auf die Idee eines Paktes bringt: Ohne die Rechte der Hölle gäbe es ja auch keine Rechtsverbindlichkeit eines Paktes. Auf diesen ‚Pakt', hier in anderer Form als in der Stofftradition, läuft die gesamte zweite Studierzimmerszene hinaus.

Wettvorbereitung. Zur Vorbereitung der Wette wiederholt Faust nochmals seine Verzweiflung über „die Pein / Des engen Erdelebens" (v. 1544 f.): In einer Serie von Verfluchungen (v. 1587 ff.) nimmt er Abschied von „Ruhm" (v. 1596) und „Mammon" (v. 1599), vom sinnlichen Genuss ebenso wie von den christlichen Kardinaltugenden (vgl. Paulus 1 Kor 13,13): „Fluch sei dem Balsamsaft der Trauben! / Fluch jener höchsten Liebeshuld! / Fluch sei der Hoffnung! Fluch dem Glauben, / Und Fluch vor allen der Geduld!" (v. 1603 ff.). Dass er, neben dem Wein, neben Glaube, Liebe und Hoffnung auch die *Geduld* verflucht, zeigt seine Rastlosigkeit, den Zwang, das Erwünschte immer sofort zu erhalten – und, dennoch unzufrieden, weiterzustreben, wohin auch immer.

Ein Geisterchor, zunächst scheinbar erschrocken über die Zerstörung des alten, christlichen Tugendsystems, fordert, wie Mephistopheles kommentiert, zu „Lust und Taten" (v. 1629) auf – und er bietet sich als Helfer, als Tatgeist an: „Ich bin dein Geselle, / Und mach' ich dir's recht, / Bin ich dein Diener, bin dein Knecht" (v. 1646 ff.).

Wettformel. Faust verhöhnt die angebotene Hilfe Mephistopheles': „Was willst du armer Teufel geben?" (v. 1675): Mit „Speise, die nicht sättigt" (v. 1678), rotem Gold, Mädchen, Ehre und Frucht, verlangt er „nichts Unmögliches, das ihn glücklich, sondern Unmögliches, das ihn unglücklich machen muss: lauter Genüsse, die sich im Entstehen zerstören, um damit die Garantie dauerhafter Nichtbefriedigung und damit wacher Rastlosigkeit zu haben" (Gaier 1999 II, 253). Auf diesem Hintergrund formuliert er seinen Wettvorschlag:

> Werd' ich beruhigt je mich auf ein Faulbett legen,
> So sei es gleich um mich getan!
> Kannst du mich schmeichelnd je belügen,
> Daß ich mir selbst gefallen mag,
> Kannst du mich mit Genuß betrügen,
> Das sei für mich der letzte Tag!
> Die Wette biet' ich! (v. 1692 ff.)

Und fügt, nachdem Mephistopheles eingeschlagen hat, hinzu: „Werd' ich zum Augenblicke sagen: / Verweile doch! du bist so schön! / Dann magst du mich in Fesseln schlagen, / Dann will ich gern zugrunde gehn!" (v. 1699 ff.). Der Wortlaut, die genaue Formulierung „Verweile doch! du bist so schön!" bezeichnet sehr genau die Bedingung, unter der Faust die Wette verloren hätte.

Wettgegenstand. Mephistopheles wird mit dieser Wette sozusagen zum Handeln gegen seine Programmierung aufgefordert: Vom Herrn wurde er in dessen ‚Heilsplan' als „Geselle" des Menschen eingesetzt, der „reizt und wirkt und muß als Teufel schaffen" (v. 343), um zu verhindern, dass der Mensch erschlafft, sich der ‚unbedingten Ruh' ergibt. Jetzt soll er Faust genau damit verführen: Die Wette Mephistopheles' mit Faust steht in krasser Spannung zu derjenigen mit dem Herrn.

Sinnlichkeit, glühende Leidenschaften, rastlose Tätigkeit im ‚Rauschen der Zeit' (vgl. v. 1750–1759): Das ist die Richtung, in die Faust mit Mephistopheles' Hilfe gehen will. Die Möglichkeit eines Augenblicks, der verweilen soll, schließt Faust hier praktisch aus. Er sieht Mephistopheles als denjenigen an, der er tatsächlich ist: Ein Geist der Tat, der aus der Lethargie oder Agonie der Theorie hinausführt („Mich ekelt lange vor allem Wissen", v. 1749), dramaturgisch gesehen der Motor der dramatischen Handlung, die paradigmatische Konstellationen oder ‚settings' bereithalten muss, um Faust mit *einem* zu verführen: mit Genuss.

Genuss

Die zentrale Kategorie des Schemas von 1800 (s. o.) meint nicht bloß sinnliche Aneignung von etwas zum bloßen Vergnügen, vielmehr ist Genuss eine fundamentale, positiv besetzte Kategorie der Weltbeziehung des Subjekts: ‚genießen' meint ‚sich ganz aneignen', ‚innerlich sich einfühlen und erfühlen', ‚etwas in seiner ganzen Wirklichkeit erfassen'. In dieser positiven Bedeutung benutzt Faust, um das Ziel seines Strebens zu spezifizieren, genau den Begriff des ‚Genießens' – der Text der Tragödie folgt hier sehr eng dem Schema von 1800 –: „Und was der ganzen Menschheit zugeteilt ist, / Will ich in meinem innern Selbst genießen" (v. 1770 f.). Bis zu vierzigmal (vgl. Binder 1968, 131) wird der Begriff des Genießens im Text verwendet, auch die zentrale Wettzusage Fausts spielt mit der Genuss-Kategorie: „Kannst du mich mit Genuß betrügen, / Das sei für mich der letzte Tag!" (v. 1696 f.).

Wie die Wettszene jedoch mit dem Begriff des Genießens spielt, deutet auf die im „Prolog im Himmel" angelegte ‚Moral' hin: Faust zitiert hier den Begriff des Genusses eher im negativen Sinne der Erschlaffung, der ‚unbedingten Ruh', die er für sich für unmöglich erklärt: Unbedingter ist sein Streben, seine Selbstbestimmung als Strebender gibt ihm das Selbstbewusstsein für die Wette. Eine Wette, die Mephistopheles aufgrund seiner gegensätzlichen Programmierung gar nicht gewinnen kann! Und auch nicht gewinnt! In unmittelbarer Anspielung auf die Wettszene spricht Faust nämlich, erblindet ‚angesichts' der tätigen Unrast seiner Landgewinnungsmannschaften (die tatsächlich aber sein Grab schaufeln!), im V. Akt des *Faust II* sterbend seine letzten Worte:

> Solch ein Gewimmel möcht' ich sehn,
> Auf freiem Grund mit freiem Volke stehn.
> Zum Augenblicke dürft' ich sagen:
> Verweile doch, du bist so schön!

Es kann die Spur von meinen Erdetagen
Nicht in Äonen untergehn. –
Im Vorgefühl von solchem hohen Glück
Genieß' ich jetzt den höchsten Augenblick. (v. 11579 ff.)

Einerseits antizipiert der sterbende Faust hier konjunktivisch einen utopischen Augenblick, den er, im Vorgriff, als den menschenmöglich ‚höchsten Augen-blick' ‚genießt'; der Irrealis „dürft'" in v. 11581 verlegt auch die Einlösung der Wette von Seiten Fausts in eine nicht greifbare Zukunft. Gleichzeitig spielt Faust, in Wettzusage und Sterbeszene, mit zwei gänzlich zu unterscheidenden Genuss-kategorien (vgl. Binder 1968, 140): Im „Studierzimmer" war Genuss Funktion der erschlafften Selbstgenügsamkeit, in der Sterbeszene bleibt Genuss Funktion des Strebens – nur im Vorgriff auf noch zu Erreichendes, „im Vorgefühl von solchem hohen Glück", genießt Faust den Augenblick – mit dem Konjunktiv der Inquit-Formel vor dem Zitat der Wettformel betrügt er Mephisto, der weiß, dass er jetzt die Wette verloren hat.

Margaretenhandlung

Margarete ist das erste Opfer Fausts. Die Margaretenhandlung ist ein in sich abgeschlossenes bürgerliches Trauerspiel (vgl. Schöne 1995, Bd. II, 200) inner-halb des *Faust I,* ein Kindsmörderinnen-Drama des Sturm und Drang (wie *Die Kindermörderinn,* 1776, von Goethes Straßburger Bekanntem Heinrich Leopold Wagner). Das Kindsmorddrama dokumentiert den schrittweisen Wandel einer Rechtsauffassung insofern, als hier, bei Wagner wie bei Goethe (beide Juristen!), nicht der bloße Kasus, die Tötung des neugeborenen Kindes, sondern die gesellschaftlichen Mechanismen, der ungeheure soziale und psychische Druck, die zu der schrecklichen Tat führen, zur Darstellung kommen. An die Stelle einer bloß kasuistischen Rechtsausübung tritt die Frage nach der Täterin, die Frage danach, warum die Tötungstat für sie unausweichlich zu werden schien.

Als junger Rechtsreferendar hatte Goethe in Frankfurt die Prozessakten der Susanna Margaretha Brandt kennengelernt, die am 14. Januar 1772 als Kinds-mörderin hingerichtet wurde. Ihr Schicksal ähnelt dem Margaretes in vieler-lei Hinsicht: Die junge Frau, die ein aus einer vor- oder außerehelichen Liebesbeziehung resultierendes Kind gebiert, tötet dieses nach der Geburt, wird gefasst und zum Tode verurteilt.

Die Margaretenhandlung ist über die „Hexenküche" unmittelbar an die Faust-Handlung angebunden: Dort wird Faust zum jugendlicheren Liebhaber verjüngt, dort wird er mit dem Zaubertrank libidinös programmiert: „Du siehst, mit diesem Trank im Leibe, / Bald Helenen in jedem Weibe" (v. 2603 f.). Fatalerweise ist es Margarete, die diesem neuen Faust als erste über den Weg läuft. Der Handlungs-strang um Margarete zwingt zur (Sturm-und-Drang-typischen; s. *Götz*) radikalen Überschreitung der (klassizistisch geforderten) Einheit der Zeit: Die dramatische Zeit muss deutlich länger sein als neun Monate. Aus diesem Grunde präsentiert das Drama den Handlungsverlauf schlaglichtartig an entscheidenden Momenten:

Verführungsplan und Verführung (das geht noch schnell, da Faust eben rastlos und ungeduldig ist), Ausschluss der alleingelassenen Schwangeren aus allen sozialen und religiösen Bezugssystemen, Kerker und Tod.

Verführungsplan. Aus der Hexenküche kommend, sieht Faust Margarete, nach kurzem Wortwechsel mit ihr (auf den noch zurückzukommen sein wird) erfolgt sofort der Auftrag an Mephistopheles: „Hör, du mußt mir die Dirne schaffen" (v. 2618), mit Ungestüm drängt Faust auf unmittelbare Erfüllung seiner sexuellen Begierde. Mephisto jedoch setzt statt aufs gewaltsame Ungestüm aufs höfisch-galante Taktieren – nicht weil dies menschlicher ist, sondern mehr Spaß mache: „Die Freud' ist lange nicht so groß, / Als wenn Ihr erst herauf, herum / Durch allerlei Brimborium / Das Püppchen geknetet und zugericht't, / Wie's lehret manche welsche Geschicht'" (v. 2648 ff.). „Dirne", „Püppchen", „unschuldig Ding", „das süße junge Blut", „Geschöpfchen", „schöne[s] Kind": Die ‚Männer' Faust und Mephistopheles sprechen abschätzig, verdinglichend von der jungen Frau, die bloß Objekt ihrer listigen Strategie bzw. Begierde ist. Schließlich soll Mephistopheles Faust ein reiches Geschenk besorgen, und verspricht, ihn „noch heut in ihr Zimmer [zu] führen" (v. 2666), was die nächste Szene vorbereitet.

Ständethematik I. Der Text spielt in den ersten Szenen der Margaretenhandlung mit Verweisen auf eine (angebliche) ständische Zuge-hörigkeit der beteiligten Figuren. Faust spricht Margarete, als sie aus der Kirche kommt, als „schönes Fräulein" an (v. 2605), der Bezeichnung unverheirateter adliger Frauen, der auch die Anrede „Ihr" (großgeschrieben!) entspricht. Sie weist diese Zuordnung, gewissermaßen mit bürgerlichem Selbstbewusstsein, sofort zurück: „Bin weder Fräulein, weder schön" (v. 2607). – Margarete, in der Szene „Abend" in ihrem Zimmer, reflektiert die Begegnung und vermutet, „der Herr" sei wohl „aus einem edlen Haus; / Das konnt' ich ihm an der Stirne lesen – / Er wär' auch sonst nicht so keck gewesen" (v. 2679, 2681 ff.), ordnet Faust also eher dem Adel zu. In „Der Nachbarin Haus" ist es Mephistopheles, der Margaretes Anwesenheit bei Frau Marthe als „vornehmen Besuch" (v. 2902) unterstellt; Marthe daraufhin: „Der Herr dich für ein Fräulein hält" (v. 2906). Das Text-Spiel mit der Ständezugehörigkeit verweist auf diejenige literarische Gattung, in der Geschlechterbeziehungen unter den Bedingungen der Ständezugehörigkeit der Beteiligten zum (letztlich tödlichen) Konflikt führen: das bürgerliche Trauerspiel. Allein: Faust und Margarete sind beide bürgerlich – allerdings verhindert das nicht den Konflikt!

Sturm-und-Drang-Diskurs I: Hymnik. Die Differenz zwischen beiden, die innerständische Differenz nämlich macht die Szene „Abend" deutlich – mit entscheidenden Konsequenzen für die gesamte ‚Beziehung'. Auf dem Hinter-grund der menschenverachtenden Handlungsabsicht in „Straße" scheint Faust in „Abend" völlig verwandelt zu sein: Schon der erste Schritt ins Zimmer des Mädchens setzt bei Faust eine emotionale Emphase frei, die alle Zeichen empfindsamer Rede zeigt. Das „kleine[ ] reinliche[ ] Zimmer" (BA vor v. 2678) Margaretes wird zum „Heiligtum" (v. 2688), in Fausts Monolog finden sich die nach Worten suchenden rhetorischen Fragesätze aus dem „Maifest" wieder: „Wie

atmet rings Gefühl der Stille, / Der Ordnung, der Zufriedenheit" (v. 2691 f.). Faust
entfaltet angesichts eines ledernen Sessels die Phantasie eines patriarchalischen
Familienidylls: „Vielleicht hat, dankbar für den heil'gen Christ, / Mein Liebchen
hier, mit vollen Kinderwangen, / dem Ahnherrn fromm die welke Hand geküßt"
(v. 2699–2701), angesichts der Bettstatt Margaretes die Phantasie ihrer Kindheit
und Jugend, in den die Angebetete als „Götterbild" sich „entwirkte" (v. 2716). –
Um es ganz deutlich zu sagen: Das ist keine Liebe! Auch nicht deren Auftakt.
Erstens ist der Eintritt Fausts brutaler Übergriff; intim ist der Auftakt der Szene:
Margarete flicht ihre Zöpfe, um auszugehen, genauso der Schlussteil: Margarete
entkleidet sich. In diese Intimität dringt Faust ein! Und zweitens ist, was er sagt,
zwar emphatisch, hat aber nichts mit Margarete zu tun: Er phantasiert sich ein
„Liebchen" zusammen, schwafelt hyperbolisch in Sakralmetaphern über „Heiligtum", „heilig reine[s] Weben" und „Götterbild" – angesichts eines einfachen,
wahrscheinlich sogar ärmlichen Zimmers! Er weiß nichts über Margarete, er kennt
sie nicht: Wenn er überhaupt etwas liebt, ist es *sein* Bild von ihr, ein Phantasma.

Sturm-und-Drang-Diskurs II: Volkslied. Ganz anders Margarete, als sie
wieder eintritt. Zunächst bemerkt sie ahnungsvoll den atmosphärischen Rest
des Übergriffs auf die Intimität ihres Zimmers: „Es ist so schwül, so dumpfig
hie" (v. 2753) und schiebt diese Ahnung ihrer eigenen Torheit zu: „Mir läuft ein
Schauer übern ganzen Leib, / Bin doch ein töricht furchtsam Weib" (v. 2757 f.).
Ganz unbefangen und während sie sich entkleidet, singt sie sodann die Ballade
vom ▶ „König in Thule": In ästhetisch-stilisiert volkstümlicher Diktion variiert
das Lied das Motiv ewiger Liebe, Treue bis ans Grab. Weit stärker als sein Thema
charakterisiert das Volkslied als solches die Figur: Margarete gehört zum ‚einfachen' Volk, sie ist eine kleinbürgerliche junge Frau.

Ständethematik II. Damit steht sie Faust entgegen. Seine Rede ist die der
(auch bürgerlichen!) empfindsamen, pietistischen oder naturreligiösen Hymnik
eines Klopstock oder Goethe, die dem Volkslied entgegensteht. Beide aber sind
Formen literarischer Rede im Sturm und Drang, verstehen einander aber nicht,
sind nicht vermittelbar miteinander. Die Volkstümlichkeit des Sturm-und-Drang-
Intellektuellen, auch in der Hinwendung zum Volkslied, ist bloße herablassende
Prätention. Faust und Margarete entstammen beide dem Bürgertum: Er aber dem
akademisch gebildeten Gelehrten-Bürgertum, sie dem einfachen Stadtbürgertum.
Und diese Differenz ist so groß, dass die Nichtvermittelbarkeit beider Diskurse
miteinander ihre gesamte ‚Beziehung' kennzeichnet. Anders gesagt: Schon hier
wird sichtbar, dass die Margaretenhandlung durch eine innerständische Differenz
gekennzeichnet ist, die so groß ist, dass ihre Wirkungen genauso tödlich sind wie
diejenigen der ständischen Differenzen im ‚traditionellen' bürgerlichen Trauerspiel.

„Denkt ihr an mich ein Augenblickchen nur" – **scheiternde
Kommunikation.** Auf der Oberfläche der Szenen „Garten" und „Marthens
Garten" finden Dialoge zwischen Margarete und Faust statt, blickt man tiefer
hinein, sprechen beide nicht *mit*einander, genauer: spricht Faust nicht mit
Margarete. Der „Garten"-Dialog ist gerahmt davon, dass Margarete die Bildungs-,
die innerständische Differenz thematisiert: „Ich fühl' es wohl, dass mich der Herr

nur schont, / Herab sich läßt, mich zu beschämen" (v. 3073 f.), ihr „arm Gespräch"
könne doch „solch erfahrnen Mann" „nicht unterhalten" (v. 3077 f.). Als er ihre
Hand küsst, markiert sie diese als Hand einer jungen kleinbürgerlichen Frau, die
arbeiten muss („Sie ist so garstig, ist so rauh!", v. 3082)! Nach dem ersten Kuss
in der Laube hält sie fest: „Du lieber Gott! was so ein Mann / Nicht alles, alles
denken kann! / Beschämt nur steh' ich vor ihm da, / Und sag' zu allen Sachen
ja. / Bin doch ein arm unwissend Kind, / Begreife nicht, was er an mir find't" (v.
3211 ff.).

Margarete täuscht sich hier über ihr Kommunikationsverhalten, ist sie es doch,
die die größeren Redeanteile hat, wenn sie über ihr Zuhause, ihre Fürsorge für ihre
verstorbene kleine Schwester spricht. Fausts Reaktionen sprechen Bände: Auf die
Eingangsbemerkung zu ihrem „arm Gespräch" spricht er sie immerhin an: „Ein
Blick von dir, ein Wort mehr unterhält, / Als alle Weisheit dieser Welt" (v. 3079 f.);
das ist aber nichts als ein floskelhaftes Kompliment! Als sie von ihrem toten
Schwesterchen erzählt, unterbricht er sie nur zweimal kurz: „Ein Engel, wenn dir's
glich" (v. 3124), „Du hast gewiß das reinste Glück empfunden" (v. 3136). Beide
Bemerkungen stehen in krassem Missverhältnis zu dem, was Margarete erzählt,
sie merkt dies und kontrastiert sein „reinstes Glück" mit „schweren Stunden" (v.
3137): Die Beschwerlichkeiten des kleinbürgerlichen Alltags – „Und früh am Tage
schon am Waschtrog stehn; / Dann auf dem Markt und an dem Herde sorgen" (v.
3144 f.) – kommen bei ihm gar nicht an. Und genau dies bemerkt Margarete schon
vorher: Noch im Kontext des Gesprächsbeginns vermutet sie, Fausts Interesse sei
nur „Höflichkeit" (v. 3097), er habe doch gewiss viel verständigere Freunde (vgl.
3098 f.). Seine Doppelantwort ist signifikant – ebenso wie ihre Reaktion:

> FAUST. O Beste! glaube, was man so verständig nennt,
> Ist oft mehr Eitelkeit und Kurzsinn.
> MARGARETE.   Wie?
> FAUST. Ach, daß die Einfalt, daß die Unschuld nie
> Sich selbst und ihren heil'gen Wert erkennt!
> Daß Demut, Niedrigkeit, die höchsten Gaben
> Der liebevoll austeilenden Natur –
> MARGARETE. Denkt Ihr an mich ein Augenblickchen nur,
> Ich werde Zeit genug an Euch zu denken haben. (v. 3100ff.)

Erstens: Sie versteht nicht, was er sagt („Wie?") – nicht, weil sie dumm wäre,
sondern weil er unverständlich spricht: Im Gestus des hymnischen Sprechens
macht er aus ihrer angeblichen „Einfalt" und „Niedrigkeit" – und *das* ist
menschenverachtende Herablassung – Unschuld von ‚heil'gem Wert', Demut,
und er schwätzt von „höchsten Gaben / Der liebevoll austeilenden Natur". Zu
unserm Glück unterbricht sie ihn. Zweitens: Dass er nicht über sie, nicht mit ihr
spricht, bemerkt sie genau: „Denkt ihr an mich ein Augenblickchen nur" – was
er nicht tut! Dies ist der Kernsatz der Margareten-Handlung, weil er bezeichnet,
was Fausts Verhalten das ganze Drama über ausmacht: Er denkt nicht „ein

Augenblickchen" an sie, allenfalls an sein emphatisch erzeugtes Phantasma und an sich. Der folgende Vers gehört ahnungsvoll dazu: Margarete wird, schwanger, alleingelassen, letztlich im Kerker auf den Henker wartend, wahrlich genug Zeit haben, an ihn zu denken!

Das gleiche Muster misslingender Kommunikation findet sich im Religions-Gespräch in „Marthens Garten" wieder: Auf Margaretes einfache Fragen, wie er es mit der Religion halte (vgl. v. 3415), „Glaubst du an Gott?" (v. 3426), antwortet er ausweichend, schwätzt, wieder in der pseudo-erhabenen Rhetorik religiöser Empfindsamkeit, über die Unnennbarkeit Gottes: Die Pose der Emphase tritt an die Stelle von Glaube und Religion. Margaretes zweites Ziel dieses Gesprächs ist, über Mephistopheles zu reden, sein „widrig Gesicht" (v. 3475), das „heimlich Grauen" (v. 3480), das er bei ihr auslöse. Faust tut das ab: „Es muß auch solche Käuze geben" (v. 3483), „Du hast nun die Antipathie!" (v. 3501). Sein primäres Interesse in dieser Szene ist ein anderes: Er hat das Schlaftrunk-Fläschchen für Margaretes Mutter schon in der Tasche; wie er sie anspricht, erinnert durchaus an die Rede der Männer bei der Verabredung des Verführungsplans: „mein Kind" (v. 3418), „Mein Liebchen" (v. 3426, auch 3516), „Liebs Kind" (v. 3469), „Liebe Puppe" (v. 3476); „Du Engel" (v. 3510) ist sie erst, als sie Faust praktisch schon in ihr Zimmer eingeladen hat („Ich ließ' dir gern heute Nacht den Riegel offen", v. 3506). Nur die Wachsamkeit der Mutter ist noch im Weg, der Schlaftrunk ist zur Hand – mit dem letztlich Margarete ihre Mutter töten wird.

Verführbarkeit, Verführung. Natürlich kokettiert Margarete mit dem Interesse des älteren Mannes: Sie bleibt ja nicht unberührt davon. Das spielerische Blumenorakel (faktisch ‚defloriert' sie eine Margerite!) in Anwesenheit Fausts läuft auf ein „mit holder Freude" gesprochenes „Er liebt mich" hinaus (v. 3184). Faust macht aus dem „Blumenwort" einen „Götterausspruch" (v. 3184 f.) – und verweigert die Liebeserklärung: „Ja, mein Kind! [...] *Er* liebt dich!" (ebd.). Er sagt nicht ‚ich', die Distanz der dritten Person bleibt, der Händedruck, den er ihr aufzwingt, soll „sagen, / Was unaussprechlich ist" (v. 3189 f.); er ‚übersetzt' ihn aber, um, natürlich wieder im verbrämenden Gestus hymnisch-sakralen Sprechens, sein eigentliches, sexuelles Interesse klarzumachen: „Sich hinzugeben ganz und eine Wonne / Zu fühlen, die ewig sein muß!" (v. 3191 f.). In (unfreiwilliger) Vorausdeutung auf Margaretes Schicksal fügt er hinzu: „Ihr [der ‚ewigen' Wonne] Ende würde Verzweiflung sein" (v. 3193).

Natürlich ist Margarete affiziert: Nach dem Blumenorakel, Faust fasst ihre Hände, sagt sie: „Mich überläuft's" (v. v. 3187), neckend ‚spielt' sie mit ihm, sich im „Gartenhäuschen" versteckend – und gibt ihm seinen Kuss zurück: „Bester Mann! von Herzen lieb' ich dich" (v. 3206). *Sie* sagt ‚ich', *sie* spricht die Liebeserklärung aus! Ihr Monolog in ▶ „Gretchens Stube" ist strophisches Lied, das einerseits den Verlust aller früheren Sicherheit und Weltstabilität unter den Bedingungen der Verliebtheit zu Faust thematisiert sowie ihre sinnliche Begierde, ja Bereitschaft zur Hingabe, das andererseits Fausts Attraktivität aus seinem ‚höheren' Stand, seiner Bildung herleitet: „Sein hoher Gang, / Sein' edle Gestalt / [...] / *Und seiner Rede / Zauberfluß*" (v. 3394 ff.). Was objektiv misslingende Kommunikation ist – Faust spricht im prätendiert-erhabenen Hymnenton der Empfindsamkeit, unverständlich, und hört nicht auf Margarete, ist auch nicht interessiert daran – wird von ihr als „Zauberfluß" der Rede missverstanden, ein fataler Zauber, mit dem er sie letztlich dorthin bekommt, wo er sie haben will.

Fallende Handlung. Nach diesem ‚Höhepunkt' der Margaretenhandlung (das Zusammensein in Margaretes Zimmer wird natürlich ausgespart) präsentiert der Text in unglaublich schneller Folge und schlaglichtartig die zentralen Momente der ‚fallenden Handlung', die im (wieder ausgesparten) Kindsmord und in Kerker und Tod endet. Markiert ist dieser Handlungsstrang auch dadurch, dass Margarete hier im Nebentext den Rollennamen „Gretchen" trägt; in der steigenden Handlung hieß sie nur in „Gretchens Stube" so, am Ende, im Kerker, ist sie wieder Margarete. Man kann das mit Ulrich Gaier (1999 II, 328 f.) so lesen, dass hier zwischen der „geistigen" Seite der Figur und der „verführend-verführten" unterschieden werde. Auf jeden Fall ist „Gretchen" *Objekt:* von Fausts Begehren, der eigenen sinnlichen Antriebe, der gesellschaftlichen Mechanismen, die zu Kindsmord und Tod führen; „Margarete" ist viel stärker *Subjekt:* Selbstbewusst-schnippisch, spielerisch-kokett, bürgerlich-selbstbewusst und reflektiert – und letztlich erhaben!

Das Gespräch mit Lieschen **„Am Brunnen"** führt Gretchen die gesellschaftlichen Folgen ihrer nicht-ehelichen sexuellen Beziehung vor Augen. Im Lästern Lieschens über eine Dritte, Bärbelchen, wird deren öffentliche Bloßstellung vorweggenommen: Sie müsse bald „im Sünderhemdchen Kirchbuß' tun" (v. 3569), falls sie überhaupt noch heiraten könne, werde ihr das Hochzeits-„Kränzel" zerrissen, „Häckerling", also zerhacktes Stroh, werde ihr statt Blumen auf den Weg gestreut (v. 3575 f.). Die Kirchenstrafen offenbaren die Schmach des Verlusts der ‚Unschuld' („Da ist denn auch das Blümchen weg", v. 3561) sowie der Schwangerschaft Bärbelchens („Sie füttert zwei, wenn sie nun ißt und trinkt" (v. 3549). An der anderen bekommt Gretchen vorgeführt, was ihr bevorsteht: Sie reflektiert ihre frühere Beteiligung an vergleichbaren Lästereien (vgl. v. 3577 ff.), hat Mitleid mit Bärbelchen (v. 3550, 3562), der sie sich gleichstellt: „Und bin nun selbst der Sünde bloß!" (v. 3584).

▶ Das Gebet, das Gretchen vor einem „Andachtsbild der Mater dolorosa" (vor v. 3587) im **„Zwinger"**, dem engen Gang zwischen Stadtmauer und Häusern frühneuzeitlicher Städte, an die Gottesmutter, im Angesicht ihres toten Sohnes abgebildet, richtet, thematisiert nirgends Sünde oder Schuld. Ausschließlich ihre „Not" (v. 3589), ihre Angst vor „Schmach und Tod" (v. 3616) spricht sie an – und bittet um Hilfe aus einer Situation ohne Ausweg. Sie weiß um das Mitleid Marias: „Was mein armes Herz hier banget, / Was es zittert, was verlanget, / Weißt nur du, nur du allein!" (v. 3599 ff.). Dass sie spätestens hier, dramenästhetisch gesprochen, innerhalb eines bürgerlichen Trauerspiels als Figur darauf angelegt ist, Mitleid zu erregen, zeigen die jammervollen, an Tragödienchöre erinnernden (z. B. Aischylos: *Choephoren*), wiederholten Wehrufe: „Wie weh, wie weh, wie wehe", „Ich wein', ich wein', ich weine" (v. 3603, 3606).

Valentin, Margaretes Bruder, tritt in **„Nacht. Straße vor Gretchens Türe"** mit dem (nicht ganz ungebrochenen) Bewusstsein der moralischen Vorbildlichkeit seiner Schwester auf, gerät in einen Degenkampf mit Faust und Mephistopheles, die auf dem Weg zu Gretchen sind. Valentin, tödlich getroffen und sterbend, verstößt Gretchen: „Du bist doch nun einmal eine Hur'" (v. 3730). In uneigentlicher Rede nimmt er den Kindsmord vorweg: „Wenn erst die Schande wird geboren, / Wird sie heimlich zur Welt gebracht, / [...] / Ja, man möchte sie gern ermorden" (v. 3740 ff.). Schärfer als Lieschen am „Brunnen" antizipiert er die unausweichliche gesellschaftliche Ächtung der Schwester: Die „brave[n] Bürgersleut'" würden ihr, der „Metze", aus dem Weg gehen, kein „Altar", kein „Tanz" stehe ihr mehr offen, sie müsse unter „Bettler und Krüppel [s]ich verstecken" (v. 3751 ff.).

Dass unmittelbar auf Valentins Tod ein Totenamt im **„Dom"** die nächste Szene rahmt, legt die Vermutung nahe, dass dies die Totenmesse für den ermordeten Bruder sei. Die Einrede des bösen Geists verweist auch auf den Tod der Mutter – allerdings eher, um Gretchen ihre doppelte, ja dreifache Schuld nochmals vor Augen zu führen: Schuld am Tod der Mutter und des Bruders (vgl. v. 3788 f.) *und* ihre eigene, geahnte ‚Schuld': „Und unter deinem Herzen / Regt sich's nicht quillend schon / Und ängstet dich und sich / Mit ahnungsvoller Gegenwart?" (v. 3790 ff.).

Gerahmt sind die Klagen Gretchens, die Einreden des bösen Geists durch den Chor, der die mittelalterliche Totensequenz singt: „Dies irae, dies illa / Solvet saeclum in favilla" (v. 3798 f.): ‚Tag des Zornes, jener Tag löst die Welt(-Zeit) auf in Asche'. Nur Auszüge aus der Sequenz werden zitiert – nur diejenigen, die für Gretchen das Unausweichliche der Verdammnis ins Wort treten lassen: der göttliche Richter und Rächer, der die Schuld offenlegt; der Vers „Quid sum miser tunc dicturus" (v. 3825, 3833) wird aus dramaturgischen Gründen wiederholt: ‚Was werde ich Armer sagen'. Dass die Sequenz von ihrer achten Strophe an die göttliche Hilfe und Gnade erfleht, verschweigt die Szene (oder es fällt nicht in Gretchens Sinn). Der böse Geist in seinen Einreden ‚übersetzt' die Sequenz in noch schärfere Bedrohung, Gretchens Klage („Weh! Weh!", v. 3794) mündet („Mir wird so eng!", v. 3816) in die Ohnmacht (nach v. 3834). Der Chor ist gleichzeitig Stellvertreter der Gemeinde, also auch soziales Kollektiv, das Gretchen verstößt, und Sprechorgan des transzendentalen Bezugsraums: Gretchen hört in ihm nur die unausweichliche eigene Verdammnis.

Im **„Kerker"** schwankt Margarete – von Faust schon längst alleingelassen, sie hat ihr Kind geboren, getötet, wurde gefangengenommen und zum Tode verurteilt – zwischen verwirrtem Wahn und gedanklich klarer Selbstbestimmtheit. Faust hat weniger Mitleid mit ihr als mit sich selbst: „Werd' *ich* den Jammer überstehen" (v. 4441), „O wär' ich nie geboren" (v. 4596); sein halbherziger Versuch, sie zu befreien, dient eher seiner Gewissensberuhigung als ihrer Rettung. Margarete, in der Mitte der Szene, als sie Faust an seinem „Gretchen"-Ruf (v. 4460) erkennt, wähnt sich vorübergehend „gerettet" (v. 4474), nimmt aber wahr, dass Faust „kalt", „stumm" (v. 4493 f.) bleibt, sie nicht küssen kann (vgl. v. 4484), und antizipiert, dass er sie wieder allein lassen werde: Flucht, Verfolgung und v. a. ihre Gewissensnot würden ihre Zukunft sein.

In wahnhaft erscheinenden Passagen umkreist sie die Tötung ihres Kindes: Die Motivik der Kindstötung – drastisch aus der Perspektive des getöteten Kindes – steckt schon im Volkslied aus dem Märchen vom ▸ „Machandelboom" (Grimms KHM 47), das aus dem Kerker ertönt („Es singt inwendig", vor v. 4412): „Meine Mutter, die Hur', / Die mich umgebracht hat!" (v. 4412 f.); sie wähnt ihr Kind nur von ihr genommen: „Sie nahmen mir's, um mich zu kränken, / Und sagen nun, ich hätt' es umgebracht. / Und niemals werd' ich wieder froh" (v. 4445 ff.). Sie wiederholt die Tötung ihrer Mutter durch den Schlaftrunk (vgl. 4570 ff.), sie wiederholt die Tötung ihres Kindes im Wahn, als könne Faust es noch retten: „Es will sich heben [aus dem Teich], / Es zappelt noch! / Rette! rette!" (v. 4560 ff.).

Nach der Entdeckung von Fausts Kälte ihr gegenüber formuliert sie doppelt die Anerkenntnis ihrer Schuld, jetzt gedanklich klar: „Meine Mutter hab' ich umgebracht, / Mein Kind hab' ich ertränkt" (v. 4507 f.), sie plant die Grabstätte für Mutter, Bruder, ihr Kind – und sich: „Der Mutter den besten Platz geben, / Meinen Bruder sogleich daneben, / Mich ein wenig beiseit', / Nur nicht gar zu weit! / Und das Kleine mir an die rechte Brust" (v. 4524 ff.). Doch nicht nur *sie* hat Schuld. Auch das erkennt sie, Fausts Hand ergreifend: „Ist Blut dran. / Ach Gott! Was hast du getan! / Stecke den Degen ein" (v. 4514 ff.). Das Mörderische an Faust gilt auch ihr: Als er sie ergreift, um sie aus dem Kerker zu tragen, wehrt sie ab: „Laß mich! Nein, ich leide keine Gewalt! / Fasse mich nicht so mörderisch an!" (v. 4576 f.).

Und sie bestimmt sich zum Tode, ist, trotz aller wahnhaft scheinenden Passagen, letztlich starke oder stark gewordene Persönlichkeit: „Ich darf nicht fort; für mich ist nichts zu hoffen. / Was hilft es fliehn? Sie lauern doch mir auf" (v. 4544 f.). In den Versen 4587–4595 nimmt sie die Szene ihrer Hinrichtung vorweg: „Schon zuckt nach jedem Nacken / Die Schärfe, die nach meinem zückt" (v. 4593 f.). Anstelle des weltlichen Gerichts, das über sie das Urteil schon fällte, übergibt sie sich sterbend dem „Gericht Gottes" (v. 4605); aus ihrem Glauben heraus spricht sie die Jenseitigen an, die sie erwarten: „Dein bin ich, Vater! Rette mich! / Ihr Engel! Ihr heiligen Scharen, / Lagert euch umher, mich zu bewahren!" (v. 4607 ff.), eine gläubige Selbstauslieferung der Sünderin an die Gnade ihres Gottes, auf die eine Theater-Stimme („von oben") „Ist gerettet!" (v. 4611) ruft – wer auch immer mit dieser Stimme zu identifizieren sei. Wie sie, nach der Zuwendung zum „Vater" und den Engeln, Faust ‚verabschiedet', stellt ihn als Täter bloß: „Heinrich! Mir graut's vor dir" (v. 4610); unsicher bleibt, ob sie es ist, deren „Stimme von innen, verhallend" dem fliehenden Faust nachruft: „Heinrich! Heinrich!" (v. 4612).

Walpurgisnacht und Walpurgisnachtstraum

Die schnelle Folge der Gretchen-Szenen zwischen „Brunnen" und „Dom" wird unterbrochen durch eine vom Umfang her große Szeneneinheit, in der wiederum Faust und Mephistopheles gezeigt werden: „Walpurgisnacht", „Walpurgisnachtstraum", „Trüber Tag. Feld", „Nacht. Offen Feld". Dramaturgisch retardieren sie die Katastrophe des Margareten-Trauerspiels, füllen auch die lange

Zeit, die faktisch zwischen „Marthens Garten" und dem „Kerker", zwischen Verführung und Kindsmord vergangen sein muss. Gleichzeitig dient schon die Walpurgisnacht auch dazu, Faust an die verlassene Margarete zu erinnern: Hier wird Faust wieder, allerdings letztlich folgenlos, in die Handlung des Trauerspiels einbezogen.

Walpurgisnacht. In die Chronologie der Margaretenhandlung eingefügt erscheint die „Walpurgisnacht" dort, wo Mephistopheles, unmittelbar vor der Ermordung Valentins, seine Vorfreude artikuliert: „So spukt mir schon durch alle Glieder / Die herrliche Walpurgisnacht. / Die kommt uns übermorgen wieder" (v. 3660 ff.). Die Szene selbst ist so komplex (und lang! Fast einhundert Verse länger als die gesamte Gretchen-Handlung seit dem „Brunnen"!), Goethe griff auf so vielfältige Quellen zurück (vgl. Schöne 1995; Gaier 1999), die Bezüge sowohl zum Hexen- und Satansglauben der Frühen Neuzeit als auch zur unmittelbaren Gegenwart der (Berliner) Aufklärung so mannigfach, dass sie hier nur in groben Züge nachgezeichnet werden kann:

Die Szene umfasst grob **acht Handlungseinheiten:**

1. Den Weg zum Blocksberg: Schau auf die durchreiste Gegend, Schau auf den Berg (v. 3835–3955);
2. den rasenden Heranflug der Hexen – eine Chorszene mit Chorsolisten (3956–4015);
3. die Heranführung Fausts an das orgiastische Gelage junger und alter Hexen durch Mephistopheles (v. 4016–4071), nackt oder klug verhüllt: „Man tanzt, man schwatzt, man kocht, man trinkt, man liebt" (v. 4058);
4. einen ersten Fremdkörper in dieser Hexen- und Satansmesse: Die Vierzeiler von vier Figuren, die eher in die Gegenwart Goethes passen (v. 4072–4091);
5. den Tanz von Faust und Mephistopheles mit den Hexen, jener tanzt mit einer jungen, dieser mit einer alten Hexe (v. 4096–4143);
6. die Störung durch den zweiten Fremdkörper der Szene, den Proktophantasmisten, der die Existenz der Hexen schlichtweg abstreitet (v. 4144–4175);
7. die Vision Fausts einer „blassen, schönen" (v. 4184) Frau, die angeblich „dem guten Gretchen gleicht" (v. 4188) und deren Hals durch ein „einzig rotes Schnürchen", „[n]icht breiter als ein Messerrücken" (v. 4205), geschmückt sei (v. 4176–4208);
8. die Anmoderation der Aufführung des Walpurgisnachtstraums durch Mephistopheles im Gespräch mit einem dienstbaren Geist (Servibilis) (v. 4209–4222).

Dem „Prolog im Himmel" stellt der Text mit der „Walpurgisnacht" das **Höllische** entgegen, die, wie schon die „Hexenküche", mit Hexen und Halbwesen bevölkerte ‚teuflische' Gegenwelt, in der Mephistopheles sich „[a]ls Zaubrer oder Teufel produzieren" kann (v. 4061). In den Hexenchören sind Drastik und Vulgarität charakteristisch: „Es f[arz]t die Hexe, es stinkt der Bock" (v. 3961), „Die Gabel sticht, der Besen kratzt, / Das Kind erstickt, die Mutter platzt" (v. 3976 f.);

Sexualität und sexuelle Begierde werden (abgesehen von der wenig verhehlenden metaphorischen Rede) unverhohlen angesprochen: Die Brüste der jungen Hexe, mit der Faust tanzt, in den „Äpfelchen" (v. 4128–4135), die Geschlechtsorgane der alten Hexe und Mephistopheles' in dem „ungeheuren Loch" und dem „Pfropf", mit denen Goethes Handschrift die Auslassungen in den Druckfassungen füllt (vgl. v. 4136–4143; vgl. Schöne 1982, 170).

Dass Faust in dieser „Traum- und Zaubersphäre" (v. 3871) **Gretchen** zu sehen vermeint, ist nicht zu verwundern. Mephistopheles tut Fausts Identifikation des Bildes ab: Es sei ein Zauberbild, ein Idol (vgl. v. 4190), die „Meduse" (v. 4194), der Perseus das Haupt abgeschlagen habe – darum der messerscharfe Strich um den Hals. Faust jedoch meint „die Brust, die Gretchen mir geboten", den „süße[n] Leib, den ich genoß" (v. 4197 f.), wiederzuerkennen, sieht aber den Blick des Zauberbilds als „Augen eines Toten" (v. 4195) und nimmt mit dem „rote[n] Schnürchen" um den Hals die Hinrichtung Margaretes vorweg (v. 4204).

In die Hexen- und Satansmesse mischt Goethe über die oben bezeichneten ‚Fremdkörper' in der Szene **Gegenwartsbezüge** mit ein. Dass Standespersonen sowohl Insassen der Hölle als auch Teilnehmer des Hexensabbats sein können, ist der Höllen- wie Blocksberg-Literatur bekannt (*Historia* 1587, H. XXIV; Joh. Praetorius: *Blockes-Berges Verrichtung,* 1669). Goethe nutzt diese Tradition, um an einem der „[h]undert Feuer" (v. 4057), an denen Faust und Mephistopheles vorbeikommen, General, Minister, Parvenue und Autor jeweils einen Vierzeiler sprechen zu lassen: Die „Jugend" (v. 4079) lässt sich, folgt man Ulrich Gaier (1999, 477), mit Napoleon in Verbindung bringen, General und Minister stehen damit für die (Ironie!) „guten Alten", deren „goldne Zeit" das Ancien régime war (v. 4081, 4083), der „Parvenue", der Emporkömmling (ebenfalls des Ancien régime) spricht fast buchstäblich über Revolution („Doch jetzo kehrt sich alles um und um", v. 4086). Der „Autor" stimmt dem letztlich bei: Das „liebe junge Volk" sei „noch nie so naseweis gewesen" (v. 4090 f.). Das Ancien régime ist „Stammgast auf dem Blocksberg" (Gaier 1999 II, 477). – Gegenwartsbezug einer andern Art ist der Proktophantasmist: Auf der bloßen Textebene ist er derjenige, der gegen die Realität der ihn umgebenden Hexen- und Höllenwelt ihre angeblich erfolgte Abschaffung ins Feld führt: „Verschwindet doch! Wir haben ja aufgeklärt" (v. 4159). Sein Name aber, die Erwähnung Tegels als Ortsname (v. 4161), Mephistopheles' Rede von Steiß und Blutegel (vgl. v. 4174) verweisen auf Friedrich Nicolai, den Vertreter der Berliner Aufklärung, der seit seiner *Werther*-Parodie 1775 einer der ausgemachten ‚Feinde' Goethes war. Dieser hatte zwar, als Aufklärer, jeden Geisterglauben abgelehnt, 1791 aber selbst an Halluzinationen gelitten, die er auf einen Überschuss von Blut zurückführte und sich davon geheilt, indem er sich Blutegel an den Hintern setzte. Dass er diese Kurmethode auch noch wissenschaftlich publizierte, machte ihn zum Ziel vielfältigen Spottes: Er sei derjenige, der mit dem Hintern phantasiert, halt ein Prokto-Phantasmist.

Walpurgisnachtstraum. Diese Gegenwartsbezüge werden zum Gegenstand eines Spiels im Spiel: Am Ende der „Walpurgisnacht" kündigt der Servibilis die Aufführung eines Stückes an: „Ein Dilettant hat es geschrieben, / Und Dilettanten spielen's auch" (v. 4217 f.). Der Titel und Untertitel der Szene „Walpurgisnachtstraum oder Oberons und Titanias goldene Hochzeit. Intermezzo" verweisen auf den *Sommernachtstraum* von Shakespeare, in dem Oberon und Titania, genauso wie Puck (v. 4235–4238), zu den Figuren gehören, in dem Handwerker, also äußerste ,Dilettanten', „The most lamentable comedy, and / most cruel death of Pyramus and Thisby" (v. 275 f.) aufführen, also ebenfalls ein Stück im Stück. – Goethe hatte die erste, deutlich kürzere Fassung des „Traums" für Schillers *Musenalmanach für das Jahr 1798* geschrieben, in Reaktion auf die Gegenxenien, die dem *Xenien*-Almanach folgten und als Fortsetzung der eigenen. Schiller wollte jedoch den Text nicht, wollte den Unfrieden nicht noch einmal anstacheln. Goethe baute den Text aus, er sei „um das doppelte an Versen gewachsen" (an Schiller, 20. Dezember 1797; HA 3, 531) und dachte schon zu diesem Zeitpunkt daran, ihn in den *Faust* zu übernehmen. Wie in den *Xenien* werden, hier aber in Vierzeilern, nicht in Distichen, ziemlich verrätselnd, zeitgenössische Schriftsteller und idealistische Philosophen sowie Politiker karikiert. Das Ganze ist gewiss ein Fremdkörper im *Faust,* selbst in der „Walpurgisnacht", wurde aber nicht versehentlich, sondern sehr absichtlich hier eingefügt und lässt sich als Reflexion zentraler Momente des Dramas verstehen (vgl. Gaier 1999 II, 487).

„**Trüber Tag. Feld**" und „**Nacht. Offen Feld**" bauen den Übergang von der „Walpurgisnacht" zur Kerkerszene (wenn allerdings die Walpurgisnacht tatsächlich zwei Tage nach dem Mord an Valentin stattfand, lässt sich Faust für seine Reue tatsächlich viel Zeit!). Handlungsziel der ersten der beiden Szenen, die als einzige nicht in Verse gesetzt ist, ist der bigotte Auftrag Fausts an Mephistopheles, Margarete zu retten. Mephistopheles reagiert höhnisch: Einerseits gegenüber Faust: „Rette sie! – Wer war's, der sie ins Verderben stürzte? Ich oder du?" (HA 3, 138), andererseits gegenüber dem Schicksal Margaretes: „Sie ist die erste nicht" (HA 3, 137). Hier ist der Zyniker Realist: Viele junge unverheiratete Frauen sind verführt, ungewollt schwanger geworden und haben (nicht in jedem Fall) ihr Kind getötet. Fausts ,moralisches' Aufbegehren gegen Mephistopheles, gegen seinen Zynismus wie gegen die von ihm bereitgestellten Möglichkeiten des Handelns, ist in der Tat bigott: Es nimmt das Selbstmitleid der Kerkerszene vorweg. – Die sechs Verse der Folgeszene „Nacht. Offen Feld" deuten auf Margaretes Antizipation ihrer Hinrichtung (vgl. v. 4587–4595) voraus: Auf Zauberpferden zum Kerker rasend, nimmt Faust eine Bewegung um einen Rabenstein, also einen Hinrichtungsplatz wahr: Mephistopheles, von Faust gefragt, weist auf eine „Hexenzunft" (v. 4402), verweigert aber ansonsten die Auskunft; Faust beschreibt die Hexenriten („sie streuen und weihen", v. 4403) vergeblich. Natürlich ist dies nicht der Richtplatz, auf dem Margarete hingerichtet werden soll: Die Rabenstein-Motivik deutet nur darauf hin.

12.2   *Faust. Der Tragödie Zweiter Theil*

Faust II darf mit einigem Recht als die Fortsetzung des 1808 endlich erschienenen
ersten Teils der *Faust*-Tragödie aufgefasst werden, allerdings eine Fortsetzung nur
in einem ganz gewissen Sinne und mit ganz anderen literarischen Mitteln. Der
Faust II ist ein so komplexes Textereignis, mit so vielfältigen Bezügen zur Kultur-
und Literaturgeschichte, zur Vers- und Formengeschichte der dramatischen (und
anderer literarischen) Gattung(en), zur Realgeschichte des Heiligen Römischen
Reiches im Spätmittelalter und zur unmittelbaren Gegenwart im ersten Drittel des
19. Jahrhunderts, mit so mannigfachen „Handlungs"anteilen und Bildelementen,
dass hier nur die gröbsten Züge einer einführenden Deutung gegeben werden
können.

Entstehung. Noch während der intensiven, v. a. konzeptionellen, Arbeit am
Faust I um 1800 entstand eine „Episode zu Faust" mit dem Titel „Helena im
Mittelalter. Satyr-Drama" (vgl. Gaier 1999 I, 576–585). Die Helena-Beschwörung
war Bestandteil des alten Stoffes, sowohl in der *Historia* als auch im Puppenspiel; Platz konnte sie im Rahmen der Wissenschaftler- und Margareten-Handlung
im ersten Teil natürlich nicht finden. Sie wird dort aber andeutend bereits vorbereitet: In der „Hexenküche" zeigt der Zauberspiegel Faust das Urbild aller weiblichen Schönheit, Mephistopheles kommentiert: „Du siehst, mit diesem Trank
im Leibe, / Bald Helenen in jedem Weibe" (v. 2603 f.). Bei der Vorbereitung des
18. Buches von *Dichtung und Wahrheit* 1816 skizzierte Goethe einen Plan der
Handlung des zweiten Teils (vorrangig des I., III. und, ganz knapp, des IV. Aktes;
vgl. HA 3, 432–435); der hier noch gar nicht berücksichtigte II. Akt wurde am
17. Dezember 1826 im Entwurf einer ungedruckt gebliebenen Ankündigung von
„Helena. Zwischenspiel zu Faust" viel genauer ausgeführt (vgl. HA 3, 440–446).
Tagebuchnotizen vom November 1826 bis zum 25. Januar 1827 dokumentieren
die intensive Arbeit an der „Helena"; in der Rubrik „Zu Faust", die zwei weitere,
später nicht übernommene Kleinszenen enthält, veröffentlichte Goethe 1827 den
Helena-Akt unter dem Titel *Helena, klassisch-romantische Phantasmagorie.*
Zwischenspiel zu Faust im vierten Band der Ausgabe letzter Hand (ALH 4, 229–
307).

Eine Tagebuch-Notiz vom 18. Mai 1827 markiert den *Faust* als „Hauptgeschäft" (HA 3, 448); nach Versuchen am IV. Akt ging Goethe an den I., von dem
er mehr als zwei Drittel (v. 4613–6036) im 12. Band der ALH (1828) abdrucken
ließ („Ist fortzusetzen", ALH 12, 313). 1829 wurden Teile des II. Aktes, 1830 die
„Klassische Walpurgisnacht" (Abb. 12.1) und das Ende des I. Aktes fertiggestellt.
Wiederum das Tagebuch dokumentiert vom 2. Dezember 1830 bis zum 22. Juli
1831 die vorläufige Fertigstellung des Textes: „Das Hauptgeschäft zu Ende
gebracht" (HA 3, 456), Briefe und Gespräche aus dieser Zeit weisen auf einzelne
Arbeitsgebiete hin (z. B. „Philemon und Baucis", V. Akt, bei Eckermann vom 6.
Juni 1831; vgl. HA 3, 458). Zwei Monate vor seinem Tod las Goethe den Text mit
seiner Schwiegertochter Ottilie, vom 17. und 18. Januar 1832 notiert das Tagebuch
„Einiges […] nachgeholfen", „Einiges umgeschrieben" (HA 3, 462), im Wesent-

lichen blieb der Text, wie er war. An den Grafen Reinhard hatte Goethe am 7. September in Ankündigung des zweiten *Faust* geschrieben: „Aufschluß erwarten Sie nicht; der Welt und Menschengeschichte gleich enthüllt das zuletzt aufgelöste Problem immer wieder ein neues, aufzulösendes…" (HA 3, 459).

I. Akt

Prolog: „Anmutige Gegend". Der Beginn des *Faust II* ‚programmiert' gewissermaßen die Titelfigur neu. Wenn man konsequent das Ende von *Faust I* weiterdenken wollte, so liegt Faust hier, von dem Grauen der eigenen Schuld am Ende der Margareten-Handlung paralysiert, „ermüdet, unruhig, schlafsuchend" (BA vor v. 4613) auf einer Au im hohen Gebirge (keiner weiß, wie er dort hingekommen sein soll). Der Schlaf kommt mit Hilfe Ariels und eines Elfenchors,

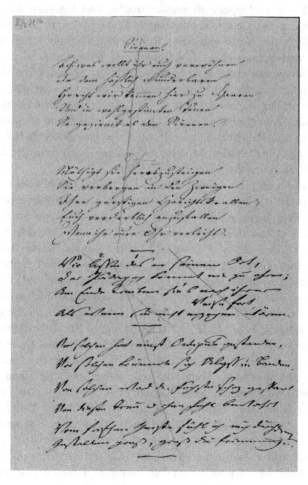

Abb. 12.1 Arbeit am Faust II, 2. Akt, Klass. Walpurgisnacht. Konzepte für v. 7156 ff., 7185 ff., 7341 ff. in den Handschriften von Goethes Schreiber John und Goethe (GSA 25/W 1505)

Faust wird durch's Vergessen befreit von „des Vorwurfs glühend bittre[n] Pfeile[n] / [...] von erlebtem Graus" (v. 4623 f.), er erwacht zu neuen Taten, schaut in den Sonnenaufgang und prägt eine poetische Formel für die Begrenztheit menschlicher Erkenntnismöglichkeiten.

Schlaf und Vergessen. Fausts Befreiung vom Grauen der eigenen Schuld hat nichts mit einer irgendwie religiösen Befreiung von Schuld oder Sünde zu tun, nichts mit moralischen Kategorien: Die Elfen, so Ariel im Eingangslied, helfen einem „Unglückmann", gleichgültig „[o]b er heilig, ob er böse" (v. 4619). Und sie helfen nicht, indem sie den Unglücksmann durch Reue und Vergebung führen, sie helfen durch Schlaf und bloßes Vergessen: „Erst senkt sein Haupt aufs kühle Polster nieder, / Dann badet ihn im Tau aus Lethes Flut" (v. 4628 f.; Lethe ist in der griechischen Unterwelt die Quelle des Vergessens, aus der die Verstorbenen trinken). Die vier Strophen des ▶ Elfenchors wiederholen die Form von Ariels Eingangslied (die verdoppelte Romanzenstrophe) und besingen die vier Phasen der Nacht: in der „Serenade" Dämmerung und Einschlafen, im „Notturno" Mond- und Sternenlicht der Nacht und tiefes Ruhen, im „Mattutino" früheste Morgen- dämmerung und Voraussicht auf Vergessen und Gesundung, in der „Reveille" glänzendes Morgenrot und Aufforderung und mutig gefasster Tat. Bilder der je unterschiedlichen nächtlichen Natur und innere Zustände des Schlafenden werden jeweils in Beziehung zueinander gesetzt. – Faust wird hier nicht in einem psycho- logischen Sinne ‚von erlebtem Graus' befreit, sondern er wird als poetische Figur neu bestimmt, als Projektions- oder Illustrationsfigur menschlicher Handlungs- und Erfahrungs- (und Genuss-)Möglichkeiten, unabhängig von den dramatischen wie physikalischen Einheiten von Zeit und Raum.

Selbstbestimmung zu neuen Taten. Die Bühnenanweisung „Ungeheures Getöse verkündet das Herannahen der Sonne" (vor v. 4666) setzt den zeitlichen Prozess aus dem Elfenlied fort, ebenso wie Ariels folgende Strophe, die das ungeheure Getöse identifiziert: Es sind die ‚rasselnden' Tore des Himmels, die ‚prasselnden' Räder des Sonnenwagens Phöbus Apolls; schon Ariels Strophe nimmt die Bewegung des Lichts bei Sonnenaufgang und seine blendende Wirkung vorweg, synästhetisch über Licht *und* Getöse sprechend: „Trifft es [das Licht] euch, so seid ihr taub" (v. 4678). – Faust erwacht endlich zu neuer Identi- tät: „FAUST: Des Lebens Pulse schlagen frisch lebendig, / Ätherische Dämmerung milde zu begrüßen; / Du, Erde, warst auch diese Nacht beständig / [...] Du regst und rührst ein kräftiges Beschließen, / Zum höchsten Dasein immerfort zu streben" (v. 4679 ff.). Faust verfolgt nun, die Zeitfolge aus Nacht, Morgen- dämmerung und nahendem Sonnenaufgang fortsetzend, die Licht- und Farb- werdung des Tages und der Welt: „Auch Farb' an Farbe klärt sich los vom Grunde, / Wo Blum' und Blatt von Zitterperle triefen" (v. 4692 f.), sieht das Sonnenlicht erst auf der „Berge Gipfelriesen" (v. 4695), dann auf „der Alpe grüngesenkten Wiesen" (v. 4699). Dann aber wird er, wie Ariel im Bild des Ertaubens warnend vorwegnahm, geblendet: „Sie tritt hervor! – und leider schon geblendet, / Kehr' ich mich weg, vom Augenschmerz durchdrungen" (v. 4703 f.).

Begrenztheit menschlicher Erkenntnismöglichkeiten. Das „Flammenübermaß" (v. 4708) blendet, der Mensch wird weggewiesen vom Anblick der Sonne, die ihm nicht gemäß ist (wie schon der Erdgeist). Gegenstand *menschlicher* Erkenntnis ist das Irdische. Und was sieht Faust, sich von der Sonne wegwendend? Wasserfall und Regenbogen: „So bleibe denn die Sonne mir im Rücken! / Der Wassersturz, das Felsenriff durchbrausend, / [...] / Allein wie herrlich, diesem Sturm ersprießend, / Wölbt sich des bunten Bogens Wechseldauer" (v. 4715 ff.). Dieser Bogen ist Reflex, also Spiegelungseffekt des obersten himmlischen, gleichsam göttlichen Lichtes im Irdischen. Dieser Bogen wird zum Sinnbild einer neuartigen Erkenntnisabsicht Fausts: Dieser Bogen „spiegelt ab das menschliche Bestreben. / Ihm sinne nach, und du begreifst genauer: / Am farbigen Abglanz haben wir das Leben" (v. 4725 ff.). Das ist eine tiefgreifende Korrektur bzw. ein Dementi seines Erkenntnisstrebens im ersten Teil der Tragödie. Menschlicher Erkenntnis bleibt das Wahre, das Gesetzmäßige grundsätzlich verschlossen. Hier wird nicht mehr danach gestrebt, zu erkennen, „was die Welt / Im Innersten zusammenhält" (v. 382 f.). Eine solche Erkenntnis ist, von der „anmutigen Gegend" aus, verstellt. Die „Abglanz"-Formel dieser Szene stellt ein komplexeres Verhältnis zwischen Welt und ewiger Gesetzmäßigkeit her: Alles Irdische ist als Erscheinung bloßer Abglanz des unsichtbaren, da blendenden Gesetzmäßigen. Wahrheit ist nicht erkennbar, sondern nur ihre Reflexe in den Dingen der Welt.

Prolog. Ästhetik des Faust II. Darüber hinaus aber liefert Fausts Formel einen erkenntnistheoretischen Begründungszusammenhang für *Literatur:* Literatur spricht in Rätseln, in Gleichnissen, in sich gegeneinander abspiegelnden Gebilden, hat niemals den Anspruch, *Wahrheit* im Wort zu verkünden – weil der Dichter sie auch nicht weiß. In ihren Bildern aber ermöglicht sie, die Sonne der Ideen, deren „Abglanz" die literarischen Bilder sind, wenigstens zu ahnen. Fausts Formel ist gleichsam Begründungszusammenhang für die Überlegenheit des literarischen Diskurses gegenüber dem wissenschaftlichen, gegenüber dem philosophischen, da sie die notwendige Unschärfe menschlicher Erkenntnis einerseits mitreflektiert und andererseits ästhetisch produktiv macht. Und so ist der *Faust II* insgesamt selbst eine komplexe Organisation einander abspiegelnder Gebilde, ist höchst verweisungsreiche literarische Rede: Hier geht es nicht mehr um menschliche Figuren in historischen Kontexten (wie im *Faust I*), sondern um die Verhandlung von Konzepten menschlicher Autonomie, ästhetischer Schönheit, naturhafter Entstehung, klassischer Kunstformen u. v. a. m. in einer Fülle von Bildern – die nur eine Ahnung geben von dem, für was sie stehen: „Alles Vergängliche / Ist nur ein Gleichnis" (v. 12104 f.).

Kaiserhofhandlung. Der erste Handlungsraum Fausts ist der Kaiserhof des ausgehenden Mittelalters (Karl IV., Maximilian I.) sowie auch derjenige am Ende des Heiligen Römischen Reiches unter Franz II. (vgl. Gaier 1999 II, 536). Zentrale Handlungseinheiten dort sind die ausführliche Darstellung der ökonomischen, politischen, sozialen und militärischen Krise des Feudalismus (in beiden historischen Referenzepochen!), nach dem Maskenfest der Mummenschanz die Schein-Lösung dieser Krise durch die Papiergeldschöpfung sowie die Projektion der Bilder von Helena und Paris für den Hof.

Krise des Feudalismus. In den Reden von Kanzler, Heermeister, Schatzmeister und Marschalk werden die fundamentalen Krisenmomente des Feudalismus scharf thematisiert: Die Auflösung der Rechtsordnung beim Kanzler: „Das Ungesetz gesetzlich überwaltet / Und eine Welt des Irrtums sich entfaltet" (v. 4785 f.); der völlige Verlust der militärischen Treueleistung der Ritter gegenüber dem Kaiser sowie die Problematik bezahlter Söldnerheere (vgl. v. 4816–4820), die zur völligen Verheerung des Reiches führten (vgl. v. 4825 f.); die Auflösung traditioneller und stabiler (Boden-)Besitzverhältnisse und das Ausbleiben, ja die Verweigerung der Geld- und Warenflüsse von den Lehnsnehmern an den Lehnsgeber (vgl. v. 4831–4851); die Unmöglichkeit, Nahrung für den Hof zu beschaffen, insbesondere Wein, ohne auf Jahre sich zu verschulden: „Verpfändet ist der Pfühl im Bette, / Und auf den Tisch kommt vorgegessen Brot" (v. 4874 f.).

Mummenschanz. Bevor Mephistopheles' Vorschlag, wie die Krise zu beheben sei, umgesetzt wird, entfaltet sich – das ist der umfangreichste Teil des Aktes – in einem „weitläufige[n] Saal mit Nebengemächern" (vor v. 5065) die „Mummenschanz", ein Maskenfest, ein „letztes rauschendes Fest der alteuropäischen Aristokratie" (Jaeger 2021, 90). Aber nicht nur dies: Treten zu Beginn des Umzugs noch als Gärtnerinnen oder Gärtner verkleidete Höflinge auf, folgen Parasiten und Trunkene, dann mythologische und allegorische Figuren wie Parzen und Furien bzw. Furcht und Hoffnung, sodann aber, in der Mitte der Szene, der Geiz und der Gott des Reichtums, Plutus, der die Schätze entfesseln will (vgl. v. 5709), aber auch die Gefährlichkeit ihrer Entfesselung anspricht; nach einer vom Herold (vgl. v. 5934–5969) rhetorisch vor Augen geführten Brandkatastrophe der gesamten Welt gebietet Plutus Einhalt: „Schrecken ist genug verbreitet" (v. 5970) und ‚beschwört' gleichsam die Kräfte der Magie, den Reichtum zu entfesseln und die im Brand vorgeführte Katastrophe abzuwenden.

Papiergeldschöpfung. In der darauffolgenden Szene („Lustgarten") ist das Papiergeld einfach da. Vorbereitet hatte Mephistopheles dies *vor* der Mummenschanz: Im Boden, den der Kaiser ja besitze, „[i]n Bergesadern, Mauergründen", sei doch haufenweise „Gold gemünzt und ungemünzt zu finden" (v. 4893 f.) – es müsse nur durch „[b]egabten Manns Natur- und Geisteskraft" gehoben werden (v. 4896). Da es im Boden (lat. *feudum*) des Kaisers liege, gehöre es ihm ja. Der Trick, ja der Betrug des Mephistopheles wird erst nach der „Mummenschanz" offenbar: Der Kaiser gibt in Unmengen Papiergeld aus, dessen Deckung durch die „Unzahl vergrabnen Guts im Kaiserland" „als gewisses Pfand" (v. 6059 f.) gewährleistet werde. Das ist natürlich ein völlig inadäquates Mittel zur Behebung der Krise: Etwas abstrakter gesprochen, ist die Krise des Kaiserreichs (um 1500 genauso wie um 1800!) durch die Erosion der Herrschafts- und Treuebeziehungen im politisch-ökonomischen Systems des Feudalismus, der auf Besitz von Boden und Lehnsgabe beruht, verursacht. Mephistopheles ‚erfindet' mit dem Papiergeld ein ‚modernes' universelles Tauschmittel, das erstens ins spätere 18. Jahrhundert (Österreich 1762, französische Assignaten, 1792–1796) gehört, also letztlich in eine schon bürgerliche Ökonomie, das aber zweitens, wenn es nicht zur Inflationskatastrophe führen soll, auf demjenigen beruht, was anstelle von Boden und

Bodenbesitz innerhalb der modernen bürgerlichen Ökonomie das Fundament
dieser Wirtschaftsform ausmacht: Arbeit. Arbeit steckte im Papiergeld, wenn die
Goldschätze alle durch Bergleute gehoben wären und tatsächliche Sicherheit, tatsächlichen Gegenwert gewährleisteten. Das aber genau ist nicht der Fall: Hier, im
„Lustgarten", führt es natürlich zur raschen wie rasenden Belebung des Handels,
ein Aufflackern allerdings, das in die Kriege des IV. Aktes münden wird.

   Paris und Helena. Der Kaiser wolle, so berichtet Faust gegenüber
Mephistopheles, „Helena und Paris vor sich sehn; / Das Musterbild der Männer
so der Frauen" (v. 6184 f.). Mephistopheles lässt das Ganze im „Rittersaal", der
letzten Szene des Aktes, buchstäblich über die Bühne gehen: Er inszeniert die
„Erscheinung" von Helena und Paris auf dem Theater – mit Faust in einer Hauptrolle. Er gaukelt ihm vor, er müsse zu den „Müttern" hinabsteigen, ungekannte
Göttinnen in der Tiefe (vgl. v. 6218 f.), übergibt ihm einen Schlüssel, an einem
glühenden Dreifuß (vgl. v. 6283) werde er die gefürchteten Mütter sehen. Und so
kommt es auch: Faust, „auf der andern Seite des Proszeniums" (nach v. 6420),
der Vorbühne, heraufsteigend, beschwört die ‚Mütter', und die Gestalten (von
Mephistopheles mithilfe einer *laterna magica* auf eine Rauchsäule projiziert)
‚treten' hervor; erst Paris, dann Helena. Auf Letztere reagiert Faust unangemessen,
fällt aus seiner „Rolle" (wie Mephisto ihm vorwirft: vgl. v. 6501): Er erkennt die
„Wohlgestalt, die mich voreinst entzückte, / In Zauberspiegelung beglückte" (v.
6495 f.), also die Projektion in der Hexenküche wieder (Lethes Flut hat in der
„Anmutigen Gegend" wohl nicht alle Erinnerungen gelöscht!), das alte Bild aber
sei nur ein „Schaumbild", Abklatsch *dieser* Schönheit, der er sofort alle „Neigung,
Lieb', Anbetung, Wahnsinn" zollen will (v. 6500). Als der projizierte Paris diese
Helena umfasst, entführen will, verfällt Faust seiner Leidenschaft, gerät tatsächlich in ‚Wahnsinn'; er greift in den Projektor: „Explosion. Faust liegt am Boden"
(nach v. 6563). Mephistopheles wirft ihn sich über die Schulter und verschwindet
mit ihm in den zweiten Akt.

II. Akt

Faust liegt weiterhin in Ohnmacht oder schlafend – allerdings mittlerweile in
seinem ehemaligen ‚hochgewölbten, engen, gotischen Zimmer'. Dessen Herr
ist jetzt Wagner, sein ehemaliger Famulus, der in seinem „Laboratorium" (II.2)
gerade dabei ist, „[e]in herrlich Werk [...] gleich zustand" zu bringen: „Es wird
ein Mensch gemacht" (v. 6834 f.). Die Erschaffung dieses ‚Homunculus', deren
alchemistische Zurichtung er benennt (vgl. v. 6848–6855), deren Ergebnis (das
wohl nicht ohne Mephistopheles' Hilfe gelingt) er beschreibt (vgl. v. 6871–6878)
ist der erste Part des II. Aktes, der zweite ist die „Klassische Walpurgisnacht", in
der Homunculus, Mephistopheles und Faust getrennte Wege gehen.

   Homunculus. Das Menschlein in der Phiole, der Homunculus, ist körperloser
Geist, körperloses menschliches Bewusstsein – und es fehlt ihm der Körper, den er
vermisst! Nichtsdestoweniger ist er zu vielem befähigt:

- Schwebend kann er sich über den schlafenden Faust bewegen und seinen Traum lesen: Er beschreibt eine antik-mythologische Szene, die Zeugung der Helena durch Zeus (in Gestalt eines Schwans) und Leda; er beschreibt aber gleichzeitig ein Bild: Die malerische Darstellung dieser Szene (1532) durch den italienischen Renaissance-Maler Antonio da Corregio (vgl. Gaier 1999 II, 724). Und er weiß, dass Mephistopheles („Du aus Norden, / Im Nebenalter jung geworden, / Im Wust von Rittertum und Pfäfferei", v. 6923 ff.) weder diesen Traum lesen kann noch etwas über dasjenige weiß oder zu gebieten hat, was Faust näher an Helena heranbringen könne: Die klassische Walpurgisnacht, die glücklicherweise gerade stattfinde (v. 6940 f.);
- Er ist nicht nur menschliches Bewusstsein, entbunden der Fesseln der Körperlichkeit, sondern menschliches, historisches wie kulturelles Wissen: Er kann Faust und Mephistopheles an Zeit und Ort („An großer Fläche fließt Peneios frei, / Umbuscht, umbaumt, in still- und feuchten Buchten", v. 6952 f.) der klassischen Walpurgisnacht führen – und weiß sogar, wie er Mephistopheles locken kann, der sich noch gegen die Welt der griechischen Mythologie wehrt, da er in ihr keinen Platz hat: mit „thessalischen Hexen" (v. 6977). Homunculus lässt beide auf dem Zaubermantel fliegen: „Ich leuchte vor" (v. 6987) und Mephistopheles kommentiert „ad spectatores. Am Ende hängen wir doch ab / Von Kreaturen, die wir machten" (v. 7004); er räumt ein, der eigentliche Akteur bei der Erschaffung des Homunculus gewesen zu sein.

Klassische Walpurgisnacht. Die umfangreiche (fast 1500 Verse!) Gruppe aus vier Szenen führt ganz Unterschiedliches vor: Homunculus auf dem Wege zu körperlichem Entstehen und dabei, im Vorübergehen, im Kontakt zu den großen Naturphilosophien der Antike; Faust auf der Suche nach Helena (welcher Helena auch immer); Mephistopheles auf der Suche nach einer Möglichkeit, hier, in der Antike zu *sein* (denn eigentlich gehört er nicht hierher). Erichtho, „die düstere" (v. 7006), eine der thessalischen Hexen, führt nicht nur in einem Überflug in die Landschaft der Walpurgisnacht hinein, sondern exponiert auch eines der zentralen Themen der Szenengruppe: Sie, Erichtho, sei „[n]icht so abscheulich, wie die leidigen Dichter mich / Im Übermaß verlästern" (v. 7007 f.). Um Antike *und* ihre dichterische sowie philologische Zurichtung oder Modellierung geht es hier!

- **Mephistopheles** wird vorgeführt zunächst im neugierigen Erstkontakt mit der ihm fremden Welt: Versehentlich spricht er die Greife als Greise an (vgl. v. 7092 f.), die seine Gegenwart aber durchweg ablehnen (vgl. 7138 f.); anders die Sphinxe: „Wie leicht und gern ich mich hierher gewöhne" (v. 7112). Diese klären ihn auf über die Stymphaliden (v. 7220), sodann über die Lamien, mit denen er dann in v. 7696 wieder auftaucht. Diese aber narren ihn: Eine nach der Andern, die er ergreift, verwandelt sich in einen hässlichen Naturgegenstand. Als er seinen Weg zu den Sphinxen sucht, findet er zunächst Homunculus (v. 7828), lässt diesen aber bis v. 7950 allein und sieht dann die Phorkyaden,

Sinnbilder der Hässlichkeit: „Dergleichen hab' ich nie gesehn, / [...] Wir litten
sie nicht auf den Schwellen / Der grauenvollsten unsrer Höllen. / Hier wurzelt's
in der Schönheit Land, / Das wird mit Ruhm antik genannt ..." (v. 7971 ff.).
Ihnen aber fühlt er sich geschwisterlich verwandt: Beide Seiten geben sich als
Sohn bzw. Töchter des Chaos aus (vgl. v. 8027 f.). Von den Phorkyaden ‚entleiht' er sich die Maske der Hässlichkeit; allerdings ohne dass sie ihm Auge
und Zahn gäben: Er verstellt einfach sein Gesicht (vgl. v. 8022 ff.), so dass
seine Maske für den dritten Akt perfekt ist.

- **Homunculus** trifft auf dem Weg zu seiner körperlichen Entstehung zwei Natur-
philosophen, die unterschiedliche Auffassungen der Entstehung der Erdgestalt
vertreten: Anaxagoras, der die Auffassung vertritt, die Erdgestalt sei vulkanisch
entstanden (also eruptiv und revolutionär), Thales, der auf der neptunistischen
Seite steht: Die Erdgestalt sei aus und durch Wasser entstanden (also in sanften
Übergängen, evolutionär). Letzterer lädt Homunculus „zum heitern Meeres-
feste" (v. 7949) ein. Dieses findet in den „Felsbuchten des ägäischen Meeres
statt" (vor v. 8033), wo Homunculus zunächst ein Gespräch mit Proteus führt,
der alle Gestalten annehmen kann, also (auch) keine hat. In der Schlussszene
sind beide unterschiedlich Gestaltlosen am Muschelwagen der Galatee, gegenüber der Homunculus in Begierde entbrannt ist. Nereus' Frage: „Was flammt
um die Muschel, um Galatees Füße?" (v. 8466) kann nur Thales beantworten:
„Homunculus ist es, von Proteus verführt [...] / Er wird sich zerschellen am
glänzenden Thron; / Jetzt flammt es, nun blitzt es, ergießet sich schon" (v.
8469 ff.). Thales hatte ihn theoretisch auch ‚verführt': Homunculus entscheidet
sich für den langen evolutionären Weg im Wasser, natürliche Gestaltbildung,
die Zeit braucht. Proteus: „Im weiten Meere mußt du anbeginnen! / Da fängt
man erst im kleinen an / [...] / Und bildet sich zu höherem Vollbringen" (v.
8260 ff.).

- **Faust** wird durch die Berührung von ‚klassischem' Boden aus seiner Ohnmacht erweckt: „Und find' ich hier das Seltsamste beisammen, / Durch-
forsch' ich ernst dies Labyrinth der Flammen" (v. 7078 f.) – nach Spuren von
oder zu Helena. Er kommt zu Mephistos Gespräch mit Greifen und Sphinxen
hinzu, präsentiert mythologisches Wissen über Sphinxe, Sirenen, Greife u. a.,
fragt nach Helena – und wird an Chiron verwiesen. Ab v. 7199, die Szene ist
der Fluss „Peneios umgeben von Gewässern und Nymphen", nähert er sich
zunächst seinem Leda-Traum an, sieht die Corregio-Szene noch einmal (v.
7275–7352) und trifft dann Chiron, der nach gut 70 Versen nebenbei erwähnt,
dass er einmal Helena trug (v. 7405). Die entsprechende Episode kann Faust
sofort identifizieren: Helena sei dort „[e]rst zehen Jahr" gewesen (v. 7426).
Chirons Antwort spricht Bände, auch im Rückblick auf die Rede der Erichtho
zu Beginn der „Walpurgisnacht":

Ich seh', die Philologen,
Sie haben dich so wie sich selbst betrogen.
Ganz eigen ist's mit mythologischer Frau,
Der Dichter bringt sie, wie er's braucht, zur Schau:
Nie wird sie mündig, wird nicht alt,
Stets appetitlicher Gestalt,
Wird jung entführt, im Alter noch umfreit;
Gnug, den Poeten bindet keine Zeit. (v. 7426ff.)

Helena ist demgemäß keine ‚Frau' in leiblicher Gestalt, sondern das Ergebnis
sowohl dichterischer Rede als auch philologischer Arbeit, eine Text-*Figur*, mehr
nicht. Das wirft ein bezeichnendes Licht voraus auf den Helena-Akt und auf das
„Selbst"-Bewusstsein der Helena dort. – Chiron bringt Faust letztlich zu Manto,
die Faust zu Persephone führt in die Unterwelt (weil man das so macht, wenn man
jemanden aus der Unterwelt erbitten möchte; das sagen zumindest Dichter und
Philologen; vgl. v. 7489 ff.).

III. Akt
Der dritte Akt ist Spiel im Spiel – wie die Inszenierung der Bilder Helenas und
Paris' durch Mephistopheles im ersten Akt, wie der „Walpurgisnachtstraum" in
Faust I. Dies wird vom Ende des Helena-Aktes her völlig evident:

1. Die Bühnenanweisung nach dem Ende des letzten Chores lautet: „Der Vorhang fällt. Phorkyas im Proszenium richtet sich riesenhaft auf, tritt aber von
   den Kothurnen herunter, lehnt Maske und Schleier zurück und zeigt sich
   als Mephistopheles, um, insofern es nötig wäre, im Epilog das Stück zu
   kommentieren" (nach v. 10038). Mephistopheles offenbart sich als Schauspieler, der in den vorigen drei Auftritten eine Maske trug; er tritt aus seiner
   Rolle, von den antiken Tragödienschuhen herab, steht „riesenhaft" im Proszenium der Helena-Bühne und nimmt eine Haltung ein, die ihn jetzt als
   außerhalb der gespielten Handlung stehend, das gespielte „Stück" bei Bedarf
   kommentieren könnend, ausweist. Wie der Schauspieler des Mephistopheles
   spielen soll, dass er bei Bedarf kommentieren könnte, ist unerheblich; die
   Bühnenanweisung ist ein metadramatischer Selbstkommentar des Textes, der
   Mephistopheles in die Nähe von Kommentatoren- oder Epilogsprecher-Figuren
   im Theater der Frühen Neuzeit rückt, etwa den Hanswurst. Und das passt auch:
   Er ist ja immerhin schon beim Herrn im „Prolog im Himmel" der Schalk,
   ersetzt am Kaiserhof des 1. Aktes den Hofnarren (vgl. v. 4755 f.).
2. Metadramatisch sind auch die Schlusschöre des Aktes: Einerseits vollenden
   die Chöre bzw. die in ihnen berichteten Vorgänge die nach und nach völlige
   Entleerung der Bühne: Euphorion ist weg, von Helena ist nichts übrig als ihr
   Gewand, das sich in eine Wolke verwandelt, auf der Faust sitzend entschwebt,
   Phorkyas tritt ins Proszenium – übrig bleibt der Chor. Der nicht bleiben kann:
   „Ewig lebendige Natur / Macht auf uns Geister / Wir auf sie vollgültigen

Anspruch" (v. 9989–9991). In trochäischen Tetrametern, einem feierlichen Sprechvers der attischen Tragödie, besingen die vier Teile des Chors ihre Verwandlung in Baum-, Felsen-, Gewässer- und Weinreben-Nymphen, Naturgottheiten, bühnentechnisch gesprochen: beseelte Kulisse. Der letzte, der vierte Chorteil hat den mit Abstand längsten Part (26 Verse gegenüber 7, 6 und 6 der ersten drei Chöre). Ausführlich thematisiert er die Arbeit des Winzers am Weinstock (in dessen Nymphen sich der Chor verwandelt), die regsame Belebtheit der Weinernte, das Treten und Quetschen der Beeren; dann aber, ab Vers 10030, wird Bacchus, oben nur schon einmal erwähnt (v. 10017–10019), zum Dionysos der „Mysterien" (v. 10031), begleitet von „der Zimbeln und der Becken Erzgetöne" (v. 10030): „Alle Sinne wirbeln taumlich, gräßlich übertäubt das Ohr. / Nach der Schale tappen Trunkne, überfüllt sind Kopf und Wänste" (v. 10035 f.) – eine Orgie zu Ehren des Dionysos. Aus diesen Umzügen allerdings ist, nach Auskunft etwa des Aristoteles (*Poetik*, 4. Kap.), die Tragödie als dramatische Gattung entstanden. Der Schlusschor des Helena-Stücks verweist also, in attischen Tragödienversen, auf den Ursprung der Tragödie, reflektiert sich also selbst im Lichte der Gattungsgeschichte.

3. Im vierten Band der Ausgabe letzter Hand hatte Goethe den dritten Akt unter dem Titel *Helena, klassisch-romantische Phantasmagorie. Zwischenspiel zu Faust* 1827 publiziert. Auch wenn das ein schwächerer ‚Beweis' ist: Der Untertitel mit der Gattungsbezeichnung „Zwischenspiel" weist den dritten Akt als Spiel im Spiel aus, gewissermaßen ein selbständiges Stück mit Faust in der Hauptrolle (der vielleicht, wie bei der Projektion der *laterna magica* im ersten Akt, nicht unterscheiden kann zwischen theatraler Simulation und Wirklichkeit).

Vor diesem Hintergrund ist die „Handlung" des Aktes darzustellen und zu verstehen: Helena muss vor dem aus Troja zurückkehrenden Menelas fliehen (oder bekommt dies eingeredet, III.1), sie flieht auf eine mittelalterliche Burg und bandelt mit dem Burgherrn an (III.2), muss wieder vor Menelas fliehen (oder bekommt dies eingeredet), um mit Faust und dem Sohn Euphorion eine kurze Familienauszeit in der Phantasie-Welt Arkadiens zu erleben (III.3).

• Helena kommt im ersten Auftritt des Aktes vor dem Palast des Menelas an, „von ihm zu seiner Stadt vorausgesandt" (v. 8525). Sie ist doppelt verunsichert: Sie weiß nicht, *was* sie gegenwärtig *für Menelas* ist: „Komm' ich als Gattin? komm' ich eine Königin? / Komm' ich ein Opfer für des Fürsten bittern Schmerz?" (v. 8527 f.). Insbesondere aber ist ungewiss, *wer* sie überhaupt ist: Sie reflektiert sich als Gegenstand vielfältiger Rede, des Volksgeredes, der (inkohärenten) Mythologie, der Dichtung und der Philologie. Ihr erster Vers schon weist auf diesen Zusammenhang hin: „Bewundert viel und viel gescholten, Helena" (v. 8488). Das Gespräch aber mit der ‚nachthäßlichen' Schaffnerin des Palasts, Phorkyas (das ist ja die Maske des Mephistopheles!), demontiert geradezu ihre „Identität": Im Wechselgespräch, bei dem jede Sprecherin ein Verspaar aus jambischen Trimetern spricht, ‚rekonstruieren' beide die Helena-Überlieferung, eine Geschichte von „Liebes-brünstige[n], / Entzündet rasch zum kühnsten Wagstück jeder Art" (v. 8846 f.): Theseus, Patroklus, Menelas. „Doch sagt man", wendet Phorkyas schließlich ein, „du erschienst ein doppelhaft Gebild, / In Ilios gesehen und in Ägypten auch" (v. 8872 f.) – ein Verweis auf die ägyptische Helena in einer Tragödie des Euripides. Und wenn Phorkyas hinzufügt, das „aus hohlem Schattenreich herauf / [...] sich inbrünstig noch Achill zu dir" gesellte (v. 8876 f.), zitiert sie die mythologische Überlieferung, dass nach Helenas Tod Achill (natür-lich ebenfalls längst tot) ihrer so begehrte, dass sie „den Achilles in der Insel Leuce geheurathet, [...] und mit ihm den Euphorion gezeuget" habe (Hederich 1770, Sp. 1222). Hier verliert Helena die Sicherheit ihrer Identität – in zwei Schritten: „Selbst jetzo, welche denn ich sei, ich weiß es nicht" (v. 8875); nach der Achill-Erwähnung bei Phorkyas aber: „Ich als Idol, ihm dem Idol verband ich mich. / Es war ein Traum, so sagen ja die Worte selbst. / Ich schwinde hin und werde selbst mir ein Idol" (v. 8879–8881). Verbunden hat sie sich als Idol, einem „Schattenbild von Toten aus dem Hades", mit einem solchen; das weist sie noch einem Traumbild zu. Jedoch der Verlust der Identität ist unaufhaltsam: Sie wird sich selbst zum „Trugbild", wiederum ‚Idol' (Gaier 1999 II, 868 f.) – und fällt konsequenterweise in Ohnmacht.

- Phorkyas redet der Wiedererwachten ein, das Opfer, das Menelas vorzu-bereiten bestellt habe, sei sie selbst (vgl. v. 8924). Als sicheren Fluchtort weist Phorkyas (Mephistopheles muss ja so langsam Helena mit Faust zusammen-bringen) auf eine „unersteiglich feste Burg" hin, die „ein kühn Geschlecht [...] dringend aus cimmerischer Nacht" nördlich von Sparta „aufgetürmt" habe (v. 8999–9001). Deren Herr (nach dessen Aussehen sich Helena sofort erkundigt, v. 9009) sei „ein munterer, kecker, wohlgebildeter / Wie unter Griechen wenig', ein verständ'ger Mann" (v. 9011 f.), seine Burg ein Wunderwerk gegenüber der plumpen, zyklopischen Baukunst der Griechen: „dort hingegen, dort / Ist alles senk- und waagerecht und regelhaft. / Von außen schaut sie! himmelan sie strebt empor" (v. 9021 ff.), eine gotische, eine mittelalterliche Burg: „Und innen großer Höfe Raumgelasse, rings / Mit Baulichkeit umgeben, aller Art und Zweck. / Da seht ihr Säulen, Säulchen, Bogen, Bögelchen, / Altane, Galerien, zu schauen aus und ein" (v. 9026 ff.). Insbesondere der Chor, affiziert von der freundlichen Aussicht auf Tanz und Geselligkeit (vgl. v. 9044), drängt Helena, dem hörbar nahenden Menelas dorthin zu entweichen; und wiederum der Chor ‚ersingt' die Verwandlung der Bühne: Aus dem Nebel, der diese plötzlich erfüllte (vor v. 9088), ersteigt die Szene des zweiten Auftritts (hier wechselt der Chor in trochäische Tetrameter): „Mauern stellen sich dem Blicke, / Freiem Blicke starr entgegen. Ist's ein Hof? ist's tiefe Grube? / Schauerlich in jedem Falle! Schwestern, ach! wir sind gefangen" (v. 9123 ff.).

- Hier, im „innere[n] Burghof", umgeben von reichen phantastischen Gebäuden des Mittelalters" (vor v. 9127), geht die Verwandlung der Bühne weiter: Der Chor besingt die Belebung der „düstern Burg" (v. 9136) durch den „geregelten

Zug" einer „[j]ungholdeste[n] Schar" (v. 9154 f.), die einen Thron, einen
„herrlichen Pfühl" (v. 9176) für die Königin bereiten: „Alles vom Chor Aus-
gesprochene geschieht nach und nach" (nach v. 9181). Im Gespräch mit Faust,
der die vom Chor ersungene Treppe „in ritterlicher Hofkleidung des Mittelalters [...] langsam würdig herunter" kommt (vor v. 9182), lernt Helena, was
eben nicht Kennzeichen der literarischen Rede der Griechen war: den Endreim.
Verwundert ist sie, „warum die Rede / Des Manns mir seltsam klang, seltsam
und freundlich. / Ein Ton scheint sich dem andern zu bequemen, / Und hat ein
Wort zum Ohre sich gesellt, / Ein andres kommt, dem ersten liebzukosen" (v.
9367 ff.). Faust übt mit ihr „die Sprechart unsrer Völker" (v. 9372):

FAUST. [...] Und wenn die Brust von Sehnsucht überfließt,
Man sieht sich um und fragt –
HELENA.   wer mitgenießt.
FAUST. Nun schaut der Geist nicht vorwärts, nicht zurück,
Die Gegenwart allein –
HELENA.   ist unser Glück.
FAUST. Schatz ist sie, Hochgewinn, Besitz und Pfand;
Bestätigung, wer gibt sie?
HELENA.   Meine Hand. (v. 9379ff.)

Die Vereinigung beider im Reimenlernen führt Faust in die Nähe der Einlösung
der Wettformel („Werd' ich zum Augenblicke sagen: / Verweile doch! du bist
so schön!"; v. 1699 f.): „Ich atme kaum, mir zittert, stockt das Wort; / Es ist
ein Traum, verschwunden Tag und Ort. / [...] / Dasein ist Pflicht, und wär's
ein Augenblick" (v. 9413 ff.) – was Phorkyas-Mephisto auf den Plan ruft:
Menelas, wie auch immer er hierhin ins Mittelalter gekommen sein mag,
drohe „mit Volkeswogen" heran (v. 9426). Und Faust entwirft, mit Verweis auf
„Eurotas' Schilfgeflüster" (v. 9518), also des Flussgestades, wo Zeus Leda verführte, einen neuen Fluchtort: „Dein Vaterland, o zieh es vor!" (v. 9525). Die
Charakteristika dieses Landes entstammen allesamt der zehnten Ekloge Vergils
(vgl. Rüdiger 1964, 191): Arkadien, das idyllische Hirtenland *der Dichter*! Auf
Fausts Wort: „Zur Laube wandeln sich die Thronen, / Arkadisch frei sei unser
Glück!" (v. 9572 f.) verwandelt sich die Bühne für den dritten Auftritt.

- Im Wechselgespräch zwischen Chor und Phorkyas werden die Grotten und
  Lauben des ‚schattigen Hains' als „Schutz und Schirmung [...] / Unserm Herrn
  und unsrer Frauen" ausgegeben, „wie idyllischem Liebespaare" (v. 9587 f.);
  Phorkyas macht deutlich: Als *wären* Faust und Helena das Liebespaar einer
  Idylle! Sie erzählt dem Chor („Rede nur, erzähl', erzähle, was sich Wunderlichs
  begeben! / [...] / Denn wir haben Langeweile, diese Felsen anzusehn", v. 9582,
  9584) von der Geburt Euphorions, ein „Genius ohne Flügel, faunenartig ohne
  Tierheit" (v. 9603), eine Luftgestalt, vom Erdboden „zu der luft'gen Höhe",
  ja „an das Hochgewölb" geschnellt (v. 9605 f.), der in Erdspalten gefundene
  „[b]lumenstreifige Gewände" anlegt (v. 9617), „[i]n der Hand die" ebenfalls gefundene „goldne Leier, völlig wie ein kleiner Phöbus," trägt (v. 9620)

und von den Eltern entzückt als künftiger Dichterfürst gefeiert wird: „sich als Knabe schon verkündend / Künftigen Meister alles Schönen, dem die ewigen Melodien / Durch die Glieder sich bewegen" (v. 9625 ff.).

Euphorions Emporstreben („Immer höher muß ich steigen", v. 9821) wird vom Chor mit dem der Poesie verglichen: „Heilige Poesie, / Himmelan steige sie!" (v. 9863 f.) – und erweist sich letztlich als tödlich: Vom Krieg, den er sieht und hört (vgl. v. 9837), von Waffenklang und „Ruhm" (v. 9876) angezogen, wirft sich der Jüngling in die Lüfte. „Ein schöner Jüngling stürzt zu der Eltern Füßen, man glaubt in dem Toten eine bekannte Gestalt zu erblicken; doch das Körperliche verschwindet sogleich, die Aureole steigt wie ein Komet zum Himmel auf, Kleid, Mantel und Lyra bleiben liegen" (nach v. 9902). Helena muss ihm nachfolgen: Euphorions Stimme aus der Unterwelt bittet sie, ihn „im düstern Reich" nicht allein zu lassen (v. 9905), sie nimmt Abschied und „umarmt Faust, das Körperliche verschwindet, Kleid und Schleier bleiben ihm in den Armen" (nach v. 9944). Phorkyas, lange stumm im Hintergrund (seit v. 9686), empfiehlt Faust, ihr Kleid festzuhalten: Es verwandelt sich in eine Wolke, die ihn wegträgt; Phorkyas verlässt die Bühne ins Proszenium – und der Chor verwandelt sich nach und nach in Natur(kulisse).

Mephistopheles ist Arrangeur des Ganzen, ist Regisseur dieses Spiels im Spiel – wie oben gezeigt, macht die letzte Bühnenanweisung dies klar; er ist es in der Maske der Phorkyas, der die ‚Bedrohung' durch Menelas zweifach als Grund für den Ortswechsel bzw. für die Bühnenverwandlung vorgibt. Der Akt ist ein Spiel im Spiel über Literatur: Helena ist keine Frau, sondern eine *Figur*, Figur mythologischer wie literarischer Überlieferung, Arkadien ist kein Ort, sondern literarische Fiktion. Die Figuren stellen die Bühnenverwandlung her: Einmal der Chor, einmal Faust. – Genuss der Schönheit, wie das Schema von 1800 formulierte, wird im Reich literarischer Fiktion und theatraler Simulation ermöglicht, sonst nirgends.

IV. Akt
Der vierte Akt ist gewissermaßen Übergang: Er bietet die Handlungseinheit, die letztlich ermöglicht, dass Faust im fünften Akt sein Landgewinnungsprojekt vorangetrieben haben kann. Er beginnt im „Hochgebirg": Faust, aus seiner „Wolke Tragewerk" (v. 10041) entsteigend, weiß nichts vom dritten Akt: Die Wolke ‚modelt' sich zwar in „ein göttergleiches Fraungebild, / Ich seh's! Junonen ähnlich, Leda'n, Helenen" (v. 10049 f.), allein das Wolkenbild, schon fern im Osten, „spiegelt [nur] blendend flücht'ger Tage großen Sinn" (v. 10054). Übergang ist der vierte Akt auch, insofern er, in vager Andeutung, schon auf die Bergschluchten-Szene am Ende des fünften Aktes vorausweist: Der Wolke gleichsam entgegengesetzt ist ein „zarter lichter Nebelstreif" (v. 10055), der sich erhebt und formt und Erinnerung an „[d]es tiefsten Herzens frühste Schätze" (v. 10060) weckt – und, indem er sich „in den Äther hin" erhebt, „das Beste meines Innern mit sich fort" trägt (v. 10065 f.). Mindestens in der Aufwärtsbewegung, mindestens auch in der ahnungsvollen Anspielung auf das in den „Bergschluchten" emporgetragene „Unsterbliche" Fausts wird von hier aus auf das Ende des Dramas verwiesen.

Als Mephistopheles im „Hochgebirg" hinzutritt, vollzieht sich, im Blick auf die „Reiche der Welt und ihre Herrlichkeiten" (v. 10131; der Text selbst verweist auf Mt. 4), eine erneute Verführungsszene: Lebensgenuss in bürgerlicher Beschränktheit (vgl. v. 10135–101154) oder adliger Pracht (v. 10160–10175) kann Faust „nicht zufriedenstellen" (v. 10155); er will anderes: „Herrschaft gewinn' ich, Eigentum! / Die Tat ist alles, nichts der Ruhm" (v. 10187 f.). Seine Begierde geht auf Landbesitz, am Meere – und er entwirft den Plan der Landgewinnung: „Erlange dir das köstliche Genießen, / Das herrische Meer vom Ufer auszuschließen" (v. 10228 f.). Die Chance auf Landbesitz ergibt sich sofort: Die Papiergeldschöpfung, der „falsche Reichtum" (v. 10245) verursachte „Anarchie" (v. 10261) und Bürgerkrieg (vgl. v. 10262–10269): „Erhalten wir dem Kaiser Thron und Lande, / So kniest du nieder und empfängst / Die Lehn von grenzenlosem Strande" (v. 10304–10306). Faust wird Befehlshaber über „Urgebirgs Urmenschenkraft" (v. 10317), die „Drei Gewaltigen" (vor v. 10323), Raufebold, Habebald und Haltefest, von Mephistopheles als „allegorisch" bezeichnet (v. 10329), treten in seinen Dienst.

Der Erfolg im Krieg – und damit auch das begehrte Land – stellen sich unverzüglich ein:

- „Auf dem Vorgebirg" stellt Faust, unter Verweis auf magische Kräfte („Groß sind des Berges Kräfte; / Da wirkt Natur so übermächtig frei", v. 10452 f.), dem kaiserlichen Oberfeldherrn die Drei Gewaltigen zur Verfügung (v. 10507 ff.); in einer umfangreichen Teichoskopie wird die Schlacht beschrieben, die nicht ohne Zauberei auskommt: „Auf unsres Phalanx blanken Lanzen / Seh' ich behende Flämmchen tanzen" (v. 10595 f.), der Kaiser sieht Greif und Adler am Himmel im Streite (vgl. v. 10624 f.); Mephistopheles, der vorgibt, das Schlachtenglück wende sich gegen den Kaiser, erlangt den Oberbefehl und mithilfe einer audiovisuellen Schreckensillusion („der „Undine [...] Fluten Schein", „dichte Finsternisse", „Irrfunkenblick", „Schreckgetön", v. 10712 f., 10758, 10760, 10763) zerstreut er der Feinde Heer, der Sieg gelingt.
- In „Des Gegenkaisers Zelt" werden Habebald und Eilebeute von „Trabanten *unsres* Kaisers" (vor v. 10817) beim Plündern ertappt (ohne dass die Trabanten etwas dagegen ausrichten könnten); der Kaiser ordnet die Herrschaft neu, indem er zunächst vier weltliche Fürsten in die höchsten Hofämter einsetzt, der Erzbischof, hinzutretend, wird mit dem Erzkanzleramt versehen, der, wie die andern vier, belehnt wird mit großen Ländereien, über die der Sieg die Verfügungsgewalt verschaffte; alle fünf werden zu Kurfürsten ernannt, seinen „Folger zu ernennen. / Gekrönt erhebt ihn hoch auf heiligem Altar" (v. 10958): Sie werden den nächsten Kaiser wählen.
- Der Erzbischof allerdings beklagt, der Kaiser habe den Sieg „mit Satanas im Bunde" errungen (v. 10982), der Kaiser, betroffen, gelobt Reue – und der Erzbischof verlangt, er solle auch von dem „sehr verrufnen Mann", dem er des „Reiches Strand" verliehen (v. 11035 f.), „den Zehnten, Zins und Gaben und Gefälle [Erträge]" verlangen (v. 11038). Gewissermaßen im Vorübergehen wird

somit erwähnt, dass der magisch begünstigte Sieger im Krieg, also Faust, sein Besitzziel erreicht habe – allerdings bisher nur einen Strand. Der Kaiser: „Das Land ist noch nicht da, im Meere liegt es breit" (v. 11039). Genau aber die Verwandlung dieses Strandes wird, nach einem großen Zeitsprung, den Auftakt des fünften Aktes bilden.

V. Akt

Der Schlussakt des *Faust* mit seinen sieben Szenen lässt sich in drei größere Handlungseinheiten gliedern: Erstens die Episode um Philemon und Baucis („Offene Gegend", „Palast", „Tiefe Nacht") sowie zweitens die Verfolgung Fausts durch die Sorge, Fausts Erblindung und Tod („Mitternacht", „Großer Vorhof des Palastes"), der „Betrug" Mephistos um dasjenige, was er sich beim Gewinn der Wette erhofft hatte, und drittens die „Erlösung" bzw. Auflösung Fausts („Grablegung", „Bergschluchten").

Philemon und Baucis. Mit der ersten Handlungseinheit fügt der Text der Reihe von Fausts Opfern – Margarete, ihre Mutter, ihr Bruder, ihr Kind, die Inflations- und Bürgerkriegsopfer im Kaiserreich, die Kriegstoten – noch einige hinzu. Und es sind nicht nur Menschen, die die Kosten von Fausts Handeln bezahlen, sondern auch ideelle Werte, die zu Opfern werden:

- Auch wenn Goethe behauptet, er habe den beiden Alten „bloß jene Namen" aus der antiken Überlieferung gegeben (Eckermann, 6. Juni 1831; HA 3, 458), so ist die Übereinstimmung doch viel größer – ja hier findet eine systematische Anverwandlung und gleichzeitig, mit Blick auf's Ende, eine Travestie der mythologischen Erzählung statt. Deren Quelle, Ovids *Metamorphosen,* schreibt dem greisen Paar Frömmigkeit (*Metamorph.* v. 630) und Genügsamkeit (v. 639 f.), bei aller Armut (v. 633) größte Gastfreundschaft (v. 649), innige Bindung zur Natur (v. 646), v. a. aber innige Liebe zueinander zu, die sich insbesondere dann in der Schlussmetamorphose zu Eiche und Linde ausdrückt (v. 714 ff.). Diese Zuschreibungen gehen bei der Integration in die *Faust*-Handlung nicht verloren. Entsprechend dem spätmittelalterlich-kaiserzeitlichen Umfeld ist der Tempel, in den sich bei Ovid die arme Hütte verwandelt, eine Kapelle – die schon da ist: Sie schmiegt sich mit der immer noch bescheidenen Hütte unter die Linden. Die Baum-Metamorphose wird aus der Handlung ausgespart und schon zur Erzeugung der Szenerie genutzt: In Kapelle, Linden, Hütte und altem, vertrautesten Paar aber sind Frömmigkeit, Naturverbundenheit, Bescheidenheit und lebensüberdauernde eheliche Liebe versinnbildlicht. Die Gastfreundschaft, zu deren Darstellung bei Ovid der Götterbesuch dient, gilt hier dem Wandrer – gesteigert: Denn dieser war's vor Jahren, den Philemon rettete aus den Wogen des damals noch nahen Meeres, den Baucis labend bewirtete (vgl. v. 11065–11074), und der jetzt die vermeintlich vertraute, fremdgewordene Stätte wieder aufsucht und ebenso gastfreundlich empfangen wird.

- Der Wandrer und die beiden Alten sind die Perspektivfiguren, die Fausts realisiertes Landgewinnungsprojekt ins Wort treten lassen: Jener im Blick auf das sichtbare Erreichte, diese im je unterschiedlichen Rückblick auf den Prozess. Philemon zeigt dem Wandrer das neue Land: Das Meer, das „Euch grimmig mißgehandelt, / [...] / Seht als Garten Ihr behandelt, / Seht ein paradiesisch Bild" (v. 11083 ff.); „Schaue grünend Wies' an Wiese, / Anger, Garten, Dorf und Wald" (v. 11095 f.); das Meer liegt weit entfernt: „Dort im Fernsten ziehen Segel" (v. 11099). Philemon erzählt begeistert vom Bauprozess: „Kluger Herren kühne Knechte / Gruben Gräben, dämmten ein" (v. 11091 f.), „Nicht entfernt von unsern Dünen / Ward der erste Fuß gefaßt, / Zelte, Hütten! – Doch im Grünen / Richtet bald sich ein Palast" (v. 11119 ff.). Der Palast des Bau- und Lehnsherrn steht programmatisch sowohl der Hütte der Alten als auch den Zelten und Hütten der Arbeiter gegenüber. – Baucis allerdings erhebt Einspruch: Bei dem Bau sei es „[n]icht mit rechten Dingen" (v. 11114) zugegangen:

> Tags umsonst die Knechte lärmten,
> Hack' und Schaufel, Schlag um Schlag;
> Wo die Flämmchen nächtig schwärmten,
> Stand ein Damm den andern Tag.
> Menschenopfer mußten bluten,
> Nachts erscholl des Jammers Qual;
> Meerab flossen Feuergluten,
> Morgens war es ein Kanal. (v. 11123 ff.)

Die Geschwindigkeit der Umsetzung des Bauprojektes (technikgeschichtlich könnten die „Flämmchen" auch für den Feuerschein von Dampfmaschinen sprechen) wird als magisch, widernatürlich markiert; die „Menschenopfer", der „Jammer" mythisieren die realen Opfer unter Fausts Arbeiterschaft. Dieser sei, so Baucis weiter, nicht nur „gottlos", sondern für sie beide bedrohlich: „ihn gelüstet / Unsre Hütte, unser Hain" (v. 11131 f.).
- Genau bei Fausts Neid und Besitzgier setzt die zweite Szene an: Das Läuten des Kapellenglöckchens verdrießt ihn zutiefst: „Mein Hochbesitz, er ist nicht rein, / Der Lindenraum, die braune Baute, / Das morsche Kirchlein ist nicht mein" (v. 11156 ff.). Der idyllenhaften ‚Insel' aus Kapelle und Linden sind in scharfem Gegensatz Fausts Drang nach Herrschaft, Weltbesitz und Kolonisation, sein lächerlicher Neid auf „[d]es Glöckchens Klang, der Linden Duft" (v. 11253) und die diabolische Brutalität des Landgewinnungsprojektes entgegengesetzt. Er gibt Mephisto den Auftrag: „So geht und schafft sie mir zur Seite!" (v. 11275), durchaus in der Absicht, sie, wenn auch gewaltsam, umzusiedeln. Faust ist nicht nur Landbesitzer und Palastbewohner, er ist globaler Handelsunternehmer: Mephistopheles und die drei gewaltigen Gesellen kommen mit ansehnlichem ‚Gewinn' in den Hafen: „Nur mit zwei Schiffen

ging es fort, / Mit zwanzig sind wir nun im Port" (v. 11173 f.); der Gewinn allerdings rechtfertigt für ihn (wie für Faust) den *modus operandi:* „Krieg, Handel und Piraterie / Dreieinig sind sie, nicht zu trennen" (v. 11187 f.). Gewalt als Modus kapitalistischer Wirtschaftsform – wie gegenüber den beiden Alten mit ihrer Kapelle.

- Es ist „Tiefe Nacht", wenn Lynkeus der Türmer in schreckensvoller Mauerschau berichtet, *wie* Mephistopheles seinen Auftrag ausführt: Linden, Hütte und Kapelle brennen nieder – und „die Guten" können sich *nicht* „[a]us der wildentbrannten Hölle" retten (v. 11322 f.). Mephisto zynisch: „Das Paar hat sich nicht viel gequält, / Vor Schrecken fielen sie entseelt. / Ein Fremder, der sich dort versteckt / Und fechten wollte, ward gestreckt" (v. 11362 ff.). Faust verflucht zwar den „unbesonnenen wilden Streich" (v. 11372), hat aber längst auf der Brandstätte den „Luginsland" geplant, „[u]m ins Unendliche zu schaun" (v. 11344 f.). – In Philemon und Baucis geraten neben den Menschen noch Natur, Geschichte, Tradition und Mythos in die Reihe der Opfer Fausts: Die klassische Lebensform der alten Eheleute repräsentiert den in den Mythos projizierten unmittelbaren Bezug des Menschen zur Natur, versinnbildlicht antike Gastfreundlichkeit; nicht irgendein Ehepaar wird im Interesse der Land- und Naturbeherrschung ermordet, zusammen mit den uralten Linden vernichtet, sondern eines der prominentesten der antiken Überlieferung: In Fausts mittelbarer Tat „opfert der Mensch auch seine Traditionsgründe, seine Legitimität und seine Identität" (Schmidt 2001, 275).

Fausts Erblindung und Tod. Aus dem Bau des „Luginsland" wird nichts mehr. Aus dem Blut Erschlagener entstehen, der *Theogonie* Hesiods zufolge (v. 183–185), die Erinnyen, die Rachegöttinnen der antiken Mythologie, aus dem Rauch des „Scheiterhaufen[s]" (v. 11369) von Philemon, Baucis, dem Wandrer, von Linden, Hütte, Kapelle vier graue Weiber, die „schattenhaft" an Faust heranschweben (vgl. v. 11383) und damit die zweite Szenengruppe des Aktes einleiten. Mangel, Schuld und Not können beim Reichen nicht eindringen, die Sorge schon (abziehend verkünden die drei ersteren die Ankunft des Todes, v. 11397).

- Gegenüber der Sorge artikuliert, ja reflektiert Faust die Rastlosigkeit als sein eigentliches Charakteristikum: „Ich bin nur durch die Welt gerannt; / Ein jed' Gelüst ergriff ich bei den Haaren" (v. 11433 f.); unter negativem Verweis auf seine Wettformel macht er aus der Rastlosigkeit eine *conditio humana:* „Im Weiterschreiten find' er [der tüchtige Mensch] Qual und Glück, / Er, unbefriedigt jeden Augenblick!" (v. 11451 f.). Die Macht der Sorge lehnt er anzuerkennen ab (vgl. 11493 f.) – und sie lässt ihn erblinden. Was ihn nicht davon abhält, noch ein letztes Mal seine Herrschaft behaupten zu wollen: „Vom Lager auf, ihr Knechte! Mann für Mann! / Laßt glücklich schauen, was ich kühn ersann. / Ergreift das Werkzeug, Schaufel rührt und Spaten!" (v. 11503 ff.). Er ist der Herr, er ist der „Geist" im Körper der Volksmassen, über die er herrscht: „Daß sich das größte Werk vollende, / Genügt ein Geist für tausend Hände" (v. 11509 f.).

- Die Gewaltsamkeit seiner Herrschaft wird im „Großen Vorhof des Palastes" bestätigt: Seinem „Aufseher" Mephistopheles befiehlt er: „Arbeiter schaffe Meng' auf Menge, / Ermuntere durch Genuß und Strenge, / Bezahle, locke, presse bei!" (v. 11552 ff.). Allein: Gegraben wird Anderes, Mephisto verlangt von den herbeigerufenen Lemuren, Untoten im Verwesungszustand: „Vertieft ein längliches Quadrat" (v. 11528) – ein Grab. Der blinde Faust kann das „Geklirr der Spaten" (v. 11539) nicht zuordnen, ordnet es seiner Herrschaft zu („Es ist die Menge, die mir frönet", v. 11540), wähnt sein Projekt fortgeführt und entwirft, sterbend, das Projekt der Entwässerung eines Sumpfes am Gebirge sowie die Vision eines ‚paradiesischen Landes': „Und so verbringt, umrungen von Gefahr, / Hier Kindheit, Mann und Greis sein tüchtig Jahr. / Solch ein Gewimmel möcht' ich sehn, / Auf freiem Grund mit freiem Volke stehn" (v. 11577 ff.). Ob das Volk seiner Vision frei wäre, darf mit Recht bezweifelt werden: Erstens – es ist *beherrschtes* Volk! Zweitens: Es ist *bedrohtes* Volk; Mephistopheles hatte schon in den Versen 11544–11550 auf die Endlichkeit von ‚Dämmen' und ‚Buhnen' hingewiesen: „Und auf Vernichtung läuft's hinaus" (v. 11550). In diesem mehrfachen Sinne ist Fausts „Vision die negative Utopie der Moderne: Eine in permanenter Bewegung wimmelnde Menschenmasse, unter strenger Disziplin, ‚umrungen von Gefahr', zur atemlosen, ununterbrochenen Arbeit gezwungen" (Jaeger 2004, 439).
- Dass Faust „[i]m Vorgefühl von solchem hohen Glück" (v. 11585), das ja nur seins wäre, niemandes sonst, im Konjunktiv seine Wettformel ausspricht, ist Fremd- und Selbstbetrug: Hier gibt es nichts zu genießen, nicht einmal im Vorgefühl, zum „Augenblick" im buchstäblichsten Sinne ist er unfähig, da erblindet. Mephistopheles kommentiert zynisch: „den *letzten, schlechten, leeren* Augenblick, / Der Arme wünscht ihn festzuhalten" (v. 11589 f.). Nichtsdestoweniger geht Mephistopheles davon aus, *er* habe damit die Wette gewonnen: Zumindest, wenn man sein Passionszitat (Joh. 19,30) „es ist vollbracht" (v. 11593) auf ihn bezieht. Auch wenn der Augenblick schlecht und leer war; er habe (so unterstellt er) Faust dahingebracht, die Wettformel auszusprechen.

„Erlösung" / Auflösung Fausts. Die beiden Szenen der letzten Handlungseinheit lassen sich salopp folgendermaßen kennzeichnen: Mephistopheles wird um den Lohn für die vermeintlich gewonnene Wette gebracht („Grablegung"), Fausts Was-auch-immer-Unsterbliches wird irgendwo hinaufgetragen („Bergschluchten").

- Der Trick, mit dem Mephisto betrogen wird, ist auf der Oberfläche einfach: Er entbrennt angesichts eines Chors der Engel für die hübschen Knaben: „Sie kommen mir doch gar zu lieblich vor! – / [...] Es ist mir [...] / So heimlich-kätzchenhaft begierlich; / Mit jedem Blick aufs neue schöner schön. / O nähert euch, o gönn mir *einen* Blick" (v. 11768, 11773 ff.). Er, von der Masse der Engel aufs Proszenium gedrängt (vor v. 11780), immer noch affiziert („Die Racker sind doch gar zu appetitlich!", v. 11800), bemerkt zu spät, dass

die Engel, sich erhebend, „Faustens Unsterbliches entführen[ ]“: „Die hohe
Seele, die sich mir verpfändet, / Die haben sie mir pfiffig weggepascht“ (v.
11830 f.). – Unter dieser Oberfläche ist er längst betrogen: Hier geht es nämlich gar nicht um *die* Seele, um *eine* Seele; er kann als Theater-“Teufel“ nur
nicht anders, als an die Seele zu denken. Nirgends spricht der Text ansonsten
von „Seele“.

* Auch nicht in den „Bergschluchten“: Hier ist es ebenfalls „Faustens Unsterbliches“ (BA nach v. 11933), das von einer Engelschar emporgehoben wird;
  was dieses Unsterbliche aber sei, wird nicht gesagt – ‚Seele‘ ist es nicht –,
  ebensowenig, was der „Erdenrest“ sei, der noch abgestreift werden müsse
  (v. 11954). Hier kann es auch gar nicht um ‚Seele‘ gehen, „denn am Ende
  präsentiert uns das Drama weder ein religiöses Bekenntnis noch eine Glaubens-
  lehre“ (Anderegg 2013, 122). Es geht also in keiner Weise um eine Erlösung
  oder einen göttlichen Gnadenakt gegenüber der Seele des Untäters Faust, die
  ihn, trotz aller Opfer auf seinem Weg, für die ‚ewige Seligkeit‘ retteten, weil er
  „immer strebend sich bemüht“ habe (v. 11936). Goethe wusste sehr genau, dass
  ‚Seele‘ nichts ist als ein diskursives Konzept, mit dem der Mensch, narzis-
  tisch gekränkt gleichsam, die Unausweichlichkeit der eigenen Endlichkeit zu
  ertragen sucht.

Und genau darum geht es hier: Um einen spezifischen Ausschnitt der Kulturgeschichte, um die Ikonographie der Seelenlehre im Jenseits, die hier zum
„Darstellungsmedium“ (Gaier 1999 II, 1125), aber auch gleichzeitig zum
theatralisch Dargestellten, Reflektierten wird. Hier „werden wir in eine
Bildergalerie – genauer: in eine Motivgalerie – versetzt, in der unterschiedliche historisch oder in Kunst und Literatur bezeugte Frömmigkeitshaltungen
ihren spezifischen Ausdruck finden. […] Sie alle kreisen um ein gemeinsames
Thema: um den Glauben an Unsterblichkeit, an ein Jenseits und an ein Leben
in diesem Jenseits“ (Anderegg 2013, 122).

Von der räumlichen Staffelung oder Stufung der „Heilige[n] Anachoreten“
(BA vor 11843) wie der gesamten Szene bis hin zu den Büßerinnen, die den
Chor um die Mater Gloriosa bilden (v. 12032 ff.), greift die Szene auf religiöse
Malerei insbesondere der italienischen Renaissance zurück (vgl. Anderegg
2011, 265–290). „Die Szene spielt keineswegs im Himmel, sondern […]“
in belebten Gemälden“ (Gaier 1999 II, 1126). Einerseits inszeniert sie damit
„vielfältig jenes religiös und kulturell grundlegende Wunschdenken“, dass der
Mensch „[g]ern sein Ich gerettet sähe, / So da droben wie hienieden“ (so heißt
es im Gedicht „Höheres und Höchstes“ aus dem *Divan*-“Buch des *Paradieses*“
[HA 2, 116]; Anderegg 2013, 122).

Ob von Fausts „Ich“ etwas gerettet wird, ist höchst zu bezweifeln: Wenn von
seinem ‚Unsterblichen‘ der „Erdenrest“ abgestreift wird (vgl. v. 11985–11988),
wird all dasjenige abgelöst, aufgelöst, „was Fausts Individualität ausmachte“
(Gaier 1999 II, 1106). Sein Name, sein Werk bleibt für die Nachgeborenen
eine Zeit erhalten (auf der irdischen Seite und natürlich ohne jede Ewigkeits-
garantie), *ihm* nützt das nichts mehr, da es *ihn* nicht mehr gibt. Goethe hatte

Fausts ‚Unsterbliches' im Entwurf zur „Grablegung" in der Bühnenanweisung
nach v. 11824 als „Entelechie" notiert und damit auf einen zentralen Begriff
aus der Philosophie des Aristoteles (*Metaphysik* IX.8) verwiesen. Er bezeichnet
dort ein Bildungsprinzip, das als Kraft dem Stoff innewohne und an ihm das
Mögliche, bloß Angelegte, realisiere. Goethe rechnet der Entelechie, anstelle
jeder christlichen bzw. genuin-religiösen Seelenauffassung, Anteil am Überzeitlichen zu: „Jede Entelechie nämlich ist ein Stück Ewigkeit, und die paar Jahre,
die sie mit dem irdischen Körper verbunden ist, machen sie nicht alt" (Eckermann, 11. März 1828). Individualität wäre dann zufällige, vorübergehende
Gestalt der Entelechie. Dass Religion wünscht, es wäre anders, illustrieren die
„Bergschluchten", indem sie die Ikonographie eines Jenseits und einer Seelen-
und Heilslehre inszenieren, die aber nichts anderes ist als das: eine kulturelle
Inszenierung.

Bestimmung des Menschen. Der gesamte *Faust* ist das Drama menschlicher
Autonomie und ihrer Kosten bzw. Opfer! Mephistopheles stellt Faust, von der
Wettszene an, nicht nur Tatkraft zur Verfügung, sondern *unbegrenzte* Tatkraft:
Sexuell, ökonomisch, militärisch, ästhetisch. Faust wird damit zum Probefall: Was
geschieht, wenn einem Menschen nicht-limitierte Handlungsautonomie ermöglicht
wird? Er erreicht viel: Die sexuelle Befriedigung seines Begehrens, die (schnell
vorübergehende!) ‚Rettung' der desolaten ökonomischen und politischen Lage des
Kaiserreichs (durch zweifelhafte wie anachronistische ‚Heilmittel'), den Schein
der Präsenz des überzeitlich Schönen im Helena-Akt, militärischen Sieg, Land-
nahme und Landgewinnung, „Herrschaft […], Eigentum" (v. 10187). Erkenntnis nicht! Schon gar nicht Selbsterkenntnis! Und er hinterlässt einen Berg Opfer:
Margarete, ihr Kind, ihre Mutter und Bruder, die Opfer der ökonomischen Blase
der Papiergeldschöpfung ebenso wie die der Kriege zwischen Kaiser und Gegen-
kaiser, die „Menschenopfer" der industriell-magischen Herrschaftnahme über
die Natur (v. 11127), mit Philemon und Baukis sowie dem Wanderer neben den
Menschen noch Natur, Geschichte, Tradition und Mythos, menschliche „Legiti-
tät und [….] Identität" (Schmidt 2001, 275). Es ist nicht eine ahistorische Auffassung des Menschen, die hier Gegenstand des Dramas ist, keine wie auch
immer geartete überzeitliche anthropologische Bestimmung: Es ist der Mensch
der *Moderne*, der hier vorgeführt wird. Das, was diesen bestimmt, wird uns später
noch beschäftigen.

Metadrama I: Metrische Vielfalt. Der gesamte *Faust* ist ein Kompendium der
(metrischen) Möglichkeiten dramatischen Sprechens:

- Der Madrigalvers, „die Umgangssprache im Faust" (Eibl 2000, 343), meist
  jambisch, darf zwei bis sechs Hebungen aufweisen und ist gereimt (ohne vor-
  geschriebene Reimstellung), entstammt der weltlichen italienischen Musik-
  dichtung, wird aber auch (als *vers mêlés*) in Molieres Komödien eingesetzt.
  Insbesondere Mephistopheles nutzt ihn (vgl. z. B. v. 2011 ff.);
- Aus der frühneuzeitlichen deutschsprachigen Dichtung insbesondere bei Hans
  Sachs kommt der Knittelvers: Vierhebig mit Füllungsfreiheit, also ganz unter-

schiedlicher Silbenanzahl; dies ist natürlich der Vers der frühneuzeitlichen Atmosphäre der ersten Faust-Monologe und auch eines bedeutenden Teils der Margaretenhandlung (z. B. v. 354 f., v. 2757 f.);

- Der Alexandriner (gereimte sechshebige Jamben mit Mittelzäsur) charakterisiert das deutsche Trauerspiel zwischen Opitz und der Hochaufklärung (vor Lessing): Entsprechend der dortigen hohen Konfliktebene spricht etwa der Kaiser im IV. Akt des *Faust II* in Alexandrinern (v. 10849 ff.);
- Der griechisch-klassischen Dramatik entleiht der Text erstens den jambischen Trimeter, einen reimlosen sechshebigen Vers, in dem variabel auch einmal zwei Senkungen möglich sind: Helena tritt zu Beginn des III. Aktes mit diesem Vers auf (vgl. v. 8488 ff.); zweitens sind vor allem die Chorpartien am Ende des Helena-Aktes im trochäischen Tetrameter ausgeführt, achthebige Langverse mit Mittelzäsur (vgl. z. B. v. 10035 f.);
- Faust betritt den Helena-Akt mit dem Blankvers, von der *Iphigenie* an der ‚klassische' Vers der Trauerspiel-Dramatik bei Goethe und Schiller: fünfhebige ungereimte Jamben.

Die Vielfalt der metrischen Formen im *Faust* geht über die genannten, vielleicht prominentesten Beispiele weit hinaus – in Margaretes Liedern etwa, in den Stanzen der „Zueignung", in Chorliedern u. v. a. m. (vgl. dazu Ciupke 1994). Dass in „Trüber Tag. Feld" in *Faust I* sogar die Prosarede stehengeblieben ist, mag dann nicht Fehler oder Nachlässigkeit sein, sondern verweist auf die Prosadramatik der Empfindsamkeit (Lessing) und auch bei Goethe selbst (*Götz* u. a.) zurück. Die Versformen im *Faust* sind immer semantisch besetzt: Sie verweisen nicht nur in ihrer Form auf verschiedene historische Erscheinungsformen dramatischen Sprechens, sondern zitieren immer Atmosphäre, Stimmung, Welthaltung ihres Ursprungs mit herbei (wie die frühneuzeitliche Stadt, wie die attische Antike). Gleichzeitig wird damit der Text insgesamt – metadramatisch – zum *Aufbewahrungs*ort dieser historischen Möglichkeiten des Dramas.

Metadrama II: Dramatische Gattungen. Genau dieser Synkretismus der Formen gilt auch für die historischen Erscheinungsformen dramatischer Gattungen. Darauf, dass die Margareten-Handlung im ersten *Faust* bürgerliches Trauerspiel ist, soll hier nur noch einmal verwiesen werden. Mephistopheles als Schalk (so der Herr im „Prolog im Himmel"), als Narr am Kaiserhof oder auch als potenziell kommentierender Hanswurst-Nachfahre am Ende des Helena-Aktes verweist auf Lustspielgattungen der Frühen Neuzeit, Komödien also; der Helena-Akt mit seinen ‚Toden' und Chören verweist auf die attische Tragödie, die Kaiserrede im IV. Akt auf das Trauerspiel des 17. Jahrhunderts; die vielfältigen Lieder und Choreinlagen (die auch in der Handschrift durch Einrückung als musikalisch zu komponierende gekennzeichnet sind), aber auch die Anlehnung von Mummenschanz und Klassischer Walpurgisnacht an den „Reihungsstil [...] der barocken Nummernoper" (Hartmann 2004, 487) machen zwar aus *Faust* keine Oper, aber lassen den Text „unter Verwendung nahezu aller Traditionen

des Musiktheaters" – und nicht nur des *Musik*theaters! –als „Universaltheater"
erscheinen (ebd. 544).

Tragödie. Dem Untertitel beider Teile des *Faust* entsprechend aber ist der Text
eine „Tragödie". Hat die Wahl des Stoffes mit dieser Gattungsbezeichnung zu tun?
Die Margareten-Handlung und insbesondere der erste Kaiserhof-Akt sind zwar
historisch verortet, aber die Faust-Figur entstammt einer volks*mythologischen*
Überlieferung, Teufelsbund und die Mephostophiles-Figur der *Historia* (1587)
sowie der Hexensabbat sind Bestandteile christlicher Mythologie, die im zweiten
Teil wiederum mythologisch extrem angereichert wird: Klassische Walpurgisnacht, Helena, Philemon und Baukis, aber auch die Drei Gewaltigen und natürlich
die Mythologie der „Bergschluchten". Dass es hier nicht um einen ‚historischen'
Stoff geht wie im Trauerspiel seit Opitz, liegt auf der Hand – aber genügt das, um
das Ganze zur Tragödie zu machen?

Im Gefolge der Fertigstellung der *Lehrjahre* setzte sich Goethe 1797 (in brief-
lichem Austausch mit Schiller) mit den Differenzen zwischen dramatischer und
epischer Dichtung auseinander; während des Weimarer Inszenierungsprojekts
antikisierender Dramen *(Iphigenie, Braut von Messina, Ion, Alarcos)* 1802/03
befassten sich Schiller und Goethe intensiv mit der griechischen Tragödie (was
sich auch unmittelbar in der drameninternen Gattungsreflexion in der *Natürlichen
Tochter* niederschlug), 1826 verfasste Goethe einen kleinen Aufsatz, der nochmals
auf die attische Tragödie zurückkam: „Nachlese zu Aristoteles' Poetik". Während
der Ausgangspunkt dieses Aufsatzes die (angebliche) aristotelische Auffassung
von der Katharsis ist, setzt der Briefwechsel von 1797 einen anderen Schwerpunkt. Dort heißt es im Brief vom 26. April 1797 an Schiller:

> Im Trauerspiel [hier ist die Tragödie gemeint, wie spätestens der Schlusssatz der Passage
> offenlegt] kann und soll das Schicksal, oder welches einerley ist, die entschiedene Natur
> des Menschen, die ihn blind da oder dorthin führt, walten und herrschen, sie muß ihn
> niemals zu seinem Zweck, sondern immer von seinem Zweck abführen, der Held darf
> seines Verstandes nicht mächtig seyn, der Verstand darf gar nicht in die Tragödie entriren
> [eintreten] als bey Nebenpersonen zur Desavantage [zum Nachteil] des Haupthelden. (WA
> IV.12, 101)

Das, was hier als „Schicksal" *und* als „die entschiedene Natur des Menschen" aufgefasst wird, dasjenige, was die tragische Handlung begründet, ist der „Fehler"
oder das „Fehlverhalten", das dem dramatischen Helden anhaftet, die *Hamartia*
(vgl. Aristoteles *Poetik*, Kap. 13). Dass Goethe diesem konstituierenden Moment
der Tragödie eine bedeutende Rolle zumaß, zeigt die Reflexion von Tragödie und
Trauerspiel in der *Natürlichen Tochter,* zeigt aber besonders der Aristoteles-Auf-
satz von 1826. Dort heißt es:

> [D]enn es gibt wohl keine höhere Katharsis als der „Ödipus von Kolonus", wo ein halb-
> schuldiger Verbrecher, ein Mann, der durch dämonische Konstitution, durch eine düstere
> Heftigkeit seines Daseins, gerade bei der Großheit seines Charakters, durch immerfort
> übereilte Tatausübung den ewig unerforschlichen, unbegreiflich folgerechten Gewalten
> in die Hände rennt, sich selbst und die Seinigen in das tiefste, unherstellbarste Elend
> stürzt und doch zuletzt noch aussöhnend ausgesöhnt und zum Verwandten der Götter, als
> segnender Schutzgeist eines Landes eines eignen Opferdienstes wert, erhoben wird. (HA
> 12, 343 f.)

Lassen wir die Frage nach Katharsis und Aussöhnung noch eine Zeit unberührt: Wüsste man nicht, dass es sich um Ödipus handelt, könnte man auch an Faust denken: ein „halbschuldiger Verbrecher", „dämonische Konstitution", „düstere Heftigkeit seines Daseins", „immerfort übereilte Tatausübung", „sich selbst und die Seinigen in das tiefste, unherstellbarste Elend" stürzend! Die Hamartia, die hier der Ödipus-Figur bei Sophokles zugewiesen wird, ist, auf der Grundlage von „dämonischer Konstitution" und „düstere Heftigkeit", die *immerfort übereilte Tatausübung"*. Der Fluch, den Faust über die Geduld ausspricht (vgl. v. 1606), lässt unbefriedigbare Rastlosigkeit zum zentralen Motiv der Wette werden; unmittelbar vor seinem Tode macht er, unter negativem Verweis auf die Wettformel, aus der Rastlosigkeit eine *conditio humana:* „Im Weiterschreiten find' er [der tüchtige Mensch] Qual und Glück, / Er, unbefriedigt jeden Augenblick!" (v. 11451 f.). Er gesteht der Sorge: „Ich bin nur durch die Welt gerannt; / Ein jed' Gelüst ergriff ich bei den Haaren" (v. 11433 f.). Die „immerfort übereilte Tatausübung" ist seine Hamartia – oder, allgemeiner, die Hamartia des modernen Menschen.

Oedipus auf Kolonos ist von Beginn des Dramas an blind, selbstgeblendet in der Schlussszene des *Ödipus Rex,* dem Moment, wo, wie Aristoteles (*Poetik,* 11. Kapitel) die ideale Tragödie markiert, Anagnorisis und Peripetie zusammenfallen. Faust erblindet gleichsam an derselben Stelle: Bis hierher haben wir steigende Handlung, zumindest was seinen Zuwachs an Handlungsmacht angeht. Die ‚immerfort übereilte Tatausübung' beim Mord an Philemon und Baukis bringt die Sorge heran, die Faust blendet und damit die Peripetie markiert: Den Umschlag in den nahen Tod. Ist dieser blinde Faust zur Anagnorisis fähig? Zumindest erkennt er sein ‚Schicksal' bzw. seine ‚entschiedene Natur': „Ich bin nur durch die Welt gerannt", unausweichlich, da diese unbefriedigbare Rastlosigkeit zur Natur des Menschen gehöre. Was er nicht erkennt, ist die Peripetie: Die Lemuren graben sein Grab, mitnichten weiter an seinem Projekt! Blind und verblendet nimmt er im Konjunktiv den „höchsten Augenblick" vorweg.

Der Ausgangspunkt der „Nachlese zu Aristoteles' Poetik" war die Katharsis-Konzeption. Goethe versteht (oder, von den altphilologischen Kenntnissen von heute aus betrachtet: missversteht) die Katharsis in einem gleichsam Winckelmannschen Sinne. Aristoteles bestimme, so schreibt er, die Tragödie so, dass, „wenn sie durch einen Verlauf von Mitleid und Furcht erregenden Mitteln durchgegangen, so müsse sie mit Ausgleichung, mit Versöhnung solcher Leidenschaften zuletzt auf dem Theater ihre Arbeit abschließen. Er versteht unter *Katharsis* diese aussöhnende Abrundung, welche eigentlich von allem Drama, ja sogar von allen poetischen Werken gefordert wird." (HA 12, 343). Die „aussöhnende Abrundung" interpretiert die eigentlich medizinisch-diätetische Katharsis bei Aristoteles (die Goethe zu Beginn des Aufsatzes ausdrücklich zurückweist) Winckelmann folgend (*Geschichte der Kunst des Altertums,* Dresden 1764) als ästhetische Bändigung der Leidenschaften. Beim Ödipus auf Kolonos werde die abrundende Versöhnung durch die Verwandlung der Titelfigur zum ‚Verwandten der Götter, zum segnenden Schutzgeist des Landes' gewährleistet.

Und bei Faust? Pointiert gesagt: In Bezug auf Faust gibt es keine Aussöhnung, in Bezug auf *Faust* schon. Die Figur stirbt, das Unsterbliche Fausts
ist keine Seele, der letzte Erdenrest (möglicherweise übrigbleibende Fetzen von
Fausts Individualität) wird abgestreift, was bleibt, ist das, was dem Menschen
als Gattungswesen innewohnt, die entelechische Energie des Strebens und Tuns.
Ästhetisch aber wird hier „aussöhnende Abrundung" erzeugt: Das Zitat der
ikonographischen Tradition der christlichen Jenseits-Mythologie, der religiösen
Wunschwelten einer Seelen- und Heilslehre in den „Bergschluchten" bildet einen
abrundenden ‚Epilog im Himmel' – natürlich im vollen Bewusstsein ihrer bloßen
kulturellen Inszeniertheit. Im Kontext von Goethes Aristoteles- und Sophokles-
Lektüre ist die Gattungsbezeichnung „Tragödie" durchaus konsequent!

Das ist der *Mensch*? Jammer und Schauder fassen uns an!

Prosa

13

13.1 Die Wahlverwandtschaften

Am 4. September 1809 ließ Goethe im Morgenblatt für gebildete Stände eine Anzeige seines nunmehr fertiggestellten dritten großen Romans abdrucken – mit einem Kommentar zum Titel:

> Es scheint, daß den Verfasser seine fortgesetzten physikalischen Arbeiten zu diesem seltsamen Titel veranlaßten. Er mochte bemerkt haben, daß man in der Naturlehre sich sehr oft ethischer Gleichnisse bedient, um etwas von dem Kreise menschlichen Wissens weit Entferntes näher zu heranbringen, und so hat er auch wohl in einem sittlichen Falle eine chemische Gleichnisrede zu ihrem geistigen Ursprunge zurückführen mögen, um so mehr, als doch überall nur eine Natur ist und auch durch das Reich der heitern Vernunftfreiheit die Spuren trüber, leidenschaftlicher Notwendigkeit sich unaufhaltsam hindurchziehen, die nur durch eine höhere Hand und vielleicht auch nicht in diesem Leben völlig auszulöschen sind. (HA 6, 639)

Die Anzeige spielt auf die chemische Gleichnisrede im vierten Kapitel des Romans an, innerhalb derer die Romanfiguren einander den naturwissenschaftlichen Begriff der ‚Wahlverwandtschaft‘, den die moderne Chemie als die Affinität etwa zweier Elemente kennt, erläutern – notwendig noch ohne Ahnung dessen, in wie weitreichender Weise, ja mit wie ernster und tödlicher Konsequenz diese Gleichnisrede das eigene, im Roman ausgebreitete Schicksal betrifft. Goethe kennzeichnet den Begriff der ‚Wahlverwandtschaft‘ sehr genau als eine Entlehnung der naturwissenschaftlichen Rede aus dem Bereich des Sprechens über menschliche, über soziale Verhältnisse, über soziale, personale oder psychische Affinitäten jenseits der familialen Verwandtschaft. Einen metaphorischen Gebrauch also, den er gewissermaßen rückübersetzt in die Sphäre des Sozialen, des Ethischen, aus dem er entstammt. Gleichzeitig findet hier bewusste Rezeptionslenkung statt: Die Blicke der Leserinnen und Leser werden auf ein bestimmtes Verständnis des Textes hingelenkt. Inwieweit der Roman über diese Selbstdeutung gegebenenfalls weit hinausgeht, wird zu diskutieren sein.

© Springer-Verlag GmbH Deutschland, ein Teil von Springer Nature 2023
B. Jeßing, *Goethe*, https://doi.org/10.1007/978-3-476-05903-1_13

Entstehung. Die *Wahlverwandtschaften* waren ursprünglich als eingelegte Novelle für die Fortsetzung der *Lehrjahre* gedacht gewesen, die Goethe erst 1829 in ihrer endgültigen Gestalt als *Wilhelm Meisters Wanderjahre* veröffentlichen ließ, und in denen dann auch eine größere Anzahl solcher eingelegter Novellen zu finden sind. Bei der Arbeit an den *Wahlverwandtschaften* aber stellte sich schnell heraus, dass der Stoff sich nicht mit der novellistischen Kürze würde begnügen können: „Die [...] kleinen Erzählungen beschäftigten mich in heitern Stunden, und auch die Wahlverwandtschaften sollten in der Art kurz behandelt werden. Allein sie dehnten sich bald aus; der Stoff war allzu bedeutend, und zu tief in mir gewurzelt, als daß ich ihn auf eine so leichte Weise hätte beseitigen können" (*Tag- und Jahreshefte* 1807, HA 10, 499). Der Roman wurde zur Hauptbeschäftigung der Jahre 1808 und 1809 und konnte im Frühherbst 1809 fertiggestellt werden. „[D]er dritte Oktober befreit mich von dem Werke, ohne daß die Empfindung des Inhalts sich ganz hätte verlieren können" (*Tag- und Jahreshefte* 1809, HA 10, 506).

Novelle und Roman. Trotz des Hinauswachsens übers Novellistische behält der Roman strukturell jedoch Eigenheiten der Novelle: Ohne zunächst den breiteren Blick etwa auf die Biographie der ein oder andern Figur zu lenken, konzentriert sich der Text auf die etwa anderthalb Jahre währende Ereignisfolge um die Eheleute Eduard und Charlotte. Die primäre erzählte Zeit beschränkt sich auf diesen Ereigniszusammenhang, der Romanform sind allerdings durchaus längere Rückblenden in die Vorgeschichte der Ehe, in die Biographie, der Kindheit vor allem Eduards geschuldet. Diese romanhaft breiteren Rückgriffe allerdings sind eingebaut in die Gespräche und die Erinnerungssequenzen der Figuren – der Roman wahrt also gewissermaßen, bis auf wenige Ausnahmen, die strikte Einheit seiner Handlung und seines Handlungsortes, des Landsitzes Eduards und Charlottes. Auch bleibt die Personnage der *Wahlverwandtschaften* fast strikt auf die vier Zentralfiguren beschränkt, außer diesen Vieren werden nur zwei weitere, für die Handlung aber marginalere Figuren überhaupt mit Namen versehen – Charlottes Tochter Luciane und Ottilies Dienerin Nanny –, des Weiteren die eigentümliche Figur Mittlers, dessen Namen mit seiner angemaßten und in Bezug auf die Romanhandlung so ganz misslingenden Tätigkeit in Eins gesetzt werden kann. Mit einigem Recht darf also durchaus behauptet werden, der formale Aufbau dieses novellistischen Romans folge einer ‚klassizistischen' Formkonzeption, indem sie Ort, Zeit und Handlung derart konzentriert.

Stoff, Inhalt. Der reiche Landadlige Eduard lebt – noch „im besten Mannesalter" (HA 6, 242) nach erster kurzer und vorteilhafter Ehe verwitwet – mit seiner Jugendliebe Charlotte, die ebenfalls aus erster Ehe verwitwet ist, nunmehr verheiratet auf seinem Landsitz. Beide erwarten den ersten gemeinsamen Sommer. Um einem Jugendfreunde aus einer beruflichen Notlage zu helfen, entschließt sich Eduard, zunächst gegen das Widerstreben seiner Frau, den Hauptmann Otto an den Hof zu ziehen, auch, um mit dessen praktischen Fertigkeiten sowohl die Vermessung des eigenen Besitzes als auch die Um- und Ausgestaltung der Besitzung erfolgreich umsetzen zu können. Im Gegenzug nimmt Charlotte die Tochter einer verstorbenen Freundin, Ottilie, die sie zu Beginn der Ehe mit Eduard in eine

Pension gegeben hatte, zu sich. Nach kurzer Zeit schon entspinnt sich zwischen
Eduard und Ottilie eine zunächst verhaltene, später immer deutlicher zu Tage
tretende leidenschaftliche Liebe. Gleichzeitig entwickeln der Hauptmann und
Charlotte eine tiefe Neigung zueinander, der beide aber, im ganzen Unterschied zu
dem andern Paar, aus Vernunftgründen nicht nachgeben.

Der Konflikt spitzt sich erstmalig zu, als Eduard unversehens, beim Besuch
eines Grafen an jugendliche amouröse Abenteuer erinnert, nächtens Charlotte aufsucht und beide miteinander schlafen, jedoch in der ehebrecherischen Imagination,
nicht den Ehepartner, sondern den jeweils andern Geliebten, Otto bzw. Ottilien,
im Arm zu haben. Ein Fest, das eigentlich der Errichtung eines Lusthauses auf der
Besitzung, für Eduard jedoch dem zeitgleichen Geburtstag Ottiliens gilt, führt die
Leidenschaften an den Tag: Charlotte will Ottilie entfernen – der Hauptmann ist
schon tags zuvor auf eine aussichtsreiche Stelle abgewandert –, um dem jedoch
zuvorzukommen, verlässt Eduard den heimatlichen Landsitz; Ottilie bleibt bei
Charlotte, die kurz nach Eduards Abfahrt gewahr wird, in jener Liebesnacht mit
Eduard schwanger geworden zu sein.

In der Abwesenheit der beiden Männer lassen die beiden Frauen die land-
schaftsgestalterischen Pläne Eduards teils vollenden, teils an einem Punkte ver-
harren, an dem etwa Eduard nach seiner Rückkunft wieder einzusetzen vermöchte.
Die Ausgestaltung der Dorfkappelle führt einen jungen Architekten heran, der
bei der Ausmalung der Kuppel die Engelsgesichter immer stärker Ottilie ähnlich werden lässt. Die Ankunft von Charlottes Tochter aus erster Ehe, Luciane,
mit großem Hofstaat, verwandelt den stillen Landsitz zwischenzeitlich in einen
adligen Hof mit allen repräsentativen Festivitäten – die leise Gegengeschichte
hierzu erzählt Ottiliens Tagebuch, das der Erzähler immer wieder einflicht. Ottilie
entschließt sich, ähnlich wie Charlotte gegenüber dem Hauptmann, zur ent-
sagungsvollen Liebe: auf Eduard Verzicht zu tun und Liebe als Nächstenliebe
etwa in der lehrenden und bildenden Tätigkeit uneigennützig ins Werk zu setzen.
Charlotte gebiert einen Sohn, der die Schuld des doppelten Ehebruchs ins Gesicht
geschrieben trägt: Er gleicht viel eher Ottilien und dem Hauptmanne als seinen
natürlichen Eltern. – Eduard, erfolgreich und gesund aus einem Feldzug heim-
gekehrt, bittet den Freund Otto um Vermittlung, um doch noch Ottilies Hand zu
erlangen. Die Liebenden sehen sich wieder, Ottilie ist verwirrt, eine hastige Kahnfahrt mit dem Kinde verläuft katastrophal: Das Kind ertrinkt. Charlotte scheint
nun einzuwilligen in eine Scheidung, Ottilie aber hat sich Entsagung verordnet,
sie widerstrebt der Verbindung mit Eduard, angesichts der mehrfachen Schuld,
die sie sich aufgeladen fühlt. Sie sieht sich als „eine geweihte Person [...], die
nur dadurch ein ungeheures Übel für sich und andre vielleicht aufzuwiegen vermag, wenn sie sich dem Heiligen widmet, das, uns unsichtbar umgebend, allein
gegen die ungeheuren zudringenden Mächte beschirmen kann" (HA 6, 467 f.).
Ottilie will das Haus verlassen, in einem Gasthofe aber trifft sie auf Eduard, der
ihr einen Bittbrief aufs Zimmer legen wollte – und wehrt all seine Zudringlichkeit
stumm ab. Beide kehren zu Charlotte zurück – Ottilie legt die Hände beider Gatten
ineinander und verzichtet sowohl auf die mündliche Rede mit den andern als
auch zunehmend auf Speise und Trank. Die Dazwischenkunft des nachbarlichen

Hobby-Schiedsmannes Mittler am Vorabend von Eduards Geburtstag führt zur
Katastrophe: Während seines emphatisch-moralisierenden Referats über das
sechste Gebot betritt Ottilie das Zimmer, hört kurz zu, stürzt sofort wieder hinaus
und stirbt. Der Leichnam erweist sich als wundertätig: Ihre Dienerin Nanny
stürzt aus hohem Fenster an den vorbeiführenden Leichenzug, die Berührung mit
der Toten jedoch lässt sie wunderbarerweise unversehrt bleiben. Eduard verfällt
zusehends, stirbt ebenfalls und wird neben Ottilie in der Kapelle begraben, von
deren Kuppel die Engel herabschauen, die Ottilies Antlitz tragen.

„Sociale Verhältnisse" – Deutscher Landadel um 1800. Die ersten Kapitel
der *Wahlverwandtschaften* umreißen sehr genau und differenziert die Ausgangssituation der Romanhandlung: Eine Gruppierung Adliger unterschiedlichen
Reichtums, gleichzeitig geprägt von einer moderneren, bürgerlichen Geisteshaltung, von Rationalität; eine Gesellschaft im Kleinen, durch die ökonomische
Basis des Grundbesitzes zuvörderst dem Reiche der Notwendigkeit enthoben, die
sich die liberalere Geisteshaltung einer ‚heitern Vernunftfreiheit' (Goethes Selbst-
anzeige) zu eigen macht.

Die vier Hauptfiguren des Romans stehen *pars pro toto* für den deutschen
Landadel *nach* der Französischen Revolution, Luciane für den Residenzadel.

- Die Vorstellung der ersten Hauptfigur exponiert differenziert die Verfasstheit des deutschen Landadels: **Eduard** wird in der ersten Szene eingeführt
  als „reicher Baron im besten Mannesalter" (HA 6, 242), dessen Heirat mit
  einer viel älteren Frau ihn, nunmehr verwitwet, in den „Besitz eines großen
  Vermögens" (HA 6, 246) gebracht hat. Sein erster Auftritt zeigt ihn gleich in
  emblematischer Situation: „Eduard hatte in seiner Baumschule die schönste
  Stunde eines Aprilnachmittags zugebracht, um frisch erhaltene Pfropfreiser
  auf junge Stämme zu bringen" (HA 6, 242). Der Notwendigkeit der tatsäch-
  lichen Arbeit durch den Grundbesitz enthoben, dient für Eduard wie für seine
  Frau die Arbeit in Baumschule und Garten bzw. am Park und der umgebenden
  Natur zunächst als Ausweg aus der Langeweile gesellschaftlich unverbind-
  lichen adligen Landlebens, als Scheinbeschäftigung angesichts der „politischen
  Entmündigung [des landsässigen Adels] bei gleichzeitiger Befestigung seiner
  Privilegien" (Vaget 1980, 128).
- Neben Eduard gehören auch die drei anderen Hauptfiguren dem Adel an:
  Charlotte entstammt einer verarmten Adelsfamilie, ihre erste Ehe diente
  zwangsläufig dazu, sie ökonomisch abzusichern. Deswegen auch ist Charlotte
  entschieden daran interessiert, im Verlaufe der Handlung die Ehe mit Eduard
  irgend zu retten. Der **Hauptmann** entstammt, wie Charlotte, ebenfalls dem
  verarmten Adel. Vom Militärdienst entpflichtet, muss er sich unterschiedliches
  Auskommen als Ökonom oder Verwalter suchen – eine Tätigkeit, die ihm
  insofern entgegenkommt, da seine Biographie fast eine bürgerliche Bildungsgeschichte darstellt: „Das Vielfache, was er an sich ausgebildet hat, zu andrer
  Nutzen täglich und stündlich zu gebrauchen, ist ganz allein sein Vergnügen, ja
  seine Leidenschaft" (HA 6, 244). Seine Hilfe bei der Um- und Ausgestaltung
  von Garten, Park und Bauten auf dem Landsitz Eduards professionalisiert

gewissermaßen die Scheinbeschäftigung seines adligen Arbeitgebers; der Erzähler kündigt ihn dementsprechend an – ironisch: „Er sollte mit vornehmen und reichen Leuten die Langeweile teilen, indem man auf ihn das Zutrauen setzte, daß er sie vertreiben würde" (HA 6, 256). Auch **Ottilie** schließlich entstammt dem verarmten Adel. Nach dem Tod der Eltern ist sie sowohl der Fürsorge als auch der wirtschaftlichen Abhängigkeit Charlottes überantwortet – die sie ja zunächst auch mit dem gerade verwitweten Eduard vermählen wollte, um ihr eine sichere Existenz zu verleihen. Ottilie ist allerdings die einzige Figur des Romans, die Tendenz zeigt, die adlige Sphäre zu verlassen: In Anbetracht ihres unmöglichen Bleibens im Hause Charlottens möchte sie sich dem Lehrberuf widmen: (weibliche!) Berufstätigkeit statt Scheinbeschäftigung.

- Adliges Bewusstsein und Verhalten kommen im Roman vielfältig zur Darstellung. Der Grundbesitz des Landadels wird gleichsam als abgeschlossener Ort inszeniert: Beim ersten Spaziergange der nunmehr versammelten vier Hauptfiguren über den Besitz Eduards heißt es: „Sie hatten eine kleine Welt umgangen" (HA 6, 293); der Grundbesitz ist für den Adligen *seine* Welt, was einerseits die Abwesenheit gesellschaftlicher Aufgaben und politischer Privilegien, andererseits aber die Selbstbegnügung dieses Standes im eigenen Grundbesitz illustriert. Grundbesitz ist aber zudem Herrschaftsform. Eduard sagt angesichts der organisatorischen Probleme der Umgestaltung von Park und Besitz: „Ich mag mit Bürgern und Bauern nichts zu tun haben, wenn ich ihnen nicht geradezu befehlen kann" (HA 6, 286). Die Distinktion gegenüber den niederen Ständen, die virulenten Kommunikationsprobleme, auch wenn es um die pragmatische Umsetzung eines gemeinnützigen Plans geht, und die Umsetzung einer kommunikativen Absicht prinzipiell im Herrschaftston, im Befehl, charakterisieren vor allem Eduard als diejenige Figur, die am konsequentesten den traditionellen Ansprüchen des eigenen Standes verhaftet ist. Distinktion spielt ebenfalls eine Rolle, wo die um Graf und Baronesse erweiterte Gesellschaft sich der Standessprache Französisch bedient, ausdrücklich, „um die Aufwartenden von dem Mitverständnis auszuschließen" (HA 6, 308). Die feierliche Grundsteinlegung zum Lusthause gewährt einen Einblick in die letztlich feudalistische Verfasstheit der Ausgangssituation des Romans: „Nach dem Gottesdienste zogen die Knaben, Jünglinge und Männer, wie es angeordnet war, voraus; dann kam die Herrschaft mit ihrem Besuch und Gefolge; Mädchen, Jungfrauen und Frauen machten den Beschluß" (HA 6, 299). Alle Einwohner des Grundbesitzes, den Anordnungen der Herrschaft verpflichtet, dienen hier der Gestaltung des Festes, der Repräsentation adligen Besitzes an Boden, Geld und Menschen (vgl. das Szenario beim Richtfest desselben Hauses; HA 6, 335).

- Weit über diese fast noch folkloristisch-sympathisierende Darstellung des adligen Landlebens hinaus dient das Geschehen um die Heimsuchung des Hauses durch Charlottes Tochter Luciane der kritischen Perspektivierung des Adels – nicht mehr des Landadels allein, sondern der ‚großen Welt', dem aristokratischen Gebaren in leerer Vergnügungssucht und bloßem Rausch. Da wird mit ungeheurem Personal und Material aufgewartet, angefahren kamen nun Kammerjungfern und Bediente, Brancards mit Koffern und Kisten; man glaubte schon eine doppelte und dreifache Herrschaft im Hause zu haben; aber nun erschienen erst die Gäste selbst: die Großtante mit Lucianen und einigen Freundinnen, der Bräutigam gleichfalls nicht unbegleitet. Da lag das Vorhaus voll Vachen, Mantelsäcke und anderer lederner Gehäuse. Mit Mühe sonderte man die vielen Kästchen und Futterale auseinander. Des Gepäckes und Geschleppes war kein Ende. (HA 6, 377)

Tage und Wochen werden Besuche und Gegenbesuche gemacht, es wird gejagt, gefischt und gekauft, die abendlichen Feste mit Tanz, Maskenspiel und „lebhafte[m] Pfand-, Straf- und Vexierspiel" zugebracht (HA 6, 378), liebhaberhafte Pantomimen und Musiken und schließlich gar eine Fülle lebender Bilder, Nachstellungen berühmter Gemälde etwa van Dycks oder Poussins – bei denen dann allerdings Ottilie eine bessere Figur macht als die Hauptfigur des Treibens, Luciane. Die Leere ihres Treibens macht der Text schnell deutlich: „Luciane [...] wollte nun ihr Glück im Rezitieren versuchen. Ihr Gedächtnis war gut, aber, wenn man aufrichtig reden sollte, ihr Vortrag geistlos und heftig, ohne leidenschaftlich zu sein" (HA 6, 391). Luciane (von lat. ‚lux', das Licht), fegt „wie ein brennender Kometenkern, der einen langen Schweif nach sich zieht" durch das stille Haus (HA 6, 378). Gleichzeitig findet dieser Sturm auch seine Opfer: den bürgerlichen Architekten etwa, den sie vor der gesamten Gesellschaft lächerlich macht, oder auch Ottilie.

‚Heitere Vernunftfreiheit': Rationalität. In scheinbarem Gegensatz zu der adligen Verfasstheit des Hauses von Eduard und Charlotte steht in den ersten Kapiteln des Romans die Rationalität, die praktisch alle Bereiche dieses adligen Lebens umfasst.

Lebensführung, Kommunikation. Rational ist die Lebens- und Eheplanung vor allem Charlottes. Sie ist in der Position der rationalen und ökonomischen Verwalterin, die adliges Divertissement und bürgerliche Ökonomie wohl zu verbinden weiß. Als sie einmal mit Eduard gemeinsam musiziert, kommentiert der Erzähler: „[S]ie hielt an und ließ sich wieder von ihm fortreißen und versah also die doppelte Pflicht eines guten Kapellmeisters und einer klugen Hausfrau, die im ganzen immer das Maß zu erhalten wissen, wenn auch die einzelnen Passagen nicht immer im Takt bleiben sollten" (HA 6, 257).

Rational ist zu Beginn des Romans der kommunikative und praktische Umgang zunächst der Figuren miteinander, insbesondere nach Ankunft des Hauptmannes: Eduards frühere Neigung, zur Unterhaltung etwa einer Gesellschaft vorzulesen, wird zur Selbstbildung instrumentalisiert: „Nun waren es andre Gegenstände, die ihn beschäftigten, andre Schriften, woraus er vorlas, und eben seit einiger Zeit vorzüglich Werke physischen, chemischen und technischen Inhalts" (HA 6, 269). Das Gespräch über die „Wahlverwandtschaften" (I.4), die unterschiedliche Affinität chemischer Stoffe zueinander, ein Paradebeispiel für ein Belehrungsgespräch, folgt eben einer solchen Lektüre.

Naturbeherrschung. Rational ist, wiederum mit der Ankunft des Hauptmanns, der Zugriff auf Besitz und Natur: Man setzt die Aufnahme der Besitzung „mit der Magnetnadel" (HA 6, 260) ins Werk, der Hauptmann leitet Eduard an, Geschäft und Leben gänzlich zu trennen (vgl. HA 6, 266), im Leben des Adligen greift plötzlich bürgerliche Arbeitsteilung Platz. So wird „im Flügel des Hauptmanns eine Repositur für das Gegenwärtige, ein Archiv für das Vergangene" eingerichtet, „Dokumente, Papiere, Nachrichten aus verschiedenen Behältnissen" (HA 6, 267) herbeigebracht und ‚erfreulich' geordnet – im adligen Hause entsteht somit ein Kontor für das tägliche Geschäft. Mit Hilfe des Hauptmanns wird Natur rational umgestaltet: Auf der Grundlage und Kartierung des Landbesitzes werden die Unreinlichkeit und Unordnung des beim Schlosse am Bach liegenden Dorfes etwa wird durch die Führung einer Uferbefestigung und einer Mauer und durch Befestigung und Verlegung des Hauptweges beseitigt (vgl. HA 6, 286 f.).

Medizinische Vorsorge, soziale Ordnung. Für allerlei Arbeitsunfälle und Notfälle auf dem gesamten Besitz wird vorgesorgt, „alles, was zur Rettung der Ertrunkenen nötig sein möchte, [wurde] um so mehr angeschafft, als bei der Nähe so mancher Teiche, Gewässer und Wasserwerke öfters ein und der andere Unfall dieser Art vorkam" (HA 6, 268). Die Hausapotheke wird planvoll ausgestattet, Charlotte selbst unterzieht sich der Selbstausbildung in ‚erster Hilfe' „sowohl durch faßliche Bücher als durch Unterredung" (HA 6, 267). Sogar ein Feldchirurg wird als Arzt für die Bevölkerung herangezogen. Charlotte ergreift die Initiative zur Verbesserung der Ausbildungs- und Betreuungssituation der Kinder und Jugendlichen des eigenen Besitzes. Die Bauernknaben der Umgegend werden, durch ihre „Montierung" (HA 6, 349), die Uniform also, als der Herrschaft zugehörig gekennzeichnet, herangezogen, unter der Anleitung des Architekten die Parkanlagen gärtnerisch zu pflegen und reinzuerhalten. Die „Anstalten zu Reinlichkeit und Schönheit des Dorfes" (ebd.) werden erweitert um eine Textil-Handwerks- und Hauswirtschafts-‚Schule' zur Förderung ‚dieser weiblichen Tugenden' (Ottilies erster Kontakt mit dem Lehrberuf).

Tod. Charlottes Umgestaltungspläne für den Friedhof dokumentieren auch die Exkommunikation des Todes: Rationalität greift auf das Unausweichliche, Notwendige und Nicht-Beherrschbare zu. Der Kirchhof des Dorfes wird, ohne die tatsächlichen Grabstätten zu achten, zu einem ästhetischen Arrangement umgestaltet (vgl. HA 6, 254). Nicht nur aus medizinischer Fürsorglichkeit entfernt sie „die Bleiglasur der Töpferwaren", den „Grünspan kupferner Gefäße", sondern weil „sie alles Schädliche, alles Tödliche zu entfernen" sucht (HA 6, 268). Auch die Sammlungen des Architekten, Grabschätze aus nordischen Grabhügeln, „alles sehr reinlich und tragbar in Schubladen und Fächern auf eingeschnittenen, mit Tuch überzogenen Brettern", ästhetisieren (also verschleiern) den Tod, „so daß diese alten, ernsten Dinge durch seine Behandlung etwas Putzhaftes annahmen und man mit Vergnügen darauf wie auf die Kästchen eines Modehändlers hinblickte" (HA 6, 367).

Insgesamt darf Charlottes gesellschaftliches Engagement, dürfen die Maßnahmen des Hauptmanns durchaus als reformadelig-aufgeklärtes Tun begriffen werden – ohne allerdings die ständische Ordnung der Gesellschaft grundsätzlich in Frage zu stellen. Immer noch rational agieren beide auch nach Eintritt der Katastrophen im zweiten Teil des Romans. Sich einerseits der Verhängnishaftigkeit des Geschehens bewusst, beharrt sie noch auf der Autonomie rationalen Handelns: „Wir sind nicht mehr Herr über das, was daraus entsprungen ist, aber wir sind Herr, es unschädlich zu machen, die Verhältnisse zu unserm Glücke zu leiten" (HA 6, 451). Das Verhältnis der Vernunft gegenüber dem Zufall (der als Schicksal begriffen wird) wird immer noch als Herrschaftsbeziehung aufgefasst.

‚Spuren trüber, leidenschaftlicher Notwendigkeit': Irrationales. Schon im ersten Kapitel relativiert Charlotte Eduard gegenüber die Macht der Rationalität: „Das Bewußtsein, mein Liebster, [...] ist keine hinlängliche Waffe, ja manchmal eine gefährliche für den, der sie führt" (HA 6, 248). Der Romanverlauf wird ihr Recht geben: In die Welt der ‚heitern Vernunftfreiheit', der adlig-gemäßigten Aufgeklärtheit und des durchaus moderneren Bewusstseins bricht etwas ein, vorerst nur etwas dem aufgeklärten Bewusstsein offenbar Inkommensurables, zunächst als scheinbar Wunderbares und als Liebe, als ‚Schicksal', dann jedoch als Schuld, Tod und Verklärung.

- Initiationsfigur dieses ‚Etwas' ist vor allen anderen Ottilie – vorerst, indem sie bei Eduard das Irrationale sich Bahn brechen lässt. Dieser Figur sind vielfältige Momente des Irrationalen eingeschrieben:
  - Sie ist unfähig, „die Regeln der Grammatik zu fassen" (HA 6, 265), lernt sehr langsam und nur, was ihr folgerichtig erscheint, illustriert einen gleichsam voraufklärerischen Bewusstseinsstatus;
  - Sie kommuniziert mit Gesten: Die stille, rituelle Gebärde, mit der sie irgend etwas ablehnt, und ihre Demutsgeste zur Begrüßung Charlottes machen sie der Mignon der *Lehrjahre* vergleichbar;
  - Sie scheint einer Welt jenseits der Rationalität der anderen zuzugehören. Angesichts der Fresken und geistlichen Gemälde, die der Architekt zur Ausgestaltung von Kirche und Kapelle heranbringt, heißt es: „Nach einer solchen Region blicken wohl die meisten wie nach einem verschwundenen goldenen Zeitalter, nach einem verlorenen Paradiese hin. Nur vielleicht Ottilie war in dem Fall, sich unter ihresgleichen zu fühlen" (HA 6, 368);
  - Sie wird als „*wunder*bar" explizit vorgestellt: Eduard bemerkt, Ottilie habe sich an ihrem ersten Abend als „angenehmes, unterhaltendes Mädchen" erwiesen: „‚Unterhaltend?' versetzte Charlotte mit Lächeln; ‚sie hat ja den Mund noch nicht aufgetan.'" Eduard: „‚[D]as wäre doch wunderbar!'" (HA 6, 281).
  - Von ihr gehen *wunder*bare optische Effekte aus. Sie ist ein „wahrer Augentrost", dem heilende Wirkung zukomme: „Wer sie erblickt, den kann nichts Übles anwehen; er fühlt sich mit sich selbst und mit der Welt in Übereinstimmung" (HA 6, 283); Eduard glaubt auf einem Spaziergange gar in Ottilie „ein himmlisches Wesen zu sehen, das über ihm schwebte" (HA 6, 291);
- Nicht nur zwischen Eduard und Ottilie aber ereignet sich Wunderbares, auch der Hauptmann und Charlotte kommen leicht aus dem alten Geleise. Gerade in scheinbaren Nebensächlichkeiten weist der Erzähler auf die Veränderung hin: „Da zeigte sich denn, daß der Hauptmann vergessen hatte, seine chronometrische Sekundenuhr aufzuziehen, das erstemal seit vielen Jahren; und sie schienen, wo nicht zu empfinden, doch zu ahnen, daß die Zeit anfange, ihnen gleichgültig zu werden" (HA 6, 290). Gerade der Hauptmann, auf alles Messen,

Ordnen und Erfassen stets bedacht, wird hier zur Exemplifikationsfigur für den zunehmenden Eintritt des Irrationalen in die maßvolle frühere Welt.

- Das Irrationale, das der ‚heitern Vernunftfreiheit' Inkommensurable, tritt zunächst als **Liebe** auf. Auf Seiten Eduards geht es von einer „stille[n] freundliche[n] Neigung in seinem Herzen" (HA 6, 289) über emblematische Szenen, wo etwa Eduard Ottilien gewährt, was er Charlotte versagt (vgl. HA 6, 295 f. u.ö.), zu den bedeutenden Musizierszenen beider neuen Paare: Charlotte und der Hauptmann, die professionell „mit Empfindung, Behagen und Freiheit eins der schwersten Musikstücke zusammen" aufführen (HA 6, 298), sowie Eduard und Ottilie, die intuitiv seinen Launen folgend ein nicht ganz taktgemäßes musikalisches Ganzes entstehen lassen (vgl. HA 6, 297), lösen die musizierenden Ehepartner des Romanbeginns ab, wo der maßvoll haushaltende Teil die Schwächen des Dilettierenden stets ausgleichen musste. Spätestens nach dem doppelten ‚Ehebruch in der Einbildung' hat auf Seiten Eduards die irrationale Leidenschaft völlig Platz gegriffen: „In Eduards Gesinnungen wie in seinen Handlungen ist kein Maß mehr" (HA 6, 328); „Wie er sich Ottilien zuzueignen begehrte, so kannte er auch kein Maß des Hingebens, Schenkens, Versprechens" (HA 6, 333). Der halbwegs aufgeklärte Adlige, der zu Beginn seiner Frau den Irrationalismus einer Ahndung verwies, verliert hier doppelt Maß: Maß als Ausdruck ruhiger Contenance und Selbstbeherrschung wie auch als Kriterium rationalen Zugriffs auf Natur, Geld und das eigene Selbst. Im Gegensatz zu Eduard wahren Charlotte und der Hauptmann Maß sowohl in ihren Äußerungen einander gegenüber als auch in der tätigen Fortsetzung ihres alltäglichen Lebensganges bei gleichzeitiger durch die Trennung verursachter Entsagung.
- Liebe oder Begehren zersetzen innerhalb kürzester Zeit die heitere Viererrunde und erzeugen **Schuld:**
  - Der doppelte Ehebruch Eduards und Charlottes, der ja scheinbar gerade die Ehe gegen die aufkeimende Leidenschaft zu bestätigen scheint, eigentlich aber Treuebruch ist gegenüber dem anderen Geliebten und Ehebruch, weil jedes sich mit dem Geliebten vereint wähnt, wird als Schuld erfahren: „Charlotte und Eduard [traten] gleichsam beschämt und reuig dem Hauptmann und Ottilien" entgegen (HA 6, 322). Dem Kinde steht diese Schuld ins Gesicht geschrieben, es trägt die Züge der beiden anderen Geliebten;
  - Ottilie versteht in höchstem Maße ihr eigenes Handeln, sowohl die Zerstörung der Ehe als vor allem dann den Tod des Kindes als Schuld: „Die kalten Glieder des unglücklichen Geschöpfs verkälten ihren Busen bis ins innerste Herz" (HA 6, 457). Charlotte weist die Schuld auch sich zu: „Ich willige in die Scheidung. Ich hätte mich früher dazu entschließen sollen; durch mein Zaudern, mein Widerstreben habe ich das Kind getötet" (HA 6, 460); Ottilie artikuliert dies schärfer: „aber ich bin aus meiner Bahn geschritten, ich habe meine Gesetze gebrochen, ich habe sogar das Gefühl derselben verloren. [...] Auf eine schreckliche Weise hat Gott mir die Augen geöffnet, in welchem Verbrechen ich befangen bin" (HA 6, 462 f.);

– Selbst der so aufgeklärte Hauptmann nimmt den Kindestod als Omen für die
  Beförderung des Glückes aller vier, ihm scheint „ein solches Opfer […] nötig
  zu ihrem allseitigen Glück" (HA 6, 461). Und der Erzähler fügt hinzu, das
  Kind „ruhte dort als das erste Opfer eines ahnungsvollen Verhängnisses" (HA
  6, 464). *Opfer* und *Schuld* sind Vokabeln eines mythischen Diskurses und
  demonstrieren den gänzlich irrational gewordenen Weltdeutungszusammen-
  hang der Figuren.

• Der **Tod,** versuchsweise rational exkommuniziert, wird im Verlaufe der
  Handlung sichtbares Zeichen mythischer Macht: Der Tod des alten Geistlichen während der Taufe des Neugeborenen wird durch den unbefangen
  schwatzenden Schiedsmann Mittler verursacht, der ihn als Simeon und
  damit das Kind als neuen Heiland apostrophiert (vgl. HA 6, 422). Die Tode
  des Kindes, Ottilies und Eduards tun ein Übriges. Das Ottilie von Eduard
  geschenkte Köfferchen enthält, wie sich herausstellt, was ihr Leichengewand
  wird; als Ottilie in der Kuppel der Kapelle ihr eigenes Bildnis in den Engels-
  gesichtern wahrnimmt, kommentiert der Erzähler, dass dieser Ort, „wenn er
  nicht bloß eine Künstlergrille bleiben, wenn er zu irgend etwas genutzt werden
  sollte, nur zu einer gemeinsamen Grabstätte geeignet schien" (HA 6, 374) und
  nimmt damit ihre und Eduards Bestattung ebendort vorweg.

• Mit dem Tode eng verbunden sind emblematische Orte, die zumindest der
  Sphäre des Dunklen, Schicksalhaften und Mythischen angehören: Die alte
  Mühle am Talgrund in tiefer Schlucht, die drei Teiche, die durch die land-
  schaftsgestalterischen Arbeiten wiederum zu dem werden, was sie ehedem
  waren, ein tiefer Bergsee aus Urzeiten. Gerade hier geschieht dann auch
  doppelt ein Unglück: An Ottilies Geburtstag ertrinkt fast ein Knabe, der knapp
  noch gerettet werden kann, später ertrinkt hier das Kind Charlottes, ohne noch
  gerettet werden zu können.

• Dem Tod als sichtbarem Zeichen mythischer Macht folgt im Falle Ottilies die
  legendenhafte, mythische **Verklärung.** Sie setzt aber schon lange zu ihren
  Lebzeiten an: Auf einem Spaziergange gerade durch den dunklen Mühlen-
  grund folgt sie Eduard „im schönsten Gleichgewicht von Stein zu Stein", und
  er glaubte „ein himmlisches Wesen zu sehen, das über ihm schwebte" (HA 6,
  291). Bei der Ausmalung des Kapellengewölbes geraten die Engelsbilder dem
  Architekten immer ähnlicher dem Gesichte Ottilies, „so daß es schien, als wenn
  Ottilie selbst aus den himmlischen Regionen heruntersähe" (HA 6, 372); das
  nachgeschobene ‚tableau vivant', das der Architekt nur für Ottilie und Charlotte
  inszeniert, zeigt jene in der Rolle der weihnachtlichen Maria: „Ottiliens Gestalt,
  Gebärde, Miene, Blick übertraf aber alles, was je ein Maler dargestellt hat. […]
  Und wer beschreibt auch die Miene der neugeschaffenen Himmelskönigin?"
  (HA 6, 404) – von Seiten der Figurenperspektiven und von Seiten der Erzähler-
  andeutungen wird Ottilie schon von Erzählbeginn an zu einem Zwischenwesen
  zwischen prosaischer Welt und goldenem Zeitalter stilisiert: Kurz vor ihrem
  Tode heißt sie nur noch: „das bleiche himmlische Kind" (HA 6, 484).

• Vollends nach ihrem Tod setzt die sofortige Verklärung ein: „Man kleidete
  den holden Körper in jenen Schmuck, den sie sich selbst vorbereitet hatte;

man setzte ihr einen Kranz von Asterblumen auf das Haupt, die wie traurige Gestirne ahnungsvoll glänzten" (HA 9, 485). Aus der Perspektive ihrer kleinen Dienerin Nanny ist die Verklärung Ottilies vollständig: „Nanny sah ihre Gebieterin deutlich unter sich, deutlicher, vollständiger, schöner als alle die dem Zuge folgten. Überirdisch, wie auf Wolken oder Wogen getragen, schien sie ihrer Dienerin zu winken, und diese, verworren, schwankend, taumelnd, stürzte hinab" (HA 6, 486). Das scheinbar an allen Gliedern zerschmetterte Kind wird durch die Berührung mit Ottilies Gewand und durch eine emphatisch erlebte Vision der Gebieterin geheilt: „Tragt sie nun zur Ruhe! [...] sie hat das Ihrige getan und gelitten und kann nicht mehr unter uns wohnen" (HA 6, 486 f.). Unterm Volke erzeugt dieses scheinbare Wunder die Sage von der Heiligkeit der Toten, in Unzahl kommen Kranke und Leidende und verspüren tatsächlich Linderung. Der Erzähler ist da sachlicher, wenngleich sein Schlusssatz das Glücken der Liebe zwischen Eduard und Ottilie fürs Jenseits noch zu versprechen scheint: „So ruhen die Liebenden nebeneinander. Friede schwebt über ihrer Stätte, heitere verwandte Engelsbilder schauen vom Gewölbe auf sie herab, und welch ein freundlicher Augenblick wird es sein, wenn sie dereinst wieder zusammen erwachen" (HA 6, 490). Der Roman scheint hier zur Legende zu werden. *Scheint!*

Chemische Gleichnisrede. Die wie naturgesetzlich scheinende Macht, die im Roman ihre tödlichen Spuren hinterlässt, ist schon Thema der „chemischen Gleichnisrede", der naturwissenschaftlichen Diskussion Charlottes, Eduards und des Hauptmanns im 4. Kapitel des ersten Buches. Hier scheint der Roman, im Bild chemischer Verbindungen, die getrennt und durch die Naturkraft „Wahlverwandtschaft" neu zusammengefügt werden, sich selbst auszulegen. Die drei Figuren stoßen bei der Lektüre auf den Begriff der ‚Wahlverwandtschaft', der vom Schweden Torbern Bergman 1775 in seinem chemischen Werk *De attractionibus electivis* als metaphorischer Begriff für die Affinität zweier chemischer Stoffe eingeführt worden war. Die drei Diskutanten erörtern den naturwissenschaftlichen Begriff der Wahlverwandtschaft und übertragen ihn gleichzeitig mit einem doppelten Beispiel auf die eigene Situation:

- Die Reaktion von Kalkerde mit Schwefelsäure, die Gips und gasförmiges Kohlendioxid erzeugt, wird sogleich moralisch interpretiert und übertragen. Charlotte und Eduard werden identifizierbar mit dem Kalziumcarbonat, durch die Schwefelsäure ‚Hauptmann' wird dieses in einen „refraktären", d. h. reaktionsträgen Gips verwandelt, Charlotte, die Kohlensäure, entweicht und steht bindungslos da. Mit dem Verweis auf die chemische Möglichkeit, durch Hinzugabe eines vierten Elements der Kohlensäure wieder eine Bindung zu verschaffen, wird erstmalig die beabsichtigte Hinzukunft Ottilies angesprochen.
- Deutlicher ist dies allerdings im zweiten Beispiel: Die vier Elemente werden mit Buchstaben bezeichnet, die sofort Charlotte, Eduard, dem Hauptmann und Ottilie zugeordnet werden. Die Wahlverwandtschafts-Reaktion, die Eduard in seinem Beispiel avisiert, läuft allerdings auf die Bindung Eduards an den

Hauptmann, Charlottens an Ottilie hinaus – und reproduziert damit einerseits die zeitgleich erfahrene Situation: Eduard ist zum Hauptmann in dessen Schlossflügel gezogen; andererseits aber wird gerade diese harmlose Auslegungsvariante des chemischen Gleichnisses vom Handlungsverlauf widerlegt und bildet somit als erwartete Reaktion die Kontrastfolie zur tatsächlich eintretenden.

Die existentielle Leichtigkeit, mit der die ‚chemische Gleichnisrede‘ zunächst spielerisch auf die vier Hauptfiguren Anwendung findet – immer aus ihrer eigenen Perspektive –, kontrastiert deutlich zur tragischen Konsequenz der Handlung: Das Buchstabenspiel aus dem vierten Kapitel fortsetzend warnt Eduard das C, den Hauptmann, vor dem D, vor Ottilie, da das B, er selbst, verwaisen würde – um allerdings sofort zu seinem A zurückzukehren, zu Charlotte, „seinem A und O" (HA 6, 281). Das Spiel wird also erweitert um das O, das einerseits Charlotte als den Anfang und das Ende von Eduards Existenz kennzeichnet, andererseits aber schon unbewusster Vorgriff auf das O auf jenem vorzeichenhaften Trinkglase ist, an dem Eduard späterhin seine Hoffnung aufrichtet.

Bedeutsamer noch vergleicht der Erzähler die sich verändernde Situation mit dem chemischen Experiment: Die noch produktiven, positiv besetzten Sympathien, die sich zwischen den neuen Paaren anspinnen, werden interpretiert analog zu einem chemischen Experiment, dessen Reaktion gewissermaßen derart zeitverzögert ist, dass der Experimentierrahmen, das Gefäß, zunächst noch nicht gesprengt wird: „Überhaupt nimmt die gewöhnliche Lebensweise einer Familie […] auch wohl eine außerordentliche Neigung, eine werdende Leidenschaft in sich wie ein Gefäß auf, und es kann eine ziemliche Zeit vergehen, ehe dieses neue Ingrediens eine merkliche Gärung verursacht und schäumend über den Rand schwillt" (HA 6, 290). Die Leidenschaft zwischen Ottilie und Eduard kennzeichnet der Erzähler schließlich gleichsam als naturgesetzliche Affinität: „Nach wie vor übten sie eine unbeschreibliche, fast magische Anziehungskraft gegeneinander aus" (HA 6, 478).

Die ‚chemische Gleichnisrede‘ dient also als Modell der Auslegung der Welt durch die Romanfiguren – und scheitert als solche: Denn niemand irrt sich stärker über die Berechenbarkeit der angeblich chemischen Reaktion als Eduard, der spielerisch, in ‚heitrer Vernunftfreiheit‘ ein ‚Reaktionsergebnis‘ vorhersagt, ohne irgend andere Möglichkeiten in Betracht zu ziehen oder gar die tödliche Konsequenz dieser ‚Gärung‘ zu erahnen. Die scheinbar aufgeklärte, naturwissenschaftlich begreifbare Vorstellung der eigenen Beziehungs- und Kommunikationsverhältnisse wird durch den Verlauf des Romans Lügen gestraft, Naturhaftes, Naturgesetzliches jenseits aller vernünftigen Kontrollierbarkeit setzt sich unaufhaltsam durch. Rationalität erweist sich mithin als ohnmächtig gegenüber einem Verständnis der Leidenschaften.

Macht und Ohnmacht des Erzählers. Es ist in jedem Sinne der Erzähler, der das im Roman ausgeführte Experiment organisiert. Er ist es, der die abgeschlossene Welt der *Wahlverwandtschaften* konstruiert, sozusagen die Laborbedingungen simuliert. Er ist es, der die Figuren zusammenführt – auch und gerade in ‚schicksalhaften‘, zufällig erscheinenden Begegnungen – und die dabei nach und nach frei werdenden (leidenschaftlichen) Energien beobachtet, bis zur letzten, tödlichen Konsequenz. Er ist es, der die Romanwelt erschafft; er ist es sogar, der den Figuren ihre Namen gibt: Explizit bei Eduard: „so nennen wir einen reichen Baron im besten Mannesalter" (HA 6, 242). Von hier, vom Romanbeginn aus wird jede Namenswahl der Figuren, auch jede davon abgeleitete Buchstabensymbolik als Arrangement des Erzählers kenntlich: Schicksalhafte Bedeutsamkeit erhalten Namen und Buchstaben nur aus der eingeschränkten Perspektive der Figuren. Der Erzähler betont also einerseits seine Macht als Arrangeur, Experimentator und Beobachter.

Andererseits scheint er allerdings selbst den ‚mythischen‘ Gewalten zu unterliegen, die seine Figuren töten, ihre Lebensentwürfe zerstören. Spätestens im legendenhaften Schluss, in Ottilies Verklärung und dem vermeintlich auf ein Jenseits verweisenden Schlusssatz, verlässt ihn scheinbar die schöpferhafte Distanz und Überschau; scheinbar wird der Roman hier zur Legende. Dies aber ist nicht nur ein unausweichliches Unterliegen des Erzählers gegenüber der Macht seines Stoffes. Vielmehr ist dieser Schluss auch provokative Pointe. Der gesamte Roman erzählt gleichsam neutral – auch wenn hier und da der Erzähler Sympathien oder Aversionen gegen bestimmte Figuren durchscheinen lässt: Nirgends kommentiert er wertend, Gut und Böse, Unschuld, Unrecht und Schuld werden nirgends den Handlungen und Gedanken der Figuren zugeordnet, nie formuliert er irgendeine Lehre. Er führt Handlungen vor, diese selber inszenierend und beobachtend – und lässt Leserin und Leser mit all den Problemen der Figuren, den Spannungen und Rätselhaftigkeiten allein.

Der Romanschluss macht das Problem des Erzählers offenbar: Zitiert hier der Erzähler intentional die Form der Legendenerzählung? Hat er Macht über die literarische Form, die sein Stoff gewinnt? Oder ist der Erzähler (wie seine Figuren) Beobachter und Opfer eines (Erzähl-)Experiments, das aus dem Ruder läuft, bei dem ein „Ingrediens eine merkliche Gärung verursacht und schäumend über den Rand schwillt" (HA 6, 290)? Die hinterhältige Doppeldeutigkeit des Schlusssatzes, „wenn sie dereinst wieder zusammen erwachen" (HA 6, 490), steigert die Unberatenheit, in die der Roman seine Leserinnen und Leser stürzt: Ist das „wenn" temporal – und die Wiederaufstehung, bis auf ihren Zeitpunkt, gewiss –, oder ist es konditional (‚falls sie überhaupt wieder erwachen‘) und spottet damit gleichsam über den Typus der Legende?

Frühe Wirkung. Goethe schrieb die *Wahlverwandtschaften* in einer Situation der Isolation – abgeschnitten vom ‚mainstream‘ der Gegenwartsliteratur, ein paar Frühromantikern, den jungen patriotischen Schriftstellern wie Körner, Arndt oder auch Kleist, den wirklich erfolgreichen wie Kotzebue, Iffland und Clauren, abgeschnitten vom Publikum: Die eigenen großen literarischen Erfolge lagen über drei Jahrzehnte zurück, selbst die relativen „Erfolge" der 1790er Jahre – *Reineke Fuchs, Hermann und Dorothea* – blieben weit hinter der Wirkung eines *Götz*, eines *Werther* zurück. Er war sich dieses fundamentalen Desinteresses im Publikum am „neuen Goethe" sehr genau bewusst. Dem Freunde Karl Friedrich von Reinhard schrieb er am 31. Dezember 1809:

Die ‚Wahlverwandtschaften' schicke ich eigentlich als ein Zirkular an meine Freunde, damit sie meiner wieder einmal an manchen Orten und Enden gedächten. Wenn die Menge dieses Werkchen nebenher auch liest, so kann es mir ganz recht sein. Ich weiß, zu wem ich eigentlich gesprochen habe, und wo ich nicht missverstanden werde. [...] Das Publicum, besonders das deutsche, ist eines närrische Caricatur des demos; es bildet sich wirklich ein, eine Art von Instanz, von Senat auszumachen, und im Leben und Lesen dieses oder jenes wegvotieren zu können was ihm nicht gefällt. (HA 6, 640)

Die ‚Menge hat das Werkchen nebenher' eben nicht gelesen. Die *Wahlverwandtschaften* fallen am Markt durch. Lobend äußern sich jene Freunde, an die das Buch als ‚Zirkular' geht – gleichsam als Lebenszeichen des alten Weimarers. Im Gegensatz zur Mehrheit des Publikums: Rehbergs vernichtende Rezension in der *Halleschen Allgemeinen Literatur-Zeitung* (am 1. Januar 1810) spricht ebenso dafür wie das Resümee Abekens zu Beginn seiner (wohlwollenden) Besprechung im *Morgenblatt für gebildete Stände* (22.–24.1.1810): „Daß die Wahlverwandtschaften viele Menschen nicht ansprechen, daß so sonderbare Urteile über sie gefällt werden, befremdet mich nicht" (HA 6, 644 f.). Der Roman war so erfolglos, dass man „Bände der Erstausgabe des Romans von 1809 [...] zu Beginn des 20. Jahrhunderts jederzeit erwerben" konnte (Mayer 1973, 75). Die gleichsam unberatene Verstörung, die insbesondere der Romanschluss auslöst, dürfte dazu beigetragen haben. Achim von Arnim etwa berichtet in einem Brief an Bettina Brentano (5. November 1809) von Clemens Brentano, der „ganz tückisch verstört davon[kam]: wie Goethe sich hinsetzen könne, den Leuten so viel Kummer zu bereiten" (HA 6, 660). Friedrich Heinrich Jacobi hält das Buch für „durch und durch materialistisch", das Ende empöre ihn „vollends [...]: die Himmelfahrt der bösen Lust" (HA 6, 663). Anders als etwa die (Früh-)Romantik bieten die *Wahlverwandtschaften* keine positive, ‚neue' Mythologie, die sich an die Stelle aufgeklärter Rationalität setzt und literarisch, poetisch modelliert würde. Die *Wahlverwandtschaften* provozieren durch gewissermaßen negative Mythologie: Sie organisieren ein Erzählexperiment um die Wirkungen und tragischen Effekte des Anderen des ‚Reiches heiterer Vernunftfreiheit', der ‚Spuren trüber leidenschaftlicher Notwendigkeit', ein Erzählexperiment, das (vielleicht?) aus dem Ruder läuft.

13.2 *Novelle*

Entstehung. Im zeitlichen Kontext der Fertigstellung von *Herrmann und Dorothea* sowie im Zusammenhang der engen Zusammenarbeit mit Schiller heißt es im Tagebuch vom 23. März 1797: „Neue Idee zu einem epischen Gedichte" (Tb II.1, 102), das im Briefwechsel zwischen April und Juni 1797 beiläufig mit dem Arbeitstitel „Die Jagd" thematisiert wird. Wenngleich zentrale Momente des Sujets durchaus schon konkretisiert waren (so berichtet Wilhelm von Humboldt schon am 7. April 1797 an seine Frau; vgl. HA 6, 739) – Jagdpartie, Feuer auf dem Jahrmarkt eines Städtchens, Ausbruch wilder Tiere –, scheint der Stoff sich der epischen Behandlung versagt zu haben. Erst im Oktober 1826 griff Goethe

den Plan wieder auf, um „ihn prosaisch auszuführen" (an Wilhelm von Humboldt
am 22. Oktober 1826; HA 6, 741). Am 8. Oktober verfertigte er ein Schema,
diktierte den Text zwischen dem 14. und 22. Oktober; im Januar und Februar
1827 sowie im Januar 1828 wurde der Text korrigiert und im gleichen Jahr in Bd.
15 der Ausgabe letzter Hand gedruckt (S. 297–332). Von Goethes Entscheidung
für den generischen Titel des Erzähltextes berichtet Eckermann unmittelbar im
Zusammenhang mit der nahezu kanonischen Definition der Novelle: „eine sich
ereignete, unerhörte Begebenheit" (Eckermann, 19. Januar 1827; HA 6, 744). Der
Text will als modellhaft für das Genre verstanden werden!

Inhalt. Die Handlung erscheint auf den ersten Blick unglaublich einfach:
Als der Fürst einer wohlhabenden Stadt zur Jagd ausreitet, besucht die zurück-
bleibende Fürstin mit ihrem Junker Honorio und einem Oheim das verfallende
Stammschloß der Familie. Auf dem Weg dorthin bemerkt man, dass auf dem Jahrmarkt der Stadt ein Feuer ausgebrochen ist. Der Oheim reitet zur Stadt, Honorio
muss seine angebetete Herrin gegen den vermeintlich gefährlichen Tiger einer
Schaustellerfamilie, den der Brand befreit hat, beschützen und tötet das Tier. Frau
und Kind des Schaustellers kommen hinzu, entsetzt über den Tod des gezähmten
Tieres, das Kind kann schließlich den ebenfalls entsprungenen Löwen, der in das
alte Schloss geflohen ist, mit Gesang und Musik besänftigen.

Sozialer Raum, Politik, Ökonomie. Stofflich, vor allem mit Blick auf das
Ende – die Befriedung der wilden Natur des Löwen durch die Macht der Kunst,
die ein Miteinander von Mensch und Natur programmatisch gestaltet –, wäre
das Sujet gewiss zur episch-idyllischen Behandlung fähig gewesen. Allerdings:
Nicht primär bürgerlich ist der soziale Raum, in dem die *Novelle* spielt: Die
Hauptfiguren entstammen dem hohen, regierenden Adel; der bürgerliche Raum,
Stadt und Markt, ist (nicht nur) der Ort zumindest der Katastrophe; die Schau-
steller-Familie ist gleichsam extraterrestrisch: fremdländisch, jenseits jeder
Ständezuordnung. Die erzählte Welt, genauer gesagt: Der erzählte Raum wird ent-
schieden in Richtung einer Entgegensetzung bzw. eines Ineinanders von Mensch
bzw. menschlicher Kultur und Natur vorgestellt, was ohne Zweifel die zentrale
Thematik jenseits aller ständischen oder sozialen Zuordnung der Figuren darstellt.

Die ökonomische wie innenpolitische Ausgangslage ist nachgerade
idyllisch: Ein Fürst, der tatsächlich arbeitet, politisch arbeitet, der sein Land als
funktionierendes Gemeinwesen von seinem Vater übernommen hat, der noch „den
Zeitpunkt erlebt und genutzt [hatte], wo es deutlich wurde, daß alle Staatsglieder
in gleicher Betriebsamkeit ihre Tage zubringen, in gleichem Wirken und Schaffen
jeder nach seiner Art erst gewinnen und dann genießen sollte" (HA 6, 491).
Der „Hauptmarkt" in der Residenzstadt, „den man gar wohl eine Messe nennen
konnte" (ebd.), dokumentiert eindrucksvoll die gedeihliche Entwicklung des
Landes – durchaus befördert durch die glückliche Lage von Stadt und Markt dort,
wo „das Gebirgsland mit dem flachen Lande einen glücklichen Umtausch treffe"
(ebd.): „Untereinander gemischt standen Bergbewohner, [...] Flachländer [...],
Gewerbsleute der kleinen Städte" (HA 6, 497) – alle schon von ihrer Kleidung
her als wohlhabend markiert, da sie „mehr Stoff als nötig zu ihren Kleidern

genommen, mehr Tuch als und Leinwand, mehr Band zum Besatz", „Überfluß", der sie „schmückt und aufputzt" (ebd.).

So aber, wie die Stadt eingebettet erscheint in die geographische Natur, so auch die Bewohner des Landes: Die „Bergbewohner" hegen „zwischen Felsen, Fichten und Föhren ihre stillen Wohnungen", die „Flachländer [kommen] von Hügeln, Auen und Wiesen her" (ebd.); nicht Dörfer, Weiler, Häuser oder Höfe sind der ‚Wohnort', sondern der Naturzusammenhang im Gebirge oder im Flachland! Eingebettetsein in die Natur fördert hier die Menschen, so wie die Lage der Stadt zwischen Gebirge und Flachland sie begünstigt. Dieser Naturzusammenhang des Menschen – den wir auch an der Mutter in *Hermann und Dorothea* im IV. Gesang als Charakteristikum des Idyllen-Menschen wahrnehmen konnten – aber wird in der *Novelle* vielgestaltig als Zentralmotiv des Textes durchgeführt.

Mensch und Natur: Medien. Unmittelbar nach dem Abschied vom Gatten begibt sich die Fürstin, um die abreisende Jagdgesellschaft noch einmal sehen zu können, „in die hintern Zimmer, welche nach dem Gebirg eine freie Aussicht ließen, die um desto schöner war, als das Schloß selbst von dem Flusse herauf in einiger Höhe stand und so vor- als hinterwärts mannigfaltige bedeutende Ansichten gewährte" (HA 6, 492). Mit einem Teleskop nimmt sie noch einmal die Jagdgesellschaft in den Blick, das Teleskop, mit dem sie am Abend zuvor die „hohen Ruinen der uralten Stammburg" betrachtet hatte, stimmungsvoll, ja pittoresk ‚inszeniert' „in der Abendbeleuchtung" als Komposition von „Licht- und Schattenmassen" (ebd.). Der ästhetische Blick auf dieses „ansehnliche Denkmal alter Zeit" wird in der gleichen Szene unmittelbar wiederholt: Der Fürst-Oheim bringt einen Zeichner, der am und im alten Gemäuer die verschiedensten „Ansichten der Stammburg" anfertigte. Wie das Teleskop ermöglicht die heran-gebrachte Kunst den näheren, ja nahen Blick auf etwas Entferntes, Abwesendes (Oheim: „als wenn wir gegenwärtig wären"; HA 6, 495); der kleine Ausschnitt, den das Teleskop zeigt, *rahmt* das gesehene Bild, wie die Zeichnungen gerahmt sind alleine dadurch, dass sie nur Ausschnitt sind, wie auch die Fenster der Säle und Zimmer des Schlosses die „mannigfaltige[n] bedeutende[n] Ansichten" der Landschaft *rahmen.* Fenster, Teleskop und Zeichnung markieren eine Distanz zwischen Menschen und Natur, die letztlich unhintergehbare Mittelbarkeit des menschlichen Blicks auf Natur.

Natur und Kultur: Das alte Stammschloss. Was aber die Bilder zeigen, scheint diese Distanz wieder zu tilgen: Die alte Stammburg, die von Menschen-hand mitten in den Wald gebaut worden war, ist längst verlassen und im Laufe der Zeit hat sich die Natur ihren Platz zurückerobert. Schon das Teleskop zeigt „die herbstliche Färbung jener mannigfaltigen Baumarten, die zwischen dem Gemäuer ungehindert und ungestört durch lange Jahre emporstrebten" (HA 6, 492). Die Zeichnungen machen „anschaulich […], wie der mächtige Trutz- und Schutzbau von alten Zeiten her dem Jahr und seiner Witterung sich entgegen-stemmte und wie doch hie und da sein Gemäuer weichen, da und dort in wüste Ruinen zusammenstürzen mußte" (HA 6, 493), zeigen ein „Lokal, wo die alten Spuren längst verschwundener Menschenkraft mit der ewig lebenden und fort-wirkenden Natur sich in dem ernstesten Streite erblicken lassen" (HA 6, 493 f.).

Selbst dort, wo noch der Turm steht, gemauert auf den festesten Felsen des ganzen Gebirges, wüsste niemand „zu sagen, wo die Natur aufhört, Kunst und Handwerk aber anfangen" (HA 6, 493); der Natur wird, trotz ihrer letztlich zerstörerischen Wirkung, hier Gewaltlosigkeit zugeschrieben: „[D]och haben mächtige Bäume hie und da zu wurzeln Glück und Gelegenheit gefunden; sie sind *sachte*, aber entschieden aufgewachsen, nun erstrecken sie ihre Äste bis in die Galerien hinein, auf denen der Ritter sonst auf und ab schritt, ja durch Türen durch und Fenster in die gewölbten Säle, aus denen wir sie nicht vertreiben wollen; sie sind eben Herr geworden und mögens bleiben." (HA 6, 494) – Doch damit nicht genug: Dass und wie die Natur die „Herrschaft" über menschliche Kultur wiedergewinnt, wird hier in doppeltem Sinne wieder in die Kultur eingeholt. Behutsam sind Fußwege durch die Wildnis der Ruine geführt worden, „um jeden Wanderer, jeden Besuchenden in Erstaunen zu setzen, zu entzücken" (HA 6, 493); der Zeichner, der so „trefflich" das „Charakteristische [von Bäumen und Ruine] auf dem Papier ausgedrückt hat" (ebd.), soll die Zeichnungen zu Gemälden ausführen, die „unsern Gartensaal zieren [sollen], und niemand soll über unsere regelmäßige Parterre, Lauben und schattigen Gänge seine Augen spielen lassen, der nicht wünschte, dort oben in dem wirklichen Anschauen des Alten und Neuen, des Starren, Unnachgiebigen, Unzerstörlichen und des Frischen, Schmiegsamen, Unwiderstehlichen seine Betrachtungen anzustellen" (HA 6, 495).

Mensch und Natur – Krieg und Frieden. Dass der Mensch der Natur nicht so gewaltlos entgegentritt, wird schon in der Exposition deutlich: Der beginnende Jagdzug hat die Absicht, „weit in das Gebirg hineinzudringen, um die friedlichen Bewohner der dortigen Wälder durch einen *unerwarteten Kriegszug* zu beunruhigen" (HA 6, 492). Der Fürst-Oheim erwähnt immerhin die *Abwesenheit* von menschlicher Gewalt der Natur gegenüber: „Seit hundertfünfzig Jahren hat keine Axt hier geklungen" (HA 6, 493). Selbst der eigentlich friedliche Markt bekommt die Konnotation des Kriegerischen: Für die Fürstin hat er „die Gestalt […] eines Feldlagers angenommen" (HA 6, 495). Vollends die Tötung des eigentlich zahmen Tigers durch Honorio gewinnt den Charakter der kämpferischen, kriegerischen Auseinandersetzung: Die Erzählerstimme macht aus dem Tiger ein „Untier", ein „Ungeheuer", das, getötet, „in seiner Länge erst recht die Macht und Furchtbarkeit sehen ließ" (HA 6, 502), seine „Kühnheit" (HA 6, 503) ist die des Ritters, der „in der Reitbahn seine Kugel im Vorbeisprengen den Türkenkopf auf dem Pfahl gerade unter dem Turban in die Stirne [schlug], ebenso spießte er, flüchtig heransprengend, mit dem blanken Säbel das Mohrenhaupt vom Boden auf" (HA 6, 502 f.). Dass das Tigerfell nicht verderbt werden soll, um im „nächsten Winter auf Eurem [der Fürstin] Schlitten zu glänzen", macht die Beherrschung der (vorgeblich) ‚ungeheuerlichen' Natur vollständig (HA 6, 503).

Mensch und Natur – Elementarkräfte: Feuer. Dass Natur nicht nur ‚sachte', wie die Bäume in der uralten Stammburg, ihr Terrain behauptet, zeigt der Brand auf dem Markte: Schon die Erinnerung des Oheims an ein früheres „ungeheure[s] Unglück" (HA 6, 496) ruft das Motiv auf; das um sich greifende Feuer auf dem Markt macht die Macht des Elements gegenwärtig – unmittelbar, nachdem die Fürstin, ausgeritten auf eine „Wallfahrt" (HA 6, 498), um die alte Stammburg aus der Nähe zu besehen, von „hoher, weitumschauender Stelle die Betrachtung" äußert, „wie doch die klare Natur so reinlich und friedlich aussieht und den Eindruck verleiht, als wenn gar nichts Widerwärtiges in der Welt sein könne, und wenn man denn wieder in die Menschenwohnung zurückkehrt, sie sei hoch oder niedrig, weit oder eng, so gibts immer etwas zu kämpfen, zu streiten, zu schlichten und zurechtzulegen" (HA 6, 500). Das gegenwärtige Feuer gerät, anscheinend durch die „Anordnungen" des Fürsten irgendwie im Griff, über die Tiger- und Löwenhandlung in den Hintergrund; die Macht des Elements aber wird in der Erinnerung der Fürstin an die Erzählung des Oheims von jenem früheren Unglück genugsam illustriert: Der Verlust von Habe und Besitz, Gefährdung von Körper und Leben, ein „wüste[r] Wirrwarr", der jetzt den „heitere[n] morgendliche[n] Gesichtskreis umnebelt, ihre [der Fürstin] Augen verdüstert" (HA 6, 501): Die Gewalt des Elements verunmöglicht den ästhetischen Blick auf die Natur, entlarvt ihre vermeintliche ‚Reinlichkeit' und ‚Friedlichkeit' als Illusion.

Mensch und Natur – Bändigung des Wilden. Die Bude der Schaustellerfamilie, die die Reitenden „kaum erblickten, als ein ohrzerreißendes Gebrülle ihnen entgegentönte" (HA 6, 497), wird zunächst akustisch präsent: „[D]er Löwe ließ seine Wald- und Wüstenstimme aufs kräftigste hören, die Pferde schauderten, und man konnte der Bemerkung nicht entgehen, wie in dem friedlichen Wesen und Wirken der gebildeten Welt der König der Einöde sich so furchtbar verkündige" (ebd.). Die Erzählerstimme hebt den (scheinbar) scharfen Gegensatz zwischen Stadt und Markt und wildem Raubtier hervor, dessen Wildheit und Majestät die Bemalung der Bude hervorhebt: „Der grimmig ungeheure Tiger sprang auf einen Mohren los, im Begriff ihn zu zerreißen, ein Löwe stand ernsthaft majestätisch" (ebd.). – Das Ganze aber ist doppelt eingefügt in Kultur: Es sind die zur Schau gestellten, wilden Tiere, „welche der friedliche Stadtbürger zu schauen unüberwindliche Lust empfinden sollte" (ebd.), lustvolles Grauen, das der Oheim kommentiert: „Es ist wunderbar [im Sinne von ‚verwunderlich', ‚seltsam'!], […] daß der Mensch durch Schreckliches immer aufgeregt sein will. Drinnen liegt der Tiger ganz ruhig in seinem Kerker, und hier muß er grimmig auf einen Mohren losfahren, damit man glaube, dergleichen inwendig ebenfalls zu sehen" (HA 6, 498).

Die vom Erzähler, auch von den Werbeflächen der Schaustellerbude, unterstellte Wildheit der Tiere wird spätestens nach der Tötung des Tigers widerlegt. Seine „Wärterin und Meisterin", „als sie sich heulend und schreiend über den Leichnam herwarf", charakterisiert ihn: „Du warst zahm und hättest dich gern ruhig niedergelassen und auf uns gewartet […]. Du warst der Schönste deinesgleichen […]! Wenn du des Morgens aufwachtest beim frühen Tagschein und den Rachen aufsperrtest, ausstreckend die rote Zunge, so schienst du uns zu lächeln, und wenn schon brüllend, nahmst du doch spielend dein Futter aus den Händen einer Frau, von den Fingern eines Kindes!" (HA 6, 504 f.). In gleichsam biblischer Rede spricht der Mann der Schaustellerfamilie vom Löwen: „Aber im Palmenwald trat er auf, der Löwe, ernsten Schrittes durchzog er die Wüste, dort herrscht er über alles Getier, und nichts widersteht ihm. Doch der Mensch weiß ihn zu zähmen, und das grausamste der Geschöpfe hat Ehrfurcht vor dem Ebenbilde

Gottes, wornach auch die Engel gemacht sind, die dem Herrn dienen und seinen Dienern" (HA 6, 508).

Die Schaustellerfamilie ist wie prädestiniert für den Umgang mit den Tieren, gehört sie doch viel näher zur Natur als Fürstenhof und Bürgerstadt: Frau und Mann und Kind sind charakterisiert durch eine „natürliche Sprache, kurz und abgebrochen, [...] eindringlich und rührend. Vergebens würde man sie in unsern Mundarten übersetzen wollen" (HA 6, 504), ihre Sprache, der „schwarzaugige, schwarzlockige Knabe" (ebd.), alle ‚wunderliche Kleidung' tragend (vgl. HA 6, 505) scheinen sie einer fremden, ja orientalischen Herkunft zuzuordnen. Die Anklänge und Verweise ihrer Rede auf das Alte Testament, der seherische Gestus der Rede des Manns (vgl. HA 6, 509 f.), insbesondere aber der doppelte Verweis auf Daniel in der Löwengrube (Daniel 6,16 ff.) markieren sie als Angehörige einer ursprünglicheren Kultur, der eine gleichsam authentische Religiosität eigen ist. – Und nichtsdestoweniger wissen sie, daß sie Teil der Markt- und Schaulust-Ökonomie der bürgerlichen Gesellschaft sind: „Wie lange begleiteten wir dich [so die Frau zum toten Tiger] auf deinen Fahrten, wie lange war deine Gesellschaft uns wichtig und fruchtbar! Uns, uns ganz eigentlich kam die Speise von den Fressern und süße Labung von den Starken" (HA 6, 505).

Mensch und Natur: Schlussbild. Auch im Sinne des episch-idyllischen Ursprungsplans von 1797 muss natürlich die Bändigung des ebenfalls wegen des Feuers entsprungenen Löwen gewaltfrei gelingen: Durch Musik und Gesang – und durch das Kind! Zunächst ist bedeutsam, dass der Löwe sich in die baumdurchwachsenen Ruinen der uralten Stammburg zurückgezogen hat, dass das Kind ihn *hier* besänftigt und herausführt: Dies ist der Ort, an dem Natur stark, aber ‚sachte' ihre ‚ewige' Herrschaft über menschliche Dinge behauptet, dies wird der Ort, an dem Kunst (als Gesang und Flötenspiel) ihre Bändigungsfähigkeit gegenüber der wilden Natur erweist. Das Lied, das das Kind singt, spielt wieder an auf das Daniel-Motiv, verweist in seiner dritten Strophe unmittelbar auf Friedensbilder des Alten Testaments: „Löwen sollen Lämmer werden [Jes 65,25], / [...] / Blankes Schwert erstarrt im Hiebe [1 Mose 22,10]" – und folgsam kommt der Löwe mit dem Kind aus der Ruine und lässt sich einen „scharfen Dornzweig" aus der Vordertatze ziehen und diese verbinden (HA 6, 512). Ein Idyllenmotiv: Der Mensch ist der Natur ein Helfer, kein Gegner! Die Erzählerstimme umreißt mit der Schlussreflexion nochmals die großen thematischen Linien der Novelle:

> Ist es möglich zu denken, daß man in den Zügen eines so grimmigen Geschöpfes, des Tyrannen der Wälder, des Despoten des Tierreiches, einen Ausdruck von Freundlichkeit, von dankbarer Zufriedenheit habe spüren können, so geschah es hier, und wirklich sah das Kind in seiner Verklärung aus wie ein mächtiger, siegreicher Überwinder, jener zwar nicht wie der Überwundene, denn seine Kraft blieb in ihm verborgen, aber doch wie der Gezähmte, wie der dem eigenen friedlichen Willen Anheimgegebene. (ebd.)

Zähmung erscheint, hier in der Schlusswendung, nicht als Gewalt, sondern als Gewinn von (im Schillerschen Sinne!) Freiheit! Und das wird, als moralischer Imperativ, von der morgenländischen Frau gegenüber Honorio formuliert: „[Z]uerst überwinde dich selbst" (HA 6, 510).

13.3 *Wilhelm Meisters Wanderjahre*

Die Fortsetzung der *Lehrjahre,* die ja schon in der Vorläufigkeit des auf den ersten handwerklichen Ausbildungsgang anspielenden Titel deutlich wurde, zog sich über mehr als dreißig Jahre hin. 1821 ließ Goethe die erste Fassung der *Wanderjahre* in Druck gehen; sie wurde aber ausdrücklich als ‚erster Teil' der *Wanderjahre* gekennzeichnet. Diese Fassung und die 1829 erschienene Schlussfassung des Romans setzen zwar einerseits die Geschichte Wilhelm Meisters fort; andererseits aber ‚begleiten' viele eingelegte Erzählungen diese Geschichte – und erzähltechnisch präsentiert der Roman eine völlig andersartige Gestalt als die *Lehrjahre.*

Entstehung. Die Arbeit an Teilen oder Bruchstücken der *Wanderjahre* oder zumindest Vorüberlegungen sind bereits aus den späten 1790er Jahren (spärlich) dokumentiert (die „neue Melusine", die Geschichte vom heiligen Joseph). Von 1807 bis 1812 notiert das Tagebuch immer wieder die Weiterarbeit – etwa vom 17.–20. Mai 1807 das Diktat der ersten vier Kapitel, von Ende Mai und Juni die Arbeit v. a. an einzelnen Binnenerzählungen, von denen fünf zwischen 1809 und 1818 im *Taschenbuch für Damen,* dem „Damenkalender" seines Verlegers Cotta, selbständig publiziert wurden. Erst 1820 wurde das bisher Verfasste wieder vorgenommen und durchgearbeitet, so dass im Dezember 1820 mit dem Druck der ersten Fassung begonnen werden konnte. Diese, ja ohnehin nur der „erste Teil", konnte Goethe aber nicht zufriedenstellen; am 29. Juni 1825 heißt es im Tagebuch: „Die ‚Wanderjahre' neu schematisiert" (HA 8, 523); zum ‚Hauptgeschäft' wurden sie erst 1827–1829, gewissermaßen unter dem (selbstauferlegten) äußeren Druck, den Roman für die Ausgabe letzter Hand fertigzustellen. Am 2. Januar 1829 schrieb er an seinen Berliner Freund Carl Friedrich Zelter: „Ich bin seit vier Wochen und länger nicht aus dem Hause, fast nicht aus der Stube gekommen; meine Wandernden, die zu Ostern bey Euch einsprechen werden, wollen ausgestattet seyn" (WA IV.45, 102). Im Unterschied zur ersten Fassung war diese jetzt in drei Bücher eingeteilt, entscheidende Teile waren ergänzt (etwa Wilhelms Wundarzt-Ausbildung, „Lenardos Tagebuch", das Gespräch über die Erdentstehung während des Bergfestes oder die genaue Konturierung des Auswanderungsplans); die Binnenerzählungen wurden z. T. umgestellt oder anders integriert; die Spruchsammlungen „Aus Makariens Archiv" und „Betrachtungen im Sinne der Wanderer" sollten am Ende des ersten bzw. zweiten Buches stehen – was aus drucktechnischen Gründen dann unmöglich wurde: „Makariens Archiv" rückte an den Schluss.

Inhalt. Die Geschichte Wilhelm Meisters bildet nur einen Teil des Romans, der vielfach durch eingelegte Novellen unterbrochen, angereichert und kommentiert wird. Wilhelm, am Schluss der *Lehrjahre* mit Natalie verlobt, ist die Verpflichtung eingegangen, zunächst in Trennung von der Ehefrau auf Wanderschaft zu gehen, um sich in einem für die noch näher zu bestimmende Gesellschaft nützlichen Beruf auszubilden. Der Sohn Felix begleitet ihn am Romanbeginn auf seiner Wanderung, im Hochgebirge trifft man, nach der Begegnung mit einem eigentümlich säkularisierten Nachfolger des Heiligen Joseph, auf Jarno (jetzt Montan), der sich ganz in die Geheimnisse der Natur vertieft hat. Die Ankunft

im philanthropisch ausgestatteten Riesenschloss des Oheims bringt Wilhelm in
Kontakt zu der Gesellschaft Auswanderungswilliger, die aus der Turmgesell-
schaft hervorgegangen ist und die in Amerika eine, von den Behinderungen der
alten Welt freie, soziale Organisationsform begründen will. Daraufhin besucht
Wilhelm die geheimnisvolle Makarie, eine weise Frau, die in unmittelbarem
Kontakt zu kosmischen Kräften steht. Wilhelm bringt den Sohn in die Obhut
der reformerischen ,pädagogischen Provinz', die eine Ausbildung nach dessen
Neigungen möglich machen soll. Nach und nach tritt Wilhelms langgehegter
Berufswunsch des Wundarztes zu Tage, dessen Realisierung in den Dienst des
zu gründenden und differenziert konzipierten amerikanischen Gemeinwesens
gestellt werden soll. Am Schluss des Romans, inmitten der Vorbereitung der Auswanderung, bietet sich Wilhelm die Möglichkeit, die erworbenen lebensrettenden
Fertigkeiten zu erproben: Sohn Felix, augenscheinlich tot aus einem Flusse
gerettet, kann wieder ins Leben zurückgerufen werden.

In diese Fortsetzung der Bildungsgeschichte Wilhelms eingeflochten werden
unterschiedlichste Novellen, Erzählungen, Texte aus dem Mund oder von der
Hand Dritter: Der ,Heilige Joseph' erzählt seine Lebensgeschichte, Handwerker aus dem Auswandererbund erzählen schwankartige oder märchenhafte
Geschichten, moralische Novellen geraten als geschriebene Texte Wilhelm in die
Hände – deren Figuren z. T. später auf der Ebene der Wilhelmhandlung im Roman
wieder auftauchen, das Reisetagebuch des Anführers der Auswanderer, Lenardo,
setzt dessen frühere Erzählung vom ,nussbraunen Mädchen' fort, Briefe und Tage-
bucheinträge verschiedener Figuren werden einmontiert, das zweite und das dritte
Buch der *Wanderjahre* werden durch lange Sammlungen sentenzenhafter Weis-
heiten abgeschlossen. Kontrastierend und ergänzend zum Bildungsgang Wilhelms
werden mit diesen Texten etwa moralische Exempla und alternative Bildungsfälle
kunstvoll in die Haupthandlung eingearbeitet.

Anstelle auktorialen Erzählens: Archivfiktion. Die Vermittlung der erzählten
Welt der *Wanderjahre* geschieht nicht mehr durch einen auktorialen Erzähler
wie in den *Lehrjahren,* sondern durch einen Redaktor, einen Herausgeber ihm
(angeblich) zur Verfügung stehenden Archivmaterials. Ein solcher Herausgeber
ist eigentlich nichts Neues, war schon im *Werther* eingeschaltet. Hier allerdings
geht es nicht nur um briefliches Material, hier steht eine große Breite an Formen
schriftlicher Mitteilung (oder Protokollierung) zur Verfügung. Mehrere Archive
liegen, so die Rahmenfiktion, den *Wanderjahren* zu Grunde. Der Herausgeber
weist oft darauf hin. Er spricht von „Papiere[n], die uns vorliegen" (HA 8, 118),
er kann an einer Stelle „der Versuchung nicht widerstehen, ein Blatt aus unsern
Archiven mitzuteilen" (HA 8, 448); der Text weist immer wieder auf „Makariens
Archiv" hin, eine gewaltige Textsammlung vieler „gute[r] Gedanken", die dem
Herausgeber in Abschriften zur Verfügung stehe (HA 8, 123 f.).

Weit wichtiger als im Briefroman ist hier, im Archivroman, die Funktion des
Herausgebers. Er ausschließlich ist verantwortlich für die Art und Weise, wie die
„Dokumente" hintereinander geschaltet werden, wie sie eingearbeitet werden in
einen Roman, ob und wie sie umgearbeitet werden. Der Herausgeber erlangt damit
den Status einer Auktorialität ganz neuer Art: Nicht mehr Urheber der erzählten

Welt ist er wie vordem, als ‚Verwalter' der mittelbaren Erfahrung vieler behält er einiges von der Macht über die Ordnung des Erzählten, die der auktoriale Erzähler ehedem innehatte – nicht jedoch die Macht über den Fortgang der ‚Geschichte'.

Der Herausgeber allerdings gibt nicht einfach heraus: Die „Papiere[], die uns zur Redaktion vorliegen" (HA 8, 378), sollen mit einer *literarischen* Zielsetzung umgearbeitet, miteinander verbunden werden: „Unsere Freunde [d. h. die Leserinnen und Leser] haben einen *Roman* in die Hand genommen" (HA 8, 118). Der Herausgeber steht als Figur des Romans zu den handelnden Figuren der *Wanderjahre* in Beziehung: Einerseits erhält er von ihnen die Papiere, andererseits sagt er: „Wir sind also gesonnen, dasjenige, […] was später zu unserer Kenntnis kam, zusammenzufassen" (HA 8, 436). Er hat also die Geschichte Wilhelms und des Auswandererbundes gleichsam von außen erlebt, als ‚teilnehmender Beobachter'; ihm stehen die Figuren zu Befragungen, zu eigenen Recherchen zur Verfügung: „Was wir ausfragen konnten" (HA 8, 81), „[d]urch nachherige Mitteilungen des Astronomen sind wir in dem Fall, wo nicht Genugsames, doch das Hauptsächliche ihrer Unterhaltungen über so wichtige Punkte mitzuteilen" (HA 8, 444). Weisen die ihm vorliegenden ‚Dokumente' Lücken auf, versucht der Herausgeber, durch intensive Recherchen diese Lücken zu schließen.

Literarisch ist die Intention des Herausgebers aber auch insofern, als er Tagebuchtexte (etwa Wilhelms und Lenardos) umformt zu einer Erzählung (in „Lenardos Tagebuch" nur an zwei kleinen Stellen), sich „die Rechte des epischen Dichters […] anmaßend" (HA 8, 395). In den ersten Kapiteln gibt sich der Roman noch den Anschein einer traditionellen Erzählung im auktorialen Sinne. Erst im vierten Kapitel tritt der Herausgeber kurz hervor: „Dieses Gespräch, das *wir* nur skizzenhaft wiederliefern […]" (HA 8, 37); er fasst hier offenbar ein Gespräch Wilhelms mit Montan zusammen, welches ihm in Textform vorzuliegen scheint. Öfters verweist der Text darauf, dass die Figuren Erlebtes oder Gehörtes aufschreiben, mitteilen, also ‚Dokumente' herstellen. Wilhelm führt Tagebuch (vgl. HA 8, 12) und schreibt oft an Natalie und Hersilie; Lenardo lässt sich technische Details in seine Tafel diktieren, die er sodann in sein Tagebuch einarbeitet; Friedrichs Gedächtnis ist derart geschult, dass er spontane längere Vorträge anderer im Nachhinein protokollieren kann und so gewissermaßen Hauptverantwortlicher für das Archiv des Auswandererbundes ist; Makaries Gehilfin Angela zeichnet deren „gute Gedanken" auf, um sie dem Archiv einzuverleiben (HA 8, 123). In den Aufzeichnungen Wilhelms finden sich auch Abschriften der Briefe von Lenardos Familie, Abschriften der ihm zur Lektüre überreichten Novellen, „eine Rede Makariens, die Erzählung Lenardos und Wilhelms Exzerpte aus Makariens Archiv, aus denen der Herausgeber wiederum eine Auswahl getroffen hat" (Neuhaus 1968, 13). – Und der Herausgeber? Er darf nichts mitteilen, was ihm nicht in einem seiner Archive als Text vorliegt.

Seine Eingriffe allerdings in die Texte gehen über die literarisch-narrative Umformung der Tagebücher hinaus. Gespräche, die ihm vollständig vorzuliegen scheinen, werden in wörtlichen Auszügen zitiert: „[G]ar manches anmutig Belehrende kam zur Sprache, davon wir nachstehendes auswählen" (HA 8, 127; vgl. 154) – oder er referiert Gespräche in „Resultaten" (HA 8, 40). Das „ernste

Geschäft eines treuen Referenten" bringt „die Pflicht des Mitteilens, Darstellens, Ausführens und Zusammenziehens" mit sich (HA 8, 436), der Beginn des 14. Kapitels im III. Buch besteht aus „nähere[r] Nachricht" (HA 8, 437), den „Hauptmomente[n]" (HA 8, 439) der Geschichte längst aus den Augen verlorener Figuren: Viele ‚Dokumente' werden zusammenfassend referiert.

Der Herausgeber moderiert Übergänge, manchmal auch nur, um nicht mögliche epische Integration zu überbrücken: „Unter den Papieren, die uns zur Redaktion vorliegen, finden wir einen Schwank, den wir ohne weitere Vorbereitung hier einschalten, weil unsre Angelegenheiten immer ernsthafter werden und wir für dergleichen Unregelmäßigkeiten fernerhin keine Stelle finden möchten" (HA 8, 378); „Zu diesem Punkte aber gelangt, können wir der Versuchung nicht widerstehen, ein Blatt aus unsern Archiven mitzuteilen, welches Makarien betrifft" (HA 8, 448). Auch das lesende Publikum, literarische Zeitschriften und die ‚Mode' des Fortsetzungsromans werden mit einbezogen (vgl. HA 8, 167). – Derartige Überleitungsmoderationen bleiben aber auch aus. Briefe und auch Novellen werden unverbunden in den Text montiert (vgl. HA 8, 351, 376), deren Zusammenhang erst später erkennbar. Die Novelle „Nicht zu weit" ist ein Sonderfall: Der Herausgeber schaltet sich immer wieder ein, als ‚epischer Dichter' (vgl. HA 8, 395), er wechselt die Dokumente, die er ediert, er nutzt eine Pause in der Handlung, um Informationen über die Hauptfigur einfügen zu können. Dokument und angemaßtes auktoriales Erzählen wechseln ständig einander ab.

Der Herausgeber enthält seinen Lesern Texte und Informationen vor, deren Inhalt er aus seiner Kenntnis des Archives weiß: „Was es aber gewesen ist, dürfen wir an dieser Stelle dem Leser noch nicht vertrauen" (HA 8, 40; vgl. auch 125, 408). „Der Sammler und Ordner dieser Papiere" (HA 8, 408) spielt einerseits mit den Texten der Archive und seinem Wissen darüber – gegenüber dem Leser. Andererseits hat er auch ‚Macht' über die Figuren. Wilhelms Zusammenkunft mit dem Astronomen unterbricht er; als dieser ihm eingehändigte Briefe lesen will, fühlt der Redakteur sich bewogen, „diesen werten Mann nicht lesen zu lassen" (HA 8, 118). Das heißt, die hier eigentlich einzufügenden Briefe werden dem Leser verweigert.

Individualroman – Gesellschaftsroman. Der Ordnungs- und Darstellungswille des fiktiven Redakteurs, der allerdings in bestimmtem Auftrag und nach Maßgabe eines vorformulierten Interesses arbeitet, bestimmt also die Gestalt des Textes. Er soll ein „treuer Referent" sein (HA 8, 436). Doch was soll er referieren? Worüber ‚Dokumente' sammeln, ordnen, sichten und herausgeben? Etwa über Wilhelms weiteres Leben, wie es der Titel des „Romans" verspricht? Die Herkunft und Vielfalt der Texte, die in den Archiven zur Verfügung stehen, sprechen gegen Wilhelm als den Hauptgegenstand. Vielmehr scheint die Geschichte der Auswanderergesellschaft im Mittelpunkt des Textinteresses zu stehen. Diese Gesellschaft auch mag dem Redakteur seinen Auftrag erteilt haben. Allein schon auf der Ebene der Textanteile ist Wilhelms Geschichte stark zurückgedrängt; sie wird allerdings bis zu seiner Bewährung in dem ergriffenen Beruf fortgeführt. Der Roman allerdings wird dann zu etwas völlig Anderem als der ‚inneren Geschichte' eines Individuums, wie Friedrich von Blanckenburg 1774 den Roman definiert hatte (und wie der *Werther* und die *Lehrjahre* es auch realisiert hatten).

Sind die *Wanderjahre* damit ein Gesellschaftsroman? Ist *Gesellschaft* sein Thema und Darstellungsgegenstand? Was alles gehört zur erzählten Wirklichkeit der *Wanderjahre*? Handwerkliche Techniken werden beschrieben: das Textilhandwerk, das Köhlerhandwerk, die ‚plastische Anatomie‘. Verschiedene Staatsformen werden verhandelt: der Staat der Auswanderer, eher republikanisch, und der der heimbleibenden Reformer. Das System der Ökonomie, Produktion und Distribution von Waren wird am Beispiel handwerklicher Heimindustrie dargestellt. Unterschiedliche Biographien oder Bildungsgänge, Wilhelms, Lenardos, Felix' und etwa Sankt Josephs des Zweiten, sind ebenso Thema wie die Strategien ästhetischer, handwerklicher und quasireligiöser Erziehung in der ‚pädagogischen Provinz‘. Einander entgegengesetzte Konzepte des Lebens in oder außerhalb der Gesellschaft, z. B. Montans oder des Oheims Leben, die sich abstrakt-theoretisch erläutern können, stehen neben novellistischen Erzählungen von konkreten Fällen seelischer oder moralischer Verwirrung. Die Aphorismen „im Sinne der Wanderer" sind den Sachgebieten „Kunst, Ethisches, Natur" (HA 8, 283) zugeordnet; „Makariens Archiv" fügt Philosophie, (Natur-)Wissenschaft und Gesellschaft hinzu. Verschiedene Theorien der Erdentstehung werden einander gegenübergestellt (vgl. HA 8, 260 ff.). Diesen geologischen Entwürfen steht ein Konzept kultureller und sozialer Evolution in „Lenardos Tagebuch" zur Seite.

Neben dieser mannigfachen ‚Welthaltigkeit‘ konstituieren die quasimythologischen, quasireligiösen, geheimnisvollen und märchenhaften Passagen einen andersartigen Wirklichkeitsbereich. Die ikonographische Präfiguration des Lebens von St. Joseph dem Zweiten gehört ebenso dazu wie die pädagogische Funktionalisierung, die die Geschichte von Judentum und Christentum im ‚Heiligtum‘ der ‚Pädagogischen Provinz‘ erfährt. Das Geheimnisvolle ist in den *Wanderjahren* in ein literarisches Bild gefasst, das „Kästchen", das gleichermaßen für die Geheimnisse der Natur, auch der menschlichen Natur, die Geheimnisse der Seele, der Sexualität und zwischenmenschlicher Beziehungen steht. Das „Kästchen" ist auch dem Märchenhaften verbunden: In der Novelle von der „Neuen Melusine". Der Makarie-Mythos schließlich repräsentiert den Bereich des Transzendentalen, des Überirdisch-Heiligen. – Im Blick auf die Auswanderergesellschaft, deren Archiv im Zentrum der Herausgeberfiktion und die unterschiedlichen politischen Gründungsprojekte, auch im Blick auf die Vermittlung von individueller Entwicklung und gesellschaftlichen Interessen könnte gewiss von einem Gesellschaftsroman gesprochen werden; gleichzeitig aber überschreitet die Vielfalt der erzählten Welt *Gesellschaft* bei weitem.

Mediale Vermitteltheit der Welt. Allerdings erzählt der Roman diese Welt ja nicht: Er montiert *Texte*! Die Rolle des Herausgebers ist einerseits das *technische* Mittel des Romans, diese Texte in Reihenfolge und Verbindung miteinander zu bringen. Andererseits aber ist dieser Herausgeber Figur im Roman – und ihm steht, anders als die ‚gottes-unmittelbare Welt im vom Auctor-Gott erzählten Roman, die erzählte Welt *nur vermittelt* zur Verfügung, in den Dokumenten der Archive. Die Texte, die der Herausgeber zu verwalten hat, sind von etwa zwanzig fiktiven Personen verfasst worden; in diesem Sinne sind die *Wanderjahre* tatsächlich „collectiven Ursprung[s]", wie Goethe behauptet (an Rochlitz am 23.

November 1829; WA IV.46, 166). Damit reflektiert der Roman in seiner Erzähl-struktur eine spezifische Verfasstheit der Moderne, oder genauer: eine in der Moderne begriffene spezifische Verfasstheit menschlicher Erfahrung – die *apriori* gegebene Diskursivität von Erfahrung, die Unerfahrbarkeit der Welt diesseits ihrer medialen Vermitteltheit. Dass der Komplexitätszuwachs der Welt in den ersten Jahrzehnten des 19. Jahrhunderts dieser Einsicht Vorschub leistete, ist selbstver-ständlich, macht aber nebenbei die *Wanderjahre* zu einem eminent *modernen* Roman.

Diesseits des Archivs: Erzählerfiguren, Erzählweisen. Die Titel beider *Wilhelm-Meister*-Romane spielen auf die entscheidenden Qualifikationsphasen handwerklicher Ausbildung an: Nach den *Lehrjahren,* die ins jeweilige Hand-werk einführen, sammelt der Geselle in seinen *Wanderjahren* zusätzliches hand-werkliches und lebensweltlich-soziales Wissen. Viel eher als die Titelfigur gehören andere Figuren des Romans eben in die Sphäre des Handwerks – und diese Figuren *erzählen.* Einige der ‚Novellen‘, korrekter: Binnenerzählungen, inhaltlich zum Teil unverbunden einmontierte Texte, werden von Handwerkern erzählt:

- „Sankt Joseph der Zweite" ist (natürlich!) Tischler, er erzählt Wilhelm die Geschichte seines beruflichen Werdeganges, die seiner Ehe und vor allem die seiner durch den Josephsmythos vorstrukturierten Biographie. Diese Erzählung ist weitgehend eine eigenständige ‚Novelle‘; sie wird durch den Handlungs-zusammenhang zwischen Wilhelm und dem Erzähler, der zugleich ihre Haupt-figur ist, an den gesamten Text angeschlossen (HA 8, 13–18).
- Der Erzähler der „Neuen Melusine" ist Handwerker, ist Barbier und Wundarzt. Lenardo sagt über ihn:

> Sein Leben ist reich an wunderlichen Erfahrungen, die er sonst zu ungelegener Zeit schwätzend zersplitterte, nun aber, durch Schweigen genötigt, im stillen Sinne wiederholt und ordnet. [...] Mit besonderer Kunst und Geschicklichkeit weiß er wahrhafte Märchen und märchenhafte Geschichten zu erzählen. (HA 8, 353)

Die „Gabe des Erzählens" (ebd.) wird rückgebunden an ‚wunderliche Erfahrungen‘. Auch hier ist der wandernde Handwerker der Erfahrene, der anderen mit seiner Erzählung nützt – und sei es zu deren Belustigung.
- „Die gefährliche Wette" (vgl. III. 8; HA 8, 378 ff.) ist eine Barbier-Posse – allerdings ist der Barbier ein übermütiger Student, der sich als jener aus-gibt, und die Posse mündet in ein tragisches Ende, insofern das Opfer des Schwanks aus Gram verstirbt und sein Sohn im Duell entstellt wird. Die Posse wird doppelt integriert: Einerseits erzählt sie der Waren- und Garnträger St. Christoph „am heitern Abend einem Kreise versammelter lustiger Gesellen" (HA 8, 378), andererseits nennt sie der Herausgeber „einen Schwank", den er „[u]nter den Papieren, die uns zur Redaktion vorliegen", vorfinde und „den wir ohne weitere Vorbereitung hier einschalten, weil unsre Angelegenheiten immer ernsthafter werden und wir für dergleichen Unregelmäßigkeiten fernerhin keine Stelle finden möchten." Er schaltet sie also gewissermaßen (angeblich!) nur der Vollständigkeit halber hier ein.

• Garnträger und Geschirrfasser als wandernde Gesellen bringen Nachrichten aus der Ferne. Der Garnträger berichtet über den weit entfernten Krieg, über die Industrialisierung im Tal. Er wird „wegen manches Lebensfalles um Rat gefragt" (HA 8, 341), macht Erfahrung für andere nutzbar, betätigt sich sogar als Wundarzt. Die Tätigkeit des Erzählens wird bei diesen Figuren zusammenfassend referiert, der Inhalt wird angedeutet; wesentlich ist, *dass* erzählt und Rat gegeben wird.

Natürlich wäre es falsch, alle oder nur den größeren Teil der Binnenerzählungen Handwerkern zuzuordnen: Vielmehr präsentiert der Roman zusammen mit den Vorigen ein reichhaltiges Spektrum unterschiedlicher kurzer Erzählformen:

„Die pilgernde Törin" wird von Hersilie als eigenhändige **Übersetzung** eines französischen Originals angekündigt (vgl. HA 8, 51); erzähltechnisch wechselt sie zwischen zurückhaltend-auktorialer Erzählweise und dem Erfahrungsbericht der männlichen Hauptfigur dem Erzähler gegenüber. Dieser aber macht aus dem erzählten Fall explizit ein moralisches Exempel: „Aber an dem Beispiele dieses Mädchens mögen die Frauen lernen, daß ..." (HA 8, 61).

„Wer ist der Verräter" wird, etwas schief, als „anmutige[]s Bild" angekündigt, wie es „uns der deutsche Mittelstand in seinen reinen Häuslichkeiten sehen läßt" (HA 8, 85), und als Textpaket an Wilhelm übersandt; faktisch ist der Text eine episierte **Komödie:** Der große, leidenschaftliche Monolog zu Beginn (vgl. HA 8, 85) sowie v. a. der zeitweise Wechsel in die dramatische Darstellungsart (HA 8, 109–112, 113 f.) inklusive Regiebemerkungen sprechen dafür, ebenso wie die Auflösung des ‚Konflikts' durch das unfreiwillige Mithören von Lucidors Monolog durch alle andern.

„Das nußbraune Mädchen" ist **mündliche Erzählung** Lenardos Wilhelm gegenüber über schmerzhafte Erinnerung an eigenes Fehlverhalten: Er erzählt, „was eigentlich keine Geschichte ist" (HA 8, 129), biographisches Erzählen, das, inhaltlich, erst durch „Lenardos Tagebuch" ergänzt oder komplettiert wird.

„Der Mann von funfzig Jahren", die längste **Novelle** der *Wanderjahre,* liegt thematisch in gewissem Sinne nahe bei den *Wahlverwandtschaften.* Die Titelfigur, ein älterer Major, wird von einem jungen Mädchen, Hilarie, geliebt, sein Sohn Flavio ist verliebt in eine junge Witwe. Der Major beschäftigt einen kosmetischen Diener, um die Spuren seines Alters zu verdecken – der Versuch scheitert endgültig, als ihm ein vorderer Zahn ausbricht. Nach einiger ruhiger Zeit kommt Flavio rasend an den Hof zurück, seine Witwe hat wohl seine jugendliche Glut abgewiesen. Er nähert sich Hilarie an, bei einem winterlichen Schlittschuhlauf kommen die beiden zueinander. Der Vater kommt überraschend hinzu und vollzieht die schmerzliche Wendung vom Liebhaber zum Vater; Hilarie will aber ihrer Liebe zu Flavio entsagen, die Witwe kommt noch hinzu, man legt den ganzen Fall Makarie zur Klärung vor. Damit gerät die Novellenhandlung in den Zusammenhang der Haupthandlung des Romans, sie schließt offen, später im Roman aber wird die Doppelheirat Flavios mit Hilarie, des Majors mit der Witwe nachgeliefert (Buch III, 14. Kap.). – Die epische Integration des umfangreichen Textes scheint, einmal abgesehen davon, dass er in die Makarie-Handlung des Rahmens einmündet, nur technischer Natur zu sein: Niemand von den Figuren des Romans sieht oder liest dieses Manuskript, niemand erzählt die Geschichte; der Herausgeber montiert sie als drittes, viertes und fünftes Kapitel des zweiten Buches ein, allerdings nicht ohne Anmoderation:

> Der Angewöhnung des werten Publikums zu schmeicheln, welches seit geraumer Zeit Gefallen findet, sich stückweise unterhalten zu lassen, gedachten wir erst, nachstehende Erzählung in mehreren Abteilungen vorzulegen. Der innere Zusammenhang jedoch, nach Gesinnungen, Empfindungen und Ereignissen betrachtet, veranlaßte einen fortlaufenden Vortrag. Möge derselbe seinen Zweck erreichen und zugleich am Ende deutlich werden, wie die Personen dieser abgesondert scheinenden Begebenheit mit denjenigen, die wir schon kennen und lieben, aufs innigste zusammengeflochten worden. (HA 8, 167)

Auf die stückweise Publikation von Romanen oder größeren Erzählungen in Zeitschriften oder Journalen wird angespielt, eine modische Erscheinungsform von Literatur schon um 1800, insbesondere aber im 19. Jahrhundert. Was der „Zweck" des fortlaufenden Vortrags sein mag, bleibt offen; der Herausgeber kündigt auf jeden Fall die Verflechtung der Novellen- mit der Romanhandlung an. – Erzähltechnisch spielt die Novelle mit den Techniken des szenischen Erzählens, wie die *Lehrjahre* es bereits vorführten: Sie beginnt *medias in res,* dialogische, ja dramatische ‚Szenen' wie etwa der Eislauf (vgl. HA 8, 213 f.) oder auch nur der Beginn des fünften Kapitels zeigen dies besonders. Der auktoriale Erzähler hält sich zunächst zurück – um im dritten Teil (III.5) umso markanter hervorzutreten:

- Er enthält uns aus Diskretion Information vor: „Wie diese guten, alles Anteils würdigen Personen ihre nächtlichen Stunden zugebracht, ist uns ein Geheimnis geblieben" (HA 8, 204);
- er spielt mit dem Topos der Fast-Unsagbarkeit dessen, was er dann doch erzählt: „Wer unternähme es wohl, die aus dem Vorhergehenden sich entwickelnden Zustände zu enthüllen, an den Tag zu bringen das innere, aus dieser ersten Zusammenkunft den Frauen erwachsende Unheil?" (HA 8, 205);
- er ist anscheinend ein *Mann,* thematisiert er doch seine anscheinend ungeschliffenere männliche Erzählkunst: „Nun aber wünschten wir wohl den nächsten Zeitverlauf von einer zarten Frauenhand umständlich geschildert zu sehen, da wir nach eigener Art und Weise uns nur mit dem Allgemeinsten befassen dürfen" (HA 8, 208);
- er thematisiert gerade die Differenz zwischen szenisch-darstellendem und episch-reflexivem Erzählen, um zum Letzteren überzuwechseln: „Unsere Leser überzeugen sich wohl, daß von diesem Punkte an wir beim Vortrag unserer Geschichte nicht mehr darstellend, sondern erzählend und betrachtend verfahren müssen, wenn wir in die Gemütszustände, auf welche jetzt alles ankommt, eindringen und sie uns vergegenwärtigen wollen. / Wir berichten also zuerst, daß der Major ..." (HA 8, 215);
- er offenbart sich letztlich doch als der Herausgeber, der sich hier anscheinend wieder die Rechte des epischen Erzählers angemaßt hat: „Sie verließ ihn, um

in dem Garten auf und ab zu gehen; er entfaltete nun einen Briefwechsel der Baronin mit Makarien, dessen Inhalt wir summarisch andeuten" (HA 8, 224). Dort, wo die Erzählung wieder einmündet in den Handlungszusammenhang des Romans, deutet der Herausgeber zumindest an, er arbeite literarisch-redaktionell über einem Haufen Papiere.

Weit über die Binnenerzählungen hinaus präsentiert der Roman – das liegt in der Natur des Archivs! – ein vielgestaltiges Spektrum von Formen der Schriftlichkeit: Brief, Tagebuch, Protokoll, vorliterarische und literarische Mündlichkeit (die natürlich, archiviert, verschriftlichte Mündlichkeit ist): Versammlungsrede (Lenardo, Odoardo), Lied, biographische und Märchenerzählung, literarische Schriftlichkeit: Komödie, Märchen, Novelle bzw. Kleinerzählung, Aphorismus und Sentenz. So wie *Faust II* formale und metrische Möglichkeiten des Dramas mannigfach präsentiert und reflektiert, machen das die *Wanderjahre* mit narrativen Optionen: Sowohl die Rahmenerzählung als auch verschiedene der Binnen-erzählungen präsentieren kunstvoll eine Vielfalt an Erzählhaltungen und Erzähl-weisen. So wie *Faust II* sind die *Wanderjahre* in diesem Sinne ein metafiktionaler, metaliterarischer Text.

Bildungskonzept: Einseitigkeit. Im Blick auf den Ausbildungsgang Wilhelms und seine Integrationsfähigkeit in die Auswanderergesellschaft setzen die *Wander-jahre* sich programmatisch von den *Lehrjahren* ab. Erschien dort, insbesondere in Wilhelms einigermaßen unausgegorenem Brief an Werner (*Lehrjahre,* V.3) eine ganzheitliche Bildung zumindest die Absicht des Titelhelden, wird hier ent-schieden einer professionellen Spezialisierung das Wort geredet. Im Gespräch mit dem zumindest vorübergehend zum Gebirgs-Eremiten gewordenen Jarno (der sich jetzt Montan nennt, vgl. HA 8, 30) spielt Wilhelm auf seine frühere Ein-stellung an: „Man hat aber doch eine vielseitige Bildung für vorteilhaft und not-wendig gehalten"; Jarno-Montan relativiert: „Vielseitigkeit bereitet eigentlich nur das Element vor, worin der Einseitige wirken kann, dem eben jetzt genug Raum gegeben ist". Und präzisiert: „Ja, es ist jetzo die Zeit der Einseitigkeiten" (HA 8, 37). Gegen die Prätention des Individuell-Scheinen-Wollens aus den *Lehrjahren* setzt er scharf die Forderung nach Dienst – an einer Gemeinschaft, in einer Gesell-schaft. Metaphorisch führt er aus: Der Violinist wird nicht Solist, sondern findet seinen Platz im Orchester. Und die Vereinseitigung, Spezialisierung, so Jarno weiter, könne dann zum symbolischen Gleichnis des Vielseitigen werden: „Sich auf *ein* Handwerk zu beschränken, ist das Beste. Für den geringsten Kopf wird es immer ein Handwerk, für den besseren eine Kunst, und der beste, wenn er *eins* tut, tut er alles, oder, um weniger paradox zu sein, in dem *einen,* was er recht tut, sieht er das Gleichnis von allem, was recht getan wird" (ebd.). Dass Jarno hier ins-besondere das Handwerk thematisiert, fällt einerseits mit der von Wilhelm später aufgegriffenen Ausbildung zum ‚handwerklichen Mediziner', zum Wundarzt, zusammen, andererseits mit den jeweils sehr stark handwerklich ausgerichteten Siedlungsprojekten in Amerika und Alteuropa (vgl. HA 8, 336 f., 411 f.).

Bildungskonzept: Wundarzt statt Theatermann. Die Motivation, auf's Theater zu gehen, war in den *Lehrjahren* abgeleitet einerseits von Wilhelms

Annahme einer angelegten, gegebenen Identität des Einzelnen („ganz wie ich da bin"; HA 7, 290), andererseits durch eine gewissermaßen zweifache Triebstruktur: Die Puppen des Puppentheaters, die das Kind Wilhelm affizierten, taten dies auch, weil sie nach den Weihnachtspezereien der Speisekammer dufteten, in der sie aufbewahrt wurden; die Schauspielerin Mariane war eine sexuell reizende junge Frau und machte damit das Theater umso reizvoller. Zu diesen sinnlichen Reizen kam der Wunsch hinzu, selber auf der Bühne zu *scheinen* und dadurch etwas zu *sein* (das im besten Falle dem entsprechen sollte, was in einem keimhaft angelegt war). – Genau diese Konzeption individueller Entwicklung und Ausbildung wird in den *Wanderjahren* ersetzt – mit weitreichenden Folgen. In einem Brief an seine Ehefrau Natalie erzählt Wilhelm von einem Kindheitsfreund, einem Fischerknaben, der beim Krebsefischen für die städtische Gesellschaft, zu der auch Wilhelm gehörte, mit fünf andern Kindern ertrunken war. Er habe, in tiefster Erschütterung, verzweifelt versucht, mit kindlich-ohnmächtigen Mitteln den Leichnam des geliebten Freundes wieder zum Leben zu erwecken (vgl. HA 8, 276). Die Folge des traumatisierenden Erlebnisses war ein Ausbildungswunsch:

> In meinem jugendlichen Eifer nahm ich mir daher im stillen vor, ich wollte keine Gelegenheit versäumen, alles zu lernen, was in solchem Falle nötig wäre, besonders das Aderlassen und was dergleichen Dinge mehr waren. [...] Indessen ward Sinnlichkeit, Einbildungskraft und Geist durch das Theater übermäßig beschäftigt; wie weit ich hier geführt und verführt worden, darf ich nicht wiederholen. (HA 8, 279)

Etwas abstrakter interpretierend, könnte man sagen: Hier wird die Annahme einer wie auch immer begründeten keimhaften Anlage zu einer bestimmten Tätigkeit ersetzt durch eine gleichsam tiefenpsychologische Konzeption. Es sind nicht Identitäts-‚Keime', die unsere Entscheidungen steuern oder beeinflussen, sondern *Erfahrungen:* hier ein Trauma. Damit wird die Annahme keimhafter Anlagen *im* Menschen ersetzt durch sein Erfahrungs-Verhältnis zur Welt *außerhalb* des Menschen.

Utopien: Pädagogische Provinz, Siedlungsprojekte. Bildung und Ausbildungsintention werden nicht nur am Beispiel der Titelfigur gewissermaßen individualisierend reflektiert, sondern ebenfalls als gesellschaftliche Aufgabe: Auf eine Empfehlung aus dem Kreise des Oheims bringt Wilhelm seinen Sohn in der sogenannten „Pädagogischen Provinz" unter, einer „Art von Utopien" (HA 8, 141), wo „weise Männer [...] den Knaben unter der Hand dasjenige finden [lassen], was ihm gemäß ist" (HA 8, 148). Die „Provinz" ist nach der jeweiligen gemäßen Beschäftigung aufgeteilt in die unterschiedlichsten Bereiche, etwa die der Künstler und Musiker, Vieh- und Pferdehüter usf., ihr Zentrum ist eine Galerie, in der jüdische und christliche Religion in großen Fresken anschaulich gemacht ist (vgl. HA 8, 158 ff.), ihr sichtbarstes gestisches Ritual ist die Bezeigung der „vier Ehrfurchten" vor dem, was „über uns", „unter uns" und ‚neben uns' ist (HA 8, 155) und „vor sich selbst" (HA 8, 157). Als Vorbilder für diese Ehrfurchten-Lehre werden (pseudo-)pythagoräische, stoische, christliche-patristische oder auch freimaurerische Quellen diskutiert (Zimmermann 1964, Jantz 1954, Ohly 1961, Wagenknecht 1965), für die Konzeption der Provinz insgesamt v. a. pädagogische

Bestrebungen aus Goethes unmittelbarem zeitlichen Umfeld (vgl. etwa Geulen 2010). Wie ernst Goethe die Pädagogik der Provinz wirklich meinte, wird durch den Schluss des Romans einigermaßen in Zweifel gezogen: Felix' emotional-emphatische Energien erweisen sich als ungebändigt durch die Erziehungs-anstrengungen der ,weisen Männer', er reitet sich fast zu Tode (vgl. Rösler 2005). Aber dies ist auch erzählstrategisch notwendig: Es fehlt dem Wundarzt-Gesellen Wilhelm ja noch ein Meisterstück vor der Abreise nach Amerika, und es ist natür-lich die Rettung eines fast Ertrunkenen durch einen recht angebrachten Aderlass (vgl. III.18).

Der amerikanische Siedlungsplan wird Wilhelm durch einen Brief des Abbé vorgestellt (vgl. HA 8, 241–243): Auf den Ländereien, die Lenardo vom Oheim erbt, wird „ein Kanal projektiert", „dort mögen Spinnerinnen und Weberinnen sich ansiedeln, Maurer, Zimmerleute und Schmiede sich und ihnen mäßige Werkstätten bestellen" (HA 8, 242), sogar die durch die Einführung der Dampf-maschine in der europäischen Industrie in Arbeitslosigkeit und Not Gestürzten können dort ein neues Leben und Auskommen finden. Bei aller Zufälligkeit der genaueren Angaben zum Auswandererstaat – Polizeiwesen, fundamentale Stellung der Familie, Wertigkeit der (Uhr-)Zeit, Verzicht auf Glocken und Trommeln, Antisemitismus („dulden wir keinen Juden unter uns", HA 8, 405; vgl. ins-gesamt III.11) – ist die wesentliche Voraussetzung des neues Staatswesens die Abschaffung der (für Alteuropa) traditionellen, feudalen Besitz-, Abhängigkeits- und Herrschaftsverhältnisse. – Das binnenkolonisatorische Siedlungsprojekt Odoardos (vgl. III.12) ist letztlich die Reorganisation dreier Provinzen eines Fürstentums, von dessen Fürsten und Minister (bzw. deren Wohlwollen) Odoardo und seine beiden Mitstreiter abhängig bleiben. Das Projekt ist gekennzeichnet einerseits durch zentrale und am Reißbrett geplante Infrastrukturmaßnahmen: Straßenbau, Bau von Gasthöfen, Verlegung ganzer Dörfer; andererseits ent-steht hier ein Handwerkerstaat: Die Handwerke, zu den ,strengen Künsten' auf-gewertet (alle Männer, die mit Odoardo ziehen wollen, „bekennen sich zu dieser Klasse", HA 8, 411) haben einer strengsten Ausbildungsordnung zu folgen und für die freien Künste (bildende Kunst, Musik, Poesie) ein Musterbeispiel zu sein. Demokratisch ist das Ganze mitnichten: „Dir zu folgen, wird ein Leichtes, / Wer gehorchet, der erreicht es, / Zeig' ein festes Vaterland. / Heil dem Führer! Heil dem Band!" (HA 8, 413). So heißt es in einem Lied, dessen Text Odoardo selbst unter den Zuhörenden verteilt, damit es gemeinschaftlich gesungen werden kann.

Modernes Wirkungskonzept. Der Roman erfuhr bei zeitgenössischen Lesern weitgehende Ablehnung, das Sperrige und scheinbar Schrullige widerstrebte dem Publikum des Biedermeier. Hauptkritikpunkt war die literarische Form des Romans: Die Erwartungen an ein ,geschlossenes' Kunstwerk konnte und wollte er nicht erfüllen, die Erwartungen an eine (ziemlich ausschließliche) Fortsetzung der Bildungsgeschichte Wilhelms enttäuschte er ebenso wie an ein eher traditionelles Erzählmuster. Das aber ist eigentlich das *Moderne* an den *Wanderjahren:* Die Mannigfaltigkeit der Textsorten und Erzählformen, der Wirklichkeitsbereiche innerhalb und abseits von Wilhelms Ausbildungsgeschichte, zusammengehalten durch die bloß technische Operation des (fiktiven) Herausgebers von (fingiertem)

Archivmaterial, schließt an die Ästhetik des *Divan* und des *Faust II* an. „Da sich gar manches unserer Erfahrungen nicht rund aussprechen und direct mittheilen lässt, so habe ich seit langem das Mittel gewählt, durch einander gegenüber gestellte und sich gleichsam ineinander abspiegelnde Gebilde den geheimern Sinn dem Aufmerkenden zu offenbaren" (Goethe an Iken, 27. September 1827; WA IV.43, 83). Hier wird nicht Wirklichkeit, Natur, Gesellschaft nachgeahmt, schon gar nicht auktorial erschaffen, sondern im Arrangement von Texten durch den Herausgeber gleichsam eine Spiegelgalerie aufgebaut, innerhalb derer sich vielfältige Reflexionsbeziehungen ergeben – etwa im Blick auf Religion und Religiosität: St. Joseph der Zweite, Makarie, die Ehrfurchten-Lehre, das amerikanische Projekt; auf Bildung und Erziehung: Felix, Lenardo, Wilhelm; auf Handwerk: der plastische Anatom, die Provinz Odoardos, der Auswandererbund, die Handwerkererzählungen ... und vieles andere mehr. Und diese Mannigfaltigkeit ist Absicht. Gegenüber Rochlitz schrieb Goethe: „Eine Arbeit wie diese, die sich selbst als collectiv ankündigt, indem sie gewissermaßen nur zum Verband der disparatesten Einzelheiten unternommen zu seyn scheint, erlaubt, ja fordert mehr als eine andere daß jeder sich zueigne, was ihm gemäß ist" (28. Juli 1829; WA IV.46, 27). Er formuliert hier das Programm eines *offenen Kunstwerks,* das, den Leser in ein neues Recht setzend, Rezeptionsangebote macht.

13.4 Autobiographische Prosa

Angesichts der Schreibkrise, in die das Projekt seiner Gesamtlebensbeschreibung nach 1813 geriet, bearbeitete Goethe einige herausgehobene Episoden seines Lebens gesondert und veröffentlichte sie als Teile der Zweiten Abteilung des fragmentarisch gebliebenen Projekts *Aus meinem Leben.* Neben der *Italienischen Reise* waren dies insbesondere die beiden kurzen Erzähltexte, die sich auf Goethes beobachtende Teilnahme an Kriegsereignissen auf Seiten der Koalitionsheere gegen die französische Revolutionsarmee bzw. die Folgen der Revolution in Deutschland bezogen.

Kriegsbeobachtung. Gemeinsam ist den autobiographischen Erzähltexten „Campagne in Frankreich" und „Belagerung von Mainz", dass sie sich, anekdotisch und ereignisbezogen, aber nichtsdestoweniger historisch reflektierend, auf die Französische Revolution und ihre Folgen beziehen: „Goethe als Schlachtenbummler in den Revolutionskriegen" (Müller 2003, 100). Gemeinsam ist (ungefähr) auch der Entstehungszeitpunkt: zwischen 1820 und 1822 entstand die „Campagne", während der Arbeit am ersten Abschnitt des Textes parallel die „Belagerung" (Tagebuch vom 12.–22. Februar 1820). Gemeinsam ist auch der Veröffentlichungsort: *Aus meinem Leben. Zweyter Abtheilung Fünfter Theil.* 1822. Während die „Belagerung von Mainz" schon diesen Titel trug, hatte die „Campagne" nur ein Motto: „Auch ich in der Champagne", eine Anlehnung an das Motto der *Italienischen Reise* („Auch ich in Arkadien" – was wiederum ein Zitat ist: In der Arkadien-Ikonographie der Renaissance und des Barock sagt dies der *Tod:* „Et in Arcadia ego"!). Die „Campagne in Frankreich" wird nicht primär aus eigener Erinnerung an den erfolglosen Feldzug der antirevolutionären Alliierten gegen Frankreich 1792 geschrieben (die Ereignisse liegen immerhin knapp 30 Jahre zurück!); diese wird vielmehr ergänzt oder ersetzt durch vielfältiges historisches Material aus der Weimarer Bibliothek. Die Kriegsereignisse sowie die Darstellung des Lagerlebens, Not, Hunger, Dreck und Kälte, gruppieren sich um die Kanonade von Valmy, den historischen Wendepunkt, nach welchem das alliierte Heer hastig fliehen muss. Das Kriegstagebuch wird angereichert durch allerlei Anekdoten und politisch-philosophische Reflexionen, durch Berichte über kleinere naturwissenschaftliche Experimente und Entdeckungen und auch die Arbeit am *Reineke Fuchs*. Im Unterschied zu Valmy führte die monarchistische Belagerung von Mainz 1793, nach der jakobinischen Revolution in der Stadt, Goethe in die Landschaft seiner Kindheit zurück. Eine der Quellen für die „Campagne", das Tagebuch Johann Konrad Wagners, der als Kämmerer seinen Herzog auf solchen ‚Reisen' begleitete, wurde auch hier genutzt, ja wurde zur Hauptquelle. Der Text behält die Tagebuchstruktur bei; die erzählten Ereignisse gipfeln im Bombardement der Stadt, ihrem Niederbrennen und ihrer Kapitulation.

13.4.1 *Italienische Reise*

Entstehung. Schon während der ersten Monate der Reise nach Italien hatte Goethe die dortigen Reise-, Natur- und Kunst-Erfahrungen für eine Veröffentlichung vorgesehen: Sein Reise-Tagebuch, das er nach und nach an Charlotte von Stein schickte, schien ihm eine geeignete Grundlage dazu (vgl. den Brief an Ch. v. Stein vom 14. Oktober 1786). Zwar blieb es vorerst bei diesem Plan, die „Römischen Elegien" ‚ersetzten' in gewisser Weise poetisch vorerst den narrativ-autobiographischen Text, zumindest im Hinblick auf die dort zentrale Stilisierung des Aufenthalts als Privat-Renaissance, als „Wiedergeburt" des Künstlers Goethe (vgl. den Brief ans Ehepaar Herder vom 2.–9. Dezember 1786), nur Bruchstücke der römischen Erfahrungen wurden selbständig veröffentlicht (etwa „Das Römische Carneval", mit kostbaren kolorierten Stichen, 1789). Der Text jedoch, der erst in der Ausgabe letzter Hand *Italiänische Reise* heißt, bewahrt in großen Teilen den Charakter des Tagebuchhaften. Er ist aber kein Tagebuch! Vielmehr ist er narrativer Text, der die Form des Tagebuchs nutzt oder zitiert!

Die Erzählung über den Italienaufenthalt sollte das autobiographische Lebensprojekt *Aus meinem Leben* fortsetzen, dessen „Erste Abtheilung" *Dichtung und Wahrheit* ist: Dessen dritter Teil wurde 1814 gedruckt, dann aber spätestens stockte das Großprojekt bis in die späten 1820er Jahre hinein. Stattdessen ging Goethe an die „Zweite Abtheilung": Er bearbeitete zwischen 1813 und 1817, also zeitlich parallel zum *Divan*, eine große Menge von Materialien, Dokumenten, Tagebuchaufzeichnungen aus dem Umfeld seines Aufenthalts in Italien vom Spätsommer 1786 bis zum Sommer 1788. Jeweils im Oktober 1816 und 1817 erschienen die beiden ersten Teile unter dem emphatischen Titel „Auch ich in Arcadien!", der dritte Teil, der „Zweite römische Aufenthalt", entstand zwischen

1819 und 1828. Erst 1829, erschienen alle drei Teile unter dem heute geläufigen Titel in der Ausgabe letzter Hand (Bd. 27–29).

Reisedarstellung. Der Text beginnt mit dem fluchtartigen Aufbruch vom Kuraufenthalt in Karlsbad am 3. September 1786; er schildert die Reise über Bayern und Tirol nach Italien über Trient, den Gardasee nach Verona, wo das Amphitheater den ersten unmittelbaren Kontakt mit der antiken Kultur darstellt. Venedig bietet reichhaltigste Kunstwerke und Architektur der Renaissance, die Reise führt über Ferarra und Bologna nach Rom: „Ja, ich bin endlich in dieser Hauptstadt der Welt angelangt!" (1. November 1786; HA 11, 125). Die dreieinhalb Monate zwischen November 1786 und Februar 1787 sind unendlich angefüllt mit der Betrachtung antiker Bauten und Skulpturen, der Besichtigung unzähliger Gemälde und Fresken, hinzu kommt der intensive Kontakt zur deutschen Künstlerkolonie in Rom um Johann Heinrich Wilhelm Tischbein und Angelika Kauffmann, später dann zu Karl Philipp Moritz und Johann Heinrich Meyer. Der Februar 1787 berichtet vom Aufbruch nach Neapel, nach Süditalien, das überwältigt einerseits durch den Lava- und Feuer-speienden Vesuv, andererseits durch die antiken Stätten von Pompeji, Herculanum und Paestum. Auch hier kommt es zu intensivem Kontakt zu Künstlern: Philipp Hackert und Christoph Heinrich Kniep machen Goethe mit der Kunst viel näher vertraut; literarische, zeichnerische und naturwissenschaftliche Studien stehen im Zentrum der Neapel-Darstellung. Mit dem Schiff geht es Ende März nach Sizilien: Palermo und Messina, die antikische Landschaft dieses westlichsten Teils des antiken Griechenlands, der Ätna, die kolossalischen griechischen Ruinen von Agrigent. Die Rückreise nach Rom führt wieder über Neapel: Beim zweiten Aufenthalt in Rom (ab Juni 1787) rückt die künstlerische Ausbildung in den Vordergrund: Zeichnen nach der Natur, anatomische Studien – die letztlich desillusioniert zur Einsicht führen, „daß ich eigentlich zur Dichtkunst geboren bin" (22. Februar 1788; HA 11, 518). Mit dem Abschied von Rom im April 1788 schließt die Reisedarstellung, die eigene Trennungserfahrung wird mit Ovids auf Rom zurückblickende Trauer aus dem Exil am Schwarzen Meer verglichen: Der Rückblick eines Dichters!

Textkonstitution: Redaktion und Montage. Das Reisetagebuch an Charlotte von Stein, eigene Tagebücher und Notizen, Briefe an Weimarer Freunde, an das Ehepaar Herder, den Herzog, werden zu einem Reise-Briefroman zusammengeführt. Sie werden in Teilen nur leicht redaktionell bearbeitet (stilistische Glättungen oder die Tilgung privater Mitteilungen an Frau von Stein etwa), zum Teil aber mehr als redaktionell umgestaltet: Die Darstellung etwa des Venedigaufenthalts im Briefroman weist erhebliche Auslassungen und Umstellungen, z. T. auch Ergänzungen im Verhältnis zum Reisetagebuch auf; die Darstellung der Reise von Ferrara nach Rom, im Reisetagebuch oft nur stichpunktartig oder skizzenhaft, ist hier eine geschlossene narrative Erzähleinheit.

Der dritte Teil der *Italienischen Reise,* erst zehn Jahre nach der Veröffentlichung der ersten beiden Teile erarbeitet, gibt den Anschein des Briefromans strukturell in gewisser Weise auf: Die eigenen Briefe aus Italien werden, zuweilen stilistisch überarbeitet, nach Monatsgruppen zusammengestellt, denen jeweils ein Anhang beigegeben wird, der ganz unterschiedliche Formen annimmt: In den meisten Fällen ist es ein zusammenfassender kleiner Bericht, der Vorfallenheiten, Ereignisse, Kunsterfahrungen u.ä. erzählt, die in den vorangestellten Briefe nicht vor- oder zu kurz kamen, untermischt mit reflexiven Betrachtungen. So beginnt etwa der Bericht zum September 1787:

> Der dritte September war mir heute doppelt und dreifach merkwürdig, um ihn zu feiern. Es war der Geburtstag meines Fürsten, welcher eine treue Neigung mit so mannigfaltigem Guten zu erwidern wußte; es war der Jahrestag meiner Hegire von Karlsbad, und noch durfte ich nicht zurückschauen, was ein so bedeutend durchlebter, völlig fremder Zustand auf mich gewirkt, mir gebracht und verliehen; wie mir auch nicht Raum zu vielem Nachdenken übrigblieb. (HA 11, 401)

Die Stilisierung der Italienreise als „Hegire" (vgl. das Auftaktgedicht zum *Westöstlichen Divan*), als heilige Flucht, begreift sehr präzise den gut vorbereiteten, aber heimlichen Aufbruch aus Karlsbad ein Jahr zuvor eben als Flucht; die Sakralisierung der Reise macht sie zum Beginn einer neuen Zeitrechnung: Für den Künstler Goethe!

Diese Berichtsteile aber werden ergänzt durch einmontierte Texte ganz unterschiedlicher Länge und Provenienz:

- Briefe aus dem zweiten Teil des Textes (die „Urpflanzen"-Briefe an Herder im Juli-Bericht) mitsamt einem botanischen Aufsatz;
- Briefe anderer an Goethe (Tischbein im Anhang zum Juni 1787, obwohl die Briefe aus dem Juli sind; der französische Brief eines Unbekannten, November; der italienische Brief zur Aufnahme Goethes in die Sprachgesellschaft der Arkadier, Januar 1788);
- kleine eigene Aufsätze zu bestimmten Kunstwerken: Raffaels „Päpstliche Teppiche", Juni 1787; Bildbeschreibungen orientalischer Monumente, September 1787; Fackelbeleuchtung in Antikenmuseen, November 1787; ein Stich nach Raffael, Dezember (1789 in Wielands *Teutschem Merkur* bereits publiziert);
- Aufsätze zu nicht unmittelbar auf Kunstwerke bezogenen Themen: sprachpsychologische Anregungen im *Magazin zur Erfahrungsseelenkunde:* „Moritz als Etymolog" (Dezember 1787); Charakterbild des gegenreformatorischen Philipp Neri mitsamt dessen Briefwechsel mit Papst Clemens VIII. (Dezember 1787);
- Karl Philipp Moritz' Abhandlung „Über die bildende Nachahmung des Schönen" (März 1788)
- Lyrik („Cupido, loser, eigensinniger Knabe"; Januar 1788)
- den gesamten Text des 1789 schon selbständig publizierten *Römischen Carnevals* (Januar 1788) (Abb. 13.1).

Das Römische Carneval. Goethes hier geschilderte begeisterte Anteilnahme am Karneval steht im Kontrast zu den Notizen aus der Karnevalszeit 1787: „Das Karneval in Rom muß man gesehen haben, um den Wunsch völlig loszuwerden, es je wieder zu sehen. Zu schreiben ist davon gar nichts, bei einer mündlichen Darstellung möchte es allenfalls unterhaltend sein" (*Italienische Reise,* 20.2.1787;

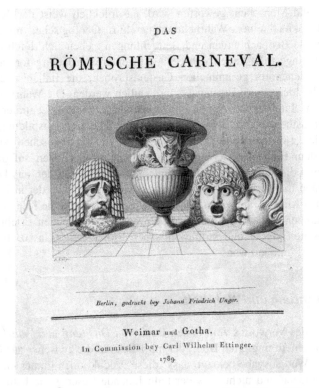

DAS

RÖMISCHE CARNEVAL.

Berlin, gedruckt bey Johann Friedrich Unger.

Weimar und Gotha.
In Commission bey Carl Wilhelm Ettinger.
1789.

Abb. 13.1 Das Römische Carneval, Titelblatt des Erstdruck 1789 (BS Rar. 430)

HA 11, 175). Erst in der Reflexion, von 1789 aus, ist das Beobachtete, scheinbar Widrige, zu etwas anderem geworden: Die enge Verbindung zwischen Volksleben und (hier: dramatischer) Kunst, wie sie Johann Heinrich Meyer in einem Aufsatz für die *Propyläen* nur in der idealisierten Antike finden zu können meint, wird hier narrativ modelliert. Goethes Text orientiert sich einerseits chronologisch genau am Ablauf der Feierlichkeiten, andererseits wird die Wahrnehmung aber auch systematisch gegliedert, mit fast ethnologischer Präzision in den Beschreibungen. Vom Ende her, „Aschermittwoch", wird der Text zur Allegorie, der Karneval zum Bild für die

> Wege des Weltlebens, wo jeder Zuschauer und Teilnehmer mit freiem Gesicht oder unter der Maske vom Balkon oder vom Gerüste nur einen geringen Raum vor und neben sich übersieht, in der Kutsche oder zu Fuße nur Schritt vor Schritt vorwärts kommt, mehr geschoben wird als geht, mehr aufgehalten wird als willig stille steht, nur eifriger dahin zu gelangen sucht, wo es besser und froher zugeht, und dann auch da wieder in die Enge kommt und zuletzt verdrängt wird. (HA 11, 515)

Blick und Bildung des Künstlers. Es ist immer der Blick des Künstlers – und des Naturwissenschaftlers –, der in der *Italienischen Reise* auf Landschaft, auf Städte und Menschen, geworfen wird, ausdrücklich weist der Text auf den Gemäldecharakter seiner Wahrnehmungen hin. Geologische, mineralogische und botanische Beobachtungen und Betrachtungen ziehen sich durch den ganzen Text, in ihn eingestreut finden sich genaue Inventare der Gebirgsformationen und der verschiedenenorts gesammelten Gesteinsproben; die italienische Pflanzenwelt lässt die Idee einer „Urpflanze" anschaulich werden. Die Wahrnehmung von Kunst und Architektur aus Antike und Renaissance wird als zentraler Anstoß zu einer neuen ästhetischen Orientierung reflektiert. Die Kunstausbildung vor allem während des zweiten Römischen Aufenthalts, die anatomischen Studien, die Versuche, dem Harmonie-Geheimnis der antiken Proportionen auf die Spur zu kommen, und die stetig die Reise begleitenden Arbeiten an den aus Deutschland mitgebrachten literarischen Projekten stehen ganz im Zeichen der in Italien wahrgenommenen Kunst. Die *Italienische Reise* macht erzählend die Kunst- und Natur-Wahrnehmungen und -Reflexionen zu dem autobiographischen Erlebnis, das für die literarischen Werke und kulturpolitischen Projekte der klassizistischen zwei Jahrzehnte bestimmend war.

13.4.2 *Dichtung und Wahrheit*

Am Beginn des Vorwortes zum ersten Buch von *Dichtung und Wahrheit* ‚zitiert' der Text aus einem fingierten Brief, der mit Blick auf die zwischen 1806 und 1808 erschienene Werkausgabe beklagt, dass „diese Produktionen immer unzusammenhängend" blieben und nicht, was der teilnehmende Leser gerne hätte, erlaubten, „sich daraus […] ein Bild des Autors und seines Talents" zu entwerfen (HA 9, 7). Die Lückenhaftigkeit des literarischen Werks wird damit zum Anlass für die autobiographischen Projekte, die von 1809 an die literarische Produktion Goethes begleiten. Gleichzeitig ergibt sich aus dem vorgeschalteten Brief die vorläufig zentrale Absicht, die die autobiographische Produktion leitet: die Einheit des eigenen Werks zu konstruieren und dadurch die Identität des Individuums zu konstituieren, das dessen Urheber ist.

Entstehung. Goethe war sechzig, als er die Arbeit an der Autobiographie aufnahm, aus der Perspektive der Zeit also reichlich alt. Ein erstes „Schema einer Biographie" notiert das Tagebuch vom 11. Oktober 1809 (Tb IV.1, 79); nachdem 1810 nur kursorisch an das Projekt überhaupt gedacht wird, heißt es am 29. Januar 1811 im Tagebuch: „Eigene Biographie" (Tb IV.1, 217) – und von dort an wird praktisch täglich die Weiterarbeit notiert. Schon am 17. Juli desselben Jahres kann er das erste Buch an die Druckerei Frommanns in Jena senden, am 7. September bereits den „Schluß des Mscpts zum 5. Buch" (Tb IV.1, 277): Der erste Band kann erscheinen unter dem Obertitel *Aus meinem Leben Dichtung und Wahrheit. Von Goethe, Erster Theil,* verlegt von Goethes spätem Hauptverleger Cotta in Tübingen und Stuttgart. Der zweite Teil wurde im Jahr darauf veröffentlicht, der dritte dann 1814: Die Abfassung der ersten fünfzehn Bücher von *Dichtung und Wahrheit,* die die Zeit von Goethes Geburt bis zum Jahre 1772 darstellen, bildete die schriftstellerische Hauptaufgabe dieser Jahre. Nach dem Abschluss des dritten

Teils stellte Goethe die Weiterführung des großen autobiographischen Projekts zunächst hintan. Seit 1817 scheint die Arbeit an *Dichtung und Wahrheit* völlig zu stocken. Erst in den letzten Jahren seines Lebens machte Goethe sich schließlich an die Ausarbeitung des vierten Teils, der die Bücher 16 bis 20 umfasst und den Zeitraum von 1772 bis 1775 darstellt. Es gelang ihm jedoch nicht, diese Arbeit vor seinem Tod vollständig abzuschließen, so dass der Text in einer vorläufigen Fassung liegen blieb und erst 1833 aus dem Nachlass herausgegeben wurde.

Eckermann und Friedrich Wilhelm Riemer als Nachlassverwalter überarbeiteten den Text des vierten Teils vielfach, sie ergänzten etwa unvollständig gebliebene Satzkonstruktionen, ergänzten oder formulierten gar ganze Textpassagen neu. Alle neueren kritischen Editionen machen diese Redaktion durch die Nachlassverwalter rückgängig und gehen, wie Siegfried Scheibe es erstmals 1970/74 für die Akademie-Ausgabe machte, auf Goethes erhalten gebliebenes Originalmanuskript zurück. Dies ist insbesondere deswegen wichtig, da die große Schreibunterbrechung 1817 bis 1830 sowie die andersartige Darstellungs- und Erzählweise des vierten Teils Symptome einer tiefen konzeptionellen Krise sind, in die das autobiographische Projekt geraten war. Dazu später mehr!

Inhalt. Biographie und Geschichtsschreibung. *Dichtung und Wahrheit* stellt lediglich die Geschichte des jungen Goethe dar: Die Erzählung reicht von der Geburt bis zur ‚Flucht‘ aus Frankfurt nach Weimar und erzählt natürlich auch die ersten literarischen Erfolge. Der Text ist aber viel mehr als kontinuierlich erzählter Lebensbericht, der bloß den privaten Lebenslauf eines Individuums wiedergäbe. Er ist zugleich der Entwurf einer enzyklopädischen Geschichte des achtzehnten Jahrhunderts, der es darum geht, „den Menschen in seinen Zeitverhältnissen darzustellen, und zu zeigen, inwiefern ihm das Ganze widerstrebt, inwiefern es ihn begünstigt, wie er sich eine Welt- und Menschenansicht daraus gebildet, und wie er sie, wenn er Künstler, Dichter, Schriftsteller ist, wieder nach außen abgespiegelt" (HA 9, 9), und die deshalb nicht nur die zeitgenössische Kultur-, Literatur- und Kunstgeschichte miteinbezieht, sondern auch „die ungeheuren Bewegungen des allgemeinen politischen Weltlaufs" berücksichtigt (ebd.). Dieses hochgesteckte Ziel einer individuellen Biographie und gleichzeitig ganzheitlichen Geschichtsschreibung erscheint „ein kaum Erreichbares", da es erfordere, „daß nämlich das Individuum sich und sein Jahrhundert kenne, sich, inwiefern es unter allen Umständen dasselbe geblieben, das Jahrhundert, als welches sowohl den Willigen als Unwilligen mit sich fortreißt, bestimmt und bildet" (ebd.). Die Fülle der mannigfachen Einflüsse auf den Einzelnen erscheint als absolut bestimmend für die Ausbildung seiner Individualität – mit anderen Worten: Der historische Ort des Einzelnen relativiert seine biographische Identität: „[E]in jeder, nur zehn Jahre früher oder später geboren, dürfte, was seine eigene Bildung und die Wirkung nach außen betrifft, ein ganz anderer geworden sein" (ebd.).

Der selbstgesetzten Forderung nach diesem ‚kaum Erreichbaren‘ versuchte Goethe durch Befragung von Zeitzeugen und durch ein umfassendes Quellenstudium, von dem der Ausleihkatalog der Weimarer Herzoglichen Bibliothek beredtes Zeugnis ablegt, nachzukommen. Er bat die junge Frankfurterin Bettina Brentano am 25. Oktober 1810 um ausführliche schriftliche Gedächtnisprotokolle

jener „Mährchen und Anekdoten" (WA IV.21, 409), die seine mittlerweile verstorbene Mutter ihr gegenüber über seine jüngste Kindheit erzählt hatte; die ausführliche Schilderung der Stadt Frankfurt im ersten Buch speist sich mitnichten
nur aus der Erinnerung an die Kindertage, vielmehr werden diese mit vielfältigen aus Literaturstudien exzerpierten Informationen kunstvoll vermischt:
So werden beispielsweise die Darstellung des Pfeiffer-Gerichts, die Stadtan-
sichten und Detailschilderungen wie auch die Skizzen über Frankfurter Kunst
und Künstler im ersten Buch Bänden aus der eigenen oder der herzoglichen
Bibliothek entnommen. *Dichtung und Wahrheit* wurde damit zu einem hoch-
gelehrten historischen Werk, das die Materialien einer Geschichte des achtzehnten
Jahrhunderts aus der Perspektive und von den Erfahrungen des alten Goethe
her konstruiert und gleichzeitig mit der eigenen Lebens- und Werkgeschichte
zusammenführt.

Metamorphose-Vorstellung. In einem 1813 entstandenen und später nicht ver-
wendeten Vorwort zum dritten Teil heißt es:

> Ehe ich diese nunmehr vorliegenden drey Bände zu schreiben anfing, dachte ich sie nach
> jenen Gesetzen zu bilden, wovon uns die Metamorphose der Pflanzen belehrt. In dem
> ersten sollte das Kind nach allen Seiten zarte Wurzeln treiben und nur wenig Keimblätter
> entwickeln. Im zweyten der Knabe mit lebhafterem Grün stufenweis mannigfaltiger
> gebildete Zweige treiben, und dieser belebte Stengel sollte nun im dritten Beete ähren- und
> rispenweis zur Blüte hineilen und den hoffnungsvollen Jüngling darstellen. (HA 9, 854)

Das organologische Selbstinterpretationsmodell der Metamorphose, das hier
nachträglich als ursprüngliche narrative Konzeption von *Dichtung und Wahrheit*
behauptet wird, erscheint in diesem ungedruckt bleibenden Vorwort als mittlerweile unangemessen in Hinsicht sowohl auf die erzählerischen Darstellungsmög-
lichkeiten als auch auf das zu Erzählende – tendenziell entzieht sich die eigene
Biographie den Möglichkeiten narrativer Sinnstiftung. Das implizit optimistisch-
teleologische Modell der Pflanzenentwicklung wird angesichts der zunehmenden
Disparatheit biographischer Erfahrung obsolet; im Bilde heißt das:

> in der nächsten Epoche zu der ich schreiten müßte fallen die Blüten ab, nicht alle Kronen
> setzen Frucht an und diese selbst, wo sie sich findet, ist unscheinbar, schwillt langsam
> und die Reife zaudert. Ja wie viele Früchte fallen schon vor der Reife durch mancherley
> Zufälligkeiten, und der Genuß, den man schon in der Hand zu haben glaubte, wird ver-
> eitelt. (ebd.)

Im Zusammenhang mit der Abfassung dieses unterdrückten Vorworts sprach
Goethe gegenüber Riemer (etwa im Brief vom 24. Juli 1813) die Absicht aus, die
autobiographische Darstellung mit dem Ende des Frankfurter Aufenthalts 1775
schließen zu lassen. Einerseits versagt das Narrations- und Interpretationsmodell
der Metamorphose schon vor den biographischen Ereignissen der eigenen späten
Jugend, andererseits aber versagt sich die Flucht nach Weimar – die alle Frankfurter Verhältnisse, zu Lili, zum Vater, zur bürgerlichen wie juristischen Existenz,
abbrechen lässt und damit Symptom einer radikalen existentiellen Krise ist – der
biographischen Sinnstiftung, der narrativen Konstruktion sinnhafter Kontinuität
und Identität.

In den ersten Büchern aber wirkt die Metamorphose-Vorstellung in ganz unterschiedlicher Weise sinnstiftend. Die Nähe der Kindheits- und Jugenddarstellung zum Bild des Pflanzenwachstums spricht allein schon aus der Setzung der Naturhaftigkeit der eigenen Identität, des eigenen Lebensganges. Am Beginn steht der astrologische Auftakt: Der Moment der Geburt wird als glückhaft herausgestellt, da sich in der Gestirnskonstellation überindividuelle und gleichsam übergeschichtlich gültige Naturgesetzmäßigkeiten ausdrücken. Naturhaft Ererbtes, gleichsam genetisch Angelegtes wird an dem autobiographisch erzählten Kindheits-Ich als Charaktereigenschaft, Talent und Fähigkeit sichtbar: „Ernste[s] und Ahndungsvolle[s]" ist von der Natur in das Kind gelegt (HA 9, 13), Gedächtnis, Kombinationslust und Einbildungskraft sind gleichsam naturgegebene Dispositionen (vgl. HA 9, 38), die „Redseligkeit" des Vaters und die „Einbildungskraft" der Mutter als ererbte „elterliche Gaben" werden schließlich ergänzt durch das eigene „Bedürfnis, mich figürlich und gleichnisweise auszudrücken" (HA 9, 447 f.), das Naturell des kindlichen Helden lässt ihn „Luftgestalten und Windbeuteleien zu kunstmäßigen Darstellungen [...] verarbeiten lernen" (HA 9, 50). Naturwissenschaftliches Interesse wird als früh sich äußernder ‚Trieb' gedeutet (vgl. HA 9, 117 f.), literarische Produktion als „poetische Nachbildung dessen, was ich an mir selbst, an anderen und an der Natur gewahr geworden", entspringt der Naturhaftigkeit des jugendlichen Helden „mit immer wachsender Leichtigkeit, weil es aus Instinkt geschah" (HA 9, 240), aus naturgegebenem Zwang, „dasjenige, was mich erfreute oder quälte, oder sonst beschäftigte, in ein Bild, ein Gedicht zu verwandeln" (HA 9, 283). Der naturhaften Zwanghaftigkeit poetischer Produktivität entspricht die Naturhaftigkeit der Entstehung literarischer Werke: Der Werther sei durch den Bericht vom Selbstmord Karl Wilhelm Jerusalems katalytisch befördert worden, so wie „das Wasser im Gefäß, das eben auf dem Punkte des Gefrierens steht, durch die geringste Erschütterung sogleich in ein festes Eis verwandelt wird" (HA 9, 585); die Produktion eines literarischen Werkes wird selbststilisierend unter der Metapher eines Naturprozesses begriffen, es ist „die Natur, die dergleichen größere und kleinere Werke unaufgefordert in mir hervorbrachte" (HA 10, 82).

‚Keime' dichterischer Identität. In kleinen Begebenheiten deutet der Erzähler früherer Phasen immer wieder die ‚keim'-hafte Anlage zu späteren Fertigkeiten, Interessen und Werken an: die problematische Beziehung Goethes zum Publikum im Familienstreit um Friedrich II., den Werther-Schluss in den Anekdoten um einen der Ochsenstein-Brüder, die „Joseph"-Novelle der *Wanderjahre* im Josephsroman des Knaben, den Widerstand gegen die Regelpoetik im Widerstand gegen die Regelhaftigkeit der Grammatik, im Märchen vom ‚Neuen Paris' „das Bewußtsein seiner Sendung als Wiederbringer des griechischen Geistes" (Schadewaldt 1963, 273) u.v.a.m. Die ‚keim'-haften Anlagen oder frühen Antizipationen späterer Zustände, Erfahrungen und Werke werden insgesamt als Vermögen der Einbildungskraft gedeutet: „So verwandelt ein leidenschaftliches Vorausgreifen das wahrhaft Mögliche in ein erträumtes Wirkliche" (HA 9, 386 f.). Mithin als dichterisches Vermögen, das allerdings der Erzähler sinnstiftend in die eigene Vergangenheit projiziert (vgl. Adamzik 1985, 271 f.).

Dieser Projektionsvorgang – der autobiographische Erzähler weist einer vielleicht zufälligen kindlichen Haltung eine Bedeutung zu – wird auch reflexiv offengelegt: „Wenn auch die menschlichen Anlagen im Ganzen eine entschiedene Richtung haben, so wird es doch dem größten und erfahrensten Kenner schwer sein, sie mit Zuverlässigkeit voraus zu verkünden; doch kann man hinterdrein wohl bemerken was auch ein Künftiges hingedeutet hat" (HA 9, 72). Damit legt Goethe ein wesentliches poetisches Verfahren von *Dichtung und Wahrheit* offen: Erst im Rückblick des Alters können die frühen Andeutungen späterer Fertigkeiten und Charaktereigenschaften kenntlich gemacht werden, erst im Rückblick werden die Antizipationen konstruiert!

Fiktionalisierung. Die grundsätzliche nachträgliche Konstruiertheit biographischer Identität, deren Entstehung erst im Prozess der autobiographischen Narration, legt schon der Titel offen: *Dichtung und Wahrheit.* ‚Dichtung' ist dabei nicht das Gegenteil biographischer ‚Wahrheit', sondern deren Entstehensbedingung: Autobiographische Sinnstiftung ist immer ein konstruktiver, ein kreativer, ein dichterischer Vorgang, autobiographisches Schreiben kann die eigene Identität nicht objektiv darstellen, schon gar nicht als gegeben voraussetzen, sondern ‚erschreibt' sie sich mit dem Zielpunkt der Schreibgegenwart. Damit wird die Autobiographie, als schreibend erdichtete biographische Identität, zum Roman. Allerdings gerät dieser Bildungsroman – unter der konzeptionellen Maßgabe der Metamorphose-Vorstellung zumindest für die ersten drei Teile – in eine schwerwiegende und für die Abfassung wie auch für die Gestalt der letzten Bücher entscheidende konzeptionelle Krise: Metamorphose und naturgemäße Entwicklung des Angelegten versagen angesichts dessen, was der vierte Teil darstellen soll – worauf noch zurückzukommen sein wird.

Fiktionalisierung ist aber nicht nur grundsätzliches Prinzip der autobiographischen Rede, sondern lässt sich auch im Detail nachweisen. An entscheidenden Stellen der Erzählung *erfindet* der Erzähler tatsächlich Sachverhalte, Konstellationen oder Figuren:

- Die ‚erste Liebe' des jugendlichen Ichs im fünften Buch gilt einem ‚Gretchen', eine Figur, zu der es möglicherweise keine reale Entsprechung gibt; die Hinweise, die Bettina Brentano gibt, sind höchst zweifelhaft. Die Gretchen-Geschichte ist einerseits eingefügt in ein Spiel von Schein und Täuschung um fingierte, andern untergeschobene, meist versifizierte Liebesbriefe: Fiktion ist eins der Hauptmotive der Episode. Andererseits ist der Gretchen-Roman nur ein epischer Rahmen für das Welttheater der Königskrönung am 3. April 1764, das kunstvoll in jenen eingeflochten wird. Romanhaft schließt die Gretchen-Episode auch: Unmittelbar nach der Krönung wird die tatsächlich böse gewordene Intrige entdeckt, das jugendliche Ich reagiert angesichts des möglichen Unglücks, das die Freundin betroffen habe könnte, in höchstem Sinne pathetisch: „Alle diese Vorstellungen drängten sich lebhaft hinter einander vor meiner Seele, schärften und spornten meinen Schmerz, so daß ich mir vor Jammer nicht zu helfen wußte, mich die Länge lang auf die Erde warf, und den Fußboden mit meinen Tränen benetzte" (HA 9, 213). Das „Wiederkäuen

meines Elends" drohte „Leib und Seele in eine unheilbare Krankheit zu ver-
wickeln" (HA 9, 215), ein antizipierter Werther-Typus schließt „den selt-
samsten Roman von traurigen Ereignissen und einer unvermeidlich tragischen
Katastrophe" (HA 9, 216).

- Die Pfarrerstocher Friederike Brion aus Sesenheim ist im Gegensatz zu Gretchen historisch verbürgt, ebenso ihre innige Bekanntschaft mit Goethe. Die
Erzählung der Episode im zehnten und elften Buch von *Dichtung und Wahrheit* fiktionalisiert allerdings stark. Die Darstellungs- und Deutungsfolie ist
der *Vicar of Wakefield* (1766) von Oliver Goldsmith, dessen Lektüre Goethe
unmittelbar vor die Sesenheim-Episode setzt – und die elsässische Land-
pfarrersfamilie dem englischen Roman entsprechend ‚umbaut‘: Der erste
Blick auf den Pfarrhof der Brions wird mit der malerischen Genredarstellung
niederländischer Schule verglichen (vgl. HA 9, 431), Friederike ist von ihrem
ersten Auftreten an „an diesem ländlichen Himmel ein allerliebster Stern" (HA
9, 433), die ältere Schwester wird, nach Wakefieldschem Vorbild, Olivie, der
Bruder Moses genannt (vgl. HA 9, 434 f.); der jugendliche Held hat, tatsächlich zweimal in Verkleidung auftretend, die Rolle des jungen Liebhabers. Die
überlieferten Tatsachen über den Pfarrhaushalt in Sesenheim widersprechen
in vielen wesentlichen Details der Darstellung in *Dichtung und Wahrheit*
(vgl. Grappin 1980, 105; Weber 1989, 30 ff.), sowohl die Anzahl der dortigen
Geschwister als auch die Chronologie oder einzelne Situationen werden nicht
historisch erinnert, sondern nach dem Vorbild der idyllischen Darstellung im
Vicar of Wakefield stilisiert.

- Auch die Erzählung der Freundschaft zu Lili Schönemann wird
fiktionalisierend dargestellt (17. Buch). Ihren Höhepunkt bildet die vom
erzählten Ich erdachte und inszenierte Real-Komödie zu Lilis Geburtstag
1774 – zu dem Datum befand sich Goethe schon in der Schweiz. Die Komödie
sollte faktisch auf die zunehmenden Gerüchte um die beiden Liebenden
reagieren und Lilis Eintreffen auf der zu ihren Ehren veranstalteten Feier zur
Auflösung eines geschickt geschnürten dramatischen Knotens machen (vgl. HA
10, 102 ff.), sie mündet schließlich romanhaft in die vorläufige Verlobung. Die
episch-sinnhafte Welt dieser pseudo-biographischen Liebesvergangenheit vergleicht der Erzähler explizit mit der Welt der „alten Ritter-Romane" (HA 10,
106). Der Übergang der Lili-Handlung in Poesie wird ebenfalls markiert durch
die wiederholte Einschaltung lyrischer Gedichte, die aus jener Zeit stammen
und sich auf die Geliebte beziehen.

Erzähler, Erzählerverhalten. Das erzählende Ich, der Erzähler einer Autobiographie ist niemals die reale historische Person, der Autor (hier also Goethe),
sondern, wie jeder epische Erzähler, eine Rolle im Text. Auch hier konstruiert
der Erzähler mit einer Vielzahl auch minimaler Eingriffe den autobiographischen
als einen literarischen Text, in welchem die Sinnkonstitution eben eine poetische,
erzählerische ist und sich nicht mehr mit der Übereinstimmung äußerlicher Fakten
legitimieren muss. Auch hier spielt der Erzähler versiert mit den Möglichkeiten
romanhaften Erzählens:

- So nutzt er etwa die durch den Hausumbau in Frankfurt eintretende unangenehme Lücke auf der Ebene der erzählten Zeit, um die kindliche Wahrnehmung der Vaterstadt einzuschieben (vgl. HA 9, 17). Die gesamte, komplex weniger erinnerte als recherchierte Passage ist ein geschickter Erzählereinschub, um die Zeit bis zur Fertigstellung des neuen elterlichen Hauses zu überbrücken und demonstriert beispielhaft die erzählerische Einbindung von historischem Quellenmaterial (Pfeiffergericht) sowie die immer wieder zu beobachtende Verschiebung des erzählten autobiographischen Ichs in die unbestimmte Subjektkategorie ‚man‘ oder gar in die dritte Person: So heißt er später etwa der „zutrauliche Jüngling" (HA 10, 68).
- Begebenheiten aus der Kindheit werden unter Anmaßung der Rechte des epischen Erzählers mit Hilfe der Einbildungskraft plastischer vor Augen geführt, der Bericht vom Lissabonner Erdbeben geht sogleich in den Duktus erzählerischer Vergegenwärtigung über, die epische Distanz wird gänzlich getilgt: „Die Erde bebt und schwankt, das Meer braust auf, die Schiffe schlagen zusammen, die Häuser stürzen ein, Kirchen und Türme darüber her, der königliche Palast zum Teil wird vom Meere verschlungen, die geborstene Erde scheint Flammen zu speien: denn überall meldet sich Rauch und Brand in den Ruinen" (HA 9, 30). Ebenso füllt die erzählerische Imagination Lücken biographischer Erfahrung: Der Streit zwischen dem Vater und dem Grafen Thoranc, bei dem der Knabe abwesend war, wird im Gestus narrativer Vergegenwärtigung geschildert (vgl. HA 9, 101–105).
- Der Erzähler von *Dichtung und Wahrheit* nimmt sich, ebenso wie der auktoriale der *Wahlverwandtschaften,* die Freiheit, seine Figuren willkürlich mit fiktiven Namen zu versehen: So ist der Freund der Kindheit ein „Knabe, den ich Pylades nennen will" (HA 9, 50), das autobiographische Ich imaginiert und mythologisiert sich implizit als Orest; später heißen Figuren Derones (HA 9, 92) oder Spangenberg (HA 9, 105 f.).

Mit diesen kleinen Andeutungen, die die Tätigkeit des Erzählers im Text hervorheben, wird das Erzählte als Fiktion markiert, als vom Erzähler im Erzählprozess erst Erzeugtes. Dies verstärkt sich etwa in der souveränen Selbst-Präsentation des auktorialen Erzählers während der kunstvollen Vermischung der Schilderung von der Königskrönung mit der Gretchen-Episode: „Wir lassen also für diesmal den Kurfürsten Emmerich Joseph sozusagen inkognito im Kompostell eintreffen, und wenden uns zu Gretchen, die ich, eben als die Volksmenge sich verlief, von Pylades und seiner Schönen begleitet […] im Getümmel erblickte" (HA 9, 186).

Der Erzähler präsentiert sich als weitblickender wie überlegender Planer seines Textes:

- Er will „noch späterhin manchen Faden aufnehmen und fortleiten, der sich unbemerkt durch die ersten Jahre schon hindurchzog" (HA 9, 72).
- Er simuliert den Schreibprozess als Erinnerungsvorgang: „Indem ich nun aber darauf sinne, was wohl zunächst weiter mitzuteilen wäre, so kommt mir, durch

ein seltsames Spiel der Erinnerung, das ehrwürdige Münstergebäude wieder in die Gedanken" (HA 9, 382).

- Anlässlich eines im Erzählfortgang eintretenden Einschnitts will er beiläufig „die Gelegenheit benutzen, um das dem gegenwärtigen Bande vorgesetzte Motto [„Was man in der Jugend wünscht, hat man im Alter die Fülle", HA 9, 217] bei denjenigen zu rechtfertigen, welche einigen Zweifel daran hegen sollten" (HA 9, 386) – womit natürlich der Text seine selbstgesetzten Sinngebungsmuster reflektiert.
- Vorgreifend und textplanerisch notiert er: „Wie nun aus allem diesem nichts geworden, und wie es gekommen, daß ich wieder von der französischen Seite auf die deutsche herübergetreten, gedenk ich hier zu entwickeln. Man erlaube mir, wie bisher, zum Übergange einige allgemeine Betrachtungen" (HA 9, 478).

Erzählerverhalten: Verlust der Souveränität. Mit dem Vorwort zum vierten Teil wird aus dem selbstgewissen, quasi-auktorialen Erzähler tendenziell ein Herausgeber und Kompilator, der explizit auf seine eher ‚montierende‘ als narrativ Kontinuität und Sinn stiftende Funktion abhebt und darauf hinweist, „daß sich diese hier fortgesetzte Erzählung nicht gerade ans Ende des vorigen Buches anschließt, sondern daß sie die Hauptfäden sämtlich nach und nach wieder aufzunehmen und sowohl Personen als Gesinnungen und Handlungen in einer redlich gründlichen Folge vorzuführen beabsichtigt" (HA 10, 75). Die literarische Machart des vierten Teils nähert sich damit deutlich der montagehaften Verfasstheit der *Wanderjahre* – wie der genauere Blick in den Text erweisen kann:

- Die Erzählung wird etwa durch die unverbundene Einschaltung zweier Anekdoten aus dem Frankfurter Leben unterbrochen – die moderierende Überleitung zum „eigentlichen Faden unsrer Erzählung" (HA 10, S. 85) ist eine Hinzufügung der späteren Bearbeiter.
- Der Erzähler scheint im vierten Teil nur in der novellenhaften Erzählung des Verhältnisses zu Lili noch durch (vgl. HA 10, 92 f.); anstelle der Schilderung des jugendlich-emotionalen Zustands schaltet er stellvertretend einige der Lieder für Lili ein (vgl. HA 10, 95 f.) – deren Erläuterung und Auslegung er sich wiederum nicht versagen kann (vgl. HA 10, 96). Er bündelt die längerwierige Geschichte um Lili, „des Vortrags halben, wie im Zusammenhange geschildert" (HA 10, 99), verweist also explizit auf die erzählerische Bearbeitung des Stoffs. Moderierende Leseransprachen kommen hinzu: „In Hoffnung, meine ernsten Leser durch das Vorgetragene einigermaßen befriedigt zu haben [...]" (HA 10, 101).
- Die Unterbrechungen der Lili-Erzählung sind jeweils durch mehr oder weniger schroff montierte Textteile markiert: Unvermittelt schwenkt der Text zur allgemeinen Reflexion des Verhältnisses von Aristokratie und Bürgertum über, eine Darstellung, die wiederum durch die Einschaltung des langen Briefs von Ulrich von Hutten scheinbar unterbrochen wird; die Fortsetzung

der literaturgeschichtlichen Betrachtung, Anmerkungen zur literarischen Öffentlichkeit, Projektplanung und -Skizzenblatt für „Hanswursts Hochzeit" und schließlich eine Anekdote über den Besuch der Stolberg-Brüder werden unverbunden hintereinander geschaltet.

- Die Darstellung der Schweizer Reise (18./19. Buch) beginnt noch episch: Erinnerung und im Tagebuch Dokumentiertes werden zu einem erzählten Kontinuum umgearbeitet, die Begegnungen etwa mit Klopstock, Lavater und Bodmer anekdotenhaft eingeflochten, Lieder für Lili und ein Zitat aus den Physiognomischen Fragmenten inhaltlich motiviert eingeschaltet. Dann aber tritt der Herausgeber wieder hervor: „Am 16. Juni 1775, denn hier find ich zuerst das Datum verzeichnet […]" (HA 10, 143), er verweist auf das eigene Tagebuch von der Schweizer Reise als Quelle, die stichwortartigen Notizen aus der Quelle werden scheinbar unbearbeitet in den Text übernommen. Allerdings nur scheinbar: Die viel impulsivere Ausdrucksweise des Tagebuchs, die deutlich in den engen Zusammenhang mit der Sturm-und-Drang-Phase gehört, wird mehrfach deutlich abgemildert (vgl. Hettche 1991, 144 f.); der stichwortartige Notizen-Duktus bleibt erhalten, der Charakter des *Montierten,* gleichsam *echten* Materials soll anscheinend gewahrt bleiben. – Dies gilt ebenso für die Charakteristik Lavaters im 19. Buch, die kritisch-polemische Reflexion über den Geniekult und die Passagen über die Brüder Stolberg aus Lavaters Fragmenten.

Der sinnstiftende Erzähler eines prätendiert metamorphotischen Bildungsprozesses tritt also spätestens mit Beginn des vierten Teils immer stärker hinter die Funktion des Herausgebers zurück, der z. T. nur noch die vorliegenden Dokumente und bruchstückhaften Betrachtungen ‚montieren' kann. In den *Wanderjahren,* nach denen der vierte Teil von *Dichtung und Wahrheit* entstand, trat die Herausgeberfiktion vollends an die Stelle der Fiktion eines wie auch immer auktorialen Erzählers; die *Wanderjahre* markieren in ihrer ästhetischen Gestalt den Abschied Goethes von der optimistischen Illusion, erzählerisch einen kohärenten Sinn stiften zu können; übrig bleibt die teils narrativ-überarbeitende, teils montierend einschaltende Zusammenstellung von textlichem Material. Die ästhetische Struktur des vierten Teils von *Dichtung und Wahrheit* lässt sich demzufolge verstehen als Einsicht in die tendenzielle Unmöglichkeit einer kohärenten autobiographischen Sinnstiftung, verursacht durch die gegenläufige Erfahrung des Zufälligen, des Inkommensurablen und nicht Einsichtigen in Geschichte und Biographie. Dieses Zufällige – faktisch die Flucht nach Weimar – wird im 20. Buch als das ‚Dämonische' reflektiert, das die organologische Sinnkonstruktion, wie sie die ersten drei Teile beabsichtigten, unterläuft: „eine der moralischen Weltordnung, wo nicht entgegensetzte, doch sie durchkreuzende Macht" (HA 10, 177).

Literaturgeschichte. Selbstmessianisierung. *Dichtung und Wahrheit* schreibt auch eine Literaturgeschichte des 18. Jahrhunderts, um den *Autor* Goethe in diese Literaturgeschichte hineinschreiben zu können. Die Tendenz ist eindeutig: Die deutsche Literatur befindet sich in einer bejammernswerten Situation, sie bedarf, trotz einiger positiver Tendenzen, eines Retters:

- Literarhistorischer Ausgangspunkt sind die nachahmenden und „nachäffenden Poeten", die, angeregt durch „das Gottschedische Gewässer [...] die deutsche Welt mit einer wahren Sündflut überschwemmt" hätten und deren Zeichen die „Nachahmung des Seichten, Wäßrigen" sei (HA 9, 254 f.).

- Bei der Schilderung des „Zustand[s] der deutschen Literatur jener Zeit" (HA 9, 258) im siebten Buch geht die Betrachtung von Gottscheds Gelehrsamkeits- und Lehrästhetik und Bodmers und Breitingers Einführung des Wunderbaren in die Poetik bis zum Konzept der Fabel bei Gellert und Lessing. Als Hauptmangel deutscher Poesie wie Poetik wird ausgemacht, dass es ihr an ‚nationellem Gehalt' fehle (vgl. HA 9, 264), eine Forderung, die erst Lessings *Minna von Barnhelm* einzulösen beginne – und, unausgesprochen, *Götz von Berlichingen*. Schlegels *Hermann* wie Klopstocks *Hermannsschlacht* deuteten diese Tendenz nur erst an, der nationale Gehalt würde vor allem durch die nachahmende Adaption antiker und französischer Formensprache hintertrieben.

- ‚Nationell' müsse auch der poetische Stil sein, „um aus der wäßrigen, weitschweifigen, nullen Epoche sich herauszuretten", durch „Bestimmtheit, Präzision und Kürze" solle er sich auszeichnen (HA 9, 269). Haller, Lessing, Wieland und Klopstock hätten erste Schritte auf dieses Ziel hin getan, Gerstenberg, Ramler und Gleim werden scharf kritisiert. Die Überlegungen vor allem Wielands zu einer Metrik des deutschen Gedichts werden gewürdigt. Die Konstruktion dieser „nullen" Epoche aber, die sich durch das Fehlen eines „inneren Begriff[s] von Poesie" (HA 9, 272), durch Weitschweifigkeit und Mittelmäßigkeit und schließlich durch das Fehlen eines „nationellen Gehalts" auszeichne, wird absichtsvoll durchgeführt: Es sollte „eben jene Periode, aus der das verändernde Genie hervorging, so grau und flach erscheinen [...] als möglich" (Barner 1989, 296), die literarischen prägenden Gestalten Klopstocks, Wielands und Lessing werden deswegen nur schemenhaft konturiert.

- Was dann das junge Dichter-Genie zum Wegweiser einer neuen, bis in die Weltliteratur hineinreichenden literarischen Kultur Deutschlands macht, ist seine individuelle ‚Poetik', die einerseits derjenigen zwischen Gottsched und Wieland entgegensetzt wird, die sich andererseits ihrer naturhaften Folgerichtigkeit gewiss ist: „Und so begann diejenige Richtung, von der ich mein ganzes Leben über nicht abweichen konnte, nämlich dasjenige was mich erfreute oder quälte, oder sonst beschäftigte, in ein Bild, ein Gedicht zu verwandeln und darüber mit mir selbst abzuschließen, um sowohl keine Begriffe von den äußeren Dingen zu berichtigen, als mich im Innern deshalb zu beruhigen. Die Gabe hierzu war wohl niemand nötiger als mir, den seine Natur immerfort aus einem Extreme in das andere warf" (HA 9, 283). Der individuelle Bezug der dichterischen Arbeit wird von hier aus der gesamten schriftstellerischen Produktion Goethes eingeschrieben – die poetischen Werke werden, gleichrangig mit dem autobiographischen Text, bezeichnet als „Bruchstücke einer großen Konfession, welche vollständig zu machen dieses Büchlein ein gewagter Versuch ist" (ebd.).

- Klopstock kommt in der literarhistorischen Darstellung eine Sonderrolle zu: „Nun aber sollte die Zeit kommen, wo das Dichtergenie sich selbst gewahr würde, sich seine eignen Verhältnisse selbst schüfe und den Grund zu einer unabhängigen Würde zu legen verstünde. Alles traf in Klopstock zusammen" (HA 9, 398). Geniebegriff und beginnende Autonomieästhetik fallen hier zusammen mit der auch ökonomischen Perspektive auf das noch kommende Berufsschriftstellertum. An Klopstock (wie auch an Gleim) wird allerdings ein Mangel sichtbar: „Darf man beide Männer, nach ihren geistigen Wirkungen, unbedenklich groß nennen, so blieben sie gegen die Welt doch nur klein, und gegen ein bewegteres Leben betrachtet, waren ihre äußeren Verhältnisse nichtig" (HA 9, 400). Die Disproportion der literarischen Wirkung mit der gesellschaftlichen Position ist der Mangel, der dem bewunderten Dichtergenie noch anhaftet – ein Mangel, den erst Goethe aufhebt, erst der in Weimar installierte Dichter.

Ziel der autobiographischen Erzählung ist also nicht einfach die Erschreibung individueller Identität, auch nicht ‚nur' die Erschreibung dichterischer Identität. Die literarhistorischen Exkurse des autobiographischen Romans erweisen, dass sein eigentliches Darstellungsziel die Erschreibung der literarhistorischen *Bedeutung* dieses Autors ist: Er ist, in der Überwindung der Aporien der deutschen Literatur und in Rückbindung des eigenen Genies an Natur, der Retter, der ‚Heiland' dieser Literatur!

Auftritt des Autors Goethe. Eine zentrale Rolle bei der Konstituierung der *Autor*-Identität spielen Entstehung, Erstpublikation und frühe Wirkung insbesondere zweier literarischer Texte: *Götz* und *Werther*. Dem (zum Ende der autobiographischen Darstellung noch lange nicht fertiggestellten) *Egmont* kommt im neunzehnten und zwanzigsten Buch eine Sonderrolle zu. Die Darstellung der Entstehungsgeschichte von *Götz* und *Werther* ist entschieden geprägt von der narrativen Modellierung dieser Entstehung als naturhaft, unbewusst und (im Schillerschen Sinne) gleichsam ‚naiv'.

Götz. Für den *Götz von Berlichingen* wird einerseits eine ausführliche Behandlung des deutschen Theaters vor 1770 (vgl. HA 9, 566–570), andererseits die von Herder angeregte, begeisterte Shakespeare-Lektüre (HA 9, 570) zum Hintergrund. Konzeption und erste Niederschrift des Dramas werden unmittelbar hier angefügt: „Das Leben des biedern Götz von Berlichingen, von ihm selbst geschrieben, trieb mich in die historische Behandlungsart, und meine Einbildungskraft dehnte sich dergestalt aus, daß auch meine dramatische Form alle Theatergrenzen überschritt, und sich den lebendigen Ereignissen mehr und mehr zu nähern suchte" (ebd.). Der Text wird nicht erarbeitet, sondern *entsteht*: „Durch diesen Antrieb bestimmt, fing ich eines Morgens zu schreiben an, ohne daß ich einen Entwurf oder Plan vorher aufgesetzt hätte. [...] [I]n etwa sechs Wochen hatte ich das Vergnügen, das Manuskript geheftet zu erblicken" (HA 9, 570 f.). Die wichtige Kritik u. a. Herders, die faktisch erst die Umarbeitung der ersten Fassung provozierte, wird hier ebenso verschwiegen wie die zwei Jahre, die zwischen beiden Fassungen lagen. Private Drucklegung mit Hilfe Mercks und die erste Rezeption – „Nun dauerte es nicht lange, so entstand überall eine große Bewegung; das Aufsehen, das es machte, ward allgemein" (HA 9, 573) – werden berichtet, nicht ohne detailliertere Kritik des begeisterten bzw.

beckmesserisch-kritisierenden Publikums: „Da der größte Teil des Publikums mehr durch den Stoff als durch die Behandlung angeregt wird, so war die Teilnahme junger Männer an meinen Stücken meistens stoffartig" (HA 9, 574).

Werther. Die Entstehung des *Werther* wird zunächst in doppeltem Sinne mit einer individuellen Eigenart des Verfassers und einer um 1770 gleichsam epidemisch auftauchenden psychischen Disposition unter jungen Männern verknüpft. Die spezifische literarische Form des Romans wird abgeleitet aus einer Gewohnheit seines Verfassers: dem Selbstgespräch. Dieses sei nichts als der fiktionalisierte Ersatz eines echten Dialogs – und somit nichts als eine Spezialform des Briefwechsels: Literarische Form hat also ihren wahren Grund in der besonderen psychischen Disposition des Autors (vgl. HA 9, 576 f.). Das *taedium vitae* seines literarischen Helden Werther, einen Weltekel, herrührend aus der Erfahrung ewiger Wiederholung des Gleichen, vor allem der Wiederkehr (enttäuschter) Liebe, deutet Goethe sowohl für die englische Literatur als auch für die deutsche Seele als zentrales zeitgenössisches Motiv; dieses nutzt er zur psychologischen Erklärung des Selbstmords, sieht es schon bei Young, Shakespeare und Ossian literarisch repräsentiert und interpretiert es im Rückblick als überindividuell-bewusstseinsgeschichtliche Prädisposition zu Abfassung und literarischem Erfolg des Romans (HA 9, 578–580).

Der eigene Umgang mit diesem *taedium vitae* gerät unter die Zeichen autotherapeutischer Kompensation der Leiden durch die Produktion von Literatur: „[S]o lachte ich mich zuletzt selbst aus, warf alle hypochondrische Fratzen hinweg, und beschloß zu leben. Um dies aber mit Heiterkeit tun zu können, mußte ich eine dichterische Aufgabe zur Ausführung bringen, wo alles, was ich über diesen wichtigen Punkt empfunden, gedacht und gewähnt, zur Sprache kommen sollte" (HA 9, 585). Allerdings katalysiert erst der Selbstmord des Wetzlarer Bekannten Jerusalem den Schreibprozess: „[I]n diesem Augenblick war der Plan zu ,Werthern' gefunden, das Ganze schoß von allen Seiten zusammen und ward eine solide Masse, wie das Wasser im Gefäß, das eben auf dem Punkte des Gefrierens steht, durch die geringste Erschütterung sogleich in ein festes Eis verwandelt wird" (ebd.). Die Niederschrift eines literarischen Werkes wird unter der Metapher eines Naturprozesses begriffen – wie auch die Prädispositionen, die im Autor und seiner Umwelt zu diesem Werk führten, als naturhafte Anlagen wirksam wurden.

Er habe dann „den Werther in vier Wochen, ohne daß ein Schema des Ganzen, oder die Behandlung eines Teils irgend vorher wäre zu Papier gebracht gewesen", „einem Nachtwandler ähnlich" geschrieben (HA 9, 587). Der autobiographische Erzähler weist zusätzlich auf den kompensatorischen Charakter des Schreibens hin, der das literarische Werk insgesamt als ‚Konfession' erscheinen lassen soll – deren Lücken *Dichtung und Wahrheit* ja bloß schließen will:

> [I]ch hatte mich durch diese Komposition, mehr als durch jede andere, aus einem stürmischen Elemente gerettet, auf dem ich durch eigne und fremde Schuld, durch zufällige und gewählte Lebensweise, durch Vorsatz und Übereilung, durch Hartnäckigkeit und Nachgeben auf die gewaltsamste Art hin und wider getrieben worden. Ich fühlte mich, wie nach einer Generalbeichte, wieder froh und frei, und zu einem neuen Leben berechtigt. Das alte Hausmittel war mir diesmal vortrefflich zustatten gekommen. (HA 9, 588)

Höchst selbstbewusst berichtet der Erzähler von der ersten Rezeption: „Die Wirkung dieses Büchleins war groß, ja ungeheuer, und vorzüglich deshalb, weil es genau in die rechte Zeit traf. Denn wie es nur eines geringen Zündkrauts bedarf, um eine gewaltige Mine zu entschleudern, so war auch die Explosion, welche sich hierauf im Publikum ereignete, deshalb so mächtig, weil die junge Welt sich schon selbst untergraben hatte" (HA 9, 589 f.). Das bloße Interesse des zwar begeisterten Teils des Publikums am Stofflichen, an der angeblichen Wirklichkeit hinter der Roman-Fiktion bildet den einen Teil, die Kritik von Aufklärern wie Nicolai wird lächerlich gemacht. Distanziert berichtend heißt es: „Auf diese Weise bedrängt, ward er nur allzu sehr gewahr, daß Autoren und Publikum durch eine ungeheure Kluft getrennt sind, wovon sie, zu ihrem Glück, beiderseits keinen Begriff haben" (HA 9, 593).

Hier, mit dem Ende des dreizehnten Buches ist die Erzählung endlich bei ihrem Ziel angelangt: beim spektakulären öffentlichen Auftritt des Autors Goethe, der aus naturhaften Anlagen und individueller Erfahrung in wiederum naturhaft-prozessualer Weise Literatur produziert, die die Aporien der deutschen Literatur in Dramatik und Epik aufzulösen imstande war mit der Etablierung einer neuen Literatur, die sich gleichermaßen löst aus den Zweckbestimmungen didaktischer Absichten oder prophetisch-quasireligiöser Verkündigung, deren einzige Wahrheit im Subjekt selber liegt, im Subjekt des Helden ebenso wie in dem des Autors – der mit der literarischen Schöpfung seine Natur einlöst.

Dämonisches. Die Abfassung des *Egmont* sollte wiederum eine Enttäuschung kompensieren, diente dazu, „die fürchterliche Lücke die mich von ihr [Lili] trennte, durch Geistreiches und Seelenvolles auszufüllen" (HA 10, 170). Gerade im Verlaufe der Lili-Handlung aber hatte der Erzähler ausführlich die Kategorie des ‚Dämonischen' eingeführt, das sowohl hier als auch in antizipierendem Verweis auf die sich anschließende Flucht nach Weimar das sichtbar werdende neue Deutungsparadigma der autobiographischen Erzählung. Entgegen allen Sinn-haftigkeitsentwürfen bildet das Dämonische „eine der moralischen Weltordnung wo nicht entgegengesetzte, doch sie durchkreuzende Macht, so daß man die eine für den Zettel, die andere für den Einschlag könnte gelten lassen" (HA 10, 177). Der Einsicht ins eigentliche ‚dämonische' Wesen von Geschichte und Welt, die die alten Sinnentwürfe des jüngeren biographischen Ichs ersetzt, „diesem furchtbaren Wesen", habe er, so der autobiographische Erzähler, sich nur entziehen können, „indem ich mich, nach meiner Gewohnheit, hinter ein Bild flüchtete" (HA 10, 176). Dieses Bild aber ist die Figur Egmonts, dessen Charakterisierung der Text nun skizziert – „am furchtbarsten aber erscheint das Dämonische, wenn es an irgend einem Menschen überwiegend hervortritt" (HA 10, 177).

In der Schlussszene des Romans – endgültiger Abschied von Lili, Abbruch der geplanten Italienreise, Flucht nach Weimar – fällt der autobiographische Held schließlich völlig mit dem dramatischen zusammen (vgl. Wagner-Egelhaaf 2020, 170 ff.). Der Erzähler lässt das erzählte Ich Egmonts Anrufung des Dämonischen als das schlechthin biographiekonstituierende Prinzip rufen: „Kind, Kind! nicht weiter! Wie von unsichtbaren Geistern gepeitscht, gehen die Sonnenpferde der Zeit mit unsers Schicksals leichtem Wagen durch, und uns bleibt nichts, als mutig gefaßt, die Zügel festzuhalten und bald rechts, bald links, vom Steine hier, vom Sturze da, die Räder abzulenken. Wohin es geht, wer weiß es? Erinnert er sich doch kaum, woher er kam" (HA 10, 187). – An die Stelle der Glücksbegünstigung der eigenen Existenz, ihrer metamorphotischen Folgerichtigkeit, ist die dämonische Verunsicherung getreten: Die Antriebskräfte von Geschichte und Biographie bleiben unsichtbar, Verlauf und Fortgang des Lebens entziehen sich nachgerade jeder Kontrolle, die Handlungsmöglichkeiten des Subjekts bleiben auf die Verhinderung immer wieder drohender Katastrophen eingeschränkt. „Erinnert er sich doch kaum, woher er kam": Der Schlusssatz einer (durchaus umfang- und erinnerungsreichen) Autobiographie, der jede Sinnstiftung im autobiographischen Diskurs relativiert, ihre Möglichkeit vielleicht sogar grundsätzlich bestreitet – ein Schlusssatz, der unberatener nicht sein könnte.

Wirkung – Kritik des Klassiker-Begriffs

14

Goethe baute nicht nur mit den drei Werkausgaben zwischen 1806 und 1832 am eigenen Denkmal. In der vermutlich u. a. von August von Kotzebue mitverantworteten Zeitschrift *Der Freimüthige*, der „Berlinischen Zeitung für gebildete, unbefangene Leser", so der Untertitel, wird mit Datum vom 10. Januar 1803 die folgende Einrichtung aus dem Weimarer Theater berichtet:

> Um nun mit Anstand ein gebührendes Klatschen zu bewirken, hat der Herr Direkteur [d.i. Goethe], ungefähr in der Mitte des Parterre, sich einen ausgezeichneten runden Stuhl machen lassen, auf welchen er sich im Nothfalle setzt, die Arme so hoch als möglich in die Höhe streckt, und so laut als möglich das Signal zum Klatschen giebt. Da nun der Herr Direkteur zugleich in anderer Hinsicht bedeutenden Einfluß hat, so geben alle diejenigen wohl auf ihn Acht, die jenen Einfluß scheuen, oder gern benutzten; und sobald das Signal erschallt, stimmen sie pflichtschuldigst ein. (*Der Freimüthige*, 10.1.1803, S. 19)

Was ist *das*? Ein ästhetischer Westentaschennapoleon, der verzweifelt versucht, das Duodezfürstentum ‚seines‘ Parterres geschmacklich zu beherrschen? Ein Feldherr, im Felde des Geschmacks auf völlig verlorenem Posten, der, aussichtslos, in der „Fehde" (Schiller) um die klassizistische Kunstauffassung der beiden Weimarer das letzte Fleckchen Boden behaupten will? Mindestens ist es peinlich, ja, menschlich abstoßend. Schiller mag manchen Abend kopfschüttelnd vom Theater nach Hause gegangen sein.

Der konkrete Anlass jener oben berichteten Anekdote ist die Aufführung von Friedrich Schlegels Trauerspiel *Alarcos*, den Goethe und Schiller in einer Reihe mit August Wilhelm Schlegels *Ion*, Schillers *Braut von Messina* und der *Iphigenie* in Schillers dramaturgischer Bearbeitung aufführten als Versuch, dezidiert am antiken Trauerspiel ausgerichtete Dramen zu präsentieren. Beim *Alarcos* blieb Goethes Versuch, die Reaktionen des Publikums zu steuern, völlig erfolglos: Er konnte „es an diesem Abend nicht weiter bringen, als daß höchsten sechs bis acht Paar Hände dann und wann sich *verstohlen* hören ließen", ja am Schluss des Dramas konnte er nicht einmal „mit zornigen Blicken und lautem Zischen" verhindern, dass das Publikum „durch ein lautes schallendes Gelächter [...] sich

© Springer-Verlag GmbH Deutschland, ein Teil von Springer Nature 2023
B. Jeßing, *Goethe*, https://doi.org/10.1007/978-3-476-05903-1_14

plötzlich Luft" machte (*Der Freimüthige,* 10.1.1803, ebd.; vgl. Schwind 1996, 90 f.).

Hier geht es aber nicht primär um den vergeblichen Versuch einer ‚Rettung' von Schlegels Stück, hier geht es vielmehr um die prätendierte Herrschaft über den Publikumsgeschmack. Was mögen die Gründe dafür gewesen sein? Zeigt sich hier ein letztlich elitaristischer Widerstand gegen das, was mit Gottscheds *Versuch einer Critischen Dichtkunst vor die Deutschen* (1730) begann, die Emanzipation literarischer Kommunikation vom Stand der Gelehrten, von der exklusiven Kommunikation der privilegiert Gebildeten, Widerstand, modern gesprochen, gegen die unaufhaltsame Demokratisierung der (literarischen) Kultur? Oder zeigt sich hier der verzweifelte Versuch, die (programmatisch ebenfalls autonome) *Rezeption* von Literatur unter den Bedingungen der realisierten Autonomie des Literatursystems unter Kontrolle zu halten? Der Autonomie des Literatursystems, an der Goethe entschieden aktiv mitgeschrieben hat (*Werther*!), und mit deren Folgen auf Seiten der Rezeption er nicht umgehen konnte – zumindest nicht um 1800!

Die Selbstinszenierung als Geschmackspotentat ist Teil der Selbst-inthronisierung Goethes als ‚Institution' in Weimar – im Verein mit politischer Machtteilhabe („der Herr Direkteur [hatte] zugleich in anderer Hinsicht bedeutenden Einfluß"!). Diese Selbstinthronisierung steht im krassen Gegensatz, möglicherweise auch im bedingenden Wechselverhältnis zu der Tatsache, dass mit Ausnahme des *Werther* und des *Götz* Goethes *Texte* nicht gelesen wurden (*Reineke Fuchs* und *Hermann und Dorothea,* auch der Balladen-Almanach waren immerhin eine Zeit populär). Diese waren, wie auch die erratische Kuriosität des weimarischen Klassizismus, gegenüber der gleichzeitigen Literatur der Spät-aufklärung und der Frühromantik sowie insbesondere der wirklich populären Literatur (Clauren, Thümmel, Iffland, Kotzebue, Vulpius) Fremdkörper. – Goethe *wurde* zur Institution: *Die* Weimarer Attraktion für Touristen des höchsten Standes (etwa Zar und Zarin, der bayerische König, preußische Königs- oder auch musikalische Wunderkinder). Pointiert gesagt, findet hier kurioserweise die Institutionalisierung einer Autor*person* statt bei gleichzeitiger Ignoranz dem gegenüber, was er schreibt: Je weniger Publikum Goethes Texte fanden, desto weniger schrieb er für (das große) Publikum, schrieb einen Roman bloß „als ein Zirkular an meine Freunde" (so der Brief an Karl Friedrich von Reinhard zu den *Wahlverwandtschaften;* 31. Dezember 1809).

Die deutsche Literaturgeschichtsschreibung aber geht dieser Selbstinthro-nisierung auf den Leim. Goethe selbst hatte in seinem Aufsatz *Literarischer Sansculottismus* (1795) jede Möglichkeit, es könne einen deutschen „klassische[n] Nationalautor" (HA 12, 240) geben, kategorisch ausgeschlossen: Die Bedingungen dafür sowohl im Staatsleben (keine staatliche Einheit, keine Hauptstadt) als auch in der ‚deutschen' Kultur (u. a. Unfähigkeit des Publikums zur Geschmacksbildung) seien einfach nicht gegeben – und die „Umwälzungen [...], die in Deutschland klassische Werke vorbereiten könnten", seien keines-falls wünschenswert (HA 12, 241). – In Georg Gottfried Gervinus' *Geschichte der poetischen Nationalliteratur der Deutschen* (Bd. 1 erstmals 1835) sind es dann aber Goethe und Schiller, die zum Telos der deutschen Literaturgeschichte gemacht werden: „Das Ziel in der Geschichte unserer deutschen Dichtkunst [...] liegt auf der Scheide der letzten Jahrhunderte [...]. Goethe und Schiller führten zu einem Kunstideal zurück, das seit den Griechen niemand mehr als geahnt hatte" (Gervinus I 1835, 8). Auch wenn Gervinus *nicht* den Begriff der „Weimarer Klassik" münzt, postuliert er implizit den Rang des Klassischen, Vorbildlichen, Maßstäblichen – denn mit der zitierten ‚Leistung' der beiden Weimarer wird ein Herrschaftsanspruch, Anspruch auf kulturelle Hegemonie verbunden: Vergleichbar mit dem Verdienst Luthers, die „Lehre des Messias" gereinigt zu haben, hätten Goethe und Schiller gemeinsam geschafft,

> den Ungeschmack in Kunst und Wissenschaft zu brechen, so daß es nun laut von unsern Nachbarn verkündet wird, daß wahre Bildung der Seelen und Geister nur bei uns gesucht, wie alle Bekanntschaft mit den Alten nur durch uns vermittelt werden kann; daß sichtbar unsere Literatur nun so über Europa zu herrschen beginnt, wie einst die italienische und französische vor ihr über Europa geherrscht haben. (Gervinus I 1835, 10)

Bei Gervinus geht es aber um mehr als um kulturelle Hegemonie: Die behauptete Vollendetheit, Klassizität der Weimarer Dichter macht sie „zum Vorbild des ‚klassischen' Politikers, der in der Wirklichkeit der Geschichte vollbringt, was im Reiche des Geistes [...] schon gelang" (Plumpe 1995, 19). Der liberale – das heißt im Vormärz auch: national gesinnte – Gervinus fordert explizit den ‚starken Mann':

> [E]in Mann thut uns noth, der dieses Ziel mit gerader Bestrebung ins Auge faßte und nicht auf Umwegen zu erschleichen hoffte, ein Mann, wie Luther war, der jetzt dies Werk endlich aufnähme, das der große Reformator schon Lust zu beginnen hatten. [...] [W]ir wollen nicht glauben, daß diese Nation in Kunst, Religion und Wissenschaft das Größte vermocht habe, und im Staate gar nichts vermöge. [...] Der Wettkampf der Kunst ist vollendet; jetzt sollten wir uns das andere Ziel stecken, das noch kein Schütze bei uns getroffen hat, ob uns auch da Apollon den Ruhm gewährt, den er uns dort [in der Kunst der Weimarer um 1800] nicht versagte" (Gervinus V 1853, 667).

Im heroisierenden Rückblick auf die Literaturgeschichte um 1800 bietet dieser starke Mann sich unmissverständlich an: Das ist Goethe, nicht nur wegen seines Gebarens als Geschmacksrichter und Rezeptionsdirigent, sondern v. a. auch aufgrund der erfolgreichen wie wirkungsvollen Selbstsetzung als kultureller Institution.

Dass Gervinus' liberale Hoffnungen politisch nach 1848 herb enttäuscht wurden, dass es Bismarck war, der dann „als Fortsetzer und Vollender des ‚klassischen' Projekts der Weimarer Dioskuren" deklariert wurde (Plumpe 1995, 20), konnte der Karriere des Konzepts „Weimarer Klassik" keinen Abbruch tun – ganz im Gegenteil. Der Hegemonie-Anspruch, der schon bei Gervinus mit der Erfindung der „Weimarer Klassik" (ohne dass sie hier schon so genannt worden wäre) verbunden wurde, setzt sich in der Literaturgeschichtsschreibung des Kaiserreichs ungebrochen fort, ja wird sogar überboten. Die *Geschichte der deutschen National-Literatur* von August Friedrich Christian Vilmar, erstmals 1856 publiziert und die meistgelesene Literaturgeschichte im Kaiserreich, erfindet mit der

‚staufischen Klassik' um 1200 eine „erste klassische Periode unserer Literatur" (Vilmar 1856, 43), so dass deutsche Klassik nicht nur *vor* allen Klassiken der anderen europäischen Nationalliteraturen liegt, sondern, eben im Verein mit der „Weimarer Klassik", zweimal vorliegt – was die vollständige Überlegenheit der deutschen Kultur vor allen andern beweisen soll. Und damit nicht genug: Das in seiner Entstehung nationalpolitische, später nationalchauvinistische Phantasma einer „Weimarer Klassik" wird, völlig unbeschadet seiner kritischen Reflexion um und nach 1968, bis heute im besten Falle naiv oder unreflektiert nachgebetet, bis in die gegenwärtigen Lehrpläne des Literaturunterrichts hinein!

Um es ganz schlicht zu sagen: Die Weimarer Klassik gab es nicht! Weder als Telos der Literaturgeschichte noch gar als Epoche! Es gab ein literarisches, kunstpolitisches und -pädagogisches Zweimannunternehmen in einer Provinzresidenzstadt, das für gut ein Jahrzehnt einerseits den Versuch machte, mithilfe einer an der eigenen Antikeauffassung ausgerichteten Literatur- und Kunstästhetik den Geschmack im deutschsprachigen Raum zu bilden (wohlwollend formuliert) oder zu beherrschen (weniger wohlwollend, aber realistischer), das andererseits einen bedeutenden Teil seiner eigenen literarischen Texte an Mustern der Antike bzw. wiederum an der eigenen Antikeauffassung ausrichtete. Beides, die Programmatik einer ästhetischen Erziehung wie die literarischen Texte, ist im besten Sinne *klassizistisch* zu nennen. Getrost also dürfen wir angesichts eines großen Teils der literarischen Texte der beiden Schriftsteller aus diesem Jahrzehnt, bei Goethe sogar noch diejenigen seit der Italienreise, von einem „weimarischen Klassizismus" sprechen – von mehr aber mitnichten: Eine ‚Epoche' ist das keinesfalls, allenfalls eine Strömung innerhalb der deutschsprachigen Literatur um 1800.

Dieser weimarische Klassizismus war isoliert in der Landschaft literarischer Kommunikation am Ende des Aufklärungsjahrhunderts, erschien erratisch aufgrund sowohl des Elitarismus von Schillers *Horen* und des augenfälligen Anachronismus der Programme der *Propyläen* wie der Weimarischen Preisaufgaben als auch vor allem aufgrund der Selbstinszenierung Goethes in Weimar. Und dieser weimarische Klassizismus war erfolglos, scheiterte. Das änderte sich auch nicht mit der Erfindung der „Weimarer Klassik" bei Gervinus und der imperialistisch-chauvinistischen Aufladung des Begriffs im Kaiserreich. An die Stelle der Befassung mit Literatur trat ein Personenkult: Goethe wurde zum Inbegriff des ‚ganzen Menschen', sein Leben sei „das Kunstwerk seines wohlgeführten, bewegten und reichen, und doch durchaus in harmonischer Einheit zusammengehaltenen Lebens" (so der Theologe David Friedrich Strauß in *Der alte und der neue Glaube*, 1872, 322), er repräsentiere „den höchsten Typus innerer Bildung" (Wilhelm Dilthey; Gustav Freytag, Wilhelm Raabe, Rudolf Steiner u.v. a.m. wären dem hinzuzufügen; vgl. Mandelkow I 1980, 262 ff.). Beim oben zitierten August Vilmar (und nicht nur bei ihm) werden Goethe *und* Schiller sogar gemeinsam zum ‚ganzen Menschen', zur harmonischen Vereinigung von Natur und Geist, von Realismus und Idealismus, was wiederum die absolute Superiortät der ‚Klassiker' nochmals begründet (vgl. Vilmar 1856, 617 ff.; vgl. Plumpe 1995, 21 f.).

Einmal abgesehen davon, dass der Personenkult um Goethe als Vorbild eines „in harmonischer Einheit zusammengehaltenen Lebens" (Strauß) die Brüche und Krisen, die panischen Fluchten (nach Weimar, nach Italien), die ungeheuerliche Angst vor dem Tod (auch anderer) schlichtweg ignorierte – die literarischen *Texte* hatten bei alldem das Nachsehen! Die (von Goethe durchaus mitproduzierte) Verschiebung des Interesses von den Texten auf die Person, die letztlich museale Stillstellung von Werk *und* Person führten zur „durchschlagenden Wirkungslosigkeit eines Klassikers" (Max Frisch 1964 über Brecht; Frisch 1972, 73). Genau dies hatte schon Friedrich Nietzsche in seinen *Unzeitgemäßen Betrachtungen* (Erstes Stück, 1873: „David Strauß. Der Bekenner und der Schriftsteller") polemisch notiert:

> Um aber unsere Klassiker so [im Sinne der ,Bildungsphilister'] falsch beurteilen und so beschimpfend ehren zu können, *muß man sie gar nicht mehr kennen*: und dies ist die allgemeine Tatsache. Denn sonst müßte man wissen, daß es nur eine Art gibt, sie zu ehren, nämlich dadurch, daß man fortfährt, in ihrem Geiste und mit ihrem Mute zu suchen, und dabei nicht müde wird. Dagegen ihnen das so nachdenkliche Wort „Klassiker" anzuhängen und sich von Zeit zu Zeit einmal an ihren Werken zu „erbauen", das heißt, sich jenen matten und egoistischen Regungen überlassen, die unsere Konzertsäle und Theaterräume jedem Bezahlenden versprechen [...]. (Nietzsche 1954 I, 144f.)

Wenn Nietzsche hier beklagt, man müsse die „Klassiker" gar nicht mehr kennen, bezeichnet er sehr genau mindestens zwei Seiten der „Goethe"-Rezeption: Erstens waren es nur wenige seiner literarischen Texte, die den rigiden ,Kanonisierungsfilter' überlebten: Der *Werther* natürlich, *Götz* und *Iphigenie,* die *Lehrjahre* und *Faust,* einige lyrische Texte, schon *Egmont* und *Tasso* standen in der zweiten Reihe, ganz zu schweigen von z. B. *Clavigo* oder der *Natürlichen Tochter.* Zweitens wurden die Texte einer am Text nichts mehr problematisierenden Fehllektüre, mindestens einseitigen Deutung unterzogen: Der *Werther* ist einfach Liebesroman, in der *Iphigenie* dient (die im Text durchaus problematisierte!) Humanität als eines der „abstrakt gewordenen bürgerlichen Ideale einem bürgerlichen Publikum zur Erbauung in Stunden feierlicher Erholung, in eben dem Maße, wie dieses zu einer authentischen Rezeption von Kunstwerken nicht mehr fähig ist" (Chr. Bürger 1977, 203). Der *Faust* gar wird zum Nationalheiligtum: Faust wird zu „unserer mythologischen Hauptperson" stilisiert, die „wir Deutschen" „ganz für uns allein" hätten, eine Figur, so „recht aus der Mitte des deutschen Charakters und seiner Grundphysiognomie herausgeschnitten" (Schelling [1802/03] 1859 I.5, 437 f.); Faust sei „die deutscheste Schöpfung des deutschesten aller unserer Dichter", „alle Seiten der deutschen Natur, deutschen Gemütlichkeit, deutscher Tiefsinn und deutsche Spekulation, deutsche Begeisterung für wahre Menschenwürde, deutsche Ausdauer und Thatkraft, das ganze deutsche Leben [würden] in einem so reichen Bilde gespiegelt" (Düntzer 1850, 142). Diese Fehllektüre gipfelt in der Deutung von Fausts faktischen Untaten (man zähle die Opfer!) als Vorbild für nationalen Aufschwung im Kaiserreich, als Ethos des nationalsozialistischen Herrenmenschen – oder auch sozialistischer Vision.

Die literarischen *Texte* Goethes hatten das Nachsehen. Sie widersprechen ihrer Stillstellung im „Klassiker"-Bild geradezu – etwa durch ihre Brüchigkeit (*Iphigenie*) oder vielseitige Unentschiedenheit (Bildungskonzepte im *Wilhelm Meister*), ihre metaliterarische Reflexivität, ihren ungeheuren Anspruch auf kulturgeschichtliches Bewusstsein und ihre formale Sperrigkeit wie z. B. im *Faust II:* Die Texte sind allemal klüger als ihr Autor (was dieser gewissermaßen bestätigt, wenn er mit der Naivität, Unbewusstheit oder Naturhaftigkeit des Schreibprozesses kokettiert). Die literarischen Texte widersprechen ihrer Stillstellung im „Klassiker"-Bild auch und vor allem durch ihre Menge und die Inhomogenität des ‚Werks': Es gibt gar nicht *den* Goethe, den man lesen könnte (als wäre es nur einer, wie der Klassiker-Personenkult es wollte). Sie lassen sich allenfalls als Momente eines „Krisenmanagements [...] verstehen", das aber nicht individuelle Krisen und schon gar nicht erfolgreich aufarbeitete, sondern die entscheidenden Fragen zur „Problemgeschichte der Moderne" stellt (Hammacher 2010, 12).

Um schließlich noch einmal auf die Frage ganz vom Anfang zurückzukommen: Heute noch Goethes *Texte* lesen?

Immer wieder!

Abbildungsnachweise

© Springer-Verlag GmbH Deutschland, ein Teil von Springer Nature 2023
B. Jeßing, *Goethe*, https://doi.org/10.1007/978-3-476-05903-1

Literatur

Ausgaben

Ausgabe letzter Hand (**ALH**)
Goethe' Werke. Vollständige Ausgabe letzter Hand. 40 Bde. Stuttgart und Tübingen 1827–1830.
Goethe's nachgelassene Werke. Vollständige Ausgabe letzter Hand. 15 Bde. (Bd. 41–55). Stuttgart und Tübingen 1832–1835.
Weimarer Ausgabe (auch Sophienausgabe) (**WA**)
Werke. Hrsg. im Auftrage der Großherzogin Sophie von Sachsen. VI Abtheilungen. 133 Bde. in 143 Teilen. Weimar 1887–1919.
Hamburger Ausgabe (**HA**)
Werke. In 14 Bänden. Hrsg. von Erich Trunz. Hamburg 1948–60. Neubearb. München 1981 und München (dtv) 1982.
Frankfurter Ausgabe (**FA**)
Sämtliche Werke. Briefe, Tagebücher und Gespräche. Hrsg. von Dieter Borchmeyer u. a. 40 Bde., 2 Abt. Frankfurt/M. 1985 ff.
Münchner Ausgabe (**MA**)
Sämtliche Werke nach Epochen seines Schaffens. Hrsg. von Karl Richter. 20 Bde. in 25 Teilen. München 1985 ff.
Johann Wolfgang Goethe: Tagebücher (**Tb**)
Historisch-kritische Ausgabe. Hrsg. v. Jochen Golz u. a. Stuttgart/Weimar 1998 ff.

Handbücher, Wörterbücher

Goethe-Handbuch. Hrsg. von Bernd Witte, Theo Buck, Hans-Dietrich Dahnke. 4 Bde. und Register u. a. Stuttgart, Weimar 1996/1998.
Goethe-Wörterbuch. (**GWb**) Hrsg. von der Akademie der Wissenschaften der DDR, der Akademie der Wissenschaften in Göttingen und der Heidelberger Akademie der Wissenschaften. Bd. 1: Berlin/Stuttgart 1978 ff. (online im Wörterbuch-Netz Trier: https://woerterbuchnetz.de/#1).

Zitierte Literatur

Adamzik, Sylvelie: *Subversion und Substruktion. Zu einer Phänomenologie des Todes im Werk Goethes.* Berlin, New York 1985.

© Springer-Verlag GmbH Deutschland, ein Teil von Springer Nature 2023
B. Jeßing, *Goethe*, https://doi.org/10.1007/978-3-476-05903-1

Adorno, Theodor W.: „Zum Klassizismus von Goethes ‚Iphigenie'". [1967] In: Th.W.A.: *Noten zur Literatur*. Frankfurt/M. 1981, S. 495–514.

Alt, Peter-André: *Klassische Endspiele. Das Theater Goethes und Schillers*. München 2008.

Anderegg, Johannes: *Transformationen. Über Himmlisches und Teuflisches in Goethes „Faust"*. Bielefeld 2011.

Anderegg, Johannes: „Zum Teufel mit dem „heiligen Original". Überschreibungen biblischer Vorlagen in Goethes *Faust*". In: *GJb* 130 (2013), S. 109–122.

Barner, Wilfried: „Goethes Bild von der deutschen Literatur der Aufklärung. Zum 7. Buch von Dichtung und Wahrheit". In: Frühwald, Wolfgang/Martino, Alberto (Hrsg.): *Zwischen Restauration und Aufklärung. Sozialer Wandel in der deutschen Literatur*. Tübingen 1989, S. 283–305.

Beetz, Manfred: „Xenien (1796)". In: Luserke-Jacqui, Matthias (Hrsg.): *Schiller-Handbuch*. Stuttgart/Weimar 2005, S. 273–277.

Binder, Wolfgang: „Goethes klassische ‚Faust'-Konzeption". In: *Deutsche Vierteljahresschrift* 42 (1968), S. 55–88.

Bohnenkamp, Anne: „Goethes poetische Orientreise". In: *GJb* 120 (2003), S. 144–156.

Böttiger, Karl August: *Literarische Zustände und Zeitgenossen. Begegnungen und Gespräche im klassischen Weimar*. Hrsg. v. Klaus Gerlach und René Sternke. Berlin 1998.

Brandenburg-Frank, Sabine: *Mignon und Meret. Schwellenkinder Goethes und Gottfried Kellers*. Würzburg 2002.

Buck, Theo: „Goethes Erneuerung des Dramas. *Götz von Berlichingen* in heutiger Sicht". In: Arnold, Heinz Ludwig (Hrsg.): *Goethe. text und kritik Sonderheft*. München 1982, S. 33–42.

Bürger, Christa: *Der Ursprung der bürgerlichen Institution Kunst im bürgerlichen Weimar. Literatursoziologische Untersuchungen zum klassischen Goethe*. Frankfurt/M. 1977.

Bürger, Christa: „Goethes ‚Götz von Berlichingen' und die Jugendrevolte von 1770". In: Kimpel, Dieter (Hrsg.): *Allerhand Goethe. Seine wissenschaftliche Sendung, aus Anlaß des 150. Todestages*. Bern 1985, S. 207–220.

Knebel, Carl Ludwig von: *Sammlung kleiner Gedichte*. Leipzig 1815.

Ciupke, Markus: *‚Des Geklimpers vielverworrner Töne Rausch'. Die metrische Gestaltung in Goethes „Faust"*. Göttingen 1994.

Conrady, Karl Otto: *Goethe. Leben und Werk*. 2 Bde. Königstein/Ts. 1982, 1985.

Dahnke, Hans-Dietrich: „Geschichtsprozeß und Individualitätsverwirklichung in Goethes ‚Egmont'". In: Thalheim, Hans-Günther/Wertheim, Ursula (Hrsg.): *Studien zur Literaturgeschichte und Literaturtheorie*. Berlin 1970, S. 58–100.

Der Freimüthige oder Berlinische Zeitung für gebildete, unbefangene Leser. 10.1.1803.

Detken, Anke: *Im Nebenraum des Textes. Regiebemerkungen in Dramen des 18. Jahrhunderts*. Tübingen 2009.

Die Horen. Eine Monatsschrift. Herausgegeben von Schiller. Tübingen 1795–1797.

Diener, Gottfried: *Goethes „Lila". Heilung eines „Wahnsinns" durch „psychische Kur". Vergleichende Interpretation der drei Fassungen. Mit ungedruckten Texten und Noten und einem Anhang über psychische Kuren der Goethe-Zeit und das Psychodrama*. Frankfurt/M. 1971.

Dönike, Martin: *Pathos, Ausdruck und Bewegung. Zur Ästhetik des Weimarer Klassizismus 1796–1806*. Berlin, New York 2005.

Düntzer, Heinrich. *Goethe's „Faust". Erster und Zweiter Theil. Zum erstenmal vollständig erläutert*. 2 Theile. Leipzig 1850/51.

Eckermann, Johann Peter: *Gespräche mit Goethe in den letzten Jahren seines Lebens*. Hrsg. v. Heinz Schlaffer. München 1986 (= MA 19).

Eibl, Karl: *Das monumentale Ich – Wege zu Goethes „Faust"*. Frankfurt/M. 2000.

Engel, Ingrid: *Werther und die Wertheriaden. Ein Beitrag zur Wirkungsgeschichte*. St. Ingbert 1986.

Engelhardt, Wolf von: „Goethes ‚Harzreise im Winter' 1777". In: *GJb* 104 (1987), S. 192–211.

Fehr, Wolfgang: „„… daß sich das nicht auf einmal herauslesen läßt'. Dramaturgie des Trauerspiels und Geschichte. Neue Annäherungen an Goethes ‚Egmont'". In: *Literatur für Leser* 1988, S. 237–250.

[Euripides] Sämmtliche Tragödien des Euripides. Metrisch übertragen von Franz Fritze. Zwei Bde. Berlin 1859.

Frisch, Max: „Der Autor und das Theater" [1964]. In: M.F.: *Öffentlichkeit als Partner.* Frankfurt/M. 1972, S. 68–89.

Gaier, Ulrich (Hrsg.): *Johann Wolfgang Goethe. Faust-Dichtungen.* 3 Bde. Bd. I: *Texte.* Bd. II: *Kommentar I.* Bd. III: *Kommentar II.* Stuttgart 1999.

Gervinus, Georg Gottfried: *Geschichte der poetischen National-Literatur der Deutschen.* Bd. 1 Leipzig 1835; Bd. V (u. d. Gesamttitel *Geschichte der deutschen Dichtung*) Leipzig 1853.

Geulen, Eva: „Betriebsgeheimnisse der „Pädagogischen Provinz" in Goethes Wanderjahren". In: *Zeitschrift für Medien- und Kulturforschung* 1 (2010), S. 3–50.

Graham, Ilse: „Götz von Berlichingen's Right Hand". In: *German Life and Letters* N.S. 16 (1963), S. 212–228.

Grappin, Pierre: „*Dichtung und Wahrheit* – 10. und 11. Buch: Verfahren und Ziele autobiographischer Stilisierung". In: *GJb* 97 (1980), S. 103–113.

Hammacher, Bernd: *Johann Wolfgang von Goethe: Entwürfe eines Lebens.* Darmstadt 2010.

Hartmann, Tina: *Goethes Musiktheater. Singspiele, Opern, Festspiele, „Faust".* Tübingen 2004.

Hass, Hans-Egon: „Goethe: ,Wilhelm Meisters Lehrjahre'". In: Wiese, Benno von (Hrsg.): *Der deutsche Roman. Vom Barock bis zur Gegenwart.* Bd. 1. Düsseldorf 1963, S. 132–210.

Hederich, Benjamin: *Gründliches mythologisches Lexicon.* Leipzig 1770.

Herders Sämmtliche Werke (SW). Hrsg. von. Bernhard Suphan. 33 Bde. Berlin 1877–1913.

Herder, Johann Gottfried: *Volkslieder.* 2 Theile. Leipzig 1778/1779.

Hettche, Walter: Kommentar und Nachwort zu: *Johann Wolfgang Goethe. Aus meinem Leben. Dichtung und Wahrheit.* Bd. II. Stuttgart 1991.

Igel, Felicitas: *„Wilhelm Meisters Lehrjahre" im Kontext des hohen Romans.* Würzburg 2007.

Jaeger, Michael: *Fausts Kolonie. Goethes kritische Phänomenologie der Moderne.* Würzburg 2004.

Jaeger, Michael: *Goethes „Faust". Das Drama der Moderne.* München 2021.

Jäger, Georg: „Die Wertherwirkung. Ein rezeptionsästhetischer Modellfall". In: Müller-Seidel, Walter (Hrsg.): *Historizität in Sprach- und Literaturwissenschaft.* München 1974, S. 411–421.

Jantz, Harold: „Die Ehrfurchten in Goethes ,Wilhelm Meister'. Ursprung und Bedeutung". In: *Euphorion* 48 (1954), S. 1–18.

Gottsched, Johann Christoph: *Heinrichs von Alkmar/Reineke, der Fuchs.* Leipzig und Amsterdam 1752.

Kaiser, Gerhard: „Goethes Naturlyrik". In: *GJb* 108 (1991), S. 61–73.

Kaiser, Gerhard: „Literatur und Leben. Goethes Sonettenzyklus von 1807/08". In: *Jahrbuch des Freien Deutschen Hochstifts* 1982, S. 57–81.

Kaiser, Gerhard: „Was ist ein Erlebnisgedicht? Johann Wolfgang Goethe: ,Es schlug mein Herz'". In: G.K.: *Augenblicke deutscher Lyrik. Gedichte von Martin Luther bis Paul Celan.* Frankfurt/M. 1987, S. 117–144.

Klopstock, Friedrich Gottlieb: *Ausgewählte Werke.* 2 Bde. Hrsg. v. Karl August Schleiden. 4. Auflage München 1981.

Kommerell, Max: *Gedanken über Gedichte.* [1943] 4. Auflage Frankfurt/M. 1985.

Koselleck, Reinhart: „Einleitung". In: Brunner, Otto/Conze, Werner/Koselleck, Reinhart (Hrsg.): *Geschichtliche Grundbegriffe: Historisches Lexikon zur politisch-sozialen Sprache in Deutschland.* 8 Bde. Stuttgart 1972–1997. Bd. 1, S. XIII–XXVII.

Laufhütte, Hartmut: *Die deutsche Kunstballade. Grundlegung einer Gattungsgeschichte.* Heidelberg 1979.

Leitzmann, Albert: *Die Quellen von Schillers und Goethes Balladen.* Bonn 1911.

Lessing, Gotthold Ephraim: *Wie die Alten den Tod gebildet. Eine Abhandlung.* Berlin 1769.

Lukács, Georg: „Die Leiden des jungen Werther". [1936] In: G.L.: *Goethe und seine Zeit.* Berlin 1947, S. 17–30.

Mandelkow, Karl Robert: *Goethe in Deutschland. Rezeptionsgeschichte eines Klassikers.* 2 Bde. München 1980, 1989.

Matuschek, Stefan: „Was ist ein ‚Troubadour der Erlebnislyrik‘? Epochenblick durch ein Goethe-Sonett". In: *GJb* 115 (1998), S. 66–76.

Mayer, Hans: *Goethe. Ein Versuch über den Erfolg*. Frankfurt/M. 1973.

Meyer-Krentler, Eckhardt: „‚Kalte Abstraktion‘ gegen ‚versengte Einbildung‘. Destruktion und Restauration aufklärerischer Harmoniemodelle in Goethes ‚Leiden‘ und Nicolais ‚Freuden des jungen Werthers‘". In: *Deutsche Vierteljahresschrift* 56 (1982), S. 65–91.

Meyer-Krentler, Eckhardt: *Willkomm und Abschied. Herzschlag und Peitschenhieb. Goethe – Mörike – Heine*. München: Fink 1987.

Michelsen, Peter: „Egmonts Freiheit". In: *Euphorion* 65 (1971), S. 274–297.

Moritz, Karl Philipp: *Werke*. 3 Bde. Hrsg. v. Horst Günther. Frankfurt/M. 1981.

Müller, Günther: *Gestaltung-Umgestaltung in „Wilhelm Meisters Lehrjahren"*. Halle 1948.

Müller, Klaus-Detlef: „‚Auch ich in der Champagne‘. Goethe als Schlachtenbummler in den Revolutionskriegen". In: *GJb* 120 (2003), S. 100–110.

Nägele, Rainer: „Götz von Berlichingen". In: Hinderer, Walter (Hrsg.): *Goethes Dramen. Neue Interpretationen*. Stuttgart 1980, 65–77.

Neuhaus, Volker: „Die Archivfiktion in Wilhelm Meisters Wanderjahren". In: *Euphorion* 62 (1968), S. 13–27.

Nietzsche, Friedrich: „Unzeitgemäße Betrachtungen. Erstes Stück [1873]: „David Strauß. Der Bekenner und der Schriftsteller". In: *Werke in drei Bänden*. Hrsg. von Karl Schlechta. München 1954, S. 137–207.

Ohly, Friedrich: „Goethes ‚Ehrfurchten‘ – ein ‚ordo caritatis‘". In: *Euphorion* 55 (1961), 113–145, 405–448.

Plumpe, Gerhard: *Epochen moderner Literatur: Ein systemtheoretischer Entwurf*. Opladen 1995.

Propyläen. Eine Periodische Schrift. Herausgegeben von Johann Wolfgang von Goethe. 3Bde. 1798–1800. Fotomechanischer Nachdruck. Einführung und Anhang von Wolfgang von Löhneysen. Stuttgart 1965.

Reiß, Gunther: „Clavigo". In: Witte, Bernd/Buck, Theo/Dahnke, Hans-Dietrich (Hrsg.): *Goethe-Handbuch*. Bd. 2: *Dramen*. Stuttgart/Weimar 1996, S. 106–122.

Riedel, Wolfgang: „Bergbesteigung/Hadesfahrt. Topik und Symbolik der ‚Harzreise im Winter‘". In: *GJb* 120 (2003), S. 58–71.

Rösler, Winfried: „Pädagogische Provinzen und Utopien. Goethes und Mozarts Pädagogikkritik". In: *Neue Sammlung* 45 (2005), S. 620–662.

Rüdiger, Horst: „Weltliteratur in Goethes Helena". In: *Jahrbuch der deutschen Schillergesellschaft* 8 (1964), S. 172–198.

Saße, Günther: „Woran leidet Werther? Zum Zwiespalt zwischen idealistischer Schwärmerei und sinnlichem Begehren". In: *GJb* 116 (1999), S. 245–258.

Schadewaldt, Wolfgang: „Goethes Knabenmärchen ‚Der neue Paris‘. Eine Deutung". In: W.S.: *Goethestudien. Natur und Altertum*. Zürich 1963, S. 263–282.

Schelling, Friedrich Wilhelm Joseph: „Philosophie der Kunst". In: F.W.J.S.: *Gesammelte Werke*. Berlin 1859 I.5, 357–736

Scherpe, Klaus: *Werther und Wertherwirkung. Zum Syndrom bürgerlicher Gesellschaftsordnung im 18. Jahrhundert*. Bad Homburg 1970.

Schillemeit, Jost: „Das ‚Vorspiel auf dem Theater‘ zu Goethes ‚Faust‘: Entstehungszusammen-hänge und Folgerungen für sein Verständnis". In: *Euphorion* 80 (1986), S. 149–166 (auch in: Schillemeit, Jost: *Studien zur Goethezeit*. Göttingen 2006, S. 115–137).

Schiller, Friedrich: *Werke in drei Bänden*. Hrsg. v. Herbert G. Göpfert. München 1981.

Schings, Hans-Jürgen: „Wilhelm Meister und das Erbe der Illuminaten". In: H.-J.S.: *Zustimmung zur Welt. Goethe-Studien*. Würzburg 2011, S. 231–253.

Schmidt, Jochen: „Goethes Bestimmung der dichterischen Existenz im Übergang zur Klassik: ‚Harzreise im Winter‘". In: *Deutsche Vierteljahresschrift* 57 (1983), S. 613–635.

Schmidt, Jochen: *Goethes „Faust". Erster und Zweiter Teil. Grundlagen – Werk – Wirkung*. München ²2001.

Schöne, Albrecht (Hrsg.): *Goethe. Faust*. 2 Bde. Bd. I: *Texte*. Bd. II: *Kommentare*. Frankfurt/M. 1995 (= FA Bd. 7.1 u. 7.2).

Schröder, Jürgen: „Individualität und Geschichte im Drama des jungen Goethe". In: Hinck, Walter (Hrsg.): *Sturm und Drang*. Kronberg 1978, S. 192–212.

Schröder, Jürgen: „Poetische Erlösung der Geschichte – Goethes *Egmont*". In: Hinck, Walter (Hrsg.): *Geschichte als Schauspiel. Deutsche Geschichtsdramen. Interpretationen.* Frankfurt/M. 1981, S. 101–115.

Schwind, Klaus: „‚Man lache nicht!' Goethes theatrale Spielverbote. Über die schauspielerischen Unkosten des autonomen Kunstbegriffs". In: *Internationales Archiv für Sozialgeschichte der deutschen Literatur* 21 (1996), S. 66–112.

Sengle, Friedrich: *Das historische Drama in Deutschland.* [1952]: *Das deutsche Geschichtsdrama. Geschichte eines literarischen Mythos*] Stuttgart ²1969.

Shaftesbury, Anthony Ashley Cooper, Earl of: *Soliloquy or, Advice to an Author.* London 1710.

Storz, Gerhard: „Wilhelm Meisters Lehrjahre". In: G.S.: *Goethe-Vigilien.* Stuttgart 1953, S. 61–103.

Strauß: David Friedrich: *Der alte und der neue Glaube.* Leipzig 1872.

Ueding, Gert: „Vermählung mit der Natur. Zu Goethes ‚Erlkönig'". In: Grimm, Gunter E. (Hrsg.): *Gedichte und Interpretationen. Deutsche Balladen.* Stuttgart 1988, S. 92–107.

Vaget, Hans Rudolf: „Ein reicher Baron. Zum sozialgeschichtlichen Gehalt der ‚Wahlverwandtschaften'". In: *Jahrbuch der Deutschen Schillergesellschaft* 24 (1980), S. 123–161.

Valk, Thorsten: „Goethes Werther im Kontext zeitgenössischer Melancholie-Diskurse". In: *GJb* 199 (2002), S. 14–22.

van Hoorn, Tanja: „‚Verachte alle unvernünftigen Aerzte!' Komödiantische Medizindiskurse um 1750". In: Zelle, Carsten et al. (Hrsg.): *Heilkunst und Schöne Künste im 18. Jahrhundert. Medizin – Literatur – Kunst – Wissenschaft.* Göttingen 2011, S. 131–146.

Viëtor, Karl: „Goethe. Wilhelm Meisters Lehrjahre". In: Schillemeit, Jost (Hrsg.): *Interpretationen III. Deutsche Romane von Grimmelshausen bis Musil.* Frankfurt/M. 1966, S. 30–48.

Vilmar, August Friedrich Christian: *Geschichte der deutschen National-Literatur.* [1845] Marburg ⁶1856.

Wagenknecht, Christian: „Goethes ‚Ehrfurchten' und die Symbolik der Loge". In: *Zeitschrift für deutsche Philologie* 84 (1965), S. 34–57.

Wagner-Egelhaaf, Martina: *Sich entscheiden. Momente der Autobiographie bei Goethe.* Göttingen 2020.

Weber, Heinz-Dieter: „Ästhetische Identität. Über das Fiktive in Dichtung und Wahrheit". In: *Deutschunterricht* 41/2 (1989), S. 21–36.

Winckelmann, Johann Joachim: *Gedanken über die Nachahmung der Griechischen Werke in der Malerey und Bildhauerkunst* 1755.

Zimmermann, Rolf Christian: „Franz von Baader und Goethes vier Ehrfurchten". In: *Germanisch-Romanische Monatsschrift* N.F. 14 (1964), S. 267–279.

Zimmermann, Rolf-Christian: *Das Weltbild des jungen Goethe.* 2 Bde. München 1969, 1979. Bd. 1 ²2002

Zoëga, Georg: „Αγαθηι Τυχηι. Tyche und Nemesis". In: G.Z.: *Abhandlungen.* Göttingen 1817, S. 32–55).

Weiterführende Literatur

II.1

Marx, Reiner: „Anakreontik als lyrische Initiation. Zu Lessings ‚Kleinigkeiten' und Goethes ‚Annette'. In: Luserke-Jacqui, Matthias (Hrsg.): *Literatur und Kultur des Rokoko.* Göttingen 2001, S. 135–145.

Preisendanz, Wolfgang: „Das Schäferspiel ‚Die Laune des Verliebten‘ und das Lustspiel ‚Die Mitschuldigen‘“. In: Hinderer, Walter (Hrsg.): *Goethes Dramen. Neue Interpretationen*. Stuttgart 1980, S. 11–22.

Beckmann, Peter: „Zur Semiotik der Straßburger Münsterfassade und der beiden Goethe-Aufsätze ‚Von deutscher Baukunst‘ (1772; 1823)“. In: *Kodikas, Code – Ars semeiotica* 13 (1990), H. 3/4, S. 151–175.

Fischer, Bernhard: „Authentizität und ästhetische Objektivität. Youngs ‚Gedanken über die Original-Werke‘ (1759) und Goethes ‚Von Deutscher Baukunst‘ (1771)“. In: *Germanisch-romanische Monatsschrift* 73 (1992), H. 2, S. 178–194.

Guthke, Karl Siegfried: „Dodd hat euch ganz verdorben? Der europäische Kontext der Shakespeare-Kenntnis des jungen Goethe“. In: *Jahrbuch des Freien Deutschen Hochstifts* 2002, S. 1–30.

Krause, Robert: „Die Architektur des Genies. Zu Goethes Essay ‚Von deutscher Baukunst‘“. In: *GJb* 127 (2010), S. 95–134.

II.1 Lyrik

Heidenröslein – Erlkönig

Althaus, Thomas: „Ursprung in später Zeit. Goethes ‚Heidenröslein‘ und der Volksliedentwurf“. In: *Zeitschrift für deutsche Philologie* 118 (1999), H.2, S. 161–188.

Kühlmann, Wilhelm: „Die Nachtseite der Aufklärung. Goethes ‚Erlkönig‘ im Lichte der zeitgenössischen Pädagogik (C.G. Salzmanns *Moralisches Elementarbuch*)“. In: Gutjahr, Ortrud (Hrsg.): *Gesellige Vernunft. Zur Kultur der literarischen Aufklärung*. Würzburg 1993, S. 145–157.

Laufhütte, Hartmut: „Volkslied und Ballade“. In: *GJb* 108 (1991), S. 85–100.

Woesler, Winfried: „Goethes ‚Heidenröslein‘. Eine Interpretation“. In: *Wirkendes Wort* 55 (2005), H. 2, S. 195–208.

Mayfest – Es schlug mein Herz

Brandt, Helmut: „Goethes Sesenheimer Gedichte als lyrischer Neubeginn“. In: *GJb* 108 (1991), S. 31–46.

Feldt, Michael: „Erlebnislyrik bei Goethe“. In: M.F.: *Lyrik als Erlebnislyrik. Zur Geschichte eines Literatur- und Mentalitätstypus zwischen 1600 und 1900*. Heidelberg 1990, S. 169–195.

Meid, Christoph: „‚Mayfest‘ als bukolisches Gedicht. Zum Traditionsverhalten des jungen Goethe“. In: *GJb* 136 (2019), S. 127–141.

Petersdorff, Dirk von: *„Und lieben Götter, welch ein Glück“. Glaube und Liebe in Goethes Gedichten*. Göttingen 2019.

Segebrecht, Wulf: „Goethes Erneuerung des Gelegenheitsgedichts“. In: *GJb* 108 (1991), S. 129–138.

Schmitz, Michael: „Über Gott und die Welt. Zur religiösen Semantik in Goethes ‚Maifest‘“. In: *Wirkendes Wort* 57 (2007), H. 2, S. 209–217.

Soboth, Christian: „Willkommen und Abschied. Der junge Goethe und der Pietismus“. In: Kemper, Hans-Georg: *Goethe und der Pietismus*. Tübingen 2001, S. 209–230.

Wanderers Sturmlied

Jølle, Jonas: „The Pindaric challenge. Goethe's ‚Wanderers Sturmlied‘“. In: *Oxford German studies* 32 (2003), S. 53–85.

Mommsen, Katharina: „‚Wandrers Sturmlied‘. Die Leiden des jungen Goethe“. In: Wacker, Manfred (Hrsg.): *Sturm und Drang*. Darmstadt 1985, S. 368–396.

Prometheus – Ganymed – An Schwager Kronos

Bosse, Anke: „Johann Wolfgang von Goethe: ‚Prometheus‘. Von Revolte und Konkurrenz-schöpfertum zur Sprachmacht". In: Enklaar, Jattie (Hrsg.): *Schlüsselgedichte. Deutsche Lyrik durch die Jahrhunderte*. Würzburg 2009, S. 39–54.

Christ, Kurt: „‚Der Kopf von Goethe, der Leib von Spinoza und die Füße von Lavater‘. Goethes Gedichte ‚Das Göttliche‘ und ‚Prometheus‘ im Kontext ihrer Erstveröffentlichung durch Jacobi". In: *GJb* 109 (1992), S. 11–21.

Gaier, Ulrich: „Vom Mythos zum Simulacrum. Goethes ‚Prometheus‘-Ode". In: Hamacher, Bernd (Hrsg.): *Johann Wolfgang Goethe. Lyrik und Drama. Neue Wege der Forschung*. Darmstadt 2007, S. 57–75.

Keller, Werner: „Goethes ‚Ganymed‘. Mythisches Modell und odische Metamorphose". In: Polheim, Karl Kurt (Hrsg.): *Sinn und Symbol. Festschrift für Josef Strelka*. Bern 1987, 67–85.

Luserke-Jaqui, Matthias: „Goethes ‚Prometheus‘-Ode. Text und Kontext. In: Sauder, Gerhard (Hrsg.): *Goethe-Gedichte. Zweiunddreißig Interpretationen*. München 1996, S. 47–57.

Reinhardt, Hartmut: „Prometheus und die Folgen". In: *GJb* 108 (1991), S. 137–168.

Schings, Hans-Jürgen: „Im Gewitter gesungen. Goethes ‚Prometheus‘-Ode als Kontrafaktur". In: Düsing, Wolfgang (Hrsg.): *Traditionen der Lyrik*. Tübingen 1997, S. 59–71.

Weber, Christian: „Goethes ‚Ganymed‘ und der Sündenfall der Ästhetik". In: *Deutsche Viertel-jahrsschrift für Literaturwissenschaft und Geistesgeschichte* 81 (2007), H. 3, S. 317–345.

Wellbery, David E.: „‚Spude dich Kronos‘. Zeitsemantik und poetologische Konzeption beim jungen Goethe. In: Wiethölter, Waltraud (Hrsg.): *Der junge Goethe. Genese und Konstruktion einer Autorschaft*. Tübingen 2001, S. 163–181.

Wellbery, David E.: „Die Form der Autonomie. Goethes ‚Prometheus‘-Ode". In: Pankow, Edgar (Hrsg.): *Prometheus. Mythos der Kultur*. München 1999, S. 109–125.

Wruck, Peter: „Die gottverlassene Welt des Prometheus. Gattungsparodie und Glaubenskonflikt in Goethes Gedicht". In: *Zeitschrift für Germanistik* 8 (1987), S. 517–531.

Auf dem Harz im Dezember 1777

Mandelartz, Michael: „‚Harzreise im Winter‘. Goethes Antwort auf Petrarca und die Natur-geschichte der Kultur". In: *GJb* 123 (2006), S. 86–99.

Riedel, Wolfgang: „Bergbesteigung/Hadesfahrt. Topik und Symbolik der ‚Harzreise im Winter‘". In: *GJb* 120 (2003), S. 58–71.

Wellbery, David E./Weimar, Klaus: Goethe: ‚Harzreise im Winter‘. Eine Deutungskontroverse. Paderborn 1984.

Ilmenau am 3. September 1783

Engelhardt, Wolf von: *Goethe im Gespräch mit der Erde. Landschaft, Gesteine, Mineralien und Erdgeschichte in seinem Leben und Werk*. Weimar 2003.

Hansen, Volkmar: „Goethe und der (Ilmenauer) Bergbau". In: Sent, Eleonore (Hrsg.): *Bergbau und Dichtung*. Weimar 2003, S. 127–149.

Lauffs, Manfred: „‚Er war mir August und Mäzen‘. Annäherung an ein Gedicht über soziale Ver-hältnisse und ein freundschaftliches Verhältnis". In: Arnold, Heinz Ludwig (Hrsg.): *Goethe. text und kritik Sonderheft*. München 1982, S. 54–83.

Wanderer Nachtlied. Ein Gleiches.

Hans-Jörg Knobloch: „Wandrers Nachtlied – ein Gebet?" In: Knobloch, Hans-Jörg/Koopmann Helmut (Hrsg.): *Goethe. Neue Ansichten – Neue Einsichten*. Würzburg 2007, S. 91–102.

Segebrecht, Wulf: *Johann Wolfgang Goethes Gedicht ‚Über allen Gipfel ist Ruh‘ und seine Folgen. Zum Gebrauchswert klassischer Lyrik. Text, Materialien, Kommentar*. München 1978.

Steiner, Uwe C.: „Gipfelpoesie. Wandrers Leiden, Höhen und Tiefen in Goethes beiden Nacht-liedern". In: Witte, Bernd: *Interpretationen. Gedichte von Johann Wolfgang Goethe*. Stuttgart 1998, S. 77–95.

II.4

Götz von Berlichingen

Buck, Theo: *Goethes theatralische Sendung. Vom „Urgötz" zu „Faust II"*. Köln, Weimar, Wien 2015.

Martini, Fritz: „Goethes ‚Götz von Berlichingen'. Charakterdrama und Gesellschaftsdrama". [1972] In: F.M.: *Geschichte im Drama, Drama in der Geschichte*. Stuttgart 1979, S. 104–128.

McInnes, Edward: „Moral, Politik und Geschichte in Goethes ‚Götz von Berlichingen'". *Zeitschrift für deutsche Philologie* (Sonderheft) 103 (1984), S. 2–20.

Neuhaus, Volker: „Johann Wolfgang Goethe: ‚Götz von Berlichingen'". In: Hinck, Walter (Hrsg.): *Geschichte als Schauspiel. Deutsche Geschichtsdramen. Interpretationen*. Frankfurt/M. 1981, S. 82–100.

Woesler, Winfried: „Rechts- und Staatsauffassungen in Goethes *Götz von Berlichingen*". In: Plachta, Bodo (Hrsg.): *Sturm und Drang. Geistiger Aufbruch 1770–1790 im Spiegel der Literatur*. Tübingen 1997, S. 105–120.

Clavigo

Heimerl, Joachim: „Der moderne Charakter. Das Trauerspiel *Clavigo* als Schlüsselwerk des jungen Goethe". In: *Euphorion* 100 (2006), S. 11–27.

Leppmann, Wolfgang: „Clavigo". In: Hinderer, Walter (Hrsg.): *Goethe Dramen. Neue Interpretationen*. Stuttgart 1992, S. 66–87.

Müller, Klaus-Detlef: „Goethes *Clavigo*. Das Künstlerdrama im bürgerlichen Trauerspiel". In: Bohnen, Klaus (Hrsg.): *Aufklärung als Problem und Aufgabe*. München 1994, S. 192–201.

Pailer, Gaby: „Identität als Inszenierung. Soziales, nationales und geschlechtliches Rollenbewusstsein in Goethes *Clavigo*". In: Luserke, Matthias (Hrsg.): *Goethe nach 1999. Positionen und Perspektiven*. Göttingen 2001, S. 99–110.

Reiß, Gunther: „Clavigo". In: Witte, Bernd/Buck, Theo/Dahnke, Hans-Dietrich (Hrsg.): *Goethe-Handbuch*. Bd. 2: *Dramen*. Stuttgart/Weimar 1996, S. 106–122.

Stella

Mellmann, Katja: „Güte – Liebe – Gottheit: Ein Beitrag zur Präzisierung des ‚utopischen' Gehalts von Goethes *Stella*". In: *Aufklärung* 13 (2001), S. 103–147.

Nutz, Maximilian: „‚Nur ein vernünftig Wort'. Lernprozesse des Herzens in Goethes *Stella*". In: *Literatur für Leser* 1985, S. 197–212.

Pikulik, Lothar: „Stella. ein Schauspiel für Liebende". In: Hinderer, Walter (Hrsg.): *Goethe Dramen. Neue Interpretationen*. Stuttgart 1992, S. 88–116.

Schulz, Georg-Michael: „Stella". In: Witte, Bernd u. a. (Hrsg.): Goethe-Handbuch. Bd. 2: Dramen. Stuttgart und Weimar 1998, S. 123–141.

Sina, Kai: „Nihilismusgefahr. Stella, Goethe und das Unerträgliche". In: *GJb* 136 (2019), S. 142–156.

Lila – Triumph der Empfindsamkeit – Die Fischerin

Ammerlahn, Hellmut: „Vom Püppchen zum Liebchen, vom Schatten zur erkennenden Frau. Ironische und therapeutische Selbstinszenierungen der dichterischen Phantasie in Goethes ‚Anti-Werther-Dramen' *Lila* und *Triumph der* Empfindsamkeit".In: Henn, Marianne/Lorey, Christoph (Hrsg.): *Analogon rationis*. Edmonton, Alberta 1994, S. 111–128.

Heins, John P.: „Sentimental confusion. Art, nature, and aesthetic autonomy in Goethe's *Der Triumph der Empfindsamkeit*". In: *Goethe yearbook* 14 (2007), S. 83–101.

Jeßing, Benedikt: „Musikalische Therapeutik? Zu Goethes Singspiel *Lila* im Spannungsfeld von Medizingeschichte und Gattungsdiskussion". In: Zelle, Carsten et al. (Hrsg.): *Heilkunst und Schöne Künste im 18. Jahrhundert. Medizin – Literatur – Kunst – Wissenschaft*. Göttingen 2011, S. 217–238.

Ribbat, Ernst: „Suggestion von Oralität. Herders *Volkslieder* und Goethes Singspiel *Die Fischerin*". In: *Oralität und moderne Schriftkultur*. Hannover 2008, S. 116–124.

Sauder, Gerhard: „Vom Himmel der Empfindsamkeit in Proserpinas Höhle. Goethes *Triumph der Empfindsamkeit*". In: *Euphorion* 97 (2003), H. 2, S. 141–162.

Stockhorst, Stefanie: *Fürstenpreis und Kunstprogramm. Sozial- und gattungsgeschichtliche Studien zu Goethes Gelegenheitsdichtungen für den Weimarer Hof*. Tübingen 2002.

Strohschneider-Kohrs, Ingrid: „,Proserpina' im *Triumph der Empfindsamkeit*. Goethes Selbstmaskierung". In: *Euphorion* 93 (1999), H. 2, S. 139–167.

Valk, Thorsten: *Melancholie im Werk Goethes. Genese – Symptomatik – Therapie*. Tübingen 2002.

II.5

Die Leiden des jungen Werthers

Alewyn, Richard: „Klopstock!". In: *Euphorion* 73 (1979), S. 357–364.

Blessin, Stefan: *Goethes Romane: Aufbruch in die Moderne*. Paderborn 1996.

Flaschka, Horst: *Goethes „Werther". Werkkontextuelle Deskription und Analyse*. München 1987.

Herrmann, Hans-Peter: „Landschaft in Goethes Werther. Zum Brief vom 18. August". In: Clasen, Thomas/Leibfried, Erwin (Hrsg.): *Goethe. Vorträge aus Anlaß seines 150. Todestages*. Frankfurt/M., Bern, New York 1984, S. 77–100.

Komfort-Hein, Susanne: „Die Medialität der Empfindsamkeit. Goethes *Die Leiden des jungen Werther* und Lenz' *Der Waldbruder. Ein Pendant zu Werthers Leiden*". In: *Jahrbuch des Freien Deutschen Hochstifts* 2002, S. 31–53.

Martus, Steffen: „Johann Wolfgang Goethes *Die Leiden des jungen Werthers* als Medienskandal". In: Friedrich, Hans-Edwin (Hrsg.): *Literaturskandale*. Frankfurt 2009, S. 29–43.

Meyer-Kalkus, Reinhard: „Werthers Krankheit zum Tode. Pathologie und Familie in der Empfindsamkeit". In: Kittler, Friedrich A./Turk, Horst (Hrsg.): *Urszenen*. Frankfurt/M. 1977, S. 76–138.

Schmiedt, Helmut (Hrsg.): *,Wie froh bin ich, daß ich weg bin!' Goethes Roman ,Die Leiden des jungen Werther' in literaturpsychologischer Sicht*. Würzburg 1989.

Schöffler, Herbert: „Die Leiden des jungen Werther. Ihr geistesgeschichtlicher Hintergrund". [1938] In: H.S.: *Deutscher Geist im 18. Jahrhundert*. Göttingen 1967, S. 155–181.

Vaget, Hans Rudolf: „Die Leiden des jungen Werthers (1774)". In: Lützeler, Paul Michael (Hrsg.): *Goethes Erzählwerk. Interpretationen*. Stuttgart 1985, S. 37–72.

III.1

Römische Elegien

Hahn, Karl-Heinz: „Der Augenblick ist Ewigkeit. Goethes ,Römische Elegien'". In: *GJb* 105 (1988), S. 165–180.

Jeßing, Benedikt: „Sinnlichkeit und klassische Ästhetik. Zur Konstituierung eines poetischen Programms im Gedicht". In: Witte, Bernd: *Interpretationen. Gedichte von Johann Wolfgang Goethe*. Stuttgart 1998, S. 129–148.

Kaiser, Gerhard: „Wandrer und Idylle. Ein Zugang zur zyklischen Ordnung der ‚Römischen Elegien‘". [1965] In. G.K.: *Wanderer und Idylle. Goethe und die Phänomenologie der Natur in der deutschen Dichtung von Geßner bis Gottfried Keller.* Göttingen 1977, S. 148–174.

Rüdiger, Horst: „Goethes ‚Römische Elegien‘ und die antike Tradition". In: *GJb* 95 (1978), S. 174–198.

Wild, Reiner: *Goethes klassische Lyrik.* Stuttgart, Weimar 1999.

Witte, Bernd: „Roma – Amor. Antike Tradition und moderne Erfahrung in Goethes ‚Römischen Elegien‘". In: Beutler, Benhard (Hrsg.): *Spuren, Signaturen, Spiegelungen. Zur Goethe-Rezeption in Europa.* Köln 2000, S. 499–513.

Zimmermann, Bernhard: „Sprechende Antike. Goethes ‚Römische Elegien‘". In: Elm, Veit: *Die Antike der Moderne. Vom Umgang mit der Antike im Europa des 18. Jahrhunderts.* Hannover 2009, S. 275–291.

Venetianische Epigramme

Gfrereis, Heike: „Die Einweihung ins Gewöhnliche. Goethes Venetianische Epigramme". In: *GJb* 110 (1993), S. 227–242.

Willems, Gottfried: „Klassische Lyrik? Über Goethes ‚Römische Elegien‘ und ‚Venetianische Epigramme‘". In: Düsing, Wolfgang (Hrsg.): *Traditionen der Lyrik.* Tübingen 1997, S. 87–102.

Xenien

Ammon, Frieder von: *Ungastliche Gaben. Die „Xenien" Goethes und Schillers und ihre literarische Rezeption von 1796 bis in die Gegenwart.* Tübingen 2005.

Balladen

Segebrecht, Wulf: „Naturphänomen und Kunstidee. Goethe und Schiller in ihrer Zusammenarbeit als Balladendichter, dargestellt am Beispiel der ‚Kraniche des Ibykus‘". In: Richter, Karl/Schönert, Jörg (Hrsg.): *Klassik und Moderne. Die Weimarer Klassik als historisches Ereignis und Herausforderung im kulturgeschichtlichen Prozeß.* Stuttgart 1983, S. 194–206.

Elegien: Lehrgedichte

Nisbet, Hugh Barr: „Lucretius in 18th-century Germany. With a commentary on Goethes ‚Metamorphose der Tiere‘". In: *The modern language review* 81 (1986), S. 97–115.

Richter, Karl: „Wissenschaft und Poesie auf ‚höherer Stelle‘. Goethes Elegie ‚Die Metamorphose der Pflanzen‘". In: Segebrecht, Wulf: (Hrsg.): *Gedichte und Interpretationen.* Bd. 3: *Klassik und Romantik.* Stuttgart 1984, S. 156–168.

Stiening, Gideon: „‚Und das Ganze belebt, so wie das Einzelne, sei‘. Zum Verhältnis von Wissen und Literatur am Beispiel von Goethes ‚Die Metamorphose der Pflanzen‘". In: Köppe, Tilmann (Hrsg.): *Literatur und Wissen. Theoretisch-methodische Zugänge.* Berlin 2010, S. 192–213.

Westerhoff, Armin: „‚Bildsam ändre der Mensch selbst die bestimmte Gestalt‘. Spinoza und die Verschränkung von Erkenntnis und Ethik in Goethes Elegie ‚Die Metamorphose der Pflanzen‘". In: Bollacher, Martin (Hrsg.): *Ein neuer Blick auf die Welt. Spinoza in Literatur, Kunst und Ästhetik.* Würzburg 2010, S. 19–27.

Alexis und Dora

Borchmeyer, Dieter: „Des Rätsels Lösung in Goethes ‚Alexis und Dora‘". In: Chiarini, Paolo (Hrsg.): *Bausteine zu einem neuen Goethe.* Frankfurt am Main 1987, S. 66–92.

Hillenbrand, Rainer: „Die Geburt der Idylle aus dem Geist der Elegie. Aphroditisches und Apollinisches in Goethes ‚Alexis und Dora‘". In: *Seminar* 31 (1995), H. 4, 288–299.

III.2 Dramatik

Iphigenie

Beutin, Heidi: "‚Ich bin so frei geboren als ein Mann'. Frauenbild, weibliches Priestertum und Humanität in Goethes Schauspiel Iphigenie". In: Beutin, Wolfgang (Hrsg.): *„Gottes ist der Orient! Gottes ist der Occident!" – Goethe und die Religionen der Welt*. Frankfurt/M. 2000, S. 23–50.

Deiters, Franz-Josef: "‚Iphigenie auf Tauris' als Drama der Grenzüberschreitung oder: Die Aneignung des Mythos". In: *Jahrbuch des Freien Deutschen Hochstifts* 1999, S. 14–51.

Erhart, Walter: "Drama der Anerkennung. Neue gesellschaftstheoretische Überlegungen zu Goethes *Iphigenie auf Tauris*". In: *Jahrbuch der Deutschen Schillergesellschaft* 51 (2007), S. 140–165.

Frick, Werner: "Die Schlächterin und der Tyrann. Gewalt und Aufklärung in europäischen Iphigenie-Dramen des 18. Jahrhunderts". In: *GJb* 118 (2001), S. 126–141.

Geisenhanslüke, Achim: *Johann Wolfgang Goethe, Iphigenie auf Tauris. Interpretation*. München 1997.

Hackert, Fritz: „Iphigenie auf Tauris". In: Hinderer, Walter (Hrsg.): *Goethes Dramen. Neue Interpretationen*. Stuttgart 1980, 144–168.

Henkel, Arthur: „Die ‚verteufelt humane' Iphigenie. Ein Vortrag". In: *Euphorion* 59 (1965), S. 1–18.

Jeßing, Benedikt: "Schillers Rezeption von Goethes *Iphigenie*". In: *GJb* 122 (2005), S. 147–161.

Kaute, Brigitte: „Die durchgestrichene Aufklärung in Goethes *Iphigenie auf Tauris*". In: *GJb* 127 (2010), S. 122–134.

Neubauer, John: „Sprache und Distanz in Goethes ‚Iphigenie'". In: Wittkowski, Wolfgang (Hrsg.): *Verlorene Klassik? Ein Symposium*. Tübingen 1986, S. 27–36.

Rasch, Wolfdietrich: *Goethes ‚Iphigenie auf Tauris' als Drama der Autonomie*. München 1979.

Reinhardt, Hartmut: "Die Geschwister und der König. Zur Psychologie der Figurenkonstellation in Goethes *Iphigenie auf Tauris*". In: Hamacher, Bernd (Hrsg.): *Johann Wolfgang Goethe. Lyrik und Drama. Neue Wege der Forschung*. Darmstadt 2007, S. 171–188.

Wierlacher, Alois: „Ent-Fremdete Fremde. Goethes ‚Iphigenie auf Tauris' als Drama des Völkerrechts". In: *Zeitschrift für deutsche Philologie* 102 (1983), S. 161–180.

Wittkowski, Wolfgang: „‚Bei Ehren bleiben die Orakel und gerettet sind die Götter'? Goethes ‚Iphigenie': Autonome Humanität und Autorität der Religion im aufgeklärten Absolutismus". In: *GJb* 101 (1984), S. 250–268.

Egmont

Borchmeyer, Dieter: *Die Weimarer Klassik. Portrait einer Epoche*. Aktualis. Neuausgabe. Weinheim 1998.

Deiters, Franz-Josef: „‚Du bist nur Bild'. Die Selbstbegründung des Geschichtsdramas in Goethes *Egmont*". In: Blasberg, Cornelia (Hrsg.): *Geschichtserfahrung im Spiegel der Literatur*. Tübingen 2000, S. 65–88.

Tasso

Aurnhammer, Achim (Hrsg.): *Torquato Tasso in Deutschland. Seine Wirkung in Literatur, Kunst und Musik seit der Mitte des 18. Jahrhunderts*. Berlin 1995.

Bahr, Ehrhard: „‚Die ganze Kunst des höfischen Gewebes'. Goethes *Torquato Tasso* und seine Kritik an der Weimarer Hofklassik". In: Donahue, William Collins (Hrsg.): *History and literature*. Tübingen 2000, 1–17.

Bürger, Christa: „Der bürgerliche Schriftsteller im höfischen Mäzenat. Literatursoziologische Bemerkungen zu Goethes *Tasso*". In: Conrady, Karl Otto (Hrsg.): *Deutsche Literatur zur Zeit der Klassik*. Stuttgart 1977, S. 141–153.

Girschner, Gabriele: „Zum Verhältnis zwischen Dichter und Gesellschaft in Goethes *Torquato Tasso*". In: *GJb* 101 (1984), S. 162–186.

Kaiser, Gerhard: „Der Dichter und die Gesellschaft in Goethes ‚Torquato Tasso‘". In: G.K.: *Wanderer und Idylle. Goethe und die Phänomenologie der Natur in der deutschen Dichtung von Geßner bis Gottfried Keller*. Göttingen 1977, S. 175–208.

Kraft, Herbert: „Goethes ‚Tasso‘". In: *GJb* 104 (1987), S. 84–95.

Müller, Klaus-Detlef: „Das Elend der Dichterexistenz: Goethes ‚Torquato Tasso‘". In: *GJb* 124 (2007), S. 198–214.

Wokalek, Marie: „Die Krise der Phantasie zwischen Kalokagathia und Vereinigungsphilosophie. Zur Funktion Prinzessin Leonores in Goethes ‚Torquato Tasso‘". In: *GJb* 127 (2010), S. 39–47.

Die natürliche Tochter

Böschenstein, Bernhard: „Goethes *Natürliche Tochter* als Antwort auf die Französische Revolution". In: Chiarini, Paolo (Hrsg.): *Bausteine zu einem neuen Goethe*. Frankfurt/M. 1987, S. 93–106.

Buschmeier, Matthias: „Familien-Ordnung am Ende der Weimarer Klassik. Zum Verhältnis von Genealogie, Politik und Poetik in Schillers *Die Braut von Messina* und Goethes *Die natürliche Tochter*". In: *Deutsche Vierteljahresschrift* 82 (2008), S. 26–57.

Görner, Rüdiger: „Entsagung der Entsagenden in Goethes Trauerspiel *Die natürliche* Tochter. In: *GJb* 111 (1994), S. 103–110.

Schings, Hans-Jürgen: „Kein Revolutionsfreund. Die Französische Revolution im Blickfeld Goethes". In: *GJb* 126 (2009), S. 52–64.

Weimar, Klaus: „Der Blick und die Gewalt der Stimme. Zu *Die natürliche* Tochter". In: *Deutsche Vierteljahresschrift* 75 (2001), S. 39–59.

III.4 Versepik/Prosa

Reineke Fuchs – Hermann und Dorothea

Birkner, Nina: „Der ‚Vicar of Wakefield‘ als Vorbild für Voß' ‚Luise‘ und Goethes ‚Hermann und Dorothea‘". In: *GJb* 132 (2015), S. 151–161.

Cape, Ruth I.: *Das französische Ungewitter – Goethes Bildersprache zur Französischen Revolution*. Heidelberg 1991.

Friedland, Simon: „Poesie und Plastik. Über den epischen Hexameter in Goethes *Hermann und Dorothea*". In: *GJb* 137 (2020), S. 19–28.

Kaiser, Gerhard: „Französische Revolution und deutsche Hexameter. Goethes *Hermann und Dorothea* nach 200 Jahren". In: *Poetica* 30 (1998), S. 81–97.

Kost, Jürgen: „Die Fortschrittlichkeit des scheinbar Konventionellen. Das Motiv der Liebesheirat in Goethes *Hermann und Dorothea*". In: *GJb* 113 (1996), S. 281–286.

Martin, Dieter: „Tasso und die deutsche Versepik der Goethezeit". In: Aurnhammer, Achim (Hrsg.): *Torquato Tasso in Deutschland. Seine Wirkung in Literatur, Kunst und Musik seit der Mitte des 18. Jahrhunderts*. Berlin 1995, S. 423–442.

Niggl, Günter: „Die Polarität ‚antik und modern‘ in Goethes Versepos *Hermann und* Dorothea". In: Niggl, Günter: *Studien zur Literatur der Goethezeit*. Berlin 2001, S. 106–118.

Unterhaltungen deutscher Ausgewanderten

Damann, Günter: „Goethes *Unterhaltungen deutscher Ausgewanderten* als Essay über die Gattung der Prosaerzählung im 18. Jh.". In: Zimmermann, Harro (Hrsg.): *Der deutsche Roman der Spätaufklärung. Fiktion und Wirklichkeit*. Heidelberg 1990, S. 1–24.

Reinhardt, Hartmut: „Ästhetische Geselligkeit. Goethes literarischer Dialog mit Schiller in den *Unterhaltungen deutscher Ausgewanderten*. In: Alt, Peter-André (Hrsg.): *Prägnanter Moment. Studien zur deutschen Literatur der Aufklärung und Klassik*. – Würzburg 2002, S. 311–341.

Söring, Jürgen: „Die Verwirrung und das Wunderbare in Goethes ‚Unterhaltungen deutscher Ausgewanderten‘“. In: *Zeitschrift für deutsche Philologie* 100 (1981), S. 544–559.

Träger, Christine: „Goethes ‚Unterhaltungen deutscher Ausgewanderten‘ als Ausdruck eines novellistischen Zeitbewußtseins“. In: *GJb* 107 (1990), S. 144–157.

Lehrjahre

Ammerlahn, Helmut: Imaginationen und Wahrheit. Goethes Künstler-Bildungsroman „Wilhelm Meisters Lehrjahre“. Struktur, Symbolik, Poetologie. Würzburg 2003.

Bartel, Heike: „Marianes Uniform und Philines Pantöffelchen. (Ver)Kleidung in Goethes *Wilhelm Meisters Lehrjahre*“. In: Bartel, Heike/Keith-Smith, Brian (Hrsg.): *„Nachdenklicher Leichtsinn“ – Essays on Goethe and Goethe reception*. Lewiston, NY 2000, S. 135–154.

Fick, Monika: „Mignon. Psychologie und Morphologie der Geniusallegorese in ‚Wilhelm Meisters Lehrjahren‘“. In: *Sprachkunst* 13/1 (1982), S. 3–49.

Gröner, Carina: *Textgewebe. Goethes Erzähler in den Wilhelm-Meister-Romanen*. Bielefeld 2019.

Gutjahr, Ortrud: „Theatralität und Innerlichkeit. Zur Bildungsfunktion der ‚Bekenntnisse einer schönen Seele‘ in Goethes *Wilhelm Meisters Lehrjahre*“. In: Heitz, Raymond (Hrsg.): *Neue Einblicke in Goethes Erzählwerk. Genese und Entwicklung einer literarischen und kulturellen Identität*. Heidelberg 2010, S. 45–69.

Haas, Rosemarie: *Die Turmgesellschaft in ‚Wilhelm Meisters Lehrjahren‘. Zur Geschichte des Geheimbundromans und der Romantheorie im 18 Jahrhundert*. (Diss. Kiel 1964) Bern 1975.

Janz, Rolf-Peter: „Zum sozialen Gehalt der ‚Lehrjahre‘“. In: Arntzen, Helmut (Hrsg.): *Literaturwissenschaft und Geschichtsphilosophie*. Berlin, New York 1975, S. 320–340.

Kemper, Dirk: *ineffabile. Goethe und die Individualitätsproblematik der Moderne*. München 2004.

Keppler, Stefan: *Grenzen des Ichs. Die Verfassung des Subjekts in Goethes Romanen und Erzählungen*. Berlin 2006.

Kohn, Brigitte: *„Denn wer die Weiber haßt, wie kann der leben?“ Die Weiblichkeitskonzeption in Goethes „Wilhelm Meisters Lehrjahren“ im Kontext von Sprach- und Ausdruckstheorie des 18. Jahrhundert*. Würzburg 2001.

Koopmann, Helmut: „Dramatisches in Goethes *Wilhelm Meisters Lehrjahre*?“. In: Polheim, Karl Konrad (Hrsg.): *Sinn und Symbol*. Bern 1987, S. 95–112.

Koopmann, Helmut: „Wilhelm Meisters Lehrjahre“. In: Lützeler, Paul Michael (Hrsg.): *Goethes Erzählwerk. Interpretationen*. Stuttgart 1985, 168–191.

Mayer, Gerhart: „Wilhelm Meister Lehrjahre. Gestaltbegriff und Werkstruktur“. In: *GJb* 92 (1975), S. 140–164.

Mayer, Mathias: *Selbstbewußte Illusion. Selbstreflexion und Legitimation der Dichtung im ‚Wilhelm Meister‘*. Heidelberg 1989.

Michelsen, Peter: „Wilhelm Meister liest Shakespeare“. In: Alt, Peter-André (Hrsg.): *Prägnanter Moment. Studien zur deutschen Literatur der Aufklärung und Klassik*. – Würzburg 2002, S. 343–356.

Rector, Martin: „Die Liebe, das Theater und der Turm. Zur Gestalt der Aurelie in Goethes *Wilhelm Meisters Lehrjahre*“. In: Solte-Gresser, Christiane (Hrsg.): *Eros und Literatur. Liebe in Texten von der Antike bis zum Cyberspace*. Bremen 2005, S. 107–115.

Reed, Terence James: „Revolution und Rücknahme. ‚Wilhelm Meisters Lehrjahre‘ im Kontext der französischen Revolution“. In: *GJb* 107 (1990), S. 27–43.

Reiss, Hans: „Lustspielhaftes in Wilhelm Meisters Lehrjahre“. In: Hoffmeister, Gerhart (Hrsg.): *Goethezeit. Studien zur Erkenntnis und Rezeption Goethes und seiner Zeitgenossen*. Bern, München 1981, S. 129–144.

Saße, Günter: „„Gerade seine Unvollkommenheit hat mir am meisten Mühe gemacht'. Schillers Briefwechsel mit Goethe über *Wilhelm Meisters Lehrjahre"*. In: *GJb* 122 (2005), S. 76–91.

Schings, Hans-Jürgen: „„Agathon', ‚Anton Reiser', ‚Wilhelm Meister' – zur Pathologie des modernen Subjekts im Bildungsroman". In: Wittkowski, Wolfgang (Hrsg.): *Goethe im Kontext. Kunst und Humanität, Naturwissenschaft und Politik von der Aufklärung bis zur Restauration.* Tübingen 1984, 42–68.

Schlaffer, Hannelore: *„Wilhelm Meister". Das Ende der Kunst und die Wiederkehr des Mythos.* Stuttgart 1980.

Schößler, Franziska: *Goethes „Lehr- und Wanderjahre". Eine Kulturgeschichte der Moderne.* Tübingen, Basel 2002.

Selbmann, Rolf (Hrsg.): *Zur Geschichte des deutschen Bildungsromans.* Darmstadt 1988.

Vaget, Hans Rudolf: „Liebe und Grundeigentum in ‚Wilhelm Meisters Lehrjahren'. Zur Physiognomie des Adels bei Goethe". In: *Literaturwissenschaft und Sozialwissenschaften* 11 (1979), 137–157.

Viëtor, Karl: „Goethe. Wilhelm Meisters Lehrjahre". In: Schillemeit, Jost (Hrsg.): *Interpretationen III. Deutsche Romane von Grimmelshausen bis Musil.* Frankfurt/M. 1966, S. 30–48.

Voßkamp, Wilhelm: „Utopie und Utopiekritik in Goethes Romanen ‚Wilhelm Meisters Lehrjahre' und ‚Wilhelm Meisters Wanderjahre'". In: W.V. (Hrsg.): *Utopieforschung.* Frankfurt/M. ²1985, 227–249.

Wittkowski, Wolfgang: „„Homo homini lupus. Homo homini deus'. Ethische Theodizee in Goethes *Hermann und Dorothea"*. In: *GJb* 110 (1993), S. 261–274.

Zumbrink, Volker: *Metamorphosen des kranken Königssohns. Die Shakespeare-Rezeption in Goethes Romanen „Wilhelm Meisters theatralische Sendung" und „Wilhelm Meisters Lehrjahre".* Münster 1997.

III.5

Osterkamp, Ernst: „„Aus dem Gesichtspunkt reiner Menschlichkeit'. Goethes Preisaufgaben für bildende Künstler 1799–1805. In: Schulze, Sabine (Hrsg.): *Goethe und die Kunst.* Ostfildern 1994, S. 310–322.

IV.1

Divan

Birus, Hendrik: „„Im Islam leben und sterben wir alle'. Religion und Aufklärung in Goethes *West-östlichem Divan"*. In: *Études germaniques.* 60 (2005), H. 2, S. 265–282.

Birus, Hendrik: „Begegnungsformen des Westlichen und Östlichen in Goethes *West-östlichem Divan"*. In: *GJb* 114 (1997), S. 113–131.

Blessin, Stefan: „Goethes *West-östlicher Divan* und die Entstehung der Weltliteratur". In: Gutjahr, Ortrud (Hrsg.): *Westöstlicher und nordsüdlicher Divan. Goethe in interkultureller Perspektive.* Paderborn 2000, S. 59–71.

Bollacher, Martin: „„Dichten ist ein Übermut'. Die Idee des Dichters und der Dichtung in Goethes *West-östlichem Divan"*. In: Jamme, Christoph (Hrsg.): *Kunst und Geschichte im Zeitalter Hegels.* Hamburg 1996, S. 55–70.

Groddeck, Wolfram: „„Morgenröte'. Zu Goethes Gedicht ‚Wiederfinden' aus dem *West-östlichen Divan"*. In: *GJb* 136 (2019), S. 167–181.

Richter, Karl: „Wiederholte Spiegelungen im *West-östlichen Divan.* Die Entoptik als poetologisches Paradigma in Goethes Alterswerk". In: *Scientia poetica* 4 (2000), S. 115–130.

Schlaffer, Hannelore: „Gedichtete Theorie. Die ‚Noten und Abhandlungen' zum ‚west-östlichen Divan'". In: *GJb* 101 (1984), S. 218–233.

Schwieder, Gabriele: *Goethes „West-östlicher Divan". Eine poetologische Lektüre.* Köln 2001.

Wertheim, Ursula: *Von Tasso zu Hafis. Probleme von Lyrik und Prosa des „West-östlichen Divans".* Berlin und Weimar 1983.

Wild, Inge: „Goethes *West-östlicher Divan* als poetischer Ort psycho-kultureller Grenzüberschreitungen". In: Gutjahr, Ortrud (Hrsg.): *Westöstlicher und nordsüdlicher Divan. Goethe in interkultureller Perspektive.* Paderborn 2000, S. 73–88.

Witte, Bernd: „‚Hegire'. Transkulturelle Übersetzung in Goethes *West-oestlichem Divan*". In: Ottmann, Dagmar (Hrsg.): *Poesie als Auftrag.* Würzburg 2001, S. 83–92.

Urworte

Buck, Theo: *Goethes „Urworte. Orphisch".* Frankfurt/M. 1996.

Kraft, Werner: „Urworte. Orphisch". In: W.K.: *Goethe. Wiederholte Spiegelungen aus fünf Jahrzehnten.* München 1986, S. 193–202.

Schärf, Christian: „Orpheus als Orakel. Metamorphose und Kosmogonie bei späten Goethe im Hinblick auf ‚Urworte. Orphisch'". In: *GJb* 117 (2000), S. 154–164.

Sonette

Heene, Rainer: *„Liebe will ich liebend loben". Goethes Sonette von 1807/1808. Eine Interpretation auf biographisch-psychologischer Grundlage.* Würzburg 2012.

Jordan, Katrin: *„Ihr liebt und schreibt Sonette! Weh der Grille!" Die Sonette Johann Wolfgang von Goethes.* Würzburg 2008.

Mayer, Mathias: „Eine ‚Form von oben': Religion, Liebe und Kunst in Goethes ‚Sonetten'". In: *GJb* 132 (2015), S. 83–94.

Um Mitternacht

Schrimpf, Hans Joachim: „Ein Lebenslied. Goethes Gedicht ‚Um Mitternacht'". In: *Castrum Peregrini* 155 (1982), S. 52–55.

Trilogie der Leidenschaft

Mayer, Matthias: „Dichten zwischen Paradies und Hölle. Anmerkungen zur poetologischen Struktur von Goethes ‚Elegie' von Marienbad". in: *Zeitschrift für deutsche Philologie* 105 (1986), S. 234–256.

Oberlin, Gerhard: „‚Doch tückisch harrt das Lebewohl zuletzt'. Psychische Tiefenstrukturen und Bewußtseinsschichten in Goethes Marienbader ‚Elegie'". In: *GJb* 123 (2006), S. 135–151.

Wellbery, David E.: „Wahnsinn der Zeit. Zur Dialektik von Idee und Erfahrung in Goethes ‚Elegie'". In: Neumann, Gerhard (Hrsg.): *Die Gabe des Gedichts. Goethes Lyrik im Wechsel der Töne.* Freiburg, Br. 2008, S. 319–352.

Wünsch, Marianne: „Zeichen – Bedeutung – Sinn. Zu den Problemen der späten Lyrik Goethes am Beispiel der ‚Trilogie der Leidenschaft'". In: *GJb* 108 (1991), S. 179–190.

IV.2

Anderegg, Johannes: „Schöpfungslob und Himmelfahrt. Goethes *Faust* und die Geschichte Hiobs". In: *Jahrbuch des Freien Deutschen Hochstifts* 2007, S. 171–197

Anderegg, Johannes: „Wie böse ist der Böse? Zur Gestalt des Mephisto in Goethes *Faust*". In: *Monatshefte für deutschsprachige Literatur und Kultur* 96 (2004), H. 3, S. 343–359.

Bauer, Manuel: *Der literarische Faust-Mythos. Grundlagen – Geschichte – Gegenwart.* Stuttgart 2018.

Eibl, Karl: „Goethes *Faust* als poetisches Spiel von der Bestimmung des Menschen". In: Hinske, Norbert (Hrsg.): *Die Bestimmung des Menschen*. Hamburg 1999, S. 49–66.

Hamm, Heinz: Goethes *„Faust"*. *Werkgeschichte und Textanalyse*. 6., völlig neu bearb. Aufl. Berlin 1997.

Hucke, Karl-Heinz: *Figuren der Unruhe. Faustdichtungen*. Tübingen 1992.

Rohde, Carsten/Valk, Thorsten/Mayer, Mathias (Hrsg.): *Faust-Handbuch. Konstellationen – Diskurse – Medien*. Stuttgart 2018.

Faust I

Binder, Alwin: „‚Seiner Rede Zauberfluß'. Uneigentliches Sprechen und Gewalt als Gegenstand der ‚Faust'-Szene ‚Wald und Höhle'". In: *GJb* 106 (1989), S. 211–229.

Eibl, Karl: „Zur Bedeutung der Wette im ‚Faust'". In: *GJb* 116 (1999), S. 271–280.

Görner, Rüdiger: „Vom Wort zur Tat in Goethes ‚Faust' – Paradigmenwechsel oder Metamorphose?". In: *GJb* 106 (1989), S. 119–132.

Keck, Annette: „Gretchens tragischer ‚Fall'. Zum weiblichen ‚Bild' der Unschuld im 18. und frühen 19. Jahrhundert". In: Weiss, Elisabeth/Jahraus, Oliver/Geiger, Hanni (Hrsg.): *Faust und die Wissenschaften. Aktuelle Zugänge und Perspektiven in wissenschaftlicher Vielfalt*. Würzburg 2019, S. 179–201.

Keller, Werner (Hrsg.): *Aufsätze zu „Faust I"*. Darmstadt 1974.

Keller, Werner: „Faust. Eine Tragödie (1808)". In: Hinderer, Walter (Hrsg.): *Goethes Dramen. Neue Interpretationen*. Stuttgart 1980, 244–280.

Pilz, Georg: *Deutsche Kindesmordtragödien: Wagner, Goethe, Hebbel, Hauptmann*. München 1982.

Rölleke, Heinz: „‚Denn du hast kein Christentum'. Zum Religionsgespräch in Goethes *Faust*". In: *Jahrbuch des Freien Deutschen Hochstifts* 2009, S. 137–158

Rölleke, Heinz: „‚Und was der ganzen Menschheit zugeteilt ist'. Zu einer Paktbedingung in Goethes *Faust*". In: *Wirkendes Wort* 56 (2006), H. 2, S. 177–179.

Roth, Denise/Eickmeyer, Jost (Hrsg.): *Gretchen – Mörderin, Verführte, Unschuldige? Goethes Margarete in interdisziplinärer Perspektive*. Heidelberg 2017.

Vaget, Hans Rudolf: „‚Mäßig boshaft'. Fausts Gefährte. Goethes Mephistopheles im Lichte der Aufklärung". In: *GJb* 118 (2001), S. 234–246.

Faust II

Binswanger, Hans Christoph: *Geld und Magie. Eine ökonomische Deutung von Goethes Faust*. 2., vollst. überarb. Ausg. Hamburg 2005.

Hölscher-Lohmeyer, Dorothea: „Auf dem Hochgebirg. ‚Faust II' – Die erste Szene des vierten Aktes". In: *Jahrbuch der deutschen Schillergesellschaft* 25 (1981), S. 249–284.

Hölscher-Lohmeyer, Dorothea: „Natur und Gedächtnis. Reflexionen über die klassische Walpurgisnacht". In: *Jahrbuch des Freien Deutschen Hochstifts* 1987, S. 85–113.

Jaeger, Michael: *Global Player Faust oder Das Verschwinden der Gegenwart. Zur Aktualität Goethes*. Berlin 2008.

Jaeger, Michael: *Wanderers Verstummen, Goethes Schweigen, Fausts Tragödie. Oder: Die große Transformation der Welt*. Würzburg 2014.

Kaiser, Gerhard: „Wandrer und Idylle im Werk Goethes – speziell im *Faust*". In: *GJb* 120 (2003), S. 29–43 (auch in: Kaiser, Gerhard. *Spätlese*. Tübingen 2008, 233–250).

Kaiser, Gerhard: „Noch einmal Wandrer und Idylle. Zur Helena-Handlung in Goethes *Faust II*". In: Kaiser, Gerhard. *Spätlese*. Tübingen 2008, 251–270.

Kaiser, Gerhard: „Vision und Kritik der Moderne in Goethes *Faust II*". In: *Merkur* 48 (1994), H. 7, S. 594–604.

Keller, Werner (Hrsg.): *Aufsätze zu Goethes „Faust II"*. Darmstadt 1992.

Lange, Victor: „Faust. Die Tragödie Zweiter Teil". In: Hinderer, Walter (Hrsg.): *Goethes Dramen. Neue Interpretationen*. Stuttgart 1980, 281–312.

Lohmeyer, Dorothea: *Faust und die Welt. Der zweite Teil der Dichtung. Eine Anleitung zum Lesen des Textes*. [1940] München 1975.

Mahl, Bernd: „Goethes ‚Faust' – höllischer Ausbeuter oder himmelsstrebender Tatmensch? Zur Deutung der ökonomischen Motive in ‚Der Tragödie Zweitem Teil'". In: *Faust-Blätter* 36 (1978), S. 1478–1507.

Michelsen, Peter: „Der Rat des Narren. Die Staatsratsszene in Goethes *Faust II*". In: *Jahrbuch des Freien Deutschen Hochstifts* 1996, S. 84–129.

Michelsen, Peter: „Fausts Erblindung". In: *Deutsche Vierteljahresschrift* 36 (1962), S. 26–35.

Schings, Hans-Jürgen: „Fausts Verzweiflung". In: *GJb* 115 (1998), S. 97–123.

Schlaffer, Heinz: *Faust Zweiter Teil. Die Allegorie des neunzehnten Jahrhunderts*. Stuttgart 1981.

Schöne, Albrecht: „‚Am farbigen Abglanz haben wir das Leben' (Goethe, Faust II. Vers 4679–4727)". In: Elsner, Norbert (Hrsg.): *Bilderwelten. Vom farbigen Abglanz der Natur*. Göttingen 2007, S. 9–26.

Wittkowski, Wolfgang: „Faust und der Kaiser. Goethes letztes Wort zum ‚Faust'". In: *Deutsche Vierteljahresschrift für Literaturwissenschaft und Geistesgeschichte* 43 (1969), 631–651.

Zimmermann, Rolf Christian: „Klarheit, Streben, Wiederbringung. Drei Beiträge zum Verständnis von Goethes *Faust*". In: *Deutsche Vierteljahrsschrift für Literaturwissenschaft und Geistesgeschichte* 74 (2000), H. 3, S. 413–464.

IV.3

Wahlverwandtschaften

Adler, Jeremy D.: *‚Eine fast magische Anziehungskraft': Goethes „Wahlverwandtschaften" und die Chemie seiner Zeit*. München 1987.

Allemann, Beda: „Zur Funktion der chemischen Gleichnisrede in Goethes ‚Wahlverwandtschaften'". In: Günther, Vincent J. (Hrsg.): *Untersuchungen zur Literatur als Geschichte*. Berlin 1973, S. 199–218.

Benjamin, Walter: „Goethes ‚Wahlverwandtschaften'". [1925] In: W.B.: *Gesammelte Schriften I* (werkausgabe 1). Frankfurt/M. 1980, S. 123–201.

Brandstetter, Gabriele: „Poetik der Kontingenz. Zu Goethes *Wahlverwandtschaften*". In: *Jahrbuch der Deutschen Schillergesellschaft* 39 (1995), S. 130–145.

Buschendorf, Bernhard. *Goethes mythische Denkform. Zur Ikonographie der ‚Wahlverwandtschaften'*. Frankfurt/M. 1986.

Elm, Theo: *Johann Wolfgang Goethe: ‚Die Wahlverwandtschaften'*. Frankfurt/M. 1991.

Herrmann, Elisabeth: *Die Todesproblematik in Goethes Roman „Die Wahlverwandtschaften"*. Berlin 1998.

Hörisch, Jochen: „‚Die Begierde zu retten'. Zeit und Bedeutung in Goethes ‚Die Wahlverwandtschaften'". In: Hörisch, Jochen/Tholen, Georg Christoph (Hrsg.): *Eingebildete Texte. Affairen zwischen Psychoanalyse und Literaturwissenschaft*. München 1985, S. 78–90.

Hühn, Helmut (Hrsg.): *Goethes „Wahlverwandtschaften". Werk und Forschung*. Berlin 2010.

Meier, Albert: „Correspondances. Poetische Immanenz in Johann Wolfgang Goethes Roman Die Wahlverwandtschaften". In: Heitz, Raymond (Hrsg.): *Neue Einblicke in Goethes Erzählwerk. Genese und Entwicklung einer literarischen und kulturellen Identität*. Heidelberg 2010, S. 121–129.

Michelsen, Peter: „Wie frei ist der Mensch? Über Notwendigkeit und Freiheit in Goethes *Wahlverwandtschaften*". In: *GJb* 113 (1996), S. 139–160.

Oellers, Norbert: „Warum eigentlich Eduard? Zur Namensgebung in Goethes Wahlverwandtschaften". In: Kuhn, Dorothea (Hrsg.): *Genius huius loci*. Köln 1982, S. 215–234.

Ribbat, Ernst: „Sprechen, Schreiben, Lesen, Schweigen. Zu Goethes Roman *Die Wahlverwandtschaften*". In: Hamacher, Bernd (Hrsg.): *Johann Wolfgang Goethe. Romane und theoretische Schriften. Neue Wege der Forschung*. Darmstadt 2007, S. 59–73.

Schlaffer, Heinz: „Namen und Buchstaben in Goethes ‚Wahlverwandtschaften'". [1972] In: Bolz, Norbert W. (Hrsg.): *Goethes ‚Wahlverwandtschaften'. Kritische Modelle und Diskursanalysen zum Mythos Literatur.* Hildesheim 1981, S. 211–229.

Schmidt, Jochen: „Ironie und Skepsis in Goethes Alterswerk, besonders in den *Wahlverwandtschaften*". In: *GJb* 121 (2004), S. 165–175.

Seibt, Gustav/Scholz, Oliver: „Zur Funktion des Mythos in ‚Die Wahlverwandtschaften'". In: *Deutsche Vierteljahresschrift* 59 (1985), S. 609–630.

Turk, Horst: „Goethes Wahlverwandtschaften: der ‚doppelte Ehebruch durch Phantasie'". In: Kittler, Friedrich A./Turk, Horst (Hrsg.): *Urszenen.* Frankfurt/M. 1977, S. 202–222.

Vogl, Joseph: „Mittler und Lenker. Goethes Wahlverwandtschaften". In: Vogl, Joseph (Hrsg.): *Poetologien des Wissens um 1800.* München 1999, S. 145–161.

Wellbery, David E.: „Die Wahlverwandtschaften". In: Lützeler, Paul Michael (Hrsg.): *Goethes Erzählwerk. Interpretationen.* Stuttgart 1985, S. 291–318.

Wiethölter, Waltraud: „Legenden. Zur Mythologie von Goethes ‚Wahlverwandtschaften'". In. *Deutsche Vierteljahresschrift* 56 (1982), S. 1–64.

Novelle

Hoffmann, Daniel: „‚Der Löwe brüllt, wer sollte sich nicht fürchten?'. Zur utopischen Restauration der alten Stammburg in Goethes *Novelle*". In: *Zeitschrift für deutsche Philologie* 120 (2001), S. 527–539.

Jahn, Bernhard: „Das Hörbarwerden des unerhörten Ereignisses. Sinne, Künste und Medien in Goethes *Novelle*". In: *Euphorion* 95 (2001), S. 17–37.

Müller-Dyes, Klaus: „Goethes Novelle. Von der ‚Unlesbarkeit' eines Klassikers". In: *GJb* 121 (2004), S. 197–207.

Neumann, Gerhard: „Fernrohr und Flöte. Erzählte Räume in Goethes *Novelle*". In: *Deutsche Vierteljahrsschrift* 84 (2010), S. 342–363.

Wilhelm Meisters Wanderjahre

Bahr, Ehrhard: *The Novel as Archive. The Genesis, Reception, an Criticism of Goethe's „Wilhelm Meisters Wanderjahre".* Columbia 1998.

Bez, Martin: *Goethes „Wilhelm Meisters Wanderjahre". Aggregat, Archiv, Archivroman.* Berlin, Boston, 2013.

Fink, Gonthier-Louis: „Tagebuch, Redaktor und Autor. Erzählinstanz und Struktur in Goethes Wilhelm Meisters Wanderjahre". In: *Récherche germanique* 16 (1986), S. 7–54.

Gidion, Heidi: *Zur Darstellungsweise von Goethes „Wilhelm Meisters Wanderjahre".* Göttingen 1969.

Henkel, Arthur: „Wilhelm Meisters Wanderjahre. Zeitkritik und Prognose". In: A.H.: *Goethe-Erfahrungen. Studien und Vorträge.* Stuttgart 1982, S. 117–135.

Henkel, Arthur: *Entsagung. Eine Studie zu Goethes Altersroman.* [1954] Tübingen 1964.

Müller, Klaus-Detlef: „Wilhelm Meisters Weg in ein tätiges Leben. Jarno als Mentor". In: *GJb* 133 (2016), S. 57–91.

Müller, Klaus-Detlev: „Lenardos Tagebuch. Zum Romanbegriff in Goethes ‚Wilhelm Meisters Wanderjahre'". In: *Deutsche Vierteljahresschrift für Literaturwissenschaft und Geistesgeschichte* 53 (1979), S. 275–299.

Saße, Günter: *Auswandern in die Moderne. Tradition und Innovation in Goethes Roman „Wilhelm Meisters Wanderjahre".* Berlin, New York 2010.

Schlaffer, Hannelore: *„Wilhelm Meister". Das Ende der Kunst und die Wiederkehr des Mythos.* Stuttgart 1980.

Vaget, Hans Rudolf: „Johann Wolfgang Goethe: Wilhelm Meisters Wanderjahre". In: Lützeler, Paul Michael (Hrsg.): *Romane und Erzählungen zwischen Romantik und Realismus.* Stuttgart 1983, S. 136–164.

Italienische Reise

Aurnhammer, Achim: „Goethes *Italienische Reise* im Kontext der deutschen Italienreisen". In: *GJb* 120 (2003), S. 72–86.

Barner, Wilfried: „Altertum, Überlieferung, Natur. Über Klassizität und autobiographische Konstruktion in Goethes *Italienischer* Reise". In: *GJb* 105 (1988), S. 64–92.

Battafarano, Italo Michele: „Goethes *Italienische Reise*, quasi ein Roman. Zur Literarizität eines autor-referentiellen Textes". In: Scherer, Gabriela (Hrsg.): *Wahrheit und Wort*. Berlin 1996, S. 27–48.

Niggl, Günter: „Der Zusammenhang von Fremd- und Selbsterfahrung in Goethes *Italienischer Reise*". In: Niggl, Günter: *Studien zur Literatur der Goethezeit*. Berlin 2001, S. 172–179.

Schulz, Gerhard: „Wann und wo entsteht ein klassischer Nationalautor? Zu Goethes *Italienischer Reise*". In: Müller, Klaus-Detlef (Hrsg.): *Geschichtlichkeit und Aktualität. Studien zur deutschen Literatur seit der Romantik*. Tübingen 1988, S. 51–68.

Winkler, Markus: „‚Weder Kunst noch Natur, sondern beides zugleich'. Zum Bild der menschlichen Gesellschaft in Goethes *Italienischer Reise*". In: Schneider, Helmut J. (Hrsg.): *Bildersturm und Bilderflut um 1800. Zur schwierigen Anschaulichkeit der Moderne*. Bielefeld 2001, S. 71–89.

Campagne/Belagerung

Zehm, Edith: *Der Frankreichfeldzug von 1792. Formen seiner Literarisierung im Tagebuch Johann Conrad Wagners und in Goethes „Campagne in Frankreich"*. Frankfurt/M. 1985.

Dichtung und Wahrheit

Beetz, Manfred: „Überlebtes Welttheater. Goethes autobiographische Darstellung der Wahl und Krönung Josephs II. in Frankfurt/M. 1764". In: Berns, Jörg Jochen/Rahn, Thomas (Hrsg.): *Zeremoniell als höfische Ästhetik in Spätmittelalter und Früher Neuzeit*. Tübingen 1995, S. 572–599.

Boyle, Nicholas: „Geschichtsschreibung und Autobiographik bei Goethe (1810–1817)". In: *GJb* 110 (1993), S. 163–172.

Bracht, Edgar: „Wakefield in Sesenheim. Zur Interpretation des 10. und 11. Buches von Goethes Aus meinem Leben. Dichtung und Wahrheit". In: *Euphorion* 83 (1989), S. 261–280.

Brude-Firnau, Gisela: „Aus meinem Leben. Dichtung und Wahrheit (1811–21)". In: Lützeler, Paul-Michael/McLeod, James E. (Hrsg.): *Goethes Erzählwerk. Interpretationen*. Stuttgart 1991, S. 319–344.

Gille, Klaus F.: „Goethes *Dichtung und Wahrheit* als kritische Geschichtsschreibung". In: Preußer, Heinz-Peter (Hrsg.): *Autobiografie und historische Krisenerfahrung*. Heidelberg 2010, S. 21–30.

Ketelsen, Uwe-Karsten: „Ein anderes Gretchen-Abenteuer. Das Ende der rhetorischen Poesiekonzeption und das fünfte Buch von Goethes *Dichtung und Wahrheit*". In: *Goethe yearbook* 12 (2004), S. 141–159.

Lüders, Detlev: „Goethes *Dichtung und Wahrheit*". In: *Jahrbuch des Freien Deutschen Hochstifts* 1977, S. 401–411.

Michel, Christoph: „‚Eine Ausgeburt mehr der Nothwendigkeit als der Wahl'. Goethes Autobiographie und die ‚Metamorphose der Pflanzen'". In: *Philosophia Naturalis* 20 (1983), S. 339–364.

Müller, Klaus-Detlef: *Autobiographie und Roman. Studien zur literarischen Autobiographie der Goethezeit*. Tübingen 1976.

Niggl, Günter: „Das Problem der morphologischen Lebensdeutung in Goethes *Dichtung und Wahrheit*". In: *GJb* 116 (1999), S. 291–299.

Niggl, Günter: *Geschichte der deutschen Autobiographie im 18. Jahrhundert. Theoretische Grundlagen und literarische Entfaltung*. Stuttgart 1977.

Schnur, Harald: „Identität und autobiographische Darstellung in Goethes *Dichtung und Wahrheit*. In: *Jahrbuch des Freien Deutschen Hochstifts* 1990, S. 28–93.

Witte, Bernd: „Autobiographie und Poetik. Zur Kunstgestalt von Goethes *Dichtung und Wahrheit*". In: *Neue Rundschau* 89 (1978), S. 384–401.

Printed in the United States
by Baker & Taylor Publisher Services

Printed in the United States
by Baker & Taylor Publisher Services